2016
眉山年鉴
MEISHANNIANJIAN

眉 山 市 人 民 政 府　主办
眉山市地方志工作办公室　编纂

方志出版社
Publishing House of Local Records

图书在办编目（CIP）数据

眉山年鉴．2016 / 眉山市地方志工作办公室编．—
北京 ：方志出版社，2016.10
ISBN 978-7-5144-2164-4

Ⅰ．①眉…Ⅱ．①眉…Ⅲ．①眉山—2016—年鉴
Ⅳ．①Z527.13
中国版本图书馆CIP数据核字（2016）第253016号

眉山年鉴（2016）

编　　者：眉山市地方志工作办公室
责任编辑：罗　滔

出 版 人：冀祥德
出 版 者：方志出版社
地址　北京市朝阳区潘家园东里9号（国家方志馆4层）
邮编　100021
网址　http://www.fzph.org
发　　行：方志出版社发行中心　（010）67110500
设计制作：成都益舟文化传播有限公司　（028）68889988
经　　销：各地新华书店
印　　刷：成都市金雅迪彩色印刷有限公司

开　　本：889×1194　1/16
印　　张：28
字　　数：620千字
版　　次：2016年10月第1版　2016年10月第1次印刷
印　　刷：0001~1000册

ISBN　978-7-5144-2164-4　定价：280.00元

2016 年 11 月 23 日，中共眉山市委四云（右四）、王光彩（左三）、黄秀川（右三）、周孝平（左二）、汪宏（右二）、付庆一

【眉山市第四届人民代表大会】
（2016年11月24日至26日）

市人大常委会主任刘十庆讲话

市人民政府市长罗佳明讲话

人大代表投票选举

填写选票

眉山市第四届人民代表大会会场

【中国人民政治协商会议第四届眉山市委员会】

（2016 年 11 月 27 日至 29 日）

市政协主席王影聪讲话

中共、驻眉山部队委员组委会酝酿候选人名单

鼓舞人心的报告

政协委员投票

中国人民政治协商会议第四届眉山市委员会会场

【新一届市级领导】

李静，女，汉族，1962年7月生，河南濮阳人，1983年12月加入中国共产党，1984年7月参加工作，四川省委党校现代管理专业毕业，党校研究生学历。
现任中共眉山市委书记。

1981.09—1984.07 绵阳师范专科学校中文专业学习
1984.07—1984.12 江油县三合乡团委书记
1984.12—1985.07 绵阳地委干教办干事
1985.07—1985.12 绵阳市委组织部青干科干事
1985.12—1995.01 共青团绵阳市委副书记（1985.03—1986.07 四川省委二党校优大生培训班学习；1985.08—1988.06 中央党校党政管理专业大专学习；1988.09—1988.12 中央团校第33期干部培训班学习；1992.08—1994.12 四川省委党校经济管理专业本科学习；1994.03—1994.07 四川省委党校县处级女干部培训班学习）
1995.01—1998.07 绵阳市总工会主席、党组书记（其间：1996.04—1998.11 西南交通大学经济管理学院管理科学与工程专业研究生班学习）
1998.07—2002.05 四川省总工会副主席、党组成员
2002.05—2004.02 资阳市政府副市长
2004.02—2005.12 资阳市委常委、宣传部部长、市总工会主席（2002.03—2004.07 四川省委党校现代管理专业研究生班学习；2004.09—2005.01 中央党校第3期选调生培训班学习）
2005.12—2006.06 四川省委宣传部副部长
2006.06—2006.11 眉山市委副书记、市政府副市长、代理市长
2006.11—2011.08 眉山市委副书记、市长（其间：2009.04—2009.06 参加清华哈佛公共管理高级培训班学习；2010.09—2011.01 中央党校第29期中青班学习）
2011.08—2011.11 眉山市委书记、市政府市长
2011.11— 眉山市委书记（其间：2015.08—2015.09 参加中组部在美国哈佛大学举办的“新型城镇化与公共管理专题研究班”学习）

罗佳明，男，汉族，1963年4月生，四川乐山人，1987年6月加入中国共产党，1983年7月参加工作，同济大学管理科学与工程专业毕业，在职博士研究生学历。
现任中共眉山市委副书记、市政府市长。

1980.09—1983.07 乐山师范专科学校化学专业学习
1983.07—1983.10 乐山地区环境保护办公室工作
1983.10—1990.05 乐山地委（市委）政研室工作
1990.05—1993.05 乐山市委办公厅政保处副处长
1993.05—1994.02 乐山市委市政府接待办副主任
1994.02—1998.10 乐山市委副秘书长、市委市政府接待办主任
1998.10—2000.01 乐山市政府市长助理（1996.08—1998.12 四川省委党校法律专业学习；1996.03—1997.11 西南师范大学中国现当代文学专业研究生课程班学习，1998.12 获文学硕士学位）
2000.01—2005.02 乐山市委常委、秘书长（其间：2001.03—2004.03 同济大学管理科学与工程专业研究生学习，获管理学博士学位；2002.03—2002.07 中央党校西部地区干部培训班学习）
2005.02—2011.09 乐山市委常委、宣传部部长（2004.04—2007.05 复旦大学应用经济学学科从事博士后研究工作；2005.05—2005.12 挂职任中央宣传部新闻局副局长）
2011.09—2012.08 乐山市委常委、市政府常务副市长
2012.08—2016.02 乐山市委副书记、峨眉山市委书记
2016.02—2016.03 眉山市委副书记
2016.03— 眉山市委副书记、市政府市长

刘十庆，男，汉族，1959年9月生，四川乐山人，1984年12月加入中国共产党，1977年8月参加工作，电子科技大学工商管理专业毕业，在职硕士。
现任眉山市人大常委会党组书记、主任。

1977.08—1978.10 乐山市建丰乡知青
1978.10—1982.07 四川农学院农学系农学专业学习
1982.07—1990.08 雅安地委办公室干事、副科级秘书、副科长、科长
1990.08—1992.12 雅安地委政研室副主任
1992.12—1994.11 雅安地区农工委副主任
1994.11—1997.12 汉源县政府副县长（下派）
1997.12—1998.03 雅安地区工业局副局长、党委副书记（主持工作）
1998.03—2000.11 雅安地区工业局党委书记、局长
2000.11—2001.04 雅安市乡镇企业局党委书记、局长
2001.04—2002.11 芦山县委书记
2002.11—2004.10 芦山县委书记、县人大常委会主任（2001.09—2004.03 四川农业大学经济管理专业研究生课程班学习；2003.03—2003.06 中央党校进修班学习）
2004.10—2011.01 眉山市委常委、组织部部长（其间:2006.03—2009.06 电子科技大学工商管理专业学习，获硕士学位）
2011.01—2011.11 眉山市委常委、市政府副市长
2011.11—2016.09 眉山市委副书记
2016.09—2016.11 眉山市人大常委会党组副书记
2016.11— 眉山市人大常委会党组书记、主任

王影聪，男，汉族，1957年4月生，四川犍为人，1981年1月加入中国共产党，1975年8月参加工作，四川省委党校现代管理专业毕业，党校研究生学历。
现任眉山市政协党组书记、主席。

1975.08—1976.12 彭山县凤鸣镇知青
1976.12—1982.01 空降兵44师130团特务连战士、班长
1982.01—1988.02 彭山县电影公司、新华书店工作员、副经理，县委宣传部副区级理论教员，县委党校副校长（其间:1983.09—1985.06 在四川大学哲学系干部专修科学习）
1988.02—1993.02 乐山市委宣传部副区级、正区级理论教员、理论处副处长、理论处处长
1993.02—1995.06 乐山市委宣传部副县级理论教员、理论处处长
1995.06—1997.08 乐山市委宣传部副部长，1997.02 任正县级理论教员（其间：1996.02—1996.07 四川省委二党校第四期县处级中青年干部培训班学习）
1997.08—1998.12 眉山地委宣传部常务副部长，1998.09 兼任地区社科联副主席（其间：1996.09—1998.12 四川省委党校行政管理专业大学学习）
1998.12—2001.01 丹棱县委书记（1998.09—2000.06 四川大学管理科学与工程研究生课程进修班学习；2000.09—2001.01 省委党校第七期中青班学习）
2001.01—2001.12 眉山市委宣传部部长、市社科联主席（其间：2001.03—2001.05 参加20期全国宣传部长培训班）
2001.12—2005.08 眉山市委常委、宣传部部长，2002.08 兼市社科联主席
2005.08—2011.11 眉山市委常委、市委秘书长（2004.03—2006.06 四川省委党校现代管理专业研究生班学习）
2011.11— 眉山市政协党组书记、主席（其间：2011.12—2016.09 兼任市文联主席）

黄剑东，男，汉族，1965 年 5 月生，江苏武进人，1987 年 4 月加入中国共产党，1985 年 7 月参加工作，四川大学企业管理专业毕业，在职研究生学历。
现任中共眉山市委副书记。

1981.09—1985.07 重庆师范学院化学系化学专业学习
1985.07—1989.02 达县地区石板化肥厂干部、团委副书记（其间 :1986.08—1986.11 四川省委第二党校青年干部培训班学习）
1989.02—1990.07 达县地区乡镇企业管理局干部
1990.07—1996.08 达县地区乡镇企业管理局副科长（其间 :1996.04—1996.07 达川地委党校青年干部培训班学习）
1996.08—1997.10 达川地区乡镇企业管理局局长助理
1997.10—2000.01 四川省乡镇企业管理局机关党委主任科员（其间 :1998.02—2000.01 四川大学企业管理专业研究生学习 ,2002.06 获管理学硕士学位）
2000.01—2000.09 四川省乡镇企业管理局机关党委副书记
2000.09—2001.06 四川省乡镇企业管理局政策法规处副处长（主持工作）
2001.06—2001.12 四川省乡镇企业管理局办公室副主任(主持工作)、政策法规处副处长(主持工作)
2001.12—2004.09 四川省乡镇企业管理局办公室主任（其间 :2002.09—2003.01 被省委组织部选派到四川大学脱产培训英语 , 获 BFT 高级证书；2003.11—2004.02 参加省委组织部第五期中青年干部赴美培训班学习）
2004.09—2006.03 四川省乡镇企业局（中小企业局）办公室主任（其间 :2005.09—2005.11 四川省委党校第十二期中青年干部培训班学习）
2006.03—2011.09 雅安市政府副市长（其间 :2006.06 兼市农业园区、工业园区管委会主任；2006.08 兼市工业园区党工委书记、管委会主任）
2011.09—2014.02 雅安市委常委、市政府副市长
2014.02—2016.09 雅安市委常委、市政府常务副市长
2016.09— 眉山市委副书记

祝云，男，汉族，1964 年 3 月生，甘肃岷县人，1985 年 3 月加入中国共产党，1985 年 7 月参加工作，西南交通大学管理科学与工程专业毕业，在职博士研究生学历。
现任中共眉山市委常委、市政府副市长、市政府党组副书记。

1981.09—1985.07 四川工业学院机械制造工艺设备与自动化专业学习
1985.07—1991.12 四川工业学院机械系团总支副书记
1991.12—1992.07 四川工业学院机械系团总支书记
1992.07—1992.08 共青团四川省委青运史研究室干事
1992.08—1995.03 共青团四川省委宣传部、统战部主任干事
1995.03—1998.07 共青团四川省委统战部副部长（其间 :1995.09—1998.06 四川联合大学企业管理专业研究生课程班学习；1998.04 主持部门工作）
1998.07—2003.02 共青团四川省委学校部部长（其间 :2000.10—2001.01 四川大学出国留学人员培训部学习；2001.05—2001.08 四川省第 2 期中青年干部赴美国辛辛那提大学中长期培训班学习）
2003.02—2005.01 共青团四川省委研究室主任
2005.01—2007.10 共青团四川省委纪检组长
2007.10—2009.10 内江市政府副市长（2000.09—2008.01 西南交通大学管理科学与工程专业研究生学习）
2009.10—2009.12 内江市委常委、市政府副市长
2009.12—2011.02 内江市委常委，2010.09 任市总工会主席
2011.02—2011.03 眉山市委常委
2011.03—2011.11 眉山市委常委、宣传部部长
2011.11—2016.08 眉山市委常委、市纪委书记，2011.12 任市总工会主席
2016.08—2016.09 眉山市委常委、市纪委书记
2016.09—2016.10 眉山市委常委
2016.10—2016.11 眉山市委常委、市政府党组副书记
2016.11— 眉山市委常委、市政府副市长、市政府党组副书记

王光彩，男，汉族，1962 年 10 月生，四川乐山人，1987 年 11 月加入中国共产党，1984 年 8 月参加工作，高等教育自学考试会计、统计专业毕业，在职双大专学历。
现任中共眉山市委常委、统战部部长、市残联主席、市总工会主席。

1982.09—1984.08 四川统计学校综合统计专业学习
1984.08—1987.08 四川省统计局工交处干部
1987.08—1991.03 四川省统计局工交处科员（其间 :1988.12 西南财经大学会计专业自考大专毕业；1989.06 西南财经大学统计专业自考大专毕业；1990.12—1991.03 下派江油棉纺厂任计划科长）
1991.03—1992.04 四川省统计局平衡处副主任科员
1992.04—1992.12 四川省统计局平衡处主任科员
1992.12—1996.04 四川省统计局平衡处副处长
1996.04—2002.05 四川省统计局核算处副处长
2002.05—2007.03 四川省统计局核算处处长
2007.03—2011.11 四川省统计局总统计师，2009.04 兼任统计信息总监
2011.11—2012.09 眉山市政府副市长
2012.09—2016.11 眉山市委常委（2016.04 兼任市残联主席、2016.08 兼任市总工会主席）
2016.11— 眉山市委常委、统战部部长、市残联主席、市总工会主席

黄秀川，男，汉族，1963 年 8 月生，重庆人，1983 年 11 月加入中国共产党，1980 年 11 月参加工作，四川省委党校区域经济专业毕业，党校研究生学历。
现任中共眉山市委常委、组织部部长、市委党校校长。

1980.11—1981.09 四川省军区战士
1981.09—1984.07 成都军区军医学校护理专业中专班学习
1984.07—1986.12 西藏那曲军分区门诊所护士、技术 14 级
1986.12—1988.07 西藏那曲军分区政治部组织科正排、副连职干事
1988.07—1989.05 西藏那曲军分区后勤部卫生科副连职助理员
1989.05—1990.09 西藏那曲军分区独立步兵连代理指导员、指导员
1990.09—1991.08 西藏那曲军分区政治部正连职秘书
1991.08—1992.02 西藏比如县人武部政工科副科长
1992.02—1993.12 西藏那曲军分区政治部组织科副营职干事
1993.12—1994.02 西藏嘉黎县人武部政工科科长
1994.02—1995.09 西藏那曲军分区教导队教导员
1995.09—1998.04 四川省委办公厅督查室主任干事
1998.04—2001.02 四川省委办公厅信息处副处长（1996.08—1999.06 四川省委党校经管专业大专学习）
2001.02—2004.12 四川省委办公厅信息处处长（1999.09—2001.12 四川省委党校经管专业本科学习；2001.09—2004.07 四川省委党校区域经济专业研究生学习）
2004.12—2007.12 四川省纪委、省监察厅信访室主任
2007.12—2009.10 四川省纪委、省监察厅党风廉政建设室主任
2009.10—2011.02 四川省纪委、省监察厅党风廉政建设室副厅级主任
2011.02—2016.09 广安市委常委、组织部部长
2016.09— 眉山市委常委、组织部部长（2016.11 兼任市委党校校长）

周孝平，男，汉族，1963 年 10 月生，四川富顺人，1985 年 4 月加入中国共产党，1982 年 8 月参加工作，四川省委党校经济学专业毕业，党校研究生学历。
现任中共眉山市委常委、政法委书记。

1979.09—1982.08 重庆钢铁工业学校冶金机械专业学习
1982.08—1996.11 乐山冶金机械轧辊厂先后任团委书记、厂党委宣传部副部长、动力分厂副厂长、党支部副书记、书记（其间 :1992.09—1995.06 四川省委党校经济管理专业大专学习）
1996.11—1998.01 眉山县政府县长助理
1998.01—2000.12 眉山县政府副县长（1997.08—1999.12 四川省委党校经济管理专业本科学习）
2000.12—2002.10 眉山市东坡区政府副区长
2002.10—2003.01 眉山市东坡区委副书记、区政府副区长、代理区长
2003.01—2006.08 眉山市东坡区委副书记、区政府区长
2006.08—2010.05 丹棱县委书记，2006.10 任县人大常委会主任（其间：2008.03—2008.07 四川省委党校第十五期中青班学习；2006.09—2009.06 四川省委党校经济学专业研究生学习）
2010.05—2011.11 洪雅县委书记，2010.08 任县人大常委会主任
2011.11—2014.10 眉山市政府副市长
2014.10—2015.06 眉山市委常委、宣传部部长
2015.06—2016.10 眉山市委常委、宣传部部长、市社科联主席
2016.10— 眉山市委常委、政法委书记

汪宏，男，汉族，1967 年 11 月生，四川大邑人，1989 年 7 月加入中国共产党，1986 年 11 月参加工作，中央党校经济管理专业毕业，党校研究生学历。
现任中共眉山市委常委、市纪委书记。

1986.11—1990.03 武警内江支队战士
1990.03—1997.05 中国测试技术研究院职员、副主任科员（其间：1991.09—1993.07 四川省政法管理干部学院法律专业大专班学习；1995.10—1997.05 停薪留职到四川元海律师事务所从事专职律师工作）
1997.05—2001.04 四川省政协办公厅法制群团处副主任科员、主任科员（其间：1998.09—2000.07 四川大学刑法专业研究生课程进修班学习）
2001.04—2001.11 四川省旅游执法总队主任科员
2001.11—2004.11 四川省旅游执法总队办公室主任（其间：2003.05—2004.11 抽调到省旅游局质量规范管理处帮助工作，兼任省星级饭店评定委员会办公室主任）（2000.09—2002.12 省委党校经济管理专业本科学习）
2004.11—2005.01 四川省旅游执法总队副总队长
2005.01—2007.05 四川省旅游局办公室副主任（其间：2005.03—2005.06 省委党校省级机关分校第四十四期处级班学习）
2007.05—2008.04 四川省旅游局政策法规处处长
2008.04—2010.07 四川省委政法委副秘书长（2007.09—2010.06 中央党校经济管理专业研究生学习）
2010.07—2011.12 四川省国家安全厅政治部副主任
2011.12—2013.12 四川省国家安全厅机关党委书记、党委委员
2013.12—2016.09 四川省国家安全厅纪委书记、党委委员
2016.09— 眉山市委常委、市纪委书记

付庆一，男，汉族，1964年5月生，四川眉山人，1988年2月加入中国共产党，1981年8月参加工作，四川省委党校行政管理专业毕业，党校研究生学历。
现任中共眉山市委常委、宣传部部长、市社科联主席。

1979.09—1981.08 眉山师范学校学习
1981.08—1983.09 眉山县土地中学教师
1983.09—1985.07 乐山教育学院中文系学习
1985.07—1994.06 乐山市教委干部（其间:1993.12任《教育导报》乐山记者站站长;1987.09—1989.07四川师范大学中文系学习）
1994.06—1997.07 乐山市政府办公厅信调处主任科员、副处长
1997.07—1998.07 眉山地委办公室信息科负责人、科长
1998.07—2001.09 眉山地（市）委办公室副主任（1996.09—1998.12四川省委党校法律专业本科学习）
2001.09—2006.04 眉山市委副秘书长（2000.09—2003.06四川省委党校行政管理专业研究生学习）
2006.04—2007.02 眉山市委副秘书长、办公室主任
2007.02—2007.07 眉山市委常务副秘书长、办公室主任
2007.07—2011.11 眉山市政府秘书长、市政府党组成员、市政府办党组书记（其间:2011.03—2011.05四川省委党校第12期中青班学习）
2011.11—2016.11 眉山市政府副市长（其间：2014.08—2014.09参加省委组织部城镇规划建设与管理专题赴新加坡培训班，2015.09—2015.12参加省本级优秀干部人才递进培养第五期规划建设培训班学习）
2016.11— 眉山市委常委、宣传部部长、市社科联主席

汪树槐，男，汉族，1963年1月生，四川乐山人，1986年10月加入中国共产党，1982年8月参加工作，四川省委党校经济学专业毕业，党校研究生学历。
现任中共眉山市委常委、市委秘书长。

1980.09—1982.08 乐山师范学校学习
1982.08—1985.09 乐山地区行署办公室工作
1985.09—1987.07 乐山市委党校理论班学习
1987.07—1991.01 乐山市政府办公厅秘书二处科员
1991.01—1993.03 乐山市政府办公厅信息调研处副处长
1993.03—1996.10 乐山市沙湾区政府副区长（1992.09—1994.12四川省委党校经济管理专业本科学习）
1996.10—2000.05 乐山市经贸委副主任
2000.05—2002.03 乐山市经贸委副主任、市纺织总会党组书记、会长（正县级）
2002.03—2004.02 乐山市政府副秘书长
2004.02—2005.01 乐山市对外贸易经济合作局党组书记、局长、市招商引资局局长（其间：2001.09—2004.06四川省委党校经济学专业研究生学习）
2005.01—2008.06 乐山市政府副秘书长、市政府办公室主任
2008.06—2012.10 乐山市政府党组成员、市政府秘书长、市政府办党组书记
2012.10—2016.11 眉山市政府副市长
2016.11— 眉山市委常委、市委秘书长

吴爱玲，女，汉族，1958年10月生，四川越西人，民革，1976年8月参加工作，四川省委党校经济管理专业毕业，党校大学学历。
现任眉山市人大常委会副主任。

1976.08—1978.04 甘洛县岩润公社知青
1978.04—1980.02 凉山州卫校医士专业学习
1980.02—1985.02 凉山州医院工作
1985.02—1994.09 眉山县妇幼保健所工作，先后任儿科医生、医师、副站长、站长
1994.09—1998.01 眉山县卫生局副局长兼保健所所长
1998.01—2005.12 眉山市（地区）东坡区（眉山县）政府副区长（2000.07加入民盟，2001.10加入民革；1996.09—1999.06四川省委党校经济管理专业大专学习；1999.09—2001.12四川省委党校经济管理专业本科学习）
2005.12—2006.09 眉山市东坡区政府副区长、民革眉山市总支主委
2006.09—2006.11 眉山市工商联（总商会）主席（会长）、民革眉山市总支主委
2006.11—2011.11 眉山市政协副主席、市工商联主席、市总商会会长
2011.11—2016.11 眉山市政府副市长
2016.11— 眉山市人大常委会副主任

陈万忠，男，汉族，1963年9月生，四川彭山人，1990年11月加入中国共产党，1981年7月参加工作，四川工商管理学院工商管理专业毕业，在职研究生学历。
现任眉山市人大常委会副主任。

1978.10—1981.07 乐山市财贸学校统计专业学习
1981.07—1984.02 彭山食品公司统计干部
1984.02—1985.02 彭山县商业局会计
1985.02—1985.09 彭山县食品公司副经理
1985.09—1991.04 彭山县商业局业务股股长，1986.03—1987.04兼任彭山县百货公司代理经理（其间:1988.09—1990.07四川省行政财贸管理干部学院会计专业学习）
1991.04—1995.10 彭山县百货公司经理
1995.10—1997.06 彭山县商业局副局长
1997.06—1998.02 彭山县财办副主任（1997.05—1997.08乐山市委党校第10期中青班学习）
1998.02—2000.03 彭山县计划经济局局长（1996.09—1998.12四川省委党校经济管理专业学习）
2000.03—2001.08 眉山市（地区）计划委员会副主任
2001.08—2004.08 眉山市发展计划委员会副主任（其间:2003.08—2003.12挂职任南京市浦口区区长助理；2000.09—2002.07四川省工商管理学院工商管理专业学习）
2004.08—2004.10 眉山市环保局副局长（主持行政工作）
2004.10—2005.07 眉山市环保局党组副书记、局长
2005.07—2005.09 眉山市环保局党组书记、局长
2005.09—2006.01 青神县委副书记、县政府代理县长
2006.01—2006.11 青神县委副书记、县政府县长（其间:2006.03—2006.06 四川省委党校第13期中青年干部培训班学习）
2006.11—2011.10 青神县委书记、县人大常委会主任
2011.10—2015.02 洪雅县委书记
2015.02—2015.09 眉山市人大常委会副主任、洪雅县委书记
2015.09— 眉山市人大常委会副主任

李建章，男，汉族，1962年12月生，四川仁寿人，1983年9月加入中国共产党，1982年7月参加工作，四川省委党校行政管理专业毕业，党校研究生学历。
现任眉山市人大常委会副主任。

1980.09—1982.07 乐山财贸学校财会专业学习
1982.07—1990.09 共青团乐山地委工作员，组宣部副部长，工农青年部副部长、部长（其间:1982.10—1983.01省团校33期培训班学习；1986.08—1988.06乐山市委党校政治专业大专学习）
1990.09—1997.08 共青团乐山市委副书记、市青联主席（其间:1991.01—1992.02下派任沙湾区副区长；1994.09—1994.11乐山市第8期县级干部培训班学习；1994.08— 1996.12 四川省委第二党校法律专业本科学习）
1997.08—1997.11 共青团眉山地委书记
1997.11—1999.07 彭山县委副书记、纪委书记、县委党校校长（保留正县级待遇）
1999.07—2002.11 彭山县委副书记、县委党校校长（保留正县级待遇）（其间:1999.09—2002.06四川省委党校行政管理专业研究生班学习；2001.03—2001.06四川省委党校第24期县委书记培训班学习）
2002.11—2006.04 仁寿县委副书记,2012.12任县委党校校长（保留正县级待遇）（其间:2003.07—2004.01四川信息产业厅先后挂任机关党委副书记、经济运行处副处长）
2006.04—2010.08 眉山市文体局党组书记、局长（其间:2007.03—2007.07 四川省委党校参加14期中青班学习）
2010.08—2012.05 眉山市发展和改革委员会党组书记、主任
2012.05—2015.02 眉山市发展和改革委员会党组书记、主任，市物价局局长
2015.02— 眉山市人大常委会副主任

李永高，男，汉族，1963年7月生，四川仁寿人，1990年3月加入中国共产党，1981年9月参加工作，四川省委党校法律专业毕业，党校大学学历。
现任眉山市人大常委会副主任。

1979.09—1981.09 四川省水电校水工建筑专业学习
1981.09—1984.08 青神县水电局复兴水库管理处干部
1984.08—1985.09 青神县水电局青龙水库管理所所长
1985.09—1987.12 青神县水电局水利建设管理股股长
1987.12—1988.11 青神县复兴水库管理处处长
1988.11—1991.06 青神县农经委副主任
1991.06—1992.04 青神县农经委主任
1992.04—1997.09 青神县水电局局长（其间:1993.08—1996.06四川省委党校经济管理专业大专学习；1996.03—1996.06乐山市委党校第8期中青班学习）
1997.09—1997.11 眉山地区水利局干部、青神水利电力局局长
1997.11—1998.02 眉山地区水利局副局长、青神水利电力局局长
1998.02—1998.05 眉山地区水利局副局长
1998.05—2001.02 眉山地区水利局副局长兼任纪检组长（1997.09—1999.12四川省委党校法律专业本科学习）
2001.02—2001.08 眉山市水电局副局长
2001.08—2005.02 眉山市水利局副局长
2005.02—2007.08 眉山市农工办（扶贫办、救灾办）主任
2007.08—2009.07 眉山市委副秘书长、办公室主任
2009.07—2015.02 眉山市国土资源局党委书记、局长
2015.02— 眉山市人大常委会副主任

王晓丽，女，汉族，1965 年 6 月生，四川眉山人，1986 年 12 月加入中国共产党，1987 年 7 月参加工作，四川省委党校政治经济学专业毕业，党校研究生学历。
现任眉山市人大常委会副主任。

1983.09—1987.07 重庆师范学院历史专业学习
1987.07—1993.08 彭山二中教师
1993.08—1996.09 彭山县委党校教师（其间 :1994.09—1996.07 四川省委党校政治经济学专业研究生班学习）
1996.09—2000.05 彭山县委宣传部副区级理论教员、副部长、干函站副站长（其间 :1999.09—2000.05 借调眉山市委宣传部工作）
2000.05—2001.12 眉山市委宣传部理论科科长
2001.12—2002.07 眉山市委宣传部干部科科长（2001.10—2002.01 眉山市委党校第四期中青干部培训班学习）
2002.07—2002.11 眉山市文明办副主任、市委宣传部干部科科长
2002.11—2005.12 仁寿县委常委、宣传部部长（其间：2004.08—2004.09 清华大学继续教育学院公共管理高级研修班学习）
2005.12—2006.03 仁寿县委常委、组织部部长、宣传部部长
2006.03—2009.01 仁寿县委常委、组织部部长，2008.12 明确为正县级
2009.01—2010.04 仁寿县委常委、县政府副县长（正县级）
2010.04—2011.11 青神县委副书记、县政府县长
2011.11—2011.12 眉山市委组织部副部长（保留正县待遇）
2011.12—2016.11 眉山市委组织部常务副部长（其间 :2013.02—2013.04 四川省委党校第 20 期中青班学习）
2016.11— 眉山市人大常委会副主任

宋仕祥，男，汉族，1963 年 10 月生，四川洪雅人，1985 年 4 月加入中国共产党，1982 年 9 月参加工作，四川省委党校政治学专业毕业，党校研究生学历。
现任眉山市人大常委会副主任。

1980.09—1982.09 仁寿师范学校学习
1982.09—1990.12 洪雅县汉王中心校教师、教导主任、校长
1990.12—1996.07 洪雅县教育委员会教育科科长（其间：1992.01—1992.12 下派柳新乡杨山村任村党支部副书记）
1996.07—1998.01 洪雅县委组织部办公室干事（1997.06 参加四川师范大学汉语言文学专业大专自考毕业）
1998.01—2000.07 洪雅县委组织部党建办副主任、组织部部务委员、组织科科长，1999.01 任县委正科级组织员（1997.09—1999.12 四川省委党校经济管理专业本科学习）
2000.07—2001.02 洪雅县政府办公室副主任（正科级）（其间 :2000.09—2000.12 眉山地区第 3 期中青年干部培训班学习）
2001.02—2002.11 洪雅县政府办副主任、督查室主任
2002.11—2005.07 洪雅县委办公室主任，2003.06 任县委机关党委书记
2005.07—2006.05 眉山市委督查室主任
2006.05—2008.04 眉山市委办公室副主任（2003.09—2006.06 四川省委党校政治学专业研究生班学习）
2008.04—2009.07 眉山市委副秘书长、市委常委办公室主任，2008.12 明确为正县级
2009.07—2012.10 眉山市委常务副秘书长、市委办公室主任
2012.10—2012.12 眉山市财政局党组书记
2012.12—2016.11 眉山市财政局党组书记、局长
2016.11— 眉山市人大常委会副主任

毛洪涛，男，汉族，1970 年 11 月生，河南武陟人，1991 年 6 月加入中国共产党，1996 年 7 月参加工作，西南财经大学会计学专业毕业，在职博士研究生学历。
现任眉山市政府副市长。

1989.09—1993.09 西南财经大学会计专业本科学习
1993.09—1996.07 西南财经大学会计学专业硕士研究生学习
1996.07—2001.11 西南财经大学会计系教师（其间：1999.12—2000.11 国家留学基金资助美国伊利诺伊大学 UIUC 访问学者）
2001.11—2005.06 西南财经大学发展规划处副处长（1998.09—2003.12 西南财经大学会计学专业研究生学习，获管理学博士学位；2003.12 评为副教授）
2005.06—2013.06 西南财经大学教务处处长（其间：2008.12 评为教授；2009.03 聘为博士生导师）
2013.06—2014.05 西南财经大学研究生院常务副院长（其间 :2013.03—2013.05 国家教育行政学院第三十九期高校中青年干部培训班学习）
2014.05—2016.09 四川旅游学院副院长、党委常委（其间 :2014.05—2014.08 四川省委党校第二期省优秀干部和人才递进班培训）
2016.09—2016.11 眉山市政府党组成员
2016.11— 眉山市政府副市长

唐宏，男，汉族，1963 年 1 月生，四川南溪人，1985 年 7 月加入中国共产党，1982 年 8 月参加工作，四川省委党校经济学专业毕业，党校研究生学历。
现任眉山市政府副市长。

1979.09—1982.08 绵阳农业专科学校果树专业学习
1982.08—1984.12 自贡市大安区农牧林业局干部
1984.12—1986.03 自贡市大安区新民乡农工商公司副经理
1986.03—1987.02 自贡市大安区新民乡副乡长
1987.02—1989.02 自贡市大安区新民乡乡长
1989.02—1991.06 自贡市大安区科委副主任
1991.06—1993.03 自贡市大安区凤凰乡党委书记
1993.03—1995.10 自贡市大安区政府副区长、凤凰乡党委书记
1995.10—1996.10 自贡市大安区政府副区长
1996.10—1997.09 自贡市大安区委常委、区政府副区长
1997.09—1998.03 自贡市大安区委副书记、区政府代理区长
1998.03—2002.11 自贡市大安区委副书记、区政府区长（1997.09—2000.06 四川省委党校经济学专业研究生学习）
2002.11—2006.06 自贡市大安区委书记、区人大常委会主任
2006.06—2007.04 自贡市委副秘书长（保留正县级）
2007.04—2010.09 自贡市经济委员会（市中小企业局）主任（局长）
2010.09—2011.09 自贡市经济和信息化委员会（市中小企业局）主任（局长）、市委非公经济组织工委书记
2011.09—2014.11 富顺县委书记
2014.11— 眉山市政府副市长

曹晖，女，汉族，1969 年 4 月生，四川成都人，致公党，1991 年 7 月参加工作，四川大学汉语言文学专业毕业，大学学历。
现任眉山市政府副市长。

1987.09—1991.07 四川大学汉语言文学专业本科学习
1991.07—1993.12 四川省政府外事办公室秘书处科员
1993.12—1996.11 四川省政府侨务办公室招商引资处副主任科员
1996.11—2000.01 四川省政府侨务办公室国内侨务处主任科员（其间 :1997.09—1999.07 四川大学企业管理专业研究生课程进修班学习）
2000.01—2004.05 四川省政府侨务办公室国外侨务处主任科员（其间 :2003.03—2003.06 四川行政学院第 12 期省政府部门处级公务员培训班学习）
2004.05—2010.05 四川省政府侨务办公室国外侨务处副处长
2010.05—2013.12 四川省政府侨务办公室国外侨务处处长，2012.05 任中国致公党四川省委常委
2013.12—2014.08 四川省政府侨务办公室国外侨务处处长，挂任绵阳高新区管委会副主任
2014.08—2015.01 四川省政府外事侨务办公室国外侨务处处长，挂任绵阳高新区管委会副主任
2015.01—2016.10 四川省政府外事侨务办公室国外侨务处处长（其间 :2015.04—2015.07 四川省优秀干部和人才递进培养第四期党外干部班学习）
2016.10—2016.11 眉山市政府副秘书长
2016.11— 眉山市政府副市长

罗毅，男，汉族，1968 年 8 月生，四川犍为人，1992 年 3 月加入中国共产党，1988 年 7 月参加工作，四川省委党校法学专业毕业，党校研究生学历。
现任眉山市政府副市长，眉山市公安局党委书记、局长、督察长。

1986.09—1988.07 成都体育学院体育专业大专学习
1988.07—1991.12 犍为县公安局民警
1991.12—1995.09 犍为县公安局科员
1995.09—1996.03 犍为县公安局局长助理（1993.08—1995.12 四川省委党校函授学院经管专业本科学习）
1996.03—2000.08 犍为县公安局副局长，1998.07 明确为正科级
2000.08—2004.12 夹江县公安局局长（副县级）（1998.06—2001.06 四川省委党校法学专业研究生学习）
2004.12—2006.09 峨眉山市公安局局长（副县级）
2006.09—2010.09 宜宾市公安局副局长
2010.09—2011.11 四川省公安厅刑事侦查总队（刑事侦查局）侦查一处处长
2011.11—2013.08 四川省公安厅刑事侦查总队（刑事侦查局）副总队长（副局长）兼侦查一处处长
2013.08—2014.09 四川省公安厅禁毒缉毒总队政委
2014.09—2016.10 四川省公安厅禁毒缉毒总队总队长
2016.10—2016.11 眉山市公安局党委书记、局长、督察长
2016.11— 眉山市政府副市长，市公安局党委书记、局长、督察长

冉登祥，男，汉族，1964年5月生，四川峨边人，1985年7月加入中国共产党，1986年7月参加工作，中央党校经济管理专业毕业，党校研究生学历。
现任眉山市政府副市长。

1982.09—1986.07 重庆大学钢铁冶金专业学习
1986.07—1989.08 大渡河钢铁公司技改指挥部技术员
1989.08—1990.11 大渡河钢铁公司氧顶转炉炼钢车间副主任
1990.11—1993.03 大渡河钢铁公司第二炼钢车间主任，1992.12 兼任氧顶改造项目组组长
1993.03—1994.09 大渡河钢铁公司第二炼钢厂厂长
1994.09—1995.11 大渡河钢铁公司总经理助理（正处级）、第二炼钢厂厂长
1995.11—1997.02 大渡河钢铁公司副总经理
1997.02—1998.08 大渡河钢铁公司董事长、总经理
1998.08—2000.09 洪雅县计划经济局副局长
2000.09—2002.04 眉山科技工业园管委会招商投资处负责人
2002.04—2003.01 眉山科技工业园管委会招商投资处处长
2003.01—2004.04 眉山市东坡区政府副区长
2004.04—2006.08 眉山市东坡区委常委、区政府副区长，2006.04 任常务副区长（2003.09—2006.07 中央党校经济管理专业研究生学习）
2006.08—2007.02 仁寿县委副书记
2007.02—2008.03 眉山经济开发区党工委常务副书记、管委会主任
2008.03—2009.12 眉山市经济委员会党组书记、主任
2009.12—2010.02 仁寿县委副书记，2010.01 代理县长
2010.02—2011.10 仁寿县委副书记、县政府县长
2011.10—2016.09 仁寿县委书记
2016.09—2016.11 眉山市委副秘书长
2016.11— 眉山市政府副市长

肖忠良，男，汉族，1964年4月生，四川眉山人，1989年5月加入中国共产党，1982年9月参加工作，四川师范大学经济管理专业毕业，在职大学学历。
现任眉山市政府副市长。

1979.09—1982.09 眉山师范学校学习
1982.09—1990.08 眉山师范附小教师（其间:1987.09—1989.06 四川师范大学汉语言文学专业自考专科毕业）
1990.08—1995.04 眉山县教育局工作
1995.04—1997.04 眉山县委宣传部干部（其间:1996.11—1997.01 眉山县中青班学习）（1993.09—1996.06 四川师范大学经济管理专业本科学习）
1997.04—2000.09 眉山县委办公室副主任、县委常委会秘书（其间:1999.07—1999.10 眉山县委党校领导干部培训班学习）
2000.09—2001.12 眉山地区行署办、眉山市政府办公室干部（1999.10—2001.02 四川工学院现代经济管理专业研究生班学习结业）
2001.12—2004.12 眉山市政府办公室秘书五科科长（其间:2002.07—2002.10 眉山市第五期中青班学习）
2004.12—2006.12 眉山市政府办公室副主任（其间:2005.06—2005.07 眉山市委党校第九期新任县级干部培训班学习；2006.09 清华大学公共管理高级研修班学习结业）
2006.12—2007.10 眉山市政府副秘书长
2007.10—2008.12 眉山市政府副秘书长、市政府研究室主任
2008.12—2009.07 眉山市政府副秘书长（保留正县级待遇）
2009.07—2009.09 眉山市政府副秘书长、市委组织部副部长（保留正县级待遇）
2009.09—2011.12 眉山市委组织部副部长（保留正县级待遇）（其间:2011.03—2011.04 中国浦东干部学院正处级领导干部培训班学习结业）
2011.12—2016.11 眉山市政府党组成员、市政府秘书长，市政府办公室党组书记
2016.11— 眉山市政府副市长

梁勇，男，汉族，1968年11月生，吉林舒兰人，民进，1992年9月参加工作，西南石油大学油气开发工程专业毕业，在职博士研究生学历。
现任眉山市政协副主席、民进眉山市委主委。

1988.09—1992.09 西南石油学院计算机软件专业学习
1992.09—1997.11 中国外运集团成都公司办公室办事员、包装部业务员
1997.11—1998.10 中国外运集团成都公司包装二部经理
1998.10—1999.10 中国外运集团成都公司包装部经理
1999.10—2000.03 中国外运集团四川公司企管部经理
2000.03—2002.09 中国外运集团四川公司营销部经理
2002.09—2005.01 洪雅县政府副县长（其间：2003.08 加入民进）
2005.01—2006.10 洪雅县政府副县长、民进眉山市总支副主委，2006.02 任民进眉山市委员会筹备组副组长
2006.10—2008.04 洪雅县政府副县长、民进眉山市委主委（2007.02 任正县级）
2008.04—2009.02 洪雅县政府副县长、民进眉山市委主委、眉山招商引资局四分局局长
2009.02—2010.04 洪雅县政府副县长、民进眉山市委主委
2010.04— 眉山市政协副主席、民进眉山市委主委（2007.06—2010.06 西南石油大学经济管理学院油气田开发工程专业研究生学习，获工学博士学位；2012.09—2013.09 挂任北京市旅游发展委员会副主任）

立胡左格，男，彝族，1966年6月生，四川马边人，无党派，1987年7月参加工作，西南师范大学汉语言文学专业毕业，大学学历。
现任眉山市政协副主席。

1983.09—1987.07 西南师范大学汉语言文学专业学习
1987.07—1990.10 马边县中学教师
1990.10—1992.06 马边县直机关团委书记
1992.06—1994.07 乐山市教委民教处副主任科员
1994.07—1997.08 乐山市教委民教处副处长
1997.08—1998.02 眉山地区教委普教科负责人
1998.02—2000.11 眉山地区教委普教科科长（其间：2000.04—2000.07 眉山地委党校首期党外中青年干部培训班学习）
2000.11—2002.07 彭山县江口镇政府镇长
2002.07—2003.01 彭山县政府县长助理、江口镇政府镇长
2003.01—2010.04 彭山县政府副县长，2006.06 任市无党派知识分子联谊会副会长
2010.04—2012.03 眉山市政协副主席
2012.03—2016.08 眉山市政协副主席、市工商联主席（其间：2013.03—2014.01 商务部投资促进事务局挂职副局长）
2016.08— 眉山市政协副主席

黄玉蓉，女，汉族，1962年1月生，河南郸城人，1986年1月加入中国共产党，1982年8月参加工作，省委党校行政管理专业毕业，党校研究生学历。
现任眉山市政协副主席。

1979.09—1982.08 西昌农业专科学校畜牧兽医专业学习
1982.08—1984.10 峨边县畜牧局科员
1984.10—1985.09 峨边县团委副书记
1985.09—1991.10 峨边彝族自治县团委书记（其间：1987.03—1987.06 四川省委团校43期轮训班学习）
1991.10—1995.01 峨边县广播电视局局长，1993.05 任县委宣传部副部长（其间:1992.09-1992.12 在乐山市委党校第三期中青班学习）
1995.01—1996.10 峨边县副县长、县广播电视局局长
1996.10—1997.08 峨边县副县长
1997.08—2002.12 眉山市（地区）妇联主席（其间：1999.03—1999.06 在四川省行政学院首届优秀县处级女干部培训班学习；2001.05—2001.11 在浙江省温州市瓯海区挂职锻炼任区委副书记；2002.02-2002.07 在四川省委党校第九期中青班学习；1996.03-1998.12 在四川省委党校经济管理专业在职大学学习）
2002.12—2003.11 彭山县委副书记（正县级）(2000.09-2003.06 在四川省委党校行政管理专业研究生班学习）
2003.11—2008.05 眉山市旅游局局长
2008.05—2011.11 眉山市委组织部常务副部长
2011.11— 眉山市政协副主席

杭明洪，男，汉族，1964年8月生，四川洪雅人，民建，1984年7月参加工作，四川省委党校法律专业毕业，党校大学学历。
现任眉山市政协副主席、民建眉山市委主委。

1982.09—1984.07 乐山财贸学校企业管理专业学习
1984.07—1991.01 洪雅县政府财贸办公室干事（其间：1986.10-1990.06 西南财经大学会计专业专科自考毕业）
1991.01—1998.01 洪雅县政府办公室信调科科长
1998.01—2000.01 洪雅县政府办公室副主任
2000.01—2001.04 洪雅县人大常委会副主任
2001.04—2006.12 眉山市人大常委会城乡建设环境资源保护委员会副主任委员（2003.05 加入民建）（其间:1999.09—2001.12 四川省委党校法律专业本科学习）
2006.12—2009.12 眉山市司法局副局长
2009.12—2011.11 眉山市司法局副局长、民建眉山市委主委
2011.11—2012.03 眉山市政协副主席、市司法局副局长、民建眉山市委主委
2012.03— 眉山市政协副主席、民建眉山市委主委

杨常沙，男，汉族，1961 年 1 月生，山西晋城人，民盟，1981 年 7 月参加工作，四川省委党校法律专业毕业，党校大学学历。
现任眉山市政协副主席、民盟眉山市委主委。

1978.09—1981.07 西昌师范专科学校汉语言文学专业学习
1981.07—1986.07 美姑县中学教师
1986.07—1995.05 四川省眉山农业学校教师、教研组组长、
普通课专业组长、教代会秘书长
1995.05—1996.06 四川省眉山农校顺和科技开发有限公司常务副总经理
1996.06—1998.09 四川省眉山农校办公室副主任
1998.09—2001.04 四川省眉山农校办公室主任（其间：2000.05—2000.07 眉山市委党校首届党外干部中青班学习）
2001.04—2006.04 眉山市科协副主席 (1999.09—2001.12 四川省委党校法律专业学习）
2006.04—2010.08 眉山市文体局副局长、三苏祠博物馆馆长（其间：2006.10 任民盟眉山市委副主委）
2010.08—2010.09 眉山市文体影视新闻出版局副局长、民盟眉山市委副主委、三苏祠博物馆馆长
2010.09—2011.11 眉山市科协主席、民盟眉山市委副主委、三苏祠博物馆馆长
2011.11—2011.12 眉山市政协副主席、民盟眉山市委副主委
2011.12— 眉山市政协副主席、民盟眉山市委主委

余自生，男，汉族，1963 年 5 月生，四川洪雅人，1991 年 3 月加入中国共产党，1982 年 7 月参加工作，四川省委党校现代管理专业毕业，党校研究生学历。
现任眉山市政协副主席。

1980.09—1982.07 四川供销学校学习
1982.07—1984.02 洪雅县罗坝区供销社干事
1984.02—1984.11 洪雅县供销社财会物价股干事
1984.11—1991.04 洪雅县物价局主办科员（其间：1986.10—1989.10 西南财大价格专业自考大专学习）
1991.04—1994.10 洪雅县委办公室副主任，1993.12 兼任县委督查室主任
1994.10—1995.08 洪雅县财政局副局长（正局级）
1995.08—1997.08 乐山市委办公厅督查处处长（其间：1995.09—1997.12 四川省委党校经管专业本科学习）
1997.08—2001.01 眉山地区统计局副局长（主持工作）
2001.01—2009.04 眉山市统计局党组书记、局长（其间：2001.09-2004.06 四川省委党校现代管理专业研究生班学习）
2009.04—2009.05 眉山市民政局党组书记
2009.05—2016.11 眉山市民政局党组书记、局长（其间：2010.02—2012.12 兼任市老龄办主任）
2016.11— 眉山市政协副主席

钟维钦，男，汉族，1963 年 8 月生，四川仁寿人，1987 年 11 月加入中国共产党，1982 年 7 月参加工作，四川省委党校行政管理专业毕业，党校研究生学历。
现任眉山市政协副主席。

1979.09—1982.07 乐山财贸学校统计专业学习
1982.07—1985.02 仁寿县工业局干部
1985.02—1987.02 仁寿县计经局干部（其间：1984.09—1986.12 四川大学自学考试党政干部基础科专业大专学习）
1987.02—1989.11 仁寿县委组织部干部
1989.11—1990.12 仁寿县委政研室干部
1990.12—1993.06 仁寿县委办公室秘书科科长
1993.06—1997.12 仁寿县委办公室副主任
1997.12—2000.04 仁寿县委办公室主任 ,1998.07 兼任县委机关党委书记（其间：1997.09-1999.12 四川省委党校法律专业本科学习，1998.10—1999.01 眉山地委党校第一期中青年干部培训班学习）
2000.04—2002.12 彭山县政府副县长，县经济技术开发区党工委书记、管委会主任
2002.12—2003.02 彭山县委副书记，县纪委书记，县经济技术开发区党工委书记、管委会主任
2003.02—2005.11 彭山县委副书记、县纪委书记、县总工会主席（2000.09—2003.06 四川省委党校行政管理专业研究生学习）
2005.11—2007.12 眉山市纪委副书记
2007.12—2010.05 眉山市城市管理行政执法局党组书记、局长
2010.05—2016.09 丹棱县委书记（其间：2010.07—2011.11 任县人大常委会主任）
2016.09—2016.11 眉山市委副秘书长（保留原职级待遇）
2016.11— 眉山市政协副主席

周强，男，汉族，1963 年 8 月生，四川眉山人，民进，1986 年 7 月参加工作，四川省社会科学院中国现代文学专业毕业，在职研究生学历。
现任眉山市政协副主席、市工商联主席。

1982.09—1986.07 四川师范大学中文系学习
1986.07—1993.06 乐山师专教师（其间 :1988.09-1991.07 四川省社会科学院现当代文学专业研究生学习）
1993.06—1997.07 乐山师专中文系副主任
1997.07—1998.06 乐山师专教务处副处长
1998.06—2001.08 眉山市（地区）经贸委办公室主任
2001.08—2002.12 眉山市经贸委主任助理
2002.12—2006.01 丹棱县政府副县长
2006.01—2006.06 眉山市发改委副主任
2006.06—2007.05 眉山市经济委员会副主任（正县级）
2007.05—2015.04 眉山市第三产业领导小组办公室主任、民进眉山市委副主委
2015.04—2016.08 眉山市政府第三产业办公室主任、民进眉山市委副主委
2016.08—2016.09 眉山市工商联主席、市政府第三产业办公室主任
2016.09—2016.11 眉山市工商联主席
2016.11— 眉山市政协副主席、市工商联主席

张能，男，汉族，1972 年 1 月生，四川平昌人，1993 年 12 月加入中国共产党，1997 年 7 月参加工作，四川大学诉讼法学专业毕业，在职博士研究生学历。
现任眉山市中级人民法院党组书记、院长。

1990.09—1994.07 西南师范大学学校教育专业学习
1994.07—1997.07 西南师范大学逻辑学专业学习
1997.07—2004.05 四川省委政法委执法督查督办室副主任科员，2001.08 任主任科员
2004.05—2007.11 四川省委政法委执法督查督办室副主任（其间 :2006.09—2006.11 四川省委党校中青班学习）
2007.11—2011.09 四川省委政法委执法督查督办室主任（其间 :2010.05—2011.05 下派任盐边县委常委、县政府副县长）
2011.09—2012.01 广安市中级人民法院党组书记
2012.01—2016.01 广安市中级人民法院党组书记、院长（2010.09—2014.12 四川大学诉讼法专业博士研究生学习；2013.02—2013.04 四川省委党校第 62 期市厅班学习；2014.09—2014.12 四川省优秀年轻干部人才递进培养计划第三期党政综合一班学习）
2016.01— 眉山市中级人民法院党组书记、院长

吕皓，男，汉族，1967 年 4 月生，山西洪洞人，1989 年 1 月加入中国共产党，1985 年 7 月参加工作，四川省委党校法律专业毕业，党校大学学历。
现任眉山市人民检察院党组书记、检察长。

1983.09—1985.07 四川省人民警察学校学习
1985.07—1992.05 四川省公安厅一处科员（其间：1987.09—1990.06 西南政法学院法律专业大专学习）
1992.05—1993.11 四川省公安厅一处副主任科员
1993.11—1997.06 四川省公安厅一处七科副科长（其间：1995.03—1996.03 下派峨眉山市公安局任局长助理）
1997.06—2001.03 四川省公安厅一处七科科长（其间：1997.09—1999.09 四川大学研究生课程班进修学习；1999.02—1999.07 四川省委党校中青班学习）
2001.03—2005.02 四川省公安厅国内安全保卫总队（国内安全保卫局）副总队长（副局长）（1999.09—2001.12 四川省委党校法律专业本科学习；2001.02—2003.03 下派任阿坝州公安局副局长）
2005.02—2008.02 四川省公安厅国内安全保卫总队（国内安全保卫局）反颠覆渗透处处长
2008.02—2013.06 四川省公安厅国内安全保卫总队（国内安全保卫局）副总队长（副局长）兼反颠覆渗透处处长
2013.06—2015.02 四川省公安厅国内安全保卫总队（国内安全保卫局）政委
2015.02— 眉山市人民检察院党组书记、检察长

【党的建设】

基层党组织开展群众文艺汇演

“党群集中活动日”开展法律宣讲

“基层问症随机走访”活动

党员医务人员为群众义诊

党员与群众开展文体活动

党员带头人传授专业技能

眉山市党务政务服务热线接线员接听市民电话

党员干部帮助贫困户抢收稻谷

【经济建设】

2016年6月29日，仁寿县黑龙滩国际生态旅游度假区项目签约仪式

2016年3月7日，眉山市千禾味业食品股份有限公司正式登陆A股

成昆铁路新岷江大桥段

日新月异的岷东新区

倍特电动车生产车间

千禾味业“机器换人”

林德气体（眉山）有限公司

恒重压缩机生产车间

天府新区视高区域

莱福德科技生产车间

新筑机械

四川伟易达科技有限公司生产车间

四川茂华食品有限责任公司糖果生产车间

清洁能源成套装备制造生产

仁寿县中建钢构西部制造基地

眉山滨江大道

仁寿大道

眉山交通中心

成乐高速

乐雅高速

2016 年 10 月 12 日，第九届中国竹文化节在眉山青神开幕

加纳学员们参加竹编培训

竹博会现场

市民参观竹编制品

【新农村建设】

农村机械化作业

村民抢收小麦

春耕

春到山乡

“互联网 +”现代农业

洪雅县汉王乡新村

彭山区黄丰镇合力村村民新居

洪雅县余坪镇金星村“小香葱”

日益便捷的农村公路

【文化建设】

“2016·圆梦岷东”文艺汇演

全民阅读在眉山蔚然成风

“元宵节”猜灯谜

外教与学生一起

乡村赛事

篮球比赛

眉山市第五届老年人运动会开幕

科技活动

钓鱼比赛

新建成的苏辙小学

【社会民生】

2015 年 12 月 9 日，眉山市第四届道德模范颁奖典礼

2016 年 4 月 19 日，三苏祠博物馆、三苏纪念馆重新开馆

彭山区人民医院挂牌为眉山市第三人民医院

送法下乡

乡村大舞台

2016年，眉山籍运动员黄文攀在里约残奥会勇夺五金一银

市民岷东新区赏樱花

招聘会现场

【百园之市】

雪后三苏祠

东坡竹园

苏洵公园

蟆颐观

泡菜城一隅

仁寿县城市湿地公园

仁寿县城北新城

青神县汉阳湿地公园

洪雅县七里坪

丹棱县老峨山竹林

青神县瑞峰竹基地

彭山区彭祖山

《眉山年鉴》编辑委员会

《眉山年鉴》编辑部

目 录
CONTENTS

眉山市人民政府 Meishan Municipal People´s Government

中国人民政治协商会议眉山市委员会 Meishan Municipal Committee of the Chinesepeople´s Political Consultative Conference

纪检监察 Discipline inspection and supervision

武装建设 National defense construction

民主党派·工商联 Democratic Party, industry and Commerce

商　贸 Trade

财政·税务 Fiscal and taxation

金　融 Finance

交通·邮政 Transport and post

信息业 Information industry

城乡建设与环境保护 Urban and rural construction and environmental protection

乘势而进　加快发展
奋力开创“十三五”发展新局面

——在中国共产党眉山市第三届代表大会第七次会议上的报告
（2016年1月12日）

中共眉山市委书记　李　静

同志们：

这次大会，是在协调推进中央“四个全面”战略布局、省委“三大发展战略”，奋力实现“两个率先”目标关键时期召开的一次重要会议。大会的主题是：高举中国特色社会主义伟大旗帜，全面贯彻落实中央、省委的决策部署，坚持以邓小平理论、“三个代表”重要思想、科学发展观为指导，深入学习贯彻习近平总书记系列重要讲话精神，凝心聚力、攻坚破难，乘势而进、加快发展，奋力开创“十三五”发展新局面。

现在，我代表中共眉山市第三届委员会向大会作报告。

一、主动作为、奋力攻坚的2015年

2015年，在省委的坚强领导下，市委团结带领全市人民，一心一意谋发展，聚精会神抓党建，着力强化“两大保障”，大力实施“八大攻坚”，全面部署“两大决战”，较好地完成了市三届六次党代会确定的目标任务。全市经济平稳较快发展，民生持续改善，社会和谐稳定，干部奋发有为。预计，全市GDP增长10%，地方一般公共预算收入增长10.5%，城乡居民收入分别增长9%、10%。落实和完善党代表任期制工作试点受到中央领导同志肯定，经验全国交流。建立“融合引领型”园区党建体系和农村基层党建工作经验全省推广。党风廉政建设社会评价排名继续保持全省第5名。

一是全面推进从严治党，良好政治生态总体形成。坚决贯彻中央、省委从严治党决策部署，深入学习习近平总书记系列重要讲话精神，加强思想政治建设，坚定正确的政治方向。扎实开展“三严三实”专题教育。深入开展南充拉票贿选案剖析反思。认真落实好干部标准和省委“三重”导向，坚持“三公开五优先三不用”选人用人。着力推动党建工作“有声有色、有形有效、务实管用”，积极探索构建“融合引领型”园区党建体系，推行基层党组织标准化建设。坚持将纪律和规矩挺在前面，认真学习贯彻《中国共产党章程》《中国共产党廉洁自律准则》和《中国共产党纪律处分条例》。全面落实党风廉政建设“两个责任”，旗帜鲜明开展反腐败斗争。持续推进正风肃纪，常态化开展落实中央“八项规定”监督检查，大力开展“9+2”突出问题专项整治“回头看”，坚决查处群众身边的“四风”问题。

二是勇于担当责任和使命，重点领域改革不断深化。不断增强全面从严治党的政治责任，充分发挥党的核心引领作用，推进党建、经济、社会等各项改革取得实效。作为全国唯一的市、县、乡三级试点单位，坚持不断地深化党代表任期制、党代会常任制试点。不断完善党政协调运行机制、常委分工负责制。加强农村新型经营主体党的建设试点经验全国交流。新承担中央改革试点5个、省级改革试点15个。全市共制定出台18个专项改革方案和81个配套文件，系统实施13项农村改革试点。农村土地规模规范流转、“银会合作”、新型经营主体培育等经验做法受到中央、省委改革办充分肯定。“诉非衔接”眉山经验被中央改革办列入全国首批30个改革案例。在全省率先实施“三张清单”制度。创新建立市党务政务服务中心。扎实推进农村信用社改制。全面实施教育综合改革、县级公立医院综合改

革。众筹众办基层公共文化体系建设经验被中宣部全面推广。

三是创新驱动转型升级，经济保持健康平稳发展。坚持以项目为中心组织经济工作，全社会固定资产投资完成1020亿元。着力培育“眉山制造2025”“东坡味道”千亿产业、“互联网+现代服务业”的现代产业体系。“4+4”产业总产值实现1155亿元，“东坡味道”产业总产值实现583亿元，旅游总收入实现230亿元。组织实施高新技术和战略新兴产业项目62项，实施重大科技成果转化项目30项，新认定高新技术企业21家。天府新区眉山片区、现代工业新城、岷东新区辐射引领全域发展。眉山列为第二批国家新型城镇化综合试点市，全市城镇化率提高1.95个百分点。招商引资到位资金连续8年居全省第2位。重大综合交通项目完成投资96.1亿元。“绿海明珠、千湖之城、百园之市”建设成效显著，全市森林覆盖率达到48.08%，水域面积占国土面积超过8%，新建和建成各类公园92个。

四是坚持共享发展成果，民生福祉得到持续改善。坚持把保障和改善民生作为一切工作的出发点和落脚点，全面完成十项民生工程和20件民生大事，全市全部财政支出80%用于民生。实施“1593”脱贫攻坚，全年脱贫5.14万人，完成省定目标任务的168.9%。实施“22345”创新创业攻坚，全年新增城镇就业3.4万人、个体工商户1.4万户、私营企业3427家。扎实推进文化立市“123工程”，完成三苏祠维修保护工程，城市公共文明指数测评连续5年居全省第3位。全市棚改开工率、农村危房改造居全省第一位，“五保”集中供养率居全省第一位。农村生活垃圾处理“眉山经验”全国推广。社会救助体系初步建立，城乡居民大病保险实现全覆盖。全市高校总数居全省第三位。

五是全面推进依法治市，社会大局保持和谐稳定。全面落实省委“治蜀兴川重在厉行法治”要求，加快构建依法治市“八大体系”。眉山成为全省首批拥有地方立法权的市州之一。顺利通过“六五”普法检查验收。深入推进社会治理网格化服务管理，健全社会稳定风险评估制度，实行“维稳跟着项目走”“法律跟着矛盾走”，进一步完善“大调解”工作体系，网上信访工作在全国交流经验，进京到省上访量连续8年保持全省末位。深入开展平安创建活动，严厉打击各类违法犯罪活动，人民群众安居乐业。落实安全生产党政同责、一岗双责，全市未发生一起较大以上安全生产事故。

六是广泛凝聚合作共识，和衷共济局面进一步巩固。坚持党委总揽全局、协调各方，党委、人大、政府、政协精诚团结，齐心协力。全力支持人大及其常委会和政协依法依章程履行职权，政协工作经验在全省交流。充分发挥各民主党派、工商联和无党派人士的优势和作用，进一步巩固壮大最广泛的爱国统一战线。工会、共青团、妇联、工商联、残联等人民团体的桥梁纽带作用进一步增强。国防动员、双拥共建、民族宗教、外事侨台等工作取得新成绩。

事业成败，关键在党，关键在人。我们始终坚持“一心一意谋发展，聚精会神抓党建”，较好地发挥了市委总揽全局、协调各方的领导核心作用，按照协调推进“四个全面”战略布局，对经济建设、政治建设、文化建设、社会建设、生态文明建设实行全面领导，对党的建设全面负责，把方向、管大局、作决策、保落实，涌现出了全国、全省优秀县委书记、乡镇党委书记、优秀共产党员、人民满意公务员、主动作为创一流先进个人和集体，他们是时代的楷模。我们连续13年开展党代会常任制试点，连续10年实施党政协调运行机制，承担了全国乡镇党委、人大、政府换届试点工作，坚持“四个一流”抓班子、“四个作为”带队伍，坚持主动作为创一流、为民服务当先锋，全市各级领导班子和党员干部奋勇争先，成为推动眉山跨越发展的中流砥柱。

2015年是“十二五”的收官之年。五年来，我们坚持在继承中发展，在发展中创新，在创新中突破，开创了眉山发展的崭新局面！全市经济总量迈上千亿台阶，年均增长12.1%，是2010年的1.9倍。地方一般公共预算收入突破80亿元，年均增长27.5%，是2010年的3.4倍，在全省排位升2位。城乡居民收入分别达到2.65万元、1.28万元，是2010年的1.8倍、1.9倍。累计新增城镇就业15.9万人，累计脱贫22.4万人。全市存款余额达1430亿元，人均存款余额40530元，分别是2010年的2.33倍、2.3倍。六区县在全省县域经济综合评价中全部实现升位。全面迈入高速时代、高铁时代、空港时代。2012—2014年，眉山在全省综合考核中分别位居第一、第三和第五位。

五年历程，成就辉煌。成绩的取得，是省委正确领导的结果，是历届市委继往开来、不懈努力的结果，是全市共产党员和广大干部群众共同奋斗的结果！我代表中共眉山市第三届委员会，向全市广大党员干部和人民群众，向各民主党派、工商联、人民团体，向人民解放军和武警驻眉部队、政法干警，向所有关心支持眉山发展的社会各界人士，致以崇高的敬意和衷心的感谢！

同时，我们也要清醒地看到，眉山在前进中面临不少问题和挑战。主要有：党的建设的挑战，长期面临“四大考验”“四大危险”，存在能力不足、作风懈怠的问题，个别党员干部违法违纪，各级党委协调推进“四个全面”战略布局和“五位一体”建设的能力还不足，服务人民群众的水平还需要提高。协调发展的挑战，城镇化率低于全国全省，公共服务供给不足，现代社会治理能力还不高，还有5.4万深度贫困人口和316个贫困村，实现“两个率先”任务艰巨。转型升级的挑战，创新能力不足，主导产业不优，缺乏核心竞争力，差异化发展特色不显著，供给侧结构改革任务艰巨。资源环境的挑战，国土资源环境承载力不足，环境容量有限，环境保护面临严峻形势。区域竞争的挑战，地处大都市和区域中心城市之间，区域发展竞争激烈，培育比较优势难度较大。人才支撑的挑战，人才总量小，高层次人才占比小，老龄化加剧，人口结构不合理。

二、科学谋划“十三五”全市经济社会发展

“十三五”时期，是眉山科学发展、转型发展的重要战略机遇期。市委三届二十二次全委（扩大）会议审议通过了市委《关于制定国民经济和社会发展第十三个五年规划的建议》，动员全市各级党组织和广大党员干部，进一步认清形势、坚定信心，继续保持专注发展定力，确保“十三五”期间在全省率先实现次级突破、率先全面建成小康社会。

实现“十三五”全市经济社会跨越发展，必须深入贯彻落实中央“四个全面”战略布局和省委“三大发展战略”，坚定不移地把“创新、协调、绿色、开放、共享”五大发展理念贯穿始终，坚持发展为民、坚持工业强市、坚持文化立市、坚持环境兴市、坚持依法治市、坚持创新改革、坚持开放合作、坚持党的领导。

充分考虑我市发展的阶段性特征和未来发展的支撑条件，“十三五”时期我们必须保持高于全国全省的经济增长速度，实施“两步走”：第一步，到2017年，实现“两个率先”：在全省率先实现次级突破、率先全面建成小康社会。第二步，到2020年，力争全市GDP、城乡居民收入比2010年增加2倍以上，实现“五个先行”：在创新发展、统筹城乡、生态文明、开放合作、全面小康五个方面实现先行。

——努力建成全省创新发展先行区。大力实施创新驱动发展战略，两年率先突破、五年率先转型，创新成为经济增长的基本驱动力，实现“发展动力转换、发展方式转变”，跻身全省经济强市、创新型城市行列。

——努力建成全省统筹城乡先行区。坚定不移实施统筹城乡“四种模式”“四个转变”“四有目标”眉山路径，新型城镇化空间体系完善，城乡差距和区域差距缩小，把眉山建成现代工业新城、历史文化名城、生活品质之城。

——努力建成全省生态文明先行区。生态建设和环境保护取得显著成效，“绿海明珠”“千湖之城”“百园之市”三大工程全面推进，生态环境优势转换成发展优势，美丽眉山建设取得新成效。

——努力建成全省开放合作先行区。内通外畅、地上地下、互联互通的水陆空现代立体综合交通运输体系基本建成，全方位开放合作体系全面建立，经济开放度显著提升。

——努力建成全省全面小康先行区。农村建档立卡贫困人口全部脱贫，贫困村全部摘帽，人民生活水平明显提高，基本公共服务均等化水平稳步提高，公民素质和社会文明程度普遍提升。

三、乘势而进、奋力冲刺的2016年

2016年，是“十三五”的开局之年，是本届市委的“任期目标冲刺年”。要全面贯彻落实中央、省委的决策部署，全面对照市第三次党代会确定的目标任务，坚持强党建、稳增长、调结构、惠民生、防风险，着力破解难题，厚植发展优势，确保全面完成任期目标，确保实现“十三五”发展“开门红”。

2016年的主要目标是：党的建设全面加强，人民生活水平进一步提高，城乡环境进一步改善，依法治理水平进一步提升。全市GDP确保增长8%，力争9%。

（一）切实加强党的领导，充分发挥党的领导核心作用。认真贯彻执行《中国共产党地方委员会工作条例》，按照协调推进“四个全面”战略布局，对“五位一体”建设实行全面领导，对党的建设全面负责，锻造坚强领导核心。坚持党委总揽全局、协调各方，支持和保证人大、政府、政协、法院、检察院、人民团体等依法依章程独立负责、协调一致地开展工作，发挥这些组织中党组的领导核心作用。加强对同级人大、政府、政协等的领导，建立健全沟通协调机制，及时通报重要情况。加强对群团工作和统一战线工作的领导，深化与各民主党派、工商联和无党派人士的合作共事。加强国防动员、双拥共建、民族宗教、外事侨台等工作。

（二）强力推进全面从严治党，提升党建科学化水平。认真学习贯彻《中国共产党章程》、《中国共产党廉洁自律准则》和《中国共产党纪律处分条例》。坚持思想建党和制度治党紧密结合，从严管党治党，始终保持党的先进性和纯洁性。强化政治、思想和组织领导，把方向、管大局、作决策、保落实。深入学习贯彻习近平总书记系列重要讲话精神，坚持解放思想、实事求是、与时俱进、求真务实，结合实际创造性开展工作。加强对宣传思想文化工作的领导，牢牢掌握意识形态工作领导权、话语权。坚持“四个一流”抓班子、“四个作为”带队伍，加强干部教育培训和人才引进工作，进一步完善“三公开五优先三不用”选人用人机制。深入推进基层党组织标准化建设。认真组织实施市县乡村换届工作。坚持把纪律和规矩挺在前面，巩固深化“三严三实”专题教育成果，持续推进正风肃纪，坚决防止“四风”反弹回潮。落实党风廉政建设“两个责任”，大力加强廉政教育，坚决惩治腐败。加强对权力运行的制约和监督，加快形成不敢腐的惩戒机制、不能腐的防范机制、不易腐的保障机制。

（三）强力推进全面依法治市，积极创新社会治理。加快推进依法治市“八大体系”建设，探索做好地方立法工作，启动“七五”普法，持续开展“法律七进”、法律服务为民等活动。巩固“大调解”和“诉非衔接”工作成果，深化网格化服务管理，扎实开展信访“三无创建”活动，深入实施“维稳跟着项目走”“调解跟着矛盾走”，探索创新涉稳源头治理体制机制。加快全市公共安全平台建设，依法严厉打击各类违法犯罪活动。健全突发事件监测和应急体系。加强安全生产工作和食品药品安全监管。

（四）强力推进创新驱动发展，加快经济转型升级。把扩大有效投资作为优化经济结构的重要手段，保持投资规模适度增长。全面实施“眉山制造2025”，推动“4+4”产业集群创新发展，向产业链、价值链中高端迈进。着力打造“东坡味道”千亿产业，深入推进都市近郊型现代农业发展，加快发展现代农业园区，强力推进三次产业深度融合。大力实施“互联网+”行动计划，突出发展文化旅游、电子商务、现代物流、康养服务、科教服务五大新兴先导型服务业。加快构建“政府引导、企业主体、院校协作、多元投资、成果分享”的政产学研用协同创新模式。大力开展质量提升和品牌创建工作。大力实施企业创新主体培育工程，促进科技成果转化。

（五）强力推进城乡统筹发展，构建城乡一体发展格局。坚持统筹城乡“四种模式”“四个转变”“四有目标”眉山路径，加快推进新型城镇化。优化区域发展格局，积极构建“一心两翼三带”的区域发展空间布局。加快发展县域经济，继续推动六区县在全省晋位升级。抓好天府新区眉山片区、岷东新区、现代工业新城建设。强力推进国家新型城镇化综合试点工作，做大做优中心城区和县城，加快国家级重点镇、省级示范镇、市级特色镇建设。大力开展传统、生态乡镇、村庄创建。加大棚户区和城乡危房改造力度。坚持货币化安置补偿，探索建立农村宅基地有偿退出机制。保持房地产业持续健康发展。推动城市管理向城市治理转变。继续开展综合交通大会战。加强农田水利、能源、信息等基础设施建设。

（六）强力推进全面深化改革，切实增强发展动能。继续深化党代表任期制、党代会常任制试点，进一步完善党政协调运行机制，深化纪律检查体制改革。抢抓四川列入国家系统推进全面创新改革试验区域机遇，全面对接中央、省委改革方案，突出抓好典型示范、经验推广。深化农村改革，推广彭山区全国农村改革试验区试点经验。深化“银会对接”“银财保”合作支农模式。深化土地制度改革，建立健全农村产权交易体系。推进商事制度改革，深化财税体制改革，创新推进农村基层社会治理，进一步深化司法体制改革。

（七）强力推进充分开放合作，不断开创合作共赢局面。积极对接“一带一路”“长江经济带”战略布局，在更高层次更宽领域汇聚资源要素。深入实施招商引资“376”战略，不断拓展海外招商。强化与长三角、珠三角、环渤海和港澳台等区域的经济合作，进一步深化成眉、甘眉、雅眉合作。积极对接国家和省级重大招商活动。抓好中外知名电商眉山行、“东坡味道”全球行等十大主题会节活动，不断拓展消费市场。继续深化“两走一对接”工作。

（八）强力推进文化立市，推动文化大发展大繁荣。坚持文化立城、文化立业、文化立人，强力推进国家历史文化名城创建。开工建设“五馆一中心”等重点文化项目，加快构建覆盖市、区县、乡镇（街道）、村（社区）的现代公共文化服务体系。充分发挥市场主体作用，鼓励和引导社会资本进入文化领域，推动文化产业和文化事业快速发展。加强精品文艺创作，开展铺天盖地的群众性文化体育活动。创建第四届四川省文明城市，建成国际竹编艺术城，办好第九届中国竹文化节。

（九）强力推进绿色发展，建设生态文明新家园。坚持绿色低碳、集约节约发展，促进生产空间集约高效、生活空间宜居适度、生态空间山清水秀。大力建设“绿海明珠”，确保全市森林覆盖率稳定在48%以上，城乡绿化覆盖率稳定在51%以上。大力建设“千湖之城”，确保恢复和新增水域面积20平方公里。大力建设“百园之市”，全市公园总数达到117个。深入推进国家级和省级生态市、县（区）创建。深化大气污染、水污染治理，加大环保执法力度，让群众更好享受碧水蓝天。

（十）强力推进民生改善，不断增进人民福祉。突出“基本民生、重点民生、底线民生”，推进基本公共服务均等化，全市全部财政支出的80%用于民生。深入实施“1593”脱贫攻坚和“22345”创新创业攻坚。继续实施十项民生工程，办好一批民生实事。优先发展教育事业，促进教育公平。不断加大公共卫生投入，深化医药卫生体制改革。建立更加公平可持续的社会保障体系，完善社会救助体系。继续加强关心下一代和老年人工作，加快养老服务体系建设。

各位代表、同志们，让我们更加紧密地团结在以习近平同志为总书记的党中央周围，在省委的坚强领导下，坚持主动作为创一流、为民服务当先锋，奋力冲刺任期目标，加快建设富裕美好眉山，创造出无愧于人民、无愧于时代的新业绩！

名词术语解释和说明

1.“四个全面”：即全面建成小康社会、全面深化改革、全面依法治国、全面从严治党。

2.省委“三大发展战略”：即多点多极支撑发展战略、“两化”互动城乡统筹发展战略、创新驱动发展战略。

3.“两大保障”“八大攻坚”：即强化“从严治党”和“依法治市”两大保障，打好“项目投资、转型升级、统筹城乡、区域发展、深化改革、开放合作、文化立市、创业就业”八大攻坚战。

4.“两大决战”：决战扶贫攻坚，市委出台了《关于决战“1593”扶贫攻坚确保实现“两个率先”的决定》，明确了一个目标、开展五个一批减贫行动、推进九大领域脱贫工程、强化三大保障。决战创新创业，市委出台了《关于决战“22345”创新创业攻坚确保实现“两个率先”的决定》，明确了“两大目标”、培育“两大主体”、构建“三大体系”、实施“四大行动”、落实“五大政策”。

5.“诉非衔接”改革试点：即“诉讼与非诉讼相衔接的矛盾纠纷多元化解决机制改革试点”。

6.“三严三实”：即严以修身、严以用权、严以律己，谋事要实、创业要实、做人要实。

7.“三重”导向：即“重品行、重实干、重公认”的用人导向。

8.党风廉政建设“两个责任”：党的十八届三中全会提出，落实党风廉政建设责任制，党委负主体责任，纪委负监督责任。

9.“三张清单”：即行政权力清单、政府责任清单和投资项目限制禁止清单。

10.“4+4”产业集群：即机械装备制造、化工及化工新材料、农产品加工、新型建材4大传统优势产业和高端装备制造、新能源及金属新材料产业、新一代电子信息技术和生物医药4大战略性新兴产业。

11.“一心两翼三带”：一心：以中心城区为中心，形成东坡城区、彭山城区“一城双核”。两翼：以东部仁寿县城和西部洪雅、丹棱县城为核心，构建发展东翼和西翼。三带：主要是中部沿岷江流域的区县、重点乡镇，构建沿岷江流域发展带；西部以现代工业新城为主体，构建涵盖南北组团园区所在城镇，并连接青神县城的产城一体发展带；东部以视高、文林、富加、汪洋等工业园区和两个现代农业示范园区为主体，构建仁寿产城融合发展带。

政府工作报告

——在眉山市第三届人民代表大会第七次会议上

(2016年1月13日)

眉山市人民政府市长　宋朝华

各位代表：

我代表市人民政府，向大会报告工作，请予审查，并请政协委员提出意见。

“十二五”及2015年工作回顾

“十二五”时期，是眉山发展历程中极不平凡的五年，也是经济社会发展取得新的重大成就的五年。五年来，在省委、省政府和市委的坚强领导下，在市人大、市政协的监督支持下，我们紧紧围绕“工业强市、文化立市、环境兴市、依法治市”的发展战略，全面贯彻中央、省委、省政府和市委的决策部署，积极应对各种压力挑战，主动适应经济发展新常态，在爬坡上坎中转型升级，在改革创新中攻坚拔寨，圆满完成了“十二五”规划确定的主要目标任务。

这五年，值得振奋的是，眉山发展动能得到大释放。全市地区生产总值（GDP）五年基本翻番，成功站上千亿级台阶，实现历史性突破；县域经济全部晋位升级；全社会固定资产投资累计完成3750亿元，年均增长19.4%；规上工业增加值年均增长14.9%；社会消费品零售总额年均增长14.8%；民营经济增加值年均增长14%；民间投资占全社会投资比重达74%。

这五年，值得喜悦的是，眉山经济质效得到大提升。三产增加值年均增长11.7%，增速保持全省前列；地方一般公共预算收入83.1亿元，是2010年的3.37倍，在全省排名升2位；金融机构存款余额1443亿元、贷款余额691亿元，分别是2010年的2.35倍、2.59倍，存贷比47.9%，提高2.15个百分点；城镇化率42%，提高7.9个百分点；省上下达的节能减排任务全面完成。

这五年，值得欣慰的是，眉山民生福祉得到大改善。全市全部财政支出中80%以上用于民生，实施民生工程703项，累计投入194亿元；城乡居民人均可支配收入2.65万元、1.28万元，分别是2010年的1.8倍、1.93倍；城乡居民收入差距从2010年的2.23缩小到2.08，农村居民人均可支配收入总量连续七年全省第4位；新增城镇就业15.9万人，累计脱贫22.4万人。

五年来，我们主要做了以下工作：

坚持追赶发展，从速度规模型走向质量效益型，产业体系更加优化。五年来，我们牢固树立加快发展的核心理念，坚持在追赶跨越中缩小差距，在转型升级中提质增效，产业发展逐步迈向中高端。产业结构不断优化。三次产业结构从18.8∶54.9∶26.3调整为15.4∶57.7∶26.9。“4+4”的现代工业体系初步构建，机械装备、新型建材等四大传统优势产业产值均突破百亿元；高端装备制造、新一代电子信息技术等四大新兴产业产值235亿元，战略性新兴产业占工业经济比重的21%。现代服务业提速发展，旅游总收入实现230亿元，服务业增加值在国民经济中的比重提高0.6个百分点，消费对经济增长的贡献率达到27%，新增国家AAAA级旅游景区3个、省级度假区1个。“东坡味道”千亿产业加快发展，总产值实现583亿元。产业质态不断优化。工业经济量质齐升，净增规上企业23户达622户，新增50亿元企业集团1户；工业利润、入库税金分别比2010年增长1.3倍、1.7倍。单位工业增加值综合能耗下降40%，淘汰和关闭落后产能企业93户。质量强市成效明显，新增国家地理标志证明商标6件、国家地理标志保护产品7个，建成省知名品牌创建示范区2个。“东坡泡菜”品牌价值突破百亿元。

产业布局不断优化。园区成为经济发展的主载体，13个市级重点工业园区全面整合，工业集中度达到64.3%。建成3个百亿园区、4个50亿园区，彭山经开区、甘眉园区、视高开发区成功纳入省“51025”重点园区培育范围。彭山青龙物流园区成功创建为省级物流聚集区。都市近郊型现代农业“两城三园七片”强力推进，建成国家级畜禽标准化示范场13个、国家级种业基地2个、国家级现代农业示范区1个。岷江现代农业示范园区成功创建为国家级农业产业化示范基地，眉山成为全省整体推进现代农业的3个示范市之一。

*坚持创新发展，从要素驱动型走向创新驱动型，发展活力更加强劲。*五年来，我们始终把创新摆在经济社会发展的突出位置，充分发挥创新激励经济增长的乘数效应，经济活力进一步增强。综合改革成效明显。农村改革亮点纷呈，彭山区成功列入全国农村改革试验区，新型经营主体培育深入推进，发展“521”体系经验全省推广，“银会对接”模式全国推广。行政体制改革推进有力，率先在全省建立“三张清单”，清理优化权力事项5158项、责任事项3673项；政府机构改革顺利实施，事业单位分类改革稳步推进。经济体制改革纵深拓展，眉山农商行筹建进展顺利，政府平台融资36.9亿元。商事登记制度改革加快推进，大众创业、万众创新如火如荼，新增各类市场主体81549个。创新驱动成绩斐然。科技创新深入实施，成功创建国家技术创新工程四川省试点示范市，新创建国家高新技术企业56家，建成国家和省重点实验室2个。协同创新推进有力，产学研创新联盟加快建设，与13个高校和科研院所签订合作协议，申请发明专利980项，实施科技成果转化398项、产值400亿元。产业创新成效明显，新建创业创新孵化中心（基地）和聚集区5个，创客空间、创意坊6个，电子商务交易额和网络零售额年均增长超过30%，快递业务量年均增长超过60%。仁寿县、青神县被评为国家级电子商务进农村综合示范县。开放合作成果丰硕。成眉合作、甘眉合作、雅眉合作全面推进。“中法农业科技园”落户眉山。天府新区上升为国家级新区，眉山片区建成区面积突破15平方公里，入驻企业274户。现代工业新城加快建设，总部经济区顺利推进，累计完成投入760亿元。招商引资“376”战略深入实施，中外系列投资促进活动接连开展，成功引进世界500强、中国500强或投资10亿元以上企业132家，地方股份制银行3家，招商引资省外到位资金连续八年全省第2位，实际利用外资连续五年全省前列，眉山成为全省除成都以外落户世界500强企业最多的市州。

*坚持跨越发展，从注重物的城镇化走向注重人的城镇化，发展基础更加牢固。*五年来，我们坚持以人的城镇化为核心，强力推进城乡要素自由流动、公共资源均衡配置，跨越发展基础更加坚实。城乡面貌明显变化。创新“四种模式”，加快“四个转变”，实现“四有目标”，五年转变农村居民85.3万人。城镇综合承载能力显著增强，城镇建设累计投入867亿元，新增建成区面积51平方公里，国家新型城镇化综合试点城市申报成功。彭山撤县建区，岷东新区初具规模，眉山大城市格局基本奠定。乡镇建设品质提升，率先在全省实现乡镇总规、控规和城镇形象设计全覆盖，布局合理、梯次分明的新型城镇发展格局逐步形成。新村建设成效明显，建成幸福美丽新村355个。城乡基础明显夯实。综合交通颠覆区位，五年完成投入456亿元，新增公路里程560公里，“两横三纵”高速路网全面建成，“三横九纵”铁路网日益完善，“四箭齐发”加快推进，眉山到成都、到区县“半小时经济圈”全面形成，成功迈入“双高”“双港”时代。乡村道路四通八达，新改建农村公路2660公里。农田水利设施加快建设，实施高标准基本农田项目121.7万亩（8.11万公顷），新增耕地9.2万亩（6133.33公顷）、建设用地2.79万亩（1860公顷），完成小型水库除险加固104座，新建和整治渠道2328公里。城乡环境明显改善。城乡环境综合治理成效明显，“五乱”“三线”有效治理，“大城管”“大环卫”工作格局全面构建，农村生活垃圾治理首批通过国家验收，东坡湖综合整治顺利完成，“龙鹄模式”眉山经验全国推广。“绿海明珠”“千湖之城”“百园之市”深入推进，森林覆盖率48.08%，城乡绿化覆盖率50.8%，新增水域面积80平方公里，新建和建成各类公园92个。东坡城市湿地公园、“四苏公园”赢得群众热烈点赞，眉山城市形象得到极大提升，眉山城市内涵得到极大丰富。洪雅县成功创建国家级生态县。国家园林城市、省级环境保护模范城市、省级文明城市成功创建。全市城市公共文明指数测评连续四年位居全省前3位。

*坚持和谐发展，从基本民生走向幸福民生，社会环境更加良好。*五年来，我们始终把人民对美好生活的向往作为奋斗目标，不断增进民生福祉，让群众有更多获得感。民生实事全面完成。解决121.6万农村人口饮水安全。完成棚户区改造31834户，解决住房困难群众9

万人。实施农村危旧房改造39937户，完成投入27.2亿元。百万安居工程建设开工率、农村危房改造竣工率连续4年全省第一，地质灾害防治连续7年实现零伤亡。住房公积金管理率先在全国实现“贯标”。社会保障全面加强，城乡居民基本医疗保险制度有机整合，城乡低保标准进一步提高，社会养老服务体系加快建设，城镇居民“零就业”家庭保持动态为零，农村五保集中供养率连续五年全省第一。各项事业全面提升。教育事业加快发展，五年完成教育投入156亿元，新建和改扩建校舍130万平方米，义务教育招生改革经验全省推广，高校总数居全省第3位。卫生计生事业不断加强，医药卫生体制改革深入实施，基本药物制度实现全面覆盖，血吸虫病传播阻断全部达标，县（区）人民医院全部创建为二甲以上综合医院。公共文化服务体系日臻完善，文化立市“123”工程深入推进，“两宋荣光”眉州大道、东坡宋城Ⅰ期顺利竣工，三苏祠灾后重建全面完成。成功举办中国泡菜展销会，成功申办第九届中国竹文化节，青神竹编产业园创建为国家级版权示范园。第九届残运会飞镖和盲人门球项目圆满承办。社会治理全面加强。依法治市“八大体系”深入实施，网格化服务管理全面推进，“平安眉山”建设成效明显，“大调解”体制机制和社会稳定风险评估机制深化完善，“六五”普法顺利通过省级验收，“诉非衔接”改革试点被中央改革办列为全国首批30个改革成功案例，眉山经验上升为国家经验。“维稳跟着项目走”工作模式全国推广，信访“三无”创建、网上信访和群众来访“四个当天”办理制度全面推行，进京到省上访总量连续八年全省末位。国防动员和后备力量建设全面加强，省级双拥模范城市成功创建。安全生产形势持续好转，无重大及以上安全事故发生。

坚持从严从实，从转变职能走向法治政府，自身建设更加有为。五年来，我们紧紧围绕“五型”政府建设这个核心抓手，不断革故鼎新、与时俱进，自身建设实现新突破。治理能力进一步增强。应急处突反应迅速，成功应对“4·20”芦山强烈地震、“7·9”特大暴雨洪灾、“6·13”映天学校公共卫生突发事件。27个纳入全省“4·20”芦山强烈地震灾后恢复重建总体规划的项目顺利竣工，65698户城乡居民住房重建、维修加固全面完成。依法行政深入实施，行政权力公开透明运行平台建成投运，制定出台各类规范性文件415份。行政效能进一步提高。深入推进行政审批制度改革，大力简政放权，下放和取消行政审批51项，转变管理方式81项。大力加强政务服务体系建设，率先在全国建立“三大服务中心”，率先在全省推进行政权力集中进中心，全市131个乡镇（街道）、1103个村（社区）、8487个村民小组全部建立便民服务中心和站点，五级便民服务体系不断完善。政务服务五星级管理做法被编入全国政务服务工作创新案例。认真办理人大代表建议、政协提案，满意和基本满意率达100%。作风建设进一步加强。扎实开展群众路线教育实践活动，深入推进“三严三实”专题教育，持续用力正风肃纪，大力整治“庸懒散浮拖”，“四风”问题得到有效遏制，干部作风持续好转。认真贯彻落实中央“八项规定”、省委“十项规定”、市委“六个坚持”，全面加强政府廉政建设，市本级“三公”经费下降34.86%，政府系统公文减少19.5%。

各位代表！

2015年，是实施“十二五”规划的最后一年，也是本届政府任期目标攻坚之年。面对严峻复杂的国内外形势和持续加大的经济下行压力，我们始终坚持在综合施策中稳增长，始终坚持在动能转换中调结构，始终坚持在包容共享中惠民生，经济运行“稳”的基础更加牢固，“转”的进程不断加快，“进”的态势积极向好。回顾一年的奋斗历程，虽然困难比预料的多，但结果比预想的好，我们顺利完成了市三届人大六次会议确定的各项目标任务。预计，全市GDP增长10%；全社会固定资产投资1020亿元，增长10.5%；地方一般公共预算收入83.1亿元，增长10.5%；规上工业增加值增长12%；社会消费品零售总额360亿元，增长12.5%；三产增加值增长10%；城乡居民人均可支配收入分别增长9%、10%。

五年拼搏不平凡，五年成就不寻常。“十二五”时期的接续奋斗和艰辛实践，不仅创造了巨大的物质财富，也创造了巨大的精神财富。成绩来之不易，这是省委、省政府和市委坚强领导的结果，是市人大和市政协监督支持的结果，是全市人民齐心协力、顽强拼搏的结果。在此，我谨代表市人民政府，向历任老领导、老同志，向全市人民、解放军驻眉部队和武警、消防官兵、政法干警，向关心、支持和参与眉山建设发展的社会各界朋友，表示衷心的感谢并致以崇高的敬意！

在肯定成绩的同时，我们也要清醒地看到发展中面临的困难和问题：经济总量不大、运行质量不高、产业结构不优，仍是眉山加快发展的最大障碍；重大产业项目缺乏、自主创新能力不强、资源环境约束加大，仍是眉山永续发展的最大瓶颈；城乡发展不平衡、区域发展不协调、公共服务不配套，仍是眉山均衡发展的最大短板；社会矛盾增多、社会治理难度加大、系统风险加剧，仍是眉山和谐发展的最大挑战；转变政府职能、规范行政行为、提高行政效率，仍是政府自身建设的最大主题。对上述问题，我们将高度重视，认真加以解决。

“十三五”发展的主要考虑

根据市委《关于制定国民经济和社会发展第十三个五年规划的建议》，市政府组织编制了《眉山市国民经济和社会发展第十三个五年规划纲要（草案）》，已印发大会审议。这里，主要从三个方面作简要说明。

一、关于发展目标的考虑

围绕市委《建议》“两个率先”“五个先行”的总要求，《纲要（草案）》提出了“十三五”时期的主要发展目标。特别要说明的是，对于“保持高于全国全省的经济增长速度”这一目标，主要基于以下考虑。一方面，实现“两个率先”，需要在提高发展质效基础上保持必要增速。眉山经济总量不大、发展质量不高、产业支撑不强仍然是主要矛盾，解决眉山所有的问题，关键还是发展，有必要确立一个积极进取的目标。另一方面，从未来发展支撑看，完全有条件实现高于全国全省的增速。在基础上，全市 GDP 上千亿元，按照经济规律，经济社会发展将跃上新阶段。在机遇上，眉山是国家级天府新区的重要组成部分、国家新型城镇化综合试点市、全国农村改革试验区、全省创新驱动发展先导区，必将对我市产生巨大推动作用。在潜力上，我市处于新型城镇化、新型工业化“双加速”时期，发展已由以点带动变成了点、线、面共进，形成了多点多极支撑格局。同时，各项改革红利逐步释放，眉山既有发展空间、又有发展动力。

二、关于发展重点的考虑

完成好“十三五”发展的目标任务，特别需要找准主攻方向，《纲要（草案）》在对标“两个率先”、保障“五个先行”中着力突出了三大主攻方向。一是加快转变发展方式。“十三五”是转型升级的重要窗口期，只有转得好才能最终赶得上。《纲要（草案）》把发展基点放在创新上，加大结构性改革力度，从产业创新、科技创新、体制创新等方面作出安排，使转变发展方式贯穿于经济社会发展的全过程和各领域。二是着力弥补发展短板。这是确保决战决胜的关键之举。《纲要（草案）》着力弥补民生事业短板，打赢脱贫攻坚战；着力弥补区域城乡短板，加快形成多点多极支撑、城乡协调发展格局；着力弥补生态环境短板，改善大气等环境质量，筑牢生态安全屏障。三是有效防控各种风险。今后五年，各方面风险可能积累甚至集中显露。《纲要（草案）》强调，要建立多元化防范处置风险体系，坚决守住安全稳定的底线，确保我市发展行稳致远。

三、关于发展路径的考虑

牢固树立“五大发展”新理念，坚定走好符合眉山实际的创新、协调、绿色、开放、共享发展之路，这是“十三五”发展的根本遵循。《纲要（草案）》用了 5 个专篇就此进行了规划。为此，《纲要（草案）》提出：一是坚持创新发展方面。围绕解决发展动力的问题，分别从供需两端加大结构性改革力度，大力推进大众创业、万众创新，提出了方向和要求。二是坚持协调发展方面。围绕解决发展不平衡的问题，分别在区域协同、城乡一体、物质文明精神文明并重等方面，提出了方向和要求。三是坚持绿色发展方面。围绕解决人与自然和谐的问题，分别就持之以恒推进“绿海明珠”“千湖之城”“百园之市”建设，提出了方向和要求。四是坚持开放发展方面。围绕解决发展内外联动的问题，分别就大力实施全方位、多层面、宽领域的高水平双向开放，提出了方向和要求。五是坚持共享发展方面。围绕解决社会公平正义的问题，分别就脱贫攻坚、公共服务、完善社会保障等方面，提出了方向和要求。

2016 年重点工作

今年是“十三五”的开局之年，也是本届政府“任期目标冲刺年”，做好今年工作，任务艰巨，意义重大。我们要全面落实中央、省委省政府和市委各项决策部署，坚持稳增长、调结构、惠民生、防风险，战略上坚持持久战，战术上打好歼灭战，着力加强结构性改革，着力去产能、去库存、去杠杆、降成本、补短板，奋力在新常态、千亿级的全新起点上再出发，努力实现“十三五”时期的良好开局，推动“两个率先”“五个先行”迈出坚实步伐。

今年全市经济社会发展的主要预期目标是：GDP 增长 8%；规上工业增加值增长 10%；全社会固定资产投资完成 1120 亿元；地方一般公共预算收入增长 8%；城乡居民人均可支配收入分别增长 9%、9.5%；社会消费品零售总额增长 11%；城镇登记失业率控制在 4.4% 以内；全面完成省下达安全生产和节能减排任务。

围绕上述目标，重点抓好以下

五个方面35项工作。

一、坚持创新发展理念，在动能转换中提高发展质效

1. 强力推进国家综合试点。全力抓好国家新型城镇化综合试点，紧紧围绕促进农民工融入城镇、全面推进产城融合、建立多元可持续的投融资机制等八大任务，在土地、公共服务、城乡一体化等体制机制方面大胆探索，重点突破，闯出新路，确保2017年与全国第一批试点地区同步取得阶段性成果，形成一批可复制、可推广的眉山经验。全年城镇化率提高1.7个百分点。

2. 强力推进科技创新引领。完善科技创新激励机制和成果转化机制，加强知识产权保护，培育壮大创新人才队伍。强化企业创新主体作用，支持企业加大创新投入，实施省级以上科技计划项目50项，技术创新投资增长15%，新增高新技术企业5家，努力获取一批发明专利。深入推进协同创新，深化校（院、所）市合作，新增政产学研用创新联盟2个。加强创新平台建设，建设省级以上科技孵化中心、研发中心、工程技术中心2个。

3. 强力深化经济体制改革。深化投融资体制改革，推广使用PPP模式，探索“拨改投”等财政投入方式创新，支持企业上市、挂牌融资，推进债券发行。深化金融体制改革，抓好农村金融改革试点，发展普惠金融，创新金融产品，大力支持实体经济发展，着力支持中小微企业发展，加快推进农村信用社改制，积极支持保险业创新发展。深入推进商事制度改革，全面推行“先照后证”登记改革，逐步实现营业执照和企业注册全程电子化。推进财税体制改革，打好降低企业成本“组合拳”，建立权责发生制政府综合财务报告制度。深化国有企业改革，推动不动产登记改革。坚持非禁即入放宽民营经济发展领域，民营经济增加值增长9%。

4. 强力深化农村综合改革。深入推进农村产权制度改革，基本完成农村土地确权登记，建立健全农村综合产权交易平台。积极推进农村集体资产股份合作制改革，发展多种形式适度规模经营，适度规模经营面积占承包地流转面积40%。积极培育新型职业农民，新增一批新型农业经营主体，工商资本投资农业25亿元以上。加快农村金融创新，全面推动金融创新服务都市近郊型现代农业发展三年计划。大力深化彭山全国农村改革试验区试点，积极探索农村承包土地经营权和农民住房财产权抵押贷款。

5. 强力深化社会领域改革。加快教育领域综合改革，全面提高教育质量。深化医药卫生体制改革，推进县级公立医院综合改革和分级诊疗制度，启动市级公立医院综合改革试点。深化文化体制改革，健全公共文化服务体系和现代文化市场体系。深入推进城市管理执法体制改革，改进城市管理工作。推进社会组织管理改革，更好发挥社会组织在公共服务和社会管理中的作用。深化特殊人群服务管理改革。深化殡葬改革，全域推行绿色殡葬。

6. 强力深化行政体制改革。坚持简政放权、放管结合、优化服务“三管齐下”，不断深化行政审批制度改革，依法再取消和下放一批行政许可事项，创新并联审批、联动审批和网上审批方式，加强和改进事中事后监管。继续深化事业单位分类改革，完成公务用车制度改革。

7. 强力推进“两个高端”。大力发展高端产业和产业高端，加快新兴产业发展和传统产业转型升级。加快发展先进制造业，全面落实《眉山制造2025规划纲要》，培育壮大4大战略性新兴产业，加快4大传统优势产业升级换代，技改投入270亿元以上，战略性新兴产业产值占工业比重达到23%，“眉山制造”总产值达到1260亿元。加快发展现代服务业，推动生产性服务业向专业化和价值链高端延伸、生活性服务业向精细和高品质转变，大力培育云服务、数字消费、物联网等服务新业态。坚持产业政策要准，创新支持产业方式，设立新兴产业创业投资引导基金，引导撬动社会资本投向新兴产业。深入实施质量强市战略，新培育中国驰名商标1件、四川名牌5个，新认定省著名商标3件。

8. 强力打造“东坡味道”。大力发展都市近郊型现代农业，走产出高效、产品安全、资源节约、环境友好的现代农业发展道路。以“两城三园七片”等区域为重点，打造优势农业产业核心区和聚集区，争创全省各类农业重点县、示范县。以打造“东坡味道”千亿产业为目标，加快推动种养加一体、一、二、三产业深度融合发展，做大做强特色优势农产品产业，挖掘农业的生态价值、休闲价值、文化价值，“东坡味道”总产值达到650亿元。以“粮安工程”为基本，藏粮于地、藏粮于技，建设高标准农田示范区10万亩（6666.67公顷），粮食产量保持在160万吨以上，打造粮食流通经济强市。

9. 强力实施“互联网+”。大力推进“互联网+”行动计划，打造新产业、新业态、新模式。加强新一代信息基础设施建设，推进“三网融合”，推动云计算、大数据等应用，建设“互联网+旅游”“互联网+文化”等四大公共服务平台，打造“数字眉山、智慧眉山”，信息基础设施投资4亿元以上。以建设“全省电商第二城”为目标，启动实施“3553”工程，促进农村、社区电子商务加快发展，鼓励快递企业向镇、村一级布局，打造功能完善的电子商务产业链。启动全市智能制造示范试点，打造重点智能企业5户、智慧园区2个。

10. 强力推进“双创”行动。强力推进“22345”创新创业攻坚，积极发展众创、众包、众扶、众筹等新模式，大力发展天使、风险投资。积极推进载体建设，集中力量培育创新创业核心聚集区，打造一批孵化楼宇、创业社区、创业小镇。完善创业创新配套机制，细化落实鼓励创新创业的担保贷款、税费减免、财政贴息等政策措施。实施“大学生创业引领计划”“青年创业促进计划”“复退军人创业扶持和发展计划”，支持农民工和农民企业家返乡创业。新登记小微企业2000户，个体工商户1万户。

二、坚持协调发展理念，在全面统筹中推进发展平衡

11. 加快优化发展布局。优化区域布局，建立完善区域发展协调机制，大力发展“走廊经济”，着力构建“一心两翼三带”布局。强力推进天府新区眉山片区和眉山现代工业新城加快发展，打造区域协同发展的核心增长极，分别完成固定资产投资110亿元、150亿元以上，规上工业增加值分别增长12%、11%。优化产业布局，深入实施百亿产业、百亿园区、百亿企业“三百工程”，努力形成产业聚集成链发展。强力推进“两化互动”“三化联动”“四化同步”，加快构建具有眉山特色的现代产业体系、现代城乡形态。

12. 加快提升城市品质。按照“一尊重五统筹”要求，着力构建大中小城市城镇协同发展的现代城镇体系，逐步形成横向错位发展、纵向分工协作的城镇发展格局。加快推进东坡、彭山“一城双核”融合发展，抓好眉山城市总体规划修编和城市设计优化。实施“城市基础设施建设年行动”，探索海绵城市建设，加强城市地下综合管廊建设，加大棚户区改造力度，大力推进岷东新区、东坡岛等新区新城开发建设，开工建设眉彭大道等重大项目。大力消化房地产库存，支持农村居民进城购房置业，大力推行购租并举的住房制度改革，以满足新市民住房需求为出发点，把公租房扩大到非户籍人口，促进房地产业平稳健康发展。着力解决城市病等突出问题，加强城市精细化管理，提升城市管理服务水平。

13. 加快夯实城乡基础。坚持交通先行，全面推进“四箭齐发”、成都经济区环线眉山段、成昆铁路扩能改造工程眉山段、汤坝航电工程、虎渡溪航电工程等重点项目建设，完善城乡公共交通体系，完成综合交通投资95亿元。加快推进水利、能源、市政等基础设施建设，增强城乡发展后劲。

14. 加快壮大县域经济。深化“两扩两强”改革，建立完善县级事权与财力相匹配的新机制。加快县域经济特色化发展，推动各区县晋位升级。提高县域城镇化水平，推进县城和中心镇扩容提质，加快国家级重点镇、省级试点镇、市级特色镇和幸福美丽新村建设。加快推进“四种模式”“四个转变”，力争全年农村居民转变为城镇居民14.2万人、产业工人1.8万人、三产经营（从业）者3万人、现代农业业主1230户。

15. 加快提升城乡文明。深入实施精神文明建设十大行动，大力培育和践行社会主义核心价值观。扎实抓好省级文明城市创建，积极开展农村精神文明建设，加快城乡文明一体化进程。深入推进文化立市“123”工程，大力发展文化事业，壮大文化产业，开工建设“五馆一中心”。深入实施文化惠民工程，继续打造“眉山东坡大舞台”等品牌群众文化活动，支持优秀文化产品创作。深入推进传统媒体和新兴媒体融合发展，着力打造新型主流媒体。启动中国历史文化名城创建，加强文化遗产保护，大力弘扬和传承眉山特色文化，提升东坡文化品牌。

16. 加快推动军民融合。加强国防动员和民兵预备役工作，推进基础设施和重要领域军民深度融合，做好双拥共建、人民防空、交通战备和征兵工作，巩固和发展军政军民团结，努力为驻眉山部队现代化建设创造更好的条件。

三、坚持绿色发展理念，在生态建设中实现发展永续

17. 持续加强生态建设。大力建设“绿海明珠”，全市森林覆盖率稳定在48%以上，中心城区和各县城建成区绿化覆盖率达到40%以上。办好第九届中国竹文化节。大力建设“千湖之城”，全面推进“一江两堰四湖”建设，恢复和新增水域面积20平方公里。大力建设“百园之市”，全市公园总量达到117个。大力推进国家级和省级生态市、县（区）创建，东坡、彭山区成功创建省级生态区。

18. 持续加强环境治理。打好治霾治水攻坚战，确保PM10浓度下降4%以上，城市空气质量优良率稳步提升，实施好醴泉河等小流域综合治理。加强环保基础设施建设和管理，推进市生活垃圾焚烧发电等重点项目建设，提升污水、垃圾和危险废弃物处理能力。深入推进城乡环境综合治理，强化农村环境连片整治和规模化畜禽养殖污染防治，提升城乡人居环境质量，两区四县城全面达到环境优美示范标准，新创一批环境优美示范乡村。

加强环境监测预警和监管执法，严厉打击和查处各类环保违法行为。

19. 持续发展生态旅游。突出旅游目的地建设，精心打造瓦屋山、彭祖山、柳江古镇等一批重点旅游景区，加快推进黑龙滩长岛、云中花岭等一批重点项目。突出旅游品牌创建，加快推进七里坪创建国家级旅游度假区，推进国际竹艺城、丹棱大雅堂等创建国家AAAA级旅游景区，加快黑龙滩创建省级生态旅游示范区、旅游度假区。突出乡村旅游发展，积极推进传统乡镇、传统村落创建，促进旅游产业融合发展。全年完成旅游投入80亿元以上，实现旅游总收入265亿元以上。

20. 持续加强节能减排。大力实施政策环评、战略环评和规划环评，在重点耗能行业推行效能对标，积极稳妥化解过剩产能，加快淘汰落后产能。落实节能减排目标责任制，实施节能重点工程，力争单位工业增加值综合能耗下降3%以上、工业固废综合利用率达到100%，工业废气排放量控制在指标以内，新建民用建筑100%达到绿色标准。

21. 持续加强资源利用。大力发展低碳循环经济，推动废弃物资源化利用，加强资源综合利用项目扶持。执行最严格的耕地保护制度和节约集约用地制度，严守耕地保护红线，积极开展闲置土地和低效用地清理，盘活存量土地，努力提高土地利用效率。

四、坚持开放发展理念，在互联互通中拓展发展空间

22. 坚持不懈招大引强引优。大力实施“376”招商引资战略，紧紧围绕构建现代产业体系，充分利用天府新区这个金字招牌，实施产业链、价值链、创新链招商，大力引进引领型、补链型、核心型高端产业项目和创新能力强、税收贡献高、资源占有少的优质企业，更加注重引技引智。全年招商引资到位资金560亿元以上，实际利用外资1亿美元以上，引进世界500强、中国500强或投资10亿元以上项目20个以上。

23. 坚持不懈强化项目推进。强化项目招商实效，严格执行重大项目绿色通道制度、领导分工联系制度和“一月一推进、两月一开（竣）工、季度一盘点”项目推进机制，优化审批流程，加强协调服务，大力推进苏宁云商、LED创新产业园等重大项目加快建设，全年新开工项目359个以上、续建项目280个以上，其中亿元项目287个以上。

24. 坚持不懈筑牢开放平台。坚持“一园一主业、园区有特色”，大力加强园区品牌建设，加快推进园区上档升级、做大做强，推动眉山经开区创建国家级经开区。积极搭建开放合作平台，充分利用省上举办的西博会、科博会等重大展会，精心组织“三走一请”、中外知名电商眉山行、“东坡味道”全球行、第八届中国泡菜展销会等招商推介活动。

25. 坚持不懈深化区域合作。积极融入国家战略，加强与“一带一路”和长江经济带沿线城市交流合作，适时举办眉山优势产业和重点项目推介宣传。坚定不移实施“融入成都、同城发展”战略，加强与成都平原城市群协同发展，深化扩大合作领域，加快推进天府新区、成眉石化园区、成眉工业集中区和甘眉园区建设。强化与长三角、珠三角、环渤海和港澳台等区域的经济合作，深化东坡遗迹遗址地城市合作。

五、坚持共享发展理念，在公平正义中增强发展获得

26. 推进精准扶贫脱贫。强力推进“1593”扶贫攻坚，建立健全扶贫开发推进机制，完善扶贫攻坚政策措施，严格落实脱贫工作责任制，把“六个精准”要求落实到村到户到人。精准实施“五个一批”减贫行动计划和“九大领域”脱贫摘帽工程，突出贫困村基础设施建设和特色优势产业发展，减少贫困人口5万人。

27. 切实办好民生实事。加大民生投入，确保全市全部财政支出中用于民生的比重稳定在80%以上。继续实施好“十大民生工程”，突出办好改善住房条件、方便就学就医、加强扶残济困等20件民生大事。

28. 促进城乡就业增收。落实完善就业政策，提升就业服务水平，实施高校毕业生就业促进计划和农民工职业技能提升计划。加大对就业困难人员帮扶力度，确保“零就业”家庭至少有一人就业，统筹被征地农民、农村转移劳动力、退役军人等就业工作，促进残疾人就业，全年城镇新增就业2.6万人。拓宽农民财产性收入增收渠道，完善最低工资标准，推进企业工资集体协商。

29. 提高社会保障水平。完善城乡社保体系，适时提高城乡居民养老保险待遇和低保标准。完善城乡居民医疗保险制度，做好机关事业单位养老保险制度改革，确保改革平衡推进。加强对特定人群特殊困难的精准救助，开展“救急难”综合试点。提升城乡住房保障水平，实行公共租赁住房和廉租房并轨运行，稳步扩大住房公积金制度覆盖面。做好妇女、儿童、残疾人保障工作，加强对农村留守人员关爱保护。

30. 办好人民满意教育。不断优化学校布局，提高教育信息化水平，促进优质教育资源共享。加快发展学前教育，扩大公益普惠覆盖面，新建、改扩建10所公办幼儿园。均衡发展义务教育，增加城区和城镇小学、初中学位供给，新建、改扩建校舍5万平方米，洪雅县义务教育均衡发展通过国家验收。大力发展民办教育，优质发展高中教育，引进发展高等教育，加快发展现代职业教育，关心支持特殊教育发展。完善困难家庭学生资助体系。

31. 提升群众健康水平。实施医疗服务能力提升工程，加快推进市人民医院二期工程、市中医院整体迁建，启动市人民医院三甲创建工作。实施公共卫生服务能力提升工程，推进基本公共卫生服务均等化。实施健康产业发展促进工程，鼓励社会资本办医，支持发展医养结合等新型健康服务业。积极发展中医药事业。强化重点传染病、地方病防控和公共卫生应急管理，大力开展爱国卫生运动。大力发展体育事业。

32. 强化人口计生服务。坚持计划生育基本国策，落实“全面二孩”政策，大力推进工作转型，完善计划生育利益导向机制，强化人口计生基本公共服务，抓好优生优育，提高出生人口素质。

33. 大力建设“平安眉山”。树立新型安全观，切实抓好传统安全和非传统安全。推进社会治安综合治理，建好公共安全平台，大力推进城市“智慧小区”和农村“雪亮工程”建设。健全立体化治安防控体系，构建常态化暴恐快反机制，依法严厉打击严重违法犯罪活动，不断提高市民的安全感。建立健全安全生产责任体系，加强安全社区和隐患排查治理体系建设，坚决遏制重特大安全生产事故发生。提升食品药品安全监管水平，构建食品药品社会多元共治机制。加强应急管理，完善防灾减灾救灾综合管理体制，提升突发事件应急处置能力。抓好防汛抗旱、地质灾害防治工作。

34. 保持社会和谐稳定。深入推进依法治市，启动“七五”普法，强化政府依法行政、企业合法经营、市民守法自律，营造全民尊法守法学法用法的良好氛围。完善法律援助制度，健全公共法律服务体系。加强和创新社会治理，深化网格化服务管理。抓好群众和信访工作，巩固“诉非衔接”和“大调解”工作成果，丰富完善多元化纠纷解决的“眉山经验”，推进社会稳定风险评估全覆盖，积极预防化解社会矛盾。加强社会信用体系建设，防范化解金融风险，坚决守住不发生系统性和区域性风险的底线。

35.统筹做好其他工作。认真组织开展第三次全国农业普查。扎实抓好民族宗教、外侨台、地方志、审计、统计、保密、档案、防震减灾、气象、测绘、供销、红十字、慈善、关心下一代等工作。

政府自身建设

新形势新常态，对政府自身建设提出了新的更高要求。我们要全面落实“三严三实”要求，以提高政府治理能力为导向，加快构建“B2G”新型政企关系、“R2G”新型政民关系，努力打造政府与市场主体、与市民的沟通平台，努力营造零障碍、低成本、高效率的政务环境。

政府服务“一张网”。大力加强电子政务综合服务平台建设，拓展网上党务政务大厅办事功能，建成全市完整统一、规范有序、有形有为的政府服务一张网。加强党务政务服务中心建设，完善提升政务服务实体平台，与网上平台结合，形成线下与线上互为补充的“一窗口受理、一站式审批、一条龙服务”，为群众提供优质、高效、便捷的公共服务。推进政府服务热线整合归并，强化“12345”市民服务热线功能。

政府效能“两提升”。全面提升政府决策效能，健全科学、民主、依法决策机制和程序，完善决策问责和纠错制度，加强政府协商，广泛听取人大代表、政协委员和政协各界别的意见，打通决策部署的“最先一公里”。全面提升政府行政效能，狠抓政府作风建设和廉政建设，强化电子监察、社会监督和督查落实，坚决治理“庸懒散浮拖”等不良现象，打通工作落实“最后一公里”。

政府治理“三清单”。不断创新政府治理方式，大力推行“三张清单”制度。全面推行行政权力清单制度，切实把权力关进制度笼子。全面推行政府责任清单制度，促进政府依法全面履行职能。全面推行投资项目限制禁止清单制度，使市场在资源配置中起决定性作用，更好发挥政府作用。深化政务公开和政府信息公开，自觉接受市人大及其常委会的法律监督和工作监督，严格执行市人大决议决定，主动接受市政协的民主监督，认真办理人大代表建议和政协提案，高度重视社会监督和新闻舆论监督。

各位代表！装点此江山，今朝更美好。今天的眉山，已站在“新常态、千亿级、再出发”的新起点，让我们紧密团结在以习近平同志为总书记的党中央周围，在省委、省政府和市委的坚强领导下，紧紧依靠全市人民，团结一心、坚定信心、开拓创新，为建设富裕美好眉山而努力奋斗！

名词解释和说明

1. “4+4”现代工业体系：

2015年9月，市委、市政府制订出台《眉山制造2025规划纲要》，提出着力壮大“4+4”产业集群，即机械装备制造、农产品加工、化工及化工新材料、新型建材4大传统优势产业和新一代电子信息、新能源及金属新材料、高端装备制造、生物医药4大战略性新兴产业，力争到2025年实现产值4800亿元。

2.“51025”重点产业园区：2013年7月，省政府决定实施“51025”重点产业园区发展计划。即通过5年的努力，力争形成5个营业收入超过2000亿元的产业园区、10个营业收入超过1000亿元的产业园区、25个营业收入超过500亿元的产业园区。

3.“521”体系：2014年12月，彭山区纳入全国第二批农村改革试验区，在承担家庭农场、村转社区等农村基层党组织建设试点过程中，探索出了一套推进新型经营主体发展的“521”模式。“5”即在项目用地、金融支持、财政扶持、技术创新、人才培养五个方面对新型经营主体进行扶持；“2”即严格落实项目准入审查、项目全程监管两项监管制度；“1”即通过缴纳风险保证金和耕地复垦保证金等措施建立起一套农户利益保障机制。

4.“两横三纵”“三纵九横”：“两横”即成雅高速、遂资眉高速；“三纵”即成赤高速、成乐高速、雅乐高速。“三纵”即川藏铁路成康段、成都都市圈环线铁路、连汪铁路；“九横”即成昆铁路，成绵乐铁路客专、成昆铁路复线、雅眉乐铁路、天府新区轨道快线TF1线、天府新区轨道快线TF5线、天府新区轨道快线TF6线、蒲丹洪市域铁路、新机场经仁寿至自贡城际铁路。

5.“五乱”“三线”：“五乱”即垃圾乱扔、广告乱贴、摊位乱摆、车辆乱停、工地乱象；“三线”即铁路、公路、河道。

6.“两个率先”：2013年4月，省委书记王东明莅眉调研，对眉山提出“两个率先”新要求。2015年11月，市委《关于制定国民经济和社会发展第十三个五年规划的建议》进一步明确，到2017年，要在全省率先实现次级突破、率先全面建成小康社会。

7.“五个先行”：市委《关于制定国民经济和社会发展第十三个五年规划的建议》提出，到2020年，努力建成全省创新发展先行区、统筹城乡先行区、生态文明先行区、开放合作先行区和全面小康先行区。

8.PPP模式：即“Public Private Partnership”的英文缩写，指政府与私人部门为提供公共产品或服务而建立的“全过程”合作关系，以授予特许经营权为基础，以利益共享和风险共担为特征，通过引入市场竞争和激励约束机制，提高公共产品或服务的质量和供给效率。

9.“3553”工程：即在天府新区彭山区域依托苏宁易购、海尔，天府新区仁寿区域依托西南网贸港，岷东新区依托同方信息和香港同方打造三大电商产业园；建设东坡、彭山、仁寿、丹棱、青神5个农村电商示范基地；培育50户电商龙头企业；重点发展30个电商平台。

10.“22345”创新创业攻坚：市委《关于实施“22345”创新创业攻坚全面推进大众创业万众创新的决定》提出，要实现两大目标、培育两大主体、构建三大体系、实施四大行动、落实五大政策。

11.“一心两翼三带”布局：“一心”，即以中心城区为中心，形成东坡城区、彭山城区“一城双核”。“两翼”，即以东部仁寿县城和西部洪雅、丹棱县城为核心，构建全市发展东翼和西翼。“三带”，即中部沿岷江流域由彭山、东坡、青神城区和青龙、观音、太和、松江、黑龙等重点镇为主体，构建沿岷江流域发展带；西部以现代工业新城为主体，由南北组团七个园区所在城镇并延伸至青神，构建产城一体的发展带；东部以视高、文林、汪洋、富加等工业园区和两个现代农业示范园区为主体，形成新兴工业、现代农业和现代城镇相结合的发展带。

12.“一尊重五统筹”：2015年12月，中央城市工作会议提出。“一尊重”，即尊重城市发展规律；“五统筹”，即统筹空间、规模、产业三大结构，提高城市工作全局性；统筹规划、建设、管理三大环节，提高城市工作的系统性；统筹改革、科技、文化三大动力，提高城市发展持续性；统筹生产、生活、生态三大布局，提高城市发展的宜居性；统筹政府、社会、市民三大主体，提高各方推动城市发展的积极性。

13.“1593”扶贫攻坚：市委《关于决战“1593”扶贫攻坚确保实现“两个率先”的决定》提出，要明确一个目标、实施“五个一批”减贫行动、突出“九大领域”脱贫工程、强化三大保障。

14.“B2G”：即“Business to Government”的英文缩写，指政府与企业之间通过线上线下方式建立起全天候、全方位、多元化的新型沟通交流机制，形成新型政企关系。

15.“R2G”：即“Resident to Government”的英文缩写，指政府与公众之间通过线上线下方式建立起全天候、全方位、多元化的新型沟通交流机制，形成新型政民关系。

大事记

Event chronicle

2015年眉山大事记

1月5日 市委副书记、市长宋朝华主持会议研究彭山区事权划分实施方案。

1月7日 2015年文化下乡启动仪式在彭山区彭溪镇兴崇村举行。

1月11日 眉山市举行"体彩杯"迎春健身操（舞）比赛。

1月14日 "峨眉半山七里坪国际抗衰老健康产业试验区"授牌仪式在北京钓鱼台国宾馆举行。国家发改委国际合作中心主任曹文炼向洪雅县人民政府和四川金杯集团授牌，标志着国内首个国际抗衰老试验区落户眉山。

1月15日 省委常委、常务副省长钟勉到眉山调研经济运行情况和创业就业工作。

1月16日 2015年全市第一批重点项目集中开竣工仪式在洪雅柳江镇举行。集中开工重点项目34个，总投资89.45亿元；集中竣工重点项目43个，完成投资61.28亿元。

1月20日 中国中铁股份有限公司总裁戴和根一行到眉山考察。市委书记李静，市委副书记、市长宋朝华，市委常委宣迅陪同考察。

1月22日 中残联党组成员相自成、信息中心副主任张成、省残联副理事长黄卫德一行到眉山市调研"量服"（"量体裁衣"式残疾人服务）工作并现场指导残疾人专项调查工作开展。

1月22日至23日 市委书记李静，市委副书记、市长宋朝华在成都参加四川天府新区投资推介会暨合作项目签约仪式系列活动。李静会见汉能光伏产业集团副总裁王利民，天津斯芬克斯药业总裁姚庆佳，葵花药业集团副总裁宋志国，杜邦公司全球副总裁、大中国区总裁苏孝世，日本旭硝子集团执行董事、中国总代表新保贵史等推介会部分嘉宾，并就项目合作等事宜进行会谈。推介会签约仪式上，眉山市签约重大项目6个，投资总额305亿元，其中2个项目为正式合同，投资额25亿元，另外4个项目签约框架协议，投资总额280亿元。

1月23日 "创业就业惠民年"表扬大会召开。全市支持创业就业工作先进集体和创业先进个人受表扬。市委书记李静，市政协主席王影聪，市委副书记刘十庆，市委常委、常务副市长吴小可，市委常委、组织部部长姜怡，市长助理王晨明，市政府秘书长肖忠良出席大会并为高校毕业生创业明星、回归创业明星、市内外促进就业先进企业代表颁奖。

1月27日 市政府与中国铁塔四川省分公司签署战略合作协议。

1月28日 雅安市委副书记青理东率领党政代表团考察青神县竹编产业和天府新区仁寿视高开发区建设情况。

是日 市委常委宣迅会见到眉山考察的美国普立万集团公司亚洲区副总裁 Rob Bindner 一行。

1月29日 环保部环境工程评估中心主任崔书红带队到眉山市调研环评管理及工业园区环境风险防范工作。省环保厅副厅长彭勇陪同。

1月30日 位于天府新区眉山区域的联合利华（四川）全球生产基地一期项目正式落成投产。荷兰经济大臣坎普，联合利华北亚区总裁马瑞文，荷兰驻重庆总领事谭敬南，联合利华亚洲区供应链资深副总裁殷德维、北亚区供应链副总裁欧力文、北亚区公共事务副总裁曾锡文，市委书记李静，市委副书记、市长宋朝华，副市长唐宏等为项目落成开业剪彩。

1月 青神县再次被文化部授予"中国民间文化艺术之乡"称号。

是月 住建部公布第二批建设宜居小镇、宜居村庄示范名单，丹棱县双桥镇梅湾村被荣获“国家级宜居村”称号。

2月2日 市委书记李静，市委副书记、市长宋朝华调研城市交通枢纽、岷东新区、天府新区眉山片区、岷江现代农业示范园区，及彭山区和仁寿县规划建设情况。

2月2日至3日 中国共产党眉山市第三届代表大会第六次会议召开。会议听取市委书记李静代表中共眉山市第三届委员会向大会作的工作报告；听取市纪委工作报告（书面）。测评市委全委会、市纪委2014年度工作满意度。通过《中国共产党眉山市代表大会代表任期制实施办法》及配套制度。测评区县、市级单位（部门）主动作为创一流情况；调查测评党风、政风、行风建设。李静在题为《攻坚克难跨越发展 奋力开创建设富裕美好眉山新局面》的报告中总结2014年各项工作，安排部署2015年工作。

2月3日 国家粮食局副局长吴子丹带队督导检查四川粮食工作，第二检查组在省粮食局副局长伍文安等陪同下，专项检查眉山市危仓老库维修改造、秋粮收购、项目建设等工作。

是日 文化部市场司副巡视员刘鲁平率全国打击侵权假冒现场绩效现场考核组第六组对眉山市文化市场进行现场检查。

2月4日 市委副书记、市长宋朝华在眉山会见韩国全罗南道潭阳郡代表团团长、潭阳郡郡守崔亨植一行。双方就建立政府与企业合作，加强两地在竹产业、竹文化、竹工艺方面交流合作进行座谈。

2月5日 人保集团党委书记、董事长吴焰率队到眉山调研。市委书记李静，市委副书记、市长宋朝华会见吴焰一行，双方就加强沟通合作，推动金融支持地方经济社会发展进行交谈。

2月5日至7日 眉山市第三届人民代表大会第六次会议在市会议中心大会堂开幕。市长宋朝华代表市政府向大会作政府工作报告。大会听取市人大常委会主任贺文作市人大常委会工作报告，市中级人民法院院长刘楠作市中级人民法院工作报告，市人民检察院代理检察长吕皓作市人民检察院工作报告，书面审查《眉山市2014年国民经济和社会发展计划执行情况及2015年计划草案的报告》《眉山市2014年财政预算执行情况和2015年财政预算草案的报告》。

2月6日 省委常委、省总工会主席李登菊一行到眉山走访慰问四川启明星铝业有限责任公司和眉山市金锣食品有限公司，看望慰问困难劳动模范和困难职工代表。

2月7日 人力资源和社会保障部副部长何宪一行到眉山调研。

2月8日 市委书记李静，市委副书记、市长宋朝华会见现代工业新城总部经济区项目战略投资企业——中景恒基投资集团股份有限公司董事长、首席执行官肖厚忠一行，双方就推进现代工业新城总部经济区项目建设事宜进行交谈。

2月9日 省委书记王东明到眉山调研，实地考察天府新区建设发展情况。

是日 省人大常委会副主任、党组副书记张东升一行到眉山调研工业和城市建设发展情况。

2月10日至25日 在苏洵公园内（九巷十坊）举办首届新春庙会。

2月11日 国家质检总局发布公告，批准“彭山葡萄”为国家地理标志保护产品，即日起实施保护。

2月13日 市委书记李静，市委副书记、市长宋朝华带队慰问驻眉山部队、眉山军分区、武警眉山支队、眉山消防支队官兵和外来一线交通建设者。

2月25日 市委书记李静，市委副书记、市长宋朝华一行到市政务服务中心，调研政务服务工作，看望一线窗口工作人员。

2月28日 市委、市政府召开2015年“绿海明珠”大会战电视直播动员大会。会后，市领导李静、贺文、王影聪等前往岷东新区义务植树，推动“绿海明珠”大会战。

3月3日 全省春耕生产暨高标准农田建设现场会在眉山召开。副省长曲木史哈出席会议并讲话。省政府副秘书长赵学谦主持会议。市委书记李静、市委副书记刘十庆、副市长钟毅参加会议。

是日 全省推进气象现代化建设工作会议在眉山召开。副省长曲木史哈、中国气象局副局长于新文讲话，省政府副秘书长赵学谦主持会议，省气象局局长彭广出席会议，市委书记李静致辞，副市长钟毅参加会议。

3月10日 副省长曲木史哈到眉山调研。曲木史哈一行走访了中国泡菜城万亩绿色蔬菜基地、眉山市翠鲜蔬菜专业合作社、千禾味业有限公司及吉香居食品有限公司，调研泡菜产品延伸工作情况。

是日 工信部规划司副司长宋志明率领工信部四川藏区调研工作组到甘眉工业园区调研。

是日 乐山市委副书记、市长张彤率考察团一行到眉山考察。考察青神县岷江汉阳航电枢纽工程、东坡城市湿地公园、东坡宋城、洪雅县柳江古镇和七里坪旅游开发项目及岷东新区和泡菜城建设情况。

3月10日至5月10日 四川省第六届乡村文化旅游节分会场暨仁寿首届乡村旅游文化节在眉山市仁寿县曹家镇举办。

3月11日至4月11日 四川花卉（果类）生态旅游节分会场暨

丹棱不知火橘橙（桃花）节在丹棱桃花源风景区举办。

3月11日 国务院农民工子女教育调研组到眉山青神，调研农民工子女教育工作。

是日 “建设法治眉山·巾帼在行动”暨2015年眉山市巾帼维权服务乡村行活动启动仪式在东坡区思蒙镇举行；眉山市巾帼维权女律师服务团成立。

3月12日 市委书记李静会见到眉山考察的香港清华同方股份有限公司总裁陈文辉一行，双方就加强交流合作，推进项目落户进行会谈。

是日 全市精神卫生工作会暨眉山市精神卫生中心挂牌仪式举行。在东坡区精神病医院增挂眉山市精神卫生中心牌子，承担市精神卫生中心职责。

3月13日 全市2015年第一期“三农大讲堂”培训开课，邀请农业部农村经济研究中心主任宋洪远授课。

3月16日 省委常委、省农工委主任李昌平一行到眉山市，深入东坡区、彭山区和丹棱县实地调研，指导深化农村改革工作。市委书记李静，市委副书记刘十庆，市政府副市长钟毅陪同调研。

是日 市委副书记、市长宋朝华率队前往汉能控股集团有限公司实地考察，并与集团相关负责人座谈，洽谈推进重大项目落户眉山。

3月18日 省委常委、政法委书记刘玉顺调研天府新区眉山片区。

是日 市委副书记、市长宋朝华会见到眉山考察的太平洋建设集团创始人、太平洋商学院院长、沪商智慧集团董事局主席严介和一行，双方就加快项目推进、加强交流合作事宜进行座谈。

3月19日 中国社会科学院学部委员、全国著名民法学家梁慧星教授考察眉山中院诉讼服务中心、法治教育陈列馆和司法公开信息中心。

是日 国土资源部咨询研究中心副主任李伟率队到眉山调研土地督察工作。

3月20日 国务院副秘书长、国家信访局局长舒晓琴，在省委常委、政法委书记刘玉顺的陪同下，调研眉山市法院多元化纠纷解决机制改革工作、岷东新区“信访三无”工作开展情况等。市领导李静等陪同调研。

是日 省人大常委会副主任黄润秋带队到眉山开展大气污染防治情况专题询问工作调研。

3月20日至22日 由中国辩论教育网络（CDEN）主办的2015CDEN锦江杯中国（西南）大学辩论公开赛在四川大学锦江学院举行，四川大学、四川农业大学等17所高校120支队伍参赛。

3月23日 市委书记李静，市委副书记、市长宋朝华在岷江东湖饭店会见杜邦公司考察团一行。

3月23日至24日 安徽省淮北市市委书记、市人大常委会主任肖超英率领党政代表团到眉山考察。

3月25日至26日 省人大常委会副主任、党组副书记张东升一行到眉山调研工业、农业、城市建设等方面情况。

3月26日 眉山市开始推行组织机构代码证网上年度信息报告工作。

是日 国家发改委价格监督检查和反垄断局副局长陈志江一行到眉山调研。

3月27日 市委书记李静会见立白集团董事长、总裁陈凯旋一行，双方就加强沟通交流、寻求新合作进行会谈。

是日 2015年首届四川省滑翔伞锦标赛暨玉屏山森林度假区启动仪式在洪雅县柳江镇玉屏山野鸡坪度假营地举办。

3月28日 四川省第八届老年人运动会门球比赛在仁寿县开幕。

3月30日 省政协副主席解洪，省政协经济委员会主任单晨光，副主任雷建、王钢一行到眉山调研天府新区眉山片区建设发展。

3月31日 副省长黄彦蓉率队到眉山市调研教育工作，并到眉山职业技术学院、四川工商学院、四川城市职业学院、仁寿一中北校区实地考察。

4月1日至2日 省委常委、组织部部长范锐平到眉山调研经济社会发展情况及党的建设工作。

4月2日 省政协副主席、致公党四川省委主委杨兴平率调研组到眉山调研土壤污染防治工作。

4月7日 全国政协常委、海南省政协副主席王宇田到四川大学锦江学院指导工作。

4月8日 中国特技滑水队训练基地落户眉山青神。

4月9日至10日 全国法院多元化纠纷解决机制改革工作推进会在眉山召开。中共中央政治局委员、中央政法委书记孟建柱对会议专门作出重要批示，最高人民法院院长周强出席会议并作重要讲话，省委常委、政法委书记刘玉顺，省法院院长王海萍，眉山市委书记李静出席会议并致辞。最高人民法院副院长李少平主持会议。全国人大常委会法工委、中央综治办、最高人民检察院等中央有关部门负责人，四川省人大、福建省厦门市人大、中国贸促会（中国国际商会）调解中心等单位和调解组织的代表，全国人大代表仰协、侯一平、孙明、唐群容，全国知名专家学者范愉、顾培东、杨力、赵旭东，全国部分高级人民法院院长或分管院领导，全国50家多元化纠纷解决机制改革示范法院院长以及最高人民法院有关部门负责人200余人参会。

4月10日 德国驻成都总领事馆副总领事马晏子一行到四川大学锦江学院访问，党委书记、常务副校长韦泰旭会见来宾，并就学校与德国高校开展交流合作事宜进行座谈。

4月12日至17日 德国罗伯特·博世基金会春季大学教师项目研讨会在四川大学锦江学院召开。55位任职于中国、俄罗斯、白俄罗斯、乌克兰等国家的德语专家教师到四川大学锦江学院，交流德语教学方法和技巧，并就更好地加强中德两国高等教育交流进行深入研讨。

4月15日 国务院调研组一行到眉山开展残疾人补贴制度调研工作。

4月16日 眉山市2015年第二批重点项目集中开工竣工仪式在丹棱县机械产业园区举行。本次集中开工1000万元以上重点项目35个，总投资48.78亿元；集中竣工1000万元以上重点项目33个，完成投资37.56亿元。

是日 省人大常委会副主任兼秘书长曾省权带领省人大常委会专题调研组到眉山，开展省委人大工作会议会前专题调研暨贯彻实施新立法调研。

4月16日至17日 省政协副主席罗布江村一行莅临眉山调研，指导眉山市增加农民财产性收入试点工作。

4月20日 四川铁投集团与仁寿县签订战略合作协议，协议项目总投资500亿元。

4月21日 以全国政协人口资源环境委员会副主任徐明德为组长，副主任陶武先、马大龙为副组长的全国政协人口资源环境委员会调研组莅临眉山调研规范政府土地审批与项目环评行为。省政协副主席、致公党四川省委主委杨兴平，市领导李静、宋朝华、王影聪、吴小可、吴季友、朱建文陪同调研。

是日 全省危旧房棚户区改造成都片区现场会在眉山召开。副省长黄彦蓉出席会议并调研东坡岛城中村改造项目现场，仁寿县西北街棚户区改造项目现场和青神县青衣大道老河街盐关路棚户区改造项目现场。

4月22日 环保部环评司副巡视员刘文祥一行到眉山调研进一步优化环境影响评价工作。

是日 中共眉山市委、眉山市人民政府主办的“天府眉山 共享发展”——中外知名企业四川行眉山市投资说明会暨项目签约仪式在成都举行。现场集中签约中景恒基现代工业新城总部经济区（A区）PPP建设运营项目、法国卢浮宫集团法国卢浮宫艺术村落项目、自豪药业药品生产基地项目等重大项目12个，总投资465.8亿元。

是日 国家邮政局副局长赵晓光在省邮政管理局局长戚兰州等陪同下莅临彭山区江口邮政支局调研。

是日 邮储银行总行副行长张学文到眉山市分行调研“银会合作”。

4月23日 市图书馆流动图书车首次在眉山市亮相。

4月24日 汉能控股集团投资建设的300兆瓦薄膜太阳能幕墙制造基地项目暨BIPV产业基地开发与应用市场开拓联动机制合作签约仪式在成都举行。甘孜州委副书记、州长益西达瓦主持签约仪式。眉山市委副书记、市长宋朝华，汉能控股集团执行总裁、汉能光伏产业集团董事长冯电波致辞。

4月26日 司法部监狱管理局副局长高泽波、财政部行政政法司政法处处长吕建平到眉州监狱开展专题调研。

4月30日 2015年眉山市土地项目推介会在成都举行，推介土地39宗303公顷。

是日 眉山市第八届体育舞蹈大赛在阳光音乐广场开幕。

5月4日 清华大学与金象园区、金象集团、川金象公司分别签订“清华大学眉山金象园区管委会共建博士后工作站项目”“MTO流化床催化剂产业化项目”和“科技成果产业化战略合作项目”。

5月5日 省政协副主席王正荣率驻四川的全国政协委员、省政协委员组成联合调查组到市人民医院调研“公立医院改革中如何发挥中医药的特色优势”，市委书记李静、市政协主席王影聪陪同调研。

5月7日 眉山市2015年苏州投资推介会在江苏省苏州市举办。省政府驻上海办事处副主任徐群致辞，市委常委宣迅讲话。

5月12日 眉山市举办纪念“5·12”国际护士节颁奖暨文艺会演。

5月13日 国家标准委发文批准眉山市殡仪馆成功申报国家级“殡仪服务综合标准化试点”项目。

是日 中国铁建股份有限公司董事长孟凤朝一行到眉山检查简（阳）蒲（江）高速项目建设工作。

5月14日 全国人大常委会委员、内司委副主任委员、全国台联会长汪毅夫一行到眉山调研贯彻实施《中华人民共和国妇女权益保障法》情况。全国人大代表、福建省妇联党组书记、主席吴洪芹，全国人大代表、四川省总工会副主席、民盟德阳市委副主委赵萍，省人大常委会委员、内司委主任委员严铁桥，市人大常委会主任贺文、副主任李建章，副市长吴爱玲陪同调研。

是日 市委书记李静会见中国铁建股份有限公司董事长孟凤朝一行。

5月17日 省委副书记尹力调研岷江现代农业示范园区。

5月18日 由中国发展研究基金会、联合利华、救助儿童会、眉山市人民政府和洪雅县人民政府共同开展的"山村幼儿园提升计划"结项研讨会在洪雅县举行。

5月18日至27日 在眉山举办首届中国眉山观赏石博览会，中国观赏石协会会长寿嘉华出席。

5月21日 雅安、眉山两市在洪雅县召开雅安—眉山区域合作推进会，会议形成共建"生态文化旅游融合发展先行试验区"等6项主要成果。

是日 2015年四川省食品产业青年人才产学研创新设计大赛在四川大学锦江学院举行，来自省内的17所高校、科研院所及食品企业的106名选手参加创新设计大赛。

5月22日 环保部环评司司长程立峰一行莅临眉山调研环评审批相关工作，并召开座谈会。

5月26日 四川省社科普及基地阶段工作评估组莅临眉山，对省级"三苏文化社科普及基地"工作状况进行评估，通过验收。

是日 邮储银行彭山区支行成功发放全省首笔农村产权抵押贷款100万元。

5月27日 市委副书记、市长宋朝华会见香港文汇报副总经理姜增和一行，双方就加强交流推进合作事宜进行会谈。

是日 四川省暨眉山市2015年中华经典诵读活动启动仪式举行。

5月27日至28日 农业部经管司副司长、农业产业化办公室常务副主任王乐君率调研组，到眉山市调研农业产业化龙头企业新常态下转型升级发展工作。

5月29日 人民网发布全国政法"双微"（微博、微信）排行榜，"眉山检察"官方微博、微信名列全国检察机关地市级检察院第二十名，是四川省唯一入围的检察院。

5月29日 住建部住房公积金监管司司长张其光到眉山调研住房公积金管理工作。

5月 住建部公布2014年村庄规划、镇规划和县域乡村建设规划示范名单，眉山市洪雅县柳江镇总体规划被列为全国镇规划示范，这是眉山市规划项目首次被作为全国示范。

6月3日 全市2015年"依法治市·法在身边"集中宣传月活动启动仪式在激情广场举行。市委书记李静作动员讲话。市领导杨勇、李建章、辜永忠、祝明洪出席启动仪式。

6月6日 市委副书记、市长宋朝华带队到市招办标准化考点考务指挥中心和东坡中学考点，督查2015年高考备考工作。

6月9日至12日 环境保护部西南督查中心副主任杨为民率督察组赴眉山市对建设项目环境管理工作整改情况开展后督察。

6月12日 省政协副主席晏永和率调研组到眉山，就新形势下加强和改进政协工作进行专题调研。

是日 市委书记李静会见广州天适集团董事长何宗儒一行，双方就加快推进"中国樱花第一城"建设进行交流。

6月13日至18日 全国农民乒乓球赛在眉山举行。

6月17日 全国节水灌溉示范项目建设与管理现场会议在青神县召开。

6月18日 由国家邮政局、安全部、中国民航总局组成的国家寄递渠道安全管理工作第四督导组在省级相关部门的陪同下到眉山市检查寄递安全管理工作。

6月19日 国家质检总局发布公告，批准"文宫枇杷"为国家地理标志保护产品，即日起实施保护。

6月21日 眉山红洲生态农业开发有限公司筹建的国内首个农业主题城市公园项目——梦里水乡项目启动仪式在岷东新区举行。该项目的动工标志着岷东新区第一个土地流转项目正式启动。

6月23日 省政协副主席高烽率驻川部队、妇联、特邀界别委员到眉山视察天府新区眉山片区建设情况。

是日 香港特区政府驻成都经贸办主任刘锦泉，省外侨（港澳）办副巡视员郭嘉农一行到眉山了解投资环境和发展规划。

6月23日至24日 2015年全省对台干部培训班在眉山举行。国台办秘书局局长杨毅、省台办主任周敏谦、市委常委宣迅、市委副秘书长阮永忠、市外侨台办主任赖刚等参加。

6月24日 国家公务员局副局长吴云华一行到眉山调研，详细了解眉山市公务员管理工作开展情况和公务员平时考核试点推进情况。

6月25日 "全国旅游扶贫工程现场会"参会代表一行60人到眉山参观考察丹棱县和仁寿县旅游扶贫工作。

6月25日至26日 全国网上信访工作会议在山东省烟台市召开，国务院副秘书长、国家信访局局长舒晓琴出席会议。市委书记李静在会上作题为《创新"三个四"长效机制 推动网上信访办理提速提质》的发言。

6月26日 国家土地总督察办公室主任马毅一行到眉山调研国土资源管理工作。

6月29日 省人大常委会副主任、党组副书记张东升到眉山调研经济社会发展情况及防汛工作。

6月30日 司法部部长吴爱英一行到眉山市，深入眉州监狱、东坡区太和司法所和眉山强制隔离戒毒所，调研指导司法行政工作。副省长邓勇、省司法厅厅长陈明国，市领导李静、宋朝华、杨勇、辜永忠等陪同调研。

是日 全市举行2015年山洪灾害防御暨水库抢险应急演练。

7月1日 眉山市民兵综合应急营成立大会在眉山军分区举行。市委书记李静为市民兵综合应急营授旗、授牌。市委副书记刘十庆，市委常委、眉山军分区政委张习，眉山军分区司令员鞠会明，副市长辜永忠参加大会。

7月2日 国家工商总局法规司副司长王为民到眉山调研行政处罚信息公示工作。

7月7日 全国人大农委副主任委员欧广源率调研组到眉山调研贯彻实施《中华人民共和国农业法》、农业投入、土地流转情况等工作。

7月10日 省委常委、组织部部长范锐平到眉山调研。范锐平一行调研了彭山经济开发区、仁寿视高经济开发区、岷江现代农业示范园区、仁寿天府花海观光农业园区和中建钢构四川有限公司、仁寿恒重压缩天然气有限公司、四川倍特电动车有限公司。

7月14日 最高法院巡查办主任刘滨海、副主任官晋东巡查指导眉山中级人民法院工作。

是日 中国驻毛里求斯大使李立、省外侨办主任慕新海一行到眉山考察。

7月14日至15日 由人民日报、新华社、光明日报、经济日报、中央电视台等16家中央主流媒体组成的中华环保世纪行采访报道组到眉山市，先后深入茂华生态养殖园、川南酿造、蒙牛公司及丹棱县，重点就水污染防治工作进行采访。

7月15日 副省长陈文华到眉山调研食品药品安全监管工作。省政府副秘书长何旅章、省食品药品监管局局长姚义贤，市委书记李静、副市长汪树槐陪同调研。

7月16日 省人大常委会副主任刘道平一行到眉山开展“两院”工作及司法改革专题调研。

是日 四川省农业局局长“互联网+农业”专题培训会在眉山召开。农业部信息中心副主任杜维成以“抓住互联网+现代农业建设机遇，用信息化助力现代农业”为主题作专题讲座。

7月17日 眉山市与四川机器人产业联盟签订战略合作协议。

7月20日至21日 全国推进“银会合作”工作现场会在眉山召开。中国科协副主席、书记处书记陈章良作《中国农业发展的现状与挑战》专题报告，中国邮政储蓄银行行长吕家进，四川省委常委、省总工会主席李登菊，中国农技协理事长吕飞杰等出席会议。眉山市委书记李静主持报告会。

7月21日 “眉山市优势产业和重点项目推介会”在成都举行。推介会邀请新加坡万邦集团、英中贸易协会、英国驻重庆总领事馆、日本推介会三菱重工等近50家中外知名企业、驻华外事机构、商会负责人参加。

7月21日至22日 国家粮食局流通与科技发展司副司长陈玉中率调研组对全市中央储备粮代储资格认定政策情况进行专题调研。

7月22日 海外教育有限公司中英合作办学主席谢静茹、执行董事Mr.AndrewZamorski、董事及公司助理Mr Matt Ryan一行到四川大学锦江学院访问，并就中英合作办学事宜进行会谈。

7月24日 中韩民间经贸合作恳谈会暨韩国城旺达广场战略合作签约仪式举行。

7月25日 中国（四川）首届森林康养年会在洪雅县开幕。省政协副主席杨兴平、省林业厅厅长尧斯丹、国家林业局对外合作项目中心副主任刘立军等出席活动。

7月28日 市委书记李静，市委副书记、市长宋朝华率拥军慰问团前往眉山消防支队、武警眉山支队、眉山军分区开展“八一”拥军慰问活动。

是日 眉山“全光网城市”建成暨程控交换设备退网仪式举行，中国电信眉山分公司最后一台传统交换设备“S1240”电源开关正式关电，标志着眉山市从此告别“铜网旧时代”，迈入“光网新时代”。

7月30日 市委书记李静，市委副书记、市长宋朝华率党政代表团前往成都市和绵阳市，考察学习两地创新创业等方面的先进经验，通过创新创业从根本上推进扶贫攻坚工作。

7月31日 眉山市人民政府、中国电子科技集团公司第十研究所市所合作协议签约仪式在眉山举行。市委书记李静致辞，市委副书记、市长宋朝华主持。中国电子科技集团公司第十研究所党委书记汤兴华出席签约仪式并讲话。

7月 眉山市举办第八届中小学生艺术节（三年一次）现场展演活动。

8月3日 眉山市职业技能大赛在水电七局高级技工学校举行。

8月6日 省发改委正式确定仁寿县为6个省级中小城市综合改革试点城市之一。

8月7日 全市行政权力集中进中心正式运行启动仪式举行，标志着眉山市“三张清单”制度实施取得重大突破。市委书记李静出席仪式并讲话。

8月12日 中国中铁股份有限公司党委书记、董事长李长进一行到眉山考察。

8月14日 中华人民共和国第九届残疾人运动会暨第六届特殊奥林匹克运动会火炬传递活动眉山市传递仪式在东坡城市湿地公园演艺广场举行。省委常委、省总工会主席、全国第九届残运会暨第六届特奥会四川省筹委会副主任李登菊宣布仪式开始并点燃圣火盆。市委副书记、市长、全国第九届残运会暨第六届特奥会眉山赛区筹委会主任宋朝华致辞并点燃主火炬。来自全省的40名火炬手以及志愿者、干部群众等2万余人参加活动。

是日 中国农工党中央、中国初级卫生保健基金会援建眉山三苏纪念馆捐赠签约仪式在三苏祠博物馆举行。

8月18日 省政协副主席赵振铣一行到眉山调研推进司法公开及办案责任制改革工作情况。

8月20日 “中国散文之乡”授牌暨中国著名作家“东坡故里行”采风活动启动仪式在眉山举行。中国散文学会会长王巨才为眉山获得“中国散文之乡”称号授牌。中国散文学会常务副会长红孩，著名作家贾平凹、舒婷、阿来以及来自全国各地的作家、文艺理论家和文学爱好者参加活动。市领导王影聪、刘十庆、周孝平、付庆一、杨常沙出席活动。

是日 眉山市青神县江湾神木园景区被授予国家AAAA级旅游景区称号。

8月24日 第十一届“放飞梦想·托起眉山希望的明天”2015眉山慈善·福彩帮困助学活动助学金发放仪式举行。全市545名贫困高中新生和大学新生获得资助，资助金额累计184.6万元。

8月25日 省人民检察院检察长、省依法治省领导小组副组长邓川率省“六五”普法检查验收组到眉山检查验收“六五”普法工作。

8月26日 眉山市举行2015年“栋梁工程”公益活动助学金发放暨爱心单位表彰仪式，现场为50名受助贫困大学生代表现场发放“栋梁工程”助学金，为爱心单位、爱心企业颁发奖牌。

8月28日 “四川省纪念中国人民抗日战争暨世界反法西斯战争胜利70周年”画展眉山展区书画摄影作品展举行。

是日 市长宋朝华在眉山会见联合利华大中华区副总裁曾锡文一行，双方就加快推进联合利华（四川）全球生产基地项目建设发展相关事宜深入沟通交流。

8月 发行2015版眉山交通旅游图。

9月2日 由省政府安委会主办、眉山市政府承办的眉山市危险化学品事故应急处置演练在眉山市金象化工产业园区举行。

9月6日 达州市委书记焦伟侠率达州市党政代表团到眉山考察特色工业、现代农业、城乡统筹和新型城镇化等发展情况。

是日 眉山籍著名国画家、国家一级美术师何学斌回到眉山开展捐资助学活动。省政府办公厅主任蔡竞，省政府文史馆馆长何天谷，市人大常委会副主任李永高，副市长吴爱玲出席捐资助学活动。

9月7日 眉山市举行银税战略合作签约仪式，税、银、企三方分别签署《银税战略合作备忘录》《税银合作协议》《“税易贷”意向性合作协议》，开创银税合作全新模式。

9月9日至10月21日 彭山区委、区政府举办中国·彭山第六届国际长寿养生文化节暨彭祖国际养生养老产业博览会。

9月10日 国家卫计委监督局巡视员方援建带队到眉山督导检查卫生计生系统安全生产工作。

9月11日 四川青年创业促进计划（简称SYE）眉山办公室授牌仪式暨SYE·第一课眉山工作培训会举行。

9月12日 中华人民共和国第九届残疾人运动会暨第六届特殊奥林匹克运动会眉山赛区开赛仪式在眉山市体育馆举行。省委常委、省总工会主席、全国组委会副主席李登菊，省政府副秘书长、全国组委会执行副主席、秘书长赵学谦，市委副书记、市长、全国组委会执行副主席、市竞委会主任宋朝华出席开赛仪式。中国残联体育部主任、全国组委会常务副秘书长赵素京，省体育局局长、全国组委会常务副秘书长朱玲，中国残联体管中心主任、全国组委会副秘书长李晞，省残联副理事长、全国组委会副秘书长杨志远，省体育局副巡视员陈大清；市领导吴季友、何久伦、李建章、吴爱玲、祝明洪等出席开赛仪式。全体运动员、裁判员、教练员、工作人员，市筹委会全体副主任、委员，全市各级党政机关、企事业单位干部职工和社会各界人士代表2500余人参加开赛仪式。

9月12日 住建部住房公积金监管司副司长王胜军调研眉山市住房公积金支持农村居民进城购房工作。

9月15日 全国第九届残运会暨第六届特奥会组委会执行主席、中国残联副理事长王梅梅到眉山，调研眉山赛区工作。组委会常务副秘书长、四川省残联理事长毛大付，组委会副秘书长、飞镖项目竞委会执行主任、眉山市委常委、市残联主席吴季友等陪同调研。

9月17日 “亚洲车神”陈双全到彭山区参加第六届彭祖长寿养生文化节。

9月18日 市检察院派员全程监督四川省中明环境治理有限公司对公安机关移交的60余吨液态制毒原料和420.5千克冰毒原液进行焚烧销毁和无害化处理过程。此次眉山地区销毁毒品原液在全省范围内尚属首次。中央电视台对此进行专题采访。

9月18日 全国第九届残疾人运动会暨第六届特殊奥林匹克运动会盲人门球男子和女子的决赛在市体育馆举行，国际盲人体育联合会盲人门球分会主席卡利·拉萨宁从芬兰前来观赛，并和四川省残联副理事长马骏，眉山市领导吴季友、祝明洪一起为获奖者颁奖。

9月20日 国家版权局版权管理司副司长汤兆志，世界知识产权组织中国办事处主任陈宏兵率队调研青神县竹编版权保护工作。

9月22日 省政协副主席王正荣一行到眉山中级人民法院视察法院诉讼服务中心、法治教育陈列馆和司法公开信息中心，开展《完善基层法治，夯实依法治省基础》重点提案督办调研。

是日 洪雅县创建国家生态县通过验收。

9月23日至24日 川东南片区大春分析会在眉山召开。

9月24日 “东坡月·眉山情”大型主题综艺晚会在东坡城市湿地公园上演。市领导李静、宋朝华、刘十庆、杨勇、祝云等观看演出。

9月25日 省委常委、组织部部长范锐平到眉山，围绕稳定增长和转型升级、扶贫攻坚和改善民生、全面深化改革、依法治理和维稳工作、党建工作等重点工作进行调研。

是日 由中国极限运动协会主办，并在中国本土举办的“玉屏山杯”2015首届中国长板速降公开赛在眉山市洪雅县玉屏山森林度假区举办。

是日 省外事侨务办公室、眉山市人民政府联合举办“2015海科会之海外高层次人才走进眉山”活动，来自美国、加拿大、澳大利亚、瑞典等国家的30余位海外高层次人才到眉山参观考察经济建设情况和投资环境。

9月28日 省人大常委会副主任、党组副书记张东升一行到眉山调研。张东升一行考察调研了大峨眉（洪雅）智慧旅游服务中心、洪雅峨眉雪芽茶叶有限公司、洪雅县止戈镇莲花村和洪雅县网格化服务中心，丹棱县四川瑞迪佳源机械有限公司，东坡区盘鳌乡周庙村、东坡区果色天乡有机生态农庄。市领导李静、贺文、李永高陪同。

是日 民政部社会事务司副司长范瑜率督查组到眉山督查殡葬管理服务专项整治活动。

是日 英国牛津布鲁克斯大学商学院院长简·塔尔克拉克一行到四川大学锦江学院访问。

9月29日 由中共眉山市委、眉山市人民政府主办的眉山市首届创业成果展暨创业成果商品交易会在市体育馆开幕。

9月 眉山网荣获2015年全国地方主流网络媒体“十大最具价值品牌”奖。

10月9日 2015年第三批重点项目集中开工竣工仪式在青神县成都艺术职业学院青神校区项目现场举行。重点项目集中开工竣工仪式，集中开工1000万元以上重点项目34个，总投资61.76亿元；集中竣工1000万元以上重点项目30个，完成投资43.28亿元。

10月9日至10日 省人大常委会副主任、党组书记陈光志带领执法检查组莅临眉山，检查《四川省农村扶贫开发条例》贯彻实施情况。

10月14日 国务院食品安全办、食品药品监管总局督察组到眉山督察。

10月14日至15日 省大气污染防治工作督查组到眉山，就大气污染防治工作开展情况进行督导检查。

10月16日 四川省暨眉山市2015年世界粮食日和全国爱粮节粮宣传周活动启程仪式在眉山市举行，国家粮食局总工程师何毅出席仪式并宣布活动启程，并专题调研眉山市粮食收购和储粮安全工作。

是日 国家禁毒办常务副主任、公安部禁毒局局长胡明朗一行到东坡区康复（救助）中心调研指导禁毒工作。

是日 第七届中国泡菜展销会新闻发布会在中国泡菜博物馆举行。

10月19日 全市“大众创业万众创新活动月”启动仪式暨成果展举行。

是日 2015中国首届峨眉半山七里坪国际抗衰老健康产业发展论坛在洪雅县七里坪旅游度假区举行。

10月20日 水利部国家水资源监控能力建设项目办副主任王国兴一行对眉山市2013—2014年度国家水资源监控能力建设项目建设情况进行检查。

是日 中央政法委研究室副主任黄文艺一行到眉山，开展以“提高运用政法资源服务党和国家大局的能力和水平”为主题的调研座谈会。

10月21日 国土资源部副部长王广华到眉山调研指导国土资源管理和不动产统一登记工作。

是日 省政协副主席、秘书长高烽一行到眉山调研城市生态文化项目。

是日 省政协副主席、省工商联主席陈放一行到彭山区调研百企联百村工作，并出席中国彭山首届彭祖国际养生养老产业博览会（高端论坛）活动，为该博览会永久会址揭幕。

10月21日至23日 川南七市政协工作联系会第二十六次会议在眉山市召开，省政协副主席、秘书长高烽出席会议并讲话。

10月21日至24日 第四届反贫困与儿童发展国际研讨会暨亚太儿童早期发展2015年会在北京举行。中共中央政治局委员、国务院副总理刘延东出席会议并会见出席会议的各国教育和卫生部部长、国际组织代表以及眉山市委书记李静等部分特邀参会嘉宾。李静在会上作“扩大优质学前教育覆盖面积极构建公益普惠的学前教育体系”的演讲，向与会人员介绍历史文化名城眉山重教兴学的做法。会议期间，李静还会见联合国儿童基金会驻华代表花楠、中国发展研究基金会秘书长卢迈、联合利华有关负责人。

10月23日 彭山区政府与珠海格力电工有限公司举行格力电器项目签约仪式，标志着格力电工高档电磁线生产项目落户眉山。市委书记李静、珠海格力电工有限公司总经理蔡军臣出席活动。

是日 市委书记李静，市委副书记、市长宋朝华在成都会见参加中国西部（四川）进口展暨国际投资大会的部分嘉宾。

10月23日至27日 四川大学锦江学院啦啦操队受全国啦啦操委员会委派参加由国际啦啦操联合会和日本啦啦操协会主办的2015年日本啦啦操公开锦标赛，并获得院校组全女生集体技巧三级第一名、院校组双人街舞1第二名、院校组双人街舞2第三名、院校组混合小团体配合技巧第三名的成绩。

10月25日 中国侨联海外联谊部副部长李涛率2015世界越柬寮华人团体联合会第七届文化商务交流活动代表团到眉山考察。来自美国、加拿大、德国、法国、澳大利亚、荷兰、瑞典、老挝、波兰等国家及香港、台湾地区的130余位华人华侨嘉宾代表走进眉山，共谋发展。

10月26日 眉山市不动产登记局和不动产登记中心正式挂牌运行，标志着眉山市不动产统一登记工作全面启动。

是日 眉山市仁寿县文宫镇石家村、青神县青城镇文林社区被省依法治省领导小组、省委组织部、省民政厅、省司法厅评为四川省依法治村（社区）示范村（社区）。

10月27日 全国工商联副主席杨启儒率调研组一行到眉山调研非公有制经济人士理想信念教育实践活动开展情况。

10月28日 全国人大代表莅临眉山视察“诉非衔接”工作。

是日 市委、市政府主办的“诵中华经典·做有德之人”眉山市第二届中华经典诵读决赛在东坡城市湿地公园举行。

是日 青神竹编产业园区被命名为国家级版权示范园区（基地），是全省地级市中唯一获此殊荣的市州。

10月31日至11月2日 第七届中国泡菜展销会举行。第七届中国泡菜展销会以“泡菜产业与品牌”为主题，举办泡菜展示展销、“东坡味道”特色优质农副产品展示展销、泡菜品牌大赛、经销商推介会、“东坡味道”美食周、“东坡味道”水舞秀、互联网主题宣传活动等9项主题活动。副省长陈文华宣布第七届中国泡菜展销会开幕，并为中国泡菜“十强”企业颁奖（“十强”企业评选活动由中国食品工业协会营养指导委员会、国家公众营养与发展中心和第七届中国泡菜展销会组委会共同发起）。省农业厅厅长任永昌主持开幕式。农业部种植业司副司长何才文、中国食品工业协会副秘书长杜荷、市委书记李静先后致辞。开幕式播放了《东坡泡菜·中国味道》专题宣传片，举行第二届中国泡菜品牌大赛揭幕仪式。省政协副主席、省工商联主席陈放，省政府副秘书长何旅章，省委农工委常务副主任杨秀彬，省人大常委会农工委主任李清禾，省委统战部副部长、省工商联常务副主席钟家霖；市委副书记、市长宋朝华等市领导出席开幕式。开幕式邀请清华大学、中国人民大学、中国农业大学、北京首都农业集团、中国烹饪协会、韩国大象（北京）食品有限公司、重庆市涪陵榨菜集团等单位领导以及国内外大型食品经销商代表、泡菜主产区农业部门、高校后勤、监狱管理系统、军队、宾馆酒店等单位代表和人民日报、新华社、中央电视台等55家境内外新闻界朋友。

10月 东坡城市湿地公园被评选为“四川最美街景”10强，眉山成为十个“四川街景名片人气城市”之一。

是月 东坡泡菜创造了“六个全国第一”：全国第一个泡菜产业销售收入突破百亿元的市；建立全国第一个泡菜城；有全国第一个国家级泡菜质量安全检测中心；成立全国第一个泡菜产业技术研究院；建造全国第一个中国泡菜博物馆；有全国第一个经商务部审核颁布的中国泡菜行业标准，建立起从田间到餐桌的一整套质量监管可追溯体系。

11月1日 第七届中国泡菜展销会暨第二届中国泡菜品牌金奖评选大会举行。

是日 第二届“东坡味道”中国泡菜制作大赛在中国泡菜城举行。

11月3日 环保部监测司调

研员佟彦超带队，到眉山开展主要污染物总量减排监测体系运行考核现场核查。

11月4日 省委书记王东明调研天府新区眉山片区仁寿视高园区。市委书记李静，市委副书记、市长宋朝华陪同调研。

是日 四川大学建筑与环境学院与眉山益稷农业科技有限公司签订项目合作协议，双方合作建设“四川大学—益稷有机肥研究中心”和“四川大学环境生物技术研究中心有机肥工业化实验基地”，共同打造一个“产学研”发展研究平台和人才培育平台。

11月5日 绵阳市委书记彭宇行，绵阳市委副书记、市长刘超率绵阳市党政代表团到眉山考察城市建设、电子商务发展、天府新区基础设施建设和产业发展等方面情况。

是日 全市“推动金融创新服务都市近郊型现代农业发展三年计划”启动会召开。

11月10日 商务部部长助理王炳南一行到眉山深入仁寿县电商运营中心、文林镇叶桥村和曹家镇电商服务站，调研农村电商发展情况。商务部市场体系建设司副司长孔令羽，商务厅副厅长杨春轩，市长宋朝华陪同调研。

是日 眉山市首家农商行——四川青神农村商业银行股份有限公司创立。

11月13日 四川省产业园区和农村基层党建工作会议召开。省委常委、省委组织部部长范锐平，省委常委、省委农工委主任李昌平分别率与会人员莅临眉山参观考察。

11月19日至20日 省委常委、政法委书记侍俊率调研组到眉山深入寄递物流企业、岷东新区、大石桥街道江公社区等地调研政法综治工作，看望慰问在一线执勤的公安民警和武警官兵，并出席政法工作汇报会。

是日 “东坡故里·情满香江——眉山市（香港）投资推介会”在香港举行。眉山市与香港文汇报签订投资促进战略合作协议，与清华同方、华润万家、殷库资本等企业签约项目18个，总投资100.97亿元。

是日 绵阳市政府考察团到眉山仁寿县、青神县考察农村电商发展工作。

11月20日 省委常委、省委农工委主任李昌平，副省长曲木史哈分别到第三届四川农业博览会眉山展馆巡视。

11月23日至11月24日 东坡区创建“四川省质量强市示范城市”通过现场考核验收。

11月24日 由四川省旅游局宣传促进中心和眉山市旅游局共同主办的眉山旅游（重庆）专场推介会在重庆举行。仁寿县旅游局、青神江湾神木园景区、洪雅七里坪度假区等分别就乡村旅游产品、景区度假旅游产品、冬季特色旅游产品等现场作推介。

11月25日 国家卫计委督查对口支援工作检查组到市人民医院督查。

是日 省政府在眉山召开全省道路交通安全综合整治深化巩固年工作推进会。

是日 副省长、公安厅厅长邓勇到眉山调研指导公安工作，并看望慰问公安民警。

11月28日 四川省文学艺术界联合会在洪雅县举行文艺惠民活动，对洪雅和七里坪分别授予四川省“文艺创作培训基地”和“文化艺术示范区”牌子。

11月29日 全国政协副主席李蒙视察市人民医院工作，市政协主席王影聪、副市长吴爱玲陪同。

11月 国家发改委等11部委发文公布第二批国家新型城镇化综合试点地区名单，眉山市位列其中。

12月3日 副省长刘捷一行到眉山调研工业发展和科技创新工作。

12月4日 市委书记李静率队到洪雅县调研扶贫攻坚工作。

是日 眉山市市级和东坡区126个单位、部门在激情广场开展中国第二个国家宪法日大型法制宣传活动。

12月7日 省委常务、省委农工委主任李昌平莅临洪雅县调研现代农业发展情况。

是日 国家税务总局征管和科技发展司副司长陈洧、省国税副局长李禄平一行到仁寿县国税局联系指导基层党建工作。

12月9日 第四届道德模范颁奖典礼举行。助人为乐道德模范王雪梅和李俊英；见义勇为道德模范徐松懋和尹志银；诚实守信道德模范李培明和何庆国；敬业奉献道德模范周建华和彭杰；孝老爱亲道德模范黄英和杨秀容等10名道德模范接受颁奖。

是日 四川德恩精工科技股份有限公司正式在全国中小企业股份转让系统挂牌，成为眉山市首家在全国中小企业股份转让系统挂牌企业。

12月11日 副省长曲木史哈率省政府副秘书长赵学谦、省林业厅厅长尧斯丹，省级有关部门负责人一行莅临眉山，实地调研指导第九届中国竹文化节筹备工作。市委书记李静，市委副书记、市长宋朝华，副市长钟毅等陪同调研。

是日 四川省社科院眉山分院成立大会召开。

12月12日 中央电视台财经频道联合中国品牌建设促进会等单位主办的2015年中国品牌价值评

价信息发布会在北京召开。"东坡泡菜"荣登2015年中国品牌价值评价榜，入围全国区域品牌50强，位居全国加工食品类地理标志产品榜第五名，品牌强度为675.0，品牌价值为104.65亿元。

12月16日 重庆市四川眉山商会揭牌仪式暨眉山市投资推介会、眉山籍在渝企业家返乡发展座谈会在重庆举行。

是日 眉山市洪雅县柳江古镇旅游景区被授予国家AAAA级旅游景区称号。

12月18日 中组部办公厅巡视员、副主任、信息管理中心主任纪红和省委组织部常务副部长黄建发一行到眉山调研党内统计和干部统计工作。

12月22日 住建部、中央农办、中央文明办等10部门在丹棱县梅湾村召开四川省农村生活垃圾治理验收会议，正式宣布四川省农村生活垃圾治理通过国家验收。四川成为全国第一个通过农村生活垃圾治理验收的省份。

是日 住建部总经济师赵晖调研并指导眉山住房城乡建设工作。

12月24日 国家科技支撑计划项目"城镇地震防灾与应急处置一体化服务系统及其应用示范"在丹棱县启动。

12月25日 四川省2015年底重大项目集中开工仪式（眉山分会场）在彭山经开区举行。集中开工1000万元以上重点项目37个，计划总投资62.82亿元；集中竣工1000万元以上重点项目43个，完成投资48.17亿元。

是日 眉山首个"妈妈家"启动仪式在东坡区大北街社区举行。

12月26日 市委常委班子召开"三严三实"专题民主生活会。省委常委、组织部部长范锐平，省纪委副书记李世成到会指导。市委书记李静主持会议。

是日 眉山市文艺活动中心和苏东坡书法艺术院建成开馆，并举行首届"东坡杯·诗咏眉山"诗词书法作品展开幕仪式。

12月27日 司法部安全稳定检查组巡视员何平一行莅临眉州监狱检查指导工作。

12月30日 四川省投资集团有限责任公司与洪雅县人民政府签订瓦屋山旅游开发战略合作协议。

是日 由四川省文化厅、四川省文联、四川省美协、眉山市委宣传部主办的"仰望东坡·大美眉山"美术作品展在四川省美术馆开展。眉山参展134件作品。

12月31日 洪雅县获批2015年"四川省有机产品认证示范县"，实现眉山市有机产品认证示范创建"零"的突破。

是日 国家质检总局发文批准将原"国家酒类及加工食品质量监督检验中心眉山泡菜分中心"更名为"国家泡菜质量监督检验中心（四川）"。

是日 眉山市率先在全省挂牌成立党务政务服务中心。

眉山概况

General situation of Meishan

地　理

【地理位置】眉山位于四川盆地成都平原西南部，岷江中游。地跨北纬 29°24′~30°16′、东经 102°49′~104°30′之间，东西长 150 千米，南北宽 72 千米，辖区面积 7139.86 平方千米。眉山北接省会成都，南连乐山，东邻内江、资阳、自贡，西接雅安，是成（都）乐（山）黄金走廊的中段重点地区及“成都平原经济圈”的重要组成部分。眉山市政府所在地东坡区距成都 70 余千米，距峨眉山 80 余千米，距乐山大佛 60 余千米；北临成都双流机场 40 余千米，南距乐山大件运输码头 60 余千米。境内高速公路形成“两横三纵”路网，两横为：成（都）雅（安）、遂（宁）资（阳）眉（山），三纵为：成（都）乐（山）、成（都）赤（水）、乐（山）雅（安）；一级快速公路形成“一横四纵”路网，一横为仁（寿）洪（雅）快速（原省道 106 线），四纵为：岷东大道、滨江大道、工业大道和天府仁寿大道，实现县县有一级快速公路；全市有国道 3 条，省道 12 条。成（都）昆（明）铁路和成（都）绵（阳）乐（山）客运专线由北向南穿过彭山区、东坡区，其中成绵乐还穿过青神县，是邻近地区客运进出的主运道。水运岷江航道已建成青神汉阳梯级，是眉山岷江航道 7 个梯级之一。全市形成纵横交错、四通八达的交通网络。

地　质

【地层岩性】眉山市区域内除泥盆系、石炭系缺失外，从前震旦系峨边群至第四系均有出露，总厚度 4500~12000 米。南西部高中山、中山区主要为震旦系、寒武系、奥陶系、志留系和二叠系地层；北西部和东部低山丘陵区则以中生代的侏罗系、白垩系地层为主；第四系松散沉积物分布于河谷平原及台地区（图 1）。地层岩性、厚度及其分布特征见（表 1）。在眉山市出露的众多地层中，白垩系和侏罗系的地层岩性主要为泥岩或粉砂质泥岩，质软、遇水膨胀、崩解、剥离、风化，易形成具有一定厚度的残坡积土体，或经外力搬运至山坡宽阔地段堆积成较厚的碎屑状土，具有较好的耕种条件。在人类利用这一地质环境作为栖息之地的过程中，人口也相对集中于这一地域。

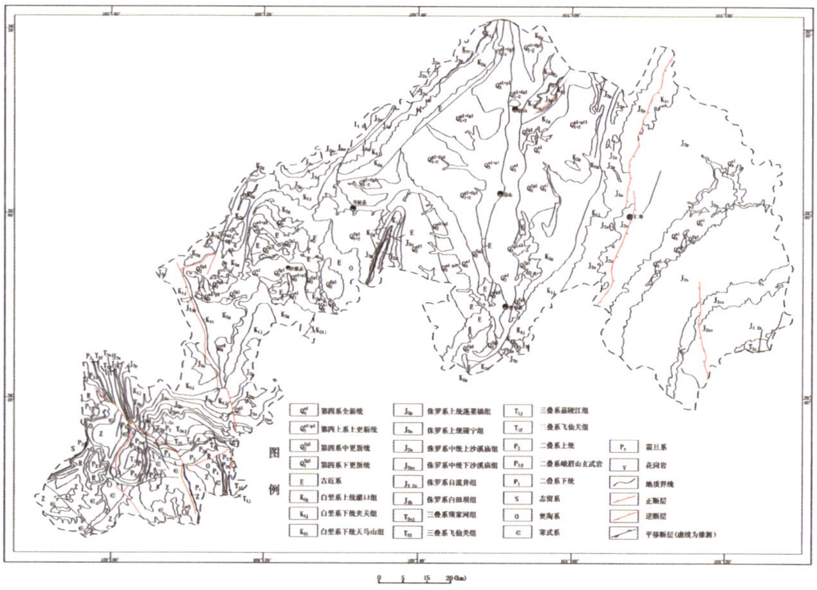

图 1　眉山市地质图

表 1　眉山市地层情况一览表

界	系	统	地方性地层名称	代号	厚度（米）	岩性简述	备注
新生界	第四系	全新统		Q_4^{al}	2~10	上部砂质黏土，下部砂层、砂砾层含泥砂层、黏土层	主要分布在青衣江、岷江两岸河漫滩一级阶地
		上更新统		Q_3^{al+pl}	10~25	上部砂质黏土，下部砂层砂砾石层含泥砂层、黏土层	分布在青衣江、岷江两岸的二级阶地
		中更新统		Q_2^{fgl}	0~45	泥砾石层、结合紧密，具砂层透镜体	分布在台地区
		下更新统		Q_1^{gl}	0~81	泥砾石层，结合紧密	分布在台地区
	古近系			E	>747	上部页岩、泥灰岩含石膏；下部棕红色砂岩夹粉砂岩、泥岩，与 Q1 和 K2g 都是不整合接触	主要分布于彭山、眉山西部的邓庙、太子山等低山区
中生界	白垩系	上统	灌口组	K_{2g}	483~861	浅紫色砂岩、细粒长石石英砂岩、岩屑砂岩，紫红、棕红色粉砂质泥岩，泥质粉砂岩，上部夹页、泥灰岩、灰岩、石膏	主要分布于仁寿大管山、罗湾及洪雅丹棱的洪雅顶、仁兴、汪山、侯山、炳灵等地
		下统	夹关组	K_{1j}	308~401	黄棕、棕红色巨厚层状砂岩夹粉砂岩，顶部泥质较重，底部具砾石层	
			天马山组	K_{1t}	42~230	棕红色砂、泥岩不厚互层	
	侏罗系	上统	蓬莱镇组	J_{3p}	144~878	棕红色泥岩、粉砂质泥岩为主，中上部偶夹砂岩、泥灰岩，底产为中厚层钙质砂岩	主要分布于眉山地区的大部分丘陵及低山区
			遂宁组	J_{3s}	200~335	棕红色、绿灰色泥岩、粉砂岩夹钙质砂岩或砂质灰岩	
		中统	上沙溪庙组	J_{2s}	507~630	棕红色、黄绿色泥岩、页岩、粉砂岩、岩屑砂岩，含钙质结核	
			下沙溪庙组	J_{2xs}	61~278	顶部含中肢介质页岩，中上部为粉砂质页岩，泥质粉砂岩、钙质砂岩互层	
		中-下统	自流井组	$J_{1\text{-}2x}$	224~422	紫红色粉砂质黏土岩，黄绿色钙质粉砂岩、泥质灰岩、灰岩	
		下统	自田坝组	J_{1h}	34~75	黏土岩、页岩、石英细砂岩	
	三叠系	上统	须家河组	T_{3xj}	264~1028	灰色、黄灰色炭质页岩、砂质页岩、煤、粉砂岩、岩屑砂岩或石英砂岩组成，多层次韵律	主要分布在仁寿天峨、洪雅的大蜈蚣包、余木寺等中山区
		上统	雷口坡组	T_{2l}	291~466	灰色、黄灰色薄-中厚层白云岩，角砾状白云岩	
		下统	嘉陵江组	T_{1j}	141~173	灰色、黄灰色薄-中层状泥质灰岩、白云岩、灰岩、泥灰质角砾状白云岩互层	
			飞仙关组	T_{1f}	243~387	暗紫红色、浅灰色粉砂岩、砂质泥岩夹鲕状灰岩	

续表

界	系	统	地方性地层名称	代号	厚度（米）	岩性简述	备注
古生界	二叠系	上统	沙湾组	P2s	56~108	暗紫红色、灰黄色铁铝质页岩夹砂质页岩、炭质页岩，含铜砂页岩夹铝土矿，赤铁矿	主要分布于洪雅西南部、瓦屋山、水井槽、李家山等山区
			峨眉山玄武岩	P2β	227~420	玄武岩。杏仁状、汽孔状构造、柱状节理发育	
		下统		P1y	403~628	中厚层状纯灰岩	
	志留系	下统	龙马溪组	S11	0~31	深灰黑色碳岩夹矽质页岩	只分布在洪雅西南的石板岩、回头转等中山区
	奥陶系			O	37~428	上部深灰黑色炭质页岩、泥质灰岩，中部泥质灰岩，结晶灰岩夹页岩，下部石英砂岩夹灰岩	主要分布在洪雅西南部倒中桥、硝水坪等高中山区
	寒武系			∈	143~732	灰色、浅灰色薄–中厚层白云岩、泥质白云岩、石英砂岩、粉砂岩、页岩，底部为磷白云岩	主要分布在洪雅西南部的新山、野牛坡、大众岗等高中山区
	震旦系	上统	洪椿平组	Zebu	974~1158	灰白色、浅灰色厚层块状白云岩，顶部含磷，上部含矽质条带，呈葡萄状，花斑状构造	主要分布在洪雅西南部的白岩沟、老汞山等高中山区
			喇叭岗组	Zbl	10~74	灰、灰黑色粉砂岩、砂岩、砾岩	
元古界	前震旦系		峨边群	P1	150~1100	上部凝灰质砂岩、粉砂岩、凝灰质砾岩。中部为板岩、沙碳质板岩、千枚岩，下部厚层白云岩。底部为杏仁状蚀变玄武岩	只分布在洪雅西南部的陆水坪等高中山区

【地质构造】眉山市南西山地为上扬子台褶带之“峨眉山断块”，其余则分属于“四川台拗”中的“川西台陷”和“川中台拱”。区内地质构造较为复杂，褶皱断层发育，构造体系结合部多为区域性断层（图2）。

峨眉山断块　洪雅县部分地区属该构造单元，该构造单元在地史上是相对隆起地区，构造线以近东西向和北东向为主。燕山期受强烈挤压产生断层并使断块上升形成断块构造单元。该构造单元主要构造形迹有柳江冲断层、毛沟冲断层、宋家沟冲断层、丛林岗斜冲断层，以及炳灵背斜、三苏场背斜等。

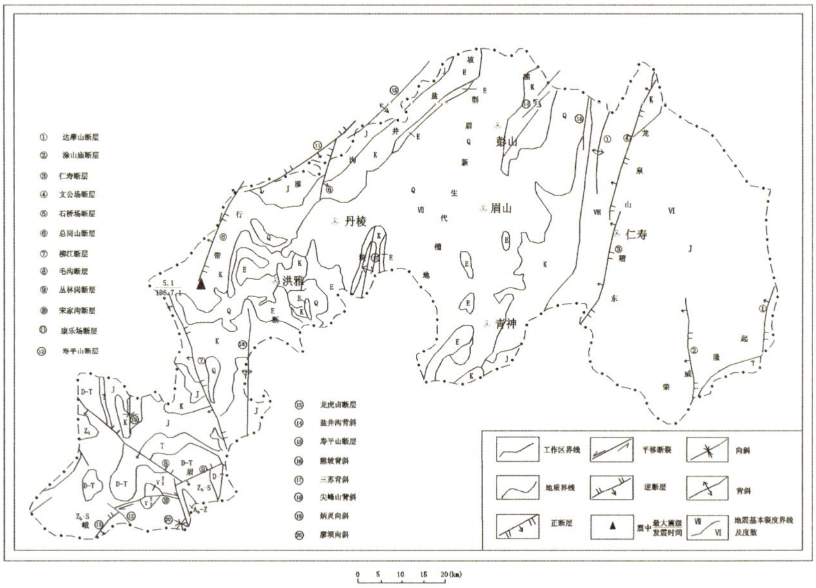

图2　眉山市地质构造纲要及地震震中分布图

川西台陷　包括仁寿、彭山、

东坡、青神等县（区）的部分地区，自中生代以来形成较大的断陷盆地，大面积出露白垩系、侏罗系和新生界地层。为内陆河湖相沉积，构造以褶皱为主，构造线方向与整个四川盆地相一致，呈北东—南西向展布，断层少见。根据构造形式的差异，可分为三个次级构造区。即：龙泉褶束：包括仁寿、彭山、东坡、青神等县（区）的部分地区，总体走向呈北东—南西向，区域上全长约200千米。主要包括龙泉山背斜、仁寿断层、文公场断层等。熊坡—盐井沟雁行带：主要包括彭山、东坡、丹棱、洪雅的西北部。发育有盐井沟背斜及共生的石庙子断层、石桥场压扭断层和总岗山断层等。彭山—东坡新生代槽地：主要包括彭山、东坡、青神的部分地区。走向东30°。构造简单，为中生代地层组成的宽缓向斜，向斜中部堆积了新生代冰水堆积、河流冲洪积物以及古近系物质。

川中台拱　川中台拱在区内主要为荣威隆起，仅东部仁寿县的东南边缘属此构造单元，该构造单元内有涂家庙断层和达摩山断层，涉及地层主要为侏罗系地层，局部有须家河组含煤地层。

【构造运动】内河谷平坝地区发育的一至三级堆积或基座阶地，丘陵、低山和浅切割中山，沿河谷间断残存的二、三级侵蚀堆积阶地，均表明第四纪以来，全市随所在构造区域一起处于振荡性间歇升降阶段；峡谷区此种振荡性上升的地质遗迹不明显。新构造运动振荡幅度和抬升速度似有随时间而减小的趋势。对于广大山区，新构造运动使山体高差加大，地形更加破碎。

【主要地质灾害】滑坡。指构成斜坡的岩土体在重力作用下失稳、沿着坡体内部的一个（或几个）软弱面（带）发生剪切而产生的整体性下滑现象。俗称“走山”“垮山”“地滑”“土溜”等。

崩塌。指较陡斜坡上的岩土体在重力作用下突然脱离母体崩落、滚动、堆积在坡脚（或沟谷）的现象。

泥石流。指山区特有的一种自然地质现象，它是由于降水（暴雨、融雪、冰川）而形成的一种挟带大量泥沙、石块等固体物质的特殊洪流。

地裂缝。指地表岩、土体在自然或人为因素作用下，产生开裂，并在地面形成一定长度和宽度的裂缝的一种地质现象。

地面塌陷。指地表岩、土体在自然或人为因素作用下向下陷落，并在地面形成塌陷坑（洞）的一种动力地质现象。

地震。指地球内部介质局部发生急剧的破裂，产生的震波，从而在一定范围内引起地面振动的现象。区内地质构造较为复杂，断层较多，历史上曾发生过多次有感地震。据1900年以来对震级大于4级地震的频次统计，龙泉山断层发生9次，最大震级为5.5级。总岗山—柳江断裂7次，最大震级5.1级。地震测深资料表明，龙泉山断层带是一条区域性基底断层带，现今地震活动明显，地震沿构造方向呈带状展布，地震活动特点是频度低，强度中等，震源很浅，震中烈度偏高。重力资料表明，总岗山—柳江一带处在地壳厚度变异带上，沿总岗上和柳江断层的两侧地震活动频繁，形成总岗山—柳江断层地震带，特点是中强地震为主，震源较深，震中烈度偏低，有感范围较大。若西部总岗山—柳江地震带和东部龙泉山地震带发生地震，将会对本地区产生一定的影响。地震的影响主要表现为对致灾体的力学平衡应力和其本身性状的改变，从而降低岩（土）体或潜在滑动面的抗剪（抗滑）强度，致使灾体滑动变形或脱离母体崩落而形成地质灾害。2008年5月12日四川汶川发生8级大地震，波及眉山市境内达6级，对全市影响较大，在山区由于地震作用发生了较多的滑坡和崩塌等次生地质灾害，在一些河谷平坝地区发生有沙土液化现象。

地　貌

【概况】眉山总体地势西高东低，南高北低。境内山峦纵横，丘陵起伏，河网密集。中部是宽阔的岷江河谷平原。洪雅县境内的小凉山水井为全市最高峰，海拔3522米。南部山体高耸，地势陡峻，沟谷发育多呈“V”形，地形切割破碎，海拔均在1000米以上。北部为低山、丘陵、平原地貌，地势较缓平。全市平坝面积1396.80平方千米，主要分布于岷江两岸，占全市总面积的19.44%；丘陵面积4237.75平方千米，主要分布于龙泉山脉及总岗山脉，占全市总面积的58.97%；山地以中、低山地貌为主，面积1551.45平方千米，主要分布于洪雅青衣江右岸，占全市总面积的21.59%（图3）。

【构造地貌】为低山、中山和高中山三类。低山：处于岷山两侧的龙泉山和总岗山背斜，由白垩系和侏罗系地层构成。受构造控制，山脉走向呈北东—南西向。高程600~1100米，相对高差200~500米。中山：位于洪雅张村、高庙以北至青衣江一带，主要由白垩系和侏罗系地层组成，仅在断块山分界的边缘为三叠系地层。峰顶高程一般1000~1500米，相对高差500余米，山脊多为背斜或向斜轴线，两侧谷坡较陡，多呈单面山景观。高

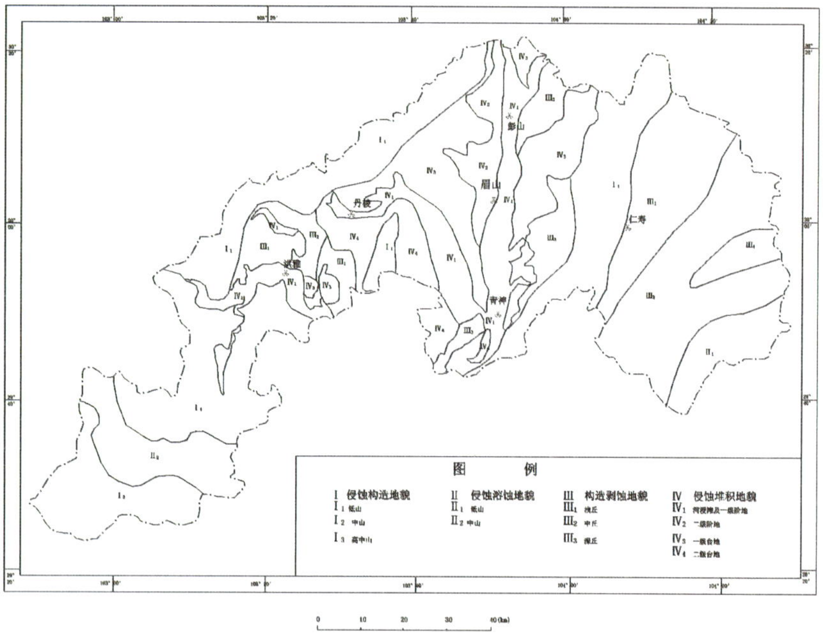

图3　眉山市地貌分区图

中山：分布于洪雅瓦屋山、炳灵、高庙以南。地层主要由前震旦系至寒武系、奥陶系等地层组成，区内最高海拔3522米，一般2100~2800米，切割深度1000~1500米。

【构造侵蚀溶蚀地貌】分中山、低山两类。中山：分布于洪雅、张村、高庙一带，由三叠系雷口坡和嘉陵江白云岩、灰岩地层组成。山顶海拔1000~1700米，岩溶地貌十分发育，溶蚀峰丘、洼地、槽谷以及落水洞、溶洞竖井、漏斗和暗河等到处可见。低山：分布于仁寿宝飞、禄加一带，由侏罗系中下统自流井组大安寨灰岩构成。

【构造剥蚀地貌】分浅丘、中丘、深丘三类。浅丘：分布于仁寿珠家场—观音—满井—曹家一带，另外丹棱—洪雅间有少量分布。仁寿珠家场—观音—满井—曹家一带主要为侏罗系遂宁—蓬莱镇泥岩夹砂岩组成。丹棱—洪雅间由白垩系和侏罗系组成。中丘：分布于仁寿龙桥—花瓷—钟祥一带和龙泉山西侧山麓地带。由侏罗系地层和白垩系灌口组地层构成，高程450~520米，相对高差30~60米。深丘：分布于岷江以东的彭山仙女山和青神南岷江右岸一带，由白垩系地层构成，高程480~500米，相对高差60~100米，夹关组砂岩覆盖丘顶，形态平缓。

【侵蚀堆积地貌】分为河漫滩及一、二级阶地和台地两类：河漫滩及一、二级阶地。沿青衣江、岷江河道两侧呈条带状分布，主要由第四系全新统砂卵石和黏性土类组成，阶地前缘地带高出河水面2~5米，阶面平坦，微向河床倾斜。二级阶地：主要由第四系上更新统的砂卵石、黏性土类组成。形成流水堆积平原。分布高程410~420米，由西向东微微倾斜，平均坡降3‰左右，高出河水面4~6米。台地：主要由第四系上更新统的砂砾卵石和黄色黏土所组成，分布在思蒙河沿岸。台面受侵蚀作用而不平整，形态上表现为缓丘。

地　形

【概况】眉山市位于成都平原西南部，南瞰乐山，东临资阳，西望雅安，是成都平原通联川南、川西南、川西、云南的咽喉要地和南大门。岷江和青衣江贯穿境内，两岸以平原和河流冲积平坝为主。眉山市处于成都平原向山区过渡地带，辖区面积7139.8573平方公千米，境内山峦纵横，丘陵起伏，地势呈西高东低，最高海拔3522米，最低海拔335米，最大相对高差3187米，中生代红色岩层分布广泛，丹霞地貌发育，生态环境优良。全市坝、丘、山皆有，西部丹棱、洪雅、仁寿境内大部分地区皆为低山丘陵。

【山地】全市山地面积15.17万公顷，占土地总面积的21.24%，主要分布在洪雅县、仁寿县。

【丘陵】丘陵面积41.79万公顷，占土地总面积的58.53%，主要分布在丹棱县、青神县、仁寿县。

【平原】平原面积14.44万公顷，占土地总面积的20.22%，主要分布在东坡区和彭山区。

行政区划

【建置沿革】眉山建置，始于南齐建武三年（496年）。初置齐通左郡，治所龙安铺（今东坡区太和镇龙安村）。南梁普通年间（520—527年）改称齐通郡，并置齐通县。郡、县治所同在一城。太清二年（548年）设置青州（以汉青衣县得名），辖齐通郡、齐通县，郡、县治所均在龙安铺。西魏废帝二年（553年）改青州为眉州（因介于岷峨之间，以峨眉山得名），辖齐通、青城两郡，治所不变。恭帝二年（555年）齐通县改通义县。北周明帝二年（558年）废齐通郡，新置安乐县，治所在当今东坡区东坡镇，属眉州。建德元年（572年）改眉州为青州。随即恢复齐通郡，将安乐县改称齐通县。郡、县治所同在一城。大成元年（579年）改青州为嘉州（以汉时的汉嘉县得名），辖平羌、青城、隆山和齐通4郡。齐通郡辖齐通、通义、齐乐（明帝时恢复县）3县。州治所通义县。隋开皇三年（583年）废郡存州。次年，改齐通县为广通县。仁寿元年（601年）废通义县，改广通县为通义县，属嘉州管辖。大业二年（606年），复改嘉州为眉州，州治所迁通义县城（即由今东坡区太和镇龙安村迁至今东坡区中心城区）。不久，撤州建眉山郡，郡治所龙游（即今乐山市市中区），辖通义等县。唐高祖武德元年（618年）废眉山郡，复置嘉州。次年，从嘉州分置眉州，治所通义县城（今东坡区中心城区），辖通义、丹棱、洪雅、南安（今夹江县）和青神5县，属剑南道。此后眉州辖县多次调整。天宝元年（742年）废眉州改置通义郡。乾元元年（758年）又废通义郡恢复眉州，属剑南道西川。五代属前蜀、后唐、后蜀。宋太平兴国元年（976年）改通义县为眉山县，属西北路眉州。元世祖至元十四年（1277年）眉州属嘉定府路。二十年（1283年）废眉山县，归眉州直隶。明洪武九年（1376年）降眉州为眉县，属嘉定州。洪武十三年（1380年）眉县复升为眉州，直隶属四川布政使司，辖丹棱、彭山、青神3县。此后，明、清时期均沿袭此建置。

民国2年（1913年）废眉州，复置眉山县，属上川南道。次年，改属建昌道。民国24年（1935年）设四川省第四行政督察区，治所眉山县城，辖眉山、彭山、丹棱、青神、夹江、洪雅、大邑、邛崃、蒲江和名山10县。

1950年1月设眉山专区，治所眉山县城，属川西行政公署，仍辖10县。后将大邑划出，新津划入。1953年3月5日撤销眉山专区，眉山县改属乐山专区（以后为乐山市）。1997年5月30日，经国务院批准设立眉山地区。同年8月26日正式挂牌，与乐山市分置，治所眉山县城，管辖从原乐山市划出的眉山、仁寿、彭山、洪雅、丹棱、青神6县。2000年6月10日，经国务院批准，撤销眉山地区，设立地级眉山市。同年12月19日正式挂牌，市人民政府驻新设立的东坡区（原眉山县）。眉山市辖原眉山地区的仁寿县、彭山县、洪雅县、丹棱县、青神县和新设立的东坡区。2014年10月20日，撤销彭山县，设立眉山市彭山区，以原彭山县的行政区域为彭山区的行政区域。12月26日挂牌。眉山市辖东坡区、彭山区、仁寿县、洪雅县、丹棱县、青神县。

至2015年，眉山已有建置1519年的历史。

【政区变化】1997年5月，眉山地区正式成立，管辖从原乐山市划出的眉山、仁寿、彭山、洪雅、丹棱、青神6个县。2000年6月撤销眉山地区建立眉山市，12月正式挂牌。以原眉山县的行政区划为东坡区的行政区划。眉山市人民政府驻东坡区，辖仁寿、彭山、洪雅、丹棱、青神县和新设立的东坡区。2014年10月，撤销彭山县，设立眉山市彭山区，以原彭山县的

表2　2015年行政区划一览表

地区	镇名
东坡区	街道办事处（3个）：通惠街道办事处、大石桥街道办事处、苏祠街道办事处 镇（15个）：象耳镇、太和镇、悦兴镇、尚义镇、多悦镇、秦家镇、思蒙镇、修文镇、松江镇、崇礼镇、永寿镇、万胜镇、崇仁镇、富牛镇、白马镇 乡（8个）：复盛乡、土地乡、柳圣乡、金花乡、广济乡、盘鳌乡、复兴乡、三苏乡
彭山区	镇（10个）：凤鸣镇、江口镇、黄丰镇、青龙镇、观音镇、公义镇、彭溪镇、牧马镇、谢家镇、武阳镇 乡（3个）：保胜乡、义和乡、锦江乡
仁寿县	镇（29个）文林镇、宝马镇、珠嘉镇、大化镇、文宫镇、高家镇、观寺镇、龙马镇、方家镇、北斗镇、禾加镇、中农镇、禄加镇、宝飞镇、彰加镇、慈航镇、汪洋镇、四公镇、钟祥镇、始建镇、满井镇、富加镇、龙正镇、黑龙滩镇、清水镇、视高镇、兴盛镇、天峨镇、曹家镇 乡（31个）：青岗乡、鳌陵乡、板燕乡、古佛乡、元通乡、向家乡、中岗乡、龙桥乡、曲江乡、城堰乡、谢安乡、鸭池乡、双堡乡、板桥乡、河口乡、新店乡、识经乡、凤陵乡、促进乡、涂家乡、松峰乡、合兴乡、景贤乡、兆嘉乡、农旺乡、藕塘乡、石咀乡、玉龙乡、洪峰乡、虞丞乡、里仁乡
洪雅县	镇（11个）：洪川镇、余坪镇、三宝镇、止戈镇、东岳镇、中保镇、槽渔滩镇、花溪镇、柳江镇、高庙镇、瓦屋山镇 乡（4个）：将军乡、汉王乡、桃源乡、中山乡
丹棱县	镇（5个）：丹棱镇、仁美镇、张场镇、双桥镇、杨场镇 乡（2个）：石桥乡、顺龙乡
青神县	镇（7个）：瑞丰镇、汉阳镇、黑龙镇、西龙镇、河坝子镇、南城镇、青城镇 乡（3个）：白果乡、高台乡、罗波乡

行政区域为彭山区的行政区域。12月挂牌。眉山市辖东坡区、彭山区、仁寿县、洪雅县、丹棱县、青神县。2015年年底，全市有77个镇、51个乡、3个街道办事处、252个居民委员会、1103个村民委员会、1795个居民小组、8487个村民小组。

自然环境

【土地】境内土壤肥沃，酸碱度适中，保水保肥性好，有利于农作物生长。水稻土遍布全市平坝、丘陵和山区，是主要的农业土壤，有机质含量少，胶体品质较差，土壤肥力中等偏大。紫色土广泛分布在丘陵和西部山区。黄壤土分布在低山和沿江两岸的二、三级阶地，新积土发育于河流沉积物，直接形成河床低岸，即原江平原和河谷平坝。

【植被】境内植被属亚热带常绿阔叶林带。除洪雅县高山区有原始森林外，其余均为人工造林或零星分布的林、草、竹等。2015年全市造林8306.7公顷，继续巩固退耕还林7.83万公顷，全市森林覆盖率48.08%，比2014年增长2.11%。

【矿产资源】眉山境内有矿种25种，主要有煤、天然气、铁、铜、铅、锌、锰、砂金、钙芒硝、石膏、膨润土、磷、白云岩、水泥用灰岩、菱镁矿、饰面用花岗岩、脉石英、水晶、石英砂岩、建筑用砂岩、黏土岩、砖瓦用黏土、砖瓦用页岩、建筑用砂石、矿泉水等。主要矿产为钙芒硝、煤和砖瓦用页岩。钙芒硝分布在东坡、彭山、洪雅、丹棱四区县，均为大型矿床，已探明资源储量近100亿吨，位居全省第二，具规模大、埋藏浅的特点。铅、锌、铜等分布于洪雅南部，迄今尚未探明可供开发利用的储量，矿体厚度小，分布广，具小而富的特点。洪雅白沙河、老槽沟、团宝山铅锌矿规模稍大。煤矿分布于洪雅中部及仁寿南部，均为小型矿床，资源储量较清楚，资源储量总体约1.26亿吨，煤层多、厚度薄、质量好（以低硫炼焦用煤为主）。磷矿分布在洪雅南部，分布广，大圆包、老汞山磷矿正在开采，均可综合利用研制复合肥。建筑用砂石主要分布于青衣江及岷江河道，经济价值高，但可供开发利用的河段已不多，由于一些原因，全市尚未进行系统性的详细勘查工程，资源储量不清楚。砖瓦用页岩遍布全市六区县，仅彭山永丰、保胜两处规模为中型，其余均为矿点，资源不清楚，但地质条件好，潜力大。水泥用灰岩分布于洪雅高庙镇及仁寿县南部一带，目前仁寿县已做过全面调查，资源潜力较大。石膏分布于东坡区东部及洪雅南部。东坡区石膏年产矿量0.20万吨，工业总产值约72万元；洪雅南部的仅为矿点，资源量不清楚，矿体厚度薄、质量好，开发利用价值高。膨润土仅分布于仁寿县的大石、兆嘉等地，为矿点；资源储量为25.4万吨，位居全省第二位，具有矿体厚度变化大，矿石质量好，开发利用价值高。

【植物资源】眉山市境内有野生植物184科、755属、1900余种（不包括栽培植物），其中蕨类植物36科、71属、156种，占全国蕨类植物属的1/3；种子植物148科、684属、1744种，种子植物中，裸子植物7科、14属、20种，被子植物141科、670属、1724种。分别占四川已知裸子植物科的77.8%、属的50%、种的20%；已知被子植物科的77.5%、属的45.5%、种的20.4%。在1900种野生植物中，属国家Ⅰ级保护的野生植物有7种：玉龙蕨、珙桐、光叶珙桐、红豆杉、南方红豆杉、银杏、独叶草；国家Ⅱ级保护的野生植物有26种：桫椤、华中黑桫椤、扇蕨、金毛狗、油麦吊云杉、篦子三尖杉、巴山榧树、连香树、鹅掌楸、厚朴、凹叶厚朴、圆叶玉兰、西康玉兰、峨眉含笑、水青树、香樟、油樟、润楠、楠木、红豆树、川黄檗、红椿、红毛椿、梓叶槭、喜树（旱莲木）、香果树。

【动物资源】眉山市境内野生动物种类比较多，区系组成较复杂，以亚热带的森林动物为主。境内有陆栖脊椎动物425种，其中：两栖类30种，爬行类35种，鸟类278种（其中留鸟143种、夏候鸟95种、冬候鸟19种、旅鸟19种），兽类82种。在425种陆栖脊椎动物中，属国家Ⅰ级保护的野生动物有7种，分别为：大熊猫、云豹、豹、羚牛（野牛）、林麝、黑鹳、中华秋沙鸭（在2000年省厅组织的第三次大熊猫普查中，瓦屋山大熊猫数量为7只；2005年3月13日和2009年2月9日，瓦屋山自然保护区分别成功营救受困大熊猫各一只）。属国家Ⅱ级保护野生动物36种，其中两栖类1种，鸟类22种、兽类13种。分别为：大鲵（娃娃鱼）、黑冠鹃隼、凤头蜂鹰、鸢、苍鹰、赤腹鹰、凤头鹰、松雀鹰、雀鹰、普通鵟、红隼、红腹角雉（黄连鸡）、白鹇、白腹锦鸡（宽冠鸡）、棕背田鸡、契尾绿鸠、领角鸮、领鸺鹠、斑头鸺鹠、鹰鸮、四川林鸮、长耳鸮、短耳鸮，猕猴、藏酋猴、豺、黑熊（老熊）、小熊猫、黄喉貂、水獭（山猫子）、大灵猫、小灵猫、斑林狸、金猫、斑羚、鬣羚。在上级别的重点保护野生动物中，除各种鹰类（比如老鹰、鹞子、猫头鹰）在其他五区县有少量分布外，其余的主要分布在洪雅县境内。

【水资源和水能资源】2015年，全市总用水量13.11亿立方米；地表水源供水量12.57亿立方米；地下水源供水量0.54亿立方米；水资源总量45.61亿立方米；人均占有水资量仅1374立方米，为全省人均占有量2678立方米的51.3%；水利工程年末蓄水5.63亿立方米；全市水能资源理论蕴藏量136万千瓦，可开发122万千瓦，已开发93.2千瓦以上；年发电量约37.3亿千瓦。

【电力资源】2015年，眉山电力资源主要集中在洪雅县，全县建成大小电站165座，总装机容量93万千瓦，年发电量40亿千瓦时，其中南部山区建成包括瓦屋山水电站在内的水电站129座，装机容量45.05万千瓦，年发电量16.6亿千瓦时。瓦屋山镇电站有64个，高庙镇有电站31个，桃源乡有电站1个，柳江镇有电站26个，花溪镇有电站7个。洪雅县电站多年平均利用小时大多在4000小时以上、5000小时以下。

【水系】眉山市所辖区域属长江流域岷江、沱江水系。东部仁寿县大部分流域处于沱江一级支流球溪河的上、中游，也是支流龙水河、青水河、通江河、吴家坝河及绛溪河发源地。岷江干流位于辖区中部，从北向南纵贯彭山区、东坡区、青神县，丹棱县的思蒙河、金牛河流域、仁寿县的鲫江河、芦溪河、筒车河、芒溪河、越溪河流域均属岷江水系。西部洪雅县属青衣江中游，市境内接纳了花溪河、安溪河等数条支流汇入。市境内流域面积在100平方千米以上的河流有20条，500平方千米以上的有9条，1000平方千米以上的有3条。

岷江为长江上游左岸一级支流，发源于阿坝松潘县岷山南麓的弓杠岭和朗架岭，经阿坝州、成都市，在新津县红岩子和双流县黄龙溪入眉山市境内，流经彭山区、东坡区、青神县后在平羌峡出境，经乐山纳入大渡河（含青衣江）、马边河等支流后在宜宾市汇入长江。岷江在眉山市境内属中游，入境流域面积3.04万平方千米（含府河），入境河床高程436.74米，境内流域面积3104.1千米。出境（左岸）断面河床高程39.16米，河床平均比降0.77%。岷江在市境内接纳的主要支流有位于右岸的府河、王店子河、鲫江河、沙溪河、筒车河；位于左岸的梓潼河、毛河、东西醴泉江、思蒙河、金牛河。

青衣江（又名雅河），系岷江二级支流。青衣江以宝兴河为正源，宝兴河发源于宝兴县巴朗山南麓蚂蟥沟，发源地高程4930米，至芦山县三江口纳芦山河，至飞仙关与西来的天全河及北流的荥经河汇合后始称青衣江。向东南流经雅安、洪雅、夹江等县市，至乐山草鞋渡注入大渡河，在乐山肖公咀汇入岷江。市境内青衣江流长58.82千米，入境流域面积1.07万平方千米（含洪雅县炳灵河出境后汇入面积794.41平方千米），入境断面海拔高程516.4米，入境年均流量457.6立方米/秒，年均入境径流量145.06亿立方米（含境内炳灵河出境后汇入年均径流量12.37亿立方米）。出境断面流域面积1247.45平方千米，海拔高程417.6米。市境内接纳的主要支流有位于右岸的炳灵河（入境前汇入）、花溪河、雅川河和位于左岸的安溪河。市境内青衣江流域面积2128.67平方千米（其中洪雅县1948平方千米、丹棱县180.67平方千米）。

沱江支流球溪河，入境流域面积164.85平方千米，境内流域面积1953.3平方千米，出境流域面积2118.15平方千米。

全市多年平均径流深795.3毫米，东部径流深400~600毫米，西部为700~1600毫米，最多达1600毫米（洪雅县高庙镇）。据彭山水文站泥沙实测资料，岷江年均含沙量198千克/立方米，悬移质年输沙量约225万吨。据夹江水文站泥沙实测资料分析，青衣江年均含沙量80.6千克/立方米，悬移质年输沙量约91.4万吨。

气候状况

【概况】眉山市地处中低纬度，位于四川盆地西部、岷江中游，全市以中亚热带湿润季风气候为主。其特点是每年海陆季风交替更迭，四季分明，气候温和，雨量丰沛，雨热同季，日照少，无霜期长。冬无严寒，霜雪少；夏无酷暑，是暴雨和其他强对流天气频发期；春季回暖早，降水少；秋季温凉，多绵雨。多年平均气温16.8℃；7—8月份最热，月平均气温分别为25.7、25.6℃，极端最高气温39.9℃（2006年8月12日，仁寿）；1月最冷，平均气温6.5℃，极端最低气温-4.2℃（1991年12月28日，洪雅）。最高月平均气温28.4℃（8月），最低月平均气温3.8℃（1月）。全年无霜期308~320天。年平均日照时数1060~1300小时，属全国低日照区域之一。年平均降水量1153.7毫米，年平均降雨日数为159天，最多达228天（1989年，洪雅），最少为116天（2003年、2006年，仁寿）。极端年最大雨量2165.4毫米（1966年，洪雅），极端年最少雨量544.4毫米（2006年，仁寿）。西部的洪雅、丹棱以及南部的青神年总降雨量丰沛，属全省的暴雨中心之一；东部仁寿县较全市其余各区、县干旱频率高。降雨集中在每年汛期（5—9月），7月最多，汛期降雨量占年总降雨量的85%左右。年平均大于6级大风日数5天。年平均雷暴日数30天左右。此外，在西南山区随着海拔高度的增加，分布有从亚热带—暖温带—寒温带—亚寒带的完整气候带谱，气候的垂直差异（立体气候）明显。

【气候特点】2015年眉山市气候总体平稳，无大旱、大涝。总降雨量为750~1200毫米，各区县总降雨量均较正常年份偏少1~3成，年平均气温18.5℃左右，较正常年份偏高1.5℃。

冬季（12—2月）气候呈现前干后湿的特点。2014年12月1日至2015年2月28日，全市气温偏高，前期（12月）降水偏少，中后期（1—2月）降水均匀，东坡、仁寿、彭山有冬干露头趋势。平均气温8.5℃~9.5℃，较常年偏高0.7℃~1.4℃，属暖冬年份。

春季（3—4月）全市总降雨量除洪雅接近正常外，其余各区县偏少1~5成，平均气温偏高1℃~2℃，日平均气温稳定通过12℃的初日较历史同期偏早15天左右。3月东坡、彭山、仁寿达到春旱气候标准。4月4—7日，全市受强冷空气影响出现了一次降温、降雨天气过程，过程累计降温幅度8℃~9℃，春播期间无“倒春寒”。

初夏（5—6月）全市降雨量总体偏少，总降雨量160~260毫米。5月1日、21日分别出现一次大雨天气过程。全市部分地方达到一般性夏旱。丹棱（5月1日到20日）、东坡、仁寿（5月21日到6月12日）达到夏旱气象标准。

盛夏（7—8月）全市出现2场区域性暴雨，降水呈分布不均、局地性强等特点，总降雨量为185.5~432.1毫米，各区县较历史同期均偏少，其中仁寿偏少达5成，平均气温为25.3℃~27.1℃，与历史同期比较，仁寿、彭山正常，其余各区县偏低0.7℃~1.1℃，日最高气温超过35℃的天数为15天左右，接近常年。

秋季（9—11月）9月上中旬，全市间歇性阴雨天气明显偏多，对水稻收晒造成了不利影响。9月5日全市出现了入汛以来较强的区域性暴雨，强降水主要集中在东坡区，局部地方24小时累计降雨量超过了180毫米，达到了洪涝标准，9月总降雨量明显偏多，较历史同期偏多1—2倍。秋季中后期气温、降水接近正常。

初冬（12月）气温接近正常；总降雨量明显偏多。

2015年全市主要气象灾害。2015年全市暴雨洪涝偏轻，区域性暴雨过程偏少，较正常年份偏少2次，8月8—9日，丹棱、洪雅普降暴雨，最大降雨量95.6毫米，出现在丹棱顺龙；8月14日东坡、彭山，普降大雨到暴雨，最大降雨量101.2毫米，出现在东坡经开区；9月4—5日，东坡、彭山、青神出现了入汛以来最强的一次区域性暴雨，有8个监测站累计降雨量超过了100毫米，最大降雨量183.7毫米，出现在东坡悦兴。

2015年干旱、雷电、风雹、强降雨方面的极端气候事件偏弱，对工农业生产造成的经济损失总体偏小。9月全市阴雨天气严重，雨日多，对水稻收晒和秋季作物栽培造成了较严重的影响，以青神为例，阴雨日达到了24天，较正常年份偏多12天，总降雨量大部分区县都明显偏多。

国民经济和社会发展

2015年，眉山市国民经济和社会发展统计情况如下：

一、综合

经四川省统计局审定，全年地区生产总值（GDP）1029.86亿元，按可比价计算比2014年增长10.2%。其中，第一产业增加值159.64亿元，增长4.0%；第二产业增加值578.14亿元，增长11.4%；第三产业增加值292.08亿元，增长10.8%。三次产业对经济增长的贡献率分别为5.2%、66.8%、28.0%，分别拉动经济增长0.5、6.8、2.9个百分点。三次产业结构由2014年的15.8:56.6:27.6优化为15.5:56.1:28.4。人均地区生产总值34379元，增长9.8%。

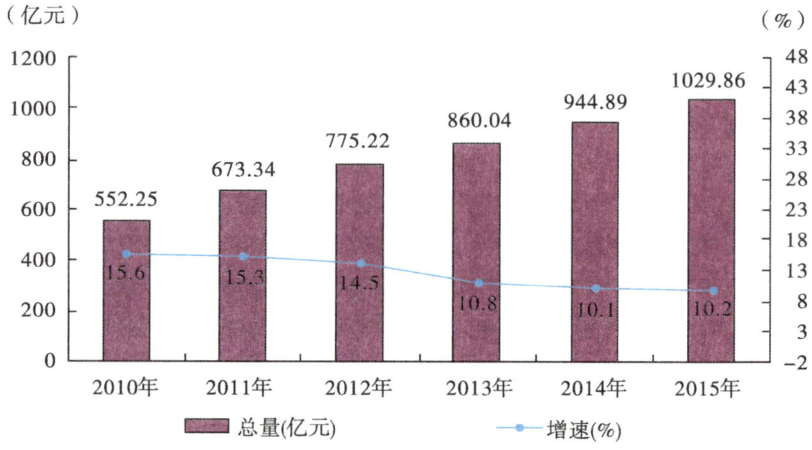

2010—2015年地区生产总值（GDP）总量及增速图

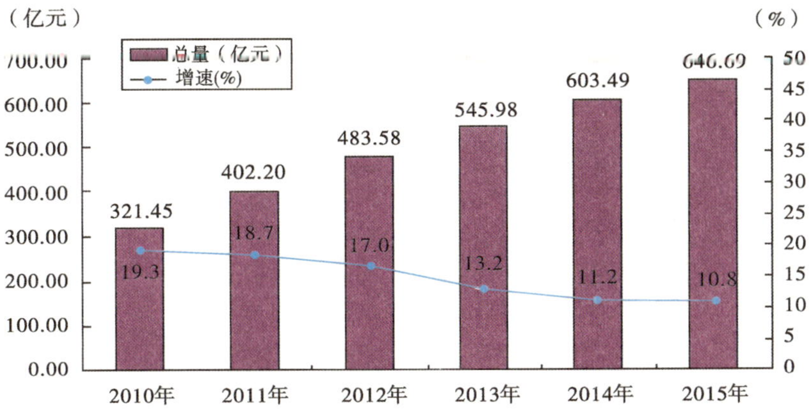

2010—2015年非公有制经济增加值总量及增速图

全年非公有制经济增加值646.69亿元，比2014年增长10.8%，占地区生产总值的比重为62.8%，对经济增长的贡献率为66.1%，拉动经济增长6.8个百分点。其中，第一产业增加值68.73

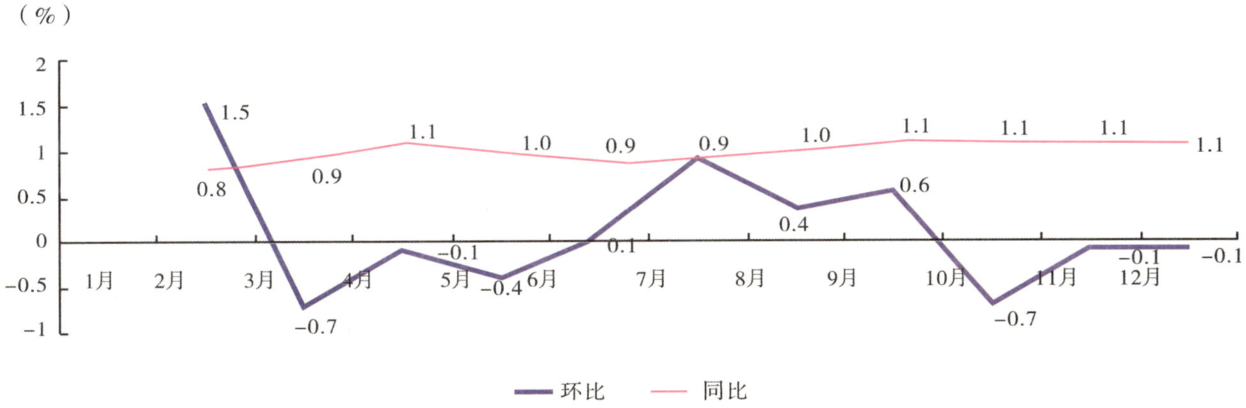

2015年各月CPI累计涨跌情况图

亿元，增长3.9%；第二产业增加值422.90亿元，增长12.2%；第三产业增加值155.06亿元，增长9.1%。

全年居民消费价格总水平（CPI）比2014年上涨1.1%。其中，食品类价格上涨2.3%，烟酒类价格下降2.3%，衣着类价格上涨0.8%，家庭设备用品及维修服务类价格上涨1.0%，医疗保健及个人用品类价格上涨2.6%，交通和通信类价格下降0.3%，娱乐教育文化用品及服务类价格上涨1.8%，居住类价格下降0.9%。全年工业品出厂价格总水平（PPI）下降3.2%；工业生产者购进价格总水平（IPI）下降4.4%。

二、农业

全年农作物总播种面积43.5万公顷，比2014年增长1.0%。其中，粮食作物播种面积29.7万公顷，增长0.8%；油料作物播种面积5.69万公顷，增长1.8%；药材播种面积2560公顷，增长1.2%；蔬菜播种面积5.81万公顷，增长2.9%。

全年粮食产量168.5万吨，比2014年增长2.5%。其中，小春粮食产量29.8万吨，增长2.3%；大春粮食产量138.7万吨，增长2.5%。经济作物中，油菜籽产量10.2万吨，增长4.2%；茶叶产量2.14万吨，增长2.5%；水果产量91.3万吨，增长5.4%；蔬菜产量152.9万吨，增长5.0%。

全年肉类总产量30.3万吨，比2014年下降0.7%。其中，猪肉产量20.9万吨，下降2.4%；牛肉产量0.73万吨，增长5.5%；羊肉产量0.73万吨，增长3.9%。全年牛奶产量14.5万吨，增长0.2%；禽蛋产量5.5万吨，增长2.6%。年末生猪存栏下降3.5%，奶牛存栏下降1.8%。全年生猪出栏下降2.7%，羊出栏增长4.9%，家禽出栏增长2.3%。

全年水产品养殖面积1.54万公顷，比2014年增长1.1%；水产品产量11.18万吨，增长6.4%。

全年新增耕地593.33公顷，基本农田保护面积21.24万公顷，已建成高标准农田8万公顷。全年完成7座病险水库整治，解决了7.76万农村居民安全饮水问题。年末农业机械总动力241万千瓦，年内机耕作业面积25.7万公顷，主要农作物（小麦、水稻、玉米、油菜）综合机械化水平达到59.5%，全年修建机耕便民道2217千米，维修改造提灌机械3260台34511千瓦，新增提灌站机械43台989千瓦。

三、工业和建筑业

全年全部工业增加值497.22亿元，比2014年增长11.1%。全年规模以上工业企业总数622户，比2014年减少7户。全年规模以上工业增加值增长12.3%。

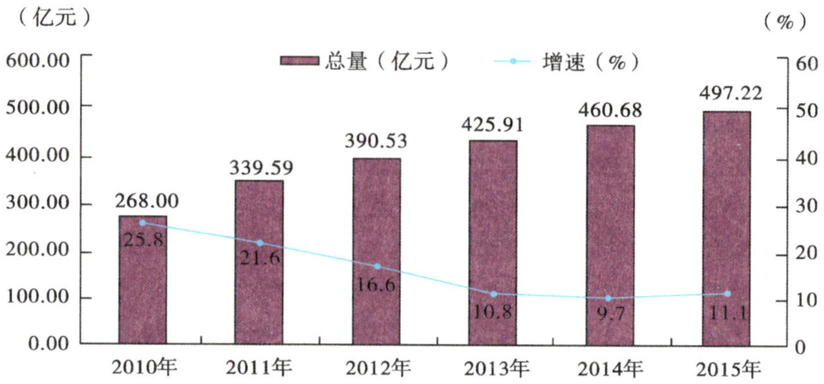

2010—2015年全部工业增加值总量及增速图

全年规模以上工业中有39种产品产量增长，增长面为53.4%。全年规模以上工业产销率为97.9%，盈亏相抵后利润总额增长7.3%。

全年全社会建筑业增加值86.46亿元，比2014年增长13.2%。年末具有资质等级的建筑企业104户。

表3　2015年规模以上工业主要产品产量统计表

指标名称	单位	本年累计	累计±%
配混合饲料	万吨	181.67	-7.9
乳制品	万吨	26.2	18.6
布	万米	6558	4.8
农用化肥(折纯)	万吨	48.3	1.8
合成洗涤剂	万吨	71.88	21.3
中成药	万吨	0.11	47.4
水泥	万吨	1009.12	-6.3
钢材	万吨	3.41	-2.7
原铝	万吨	13.33	-27.4
铝材	万吨	41.75	2.1
铁路货车	辆	2358	-8.1

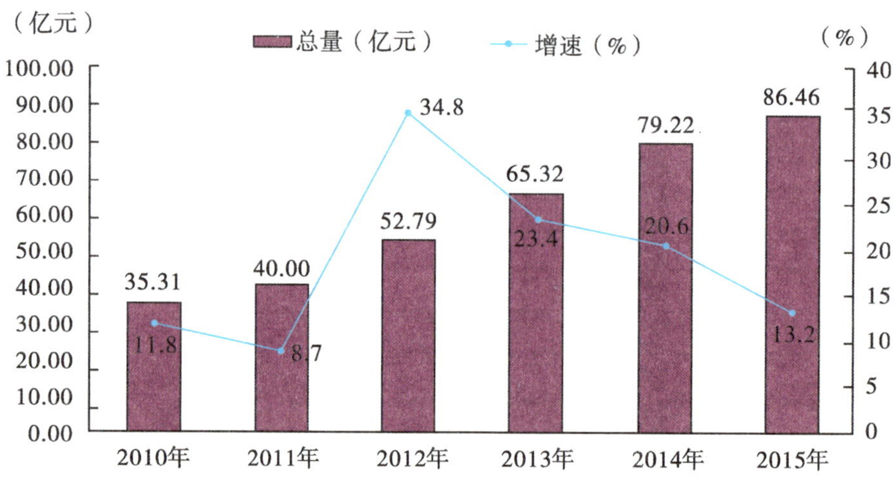

2010—2015年全部建筑业增加值总量及增速图

四、固定资产投资和房地产开发

全年全社会固定资产投资1032.37亿元，比2014年增长11.9%。其中，第一产业投资24.33亿元，增长30.2%；第二产业投资393.55亿元，增长8.2%，第三产业投资614.49亿元，增长13.7%。全年500万元及以上项目投资812.22亿元，增长7.1%。其中，基本建设投资533.07亿元，增长6.1%；更新改造投资279.15亿元，增长9.2%。

全年房地产开发投资195.15亿元，增长29.1%。全年商品房施工面积1650.30万平方米，增长20.8%；商品房销售面积425.18万平方米，增长28.1%。

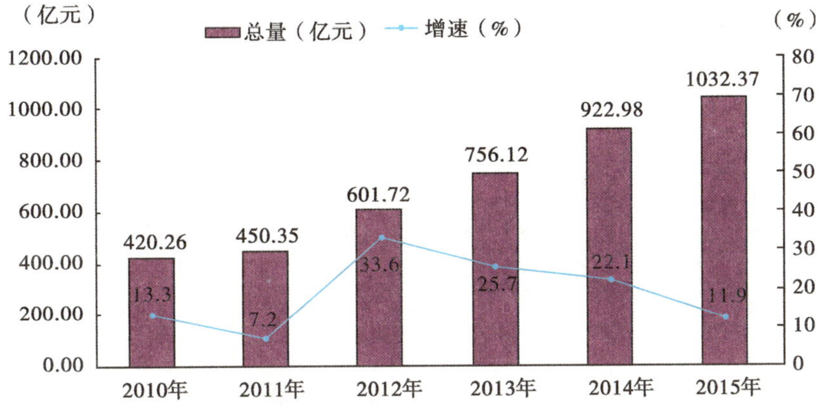

2010—2015年全社会固定资产投资总量及增速图

五、国内贸易、对外经济和旅游

全年社会消费品零售总额388.76亿元，比2014年增长12.5%。其中限额以上企业（单位）消费品零售额144.90亿元，增长16.7%。按经营地分，城镇市场消费品零售额245.57亿元，增长12.4%；乡村市场消费品零售额143.19亿元，增长12.8%。按消费形态分，商品零售额337.00亿元，增长12.6%；餐饮收入额51.76亿元，增长12.3%。

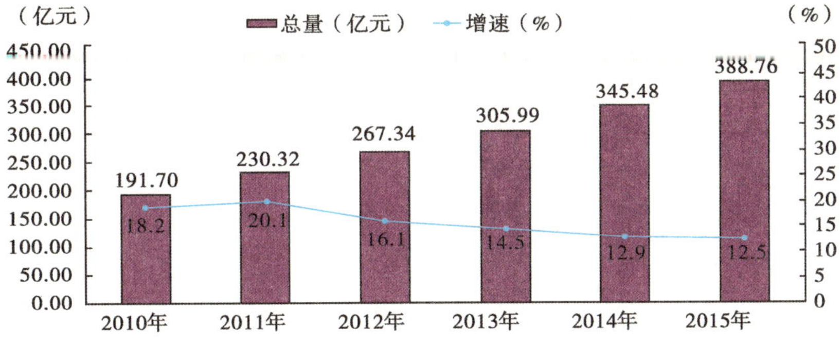

2010—2015年社会消费品零售总额及增速图

全年进出口总额20517万美元。其中，进口额3103万美元，出口额17414万美元。

全年接待旅游人数3022.21万人次，比2014年增长26.7%。全年旅游总收入230.38亿元，增长27.5%。

六、交通、通信和邮电

全年公路货物运输总量6620.26万吨，公路旅客运输总量5993.47万人次。全年公路货物运输周转量59.2亿吨千米，公路旅客周转量17.01亿人千米。

全年邮政业务总量3.53亿元，比2014年增长26.4%；电信业务总量30.97亿元，增长20.7%。年末固定电话用户3.1万户，下降21.6%；移动电话用户246.05万户，增长0.8%；宽带用户44.7万户，增长32.6%。

七、财政、金融和保险

全年地方财政收入207.4亿元，比2014年增长13.6%。其中，地方一般公共预算收入83.1亿元，增长10.6%。全年地方财政支出334.2亿元，比2014年增长14.1%。其中，地方一般公共预算支出207.2亿元，增长13.9%。

年末金融机构本外币各项存款余额1434.93亿元，比年初增长14.3%。其中，人民币各项存款余额1432.08亿元，增长14.2%。年末金融机构本外币各项贷款余额684.06亿元，比年初增长9.2%。其中，人民币各项贷款余额683.76亿元，增长9.4%。

年末有保险公司25家，其中财险公司13家，寿险公司12家。全年保费总收入40.86亿元，比2014年增长17.6%。其中，产险保费收入13.32亿元，增长17.8%；寿险保费收入27.54亿元，增长17.5%。全年产寿险累计赔款与给付13.28亿元，其中产险赔款6.46亿元、寿险赔款与给付6.82亿元。

八、科技、教育、文化、体育、卫生

全年组织实施市级以上科技计划项目87项，向上争取到位无偿科技项目资金3247万元。全年申请专利1053件，获得授权专利764件。全年新增国家级高新技术企业13家。全年举办科技培训13次，培训人员760人次。

年末有各类学校907所，其中幼儿园460所、小学208所、初中190所、高中28所、中职16所、特殊学校5所。在校学生39.7万人，其中幼儿园学生9.3万人、小学学生14.3万人、初中学生6.9万人、高中学生5.1万人、中职学生4.1万人、特殊学校学生309人。小学学龄儿童入学率100%，高中阶段毛入学率90.1%，普通高考本科上线率42.4%。年末专任教师总数2.47万人，其中小学专任教师0.93万人，普通中学专任教师1.07万人。

年末有文化馆7个，文化站131个，公共图书馆7个，博物馆6个，剧场、影剧院1个。年末公共图书馆图书总藏量373.53千册。年末公共体育场馆8个，全年举办运动会36次，参加运动会人数16万人。

年末广播电视台6座，有线广播电视传输干线网络总长18225公里。有线广播电视用户44.8万户。全年公共广播节目、电视节目播出时间分别为3.10万小时和4.12万小时。

年末医疗卫生机构2057个，实有床位数16296张。医院、卫生院技术人员14658人，其中执业医师5576人、注册护士5839人。全年门诊人数1382.29万人次，实际占用总床日数468.6万床日，病床使用率79.6%。

九、人民生活、社会保障

年末户籍总人口349.17万人，其中非农人口100.35万人。年末常住人口300.13万人，其中城镇常住人口125.66万人，城镇化率41.87%。全年出生人口37430人，死亡人口25168人，人口自然增长率3.58‰。

全年城镇居民人均可支配收入26395元，比2014年增长8.4%；城镇居民人均消费性支出18698元，增长5.7%。全年农村居民人均可支配收入12756元，比2014年增长9.8%；农村居民人均消费性支出10870元，增长13.5%。

全年参加城乡基本养老保险人数161.08万人，参加城镇基本医疗保险人数75.20万人，参加失业保险人数10.93万人，参加工伤保险人数16.56万人，参加生育保险人数14.55万人。全年发放养老、失业金37.08亿元，支出城镇基本医疗保险待遇12.54亿元。全年城镇新增就业34016人，帮助失业人员再就业5352人，帮助困难群众就业3159人，全年城镇登记失业率为4.11%。全年组织各类就业、创业培训21624人。全年发放小额担保贷款4384.90万元。

全年城乡医疗救助人数28.68万人次，支出救助金6544万元；城乡低保保障人数19.68万人，支出保障金37844万元。年末农村“五保”供养对象1.98万人，集中供养率为90.0%。年末实有敬老院146所，床位17010张。年末实有慈善超市59个。年末实有老年学校151所。全年销售福利彩票2.77亿元，筹集福彩公益金2354万元。

十、资源、环境和安全生产

全年水资源总量50.1亿立方米。全年造林8307公顷，年末森林面积31.3万公顷，森林覆盖率48.1%。

全年中心城区城市生活污水集中处理率87.0%，城市生活垃圾无害化处理率100%。全年COD（化学需氧量）排放量8.10万吨，氨氮排放量6713吨。城区空气质量优良以上天数占全年天数的比重为63.8%，功能区噪声全面达标。

全年平均气温东坡区18.4℃，彭山区19.0℃，仁寿县19.0℃，洪雅县17.9℃，丹棱县17.7℃，青神县18.4℃。全年平均降水量东坡区977.5毫米，彭山区770.8毫米，仁寿县785.6毫米，洪雅县1217.2毫米，丹棱县883.7毫米，青神县1065.0毫米。

全年各类生产经营性事故共死亡32人，其中工矿商贸事故死亡人数4人。

中国共产党眉山市委员会

Meishan Municipal Committee of the Communist Party of China

重大决策

【实施“八大攻坚战”】2015年1月20日，市委、市政府作出《关于主动适应新常态实施八大攻坚战推进经济跨越发展的决定》，贯彻中共十八届三中、四中全会和省委十届五次全会精神，落实中央、省委经济工作会议安排部署，主动适应新常态，找准发展方向，抢抓发展机遇，提振发展信心，放大发展优势，推动全市经济跨越发展。坚持“稳中求进”工作总基调，将2015年确定为本届市委、市政府“任期目标攻坚年”，集中力量打好“八大攻坚战”（项目投资、产业转型升级、统筹城乡、区域发展、深化改革、开放合作、文化立市、创业就业），坚定不移“稳增长、优结构、保民生、促和谐”，努力实现全市经济平稳健康发展和社会和谐稳定。

【决战“1593”扶贫攻坚】2015年8月3日，市委作出《中共眉山市委关于决战“1593”扶贫攻坚确保实现“两个率先”的决定》。确保打赢扶贫攻坚这场硬仗，在全省率先实现次级突破、率先全面建成小康社会。要求瞄准“两个率先”目标任务，整合资源、集中攻坚，确保到2017年全市10.94万农村贫困人口全部脱贫，316个省、市级贫困村全部“摘帽”，全市农村居民人均可支配收入达1.65万元，实现城乡基本公共服务均等化、社会保障全覆盖。精准实施“五个一批”减贫行动计划（扶持生产就业发展一批、移民搬迁安置一批、低保政策兜底一批、医疗救助扶持一批、灾后重建帮扶一批），推动贫困群众如期脱贫。精准实施“九大领域”脱贫摘帽工程（实施产业培育扶贫工程、实施幸福美丽新村建设扶贫工程、实施基础建设扶贫工程、实施能力提升扶贫工程、实施医疗卫生改善扶贫工程、实施社会保障扶贫工程、实施文化惠民扶贫工程、实施生态保护扶贫工程、实施社会合力扶贫工程），促进城乡均衡发展，走出一条具有眉山特色、体现发展阶段、符合群众利益的扶贫开发路子。强化“三大保障”（政策保障、组织保障、改革保障），确保扶贫攻坚决战决胜。

【决战“22345”创新创业攻坚】2015年8月3日，市委作出《中共眉山市委关于决战“22345”创新创业攻坚确保实现“两个率先”的决定》。贯彻落实党中央、国务院和省委、省政府关于大众创业万众创新的决策部署，加快实施创新驱动发展战略，打造经济发展新引擎，加速推进富裕美好眉山建设进程。要求实现两大目标，力争到2017年实现创新创业主体竞相涌现、创新创业能力不断提升。培育两大主体，培育壮大人才队伍，释放民智民力，激发全社会创新潜能和创新活力；培育壮大企业主体，促进小微企业成长为规模企业，规模企业成长为领军企业。构建三大体系（构建“东坡味道”千亿产业创新创业体系，构建“眉山制造2025”创新创业体系，构建现代服务业创新创业体系）。实施四大行动（引进行动、回归行动、培育行动、转化行动）。落实五大政策（金融支持政策、财政扶持政策、产业配套政策、人才激励政策、政务服务政策）。

【提出“十三五”规划建议】2015年12月14日，市委印发《中共眉山市委关于制定国民经济和社会发展第十三个五年规划的建议》。贯彻中共十八届五中全会、省委十届七次全会精神，贯彻落实中央“四个全面”战略布局、省委“三大发展战略”，总结“十二五”

工作。分析“十三五”时期全市面临的机遇和挑战，明确全市发展的指导思想，提出主要目标（到2017年，在全省率先实现次级突破、率先全面建成小康社会；到2020年，努力建成全省创新发展先行区、统筹城乡先行区、生态文明先行区、开放合作先行区和全面小康先行区）。要求坚持创新发展，推进产业创新发展、科技创新、体制机制创新，增强跨越发展动力。坚持协调发展，推进区域协调发展、城乡统筹发展、精神文明和物质文明协调发展、基础设施与发展要求相适应，不断优化均衡发展结构。坚持绿色发展，建设“绿海明珠”“千湖之城”“百园之市”，提高生态环境建设水平，强化资源利用效率，不断提升生态文明水平。坚持开放发展，提升招商引资水平，深化全方位开放合作，加强对外交流，不断开创合作共赢局面。坚持共享发展，实施扶贫攻坚行动，促进全民创业就业，完善公共文化体系，提高教育体育发展水平、人民健康水平、社会保障水平，不断增进人民群众福祉。加强和改善党的领导，强化党的核心领导，全面推进依法治市，创新社会治理方式，动员全市人民共同奋斗，确保“十三五”规划建议目标任务全面完成。

【开展“三严三实”专题教育】2015年5月至12月，全市在县处级以上领导干部中开展“三严三实”（严以修身、严以用权、严以律己；谋事要实、创业要实、做人要实）专题教育，市委办公室印发《关于在县处级以上领导干部中开展“三严三实”专题教育的实施方案》。要求各级党组（党委）要把此次专题教育作为重大政治任务，要突出入脑入心、问题导向、从严认真、以上率下、实践实效。要联系眉山实际，突出实践特色，做到专题教育与日常工作特别是推动经济社会发展相融互促，确保两手抓、两不误、双丰收，把深化“主动作为创一流、为民服务当先锋”活动，作为践行“三严三实”的总载体；把建立“三张清单”（权力清单、责任清单、负面清单）、推行“四个当天”（日常工作，当天事当天毕；群众办事，当天接当天处；上级交办，当天领当天动；同级协作，当天应当天办）制度，作为践行“三严三实”的总抓手；把推动“两个率先”、打好“八大攻坚战”，作为检验“三严三实”专题教育成效的总标尺。重点抓实规定动作：一次专题党课、三个专题学习研讨、一次专题民主生活会和组织生活会、强化整改落实和立规执纪。加强组织领导，落实工作责任、实行分类指导、加强督促考核、强化宣传引导，扎实推进此次专题教育活动。

【规划“东坡味道”千亿产业】2015年9月1日，市委办公室、市政府办公室印发《眉山市“东坡味道”千亿产业“十三五”规划纲要》，贯彻落实市委、市政府决策部署，加快全市食品产业发展，以“东坡味道”统揽食品产业发展，形成统一的标准体系、品牌推广，占领“微笑曲线”两端，推动产业转型升级，形成核心竞争力。规划目标为2020年全市“东坡味道”食品产业销售收入1000亿元以上。要求做严标准、做响品牌、做优基地、做强集群、做大市场。在保障措施方面，要强化组织领导、细化工作方案、加大政策扶持、积极招大引强、实施绩效考核。

【制定“眉山制造2025”规划纲要】2015年9月24日，市委办公室、市政府办公室印发《眉山制造2025规划纲要》，精准对接“中国制造2025”，做强做大眉山制造业。要求按照总体思路，牢牢把握“中国制造2025”发展战略，依靠“互联网+”，以制造业转型升级和提升核心竞争力为主线，以智能制造为突破口和主攻方向，加快实施提升壮大“4+4”产业集群、创新驱动、优化工业布局、绿色制造四大战略任务，推进智能制造、质量品牌、服务型制造三大攻坚行动，引导产业、园区、企业向数字化、网络化、智能化、成套化、集约化等方向发展，实现制造业逐步由低端向中高端转变、自动化向智能化转变，把眉山打造成为国内一流的智能制造名城。力争到2025年全市工业总产值突破5000亿元，其中机械及高端装备制造、化工及化工新材料、农产品加工产业均突破1000亿元，新能源及金属新材料、新一代电子信息产业均突破500亿元，生物医药、新型建材产业均达到400亿元。

重要决定

2015年，市委作出主动适应新常态实施八大攻坚战推进经济跨越发展、市委常委会2015年工作要点、进一步加快都市近郊型现代农业发展、主动适应新常态强化两大保障奋力推进全市跨越发展、深化“主动作为创一流、为民服务当先锋”活动、2015年党风廉政建设和反腐败工作、决战“1593”扶贫攻坚和决战“22345”创新创业攻坚确保实现“两个率先”、加强和改进党的群团工作、创建国家历史文化名城、制定国民经济和社会发展第十三个五年规划、全面创新改革建设创新驱动发展先行区、加强和改进人民政协工作、进一步完善诉讼与非诉讼相衔接的多元化纠纷解决机制、2015年宣传思想工作、加强文艺人才队伍建设、进一步加强城乡规划管理和监督、开展文化立市攻坚年行动、各级党组织谈心谈话制度、依法治市2015年工作、选拔任用党政领导干部动议工作、加快推进新型城镇化、在县处级以上领导干部中开展“三严三实”专题教育、领导干部干预司法活动和插手具体案件处理的记录通报及责任追究、市管领导干部经济责任审计工作规划（2016—2020年）、加强全市产业园区党建工作体制机制、抓住领导干部“关键少数”全面深入推进依法治市、“东坡味道”千亿产业“十三五”规划纲要、进一步加强统筹联动中央和省驻眉山单位纪检工作、眉山制造2025规划纲要、区县纪委书记和副书记提名考察办法（试行）、市委规范性文件合法性审查办法（试行）、加强和改进党委（党组）中心组学习的实施意见、推进眉山城区城市治理由政府管理向社会治理转变等重要决定34项。

重要会议

【中国共产党眉山市第三届代表大会第六次会议】2015年2月2日，召开中国共产党眉山市第三届代表大会第六次会议。会议听取和审议市委工作报告；审议市纪委工作报告（书面）；审议市三届党代会第五次会议代表提案办理情况的报告（书面）；提案承办单位代表就重要提案办理发言；党代表发言（围绕经济建设、政治建设、文化建设、社会建设、生态文明建设和党的建设提出意见建议）；测评市委全委会和市纪委2014年度工作满意度；测评区县、市级单位（部门）主动作为创一流情况；调查测评党风、政风、行风建设；审议《中国共产党眉山市代表大会代表任期制实施办法及配套制度》。市委副书记、市长宋朝华主持第一次大会，市委书记李静主持第二次大会。中国共产党眉山市第三届代表大会代表，邀请来宾、列席人员参加会议。

【全委（扩大）会议】2015年，召开中共眉山市三届18至23次全委会议6次。第18次全委会议听取市委书记李静代表市委常委会向全委会报告2014年度干部选拔任用工作情况；对市委2014年度干部选拔任用工作和新选拔任用正县职领导干部进行民主评议。第19次全委会议审议市委工作报告、市纪委工作报告；测评市委常委会2014年度工作满意度；审议《中国共产党眉山市代表大会代表任期制实施办法及配套制度（草案）》；审议市三届六次党代会有关事宜；表决通过市委委员递补人员名单。第20次全委会议听取各代表团讨论情况汇报；审议《关于市委工作报告的决议（草案）》；审议《关于市纪委工作报告的决议（草案）》；审议关于代表提出提案处理意见的报告;审议《中国共产党眉山市代表大会代表任期制实施办法及配套制度（草案）》。第21次全委（扩大）会议听取市委书记李静讲话；总结上半年经济工作，安排部署下半年经济工作及重点项目推进工作；安排部署农村综合改革工作；就“东坡味道”千亿产业“十三五”规划纲要作说明并安排部署推进工作；就眉山制造2025规划纲要作说明并安排部署推进工作；分组讨论市委主要领导讲话精神；讨论并通过《关于决战“1593”扶贫攻坚确保实现“两个率先”的决定》《关于实施“22345”创新创业攻坚全面推进大众创业万众创新的决定》。第22次全委（扩大）会议听取市委书记李静讲话；分组讨论并通过《中共眉山市委关于制定国民经济和社会发展第十三个五年规划的建议（讨论稿）》《中共眉山市委关于全面创新改革建设创新驱动发展先导区的决定（讨论稿）》。第23次全委（扩大）会议听取市委书记李静党建工作述职；测评李静党建履职情况满意度。

【常规工作会议】2015年，召开市委经济工作、市纪委三届九次全会暨全市组织宣传统战工作、市委政法工作、市委农村工作、全市新型工业化推进工作、全市加快推进服务业发展工作、全市加快推进新型城镇化工作、2015年全市民生工作、全市文化立市战略推进会、全市综合交通大会战工作、市委统战工作、全市审计工作、市委党的群团工作、市委人大工作、市委政协工作、全市新型工业化工作、全市新型城镇化工作、眉山城区光彩亮化工程现场推进会议18次，召开全市领导干部大会2次，传达学习上级会议精神，通报有关情况，总结2014年工作，表扬先进，安排部署2015年及相关工作。

【其他会议】2015年，召开2014年度市级党政领导班子和领导干部年度考核述职测评会。市委书记李静作市委班子和个人大会述职；市委副书记、市政府市长宋朝华作市政府班子和个人大会述职；民主测评市委、市政府领导班子和领导干部。召开眉山市“创业就业惠民年”表扬大会，表扬全市支持创业就业工作先进集体和创业工作先进个人。召开眉山籍优秀企业家座谈会、眉山外来优秀企业家座谈会、眉山籍在外优秀企业家迎春恳谈会、眉山建设者迎春茶话会。引导企业加快发展，鼓励和扶持企业做大做强，促进眉山社会经济持续健康发展。召开2015年“绿海明珠”大会战电视直播动员大会，总结2014“绿海明珠”大会战工作，安排部署2015年“绿海明珠”建设工作。召开全市领导班子思想政治建设工作会。学习贯彻习近平总书记系列重要讲话精神，贯彻落实全省领导班子思想政治建设工作会精神，总结实践成效、剖析反思教训，对当前和今后一个时期加强全市领导班子思想政治建设工作进行动员部署。全国法院多元化纠纷解决机制改革工作推进会在眉山召开。会议宣读《最高人民法院关于确定多元化纠纷解决机制改革示范法院的决定》；为50个示范法院颁发牌匾；有关部委和机构作大会交流；研究交流如何推进多元化纠纷解决机制改革；分组讨论《最高人民法院关于全面深化多元化纠纷解决机制改革的若干意见（征求意见稿）》《人民法院特邀调解工作规则（征求意见稿）》。最高人民法院副院长李少平主持会议；四川省委常委、政法委书记刘玉顺，四川省高级人民法院院长王海萍，眉山市委书记李静分别致辞；最高人民法院院长周强出席会议并作重要讲话。举行中外知名企业四川行眉山市投资说明会暨项目签约仪式，现场签约重大项目12个，总投资465.8亿元。召开建立“三张清单”制度规范行政权力运行动员大会，就“三张清单”制度建设和实施监督进行动员和安排部署。召开眉山市“三严三实”专题教育工作座谈会，传达贯彻中央、省委“三严三实”专题教育工作座谈会精神，动员部署眉山市县处级以上领导干部开展“三严三实”专题教育。召开全市对外开放工作大会，总结全市投资促进工作，安排部署下一步工作；市政府与省外事侨务办签订战略框架协议；省外事侨务办主任慕新海作《国际形势与中国外交》专题讲座。召开全市多元化纠纷解决机制改革暨“信访三无”创建活动推进会，安排部署全市多元化纠纷解决机制改革和“信访三无”创建活动。召开眉山市庆祝中国共产党成立94周年大会，庆祝中国共产党成立94周年。召开“三张清单”制度实施推进会议，部署行政权力清单、政府责任清单和投资项目限制禁止清单制度实施推进有关工作。全国推进“银会合作”工作现场会在眉山召开。会议现场参观眉山“银会合作”模式，推广眉山经验。市委书记李静致辞；四川省委常委、总工会主席李登菊讲话；中国邮政储蓄银行行长吕家进讲话；中国科协副主席、书记处书记陈章良讲话。召开市委专题会议，汲取南充拉票贿选案教训，深刻反思，安排部署从严治党工作。召开眉山市首届创业成果展暨创业成果商品交易会开幕仪式。在东坡区烈士陵园举行2015·眉山市暨东坡区烈士公祭活动。召开全市精神文明建设暨弘扬雷锋精神深化志愿服务会议，贯彻全国、全省精神文明建设暨弘扬雷锋精神深化志愿服务会议精神，总结换届以来全市精神文明建设工作，安排部署下一步工作。召开中共眉山市委三届第118次常委（扩大）会议，专题学习《中国共产党纪律处分条例》《中国共产党廉洁自律准则》。召开全市信访维稳专题会议，分析信访维稳形势，安排部署工作。举行第七届中国泡菜展销会开幕式。国家部委有关领导，省领导，省级部门领导，世界500强企业负责人，专家学者，部队、高校、科研单位、大型企业、商会、宾馆、酒店、各大新闻媒体等嘉宾1000人参加。省农业厅厅长任永昌主持开幕式，市委书记李静致欢迎辞，四川省政协副主席、省工商联主席陈放为中国泡菜“十强”企业颁奖，中国食品工业协会副秘书长杜荷、农业部种植业司副司长何才文分别致辞，省政府副省长陈文华宣布第七届中国泡菜展销会开幕。召开眉山市“推动金融创新服务都市近郊型现代农业发展三年计划”启动会，启动实施“推动金融创新服务都市近郊型现代农业发展三年计划”，安排部署农村金融服务改革创新工作。召开省委宣讲团中共十八届五中全会和省委十届七次全会精神宣讲报告会暨市委中心组（扩大）学习会议，省委宣讲团成员、省财政厅厅长王一宏作学习中共十八届五中全会和省委十届七次全会精神报告。举行眉山市第四届道德模范颁奖典礼。召开中共眉山市委常委班子“三严三实”专题民主生活会。省委常委、组织部部长范锐平到会指导，李静代表市委常委班子作对照检查，市委常委班子成员依次作个人发言，其他同志分别对其开展批评。

【重点项目开竣工仪式】2015年，全市举行重点项目集中开工竣工仪式4次。在洪雅县“大峨眉”国际旅游区（洪雅）开发建设项目现场，集中开工1000万元以上重点项目34个，总投资89.45亿元，当年计划投资37.89亿元；集中竣工1000万元以上重点项目43个，计划总投资59.96亿元，截至竣工时完成投资61.28亿元。在丹棱县机械产业园区包装印刷机械产业孵化园建设项目现场，集中开工1000万元以上重点项目35个，总投资48.78亿元，当年计划投资24.01亿元；集中竣工1000万元以上重点项目43个，计划总投资37.14亿元，截至竣工时完成投资37.56亿元。在青神县成都艺术职业学院青神校区（一期）项目现场，集中开工1000万元以上重点项目 34 个，总投资 61.76 亿元，当年计划投资 22.8 亿元；集中竣工 1000 万元以上重点项目 30 个，计划总投资 42.29 亿元，截至竣工时完成投资 43.28 亿元。在彭山区经开区长安（骏德）特种车整车生产基地项目现场，集中开工 1000 万元以上重点项目 37 个，总投资 62.82 亿元，当年计划投资 12.1 亿元；集中竣工 1000 万元以上重点项目 42 个，计划总投资 47.58 亿元，截至竣工时完成投资48.17 亿元。

【市委中心组（扩大）学习会议】2015 年，坚持召开市委中心组（扩大）学习会议。中国经济体制研究会副会长孔泾源作《从新常态的角度展望当前和未来一个时期的改革开放和经济发展》专题讲座。全国政协委员、财政部财政科学研究所研究员、PPP 研究院院长贾康作《公私合作关系（PPP）项目融资模式》专题讲座。举办全市领导干部读书班，学习贯彻中共十八大、十八届三中、四中全会和习近平总书记系列重要讲话精神，省委十届四次、五次全会精神，全省、全市领导班子思想政治建设工作会议精神，领会把握“四个全面”战略布局和“讲政治、守纪律、守规矩”的要求，提高认识、凝聚力量。中央党校党建教研部主任王长江作“讲政治、守纪律、守规矩”专题讲座。召开市委中心组（扩大）专题学习会，省委党校副校长裴泽庆作“加强思想政治建设，自觉践行‘三严三实’”专题讲座。全国政协常委、民建中央副主席、民建上海市委主委、上海市政协副主席周汉民作《上海自贸区建设实践及其对内陆地区的启示》专题讲座。中国科协副主席陈章良作《中国农业发展的现状与挑战》专题报告。召开市委中心组专题学习研讨会议，围绕“严以律己”，联系反面典型深入开展研讨。著名经济学家、北京视野咨询中心主任钟朋荣作《转型升级创新驱动背景下的“中国制造 2025”》专题讲座。召开市委中心组“三严三实”专题学习研讨暨南充拉票贿选案专题剖析反思会。自主学习《中共中央关于四川南充拉票贿选案查处情况及其教训警示的通报》、王东明书记在全省领导干部大会上的重要讲话精神、中央《八项规定》、省委省政府“十项规定”和市委、市政府“六个坚持”，自主观看《深刻的反思——南充拉票贿选案部分涉案人员忏悔录》，撰写心得体会。市委常委和市人大、市政协主要领导围绕“严以用权”进行研讨、结合南充拉票贿选案进行剖析反思，联系反面典型发言。

市委办公室工作

【综合协调工作】2015 年，市委办公室办理各类文电 1250 件，分发各类文件资料 7900 份，制发各类文电 593 件。在全省率先创新完善文件专管员制度、制定“公文限时办结制”“集中会审制”。参与承办、指导全国法院多元化纠纷解决机制改革工作推进会、第七届中国泡菜展销会开幕式、全国推进“银会合作”工作现场会等重大会议活动 200 余次。编制《市委主要领导本周重要会议活动安排表》52 期、《市级领导上周工作安排和本周工作安排统计表》52 期。在全省率先建立党内规范性文件合法性审查暨备案衔接联动机制。市委规范性文件报备率、报备及时率、合法合规率均为 100%。《中办通讯》学用工作经验，作为全省唯一市（州），也是 1997 年建立地区以来第一次被中央办公厅在全国性会议上通报表扬。

【信息调研工作】2015 年，完成眉山市“十三五”规划《建议》起草任务，为市委、市政府提供决策参考。围绕群众关心、领导关注的重点、难点和热点问题，牵头起草形成《关于决战“1593”扶贫攻坚确保实现“两个率先”的决定》《关于决战“22345”创新创业攻坚确保实现“两个率先”的决定》等

2015 年 2 月 28 日，市委书记李静与市级机关干部职工一起参加义务植树

市委、市政府重大文件。完成党代会、市委经济工作会、市委全委会、市委民主生活会等重要会议文稿起草任务。围绕市委中心工作和省委办公厅信息需求，及时采编上报重点信息和特色信息。信息工作连续两年居全省第二位。《实施“八大攻坚战”推动跨越发展》《强化对接加快融入“一带一路”建设》等信息进入省委《每日要情》“要目”信息，总量居全省第二位。创新编发《会议综合简报》，反映市党代会、市委全委会等重大会议参会人员反响、认识和下一步贯彻落实打算。无迟报、漏报、误报现象发生。

【督查目标工作】2015年，制发《督查通知》13期、《督查通报》19期、《督办报告》15期、《督查报告》7期。完成省委批交办事项，按时上报24篇贯彻中央“八项规定”和省委省政府“十项规定”、防汛减灾工作、全省安全生产工作座谈会精神、省委党的群团工作会议精神等省委重要会议和重大决策的情况报告。完成省委、省政府督查组督查贯彻稳增长政策落实情况、省委督查室督查投资促进项目推进落实情况调研督查任务2件次。每月督办、报告市委常委会议定事项和市委书记批示交办事项，全年督办43件市委常委会议定事项和86件市委书记批示交办事项。定期督查市三届六次党代会报告目标任务进展、都市近郊型现代农业发展、“两走一对接”、八大片区市重点项目推进、眉山发展公司转型发展、统筹城乡攻坚等8项市委重点工作。专项督查鼓励农村居民进城落户促进城乡统筹发展、第三片区重点项目推进、加快培育新型农业经营主体、“四支队伍”运行、政府投资项目资金筹措、深化农村改革、网格化服务管理等事项。对分解市委三届六次党代会报告、扶贫工作推进、创新创业工作推进、苏母公园建设、“绿海明珠”大会战电视直播动员大会会场纪律等13件市委领导批交办事项进行明察暗访和实地督查调研。执行《书记信箱办理规范》，每日及时办理市委书记信箱信件，全年受理信件551件，办理率100%，群众满意率99.5%。督办65件党代表提案和19件政协委员提案办理工作，做到催办及时，按时回复。简化规范检查考评工作，根据省上要求和2015年工作实际，充实完善《眉山市主动作为创一流目标绩效考核办法》，增加单项工作和重大创新工作考核，形成分类管理差异化考核的目标绩效管理体系。根据2015年省、市下达的总体目标，制定区县、园区和市级单位、部门发展目标任务，91个市级单位、部门正职作出承诺。加强过程监管，坚持每季度收集整理省定目标和市定重点工作完成情况，适时开展专项督查调研，对进度滞后的进行通报批评。强化考核，继续实行半年和年终考核，综合评定目标任务情况。

2015年6月17日，市委书记李静（右二）深入市气象局、市防汛办、岷江河堤整治工程点调研防汛工作

【后勤保障工作】2015年，市委办贯彻执行中央“八项规定”、省委省政府“十项规定”、市委市政府“六个坚持”，做好服务、保障工作，确保市委、市委办公室各项工作良好运转。执行各项财经纪律和遵守财务制度，规范操作，开支清楚。加强机关财产物资管理，对大宗物资实行政府采购，办公消耗品购买货比三家，固定资产建立台账，做到账实相符，完成市委办公室固定资产清理，无一起国有资产损失事件。执行市委办公室《车辆配备、使用管理办法》《驾驶员安全行为规范》，安全行驶、勤俭节约，无重大交通安全事故。合理安排使用资金，无任何违纪违规行为。做好党代会、市委中心组学习会、市委常委会等重大会议的后勤保障工作，做好医疗互助保险、工资等基础工作。

【联系服务群众】2015年，市委办以脱贫攻坚、直接联系服务群众、“走基层、送服务”“双报到”“两走一对接”“绿色基地”等活动为载体，开展联系服务活动，送去帮扶资金和慰问物资10万余元，开辟“绿色基地”1.2公顷，投入资金19万余元；选派优秀干部到东坡区富牛镇广佛村任第一书记，帮助制定脱贫攻坚规划，实施精准扶贫，与有关单位、部门沟通衔接，加快实施村组道路、水利设施等基础项目，帮助调整产业结构，培育壮大特色产业。办理市委书记信箱群众来信，办理率100%，群众满意率99.5%。

组织工作

【“三严三实”专题教育】2015年，眉山在全市县级以上党员领导干部中开展“三严三实”（即严以修身、严以用权、严以律己，谋事要实、创业要实、做人要实）专题教育。5月，以市委书记李静讲党课开局，全面启动“三严三实”专题教育。全市领导干部带头作党课报告3520场。县级以上班子开展“严以修身”“严以律己”“严以用权”三个专题集中学习研讨，深入开展南充拉票贿选案专题剖析反思。全市开展先进典型宣讲128场次，反面警示教育107次。聚焦“不严不实”查改突出问题，县级以上班子和干部查找出突出问题1744个，制定整改措施3851条。开好“三严三实”专题民主生活会，县级领导班子和党员干部聚焦忠诚、干净、担当，突出政治纪律和政治规矩，以整风精神开展对照检查、相互批评，达到“团结—批评—团结”的目的。基层党组织以支部为单位召开“三严三实”专题组织生活会。

【领导班子思想政治建设】2015年，市委突出“主动作为创一流、为民服务当先锋”，在全市扎实推进领导班子思想政治建设。3月，市委印发通知，成立以市委书记李静为组长的市委领导班子思想政治建设工作领导小组。4月，市委召开全市领导班子思想政治建设工作会，总结全市领导班子思想政治建设实践成效、剖析反思教训、安排部署工作。市委办公室印发《贯彻落实全市领导班子思想政治建设工作会精神实施方案》，明确7个方面39项具体任务和完成时限、责任分工，建立周报制度、督查制度，推进工作落实。各级党委（党组）召开专题会议，认真学习习近平总书记系列重要讲话精神，学习省、市领导班子思想政治建设工作会议精神。组织开展正反两方面典型学习反思讨论。制定党的建设制度“废改立”工作方案，全年修订、新建47项制度。

【党建制度改革】2015年，按照《市委全面深化改革领导小组2015年工作要点》要求，市委组织部制定《深化党的建设制度改革工作实施方案》，提出4个方面95项改革举措。根据总体改革《方案》和年度工作《要点》，分解落实年度工作责任。开展在农村深改中加强基层党建工作试点、公务员直统试点、公务员平时考核试点等工作。建立改革台账，严格落实信息报送、重要事项备案、建档管理、督查考核等制度，推动年度改革任务圆满完成。

【服务脱贫攻坚】2015年，市委组织部向全市建档贫困村择优选派316名第一书记和1381名驻村干部。对6区县、128个乡镇、316个贫困村班子运行情况进行综合分析研判，调整软班子21个。配强市、县、乡脱贫攻坚力量，选配68名优秀干部充实到脱贫攻坚工作一线，选派36名专业干部到乡村班子挂职，调整不称职干部34名。建立贫困村第一书记权力清单和责任清单，赋予第一书记审核把关村级经费开支、扶贫项目的争取申报和项目实施、资金监管等9项权力，明确第一书记制定实施扶贫攻坚规划、发展村级集体经济等9项职责，工作经验被《中国组织人事报》在“国际消灭贫困日”之际报道并配发评论。

【干部选拔任用】2015年，市

2015年11月13日，四川省委常委、省委组织部部长范锐平（右二）在岷江现代农业园区及“好味稻”专业合作社考察

委组织部执行《党政领导干部选拔任用工作条例》和省、市干部选任规定，选用忠诚、干净、担当好干部，对6区县和48个市级部门136名县级领导干部进行调整补充；新提拔县级干部52名，其中正县级干部19名。推荐上报市厅级副职后备干部初步人选18名、县委书记后备干部初步人选10名、市厅级副职中长期培养对象初步人选5名、县委书记中长期培养对象初步人选5名。争取高层次人才，助推眉山发展，全年争取发改、交通、财政等重点领域30名干部到眉山挂职，其中博士14名。推进超职数配备干部消化整改工作，督促各区县、市级有关单位按暨定计划对超配干部进行消化。扎实开展干部选拔任用工作专项检查，对6个区县、30个市级单位开展干部选人用人专项检查，对检查发现问题，限时督促整改。

【干部教育培训】2015年，市委组织部在北京大学、复旦大学等高校举办“文化立市暨文化产业发展”“新型城镇化”“现代农业发展与农村改革”“扶贫攻坚与扶贫开发”等重点专题培训班43期，培训各级干部3800余人次。4月，举办全市领导干部读书班，全市厅级领导干部、正县职部门一把手188名学员参加。综合选派领导干部参加国家级、省级干部院校各类班次调训154人次。公开遴选423名优秀干部人才递进培养对象，创新“统筹整合和分级负责相结合、革命化和专业化相结合、组织严管与学员自治相结合、理论学习与实践体验相结合”的递进培养模式，对遴选对象进行“党校理论武装+高校专业培训+社会实践调研”集中培训；推荐2名厅级领导干部、7名县级领导干部进入2015年度省本级公开遴选培养对象培训班。面向递进培养对象，选拔23名驻外经合局副局长和业务骨干挂职招商。依托市委党校挂牌成立眉山市非公有制经济组织和社会组织学院，在区县党校和园区分别设立分院和现场教学点，举办非公有制企业可持续发展战略研修班，培训企业党组织书记和经营管理人才等60人。与市财政局、市人社局联合制定《眉山市干部培训办班管理暂行办法》，与市纪委、市财政局联合制定《关于重申和严格执行干部教育培训有关纪律的规定》，加强培训管理。

【干部管理监督】2015年，市委组织部完成“12380”举报平台管理信息系统升级改造。完成个人有关事项报告材料汇总综合工作，开展随机抽查和重点抽查，全年抽查核实234名干部。开展干部档案专项审核工作，配合省委组织部完成省管干部人事档案专项审核的档案补充、结果认定工作，对县级干部“三龄两历”（年龄、党龄、工龄，学历、简历）进行认定；完成1.76万份干部人事档案专项审核。制发《严格规范市管县级干部因私出国（境）审批程序的通知》，严格因私出国（境）管理，开展市管干部违规办理和持有因私出国（境）证件专项治理。深化经济责任审计工作，将市委编办新增为市级联席会议成员单位，对11名（任中审计8名、离任审计3名）县级领导干部进行经济责任审计。落实提醒、函询、诫勉规定。制定各级党组织谈心谈话制度，实现谈心谈话全覆盖。注重关心激励干部，推荐东坡区委书记李明舟为全国优秀县委书记。

【干部人事制度改革】2015年，市委办出台《眉山市选拔任用党政领导干部动议、民主推荐、考察、讨论决定、任职管理》5个办法，严格规范干部选任规程。市委组织部出台《关于开展市级部门领导班子功能结构模型管理准备工作的通知》《关于实行园区班子功能结构模型管理的办法（试行）》2个文件，指导各区县各市级部门建立98个县级领导班子功能结构模型。制定防止干部“带病提拔”十条规定，出台《眉山市县级干部选拔“四预审”实施办法》，在干部动议前对领导职数、党风廉政、干部档案和个人重大事项报告等内容进行预审。执行中央《推进领导干部能上能下若干规定（试行）》，对需问责处理、工作不胜任或违纪违法的8名县级干部进行调整和处理。实施公务员职务与职级并行制度，2900余名基层干部晋升上一职级工资待遇。

【人才队伍建设】2015年，市委制发《眉山市支持企业引进高层次和紧缺人才暂行办法》等3个文件，市委组织部制发《加强产业园区人才工作的意见》。组织市内企事业单位组团参加“第十三届中国国际人才交流大会”“中国西部海外高新科技人才洽谈会”，邀请30名海外人才到眉山考察调研，为市人民医院柔性引进1名德国心内科专家。新争取到第16批赴川“博士服务团”成员2名到眉山挂职，博士服务团工作被《中国组织人事报》报道。持续推进争创“创业创新创优示范团队”活动，为首批30个受资助的优秀团队发放资助经费60万元。指导彭山经济开发区、视高工业园区建设“创客之家”和人才公寓，全市建成创新创业孵化园5个、创新创业实践基地2个；大学生创业工作被《人民日报》内参报道，《高层次人才：眉山创新驱动战略“新引擎”》被中国新闻网、四川新闻网、新浪网等10余家媒体报道。在复旦大学举办“眉山市非公有制企业可持续发展战略培训班”，经济部门、园区、重点企业相关负责人60人参加培训。

【党代表任期制】2015年，按照中组部威海会议精神，围绕搭建党代会年会、党代表选拔培训、党代表履职尽责、党代表宣传展示“四个平台”，发挥党代表在参与民主决策、参与民主监督、参与党的自身建设、联系服务党员群众“四个作用”，持续用力推动市县乡联推联试。中组部部长赵乐际对眉山询问质询制促党代表履职工作批示关注，中组部原副部长陈向群对眉山党代表任期制工作给予高度评价，《农民日报》《四川日报》《四川组工情况交流》等进行宣传报道。

【基层干部队伍建设】2015年，实施派选基层组织带头人“千人计划”，全市从市、县、乡三级机关单位派选1000名干部，到村、社区和“两新”（新经济组织和新社会组织）党组织任第一书记、支部书记、党建指导员。实施基层党组织书记全覆盖培训计划，市本级举办示范培训班，培训村（社区）党组织书记200人，各区县对基层党组织书记进行全覆盖轮训。实施后备干部队伍培养计划。将村级后备干部人才纳入递进培养计划。全市各产业园区和128个乡镇全覆盖建立青年党支部，采取“乡镇组建、重点覆盖、立体培养、直接发展、分类管理”“五步工作法”，构建青年人才党员发展工作完整链条。

【产业园区党建】2015年，市委出台《关于构建“融合引领型”园区党建新体系加快实现“两个率先”的意见》和5个配套文件，通过思想引领融入企业文化、组织运行融入企业管理、人才集聚融入企业创新、党群服务融入企业经营“四个融入”，全面强化园区党建。11月，全省产业园区和农村基层党建工作现场会在眉山召开，省委常委、组织部部长范锐平，省委常委、农工委主任李昌平，各市（州）委组织部部长，省直有关部门负责人，省级以上工业园区、国家农业产业化示范基地、国家AAAAA级景区、国家级文化产业园区主要负责人等到眉山参观。全省产业园区党的建设与科学发展专题培训班在眉山举办，全省市（州）委组织部分管副部长、区（县）委组织部部长、园区管委会主任和党工委专职副书记500人参加。

【“两新”组织党建】2015年，市委组织部联合市财政局、市国税局、市地税局出台《关于进一步加强非公有制经济组织和社会组织党建工作经费保障的通知》，建立非公有制企业税前列支制度，“两新”党组织党费全额返还制度、财政定额补助制度。将非公有制企业党建工作经费纳入企业管理费列支，不超过职工年度薪金总额1%的部分，据实在企业所得税税前扣除。对单独建立的“两新”组织党组织，按党委1万元/年、党总支5000元/年、党支部3000元/年的标准予以补助；对新建“两新”组织党组织，按5000元的标准一次性补助党建工作启动经费。将“两新”党组织书记工作津贴标准从每月100~200元，提高到每月200~400元；按每名党员每年100元的标准，落实“两新”党组织党员教育培训经费。全市“两新”组织党组织总数1437个，党组织覆盖率90%，其中规模以上非公有制企业、30人以上“两新”组织、农民专业合作社实现党的组织100%覆盖。

【党员教育工作】2015年，市委办制发《眉山市贯彻落实〈2014—2018年全国党员教育培训工作规划〉实施方案》。完成全市1519个远程教育站点改版升级工作，其中1387个站点接入互联网，接入率91.3%。完成眉山“两新”组织学院、虞允文爱国主义教育基地暨廉政教育基地等5个学院基地、70部1000分钟党员教育视频教材、25本党员教育纸质教材、8名党员教育专职培训教师、9名兼职培训教师申报工作。围绕年轻干部人才递进培养、基层服务型党组织建设、干部培训等重点工作摄制5部专题片，视频新闻40条。其中，《眉山万名基层干部“充电提能”》《丰硕的成果 满意的答卷——眉山群教活动纪实》等6部（条）视频节目先后被中组部“共产党员”党建电视栏目、网络专区采用播出。拍摄全国优秀县委书记李明舟《爱是我们对群众的唯一选择》专题片，协助省委组织部拍摄专题片《田野上的青春梦》《平凡岗位贴心人》。《眉山：“四支队伍”服务群众》等7部专题片获2014年度眉山市广播电视节目优秀奖4个，提名奖3个。

【自身建设】2015年，市委组织部以从严执行组织工作系统“除官气、破自满、转作风、树正气”要求为抓手，持续深入转作风，部领导带队到87个市级单位，分口听取意见建议。着力提升组织工作干部能力，围绕“开口能讲”，拓展“周五组工讲堂”形式，举办大讲堂4期；围绕“提笔能写”，实行文稿写作“传帮带”计划、开展“一室一品”大调研；围绕“阅人能辨”，在班子分析评估、干部考察考核中，实行“老”带“新”培养；围绕“难事能干”，提拔交流9名组织工作干部到经济主战场、基层一线任职，轮岗交流17名中层干部。注重培养组织工作干部战略思维能力，举办组织工作干部研讨班等培训班13期。加大宣传力度，中省信息刊物采用组织工作信息量比2014年（下同）上升25%、核心媒体采用外宣稿件量上升52%。

宣传工作

【文化产业】2015年，完成东坡宋城Ⅰ期工程，三苏祠“4·20”芦山地震灾后抢救保护维修工程竣工，完成三苏祠建祠以来最大规模的修缮，景观改造工程和三苏纪念馆展陈升级改造工程基本完工。市委宣传部牵头推进文化立市攻坚年工作，完成文化产业重点项目投资41.6亿元，市级文化产业发展专项资金达3000万元，全市文化产业发展专项资金7800万元。市“五馆一中心”项目完成规划，新建幸福美丽新村文化院坝38个。眉山市人民政府和峨眉山乐山大佛旅游集团签订《战略合作框架协议》，共同开发打造眉山境内文化旅游资源。

【文艺工作】市委宣传部编制《2015—2016年文艺创作选题指南》《2015—2016年文艺创作目录》，建立文艺创作激励机制，配套出台《加强文艺队伍建设的意见》《文艺精品创作扶持管理办法》，实现文艺创作项目化、制度化。开展“深入生活、扎根人民”主题实践活动，推出原创情景歌舞剧《竹韵天下》、舞蹈《月上东坡》等一大批文艺精品。举办“东坡月·眉山情”中秋文艺晚会等系列文化活动。全年邀请贾平凹、舒婷、阿来等200余名全国著名作家、文学理论家到眉山创作采风，提升眉山文化影响力。

【新闻宣传】2015年，市委宣传部制定《2015年新闻宣传总体策划方案》，围绕转型升级、改革发展、依法治市、党的建设等12个重大选题精准策划、精细落实。全年在省级以上媒体上稿4853篇，《人民日报》、新华社、中央电视台、《四川日报》、四川卫视5家主流媒体上稿831篇，比2014年增长8%，经济发展类占27.4%，社会民生类占24.9%，党的建设类占16.5%。《四川日报》头版、四川卫视《四川新闻》用稿量居全省第一方阵。持续高密度宣传报道眉山诉非衔接、转型升级、创新创业、深化改革、文化立市、扶贫攻坚等，展示眉山形象。市委宣传部围绕学习贯彻中共十八届五中全会精神、八大攻坚、创新创业、精准扶贫等重大主题，制发宣传工作方案28个，举办新闻发布会32场；《眉山日报》社和市广播电视台开设50余个栏目，通过动态新闻、专栏专访、系列访谈、评论言论等形式，传递党的声音。

【网络宣传与监督】市委宣传部组织策划“知名网络媒体看眉山”等网络采风活动，扩大眉山影响力。建立本地新媒体活跃人士数据库，通过部领导上门走访、座谈交流等方式，团结新媒体代表人士，形成合作共识，构建“大宣传、大网络、全媒体”格局。指导推出眉山在线、智慧眉山（APP）移动客户端2个新媒体产品，推进网安工作和媒体融合发展；升级舆情监测系统，出台《热点舆情和舆论危机处置工作流程》；强化属地网络媒体管理，推进网络空间法治化，编制《跟帖评论自律管理承诺书》，删除各类有害信息1000余条，组织网络评论80余次。全年全市未发生有重大影响的负面舆情。

【理论工作】2015年，市委宣传部系统性安排全年中心组理论学习。发挥中心组学习的示范导向作用，出台《关于进一步加强和改进党委（党组）中心组学习的实施意见》《眉山市党委（党组）中心组学习考评细则》《市委常委会会前学习制度》，建立市、区县常委会学习习近平总书记系列重要讲话精神和学法制度，建立一套制度化流程和一套标准化规范。举办市委中心组（扩大）学习会7次，邀请中央党校、国家发改委、财政部、上海自贸区等全国知名专家教授就“三严三实”、新常态下的发展和改革工作等举办专题讲座。采取微型化、分众化、互动化方式，开展政策、理论宣讲，将中央、省委、市委要求传达到每一个基层单位、每一名党员干部。市委宣传部制发《眉山市2015年社会科学研究课题指南》，确定《关于进一步深化农村金融改革的对策研究》等36项对市委决策具有参考价值的应用型社科课题。印发《〈眉山日报〉理论版编辑方案》，运用《眉山日报·理论版》和《眉州学刊》，刊发市、区县、乡镇党委（党组）中心组成员学习成果，用科学理论指导实践。在全省率先出台《眉山市举办讲座、论坛、研讨会和报告会管理办法》。

【精神文明建设与社会宣传】2015年，市委宣传部组织纪念抗日战争胜利70周年纪念章发放等主题活动。承办2015年四川省中华经典诵读启动仪式，全市举办诵读活动600余场次。开展眉山市第四届道德模范评选，3人获评省道德模范、3人入选中国好人、16人入选四川好人、5人入选全省“岗位学雷锋敬业标兵”。在全市范围开展“阅读的力量”全民阅读活动，收到征文300余篇，市委主要领导读书心得《让阅读在社会蔚然成风》在《四川日报》刊发。举办首届微电影大赛，评选出优秀作品22件。面向全国开展“我们的价值观”公益广告征集活动，评选优秀作品22件。加强户外宣传教育载体建设。深化精神文明创建活动，建成全国文明单位2个、全国文明村镇2个。召开全市精神建设工作暨志愿服务推进会，承办九残会志愿服务工作，在全市范围开展志愿服务活动4800余次。

机构编制

【编制管理】2015年，中共眉山市委机构编制委员会办公室（以下简称“市委编办”）先后出台《机构编制管理问责办法》《关于进一步加强机构编制管理的若干规定》，确保财政供养人员只减不增。实行机构编制台账管理，调整机构编制台账，做好新增、调整、离退、死亡等变更人员相关手续，市级政府及党群部门上下编及调编887人次，做好市级机关单位养老保险参保登记及基础数据的相关审核工作。严格把关审核全市使用乡镇空缺行政编制补充公务员情况、120名市属事业单位公招计划和政法干警招录计划。预审县级领导职数91名、科级领导职数513名，配合市委组织部对15个市级相关部门科级领导干部选拔任用工作情况进行检查。

【事业单位分类改革】2015年，市本级事业单位分类批复率96.6%，各区县批复率平均为95.2%。完成分类改革工作中人力资源和财政有关配套政策的拟定。下发《关于在市属事业单位分类改革中整合机构编制资源和规范管理的意见》，加大机构编制资源整合工作力度，市县（区）两级撤销41个职能弱化机构，核减、收回、调整事业编制576名。加强对县（区）事业单位分类改革工作的指导督促和信访维稳工作。

【政府职能转变】2015年，清理市本级196项非行政许可审批项目，取消21项，下放42项，转变管理方式71项。完善市级部门行政许可机构设置，落实行政许可项目“两集中、两到位”（审批事项向一个处室集中、行政审批处室向行政审批服务中心集中，保障进驻行政审批服务中心的审批事项到位、审批权限到位）。整合组建市卫生计生委、市农牧局、市教育体育局3个部门，在市政府办加挂市政府法制办、市人防办牌子，市人力资源社会保障局加挂市公务员局牌子。重新组建市食品药品监管局和完成工商、质监行政管理体制改革，将城镇职工、城镇居民医疗保险和新型农村合作医疗职责整合到市医保局，实行“三保合一”。整合市住房城乡建设局、市林业局、市国土资源局、市农业局分别承担的不动产登记相关职责，统一交由市国土资源局承担，并在市国土资源局加挂市不动产登记局牌子，设立市不动产登记中心。

【责任清单编制工作】2015年，市委编办牵头开展政府责任清单编制工作，制定印发《关于开展市级部门行政责任事项清理推进责任清单制度的实施方案》《政府责任清单编制指南》和《眉山市市级单位责任清单》。包括主要职责748项，具体工作事项3673项，职责边界99项，追责情形3912条，追责依据623条，确保“法定职权必须为”。在政府责任清单公布试运行过程中，市委编办牵头负责对各单位和部门落实政府责任清单的情况进行业务监督，对政府责任清单相关政策问题进行解答。

【机构编制统计及实名制管理】2015年，市委编办制定下发《关于进一步加强机构编制实名制系统管理工作的通知》《眉山市市本级机构编制实名制管理信息系统维护和管理办法》，将实名制系统管理工作情况纳入目标考核。严格进行年度数据统计汇总和分析，做到统计数据、实名制系统和市委编办机构编制台账三者之间相互对应，并以乡镇卫生院人员现状为切入点开展专题统计分析，确保2014年度地方机构编制统计数据及分析报告一次性通过省委编办数据校核，无错漏。政法系统数据并入实名制网络库，实现全市实名制管理系统全连通、工作全覆盖。

【事业单位登记管理】2015年，市委编办办理设立、变更、注销事业单位法人登记41件，开办资金确认登记26件，已登记的246家市级事业单位全部完成年度报告，报告率100%。4个事业单位因单位性质或报告内容涉密未进行公示，公示率98.4%；完成工商、质监事业单位登记管辖变更后登记档案移交、接收工作。完成市发展改革委、市农业局等30个市级单位网站资格复核工作。由机构编制部门统一代单位向中编办进行注册登记，做到应注尽注，实现域名注册和网站挂标工作全覆盖。

【监督检查工作】2015年，将执行机构编制工作纪律及重点工作完成情况纳入绩效目标考核内容，履行绩效目标管理工作成员单位职责，严格考评奖惩。推进控编减编方案执行情况的督查工作，结合“三超两乱”（超职数配备干部、超机构规格提拔干部、超审批权限设置机构，擅自提高干部职级待遇、擅自设置职务名称）问题整改，先后审计丹棱县及9个市级部门主要领导干部任期内机构设置、编制使用及有关规定执行情况，发现问题严格督促整改到位。

【自聘人员管理】2015年，市委编办受理市本级机关事业单位调整自聘临时人员请示事项40件。新增和调整自聘临时人员156人,减少74人。截至12月底，市级机关事业单位有自聘临时人员3867人。

（市委编办）

统战工作

【党外代表人士教育培养】2015年，市委统战部举办“同心大讲堂”5期，邀请国内外知名专家学者作《文化与统战的理论与实践》《国学——领导艺术与个人修养》《上海自贸区建设的实践及其对内陆地区的启示》《一代伟人毛泽东》以及《建设可持续发展的城市》专题讲座，培训全市党外代表人士及党员干部2140余人次。4月，与市委组织部联合首次在中央社会主义学院举办眉山党外代表人士培训班，选派全市各民主党派成员、无党派人士以及统战系统分管教育培训工作领导47人参训。选派38名党外代表人士赴中央和上海、浙江、四川省社会主义学院以及浙江大学、南开大学等高校学习培训，其中1名党外干部参加全省第十六期党外中青年干部培训班学习。选派1名副厅级党外干部参加全省优秀年轻干部递进培养计划党外干部班，1名农工党员挂任德阳市旌阳区环保局副局长，挂职时间1年。选派1名县级党外领导干部参加全省党外干部实践锻炼基地，挂任成都市民政局社会福利处副处长。

【推动协商民主发展】2015年，市委制定了《2015年度协商工作计划》，明确2015年协商主题、协商形式、时间安排、参加人员等。全年，市委、市政府以及市纪委等召开全市统一战线情况通报会、座谈会、征求意见会7次，向市级民主党派、工商联和无党派人士通报了市委党代会工作报告、市政府工作报告、市纪委工作报告以及市委重要人事安排情况、市委统战工作会议精神、市委三届二十二次全委会等，并在天府新区眉山片区规划建设、全域生态化和文化立市等重大决策作出前征求各民主党派、工商联、无党派代表人士建议意见。

【政治安排和实职安排】2015年，市委常委会一次性任用党外领导干部5名，其中首次在市人民检察院领导班子配备党外干部，实现“零”突破。推进党外干部担任政府工作部门领导班子成员，市环保局提拔1名党外干部担任副局长。截至2015年年底，全市33个市政府工作部门，配党外干部担任领导班子成员的有9个，占27.3%。市法院通过省上交流配备了1名党外干部任副院长。

【党派、知联会自身建设】2015年，在全市各民主党派、无党派人士中深入开展坚持和发展中国特色社会主义学习实践活动。全年全市各民主党派、无党派知联会举办知识讲座、读书活动、学习会51次，开展主题征文、摄影展、“讲好民进故事”等特色活动，组织183人次赴云南腾冲、重庆、德阳、汶川等地开展纪念抗战胜利70周年、纪念中国民主建国会成立70周年等活动。民建眉山市委在民建省委举办的以“坚持和发展中国特色社会主义学习实践活动”为主题的川西南片区交流会上作经验交流发言。全年全市民主党派新发展成员32人，全市民主党派成员达649人。召开民建眉山市第二次代表大会，选举产生新一届领导班子，市委委员由上届的9人增加为11人；农工党东坡区支部、市直支部探索建立完善党员检查评价体系，对党员政治素养、道德素质、社会声誉、参政能力等7个方面实施自查自评与检查考评，严格奖惩。市无党派知联会完善“三所”建设（办公、活动、展示场所），2015年在远景楼成立“无党派知识分子之家”。民建刊发《眉山民建》会刊，一年2期。民盟为新盟员印制入盟证，增强归属感和荣誉感。民盟及民建创建了官方网站。知联会编刊发《知联会之声》双月刊。四川师范大学党委统战部及民进师大委员会到眉山开展走访交流，并与苏南小学达成战略合作协议，将苏南小学列为川师大教育实习基地。九三学社资阳市委到眉山开展参政议政能力调研。民革凉山州委到眉山开展“现代农业发展”学习考察。井研县委统战部到市无党派知联会洪雅分会和仁寿分会考察学习知联会组织建设和工作经验。

【参政议政、民主监督】2015年，市委统战部引导市级各民主党派、无党派人士开展调研活动，建言献策，全年提交省政协提案9件，反映社情民意33条。市“两会”上，党外市人大代表提交建议38件，党外市政协委员及民主党派、工商联提交并立案的市政协提案143件。民盟眉山市委、民建眉山市委、农工党眉山市总支、市工商联以及民盟东坡区总支主委李贤进、市无党派知联会常务副会长彭远畅在市政协三届五次会议上作大会发言6篇。民盟眉山市委《如何完善和发展政协协商》成功申报民盟中央理论研究课题，《关于民办高等教育发展存在的问题及建议》荣获“2015年四川民盟民办教育调研特别奖”。知联会会长陈宏斌在省政协常委会上作题为《进一步创新举措助推天府新区快速建设发展》的大会发言。

【助推经济发展】2015年，市

委统战部支持各党派、统战社团和党外代表人士发挥优势，与党派中央、省委及各地党派、团体、高校科研院所加强联系，搭建招商引资、引才引智、扶贫开发、技术合作等平台。4月，市委统战部部长黄玉蓉分别与民盟眉山市委及农工党眉山市总支领导班子成员一起拜访民盟中央、农工党中央，为眉山争取到民盟中央开展“盟眉高校合作”，选派民盟中央干部到眉山挂职；争取到农工党中央组织党内医药界企业家到眉山考察投资。8月，中国初级卫生保健基金会在眉山举行签约仪式，向眉山三苏祠博物馆再次捐赠展陈改造提升工程项目资金500万元，农工党中央、中国初级卫生保健基金会援建眉山三苏祠博物馆灾后重建资金累计达到1100万元。引导民盟争取到中农现代投资股份有限公司，计划投资5亿元在眉山修建“欧洲商品贸易城”。市无党派知联会帮助理事的红豆杉种植和山地鸡养殖基地、大雅不知火水果合作社建立电子商务平台，并提供每户2000元宣传推广费，鼓励做强做优产业。发挥眉山同心·注册税务师服务团作用，在金象化工产业园区举办“与法同行·税法服务进园区”活动，为园区内企业重点讲解税务风险防控措施，增强企业管理者“税务风险防控”意识。引导服务团入驻眉山市中小企业服务中心，设立办公场所，为中小企业提供财税专业服务。

【服务社会改善民生】2015年，市委统战部引导全市民主党派、无党派知联会等统战社团服务社会改善民生，投入资金528.47万元。其中，利用各种形式资助贫困学生、残疾学生、留守学生、困难群众856人次捐资238.25万元。开展直接联系服务群众活动、“三下乡”活动等，帮助联系村改善办公条件、升级供电系统等，为500余名农户提供养殖和种植培训。民盟眉山市委开展“烛光行动”，邀请清华大学团委干部、博士毕业生到彭山区一中开展支教帮扶活动。九三学社为边远山区、乡镇留守妇女儿童、空巢老人、困难群众、贫困母亲近6000人开展义诊，做健康咨询、健康检查，并送去健康书籍5400本，免去医疗费用近60万元。民建眉山市委副主委、亨达实业有限公司总经理罗永田捐资慈善事业90万元，为企业所在地的老百姓购买医疗保险、资助养老金等15万余元。民革眉山市总支党员王永树建立“华信恒富”教育基金，资助优秀困难教师和学生各10位，共10万元。全年组织同心律师服务团2次到阿坝州黑水县开展“送法进藏区”帮扶活动，服务团与色尔古镇及黑水县人民政府签订法律服务合同、协议，通过举办专题法律培训、开展法治宣传、提供点对点上门法律帮扶、现场解答法律咨询等为服务藏区发展和稳定做出贡献。民盟法律界别盟员帮助受援群众成功追索农民工工资、赡养费、抚养费、工伤赔偿款、交通事故赔偿金等280余万元。市无党派知联会“同心·帮扶工程”向6名贫困大学生、困难群众捐款6万元，向4名自主创业大学生及养殖专业户分别提供无息借款20万元。

【非公有制经济代表人士工作】2015年，市委统战部采用领导指引、跨代对话、畅谈体会相结合的创新方式对“新生代”企业家进行思想引导，反映该做法的信息被中央统战部采用。举办企业融资、税务法、企业管理等相关培训20期，培训非公有制经济人士1000余人次。邀请品牌管理专家为55位企业家作《创新营销》培训；邀请注册税务师为62位企业家作《税务风险防范及税收筹划案例解析》培训；邀请清华大学“总裁系统高级研修班”讲师为60位企业家讲授《团队凝聚力打造与组织管理》；邀请税务筹划专家为58位企业家和企业高管作《纳税筹划》培训；组织43位企业家参加在北京举行的“清华大学现代企业管理高级研修班”《战略人力资源管理》培训；邀请方舟世纪企业管理咨询公司为51位企业家作《互联网+新常态下企业转型升级》讲座。组织4名企业家到北京大学、中央社会主义学院学习。开展“走访小微企业”活动，深入区县、园区等60余家企业调研，协调有关职能部门帮助解决企业、个体工商户生产生活用水、土地证办理等问题11个。宣传《劳动合同法》《环境保护法》等法律知识，发放法律知识传单1000余份。四川茂华食品有限公司获得四川省民营企业转变发展方式优秀案例企业；四川省彭山区亨达实业有限公司获得全省非公有制经济领域“守法诚信好故事”称号。四川德恩精工科技有限公司在“新三板”挂牌，四川豪月食品有限公司在“新四版”挂牌。依托工商联、商会组织内引外联优势，开展招商引资活动，完成签约项目3个（其中引进世界五百强企业1个，投资总额11.5亿元）。7月，市工商联与上海股权托管交易中心在上海签署战略合作协议，拓展全市中小企业融资平台。引导非公有制经济人士参与光彩事业、百企联百村等。全市有159家企业联系142个贫困村，其中帮扶重点贫困村18个。企业通过基础设施建设、产业带动、解决就业、助学、助困等，向联系村投入资金820.5万元，参与修建道路6000米、新建4个产业基地面积101.33公顷、解决就业690余人。四川应林企业集团董事长童应林获四川省光彩事业突出贡献奖。

【港澳台及海外联络】2015年，市委统战部召开纪念黄埔军校建校91周年座谈会，组织黄埔军校同学和黄埔后代缅怀先烈、继承传统、服务眉山发展。市委统战部赴区县看望慰问黄埔军校同学，向12位黄埔军校同学发放慰问金8.4万元；市商会向抗战老兵发放关爱红包5万元；争取和引导社会组织、非公有制企业家向黄埔同学、抗战老兵捐助60余万元。4月，《眉山市探索"三三制"模式倾情关爱黄埔老人和抗战老兵》在全省统战系统港澳台海外工作会上作经验交流发言。配合省委统战部联络处参与接待香港青年学生访川交流团，宣传介绍眉山基本情况。

（市委统战部）

政策研究

【概况】2015年，市委政研室牵头或参与起草市委重要文件、汇报材料及讲话素材60余件，向中央、省委报送典型经验、信息材料60余篇，得到省委、市委领导肯定性批示40余件次。全市深化改革、依法治市两项工作走在全省前列，推出一批有影响的"眉山经验"。

【全面深化改革】2015年，市委政研室履行市委改革办职能，推进改革工作要点、18个专项改革方案及79个相关改革配套文件的制定和落实。开展矛盾纠纷多元化化解机制、深化党代表任期制试点、"三张清单"（权力清单、责任清单、负面清单）制度、引导鼓励农村居民进城入镇、农村改革放活土地经营权和土地规模规范流转，做法经验受到中央、国家部委、省领导肯定。全省全面深化改革专题培训现场参观点选在眉山，展示眉山改革成果。岷江农业园区土地信托流转模式、新型农业经营主体发展"521"体系、"银会对接"模式等眉山"改革样板"，得到人民日报、中央电视台、新华社、经济日报、四川日报等主流媒体宣传；3篇改革案例入选全省35个改革典型上报中央改革办，"诉非衔接"改革眉山经验作为全国深化改革首批30个成功案例之一，被编入中央改革办《改革案例选编》；《四川改革动态》《调查与决策》采用眉山改革信息18篇，上稿率位列全省第二；受到市委主要领导肯定性批示15次。2015年度省委全面深化改革任务目标考核取得满分，并列全省第一。

【依法治市】2015年，市委政研室推进依法治市59项具体任务和4项创新工作任务，建立依法治市工作台账、信息报送、网站维护、督促检查、考核排位5项制度。推进党政依法办事，落实市、县（区）、乡（镇）三级"一把手"目标责任制，眉山成为全省首批获地方立法权的市；推进司法公平正义，建成投用司法公开"三大平台"（审判流程公开、裁判文书公开、执行信息公开），建立179个村（社区）司法工作站；推进社会治理创新，丹棱县农村垃圾治理"龙鹄模式"、狮子村"党群集中活动日"及青神县社情民意恳谈会制度等眉山经验在全国全省推广；推进全民学法用法，深入推进"法律七进"（即法律进机关、学校、乡村、社区、单位、企业、寺庙），开展依法治理示范创建，在全省率先设立普法办，"六五"普法通过省司法厅检查验收。"三张清单"制度、"诉非衔接"、"信访三无"（即无进京上访，无到省非访和集体上访，无到市上信访量增加和重复非访、重复集体上访）、特殊人群服务管理改革等4项创新工作的"眉山经验"全国全省推广，全国法院多元化纠纷解决机制改革工作推进会在眉山召开，《人民日报》一版、央视《焦点访谈》聚焦眉山"诉非衔接"；全省"信访三无"创建现场推进会在眉山召开，网上信访经验全国交流。

【经济社会发展重大问题研究】2015年，市委政研室开展专题调研9次，形成调研成果15篇，全部转化为市委重要文件或省委改革办、省依法治省办采用的"眉山经验"。深入丹棱县狮子村、眉山电力公司调研党建工作，形成《关于推进建设"有形有效"服务型党组织的意见》；到市规划局、市建设局、眉发展（控股）有限公司专题调研新型城镇化，形成《新型城镇化的眉山探索与实践——以眉山东坡岛开发为例》，作为市委书记李静在哈佛大学的交流案例；针对农村金融改革存在的难题，与人民银行眉山中心支行联合形成《关于进一步深化农村金融改革的对策研究》；深入全市16个村（社区）专题调研依法治村（社区）工作，形成《关于我市依法治村（社区）的对策研究》。

【牵头或参与起草市委、市政府重要文件】2015年，市委政研室牵头或参与起草市委重要文件、重要稿件、重要工作报告等27件。牵头起草《市委关于决战"1593"扶贫攻坚确保实现"两个率先"的决定》《关于抓住领导干部"关键少数"全面深入推进依法治市的实施意见》《市委全面深化改革领导小组2015年工作要点》《眉山市依法治市2015年工作要点》等重要文件，并选派骨干力量深入基层宣传解读；系统收集文献资料，总结提炼眉山推进园区发展与党建工作的经验做法，汇编形成《眉山园区党建与发展》一书；与市委办、市发改委协作，起草《市委关于制定国民经济和社会发展第十三个五年规划的建议》；聚焦城市治理新趋势，在全省率先起草出台《关于推进眉山城区城市治理由政府管理向社会治理转变的试行意见》；起草或参与起草市委向省委的汇报材料《关于眉山市加快县域经济发展的情况汇报》《统筹谋划抓改革 聚焦关键破难题》等6篇；主动服务市委重要会议，起草《眉山市第三届六次党代会视察途中解说词》。

【代拟领导讲话稿】2015年，市委政研室撰写市委主要领导署名文章10篇，被省委改革办、《四川日报》《华西都市报》等刊发。总结眉山建区设市18年来的发展历程，形成《豪情满怀十八载 青春眉山再出发》；起草《让阅读在眉山蔚然成风》，在全市掀起全民阅读热潮，被《四川日报》转载；在全省率先推出市委书记谈改革的署名文章《同步编制“三张清单” 协调推进“四个全面”》，被省委改革办《改革动态》采用。参与李静《在市委经济工作会议上的讲话》《在中共眉山三届六次党代会上报告》《在市委三届二十二次全委（扩大）会议上的讲话》等重要讲话9篇。撰写涉及深化改革、依法治市工作的市委领导讲话素材、汇报材料12篇。

（袁巍）

保密工作

【保密管理】2015年，市委保密委员会办公室（市国家保密局，以下简称“市委保密办”）制发《眉山市党政机关保密工作台账》，转发《普通手机使用保密守则》《四川省保密检查工作实施办法》《四川省国家秘密定密管理实施细则（暂行）》。市委办、市政府办印发《关于认真贯彻落实领导干部保密工作责任制〈规定〉和〈实施办法〉的意见》。调整市委保密委员会组成人员。完成保密行政权力和责任清单清理工作。完成《眉山市“十二五”时期保密事业发展规划》贯彻实施情况检查验收工作。完成全市2014年度保密工作统计工作。涉密载体定点销毁，全年集中销毁涉密硬盘73个，涉密U盘2个，涉密纸质文件资料40吨。

【保密宣传】2015年，市委保密办完成《眉山市“六五”保密法制宣传教育规划》检查验收。印发失泄密事件通报2份，在全市范围内开展警示教育。印发《眉山市党政机关保密手册》2万册，做到全市党政机关和涉密单位在职干部人手1册。节假日利用手机短信平台，向领导干部、涉密人员发送保密提醒短信。组织观看保密教育片《手机背后的谍网》。完成全市“六五”保密法制宣传教育总结验收工作，市委办、东坡区通过省保密局抽查工作。完成全市保密教育培训师资库建设工作。开展机关单位保密培训5次、企业保密培训2次、军工单位涉密人员保密培训1次。开展街头宣传活动2次。报送信息35篇，采用22篇，全国公开刊物《保密工作》杂志第5期刊发专访市委书记、市委保密委主任李静的文章《为全市保密事业发展谋好篇、布好局》。

【保密技术】2015年，市委保密办指导市纪委、市委组织部等单位向上申报涉密网络建设方案。召开全市涉密网络安全保密防护管理座谈会。协助省国家保密局检测中心开展对全市检察、组织涉密网络测评工作。参加省国家保密局检测中心对绵阳、广元、乐山涉密网络测评工作。开展保密技术专题服务指导6次。完成网络核查分类工作。完成市保密局接入全国保密综合业务网建设。保密平台网上信息监控搜索10万余条。

【保密检查】2015年，全市开展国家类统一考试保密检查工作7次。开展涉密网络、国有企业保密管理和测绘成果保密管理情况专项检查及综合保密检查工作。

（市委保密办）

市直机关党建工作

【干部驻村帮扶工作】2015年，按市委安排部署，市直机关工委组织市、区县两级领导和单位、部门结对联系贫困村，指导脱贫攻坚工作。市级层面组织37名市领导、104个单位（部门）结对帮扶108个贫困村，各区县组织区县级领导和单位、部门结对帮扶其余208个贫困村；参与选派1697名优秀人员到贫困村担任“第一书记”或驻村工作组成员；为每个贫困村选派1名农技人员；实行党员干部“一帮一”“一帮多”，结对帮扶贫困户，实现全市316个贫困村都有1名县级以上领导、1个驻村帮扶工作组、1个帮扶单位、1名“第一书记”，1名农技人员，“五个一”全覆盖，37702户贫困户每户都有帮扶责任人。加强对驻村干部的管理考核，召开推进会，深入贫困村一线督查调研，推动干部驻村帮扶工作落地见效。全年实现贫困人口脱贫51361人。

【“四支队伍”】2015年，全市推行“一定三亮”（定方案，亮身份、亮承诺、亮成效）工作机制，抓队伍协调运行，通过组织开展技能大比武，提升队员服务群众能力。市委“走基层”活动暨干部直接联系服务群众工作领导小组印发《2015年眉山市“四支队伍”工作要点》，眉山市“四支队伍”联席会议办公室印发《眉山市“四支队伍”直接服务群众工作考核办法(试行)》，市“四支队伍“(党员先锋服务队、基层便民专业化服务队、社会志愿者服务队、网格员服务队）牵头单位联合开展专项督查。“四支队伍”持久开展服务群众主题活动，全市党员先锋服务队深入村（社区）开展服务87余万人次，解决民生难题31万件；基层便民专业化服务队开展专业化便民服务7万余次；社会志愿者服务队帮助群众解难题办实事3.7万余件；网格员服务队利用“四支队伍”信息系统办理事件8.28万件。

【直接联系服务群众工作】2015年，坚持干部与群众结对关系不变，“五要五不”（要求真务实、真抓实干，不弄虚作假、欺上瞒下；要轻车简从、作风深入，不层层陪同、走马观花；要交纳生活费，不给群众增负担；要及时妥善解决群众反映的问题，不拖延、不上交、不乱表态；要端正干部形象，依法办事，遵规守矩，廉洁自律，不自作主张、以权谋私、给基层添乱）纪律要求不变，每名干部每年下基层时间不少于60天要求不变，继续组织全市各级各单位、部门和党员干部深入基层察民情、聚民智、解民忧、增感情、办实事、帮基层，以创建“绿色基地”“绿色阳台”、建设“千湖之城”等活动为载体，让群众得实惠，基层得发展，干部受教育。全年全市各级参联单位、部门制定帮扶规划5348个，确定帮扶项目4257个，涉及资金3.17亿元，完成投资3.03亿元。

【机关党组织和在职党员社区“双报到”活动】2015年，全市630个机关党组织、1.5万名机关在职党员深入77个社区，开展“加入一个服务团队、认领一个服务岗位、确定一户帮扶对象、参加一次社区活动、办好一件便民实事、提出一项合理建议”的“六个一”志愿服务活动。明确规定每名党员每年累计服务时间不少于16小时，积分不少于16分，切实把服务地点从“工作地”延伸到“居住地”，将服务时间从“8小时内”拓展到“8小时外”。全市机关党员认领服务岗位1.1万余个，开展服务2.3万人次。

【法律进机关活动】2015年，健全学法制度，营造机关学法氛围。建立健全中心组学法制度和会前学法制度；建立法律顾问制度，聘请法律顾问80人；建立普法讲师团和法律人才库125个；建立健全法律培训制度，把法律法规纳入党员干部培训计划，结合部门职能带动本行业、本系统举办培训班168次，开展警示教育115次；建立健全集中学法和自学制度，各部门（单位）自行编写法律书籍26种，发放33万余册。开展“依法治市·法在身边”活动，向联系基层单位和群众印制赠送法治宣传手册14万册、文化宣传品5万余件，到联系基层单位上法治课145场次。在《机关党建》设立“法律进机关”专刊，宣传工作动态和先进经验。打造12个学法用法示范机关，43个部门（单位）树立本单位学法、用法、执法先进典型。市直机关工委被四川省依法治省领导小组评为市级机关唯一的省级法治示范机关。

【机关思想文化建设】2015年，深化学习型党组织、学习型机关建设活动，学习中共十八大、十八届三中、四中、五中全会精神和习近平总书记系列重要讲话精神，开展南充拉票贿选专题剖析反思，直面机关党建突出问题，在实践中创新解决问题的办法。举办机关党建大讲堂3期，组织市直机关基层党组织书记、党员干部2000余人次参加，邀请四川省委党校党史党建部主任王凡作《全面推进从严治党　营造正风肃纪新常态》专题讲座。开展“多彩党课”“优秀图书进机关”“机关赠书活动”“我品一本书”读书征文活动等全民阅读活动，举办拔河、跳绳、50米接力赛、羽毛球比赛等健身活动。

【城乡环境综合治理“进机关”活动】2015年，98个市直部门（单位）建立城乡环境综合治理“进机关”活动宣传展板、简报、橱窗、网络等宣传阵地。每季度督促检查市直机关、各区县重点工作，现场督查单位59个，暗访25个，通报存在的问题，确保活动的长效开展。12月，全省城乡环境综合治理“进机关”活动巡查组检查并肯定眉山活动情况。市级各部门（单位）每月开展机关大扫除，开展文明礼仪等培训168次，参加人数3500人次，窗口单位统一规范标示标牌，32个单位修建完善机关文化墙，制作文化理念和名言警句标牌。机关干部及家属在家庭阳台、屋顶等地点种植摆放红花天竺葵、紫花三角梅和红花三角梅等植物300万株。

【落实党建责任】2015年，市直机关工委建立机关党建责任清单，定期检查责任清单完成情况，组织各级党组织书记对照责任清单开展述职评议考核，量化考核机关党建工作。建立联系点制度，重点打造示范点，深入联系点开展调研。全年先后组织督查指导30余个机关党组织，重点督查《中国共产党党和国家机关基层组织工作条例》和省委实施细则、市委实施办法贯彻落实情况、规范化党组织建设情况等，发现问题及时解决。

【“三会一课”制度】2015年，市直机关工委制发《关于从严抓实“三会一课”制度的通知》，明确“三会一课”（定期召开支部党员大会、支部委员会、党小组会，按时上好党课）制度主要内容，做到“三个突出”“三个相融”“三个结合”（三个突出：突出思想政治教育，突出服务中心任务，突出解决实际问题。三个相融：与直接联系服务群众工作相融，与到社区“双报到”相融，与党员“学习活动日”相融。三个结合：将单项灌输与双向互动相结合，将“坐下来”与“走出去”相结合，将传统会议形式与网络、多媒体教育相结合）。落实“一把手”带头讲党课制度，要求党员领导干部、机关党组织负责人每年至少为基层党员讲1次党课。全年市直各基层党组织召开支委会、支部党员大会和党小组会8000余次，上党课2000余次。

【基层党组织建设】2015年，市直机关工委开展“三分类三升级三挂钩”（将基层党组织划分为先进、一般、后进三类，分别确定升级目标，采取举措，推动先进党组织上水平、一般党组织上台阶、后进党组织换新貌，在年度检查验收考核中将党组织的晋位升级情况与党组织工作经费、党组织领导班子成员待遇和党组织书记使用挂钩）活动，市直机关倒排确定12个后进党组织，落实整改措施、整改责任人，确定结对共建党组织，选派第一书记或党建指导员，开展晋位升级工作，经验收，全部转化升级。召开市直机关党代表会议，增选市委三届七次党代会代表2名。指导11个直属机关党委（总支）开展换届选举，指导2个党组织调整委员。加强基层纪检组织建设，指导11个机关纪委开展换届选举。选好配强基层党组织负责人特别是党支部书记，调整配备专兼职正（副）书记52名。审批发展新党员120名，批准预备党员转正132名。

【党风廉政建设】2015年，建立党风廉政建设“两个责任”清单和“两个责任”台账（“两个责任”：党委主体责任和纪委监督责任），细化目标，落实措施，将纪检工作内容纳入市级机关党建工作目标考核。建立健全科级以下党员违规违纪案件查处的规定、程序和方法。检查近三年以来案件查处的党政纪处分落实情况，规范案件办理文书、案件查办档案。在互联网开通市直机关党员党风廉政信箱，抓好信访举报、案件初核、案件立案、案件调查、案件审理、案件处理等环节。开展“廉政警示教育”活动，组织全体党员干部观看警示教育片。组织市直机关7600余名党员参加学习《中国共产党廉洁自律准则》和《中国共产党纪律处分条例》知识竞赛，促进机关党员廉洁自律。牵头开展廉政文化进机关活动，将党务、廉政等知识纳入各类培训内容和教学计划，开展培训5000人次，教育和引导广大党员增强反腐倡廉意识。强化党内监督，引导市直机关深化党务公开，优化党务公开内容、程序、方式。加大“庸懒散”行为问责力度，推动“四个当天”制度落到实处。监督检查党员示范岗（窗口）、市直机关基层党组织建设工作，改进作风、纠正“四风”（形式主义、官僚主义、享乐主义和奢靡之风）。

（吕瑛）

群众与信访工作

【概况】2015年，全市群众和信访工作围绕“三减少（重复访、集体访和越级访同比减少）、两个100%（初信初访初投办结率100%，上级交办案件办结率100%）”目标，坚持“三个四”（四个当天、四个同时、四个方法），全市信访形势稳中向好、总体可控、良序发展，进京到省信访总量连续8年全省排位靠后。国家信访局纳入满意度评价范围的信访事项，眉山市群众参评率全省第一，群众满意度全省前列，市委群工部连续4年被人民网评为“全国网民留言办理工作先进单位”。眉山市抓群众和信访工作的经验做法被国家信访局、省信访局、国家和省级媒体刊发52次，市委、市政府领导肯定性批示61次。眉山市在2015年四川省信访工作绩效考核中排名第一。

【制度建设】2015年，创新建立“三个四”工作机制，压实责任单位信访工作责任，提高信访事项办理质效。建立市、区县联动信访联席会议制度。市信访联席会议印发《关于进一步加强信访积案办理工作的通知》，确定“季首排查、季末通报、季季清仓”工作原则。市人民政府信访局制定《关于进一步规范信访事项受理办理程序引导来访人依法逐级走访工作的办法》，规范工作程序、明确工作要求、压实工作责任、提升工作质效。制定《眉山市信访事项办理群众满意度评价工作制度》，规范国家信访局满意度评价件办理工作，提升眉山信访事项办理群众满意度参评率和对信访部门、责任单位的满意度。利用网络投诉受理平台和眉山市党务政务服务中心平台，建立人民建议征集制度，广泛征集和听取意见建议，为党委、政府决策提供参考。

【化解信访积案】2015年，全市挂牌143件信访积案难案，其中省信访局交办54件，办结率100%，息访49件，息访率90.74%；市信联办自排89件，办结率100%，息访62件，息访率69.6%。

【网上信访办理】2015年，市委群工部受理网民留言889件，其中人民网网民留言511件，国投办网上信访件101件，四川省网上信访信息系统领导信箱254件，市委市政府门户网站信访件23件，办结率和网上回复率100%。

【群众来信办理】2015年，市委群工部开通绿色邮政，群众来信反映诉求邮资免费，落实专人负责群众信件办理。全年受理群众来信781件，办理国家信访局直转件160件，省信访局直转件322件，市级收信299件。

【满意度评价】2015年，市委群工部办理满意度评价件57件，到期件57件，其中来访0件、来信6件、网上信访51件。参评件40件，参评率70.2%；对信访部门满意32件，满意率86%；对责任部门满意件30件，满意率82.5%。

【信访事项复查复核】2015年，市委群工部复查复核群众申请的信访事项。全年受理复查复核案件30件，逐案调查审核后出具复查复核意见书29件，1件信访人主动申请撤销复核。

【“市领导接访日”】2015年，市委群工部协助19位市领导开展“市领导接访日”活动60次，接待群众21批295人次，交办市领导接访案件21件，办结21件。

【“三查三促三争当”活动】2015年，市委群工部在全市群工系统开展“三查三促三争当”活动（查作风，促自律，争当为民务实表率；查业务，促提升，争当规范高效标兵；查担当，促落实，争当干事创业先锋），教育引导群工干部加强党性修养，坚持实事求是，改进工作作风，提升工作水平。

【群众工作中心建设】2015年，市群众工作中心抽调8个信访量较多的市级部门的业务骨干入驻，对群众诉求实行统一登记、归口办理、综合协调、各负其责、限时办结的“一站式”服务，构建来访、疏导、处理“三位一体”的工作运行机制，制定管理和考评办法，将市群众工作中心建成反映和解决问题的终点。全年接访群众1563批6356人次，到期1358件全部办结，办结率100%，其中受理的“三初”（初信“初访”初投）信访事项到期办结率100%、息访率85.3%。

（市委群工部）

老干部工作

【领导关心老干部工作】2015年，市“四大家”领导多次参加老干部工作会。市委书记李静召集老干局、市发改委、市规划局、市国土局、眉山发展有限公司等单位负责人到东坡岛湿地公园现场办公，为市老干部活动中心选址；向老干部通报全市经济和社会发展情况，150名离退休干部及老干部工作人员听取通报；参加全市老干部工作会，并就眉山市贯彻落实全国“双先”（离退休干部先进集体和先进个人）表彰会、全省“四先”（离退休干部先进党支部、先进个人和老干部工作先进集体、先进工作者）表彰暨老干部工作会精神作重要讲话。市委副书记刘十庆多次陪同老干部到区县、园区调研。市委常委、组织部部长姜怡主持召开市老干部工作领导小组会议，研究解决老干部工作中存在的实际问题；多次主持召开老干部活动中心建设推进会，督促完成前期规划设计工作。

【落实两项待遇】2015年，落实老干部工作责任制和在职领导联系老干部制度，做好重大情况通报、按规定阅文、订阅报刊、参加重要会议和活动、参观考察、重大事项向离退休干部征求意见等政治待遇落实工作，同时督促市级相关部门落实老干部以上待遇。全年，市委老干部局组织厅级退休干部集中学习12次，参加学习的厅级退休干部360人次。邀请离退休老干部列席重要会议，“两会”期间，市本级离退休老干部参政议政提出建设性意见12条，为党委政府提供执政参考。坚持重大节日走访慰问制度，全年走访慰问离退休干部240余人次。纪念抗日战争胜利70周年，为市本级管理的6名抗战老兵发放慰问金3万元。全年组织离退休干部出省参观考察1次，健康疗养1次。全年落实建国初期参加革命工作的32位退休干部享受特殊门诊医疗照顾的调整方案，制发文件《关于调整市直单位建国初期参加革命工作的部分退休干部门诊医疗照顾管理办法的通知》。坚持离退休干部困难帮扶机制，全年帮扶困难离休干部21人次，帮扶资金10.3万元。

【正能量活动】2015年，眉山市被中组部老干部局确定为100个“离退休干部为党和人民的事业增添正能量”（以下简称正能量）活动重点促进市之一。11月，市委老干部局召开全市正能量理论研讨会，对正能量活动深入开展研究方法路径、载体平台。《眉山日报》刊登题为《眉山成为全国百个“正能量”活动重点促进市》文章，宣传“正能量”活动。分两批次召开“离退休干部为党的事业增添正能量活动调研座谈会”，60个市级部门分管领导及部分退休干部代表参会，听取大家对活动开展的建议意见，对“正能量”活动开展拟制指导意见。市委老干部局对“正能量”活动先期开展进行探索。依托关工委、老体协、老协、老年书画研究会等四支队伍，传递正能量，发挥老干部余热。8月，眉山市关工委被国家关工委和全国文明办评为全国关心下一代工作先进集体。引导老干部通过参政议事当参谋、考察督查促廉政、倾心培育下一代、热心传播先进文化等方式传递正能量，推动老干部工作融入中心大局。9月，纪念抗战胜利70周年举办的老干部书画摄影展，展出作品150幅，参观人数800余人。

【扶贫攻坚工作】2015年，市委老干部局派出1名年轻干部到仁寿县城堰乡灯杆村参加驻村工作。加大对扶贫攻坚村和直联村帮扶工作力度，投入资金5万余元，为联系贫困村争取项目2个。为10户贫困户送去价值3000元的春耕化肥；为联系村3位贫困党员送去慰问金1500元；为22户联系户送价值3696元床上用品；为42户贫困户每户提供价值1000元的化肥或饲料。在联系村创建绿色休闲场所1个，面积1000平方米，为村里提供4000元的补助建设费。与仁寿县畜牧局协调，争取到为35户贫困户提供1头母猪和1头青猪项目，项目资金10.5万元。为灯杆村村活动阵地协调落实健身器材1套，争取到“大学生村官创业”项目支持。

【信息调研】2015年，市委老干部局上报省委老干部局抗战老同志革命回忆录4篇，全部编入《抗战记忆》一书。上报市政协革命回忆录3篇，全部编入《眉山文史》一书。完成省委老干部局下发的调研课题，形成调研文章《锻造硬队伍　肩负新使命》，被省委老干部局评为二等奖。

（傅敏翔）

党校工作

【概况】中共眉山市委党校、眉山市行政学院、眉山市社会主义学院、四川文化产业职业学院眉山分院、市非公有制经济和社会组织学院实行“一校四院、五块牌子，一套人马”的办学体制。2015年，全校专兼职教师15人（中高级职称教师9人），特聘教师20人。全年培训全市各类干部2794人次，招收各类学历教育生42人，举办专题培训人员7200人次。

【培训教育】2015年，市委党校举办党校、行政学院、社会主义学院主体班次3期571人次；举办市级机关副县级干部“东坡讲坛”自主选学培训班9期2223人次；协同市委组织部举办拟任县处级党政领导干部政治理论水平考试2次216人次。全年招收四川文化产业职业学院本、专科函授学院10人次，招收四川省委党校研究生部研究生学员32人次。

【科研活动】2015年，市委党校加大对省委党校和市社科课题的申报力度，申报省委党校课题7项，结项7项；申报市社科联课题1项，结项1项。推进资政服务，围绕市委、市政府重要发展问题，突出1项重点发展课题，深入相关部门调研，其中15项课题向省、市党委政府提供资政服务。加强全市党校课题统筹，全年市、区县党校课题立结项28项，其中示范调研课题18项，一般课题10项。获得眉山市第九届优秀社科成果奖1项，第十届社科成果三等奖2项，优秀奖2项。

【机关管理】2015年，在全国、全省率先成立“市非公有制经济和社会组织学院，”并成功开办首期“两新组织负责人培训班”。按照一县一基地，一县一特色，打造干部理论、党性教育和创新创业现场教学点。在《眉山日报》《四川党校通信》、省委党校曙光网登载信息13条。完成6.8万元的园林绿化建设和亮化工程设计；加强后勤保障，注重后勤服务保障的标准化建设，维修教师接待室、阶梯教室，全年寄宿学院对住宿、餐饮、教师、环境等测评满意度90%。

【业务指导】2015年，市委党校围绕《党校工作条例》《行政学院工作条例》《2010—2020年干部培训改革纲要》，全年深入区县委党校调研指导12次，形成《关于眉山市（区）县党校发展状况的调研报告》等课题；强化科研理论指导工作，全年指导区、县委党校申报省委党校、市社科课题，立项28项，结项28项。

（中共眉山市委党校）

眉山市人民代表大会常务委员会

Standing Committee of the people´s Congress of Meishan Municipality

市人民代表大会会议

2015年2月4日至6日，市第三届人民代表大会第六次会议在眉山召开。大会应到代表366人，实际出席会议333人，符合法定人数。会议听取和审查市人民政府市长宋朝华作的《政府工作报告》、市人大常委会主任贺文作的《眉山市人民代表大会常务委员会工作报告》、市中级人民法院院长刘楠作的《眉山市中级人民法院工作报告》、市人民检察院检察长陈兵作的《眉山市人民检察院工作报告》，书面审查《眉山市2014年国民经济和社会发展计划执行情况的报告及2015年国民经济和社会发展计划草案的报告》《眉山市2014年财政预算执行情况的报告及2015年财政预算草案的报告》，并通过关于上述六个报告的决议。会议补选陈万忠、李建章、李永高为眉山市第三届人民代表大会常务委员会副主任，徐智勇为眉山市第三届人民代表大会常务委员会秘书长，李文新、喻旭、谢六一为眉山市第三届人民代表大会常务委员会委员。

2015年6月29日，省人大常委会副主任张东升（右二）到眉山市调研经济社会发展情况和防汛工作

市人大常委会会议

2015年，市人大常委会召开常委会会议10次。主要听取和审议市人大常委会执法检查组关于检查《四川省地方志工作条例》《中华人民共和国税收征收管理法》《中华人民共和国种子法》《中华人民共和国城乡规划法》《中华人民共和国环境保护法》实施情况的报告。听取和审议市政府《关于养老服务体系建设工作情况的报告》《关于“六五”普法工作情况的报告》《关于食品安全监管工作情况的报告》《关于“绿海明珠、千湖之城、百园之市”建设工作情况的报告》《关于办理市三届人大六次会议以来代表建议、批评和意见情况的报告》。表决通过有关代表资格审查报告和人事任免议案等。市人大常委会主任、副主任、秘书长及委员出席会议，“一府两院”领导列席会议，市级有关部门负责人列席相关议题的会议。

2015年12月24日，市人大常委会主任贺文(左三)到洪雅县调研贫困户

主任会议

2015年，市人大常委会召开主任会议15次。主要研究提请常委会会议审议的专项工作报告、执法检查报告等议题；研究视察和调研方案；传达贯彻市委重要决策部署；审议各委室年度监督工作计划；安排部署市人大常委会重要日常工作等。

监督工作

【经济运行监督】2015年，市人大常委会听取和审议市政府《关于2015年国民经济和社会发展计划执行情况的报告》，督促政府把经济发展工作重点转移到提高发展质量和效益上来，转移到制度创新和科技创新上来，实现经济增长由要素驱动向创新驱动转变。常委会领导和部分组成人员参与《眉山市国民经济和社会发展第十三个五年规划纲要》的编制。组织在眉山的部分国、省、市人大代表对金融机构服务实体经济发展的情况进行专题视察，督促进一步优化投资环境，推进诚信体系建设，维护金融秩序，改善存贷差比例，发挥金融为实体经济服务的功能。

【财经工作监督】2015年，市人大常委会督促市政府及有关部门认真编制好“四本预算”（公共预算、政府性基金预算、国有资本经营预算、社会保险基金预算）；成立预算审查小组，对市本级的“四本预算”和106个部门预算进行初审并全部提交人代会审查。听取和审议《2014年市本级财政决算的情况报告以及相关的审计报告》《2015年上半年市本级财政预算执行情况报告》。批准《2015年市本级财政预算调整方案》《市政府关于2015年地方债务限额的议案》。

【法律法规实施情况检查】2015年，市人大常委会开展执法检查5次。以突出抓好城乡规划法的贯彻执行为重点，继续坚持由主任带队，常委会组成人员、省政府驻眉山规划督察员、区县人大常委会主任参加，对中心城区和两区四县进行严格检查。检查组针对发现的问题，在现场当即予以指出并要求整改。在听取和审议规划法执法检查报告之后，提出书面整改意见交市政府办理落实，并在4个月后的常委会会议上对整改情况进行满意度测评。常委会提出在市中心城区增加小学的建议，得到市委采纳，列入2016年政府投资项目。同时还第一次开展对全市乡镇人大主席的规划监督培训，增强乡镇人大主席监督规划工作落地的意识和能力。

【听取和审议专项工作报告】2015年，市人大常委会听取和审议市政府专项工作报告8次。选题均围绕市委工作重心和人民群众关注的热点难点问题来确定。每次常委会会议审议后，均向市政府发出审议意见并在4个月后对市政府办理落实情况进行满意度测评，督促市政府相关工作的开展。

【依法行政监督】2015年，市人大常委会要求市中级人民法院提交了2014年全市法院行政案件司法审查情况的报告，召开专题会议对因违法行政而引发诉讼的情况进行研究，逐一提出整改要求。全年对市政府和区县人大常委会报送的101件规范性文件进行备案审查，及时向省人大常委会报备规范性文件18件，维护法制统一。开展网格化服务管理调研，督促政府运用法治思维和法治方式解决社会治理问题。

【司法公正监督】2015年，市人大常委会组织在眉山的部分国、省、市人大代表对检察院执法规范化建设、法院“诉非衔接”等工作开展专项视察，配合省人大常委会开展《四川省预防职务犯罪工作条例》的执法检查，听取“两院”半年工作情况汇报和司法改革汇报，要求“两院”发挥审判、检察职能，为经济社会发展提供有力的司法保障。向省人大常委会提出的建立多元化解矛盾纠纷机制的立法建议被采纳，并配合开展了立法调研。

重大事项决定与人事任免

【重大事项决定】2015年，市人大常委会围绕市委重大决策部署和人民群众关注的热点难点问题，充分调查研究，依照法定程序作出全面推进依法治市的决议，并督促“一府两院”贯彻落实。

【人事任免】2015年，市人大常委会任免国家机关工作人员32人次，在任免前听取对任免人员的情况报告，进行任前法律知识考试和供职发言，举行颁发任命书仪式，做到维护党的领导与人大依法任免的统一。

代表工作

【代表履职】2015年，市人大常委会开展代表向选举单位述职活动、常委会组成人员联系代表和代表联系选民活动。组织部分市人大代表作履职经验交流，对15名基层人大代表履行代表职务的先进事迹进行集中宣传报道。依法撤销2名违法违纪的市人大代表的代表职务。同时，对120名国、省、市人大代表开展履职培训。邀请市人大代表参加视察、调研、执法检查和列席常委会会议87人次。推荐代表旁听“一府两院”重大决策会议43人次。督促和协助“一府两院”向代表及时寄送有关文件，通报工作情况。

【代表建议批评意见办理】2015年，市人大常委会要求办理单位在向代表答复的同时将办理情况报送人大常委会，并由常委会相关委室直接听取代表意见，防止代表“被满意”。市三届人大六次会议收到代表建议、批评和意见72件，所有建议、批评和意见均在规定时间内办结，办理满意率超过90%。

常委会及机关自身建设

【思想和作风建设】2015年，市人大常委会举办一系列学习研讨活动，学习习近平总书记关于人大工作的重要讲话，中央和省委关于加强人大工作和建设的意见，以及中央关于南充拉票贿选案件的通报等内容，增强政治定力，没有“为官不为、为官乱为”现象发生。开展“三严三实”专题教育、“两走一对接”、直接联系服务群众、联系服务企业等活动。

【争取立法权和开展立法】2015年，市人大常委会主动适应立法法修订后的新情况，争取设立了常委会法工委。省人大常委会确定眉山市为第一批行使地方立法权的市。常委会起草眉山市地方立法条例和三次审议工作，报省人大常委会批准后实施。

【开展履职培训】2015年，市人大常委会组织常委会组成人员和机关干部42人次参加全国人大常委会关于立法法和预算法的专题培训。

眉山市人民政府

Meishan Municipal People´s Government

重大决策

【转变政府职能】2015年，市政府印发《眉山市2015年推进简政放权放管结合转变政府职能工作方案》（以下简称《方案》），按照“在放权上求实效，在监管上求创新，在服务上求提升”的总体要求，推动各项改革从重数量向提高含金量转变，从“给群众端菜”向“让群众点菜”转变；明确目标任务，压实主体责任，抓住关键环节，纵横联动、协同并进推动行政审批制度改革；简化投资审批，实现“三证合一”“一照一码”，全面清理并取消一批收费项目和资质资格认定；加快行政权力清单制度建设，推进行政权力依法规范公开运行，推出一批创新监管、改进服务的举措，力破“中梗阻”，打通决策部署的“最先一公里”和政策落实的“最后一公里”，为企业松绑减负，为创业创新清障搭台，激发市场新活力，培育经济社会发展新动力。《方案》提出深入推进行政审批、投资审批、职（执）业资格、收费清理、商事制度、教科文卫体领域、监管方式创新，优化政府服务改革。严格执行省政府取消下放调整的审批事项，清理和取消非行政许可审批事项，建立“三张清单”制度，规范和改进行政审批行为，清理规范市级各类涉企证照。精简规范投资项目审批事项和中介服务，动态调整政府核准投资项目，创新投资项目核准和监管体系，清理和取消自行设置的职（执）业资格许可和认定，基本完成减少职（执）业资格许可和认定工作，做好清理取消职（执）业资格许可和认定工作，清理规范涉企收费行为、收费基金项目以及具有强制垄断性的经营服务性收费，推进工商营业执照、组织机构代码、税务登记证“三证合一”，与全国同步实现“一照一码”，对接省政府开展企业信用信息公示“全省一张网”建设，继续创新优化登记方式。指导督促各区县修改完善住所（经营场所）管理规定，梳理教科文卫体领域现有行政审批事项，取消下放一批行政审批事项，推进大众创业万众创新意见，启动“创业眉山”行动，完善创新与转化并重的人才评价制度，加快发展体育产业促进体育消费，完善全民健身公共服务体系，推动各级政府购买体育公共服务，推进市级单项体育协会改革，推进体育赛事审批和监管制度改革，营造公平竞争发展环境，搭建为市场主体服务的公共平台。

【城市地下管线管理】2015年，市政府印发《眉山市城市地下管线管理办法（试行）》，7章49条。提出眉山市中心城区范围内地下管线的规划、建设、测绘、维护、档案信息及其相关管理办法，加强城市地下管线管理，保障地下管线运行安全，减少城市道路重复开挖，规范地下管线工程建设行为。

【社会信用体系】2015年，市政府印发《眉山市社会信用体系建设规划（2015—2020年）的通知》（以下简称《规划》）。《规划》是全市社会信用体系建设的政策性、指导性文件，提出以“统筹规划、重点突破，政府推动、社会共建，以用促建、注重实效，条块结合、共建共享，有序开放、确保安全”为原则，以建立健全社会信用信息数据库和公共服务平台为基础，以政务诚信、商务诚信、社会诚信和司法公信建设为主要内容。以信用激励约束机制建设为核心，实施“诚信政府、信用企业、信用农村、信用社区、诚信金融”五大信用工程建设，有重点、有步骤、有层次推进社会信用信息体系建设。用5—10年时间，基本建立接轨全国、全省，突显眉山特色，符合现代市场经济要求的社会信用体系。

【眉山市彭山区管理事权】 2015年，市政府印发《眉山市彭山区管理事权划分实施方案（试行）》。根据国务院、省政府的批准，彭山县撤县设区。按照有利于充分调动彭山区积极性、主动性和创造性，有利于最大限度保持彭山区一级政府职能完整性和提高行政效能，有利于彭山区经济社会又好又快发展和保持社会和谐稳定，以改革创新和探索尝试精神，建立以“简政放权、转变职能、理顺关系、优化机制”为重点的行政管理体制。坚持简政放权、重心下移，科学管理、统筹协调，动态管理、平稳过渡基本原则。提出规划建设房地产行政管理，人防行政管理，国土资源行政管理，公安行政管理，财政体制管理，机构编制人事管理以及交通运输、安全生产、教育文化、环境保护、农林水务、食品药品等行政管理事权调整方案。

【现代保险服务业】 2015年，市政府印发《关于加快发展现代保险服务业的实施意见》。提出增强保险服务功能，提升行业服务水平，扩大保险服务范围，拓宽保险资金投资渠道。发展涉农保险、政策性农业保险，拓宽“三农”保险广度和深度，指导农民和涉农企业做好防灾减灾工作。拓宽保险覆盖领域，创新保险公共服务方式，加快养老保险业务发展，发展健康保障类保险，发展行业及公众场所责任保险。提高保险风险防范和灾害救助能力，发挥保险在防灾减损和灾害事故处置中的重要作用，探索建立巨灾保险制度，夯实保险服务业发展基础。加强组织保障，加强保险知识宣传引导，保护保险消费者合法权益，防范和化解风险。

【户籍制度改革】 2015年，市政府印发《眉山市深化户籍制度改革实施方案》（以下简称《方案》）。提出放开全市城镇落户限制条件，统筹户籍制度改革和相关经济社会领域改革，消除机制障碍，合理引导农业人口向城镇有序转移，推进农业转移人口市民化，依法保护农业转移人口及其他常住人口合法权益，统筹推进工业化、城镇化和农业现代化同步发展的总体思路。调整户口迁移政策。在本市城镇有合法稳定住所（含租赁）的人员，本人及其共同居住生活的配偶、子女、父母及亲属，可以在当地申请登记落户。建立居住证制度。以居住证为载体，建立与居住年限等条件相挂钩的基本公共服务提供机制。健全人口信息管理制度。建立以公民身份证号码为唯一标识、以人口基础信息为基准的市级人口基础信息库，分类完善劳动就业、教育、社保、房产、信用、卫生计生、税务、婚姻、民族等信息系统，逐步实现跨部门、跨区域信息整合和共享。《方案》提出农村产权、养老保险和医疗保险、住房、教育、就业、医疗卫生和计划生育、社会救助和福利优抚配套保障机制。

【道路交通安全综合整治】 2015年，市政府印发《眉山市道路交通安全综合整治深化巩固工作实施方案》（以下简称《方案》）。提出通过开展道路交通安全综合整治深化巩固年行动，完善“政府主导、部门负责、社会参与、综合治理”道路交通安全管理机制，推进全市货运源头管理规范，基本制止路面超限和非法拼改装违法行为，发挥乡镇交管办作用，提升地方公路事故预防能力，增强广大群众道路交通安全意识，实现道路交通事故整体下降的工作目标。巩固高速公路计重整治成果，强化计重秩序管控，加快计重设备升级改造，建立健全联席会议制度。货物装载和非法拼改装源头治理，强化货物装载源头治理，货运车辆非法拼改装治理。地方公路超限治理，加快超限检测站建设，强化地方公路治超。公路安保工程（路侧护栏）建设。深化农村道路交通安全管理。规范乡镇交管办建设，发挥乡镇交管办作用。推进信息化应用及地方公路智能监控建设，加快信息平台建设和应用，加快智能监控系统建设，强化重点车辆GPS监管，深化道路交通安全整治宣传。《方案》提出高度重视，精心组织，部门联动形成合力，严格考核落实问责的工作要求。

【临时救助制度】 2015年，市政府印发《关于进一步健全完善临时救助制度的实施意见》（以下简称《意见》）。临时救助是国家对遭遇突发事件、意外伤害、重大疾病或其他特殊原因导致基本生活陷入困境，其他社会救助制度暂时无法覆盖或救助之后仍有困难的家庭或个人给予的应急性、过渡性、临时性生活救助。范围主要包括，遭遇重特大疾病虽经政府医疗救助后，仍难以维持家庭基本生活的城乡低保家庭；家庭人均月收入在当地城乡低保保障标准2倍以内的城乡低收入群体，且遭遇重特大疾病的；雷击、溺水、车祸（无责任者）、住宅火灾等突发性灾害导致基本生活困难的家庭；因生活必需支出突然增加超出家庭承受能力，导致基本生活暂时出现严重困难的最低生活保障家庭；县级以上人民政府认定的其他应予救助人员。救助标准由各区县人民政府根据当地经济发展水平和财政状况以及救助内容、救助种类、困难群众劳动能力、困难程度及解困期限等因素合理确定，也可参照当地城乡居民最低生活保障标准给予一定数量救助。《意见》提出临时救助范围和标准，管理程序，资金筹集和管理，组织领导等工作要求。管理程序坚持公开、公正、公平、便民原则，按照申请、审核、审批、发放程序依法操作，严格把关，规范运行。

【国土资源“三个模范”创建】2015年，市政府印发《关于进一步深化国土资源“三个模范”（尽职尽责保护国土资源、节约集约利用国土资源、尽心尽力维护群众权益三个模范）创建工作的意见》。提出把握新常态下国土资源管理工作规律和特点，坚持服务大局、产业、民生的根本方向，以保护耕地、节约集约高效利用土地和维护群众利益为目标，贯彻国土资源管理工作法律法规和政策，依法规范国土资源管理行为，为全市经济社会发展提供坚实保障。要把深化“三个模范”创建工作与推进产业结构调整和转型升级、实现经济社会可持续发展紧密结合，把创建活动工作融入日常管理，重点部署，重点推进，切实转变用地观念和用地方式，力争在解决国土资源管理工作中的重点问题、难点问题和历史遗留问题上实现突破；注重把创建工作与全面深化改革紧密结合，贯彻中央和省在土地管理制度改革方面的重要部署，争取政策支持和试点机会，力争在充分发挥本地优势、创新管地用地方式上打造亮点；注重把创建工作与建设法治国土紧密结合，规范国土资源管理工作，提升依法行政能力，形成推动创建活动强大合力，高效推进创建工作。主要工作措施要坚持综合施策，尽职尽责保护国土资源。坚守耕地“红线”和基本农田“高压线”，确保到2020年完成全市耕地保有量不少于24.03万公顷，基本农田保护面积不少于21.24万公顷的目标任务。全面落实耕地保护责任。各区县人民政府和开发区管委会是辖区耕地保护责任主体，对所辖区耕地、基本农田保护负总责。实行耕地的建设性保护。创新土地综合整治模式，推进土地整理从注重占补平衡指标向注重耕地数量增加、质量提升和生态改善并重转变。严格宅基地和设施农用地管理。强化农村宅基地审批管理，严格审批程序，强化审批和监管责任。强化执法保护。建立健全土地违法问题发现报告机制，通过土地卫片执法检查、“12336”热线、信访平台等及时发现违法占用耕地行为，加强土地执法日常巡查工作，落实土地违法问题报告制度。坚持规划和用途管控，节约集约利用国土资源。控制建设用地总规模，推进土地节约集约利用评价和标准建设，创新土地利用“五大”模式（工业用地模式、以税控地模式、土地空间利用模式、示范带动模式、管理激励模式），优化用地布局和结构。坚持以人为本，尽心尽力维护群众权益。树立国土为民意识，维护群众“四权”（知情权、财产权、发展权、申诉权），加强地质生态环境建设，提升依法行政和公共服务能力。

【最低工资标准】2015年，市政府印发《关于调整全市最低工资标准的通知》。提出全市最低工资标准调整为1380元/月（63.4元/日）。全市非全日制用工小时最低工资标准调整为14.4元/小时。标准包含个人应缴纳的社会保险费和住房公积金，但不包括：加班加点工资；中班、夜班、高温、低温、井下、有毒有害等特殊工作条件或者特殊工作环境下的津贴；法律、法规、规章、政策规定的非工资性劳动保险福利待遇；用人单位支付给劳动者的非货币性补贴。

【企业职工基本养老保险基金预算管理】2015年，市政府印发《眉山市企业职工基本养老保险基金预算管理办法的通知》（以下简称《办法》），共7章31条。为提高全市企业职工基本养老保险省级统筹质量，加强企业职工基本养老保险基金管理，确保企业离退休人员基本养老金按时足额发放，全市企业职工基本养老保险基金预算（以下简称“基金预算”）根据国家企业职工基本养老保险、预算管理等法律法规和省、市企业职工基本养老保险相关政策建立，反映全市企业职工基本养老保险基金收支的年度计划。基金预算遵循收支平衡原则。市通过预算对全市企业职工基本养老保险基金实行统一管理，统一编制并组织执行全市基金预算。省级统筹调剂基金收入及其他基金收入全部纳入社会保险市级统筹基金，统一管理，统一调度使用。市、区县政府是征收企业职工基本养老保险费和支付企业职工基本养老保险待遇的责任主体。全市企业职工基本养老保险基金实行统收统支；市根据当年基金预算，制定年度内市本级及区县的收支计划并组织实施。《办法》对全市基金预算编制和审批，执行和调整，基金决算，监督和检查，考核与奖惩作出规定。

【就业创业工作】2015年，市政府印发《关于进一步做好新形势下就业创业工作的实施意见》。提出深入实施就业优先发展战略。坚持扩大就业发展战略，发展吸纳就业能力强的产业，发挥小微企业带动就业主渠道作用，预防和调控失业风险。营造宽松便捷的市场环境，加快创新创业平台建设，拓宽创业投融资渠道，支持创业担保贷款发展，加大减税降费力度，鼓励城乡劳动者创业。做好重点群体就业工作。鼓励高校毕业生多渠道就业，加强对就业困难人员的援助，坚持市场导向，鼓励就业困难人员到企业就业、自主创业或灵活就业，依法推进残疾人按比例就业，建立健全社会救助与就业创业的联动机制，推进农村劳动力转移就业，促进退役军人就业。加强就业创业服务和职业培训。强化公共就业创业服务，加快公共就业服务信息化建设，加强人力资源市场建设，强化职业技能培训，加大创业培训力度，改进职业培训补贴管理，完善就业失业登记制度。强化就业创业工作的组织领导。加强组织领导和工作协调，强化目标任务考核，保障资金投入，建立健全就业创业统计监测体系，注重舆论引导。

【权责发生制政府综合财务报告制度改革】2015年，市政府印发《关于批转市财政局权责发生制政府综合财务报告制度改革实施方案的通知》（以下简称《方案》）。提出权责发生制政府综合财务报告制度改革是基于政府会计规则的重大改革，总体目标是通过构建统一、科学、规范的政府会计准则体系，建立健全政府财务报告编制办法，适度分离政府财务会计与预算会计、政府财务报告与决算报告功能，全面、清晰反映政府财务信息和预算执行信息，为开展政府信用评级、加强资产负债管理、改进政府绩效监督考核、防范财政风险等提供支持，促进政府财务管理水平提高和财政经济可持续发展。《方案》提出建立健全政府会计核算体系，政府财务报告体系，政府财务报告审计和公开机制，政府财务报告分析应用体系的主要任务。提出贯彻落实政府会计基本准则和政府会计制度，认真开展政府部门财务报告编制、政府综合财务报告编制工作等主要内容。提出2015年至2020年工作实施步骤和加强组织领导，落实工作责任，建立沟通协作机制，加强工作研究和经验总结保障措施。

【政府信息公开】2015年，市政府印发《眉山市政府信息依申请公开实施办法》（以下简称《办法》），共20条。依申请公开，是指公民、法人或其他组织（以下简称“申请人”）根据自身生产、生活、科研等特殊需要，向全市各级行政机关提出政府信息公开申请，行政机关依法向申请人公开的行为。《办法》的实施，保障和落实公民、法人或其他组织依法获取政府信息知情权，提高政府工作透明度。《办法》对申请公开政府信息的范围、方式、程序、申请人和行政机关的权利和义务作出规定。

【推广运用政府和社会资本合作模式】2015年，市政府印发《关于在公共服务领域推广运用政府和社会资本合作模式的实施意见》（以下简称《意见》）。提出在全市公共服务领域推广政府和社会资本合作模式（Public -Private Partnership,以下简称“PPP”），形成投资、建设、运营的市场化运作体系和投资、补贴、价格等政策要素的协同机制，培育统一规范、公开透明、竞争有序、监管有力的政府和社会资本合作市场，促进公共服务水平显著提升。PPP项目主要适用于投资规模较大、需求长期稳定、价格调整机制灵活、市场化程度较高的公共服务类项目。鼓励将能源、交通运输、水利、市政公用、环境保护、农业、林业、科技、保障性安居工程、医疗卫生、养老、教育、文化等公共服务领域项目纳入PPP示范范围。存量在建、改建项目和地方政府存量债务项目中符合条件的，也可以通过PPP模式引入社会资本进行改造。运作模式按照项目和实际情况，选择由社会资本独立建设或政府和社会资本组建项目公司方式进行。《意见》提出项目识别、准备、采购、执行、移交实施程序和加强组织领导，健全协调机制。引入专业机构，科学项目决策。强化政策支持，优化服务体系。加强宣传引导，形成多方合力的保障措施。

【表彰见义勇为勇士】2015年，市政府作出《关于授予徐松懋等3名同志“眉山市见义勇为勇士”荣誉称号的决定》。授予徐松懋（丹棱县杨场镇古井村5组村民）、杨鑫（洪雅县洪川镇柳街街居民）、宋成林（洪雅县柳江镇明月街玉屏社区居民）3名同志“眉山市见义勇为勇士”荣誉称号，弘扬见义勇为精神，继承和发扬中华民族传统美德，传递正能量，为建设富裕美好眉山创造和谐稳定社会环境。

重要会议

【市政府全体会】2015年，召开第三届人民政府全体会议1次。会议征求对《政府工作报告》（征求意见稿）、《关于眉山市2014年国民经济和社会发展计划执行情况及2015年计划草案》《关于眉山市2014年财政预算执行情况和2015年财政预算草案的报告》和《全市及市本级2015年财政收支预算方案》的意见和建议。贯彻落实中央、省委、市委经济工作会议精神，全面总结市政府2014年工作，安排部署2015年工作。

【市政府常务会】2015年，召开第三届人民政府常务会26次，会议审议市政府重点工作、重要政策文件等各类议题372项。其中，传达贯彻《全国加强食品安全工作电视电话会议精神》《全国住房城乡建设工作会议精神》《省委经济工作会议精神》《全省市（州）长、厅（局）长工作会议精神》《全省投资暨重点项目推进工作会议精神》等党中央、国务院和省委、省政府及市委重大决定并研究制定贯彻措施22项；学习《中华人民共和国宪法》《中华人民共和国招标投标法》《中华人民共和国政府采购法》《中华人民共和国城乡规划法》《中华人民共和国环境保护法》等各类法律法规8项；审议《2015年一季度工业经济“开门红”意见》《加快推进新型工业化发展意见》《建立三张清单制度推进简政放权意见》《全面推进气象现代化建设工作的实施意见》《推动金融创新服务都市近郊型现代农业发展意见》等全市经济社会发展工作15项；审议《工业企业应急临时周转资金使用管理办法》《信贷投放考核管理办法》《文艺精品创作扶持管理办法（试行）》《无偿献血管理办法》《市本级国家出资企业重大事项审批和备案管理办法》等重要政策和规范性文件25项；审议《眉山市人民政府办公会议议事规则》《眉山市城市规划区宗地出让方案部门联合会审制度》《政府法律顾问劳务费支付规定》等重要制度规定10项；审议《建设以成都为中心的世界旅游目的地10市州区域旅游合作协议》《眉山交通中心站场及周边道路建设项目回购协议》《眉山市人民政府四川机器人产业联盟战略合作协议》《眉山万达广场项目合作协议书》《眉山市人民政府四川省峨眉山乐山大佛旅游集团总公司战略合作框架协议》等各类协议15项；审议《解除赵明刚行政处分》《崔永伟同志任职》《按期解除张立新行政处分》等干部人事议题12项；审议《解决第一届中国泡菜品牌大赛经费》《安排2014年度市级科技创业投资补助资金》《农村居民购房优惠补贴资金》《安排2015年市本级科学技术经费》《2015年财政收入增长激励补助资金有关事项》等经费安排事项43项；审议《市本级9宗国有建设用地使用权拍卖出让方案》《东坡区1宗国有建设用地使用权拍卖出让方案》《金象化工产业园区2宗国有建设用地使用权拍卖出让方案的请示》《岷东新区2015（M）-19号等2宗国有建设用地使用权拍卖出让方案》等土地出让事项16项；审议《2015年政府工作报告重要工作项目1—6月执行情况的报告》《实施东坡湖“引通入湖”引水工程》《2015年全市十大民生工程项目及20件民生大事》《眉山市2015年政府投资项目计划》等市级部门、区县政府请示市政府的重要事项206项。

【全市性会议】2015年，召开眉山市深化国土资源“三个模范”创建工作会议，全市全面推进三证合一一照一码登记制度改革工作推进会议，眉山现代公共文化服务体系暨文化院坝建设现场推进会，全市脱贫攻坚工作推进会，全市城乡环境综合治理工作会，2015年工商质监工作会，全市商务工作会，全市外事侨务对台工作会，全市食品药品监管工作会，全市财税人社国土审计金融工作座谈会，全市银政企项目对接会，全市旅游工作暨项目推进现场会，全国九届残运会六届特殊奥林匹克运动会眉山赛区动员会，全市2015年安全生产工作会，全市森林防火暨涉林企业安全生产工作会，全市加快发展现代保险服务业工作会，全市农村交管办建设暨道路交通安全综合整治工作推进会，全市有效化解劳资纠纷切实维护社会稳定工作会等全市性会议87次。

【专题会议】2015年，召开研究加快发展国家新型城镇化综合试点工作，眉山现代工业新城总部经济区A区征地拆迁相关工作，中心城区大气污染防治工作，“四箭齐发”推进工作，眉彭大道建设工程有关工作，三苏雕像广场以及东侧片区旧城改造项目建设工作，眉山城市规划区集体土地征地拆迁安置工作，全市危旧房棚户区改造暨促进房地产业平稳健康发展工作，东风渠运行维护长效机制工作，东坡宋城一期建设管理工作，东坡城市湿地公园安保工作，东坡城市湿地公园望月台区域水质净化工作，东坡湿地公园和亲水平台西侧水生态治理项目工作，引导鼓励农村居民进城落户促进城乡统筹发展购房优惠政策宣传工作，特殊人群服务管理改革综合试点工作，东坡岛开发建设和眉山发展公司融资工作，岷江现代农业示范区建设工作，第九届中国竹文化筹备工作，眉山冠城七中试验学校项目建设工作，彭山区重点综合交通建设项目推进工作等专题性会议77次。

市政府办公室工作

【文会办理】2015年，市政府办公室文电办理严谨规范，严把公文内容关、格式关、程序关，坚持发短文、少发文。实行文会事快速通道条章制、红色警示制、一校三核制，文电及时办结率、准确率100%，市政府发文数量比2014年（下同）减少6.38%，未被省政府办公厅错情通报。会务活动精简高效，坚持开短会、开套会，严控会议时间和规模，市政府会议数量减少6.1%。严格执行会务活动规定，高标准承办全国、全省大型会务活动10余次，牵头组织中央、国家部委和省委、省政府领导莅眉调研30余次。

【信息调研】2015年，市政府办公室坚持“当大参谋，提好建议”，围绕“稳增长、调结构、惠民生、防风险”等重点难点，深入基层一线走访调研，形成《关于推进县域经济融入“一带一路”存在的问题和建议》等高质量调研报告12篇，起草《政府工作报告》等重要综合性材料300余篇，提出各类建议2000余条，其中多项建议意见转化为市委、市政府决策部署。坚持畅通信息渠道，构建“全覆盖、满辐射”的信息网络，第一时间收集报送经济社会发展动态、成效亮点和经验做法，全年编发《眉山要情》92期、累计采编信息930余条，被省政府办公厅《川政晨讯》《要情专报》采用134条，政务信息工作排名全省第四位。

【督查督办】2015年，市政府办公室围绕政府工作落地落实抓好督查工作。坚持听取汇报与明察暗访、一般督查与重点抽查、书面督查与实地检查、领导带头检查与部门专项检查、督查与调研、督查与舆论监督“六个结合”，实行重点工作、重大项目“持续化”督查，采取“发点球”方式点对点督办，进度滞后、未按时限要求办结的事项，确保各项督办事项落到实处。围绕省委、省政府和市委、市政府重大决策部署，强力推进各项重点工作、重大项目和领导批示的落实，牵头专项督查工业大道、岷东大道、滨江大道和天府仁寿大道“四箭齐发”重大交通建设、东坡湖东坡岛水生态环境治理、眉山中心城区大气污染治理等35项重点工作，保障各项工作顺利推进。全年办理各项督查督办事项1500余件，一次性办结率100%，督查有效推进率100%。坚持发现问题、曝光问题、解决问题，做到督查不走过场，情况不清楚“不回来”，问题没找准“不回来”，印证不充分“不回来”，确保问题整改到位。将督查结果纳入市委、市政府目标绩效考核，严格落实。全年开展专项督查督办80余次，印发督查通报55期，提出工作建议200余条，督促整改问题300余个。

2015年5月26日，市委副书记、市长宋朝华（前排左二）率队到岷江现代农业示范园区调研

【民生工程】2015年，市政府办公室牵头实施“十大民生工程”，创新办好“20件民生大事”，累计投入民生项目资金72.1亿元。年初面向社会公开征集民生工程建议，认真研究确定32个市定民生工程项目。在《眉山日报》设立“民生工程专栏”，邀请党代表、人大代表、政协委员和受益群众对民生工程工作进行满意度测评，使民生工程真正成为为民办实事的“民心工程”。完善项目推进机制，将任务落实到具体责任人和重要时间节点，推进情况由季通报变为月通报，强化专项督促检查，全年组织开展民生专项督查12次，各类检查100余次，确保了民生项目全面完成。

【行政审批】2015年，市政府办公室牵头编制全市行政权力清单、责任清单、投资项目限制禁止清单，建立完善清单动态调整机制，率先在全省实现“三张清单”市、县、乡三级无缝对接一体运行。配套实施“一进两监管”（“一进”即所有行政权力全部进入党务政务服务中心集中运行，“两监管”即加强“三张清单”制度运行监管和市场主体事中事后监管）制度，完善“五位一体”（即归口监督、专项监督、暗访监督、内部监督和社会监督“五位一体”的监督体系）的监督体系，推进行政权力集中进入政务服务中心。“三张清单”工作得到省、市领导肯定，并在全国地方行政审批制度改革工作座谈会上作专题经验交流。牵头抓好“约法三章”协调落实，工作得到省政府秘书长罗强肯定，并批示“工作到位，执行力强”。

【政务公开】2015年，市政府办公室坚持“应公开尽公开”，进一步完善信息公开社会监督评议制度、依申请公开会商制度等机制。全年通过各类渠道主动公开信息14.84万条，依申请公开78件，按时回复率、群众满意率均100%。牵头推进全市行权运行工作，以行权部门全覆盖、行权事项全覆盖、行权案件全覆盖为原则，健全“每日一巡查、每周一台账、每月一通报”制度，市、县两级行权平台全年累计办件6.23万件，平台办件量居全省第二，行权事项按时办结率100%，被省政管办通报表扬7次。

【联系服务群众】2015年，市政府办公室做好直接联系服务群众、脱贫攻坚、“双报到”社区自愿服务工作。利用节假日和休息日，组织办公室党员干部职工开展走访彭山区青龙镇桂林村群众120余户、慰问下大南街贫困老党员12人。选派优秀年轻干部到彭山区青龙镇狮子村任第一书记，组织百名干部职工与该村贫困群众结对认亲，帮助理清发展思路，实施脱贫攻坚。为彭山区青龙镇狮子村、桂林村协调解决项目资金800余万元，产业发展资金20万元，新发展优质柑橘53.33公顷，新修村道2条，整治山坪塘6口、石河堰8座，帮助解决生产生活困难200余个。2015年狮子村脱贫37户107人。

【后勤保障】2015年，市政府办公室落实中央、省、市厉行节约有关规定，坚持艰苦奋斗、节俭办事，大力压缩“三公经费”，坚决杜绝奢侈浪费。办公室接待经费比2014年（下同）下降18.5%，公务车辆运行费用下降3%，行政成本下降8.3%。规范资产管理，将所有固定资产登记到科室，明确到个人。根据工作需要，分期分批更换办公设备，改善办公条件。严格执行政府采购制度，2万元以上单一品目的办公设备一律上网招标采购，工会慰问品一律通过多家商场询价、网上商城比价、实体商店谈价的方式确定采购价。落实车辆管理制度，维修事项逐级把关，实行定点维修、定点加油、定点洗车。定期和不定期组织驾驶员开展安全教育，办公室全年未发生重大安全事故。

【天府新区建设】2015年，天府新区眉山片区主动适应发展新常态，顺利实现“一年出形象、两年大变样、三年成规模”目标。完善区域控制性详细规划、起步区城市设计、生态环境、绿地系统、历史文化保护、公共服务、能源、给排水等17项专项规划。启动眉山环天府新区740平方千米的规划编制工作，将管控协调区10个乡镇和视高、青龙两个核心区542平方千米，与仁寿中岗乡、向家乡、黑龙滩镇198平方千米纳入规划范围，统一实施规划。先后出台《天府新区眉山区域信贷投放考核奖励办法》《天府新区眉山区域项目管理和服务办法》《支持四川天府新区眉山片区建设发展政策》等政策。2015年，天府新区眉山片区实施500万元以上项目83个，完成投资109.4亿元；新增高新技术企业6户，新增省级创新型企业3户，新增专利203件；高端装备制造、精细化工、电子信息、现代物流、新能源电动车五大产业集群销售收入突破200亿元。

【电子政务建设】2015年，市委、市政府门户网站站群系统累计访问量突破2382万余人次，公开信息7670条，被中国信息化研究与促进网评估位列全国295个地市州第十五位，荣获“2015年度中国政务网站领先奖”。落实市委书记信箱、市长信箱、市长公开电话、部门信箱、建言献策、行风政风热线等互动交流栏目办理制度，办结有效问政信件2544件，办结率为99%。规范和强化全市外网建设管理工作，逐步扩大国家电子政务外网网络覆盖面，市、县、乡三级接入率100%。继续贯彻落实市政府《关于印发眉山市市级电子政务工程建设项目管理办法的通知》，对全市新建电子政务应用项目立项申报、资金概算、方案评审和竣工验收等进行统筹把关，为市本级财政节省资金3000余万元，实现财政资金使用节约化和效益最大化。

应急管理

【基层规范化建设】2015年，市应急办公室通报2014年度基层应急管理规范化建设成效突出单位31个，并配发应急物资装备600余套。继续推进基层应急管理规范化建设，制发2015年基层应急管理规范化建设工作计划，1200余个基层单位在年底时规范化建设工作较为突出。11月初，在泛珠14省区应急管理区域联动会上，眉山市作为唯一基层单位参会，交流的基层应急管理工作得到国务院应急办认可。

【应急预案管理】2015年，清理市级专项应急预案修订、演练、应急救援、队伍建设等情况，形成市政府办公室《关于清理市级专项应急预案管理情况的通报》。编制31个市级专项应急预案简本，修订雨雪冰冻等市级专项应急预案10个，指导审查区县及部门应急预案41个。把应急演练作为常态工作常抓不懈，安排部署2015年防灾救灾应急演练计划，落实各责任单位，基本覆盖各类别事件、基

2015年8月15日，市委副书记、市长宋朝华（右二）率队到金象化工产业园区检查危化品隐患排查整治工作

层各个角落。全年组织实施各类应急演练820余次。其中，9月2日举行化工企业液氨泄漏应急处置演练，省政府资政张作哈，市长宋朝华，副市长唐宏，省安全监管局、省政府应急办等省市领导参加演练；11月25日，首次举行低温雨雪冰冻灾害应急演练，副市长钟毅指挥演练并要求推广此桌面推演方式，得到市长宋朝华肯定性批示。

【政府值班坚守】2015年，市应急办公室协助制定《眉山市党政领导统筹带班制度》，坚持领导在岗带班、24小时值守、双人双岗值班、定期值班抽查制度，落实省政府应急办《关于切实加强突发事件信息报送相关工作的通知》各项要求，定期维护全省政府值班视频点名系统，按时参加值班点名工作，第一时间规范处理值班期间各类传真、电话通知，以及“4·5”牯牛坡水库渗水管涌等突发信息，无脱岗、漏报现象。形成重大时期和法定假日定期抽查和汛期每周抽查机制，开展各类值班抽查31次，印发值班通报7次。全市政府值班“通讯畅通、信息畅通、政令畅通”做法，得到省政府总值班室全省通报肯定。

【应急预警监测】2015年，全市建成36个地震监测预警台（自动台站），初步具备地震预警能力。强化江河水量、水质监测预警，岷江、青衣江建立适时监测体系，思蒙河、醴泉河、毛河、安溪河等主要支流建立定时、定点动态监测机制。强化煤矿、非煤矿山和重大危险源监测监控，其中煤矿实现企业、县、市、省联网运行，实时监测监控。加强危险源管理，建成民爆物品库、烟花爆竹生产批发企业、危化品生产储运企业（场所）等重大危险源在线实时监测监控系统。强化突发公共卫生事件监测预警，建成市、县、乡三级传染病自动预报预警系统，全市医疗卫生单位严格使用，做到突发公共卫生事件和传染病疫情网络直报率100%。

【风险隐患排查】2015年，贯彻执行《眉山市事故隐患排查治理整治管理办法》，各部门通过多种形式开展隐患排查和专项治理行动。市应急办公室采取集中检查、联合执法、明察暗访等方式组织开展安全生产大检查和“打非治违”等系列专项检查。全市有531家企业利用省隐患排查系统上报隐患3100余处。2015年，对全市工矿企业、学校、加油站、商场、宾馆、文化娱乐场所、公众聚集场所等5.2万余个（处）进行安全检查，排查治理各类安全隐患2.7万余处。整改国务院安委会挂牌督办重大隐患1处、市安委会挂牌督办安全隐患25处。

【物资储备保障】2015年，全市建成1个市级和仁寿、洪雅2个县级救灾物资储备库，全年新建53个乡镇救灾物资储备点，高寒山区和部分边远地区储备必要的应急救灾物资，建立救灾物资采购储备机制，将救灾物资采购储备纳入财政预算。全市储备帐篷2425顶、棉被5102床、棉大衣2364件、棉衣裤1641套，储备价值近50万元发电机以及床单、迷彩衣、彩条布等物资；市级储备粮2.9万吨、油800吨，小包装成品粮2100吨、油210吨，区县储粮1.3万吨。对于不易储存的食品物资，与商场签订供货协议，落实粮食应急加工企业12家、供应网点146家、配送中心7家和储运企业6家，确保受灾群众的生活在灾后第一时间得到基本保障。

【处置与重建】2015年，加强突发事件发生后的协调处置，主动会商有关牵头单位，公安、卫生、武警、消防等单位协同配合、形成合力，采取有效措施，快速联动处置“4·5”牯牛坡水库渗水管涌等各类突发事件。3月，组织召开市重建委工作会议，继续推进“4·20”芦山地震灾后恢复重建，实行一月一报告机制和不定期督查制度，开展督查5次。全市纳入芦山地震灾后恢复重建总体规划项目27个全部完工，5.94万户城乡住房维修加固、6335户城乡住房重建、68处地质灾害排危除险、6处重大地质灾害治理、524户避险搬迁工程等重建任务完成。

【宣传教育】2015年，利用"防灾减灾日""安全生产月""国家宪法日"等组织各类宣传活动，各部门与新闻媒体、社会组织和企业加强协作，开展应急科普宣传，普及防灾减灾知识，全年发送各类资料和短信120余万份（条）、悬挂横幅6000余幅。市政府应急办制作《眉山市应急知识宣传栏》、应急法规知识读本等1200余份，在全市免费发放。各区县、各行业系统结合实际，利用集中宣传、网络宣传等不断扩大应急知识宣传覆盖面。

【应急培训】2015年，市应急办把应急知识能力培训纳入各单位重点培训学习内容。全市举办各类自然灾害预防、应急避险等培训班200余期，参训人员20余万人次。组织参加乐山市承办的"旅游应急·国家紧急救助员资格培训会"；民政部门全年培训各级灾害信息员1500人次；卫生部门累计开展各类健康巡讲95场次，受众目标人群3.2万人；国土部门组织开展全市矿山企业和在建工程负责人地质灾害防治监测培训1600余人；安监部门对企业干部职工进行应急专项培训等。

【热线办理】3月，市长热线办理系统全面升级投入使用，实现热线系统市、县、乡三级覆盖。召开2次市长热线办理工作联席会议，针对办理存在问题提出工作措施和办理要求，指导培训热线办理工作。坚持市长热线24小时接听，建立接听台账和回访督办台账，通过系统催办、电话催办、书面通报、抽查回访等形式催办180余件、通报21件、电话抽查回访2050余件。2015年受理群众有效来电1.98万个，办结1.97万个，办结率99.7%，群众满意和基本满意率99.5%。其中当即解释、答复9228个，占46.7%；登记交办1.05万余个，占53.3%，办理回复1.05万个，办结率99.4%；编印市长热线办理情况通报、情况综述、特刊16期，得到市长宋朝华肯定性批示7次。

（市政府办）

政务服务

【政务项目办理】2015年，市政务服务中心受理十大类行政权力、公共服务事项360万余件，按时办结率100%。

【服务窗口设置】2015年，市政务服务中心入驻党务、政务、群团部门76个，纳入中心办理的各类服务事项1036个,其中申请类行权服务761项、公共服务220项、党群服务55项。

【"两集中、两到位"工作】2015年，市政务服务中心严格执行《眉山市市级行政审批项目动态调整和后续监管试行办法》，按照"应进俱进、进必授权"的原则，多次开展项目入驻情况清理。全市具有行政审批职能的35个市级部门，230项审批项目全部进驻政务服务中心，实现审批项目入驻率、审批项目授权率、现场办结率三个100%。（"两集中、两到位"：一个行政机关的审批事项向一个处室集中、行政审批处室向政务服务中心集中，进驻行政审批服务中心的审批事项到位、审批权限到位）

【行政权力运行】2015年，眉山市于6月底清理并发布"三张清单"，其中涉及行权清单5634项，责任清单3673项，投资项目限制禁止清单748项。8月全市正式实施行政权力集中进入政务服务中心集中运行。49个行权部门进驻中心，设独立窗口32个，综合窗口3个，10大类行权除行政检查、行政强制、行政处罚三类现场处置类行权结果在中心公示外，其余包括行政许可、行政奖励、行政征收、行政确认等7类申请类行权761项全部在中心办理，新增行权事项431项。此项工作得到省深改办肯定，11月17日，组织全省深改领

2015年8月7日，眉山举行行政权力集中进中心运行启动仪式

导小组成员单位专门参观学习。

【组织机构调整】2015年12月31日，“眉山市人民政府政务服务中心”正式更名为“眉山市党务政务服务中心”，新增党务服务窗口。全市16个党群部门（包括纪、组、宣、政法、统战、编办、机关工委、农工委、报社、文联、残联、工商联、社科联、工青妇）全部入驻中心，设综合窗口6个，集中办理55个与个体党员、干部有关的服务事项。

【联审平台建设】2015年，市政务服务中心清理首批公布实施的34大项19小项联审事项，配置审批环节，规范录入审批系统，组织培训全市审批窗口工作人员3次，推进网上联审联批，全年办理联审事项27件，办结率100%。

【服务“双创”工作】2015年，市政务服务中心积极推进“三证合一”（工商营业执照、组织机构代码证和税务登记证三证合为一证）、“一照一码”（“一照”即营业执照，新版营业执照具有原营业执照、组织机构代码证、税务登记证、社保登记证和刻章许可证的功能；“一码”即18位的统一社会信用代码）改革工作，建立“三方告知”推送机制。引进“11315”全国企业征信系统，为全市企业提供征信查询、证明、备案服务。（“双创”：大众创业、万众创新）

【政务服务体系建设】2015年，全市131个乡镇（街道）、1314个村（社区）建立便民服务中心（站），建成各类开放式办事厅350个，服务场地30万平方米，从业人员8500余人，可办理行政审批和公共服务300余项。围绕基层群众多元化服务需求，拓展服务内容和渠道，把村级便民服务站点建设成离不开的“便民之家”。如彭山区观音镇新建“党群互联屋”，依托“互联网+”，搭建党员干部与群众互联互通的平台，24小时对外开放，接受群众咨询、查询和投诉。

【基层便民专业化服务工作】2015年，市政务服务中心指导督促各专业队伍推行“一定三亮”，即定方案、亮身份、亮承诺、亮成效。全年各专业化服务分队开展便民服务10万余人次，帮助群众解难题办实事2万余件。其中，组织开展集中服务2000余次，主动上门服务1万余人次，应急服务1000余人次，特办服务500余人次。

【直接联系群众工作】2015年，市政务服务中心对丹棱县顺龙乡青云村、幸福村开展扶贫助困工作。通过挤出办公经费、组织干部职工捐款、协调相关部门支持等多渠道筹措资金360余万元，帮扶联系村基础设施建设、道路维修、环境污染连片治理、村级阵地建设、留守儿童、困难（老）党员、困难群众等实现联系村收入有增长、投入有增加、民生有改善，无进京到省上访、无到市集访、重复上访无增加等“三有三无”目标。

（市党务政务服务中心）

市委、市政府接待工作

【接待任务】2015年，市委市政府接待办接待各级各地客人181批次5189人。其中：二级任务及其以上任务6次，部省级接待66次、市（厅）级66次、大型会务11次，重要商务接待19批次。完成中宣部部长刘奇葆、最高人民法院院长周强、全国政协原副主席杨汝岱、全国政协原副主席李蒙等党和国家领导人到眉山的接待任务；国家林业局局长刘东升、司法部部长吴爱英、人社部副部长何宪、国务院副秘书长、国家信访局局长舒晓琴、中残联副理事长王梅梅等国家部委领导到眉山接待任务；省领导王东明、魏宏、李登菊、范锐平、侍俊、李昌平、张东升、曲木史哈、黄彦蓉、刘捷、邓勇、陈文华、陈放、高峰等到眉山的接待任务，完成联合利华、中铁集团、杜邦公司、立白集团、中景恒基投资集团、云南城投集团等重要商务接待；全国法院多元化纠纷解决机制改革工作推进会、全国第九届残疾人运动会、第七届中国泡菜展销会、全省道路交通安全综合整治巩固年工作推进会等大型会议的后勤接待工作。

【接待管理】2015年，市委市政府接待办简化政务接待各环节，如简化迎送、减少陪同、严格食宿标准、改进警（保）卫、改进宣传报道等。严格控制接待对象、控制接待范围、控制陪同人员、严格酒水使用、控制车辆使用等，从严控制接待经费。全年经费下降20.2%。

【队伍建设】2015年，充实接待队伍力量，增配副主任、提拔科级干部等。健全完善学习制度，形成每周一例会、每半月一学习制度。通过学习接待礼仪及公用基础知识，提高干部职工对接待工作的理性认识。采取干部自学、业务轮讲、沙龙座谈、观看视频等方式，提升接待人员实战经验，提高综合素质，增强责任感、事业心和服务意识。

（市委市政府接待办）

外事、侨务、台湾、港澳事务工作

【外事友协】2015年，市外侨台办先后做好外事友好协调工作12次。1月，荷兰经济大臣坎普应邀到眉山联合利华（四川）全球生产基地一期项目落成仪式并为工厂剪彩。2月，韩国全罗南道潭阳郡代表团团长、潭阳郡郡守崔亨植一行到眉山访问，参观竹文化及竹产业发展。5月，新西兰—中国友好协会前会长云达忠率新中友好协会代表团一行13人到眉山探望中国亲人陈余一家（云达忠为陈余叔叔）。6月，法国香槟—阿登大区主席让-保罗·巴希一行应邀到眉山访问，前往彭山区锦江乡实地考察中法农业科技园眉山园区项目选址地。7月，中国驻毛里求斯大使李立到眉山考察调研。8月，市外侨台办参加“中国·四川省—日本·山梨县缔结友好关系30周年纪念会”，对接参会重要日本客商，宣传眉山招商引资政策，推荐眉山在承接产业转移方面优势。美国加州对外友好协会副会长张家华实地考察天府新区视高园区和黑龙滩洲际长岛酒店。9月，市外侨台办派员参加国际友城会议，宣传推荐眉山区位优势、投资环境；派员参加“2015年大韩民国国庆节招待会”，发出眉山旅游宣传手册、招商引资资料400余份。10月，美国加州对外友好协会副会长张家华、加州中心总裁兼首席执行官王易虹实地考察天府新区视高园区和黑龙滩洲际长岛酒店。市外侨台办派员参加省友协与马来西亚百能力大学共同举办的中国（四川）—马来西亚民间交流会。11月，市政府常务副市长邓正权出席“美国硅谷—四川市长合作对话”并作眉山宣传推介。

2015年8月15至21日，台湾旺旺中时媒体集团“魅力城市”栏目组一行8人到眉山采访拍摄旅游景点、特色美食、人文风情

【港澳工作】2015年，香港特区政府驻成都经贸办主任刘锦泉一行实地考察彭山经济开发区、岷东新区、仁寿视高经济开发区。市外侨台办组织眉山外向型企业代表参加“善用香港优势·开拓海外市场”投资推广研讨会。市长宋朝华、市委常委宣迅带队前往香港招商。“东坡故里　情满香江——四川省眉山市（香港）投资推介会”在香港万丽海景酒店举行。宋朝华率队先后上门拜访香港文汇报、中国港中旅集团等7家知名企业和媒体高层，与香港铜锣湾集团、香港嘉里集团等10余家香港企业座谈交流。眉山市与香港文汇报签订投资促进战略合作协议。

【侨务侨联】2015年，全市开展侨务侨联12次。1月，省外事侨务办巡视员张百鸣到眉山慰问贫困归侨侨眷，并为东坡区苏祠街道下大南街社区创建“全国社区侨务工作示范点”举行揭牌仪式。3月，张百鸣、国内处处长邓晓云到眉山考察灾后重建项目（洪雅县三宝卫生院、洪雅罗坝小学和丹棱县双桥卫生院）。4月，由同写意新药英才俱乐部主办，四川省侨联为支持单位，西部医药技术转移中心、四川省千人计划生物医药专委会、眉山市侨联、西部药谷——眉山经济开发区新区管委会、哈尔滨誉衡药业有限公司协办的同写意第36期论坛活动在眉山举办，来自国内知名生物医药专家和40余家生物医药企业研发总监近60人参加活动。美国“尹氏家族”尹集宪一行到眉山，考察天府新区彭山经济开发区、仁寿视高经济开发区。由尹氏家族成立的“尹氏教育基金会”助学金颁发仪式在仁寿一中举行，对仁寿一中、视高初中等44名贫困优秀学生颁发助学金7.5万元。眉山籍澳大利亚川渝商会会长毛晓蓉、ACA·投资基金执行董事徐坚、澳大利亚中国经贸委员会秘书长石雅铭、澳大利亚鼎盛投资基金董事长卢震、澳大利亚澳新传媒集团董事邹苗苗等一行6人到眉山投资考察。6月，市外侨台办组织人员参加“第十三届东盟华商会”，推介和宣传眉山。7月，市长宋朝华率团赴美开展经贸洽谈，专程拜会美国福建公所、美国亚美商业发展中心、大芝加哥地区华人华侨联合会以及部分华人华侨爱国社团、侨资企业。聘请眉山籍著名侨领、美国大芝加哥地区华人华侨联合会理事长、实业家胡晓军为眉山市驻北美地区招商代表。9月，省外事侨务办公室、眉山市人民政府联合举办“2015 海科会之海外高层次人才走进眉山”活动，来自美国、加拿大、澳大利亚、瑞典等国家的30余位海外高层次人才到眉山，参观考察眉山市经济建设情况和投资环境。10月，举行“2015 世界越柬寮华人团体联合会第七届文化商务交流活动走进眉山”活动，来自全球20余个国家和地区的越柬寮华人社团负责人及企业家代表、港澳委员代表约130余人到眉山交流考察。

【台务台联】2015 年，全市开展“服务台商大走访”活动，市外侨台办会同各区县外侨台办走访慰问全市 14 家涉台投资企业（项目）。台湾远东集团、台湾金融总会、台湾农田水利会、台湾贸易中心等先后到眉山考察投资，参观岷江现代农业园区等。市委副书记刘十庆等 10 人赴台湾参加“第二届川台农业合作论坛”；市委常委、政法委书记杨勇等 10 人赴台开展社区建设考察及法制教育交流等活动。台湾中天电视台《秀芳点题》栏目组、“寻麻问辣品四川”川台学生川菜文化体验营活动、台湾《大陆寻奇》栏目、台湾旺旺中时媒体集团“魅力城市”栏目组等先后到眉山采访拍摄旅游景点、特色美食、人文风情。台湾《旺报》每天刊登眉山旅游宣传推荐 1 个全版，共 4 个全版；台湾《中国时报》刊登眉山城市建设、旅游特色市情 2 个全版；台湾中国电视《大陆寻奇》栏目播出魅力眉山特辑 1 集 48 分钟；《中时电子报》城市特色特辑开辟 1 年的“眉山宣传专区”。市外侨台办组织眉山川宝农业科技有限公司、洪雅圣地农业科技发展有限公司参加“在川台资农业企业座谈会”、第三届四川农业博览会“川台农业合作成果展”等。组织召开全市台界新春餐叙会、中秋座谈餐叙会等，全市台胞台属代表及台资企业负责人参加；节前看望和慰问易春风、李亚彬等 12 户台胞台属。协调受理大润发公司反映其经营场地有人违规摆摊设点，影响其经营秩序事宜；协调受理 1 家台湾企业关于到眉山开展销会有关手续审批事宜；协调受理 2 家企业关于赴台湾考察事宜；协助 12 名台胞台属处理关于新农合转账、赴台寻亲、权益维护、学校就读、证件更换、购买医保、股权纠纷等问题。

【重要出访】2015 年，市长宋朝华率队随省投促局招商团组前往日本、美国开展投资促进活动，参加在东京、纽约、芝加哥举办的四川省投资推荐会，举办眉山专场推荐会。拜访日本王子集团和美国杜邦公司，促进两家企业在丹棱县和金象园区项目加快谈判进程。拜访大芝加哥地区华人华侨联合会等 10 余个爱国华人华侨社团和商协会组织，就搭建代理招商合作平台、建立招商信息网络、促进眉山产业需求和美国企业投资意愿的有效对接等进行交流沟通。《世界日报》《神州时报》《星岛日报》、芝加哥中文网等芝加哥主流媒体进行报道。市委副书记刘十庆率队赴美国进行专题项目推进和经贸交流，拜访美国华纳兄弟娱乐公司，与 ChinaSF 就眉山、旧金山两个城市合作进行探讨，并在硅谷绿产中心举办眉山市加州硅谷科技经贸座谈会。市委常委宣迅率队赴英国、瑞士、比利时开展招商引资、项目促进，先后拜访英国联合利华、比利时 AVR 公司总部、英中贸易协会、欧洲化学工业委员、苏黎世经济促进局、瑞中经济协会等多家企业、商协会组织，举办“天府新区、产业眉山”专题推介会。市委常委、组织部部长姜怡随省团赴法国参加“2015 年全球气候峰会地方政府圆桌会议”并开展招商推荐和项目促进工作，专程拜会了法国著名侨领林光武、倪金城，西班牙著名侨领徐松华等海外重要侨领和侨团。

【重要工作】2015 年，市委对台工作领导小组印发《眉山市涉台突发事件应急预案（修订）》。省外事侨务（港澳）办公室与眉山市政府签订《战略合作框架协议》，在扩大对外交往、促进经贸合作、推动友城结好、加强海外交流等方面达成多项共识，在整合侨务资源、加强战略合作等方面实现新突破。市外侨台办与成都市外事侨务办签署《战略合作协议》，共同打造成都—眉山区域合作平台。

【捐资助学】2015 年，香港福慧慈善基金会在眉山市资助孤儿 16 名 2.38 万元；“美国尹氏教育基金会”在眉山市实施慈善助学项目，资助贫困优秀学生 44 名 7.5 万元；争取到洪雅中学“小平教育基金会”第九期助学项目（2015 年至 2018 年），资助学生 50 名，每年资助金额 10 万元；争取到台湾“中航伟联集团”董事长彭荫刚捐资助学款 2.5 万元，受助贫困小学生 50 名；“4·20”台胞捐建灾后重建项目青竹小学尾款资金到位 28.8 万元。

【招商引资】2015 年，市外侨台办完成招商项目 3 个，签约资金总额 55 亿元。聘请眉山籍著名侨领、美国大芝加哥地区华人华侨联合会理事长胡晓军为眉山市驻北美地区招商代表，建立境外委托代理招商工作机制。促成中法农业科技园项目落户眉山，此项目被列入

“2015年全球气候变化大会”中法两国政府合作展示项目之一，是法国以中央政府名义在中国扶持的第一个农业项目。

【直联帮扶】2015年，市外侨台办为联系的困难群众、贫困党员、计生三结合联系户提供解困资金3万余元，并为联系村购买垃圾清理车1台；投入1万元创建“绿色基地”，新种植香椿8.67公顷；帮助联系村产业结构调整，发展大棚蔬菜种植，联系村农民人均纯收入增长15%；协调帮助江西村安装1台价值70万元的100千伏变压器，受益群众75户308人，解决群众因电力不足无法使用提灌水泵困难；实施“生猪产业扶贫项目”，为15户有劳动能力的贫困户落实10万元资金；落实资金5000元，支持1户无房户危房改造；开展“扶贫日”活动，为1户因病致贫的白血病患者募捐资金2.46万元，并争取民政医疗救助。

（市外侨台办）

民政工作

【防灾、备灾和减灾工作】2015年，全市开展县级应急避难场所和乡镇应急避难点建设，东坡区、洪雅县、丹棱县分别建2个县级避难场所和2个乡镇避难点，剩余乡镇全部设立应急避难点，设置标识标牌；彭山区、仁寿县、青神县分别建1个县级避难场所，30%的乡镇设立应急避难点。眉山市确定在边远多灾易灾的41个乡镇建设救灾物资储备点，每个储备点面积不少于50平方米，区县通过资金补助、物资补给等方式予以支持，储备量基本满足200人的应急救助需求，确保灾情发生后受灾群众能得到及时有效的救助。建成乡镇救灾物资储备点53个。5月，市、县两级配合省民政厅开展全省综合减灾救灾应急指挥体系演练。抓灾害信息员队伍建设，各区县分别利用会议、专题培训等方式开展自然灾害应对工作培训，全年培训1500人次；抓综合减灾示范社区创建，彭山区锦江乡天库社区、彭山区青龙镇龙都社区、洪雅县余坪镇新安社区、丹棱县石桥乡黄山社区等4个农村社区被民政部命名为“全国综合减灾示范社区”；组织开展农村危房摸底调查工作，按户主类别、房屋结构状况、家庭经济状况等分门别类登记造册、建档，统计出全市农村危房4.75万户。

【救灾救济】2015年，全市发生冰雪、风雹、洪涝、山体滑坡等自然灾害8次，造成10.5万余人受灾，因灾受伤2人，紧急转移安置307人，需过渡性生活救助29人；农作物受灾面积2556.2公顷，其中，成灾1661.3公顷，绝收520.3公顷；农房倒塌21户70间，严重损坏49户103间，一般损坏5424户12958间；直接经济损失7114.65万元。做好受灾困难群众的冬寒春荒救助工作，全市冬寒期间救助9万余人次，春荒救助2.6万余人次，发放救助金2553.98万元，发放物资折合人民币约364.82万元。

【双拥工作】2015年，市民政局开展“双拥在基层”活动。春节、“八一”期间，市、区县主要领导、各成员单位、企事业单位、社会组织开展走访慰问活动60余次，发放慰问金184万元。提高义务兵家庭优待金标准，各区县均达到1万元以上，优待面100%。眉山市被四川省委、省政府、省军区授予“四川省双拥模范城”称号，东坡区、彭山区、仁寿县、洪雅县被授予“四川省双拥模范区（县）”称号，丹棱县、青神县被授予“四川省双拥先进县”称号。

【优待抚恤】2015年，市民政局落实优抚政策，规范和完善优抚政务公开，公开面100%。调整部分重点优抚对象等人员抚恤和生活补助标准，按时足额发放抚恤补助，实行抚恤补助金融机构打卡直发，全年重点优抚对象3.81万名直发抚恤补助金1.66亿元。从7月1日起调整一至四级残疾军人护理费标准，因战、因公一级和二级由原来每人每月1525元提高到1715元；因战、因公三级和四级由原来每人每月1220元提高到1372元；因病一级至四级由原来每人每月915元提高到1029元。从10月1日起提高重点优抚对象抚恤补助标准，提高比例为15%~50%。落实重点优抚对象医疗费用“一站式”即时结算工作，为7700余名优抚对象解决医疗补助900余万元。2015年新增优抚对象1353人，接收部队转移抚恤关系人员29人，换发“伤残人民警察证”35人，换发率100%。组织开展清明节及“9·30”烈士公祭活动。开展纪念中国人民抗日战争胜利70周年工作，向128位抗战老战士发放一次性生活补助金64万元，慰问金6.8万元，发放纪念章128枚。

【烈士评定】2015年，市民政山局做好烈士评定工作。2013年6月30日为抢救2名落水群众、不幸牺牲的眉山市东坡区永寿铁象村5组村民曾仕贵，被四川省人民政府评定为烈士。

【军休安置】2015年，全市接收安置2014年冬季退役士兵1667人，其中自主就业1468人、自谋职业108人、老政策垂管系统接收1人、新政策选择安排工作90人。对符合安置工作的90名退役士兵在9月底前，均安置在财政全额拨款的事业单位；及时为1576名退役士兵足额发放自主就业和自谋职业地方一次性经济补助经费4360.11万元。做好退役士兵教育培训和就业创业工作。全市登记有培训意愿的退役士兵1239人，实际培训1185人，培训合格并获取培训证书1185人；实现就业人员1155人，占实际培训人数的97%，培训支出202.14万元。举办退役军人、军属专场招聘会5场，230余位退役士兵或家属与相关企业签署就职意向。做好军休干部服务管理工作。东坡区、仁寿县军休所创建军休服务机构规范化顺利通过验收。眉山市成功承办四川省军队离退休干部门球决赛，举办眉山市第四届军队离退休干部运动会，组织军休干部走进儿童福利院开展“关爱孤残儿童活动”，组织军休干部疗养等活动，全市接收军队退休干部2人。

【村民自治】2015年，全市推进基层治理创新，建立健全村（社区）村（居）民会议制度、村（居）务公开制度、村（居）民民主议事等各项制度。深化村（居）务公开工作，修订完善《村（居）务公开目录》及村规民约（居民公约），12月，市政府在仁寿县召开全市村（居）务公开工作现场会深入推进该项工作。

【社区建设】2015年，市民政局指导各区县开展社区标准化建设，完善城乡社区台账。全年全市投入2003万元新建59个标准化村（社区）阵地,市级财政配套村（社区）工作经费和服务群众（公共服务）专项资金1238.4万元，全市新增社区服务站8个，社区综合服务设施覆盖率90%。开展社区减负工作，推进社区“去行政化”和增强自治服务功能。

【基层民主建设】2015年，全市开展依法治村（社区）示范点创建，以点带面推动全市村（社区）的依法治理工作。3月，仁寿县四海社区、丹棱县狮子村被命名为第六批全国民主法治示范村（社区）。12月，仁寿县石家村、青神县文林社区被命名为四川省依法治村（社区）示范村（社区）。

【行政区划调整】2015年，市民政局加强行政区划调整社会稳定风险评估，开展行政区划调整审核报批工作，推进撤乡设镇和镇改街道办事处。市政府128次常务会审议通过仁寿县中岗、向家、识经、曲江、玉龙等5个建制乡撤乡设镇请示并上报省政府审批。

【地名管理】2015年，全市新命名、更名道路109条。市政府130次常务会审议通过东坡岛11条道路命名工作。开展眉山市第二次全国地名普查工作，进入实施阶段。

【行政区域界线管理】2015年，市民政局牵头开展金洪线，配合完成夹丹线、夹东线等3条市州间县级界线联检工作，指导区县完成东（坡）青、仁青线等7条市州内界线联检工作。

人力资源管理

【创业工作】2015年，眉山市人力资源和社会保障局（以下简称“市人社局”）根据全市“创业就业攻坚年”的总体安排，大力实施宣传进万家、培训带万户、千名大学生创新创业、千名劳动者创业扶持、百名回归企业家创业、百项创业成果展示的“两万两千两百”行动。承办“新春回归看眉山”座谈会和创业就业表扬大会。开展慰问在外创业和务工人员活动，吸引4312人返乡创业，青神县评为全国农民工工作先进县。举办首届创业成果展，100家创业单位参展。发放小额担保贷款4314万元，帮助1955名大学生创新创业。成立眉山市大学生创业联合会，建成创业孵化园5家。组织“创业演讲进校园”2期，帮助3家“创客”企业成功登陆Q板市场。组织参加全国全省创业大赛和展览，1项获全国铜奖，2项分获全省一、三等奖。

【就业工作】2015年，市人社局组织招聘会102场，提供就业岗位4.8万个，城镇新增就业3.4万人。建立高校毕业生就业见习基地57个，帮助3159名就业困难人员就业，发放公益性岗位补贴1158.88万元、社保补贴1002.74万元。失业率控制在4.4%以内。全市城镇居民人均可支配收入26395元，绝对值排名全省第七。

【技能培训】2015年，市人社局完成青年劳动者技能培训3514人，农村劳动者技能培训8520人、岗位技能提升培训6334人，创业培训1864人。举办2015年度职业技能大赛，选拔12名选手参加成都经济区职业技能大赛，获金奖1块、银奖3块、铜奖5块、团体第三名。

【人事调动工作】2015年，市人社局组织市政府办等21个部门遴选33人，办理调配手续89人；招募“三支一扶”高校毕业生20人；办理28名事业单位人员辞聘解聘备案。

【引智工作】2015年，市人社局争取引智资助经费103万元，获批引智项目8个，其中国家项目1个、“天府高端引智计划”3个、引智成果示范推广项目2个、省级引智项目2个，引进外国专家16人。

【专家管理】2015年，全市新增享受国务院政府特殊津贴专家1名，四川省有突出贡献的优秀专家4名。四川启明星铝业有限责任公司王有来成为全市唯一同时拥有“四川省学术和技术带头人”“四川省有突出贡献的优秀专家”“享受国务院政府特殊津贴专家”荣誉的获得者。眉山天府花海观光农业园区管委会获批“四川省专家服务基地”，填补眉山市空白。吉香居、千禾味业、南车眉山有限公司3家博士后创新实践基地（科研工作站）均引进博士后开展项目研究。

【职称管理】2015年，全市新增专业技术职务中评委专家93人，总数增至342人。推荐高级职称评审人员468人，办理各类职称证书949本、各类资格证书4149本。组织高层次、急需紧缺和骨干专业技术人才参加国家、省级高研项目培训6期，参训人员13人。下放“中级专业技术职称评审”和“中级专业技术职务任职资格证书核发”两项管理权限至区县。

【公务员招考录用】2015年，市人社局考录市县乡机关公务员（参公人员）256名、服务基层项目人员56名、优秀工人农民和村党组织书记6名、政法干警体改生18名。培训新录用公务员（参公人员）416名。

【公务员考核任免】2015年，全市连续3年考核优秀的公务员记三等功奖励94名，嘉奖2014年度考核优秀公务员361名；办理全市138名公务员和参公人员登记工作；完成提请市人大和市政府任免的工作人员91名；办理市本级64名公务员晋升科级非领导职务备案工作。

【公务员表彰奖励】2015年，市人社局会同市级有关部门评选推荐省部级以上单位表彰的先进集体2个、先进个人7名，推荐全省各系统表彰的先进集体52个、先进个人104名。向省上推荐四川“4·20”芦山强烈地震灾后恢复重建先进集体2个、先进个人4名。

【事业单位人事管理】2015年，市人社局发布事业单位公开考试招聘计划1011名，考核招聘高层次和紧缺人才178名。调整38个市属事业单位和154个区县事业单位岗位设置。

【军转安置】2015年，市人社局安置军转干部29名，其中市级部门安置20名，区县安置9名；接收自主择业军转干部16名、随调家属3名，按政策规定妥善安置。

【工资福利与退休】2015年，市人社局完成7016人次的各类增资调资审批工作：其中，机关公务员按年度考核正常晋升级别的256人，晋升级别档次（岗位档次）579人；事业人员晋升薪级工资3759人；晋升（降低）行政职务后的调资652人；事业单位岗位变动后的调整工资717人；调入、调出市级机关核定工资179人；新录用（聘）工作人员试用（见习）期工资139人；退休审批83人，审核遗属生活困难补助和丧葬费32人。

【人事考试】2015年，市人社局组织各类考试34场次，参考人员6.01万人次，连续5年保持“零差错、零投诉、零举报”。成功对接市教育考试指挥中心，建成标准化考场982个。

【基层平台建设】2015年，全市基层平台建成率100%，标准化率达到96.6%。对全市131个乡镇(街道）基层平台负责人进行延伸服务项目业务培训，44项延伸项目70%延伸到所有乡镇。

【信息网络建设】2015年，市人社局完成社会保障卡数据采集267万人，制作社会保障卡241万张，发放182万张。全市150余家银行网点实现社会保险费用代扣代缴，缴纳社会保险费3.88亿元。

（肖鑫）

民族宗教工作

【民族项目】2015年，市民宗局实施2015年少数民族资金项目5个83万元；完成2016年少数民族资金项目申报工作，申报少数民族资金项目5个94.81万元。

【宗教事务】2015年，市民宗局开展以“教风”为主题的和谐寺观教堂创建活动；推进“法律进宗教场所”活动；开展宗教“两乱”（乱塑露天宗教造像、乱建寺庙）和佛道管理专项治理工作，全市民宗工作部门对宗教界乱建庙宇、滥塑露天宗教造像和寺观烧高香、被承包、被投资经营等问题进行集中专项清理，清理政治宗教“两乱”场所7处，涉及宗教管理问题2项。实施全国佛、道场所统一悬挂标识标牌和全省宗教活动场所统一换发“宗教场所登记证”工作；加强爱国宗教团体建设，划拨宗教团体专项工作经费6万元，指导市及爱国宗教团体开展以“法治”为主题的集中教育培训活动，引导宗教界与社会主义社会相适应，全市爱国宗教团体集中开展“宗教慈善周”活动，筹集资金、物质价值7.6元，资助特困群众生产生活。引导和鼓励全市宗教教职参加社会保障体系，眉山市宗教教职养老保险和医疗保险参保比例分别为90.5%、95.8%。

【宗教安全】2015年，市民宗局做好民宗领域安全生产监管工作，全年整治各类安全隐患104处，整结率100%，没有发生安全生产责任事故。妥善化解民族宗教领域矛盾纠纷，有效处置涉及民宗领域矛盾纠纷、涉访涉诉事件21件，化解率100%，全市民族宗教领域总体和谐稳定。

（市民宗局）

机关事务管理

【公共机构节能管理工作】2015年，市机关事务管理局公共机构水、电、气、油消耗同比2014年分别下降4.13%、4.01%、4.11%、4.53%。抓好“公共机构节能周”工作，落实“低碳日”能源紧缺体验活动，提倡“135”（1公里以内步行，3公里以内骑自行车，5公里左右乘坐公共交通工具）出行方案，利用出租车LED滚动播放节能知识，发送短信30万条，悬挂标语180余幅，张贴主题宣传画、温馨提示9000余张，改造安装LED节能灯2500余盏，宣传周期间，全市参与人数40万余人次。开展第二批节约型公共机构示范单位创建工作，市住房和城乡建设局创建成功。彭山区对城区部分路段进行太阳能路灯改造，全市节能灯具改造数量达11万余只，各公共机构结合办公建筑维修进行建筑节能改造，全年投入改造资金843万元。开展“十二五”公共机构节能工作情况检查，公共机构人均能耗在2010年基础上下降17.41%，单位面积能耗下降20.79%。

【公务用车管理工作】2015年，市机关事务管理局暂停审批除特种车辆以外的一般公务用车，2015年审核报市政府审批购置特种工作用车90辆，无一违规批编购车。印发《关于深入开展办公用房清理和公务用车管理自查整改工作的通知》，开展对全市公务用车管理落实中央和省委、省政府规定情况的专项督查整改，迎接省专项督查组的实地督查，对督查中存在的违规借用及日常使用管理不规范等问题，整改落实到位，开展对厅级领导干部违规购置使用车辆问题的专项自查，对发现的违规使用1辆、违规借用2辆情况，及时督促相关单位按照规定整改，规范车辆日常使用管理。配合市纪委开展对全市贯彻落实中央“八项规定”精神、深化正风肃纪工作的专项督查，抽查4个区县的部门、乡镇和8个市级部门及下属单位的公务用车编制管理、配备更新、日常使用管理等情况，并对违规购置和使用车辆问题重点整治中发现问题的整改落实情况进行回访，巩固违规购置和使用车辆问题专项整治工作成果。推进全市公务用车制度改革工作，草拟改革方案初稿，重点围绕车辆保留和车辆处置方面做好前期工作，研究改革后保障公务出行办法。

【办公用房管理工作】2015年，市机关事务管理局审批12家单位维修改造和租用办公用房事宜。牵头对全市厅级领导干部办公用房开展清理整改工作，调换1套，隔断36套，整改办公用房面积429平方米。整改后，市厅级领导干部办公用房全部符合相关规定。推进党务政务服务平台场地建设事宜。启动交流干部周转房建设，坚持实用节俭原则，全力推进实施。

【服务管理工作】2015年，市机关事务管理局服务市委、市人大、市政府、市政协会议1912场次，满意率100%。做好维修服务，完成市政中心中央空调1号机组控制器的更换、通风系统清洗及冷却塔大修验收工作和水、电、气等维修项目8600余次，旭光小区完成公共区域和住户屋内维修4500余次。按节俭、卫生、安全、便利原则着力服务好交流干部周转房，对23套周转房坚持每天打扫、清洁，定期清洗家用设施，定期防菌杀虫。改革市政中心机关食堂经营管理模式，实行自主管理与后厨外包管理相结合的管理方式，丰富菜品安排，满足大众需求，全年每天就餐人员近650人。完成管理区域2015年“绿海明珠”春季绿化改造工程，移栽天竺桂、杜英、银杏、桂花等乔木620株，铺种草皮8935平方米。后勤服务总体满意率95%。

【安全保卫工作】2015年，市机关事务管理局落实安全责任制度，规范安全管理。签订安全目标责任书，落实“一岗双责”“一票否决”、领导带班值班、门岗24小时执勤巡查和信息通报等制度。与公安部门携手完善警务室工作制度，由东坡区特警大队派员进驻警务室。成立由局长任组长的反恐防暴应急处置领导小组，添置5000余元的反恐防暴装备。全年开展安保人员技能培训12次，消防知识培训7次，班队长培训4次,每月学习点评工作会议12次。落实安全工作督查、考核、奖惩。加强安全检查，整治消除隐患。开展“百日安全”和“安全生产月”活动，深入排查整治安全隐患。市政中心办公区、投资促进大厦办公区、市会议中心、市体育馆和旭光小区消防隐患整治项目，通过竣工验收，新设备正常投入运行。全年，对管理区域建筑、供水、供电、供气、消防、电梯、技防等设备设施组织12次拉网式排查，处理监控设施故障591次，更换设备45件次。加强综治和维稳工作，协助有关部门劝阻到市政中心群体上访68批次，上访人员2164人，进入登记办事人员7336人次，盘查无证车辆263次。会议中心和体育馆在服务348场次大型政治、经济、文体活动中，无影响秩序和安全的事件发生。全年，管理区域秩序良好，无较大安全责任事件发生，机关区域安全保卫工作满意率100%。

【市会议中心和市体育馆工作】2015年，市机关事务管理局会议中心承接市级及区县、部门一般会议320场次，市“三会”等大型会议、文体活动8场次。体育馆为中华人民共和国第九届残疾人运动会暨第六届特殊奥林匹克运动会盲人门球比赛等20场次大型活动提供优质服务。

【直接联系服务群众】2015年，市机关事务管理局实施土地流转、发展乡村旅游业、发展规模种养殖等，促进喻沟村农民向城镇居民、产业工人、第三产业经营者、农业业主的“四个转变”（农民向城市居民转变、农民向产业工人转变、农民向现代农业业主转变、农民向第三产业经营者转变），全年实现各类转变总人数100余人。挤出工作经费4万元帮助加宽改造2.1千米村道路。协调交通、水利、农业等部门帮助改善村交通、水利、农田等基础设施建设。硬化水泥路6.7千米，建设高标准农田6.67公顷，加固山坪塘及堰塘9口，维修水渠7500米。贯彻落实“绿海明珠”大会战要求，投入4.3万元在喻沟村再建一个绿色基地1.2公顷，植树3000余株。关爱贫困地方教育工作，挤出资金3万元帮助仁寿县板桥乡朱家小学改善办学条件。挤出机关运行经费1.1万元购买鸡苗，分送给31户联系户，帮助联系户发展家庭养殖，每户增加纯收入1000余元。开展定期、不定期的入户慰问、服务，全年累计为每户提供帮扶物资及资金达600余元。对20户“计生三结合”（计划生育工作与发展农村经济、与帮助农民勤劳致富奔小康、与建设文明幸福家庭相结合）困难户赠送化肥40包，支援农业生产。按照《中共眉山市委关于决战“1593”（一个目标、“五个一批”减贫行动、“九大领域”脱贫工程、三大保障）扶贫攻坚确保实现“两个率先”（率先实现次级突破、率先全面建成小康社会）的决定》精神，开展扶贫攻坚行动，向喻沟村派遣驻村干部1名，42名干部职工面对面联系帮扶47户贫困家庭，实施“五个一批”（发展生产脱贫一批、易地扶贫搬迁脱贫一批、生态补偿脱贫一批、发展教育脱贫一批、社会保障兜底一批）和“十个专项”（基础设施建设扶贫专项、产业扶贫专项、新村建设扶贫专项、教育与就业扶贫专项、生态建设扶贫专项、医疗卫生计生扶贫专项、文化惠民扶贫专项、社会保障扶贫专项、社会扶贫专项、财政金融扶贫专项），实施精准扶贫，为2户贫困户新修房屋150余平方米，改造10户贫困户房屋，帮助10户家庭发展养羊等养殖业，救助6户家庭子女完成学业，确保全年20户家庭脱贫，所有贫困家庭增收超过目标。组织志愿者到联系户和联系社区困难户家中开展帮扶、慰问。

（徐然）

扶贫移民工作

【项目资金】2015年，全年争取到位扶贫移民项目资金1.97亿元，其中扶贫项目资金1.28亿元、移民后扶项目资金6935万元，完成全年目标任务（6000万元）的328.5%。

【精准扶贫】2015年，市委召开扶贫攻坚工作会，印发《关于决战“1593”扶贫攻坚确保实现“两个率先”的决定》，制定出台“五个一批”（扶持生产就业发展一批、移民搬迁安置一批、低保政策兜底一批、医疗救助扶持一批、灾后重建帮扶一批）减贫计划和“十个专项”扶贫攻坚方案（《眉山市基础扶贫专项方案》《眉山市农业产业扶贫专项方案》《眉山市新村扶贫专项方案》《眉山市教育和能力扶贫专项方案》《眉山市生态扶贫专项方案》《眉山市医疗卫生扶贫专项方案》《眉山市文化惠民扶贫专项方案》《眉山市社会保障扶贫专项方案》《眉山市干部引领社会扶贫专项方案》《眉山市财政金融扶贫专项方案》）。全市37名市级领导、104个市级部门完成与联系村的对接工作，2万名干部与联系帮扶的贫困户结对。形成《眉山市“五七四三”（“五到位”精确识别，找准扶贫对象；“七到户”分类施策，精准扶持到户；“四托管”借力扶贫，用好用活专项资金；“三转移”创新扶贫，拓宽贫困群众脱贫渠道）精准扶贫模式》经验材料。全年投入2015住房建设贷款分险基金8228万元用于易地扶贫搬迁项目。投入财政专项扶贫资金4545万元，整治和新建村社水泥路115千米，整治沟渠24千米、山坪塘31口，新建蓄水池53口、提灌站3座、石河堰8座，铺设饮水工程管道5千米；发展茶叶18.33公顷、药材0.75公顷、红椿23公顷、生姜4.3公顷，藤椒13.4公顷、柑橘86.33公顷、核桃88.67公顷，鸡鸭等小家禽5万余羽、牛羊等大牲畜2750余头；危房改造1.35万平方米。全年减少贫困人口3.95万人。

【社会扶贫】2015年，市扶贫和移民工作局组织497家企业定点帮扶524个村。联合市直机关工委等8家单位，动员91个爱心单位、爱心企业开展“栋梁工程”公益活动，募集资金120余万元，帮助220名家境贫寒的学生圆大学梦。“10·17”扶贫日，动员爱心单位、爱心企业、爱心人士认领扶贫项目534个，捐赠现金635.8万元，捐赠物资折合351.1万元。

【移民后扶】2015年，市扶贫和移民工作局做好移民后期扶持资金发放工作，兑现4万人直发直补资金2356.65万元。移民后期扶持项目完成硬化村道127.64千米，整治渠道3.77千米，支持移民区群众发展优质水果、养殖、茶叶、花卉、竹林等主导产业1333.33公顷。

【重点工程】2015年，汉阳航电通过蓄水阶段验收，三台机组正常发电；龚家堰水库移民工程和大坝建设有序进行，基本完成移民房屋主题工程、专项复建；穆家沟水库取得移民前期批文和手续，核准后动工建设；复兴水库移民安置规划大纲报省政府审批；汤坝航电、虎渡溪航电和尖子山电站运作中。

【劳务培训】2015年，市扶贫和移民工作局组织开展农村实用技术培训和就业技能培训，举办移民和贫困群众劳务培训班23期，培训移民3300人次，转移劳动力2200余人。

【信访稳定】2015年，市扶贫和移民工作局加强不稳定因素的排查调处，完善维稳工作预案，强化预警机制建设，灵通工作信息，及时、稳妥处理移民和贫困群众信访问题，实现“零进京、少到省、不发生群体性事件”目标，做到“隐患处理在基层，矛盾纠纷零上交”。

（市扶贫和移民工作局）

防震减灾

【机构设立】2015年7月，眉山市地震数字台网中心正式成立，为正科级公益一类事业单位。市政府安排专款用于监测设备更新改造和软件升级换代。洪雅县单设防震减灾工作机构，划定独立办公场所，配备机构人员，保障工作经费。2015年9月10日，省地震局批复同意组建瓦屋山水库地震台网眉山分中心。

【国家科技支撑项目】2015年12月24日，国家科技支撑计划项目“城镇地震防灾与应急处置一体化服务系统及其应用示范”在丹棱县正式启动，科研成果面向全国县市基层防震减灾部门推广。

【地震监测预报】2015年,市防震减灾局共监测到眉山市境内发生地震23次（其中洪雅县20次，仁寿县2次，丹棱县1次）；主要以ML［用1秒左右的S波（或Lg）的振幅来量度地震的大小，测量400千米内，震级2~6级］1.0~2.9级地震为主，其中ML0.0~ML0.9级1次,ML1.0~ML1.9级14次，ML2.0~ML2.9级8次。最大为2015年3月4日9时48分在眉山洪雅（北纬29.758度、东经103.162度）发生的ML2.9级地震，全年分布平均，总体比2014年有所下降，整体呈现平静趋势。

【地震群测群防】2015年4月，市防震减灾局举办全市防震减灾乡镇助理员培训，重新确认61个宏观观测点和宏观观测员，夯实群测群防基础。

【震害防御与应急演练】2015年6月，市政府新修订印发《眉山市地震应急预案》和《关于施行建设工程抗震设防备案制度的通知》。在市行政服务中心设立专门窗口，统一开展全市建设项目抗震设防服务工作。全年完成市重点交通建设工程、水库等重大项目的地震安评工作、眉山市城市生活垃圾环保发电项目工程场地地震安全性评价报告评审和眉山市人民医院大楼建设工程抗震设防备案等。

【示范基地建设】2015年，市

2015年1月22至23日，眉山市防震减灾局会同省地震局技术人员对仁寿北斗、洪雅将军等数字地震测震台网开展检查维护工作

防震减灾局认定8所市级防震减灾科普示范学校和6个市级防震减灾科普示范基地。通过科普示范学校和基地创建活动，提高全市防震减灾综合防御能力。

【应急物资与队伍建设】2015年，全市建成市级大型应急避难场所8个、县级应急避难场所14个、乡镇避险场所22个、村级避险点500余个；应急物资准备充足。市、区（县）整合多方力量，组建应急救援队伍96支6000余人，由军分区牵头成立1支400人的市民兵应急营，各区县分别组建125人的综合应急连。

【地震演练】2015年5月12日，在丹棱中学举行防震救灾应急演练，参训师生3000余人，在防震减灾宣传周期间，组织各学校开展防震减灾应急演练65场。结合“4·20”“5·12”“7·28”等特殊日子，在医院、商场、大型企业、机关单位等人员密集场所开展应急避险逃生演练20余场，提高社会公众地震防范意识和自救互救能力。

2015年7月，东坡区实验幼儿园开展“地震应急疏散演练”活动

【科普宣传】2015年，市防震减灾局开展防震减灾宣传活动，摆放大型地震知识宣传展板18个，在市区广场、学校等20余个人员密集场所巡展，发放防震减灾知识宣传资料1.2万余份。在全省市州防震减灾局率先开通防震减灾微信公众服务平台，利用公众微信平台、眉山防震减灾信息网、《眉山在线》APP、移动平台短信等方式，开展防灾减灾知识宣传活动。全年推送防震减灾公益宣传短信31.2万条，在官方微信平台、《眉山在线》APP推送专题信息报道30余条。

（市防震减灾局）

中国人民政治协商会议眉山市委员会

Meishan Municipal Committee of the Chinese people´s Political Consultative Conference

政协会议

【全体会议】2015年2月4日至6日，政协第三届眉山市委员会第五次会议在眉山市会议中心召开。市政协三届委员会全体委员出席会议。会议听取并审议《政协第三届眉山市委员会常务委员会工作报告》《政协第三届眉山市委员会三届四次会议以来提案工作情况报告》，听取并协商“一府两院”工作报告，协商计划、财政报告，审议通过《政协第三届眉山市委员会提案委员会关于三届五次会议提案审查情况的报告》《政协第三届眉山市委员会第五次会议决议》，委员代表作大会发言。市委书记李静作题为《凝心聚力·攻坚克难·奋力开创建设富裕美好眉山新局面》的讲话。李静指出，市委将2015年确定为“任期目标攻坚年”，全市各级政协组织和广大政协委员要继续发挥优势，与党同心、同力、同向、同行。要始终坚持正确的政治方向，做到政治立场坚定。要围绕“四个全面”履职尽责，围绕全面建成小康社会，投身经济社会发展主战场；围绕全面深化改革，为改革攻坚献计出力；围绕全面推进依法治市，维护社会和谐稳定；围绕全面从严治党，发挥政协民主监督作用。要发挥政协优势，动员各方力量，共同维护良好的社会生态和政治生态。坚持主动作为创一流，打造一流的政协组织、一流的政协委员队伍、一流的人民政协事业，体现政协委员的责任和担当。市政协主席王影聪致闭幕词。王影聪指出，市政协要上下同心、同德、同向，围绕市委、市政府的工作重点、事关全局的工作难点开展调研视察和协商议政，在新常态下聚焦全面深化改革，参与依法治省、依法治市，瞄准生态文化和天府新区，把全市现代农业、现代工业和现代物流三产等作为主战场，投身其中，献计出力。为民生、为社会管理和生态文明当好百姓的传声、建言代表，围绕群众最关心、最直接、最现实的问题，开展各类各种专题与对口协商，在政协组织中推动形成团结民主、和谐快乐的协商新常态，形成知行合一、言行一致，堂堂正正做政协委员，干干净净干政协工作的新常态。在2015

2015年2月27日，市政协主席王影聪（左三）调研东坡区城南片区开发情况

年11月9日召开的省委政协工作会上，市委书记李静作大会经验交流发言，肯定市政协在民主监督等方面的工作，尤其在“项目监督”“生态文化监督”等方面成绩，在会上引起反响。

【常委会议】2015年，召开市政协三届常委会议4次（第14次至17次）。第14次会议，审议《政协第三届眉山市委员会提案委员会关于三届五次会议提案审查情况的报告》《政协第三届眉山市委员会第五次会议决议》、人事任免事项。第15次会议，学习贯彻省政协第十一届委员会常务委员会第十次会议精神，天府新区眉山管委会通报天府新区眉山片区建设运行及努力完成经济社会发展任务“双过半”情况，天府新区仁寿视高管委会、天府新区彭山青龙管委会书面介绍各自区域建设运行及努力完成经济社会发展任务“双过半”情况，市政协经科委通报天府新区眉山片区建设运行调研及助推全市经济社会发展工作情况，专题议政天府新区眉山片区建设运行及助推全市经济社会发展工作情况，审议人事事项。第16次会议，学习贯彻省政协第十一届委员会常务委员会第十一次会议精神，助推眉山市“十三五”规划编制，市政府相关领导作2015年1—8月全市实施“文化立市”战略情况通报，总结近年来市政协在助推全市生态文化建设方面所做工作，就全域生态化和“文化立市”战略实施情况开展专题议政，审议人事事项，研讨会分组讨论。第17次会议，审议通过《市政协三届第十七次常委会议议程（草案）》，学习贯彻党的十八届五中全会、省委十届七次全会、市委三届二十二次全会精神，传达贯彻省政协十一届十二次常委会议精神，市政府通报市政协三届五次会议提案办理情况，市纪委（监察局）通报2015年全市党风廉政建设和反腐败工作情况，市政府通报2015年全市民生工程推进情况，审议《政协眉山市委员会2016年工作要点（审议稿）》《政协第三届眉山市委员会常务委员会工作报告（审议稿）》《政协第三届眉山市委员会常务委员会关于三届五次会议以来提案工作情况的报告（审议稿）》《关于召开政协第三届眉山市委员会第六次会议的决定（草案）》《关于授权市政协主席会议审议市政协三届第十七次常委会议未尽事宜的决定（草案）》《关于调整市政协机构编制有关事项的建议》，市委统战部作《关于终止或撤销部分第三届市政协常委、委员职务的说明》，并作出表决决定。

【主席会议】2015年，召开市政协三届主席会议19次（第40次至58次）。第40次会议传达市委李静书记对市政协2015年《政协专报》第一期的批示精神，研究议定具体贯彻落实意见，传达市委三届第83次常委会议精神，审议相关人事事项。第41次会议传达贯彻省政协十一届三次会议精神、市委常委会议精神，审议市政协《2015年度协商工作计划》。第42次会议传达贯彻市纪委九次全会暨全市组织宣传统战工作会议精神，安排部署市政协三届五次会议以后急需督办的提案工作，传达贯彻省委书记王东明在省政协全会上的讲话精神，传达市委系列重要会议精神，安排部署市政协春节前后相关工作。第43次会议学习贯彻习近平总书记“四个全面”重要论述内容、系列重要文件精神，传达贯彻市委系列重要会议精神，审议《市政协赴云南大学参加培训建议方案》，安排部署市政协工作。第44次会议传达贯彻市委常委会议精神，传达贯彻中共眉山市委办公室、市人民政府办公室《关于深化“两走一对接”活动奋力实现全市经济“双过半”意见》精神，通报市委书记李静对市政协报送系列材料作出重要批示情况，审议市政协

2015年2月25日，市政协机关干部参加植树造林活动

《关于召开纪念世界反法西斯战争暨抗日战争胜利70周年座谈会工作方案》《关于开展市政协委员履职培训实施方案》，安排部署市政协“三严三实”工作，对加强党风廉政建设工作提出要求。第45次会议学习习近平总书记在中央统战工作会议上的讲话精神，传达贯彻省政协十一届十次常委会议精神、市委常委会议精神，通报市政协赴绵阳市考察学习情况，审议市政协党组关于开展“三严三实”专题教育实施方案、市政协三届十五次常委会议筹备建议方案、市政协《关于进一步加强界别协商、开展好委员小组活动的意见》《生态文化与旅游相结合调研参考题目》。第46次会议安排部署对洪雅生态文化和旅游进行指导，特别是挖掘定位文化等具体事宜。第47次会议传达贯彻市委主要会议精神，审议关于（因退休原因）李亚非免职的建议、《关于2015年机关经费预算的情况说明》《2015年机关工会经费收支执行方案》。第48次会议学习贯彻习近平总书记系列重要讲话精神，传达并贯彻中央统战工作会议精神和《中国共产党统一战线工作条例（试行）》方案、市委三届第109次常委会议精神，传达市委三届第二十一次全会精神，贯彻落实市委在市政协召开的“2015年上半年全市工作情况通报会”精神和李静重要讲话精神，审议《关于召开川南七市政协工作联系会第二十六次会议筹备工作的方案》。第49次会议贯彻落实省政协《关于在委员中开展“我为扶贫攻坚做件事”活动的意见》和中共眉山市委《关于决战“1593”扶贫攻坚确保实现“两个率先”的决定》《关于决战“22345”创新创业攻坚确保实现“两个率先”的决定》精神，贯彻落实市委书记李静关于推行“绿色殡葬”工作的指示精神，学习贯彻中共眉山市委组织部《关于印发〈关于切实防止“带病提拔”问题的十条规定〉的通知》。第50次会议传达贯彻市委三届第112次常委会议精神，传达市委书记李静对市政协呈送的《政协专报》第十七期《关于在我市推行绿色殡葬推进绿海明珠向纵深发展的几点建议》批示精神。第51次主席（扩大）会议传达贯彻2015年省政协学习会议精神。第52次会议传达贯彻市委专题会议精神、省政协十一届第十一次常委会议精神，商议并通过人事事项，审议市政协三届第十六次常委会议暨全市“生态文化旅游”研讨会筹备方案，安排国庆节前相关工作。第53次主席（扩大）会议传达贯彻省委办公厅《关于学习贯彻党的十八届五中全会精神的通知》精神，导学《中国共产党第十八届中央委员会第五次全体会议公报》，传达贯彻市委常委（扩大）会议《关于深入传达贯彻党的十八届五中全会精神》的系列意见，传达有关重要会议精神。第54次主席（扩大）会议传达学习省委政协工作会议及省政协党组贯彻落实省委政协工作会议专题会议精神，专题研究市政协三届八次全会重要文件起草和筹备工作安排。第55次主席(扩大）会议学习贯彻党的十八届五中全会、省委十届七次全会、市三届第二十二次全委（扩大）会议精神，协商讨论《政协第三届眉山市委员会常务委员会工作报告（讨论稿）》《政协第三届眉山市委员会常务委员会三届五次会议以来提案工作情况的报告（讨论稿）》《中共眉山市委关于加强和改进人民政协工作的实施意见（讨论稿）》《关于调整市政协机构编制有关事项的建议》，通报2015年全省政协科技委工作座谈会情况，协商讨论《政协第三届眉山市委员会第六次会议筹备工作方案（讨论稿）》《市政协三届第十七次常委会议筹备方案（讨论稿）》。第56次主席（扩大）会议传达贯彻市委三届第125次常委会议精神。第57次主席（扩大）会议学习贯彻中央扶贫开发工作会议精神、《中共中央、国务院关于打赢脱贫攻坚战的决定》精神，传达贯彻省政协十一届第十二次常委会议精神，审议《政协第三届眉山市委员会常务委员会工作报告（审议稿）》《政协第三届眉山市委员会常务委员会关于三届市政协以来提案工作情况的报告（审议稿）》《政协眉山市委员会2016年工作要点（审议稿）》《关于终止撤销部分三届市政协委员、常委职务的说明》《关于召开政协第三届眉山市委员会第六次会议的决定（草案）》《关于授权市政协主席会议审议市政协三届第十七次常委会议未尽事宜的决定（草案）》，安排部署向上争取专项建设基金事宜，通报向农工党中央下属的“中国西部研究与发展促进会”对接项目情况。第58次主席（扩大）会议传达贯彻省政协“我为扶贫攻坚做件事”工作推进会议精神，再动员、再部署全市政协各级组织扶贫攻坚工作。

政治协商

【全体会议协商】2015年2月4日至6日，在政协第三届眉山市委员会第五次会议期间，全体委员围绕“一府两院”工作报告及计划、财政报告，开展协商讨论，提出意见建议。大会秘书处整理委员建议，梳理出内容具体、有针对性的意见建议五类94条，其中，经济发展方面14条，生态、文化、环境治理方面15条，教育、医卫、养老、法治等社会管理方面28条，交通、城市建设管理方面22条，对“一府两院”工作报告的修改建议15条，报送市委、市政府参阅。

【常委会议协商】2015年，市政协常委会议就天府新区眉山片区建设运行及助推全市经济社会发展工作情况、全域生态化和“文化立市”战略实施情况开展专题议政，部分省、市政协常委、委员和参加单位作大会发言，提出意见和建议，归类整理后报送市委、市政府领导参阅。邀请市政府、市纪委（监察局）分别通报全市民生工程推进情况、提案办理情况、全市党风廉政建设和反腐败工作情况。

【重点协商】2015年，每月召开的市政协主席会议协商《2015年度协商工作计划》《市政协赴云南大学参加培训建议方案》《关于召开纪念世界反法西斯战争暨抗日战争胜利70周年座谈会工作方案》《关于开展市政协委员履职培训实施方案》、关于开展“三严三实”专题教育实施方案、市政协三届十五次常委会议筹备建议方案、《关于进一步加强界别协商、开展好委员小组活动的意见》《生态文化与旅游相结合调研参考题目》《关于2015年机关经费预算的情况说明》《2015年机关工会经费收支执行方案》《关于召开川南七市政协工作联系会第二十六次会议筹备工作的方案》、市政协三届第十六次常委会议暨全市“生态文化旅游”研讨会筹备方案、《政协第三届眉山市委员会常务委员会工作报告（审议稿）》《政协第三届眉山市委员会常务委员会关于三届市政协以来提案工作情况的报告（审议稿）》《政协眉山市委员会2016年工作要点（审议稿）》《关于终止撤销部分三届市政协委员、常委职务的说明》《关于召开政协第三届眉山市委员会第六次会议的决定（草案）》《关于授权市政协主席会议审议市政协三届第十七次常委会议未尽事宜的决定（草案）》。协商讨论了《政协第三届眉山市委员会常务委员会工作报告（讨论稿）》《政协第三届眉山市委员会常务委员会三届五次会议以来提案工作情况的报告（讨论稿）》《中共眉山市委关于加强和改进人民政协工作的实施意见（讨论稿）》《关于调整市政协机构编制有关事项的建议》《政协第三届眉山市委员会第六次会议筹备工作方案（讨论稿）》《市政协三届第十七次常委会议筹备方案（讨论稿）》。市政协召开2015年度目标任务协商会，会议议定2015年度市政协目标任务分解情况。市政协办公室召开工作协商议定会，协商议定关于生态文化座谈会暨第三季度专题议政工作、继续深入调研天府新区建设课题、开展委员培训等8项工作。

【委员座谈协商】2015年，市政协开展每月协商座谈会议。召开争取中国西部研究与发展促进会支持眉山卫生事业发展协调会，会议介绍了与中国西部研究与发展促进会的对接项目情况。市政协邀请部分市政协委员召开“十三五”规划编制专题议政座谈会。市政协就如何深化运用“生态文化和旅游相结合专题培训班”成果，如何发展全市乡村旅游进行协商座谈。市政协针对“洪雅旅游文化挖掘定位”开展协商座谈。年初，市政协法群委、文史委、民宗委分别召开界别委员座谈会，协商研究2015年相关工作。市政协经科委组织相关委员，调研协商全市房地产市场和新型城镇化建设，提出相应建议，报市委、市政府领导参阅。

【对口协商】2015年，市政协邀请市级农口部门负责人、区县政协农业委主任，学习市委、市政府《关于进一步加快都市近郊型现代农业发展的意见》，协商讨论下一步的贯彻意见、市政协农业委2015年调研视察工作。市政协召开农业委员会全体成员会议，协商讨论《关于我市培育新型农业经营主体情况的调研报告（讨论稿）》，研究市政协培育壮大新型农业经营主体专题协商会议有关事宜。市政协经科委、法群委分别召开协商座谈会，听取制定全市“十三五”规划的建议意见，协商2016年的工作意见。市政协召开培育壮大新型农业经营主体专题协商会议，听取市政府分管领导相关工作情况通报，听取市政协协调组调研情况报告，政协委员和农业、金融等相关部门围绕培育壮大新型农业经营主体进行协商讨论。市政协农业委在洪雅县召开良种牛繁育推广与效益型畜牧业发展对口协商会议。

民主监督

【重点监督】2015年，市政协民主监督工作实现了从一般性工作评议到针对全市重大工作专项监督、从发挥委员个体监督作用到政协全会集体监督机制构建、从对某一项工作“点”的监督到对党政工作“面”的监督“三大转变”。市委在政协设立监督委员会，将政协民主监督引入重大项目准入和重要决策之中。设立市项目监督委员会，赋予“一票否决权”。市政协党组成员张茂成、市政协副主席朱建文先后担任项目监督委员会主任，按照“严格准入、发现问题、提出建议、督促整改”要求，负责监督全市重点项目工作。设立市生态文化监督委员会，赋予“文化定位权”。由市政协主席王影聪任主任，负责全市生态文化规划的监督指导和推进工作。监督委员会组织政协委员和专家指导全市乡镇文化和生态绿地规划编制工作。集中一个月时间，调研洪雅县生态文化旅游工作，提出“古、土、美、雅”的旅游文化发展定位方向。对全市实施的“绿海明珠”“千湖之城”“百园之市”三大工程建设开展民主监督，并动员各方力量，借智借力推进。

【日常监督】2015年，在市政协第17次常委会议上，市政府通报市政协三届五次会议提案办理情况、2015年全市民生工程推进情况，市纪委（监察局）通报2015年全市党风廉政建设和反腐败工作情况。市政协组织部分市政协委员，对2015年十项民生工程和20件民生大事推进情况进行视察督办。听取市政府及相关部门、东坡区和彭山区政府的情况报告后，实地查看眉山市第二社会福利院、四川迪薇雅摄影有限公司、眉山市彭山区创业孵化园、眉山市彭山区福利院，提出建议意见，报送市委市政府领导参阅。

【提案办理】2015年，政协委员、政协各参加单位和政协各专门委员会提交提案198件，确定立案192件，未立案6件，立案率96.97%。按照分级负责、归口办理的原则，由市委系统承办19件，市政府系统承办170件，市政协办公室承办3件。筛选出15件急需办理提案由市政协主席、副主席牵头督办。截至2015年11月中旬，办结完毕的192件提案中，解决或采纳（A类）82件，列入计划拟解决（B类）104件，留作参考（C类）6件。委员们对办理意见表示满意的185件，占立案办结总数的96.35%，基本满意的7件，占立案办结总数的3.65%。

【提案督办】2015年，省政协副主席王正荣到眉山开展《完善基层法治，夯实依法治省基础》重点提案督办调研，到市交警支队直属二大队、东坡区大石桥街道办事处、市中级人民法院，实地调研眉山市行政调解工作、人民调解工作及“诉非衔接”工作开展情况。市政协开展“法律进社区”“法律进学校”“法律进寺庙”宣传督查活动。市政协副主席王志敏带农业委及部分市政协委员，调研督查全市都市近郊型农业发展情况。市政协副主席祝明洪带部分政协委员，督查全市法院系统的诉、访分离改革工作，就进一步推进诉、访分离改革提出建议，报送市委、市政府领导参阅。市政协副主席杨常沙现场督办《关于中心城区园林绿化与三苏文化结合的建议》提案，详细查看苏辙公园园林绿化与三苏文化结合的情况和园中楹联碑刻文字修改情况、滨湖路新增的三苏文化景观小品、眉山一中校园文化与绿化建设等。市政协副主席黄玉蓉到东坡区悦兴镇，仁寿县龙正镇、青岗乡，督查散杂居少数民族服务管理工作及民族经济社会事业发展情况，就存在的困难和问题提出建议意见。

参政议政

【上级调研视察】2015年，上级政协领导先后到眉山视察调研12次。全国政协人口资源环境委员会副主任徐明德一行，专题调研眉山市进一步规范政府土地审批与项目环评行为。十届省政协副主席解洪、省政协经济委员会主任单晨光一行到眉山调研天府新区眉山片区建设发展情况。省政协副主席、致公党四川省委主委杨兴平率调研组调研眉山市土壤污染防治工作。省政协副主席晏永和率省委政协工作会议专题调研组第二组，专题调研眉山市新形势下加强和改进政协工作。省政协副主席罗布江村一行到眉山调研指导增加农民财产性收入试点工作。省政协副主席王正荣一行到眉山调研“公立医院改革中如何发挥中医药的特色优势”。省政协副主席赵振铣一行到眉山调研推进司法公开及办案责任制改革工作情况。省政协副主席、秘书长高烽到仁寿县调研城市生态文化项目。省政协副主席陈放率队到彭山区调研“百企联百村”及扶贫攻坚工作。省政协民宗委主任宋光齐一行到彭山区调研宗教场所房屋产权、土地使用权证颁发情况。省政协副巡视员谢斌一行到眉山市政协就全省政协后勤工作会议进行前期专题调研，重点掌握有关物业社会化管理、公务接待工作情况。省政协地联委主任陈芳一行到彭山区和仁寿县政协机关，了解政协工作及“我为扶贫攻坚做件事活动”开展情况。

【本级调研视察】2015年，市政协围绕城乡一体化体制机制和社会治理结构等8个课题开展调研，围绕区县城区及部分重点场镇生态文化建设等8个方面情况进行视察。向市委、市政府报送《关于在岷江东岸山体实施光彩工程的建议》等民情与建议5条，《东坡岛湿地公园开放后的建议》等政协专报23个，市委书记李静、市长宋朝华等均作批示，要求相关单位积极采纳，研究解决。市政协成立“我市公墓建设与农村墓地现状”调研小组，在东坡区、彭山区、洪雅县、丹棱县等地通过实地调研、召开座谈会、走访乡镇村社等形式，开展专题调研活动，形成调研报告，报送市委、市政府参阅。市政协主席王影聪围绕彭山区统筹城乡发展、中心城区义务教育学校布局情况、东坡区城南片区开发情况、洪雅县旅游文化资源挖掘和整理等进行调研。市政协副主席杨常沙主持召开中心城区生态文化规划建设座谈会，并实地调研中心城区生态文化规划建设，启动对中心城区248平方千米生态文化规划建设的实施工作；调研青神县竹文化发展、丹棱县生态文化建设等情况。市政协副主席朱建文对加快推进全市新型城镇化建设工作开展调研。市政协副主席王志敏到岷江现代农业园区调研土地流转服务公司情况；到金象化工园区的友禾科技公司，解决粉尘，确保环保安全问题。市政协副秘书长、办公室主任刘云福一行调研成都周边四个具有典型代表意义的历史文化古镇旅游经济发展情况。市政协经科委组织部分市政协委员对新《环境保护法》执行情况进行专题调研，对发现的问题提出建议，要求构建和完善“党政负责、一岗双责”体制机制和“环保部门执法监管、部门各负其责”的工作格局；从源头上控制污染蔓延；做好群众宣传动员，广泛参与环保工作。市政协经科委到联系村开展帮扶，对如何更有效地精准扶贫问题进行调研，对存在的问题提出建议，即转变观念、自立自强，打捆资金、重点帮扶，研究政策、突破瓶颈，整合资源、精准扶贫，把握趋势、避免浪费。市政协教文委就全市中医药发展现状开展专题调研，围绕公立医院改革中如何发挥中医药特色优势为主题，听取各方建议意见。形成调研报告，送市委、市政府参阅。

重要工作

【民生工作】2015年，市政协主席王影聪率市电力公司相关负责人前往联系点丹棱县杨场镇，调研群众用电问题解决情况。通过低电压改造项目，杨坝村和古井村253户农户用电情况得到改善，洗衣、煮饭、抽水、空调都得到解决。市政协主席王影聪、副主席杨常沙率队调研查看中岩风景区“7·20”特大暴风雨受灾情况，将文物、林木、道路、沟渠受损程度第一时间报送市委、市政府参阅，为灾后重建工作提供建设性意见。市政协副主席李亚非到洪雅瓦屋山镇共和村、永胜村和燕远村，慰问110户困难群众，向困难群众发放慰问金和粮油等物资计5万余元。市政协召开主席（扩大）会议、机关办公会议，专题研究“扶贫攻坚”“创新创业攻坚”工作，安排部署具体工作，会后制定机关扶贫攻坚实施意见，发放市政协机关扶贫攻坚结对帮扶表。市政协主席王影聪率市政协办公室、交通局、民政局、农业局负责人，到丹棱县丹棱镇龙鹄村调研指导扶贫工作，协调落实龙鹄村2.2千米村道改造升级项目资金66万元，协调联系部门为联系村提供帮扶资金15余万元,协调解决11户贫困户低保问题。市政协主席王影聪帮助联系户黄光德发展产业，实现自主脱贫，为黄光德爱人协调解决低保问题。市政协秘书长陈泽文带队前往丹棱县丹棱镇龙鹄村就扶贫攻坚工作与镇村干部座谈调研。市政协机关干部集体到龙鹄村，看望慰问联系户，为联系群众送去大米、食油（价值2000余元）。市政协主席王影聪、秘书长陈泽文等一行实地查看丹棱镇龙鹄村村道情况及流转出来的66.66公顷土地情况。市政协主席王影聪受市委、市政府委托带队赴阿坝州金川县看望慰问眉山市援藏干部，收集援藏工作意见建议。考察眉山市援藏干部在沙耳乡克尔玛村帮扶情况。市政协副主席朱建文到洪雅县三宝镇李槽村开展扶贫攻坚工作。市政协副秘书长、办公室主任刘云福一行赴阿坝州金川县看望慰问眉山市政协援藏干部。市政协邀请抗战老兵参加纪念中国人民抗日战争暨世界反法西斯战争胜利70周年座谈会，研究关爱老兵工作。市政协机关干部到市植物园参加植树活动。

【自身建设】2015年，市政协进行机关党员民主评议、厅级领导年度考核测评、县级及以下干部职工考核测评。组织机关干部学习习近平总书记在庆祝中国人民政治协商会议成立65周年大会上的重要讲话精神、全面从严治党的重要论述、在十八届中央纪委第五次全会重要讲话精神，学习省委书记王东明在全省领导班子思想政治建设工作会上的重要讲话精神，学习省委《严守政治纪律严明政治规矩加强领导班子思想政治建设的十项规定》精神，学习省委书记王东明，省委常委、组织部部长范锐平在全省“三严三实”专题教育座谈会上的讲话精神，学习市委书记李静在全市“三严三实”专题教育座谈会上的讲话精神及李静带头所讲授党课内容，学习贯彻市委召开的全市领导班子思想政治建设工作会议精神。宣读市纪委《关于5起涉及“四风”等问题典型案件的通报》，全体党员干部对照学习内容查找自身问题，开展反思和讨论。召开专门会议传达贯彻眉山市“三严三实”专题教育座谈会精神，要求机关党员干部要站稳立场，与中央保持一致，按照中央、省委要求，融入党性修养全过程，贯穿于工作各方面，打好扶贫攻坚战。向市政协两级党组传达和贯彻南充拉票贿选案中央所做决定，省委贯彻意见以及市委三届117次常委会会议通过的决议。组织机关干部开展“讲政治、守纪律、守规矩”专题学习反思会。市政协机关党组组织机关干部观看廉政警示教育片《国资之蠹》，就“严以修身”开展专题学习讨论。市政协组织机关党员学习《中国共产党廉洁自律准则》《中国共产党纪律处分条例》。市政协组织开展委员履职培训，培训当前国内国际经济形势报告；当前中国经济转型升级前景分析；如何加强协商民主政治建设；政协委员如何更好履职尽责。

【宣传工作】2015年是“十二五”胜利收官之年，市政协采取多种措施推进宣传工作、抓好报刊发行工作。市政协主席会成员带头写稿，鼓励政协委员和机关干部向媒体投稿，先后在《人民政协报》《四川日报》《四川政协报》等省级以上报刊，发表《开对“药方子”拔掉“穷根子”》等稿件100余篇。《新年第一谏》《充分信任、放权监督》2篇稿件获得市政府新闻奖。利用眉山政协网和四川政协网，发布政协新闻，全年在省政协网站发表信息200余条，居全省前列。《眉山日报》政协专版全年刊发6期，出刊《眉山政协》《眉山文史》杂志各2期，展示政协履职风貌，记录眉山文史传承和保护工作。为纪念世界反法西斯战争暨中国抗日战争胜利70周年，市政协以“一本书、一个专辑、一个展览、一个促进活动、一个座谈会”形式开展纪念宣传活动。市政协机关和5个区县政协被评为全省政协宣传工作先进集体。

【交流学习】2015年，南充市政协主席吴小可一行到眉山学习考察城市（文化）建设与机关管理。资阳市政协常务副主席张建强一行到眉山考察市政协机关建设、管理、服务工作经验。江苏省常州市政协办公室主任蒋鹏飞一行到眉山市政协交流重点提案遴选与督办的经验和做法。资阳市政协副主席张建强一行到眉山调研仁寿县黑龙滩水库开展水质保护暨渔业执法相关工作议题。绵阳市政协副主席丁山考察学习眉山推进城乡统筹、加快新型城镇化建设经验。贵州省铜仁市政协副主席汤志平一行到眉山考察学习康养产业发展情况。北京市海淀区政协党组副书记、常务副主席刘恪一行到眉山学习考察委员继任和选拔机制及文物保护工作的经验做法。河北省定州市政协副主席和建辉、刘玉青一行到眉山学习考察苏轼文化。广东省清远市政协谢杰斌一行到丹棱县学习考察农村生活垃圾治理“龙鹄模式”。乐山市政协副秘书长夏鹤倞一行到眉山学习考察“乡村旅游”的经验与做法。重庆市北碚区政协副主席王佳一行到眉山考察学习文化旅游资源整合发展方面先进经验。陕西省渭南市政协副主席徐月凤一行到眉山考察学习现代服务业发展经验。雅安市政协副主席张必达、李毅一行分别到眉山考察经开区资金投入及运作、产业引入及扶持政策及与成都合作机制等方面的先进经验，学习交流政协提案办理和书画院建设。攀枝花市政协副主席何群一行来眉山学习交流文史资料挖掘、抢救、传承和保护工作。泸州市政协副主席、民革泸州市委主委张方正一行到眉山考察学习“政协协商民主”相关工作经验。川南七市政协工作联系会第二十六次会议在眉山市召开，会议就“创新政协工作方式，提高参政议政水平，推进协商民主建设”进行交流发言。

市政协主席王影聪率领住眉省政协委员、市政协委员一行前往遂宁市、广安市和南市充，学习考察当地城市生态文化建设。市政协主席王影聪一行赴阿坝州、凉山州考察学习宗教文化工作、生态文化建设经验，看望在金川援藏区工作的政协等干部。市政协副主席立胡左格、杨常沙，分别赴云南省丽江市、四川省宜宾市参加川滇黔赣冀五省二十一市州政协第三十七次、三十八次联系会，就“旅游业发展转型升级”“充分发挥政协作用，着力助推文化建设”进行经验交流。市政协副主席王志敏一行赴乐山市考察学习都市近郊型现代农业发展情况。市政协副主席祝明洪一行赴广东省肇庆市参加八城市政协书画交流会。市政协副主席杨常沙一行赴绵阳市交流学习政协文史工作，考察民族特色文化传承与建设情况。

（市政协）

纪检监察

Discipline inspection and supervision

综　述

2015年，全市各级纪检监察机关聚焦中心任务，强化监督执纪问责，开创党风廉政建设和反腐败工作新局面。全市纪检监察工作获得省委、省纪委领导及市委、市政府主要领导肯定性批示35条次，整治党员干部不作为乱作为等3项工作全省交流经验，党风廉政建设社会评价半年和年终分别排名全省第五位、第六位，党风廉政建设责任制考核排名全省第三位。

两个责任

2015年，市委出台《关于2015年党风廉政建设和反腐败工作的意见》，明确6大项42小项任务，分别落实到市委、市政府领导班子成员和市级相关单位、部门。出台《中共眉山市委党风廉政建设主体责任清单》等6张清单，明确市委、市委书记、市委班子成员58项主体责任和市纪委、市纪委书记、市纪委班子成员36项监督责任，在全市层层组织签订党风廉政建设主体责任书和监督责任书。10名区县和市级部门一把手向市纪委三届九次全会述责述廉，现场接受市纪委委员的提问和无记名测评。市委主要负责人约谈区县委书记19人次，市、县纪委负责人同下级党政主要负责人谈话326人次，开展干部任前廉政谈话584人次。修订《党风廉政建设“一票否决”实施办法》，明确具体规定11条。全市对27名履行党风廉政建设责任不力的领导干部进行责任追究。其中追究主体责任人22人，监督责任人5人；党纪政纪处分7人，组织处理20人。

正风肃纪

2015年，市纪委出台《关于2015年深化正风肃纪工作的意见》，召开全市深化正风肃纪工作会议，分解52项任务，将正风肃纪工作纳入市委目标绩效考核。执行正风肃纪工作联席会议制度，全年召开联席会议5次，牵头部门召开专题会议32次。全市开展正风肃纪监督检查1187次，督促整改问题1303个。结合重要时间节点开展廉政短信提醒，向全市党员干部发送廉政短信21万条。全市开展明察暗访416次，纠正问题387个，纪律处分28人。召开全市解决发生在群众身边的“四风”（形式主义、官僚主义、享乐主义和奢靡之风）和腐败问题工作推进会，制定工作方案，重点解决吃拿卡要、小官巨贪等7个方面问题。开展教育领域、医疗服务领域不正之风专项整治，细化分解3大项41小项具体工作任务。6个区县在完成省、市规定动作外，确定15个群众反映强烈的突出问题开展专项整治。全市开展监督检查769批次，督促整改问题781个。市纪委下发督办通知19份，对37个群众反映或督查发现的问题实施了挂牌督办。全市立案查处发生在群众身边的“四风”和腐败案件216件，纪律处分166人，移送司法机关处理16人，内部通报典型案件198件，公开曝光126件。

“庸懒散浮拖”问题监督

2015年，建立市整治“庸懒散浮拖”问题监督平台办公室，分设综合组、线索收集处置组、督促检查组、问责处理组，形成“线索收集—问题核查—问责追究”工作体系。市整治“庸懒散浮拖”问题监督平台办公室出台《眉山市整治“庸懒散浮拖”问题监督平台举报投诉工作规则》，对“庸懒散浮拖”问题线索实行归口收集、逐件建档、分类处置。在市党务政务服务中心设立“庸懒散浮拖”投诉窗口，主要受理群众对党员党组织及监察对象的“庸懒散浮拖”作风问题投诉和咨询，全年受理举报咨询100余人次。将区县和市级部门分为A、B、C三组，组建3个督查组开展常态化明察暗访。全年围绕建立“三张清单”、落实“四个当天”、推进“八大攻坚”、大气污染防治等重点工作，开展监督检查84次，发现问题230个，发出整改函48份，问责处理184人（纪律处分17人）。

纪检信访举报

2015年，全市纪检监察机关受理群众信访举报1281件（次），比2014年（下同）下降32.7%。其中，受理中纪委、省纪委转来信访举报件550件，下降39.8%。开展全市纪检监察机关公开接访、带案下访、作风巡访“三访”活动，发放宣传资料7万余份，接受群众咨询980余人次，现场收集群众反映问题372件次，解决问题351个。市纪委出台《眉山市纪检监察机关信访跟踪督办及问责暂行办法》，聚焦纪检监察业务范围内的信访举报件，重点对群众身边的“四风”和腐败问题、署实名举报、上级机关重要转办件及涉及群体性问题和利益等7类问题，通过电话催办、网络督办、发函督办、约谈督办、重新调查等5种方式进行督办。全市各级纪检监察机关开展跟踪督办120件（次），发回重新处理59件（次）。市纪委出台《全面加强县级纪检监察机关信访接待室标准化建设实施意见》，从建设制度流程标准化、场地配备标准化、教育疏导标准化3个方面着力打造标准化信访接待室，6区县纪委全部建成标准化信访接待室。

纪律审查

2015年，全市各级纪检监察机关初核违纪线索534件，立案525件，结案526件，党纪政纪处分535人，移送司法机关30人，查处县级干部14人。重点查办医疗卫生系统、水利系统等影响较大的群众身边腐败案件。市纪委制定《眉山市纪委谈话室使用管理办法（试行）》《查办案件进驻培训中心工作流程图和申请表》，汇总各类纪律审查审批文书，逐案规范案件监督管理档案。清理十八大以来办理的涉案款物，全市各级纪检监察机关清理检查案件222件，清理涉案物品3件，收缴违纪资金1.12亿元，发现整改问题10例。

2015年5月20日，市纪委在东坡区白马镇开展“信访举报知识宣传月”活动

惩防体系建设

2015年，市委惩治和预防腐败工作领导小组办公室在全市开展惩防体系建设中期评估，专项检查9个牵头单位、47个协办单位和6个区县惩防体系建设情况，更新工作台账41项，形成《眉山市惩治和预防腐败体系建设中期评估报告》《眉山市2015年度惩治和预防腐败体系建设的报告》。开展系统化防治工作，确定市教体局、市科技局、市公安局、市住房城乡建设局、市交通运输局、市水务局、市农业局、市商务局、市公共资源交易中心、市人力资源和社会保障局10个市级部门及其下属单位、主管行业协会学会为系统化防治腐败工作立项治理单位。围绕惩防体系制度建设、廉政风险防控、落实八项规定等10类工作开展专项检查，发出预防腐败建议21条，整改问题138个。完善廉政风险防控机制，指导49个行政部门对照10大类3743项行政权力清单查找设置风险点2681个，设定风险等级、防控措施、责任对象和完成时限。规范行政权力监察平台运行，市政府印发《眉山市行政权力依法规范公开运行电子监督实施办法》，建立管理部门跟踪监督、纪检监察机

关执纪监督、行权部门即时监督的“三重监督”运行体系和工作机制。全年开展督促检查6次，发现整改行权案件事后录入、上传文书不规范等问题13个，组织召开全市网上行权工作推进会2次，网上行权培训会1次。加强对报警案件的跟踪督办，发出督办通知2293份。全市审核办理行权事项6.08万件，比2014年增长660%，累计办件量居全省第二位。组织开展拟任副县级领导干部任前廉政法规知识测试3场，全市122名正科级干部参加测试，其中119名测试合格，合格率97.54%。市委出台《关于进一步加强统筹联动中央、省驻眉单位纪检工作的意见》，构建“五同共建”（目标同向、资源同享、防线同筑、廉洁同创、民心同聚）机制，全年召开联席工作会议1次，开展预防腐败专项检查1次，协调解决案件查办等问题9个，发放警示教育读本800余册，协调中央驻川单位接受警示教育230人次。

审理法规

2015年，全市受理移送案件528件，审结案件526件。市本级机关受理移送案件25件，审结案件24件，纪律处分24人，其中党政纪双重处分2人，党内警告处分9人、严重警告处分7人、留党察看一年处分1人、开除党籍处分7人；给予行政警告处分1人、行政记大过处分1人、行政开除处分1人；按期恢复党员权利、解除行政除分3人。开展全市党纪政纪处分决定执行情况专项检查，建立《2012年以来党纪政纪处分决定执行情况工作台账表》。配合省纪委抽查东坡区、彭山区、市本级处分决定执行情况，督促整改问题18个，实施责任追究4人。健全处分决定执行监督制约机制，修订《眉山市机关事业单位执行处分决定有关政策暂行办法》。开展全市纪检监察机关规范性文件清理工作，清理规范1997年至2015年制发的规范性文件135个。

反腐倡廉宣传

2015年，全市党风廉政建设工作在省级以上主流媒体上稿163篇，其中中央级媒体上稿40篇，省级媒体上稿123篇。深化党性党风党纪专题教育，市纪委班子成员到区县、市级部门上廉政党课29次。组织全市党员干部学习观看《忏悔实录（3）》《习近平关于党风廉政建设和反腐败斗争论述摘编》《深刻的反思》《国资之蠹》等教育读本、警示教育片，市廉政警示教育基地接纳廉政教育80余批次5200余人次。挖掘眉山本地传统文化，推进廉政文化建设，三苏祠被省纪委纳入“端午节——清凉清廉之旅”自驾游推荐线路。加强机关网站建设和管理，建立健全信息发布、舆论引导、风险评估、应对处置等机制。加大眉山廉政网建设力度，更新发布稿件396篇。加强舆情监控与处置，及时处理网络舆情3件，参与网络微博问政活动8次。

自身建设

2015年，全市纪检监察系统开展“创三优、铸利剑、树新风”活动，全力打造“忠诚、活力、智慧、担当、干净、和谐、为民”纪检监察队伍。市委出台《眉山市区县纪委书记、副书记提名考察办法（试行）》《眉山市纪委派驻纪检组组长、副组长提名考察办法（试行）》《眉山市市管企业纪委书记、副书记提名考察办法（试行）》“三个提名”考察办法，跨地区、跨系统、跨部门提拔交流纪检监察干部11人。开展“讲政治、守纪律、守规矩”“学党章、明纪律”“三严三实”专题教育，组织全市1518名纪检监察干部进行党章知识测试，签订“六项承诺”（坚定信念、对党忠诚，坚决维护党章权威；牢记宗旨、为民服务，切实践

2015年12月23日，市纪委举办“眉山市党员学习《中国共产党廉洁自律准则》《中国共产党纪律处分条例》电视竞赛”

行群众路线；坚持原则、秉公执纪，依纪依法严惩腐败；艰苦奋斗、实事求是，大力弘扬优良作风；改革创新、敢于担当，始终保持昂扬锐气；清正廉洁、严于律己，自觉接受人民监督）。围绕“五个什么”（进纪委为了什么、工作中干了什么、和别人比什么、平时要注意什么、离开纪检岗位留下什么），开展“责任能力作风”大讨论。对照“四种风气”（骄气、义气、小气、暮气）找问题，开展“防止四种风气、弘扬新风正气”专题讨论。开展“最美纪检监察干部”评选活动，6名基层纪检干部当选。在全市纪检监察系统推行岗位练兵、上挂下派、轮岗交流、跟班学习，全年完成上级纪委调训61人次。建立市级派驻（出）纪检机构负责人考核评估机制，对59名市直部门纪检机构负责人、副县级纪检员开展差异化考核评估，对7名评为“一般”人员进行约谈提醒。市纪委出台《眉山市纪检监察干部行为规范》，开展纪检监察系统廉政风险防控工作，全市纪检监察系统梳理权力事项2686项，绘制“工作流程图”2870张，排查出廉政风险点位2843个，制定防控措施3078条。出台《眉山市纪检监察干部问题线索移交处置办法》《眉山市反映纪检监察干部问题线索办理工作规程》《眉山市纪检监察干部违法违纪线索登记台账》，整治纪检干部不作为、乱作为、慢作为等问题。各级纪检监察机关开展监督检查3次，约谈纪检干部和工作人员300余人，发现并纠正典型问题10个，提出整改建议6条。收集整理涉及纪检监察干部违纪问题线索18个，函询4人，诫勉谈话4人次，批评教育18人，约谈15名履行监督责任不力的纪检监察干部，组织调离10人。

（市纪委）

2015年9月10日，市委常委、市纪委书记祝云（右一）到青神县瑞峰镇天池村调研扶贫攻坚工作

武装建设

National defense construction

眉山军分区

【思想政治建设】2015年，眉山军分区采取召开党委会、中心组理论学习和党日活动等方式学习习主席系列重要讲话，筑牢官兵“三个绝对”（绝对忠诚、绝对纯洁、绝对可靠）的思想基础，确保部队“绝对忠诚、绝对纯洁、绝对可靠”。开展“学习践行强军目标、做新一代革命军人”主题教育和“三严三实”教育整顿活动，强化官兵职工使命意识和责任意识。利用民兵整组和军事训练时机，将国家主席习近平系列讲话精神传达到专武干部和民兵干部骨干。

【战备训练和国防后备力量建设】2015年，眉山军分区贯彻《战备工作条例》《成都军区战备工作规定》和省军区相关制度要求，落实经常性战备教育、战备值班等制度规定，开展战备工作检查，组织战备拉动演练和考核，修订完善动员支前、城市防空、道路保通和协助地方反恐维稳4个预案。全年全区组织22期2722名民兵的军事训练，组织全区官兵开展“双实”（实弹射击、实弹投掷）训练、冬季野营拉练及军事集训。新组建市民兵综合应急营，编一个市民兵综合应急连和8支专业救援分队。在洪雅县人武部开展战备物资储备试点并在全区推广。眉山军分区采取领导干部过“军事日”、举办国防知识讲座、组织学生军训等方式，先后培训各级干部350人，军训学生2万余人，举办国防知识专题讲座13场，抓好领导干部、青少年学生和民兵预备役人员的国防教育。通过举办图片展、播放抗日题材影视剧、发放短信等形式，开展“第十五个全民国防教育日”系列活动。9月18日，组织眉山职业技术学院师生开展防空疏散演练。9月30日，组织2000余名官兵职工和民兵预备役人员，在各区县烈士陵园参加公祭活动，增强全民忧患意识和国防观念。2015年，完成新兵征集任务，落实义务兵优待金，落实市政府“大学本科生入伍一次性奖励1万元，大专生入伍一次性奖励8000元”新政策。

【党委班子和干部队伍建设】2015年，抓党风廉政建设，利用政治教育、干部大会、交班会等时机，宣传党中央、中央军委方针政

2015年3月19日，眉山军分区组织战备拉动演练

策和两级军区党委首长决策部署，落实总政《军队党员领导干部参加党的组织生活若干规定》和成都军区《规范团以上主官用权行为若干规定》，强化各级干部纪律观念，克服惯性思维和做法。加强分区和人武部班子成员民主集中制的教育培训，强化民主集中制意识，提高各级党委依法决策、民主决策、科学决策能力和水平。坚持正确的用人导向，严格标准条件，先后提升和晋职8名干部。

2015年3月31日，眉山军分区组织实弹实投训练

【正规化建设】2015年，开展“学条令、知条令、用条令”“三责”（我的安全我负责、他人安全我有责、单位安全我尽责）、“三互”（互学、互帮、互教）、“三无”（无重大事故、无恶性案件、无严重政治影响问题）活动，落实狠抓《共同条令》《安全工作条例》等各项规定，规范部队“四个秩序”（战备、训练、工作和生活秩序）。坚持每季度召开安全形势分析会，每周交班会讲评安全稳定工作，加强安全稳定工作督导检查，集中开展隐患大排查，层层签订安全承诺书，整改验收5类13项安全隐患。抓好重要时节、敏感时期、重大活动期间安全管控，加强“三外”（工作以外、营区以外、家庭以外）、“四圈”（工作圈、生活圈、娱乐圈、社交圈）管理，严格营门岗哨、保密室、武器库、集中文印室等重要岗位、重点部位人员政审和管理，开展军车专项整治，军分区部队全年无事故、案件、失泄密和严重违纪问题。

【后勤建设和装备管理】2015年，根据《省军区财务工作大清查通知》及《实施方案》，开展财务和资产清理工作，清理核实整改2013年、2014年各项经费收支使用管理情况。制定下发《眉山军分区财务管理规定》等规章制度，用纪律规范秩序，用制度管理钱物。落实党委理财责任制，坚持“双主官”审批经费制度，落实军队单位公务卡强制结算工作。定期组织后勤干部业务培训和人武部后勤科长集体办公。结合分区年度民兵应急分队战备拉动演练及组织检查各单位后勤保障发现的问题，修订后勤战备保障方案、预案，规范军分区本级及人武部后勤战备保障器材，补充并规范野外热食制作、帐篷搭建、照明等器材，为维稳处突、抗洪抢险、抗震救灾等重大非战争军事行动提供后勤保障。

【党管武装和参建参治】2015年，召开全市党管武装工作会议，研究解决国防后备力量建设重难点问题。开展精准扶贫工作，设立195万元扶贫工作专项基金，协调地方企业捐资成立8万元“阳光·爱民助学基金”，全年投入精准扶贫专项资金94.01万元。丹棱县张场镇万年村的“富源”水池扶贫项目和东坡区柳圣乡八井村“富源路”扶贫项目竣工并投入使用。参加眉山市创建平安城市建设，协助地方做好稳控社会局势、预防群体性事件。4月5日,东坡区和青神县人武部组织100余名民兵，处置东坡区金花乡牯牛坡水库管涌险情，疏散群众2000余名，安置群众400余名。5月9日，丹棱县人武部组织应急民兵30余名，参加双桥镇天宫村森林火灾灭火。

【抢险救灾】2015年4月,东坡区金花乡牯牛坡水库出现险情，危及下游三个乡镇2.7万余人。截至4月7日，眉山军分区组织100名民兵参加险情处置，疏散群众2000余名，设置7个群众安置点安置群众400余名。24小时监测管涌水量变化；协同区民政局在安置点准备70顶帐篷、300床被褥及生活用品等物资；协助乡政府维护场镇和水库沿线交通秩序。

【基层专武部长集训】2015年3月22日至27日，眉山军分区组织军分区战备条令暨全市基层专武部长集训。成立战备条令暨专武部长集训队，各区县人武部副部长兼军事科长、政工科长、后勤科长、专武干部、民兵干部骨干，75人参训。集训采取集中培训的形式，加强政策法规、业务知识和军事技能学习训练，提升基层专武部长指挥、训练、整组、征兵四种能力。

【首长考察】2015年6月9日，原成都军区政委朱福熙莅临眉山军分区考察，了解眉山军分区和仁寿县人武部遂行多样化任务、军事训练以及民兵整组情况，并对军分区人武部在全面建设中取得的成绩给予肯定。2月2日，原成都军区副政委陈平华莅临眉山军分区就两项教育活动筹备情况、当前部队思想稳定情况以及新年度工作开展情况进行调研，并检查指导军分区机关作战值班室、战备物资器材库、指挥器材库、后勤战备库。

【军事训练】2015年6月8日至13日，眉山军分区完成第一期首长机关“二分之一”轮训，轮训实行连队化管理，采取集中授课、理论学习、技能训练、基础体能与评比考核相结合方式，设3类13个课目28项训练内容。通过训练和考核，全部实现“三个100%”（100%参训，100%参考，100%过关），提高全区首长机关理论水平、基础体能、业务技能及“三实”（实弹、实投、实爆）训练水平。

【军事训练考核及安全大检查】2015年，眉山军分区组织年度军事训练考核及安全大检查，按照“真、难、严、实”要求，采取“听、看、查、问、考”的方式，考核军事理论、识图用图、战术作业、应急指挥及民兵应急分队紧急拉动、体能等课目，检查军事训练管理情况、安全工作、年度政治工作及专项整治情况、后勤保障等内容。

【市民兵应急营骨干训练】2015年11月30日至12月4日，眉山军分区组织市民兵应急营骨干训练。按照基础性、群众性、综合性、实战化训练要求，采取“院校式教学、连队式管理”方式，全程封闭训练，81人参训。训练内容包括入队训练、共同训练和政治教育三方面，设置内务、纪律条令、队列、民兵常识、轻武器射击、战术基础、防护与救护、警棍、盾牌使用等13个科目。

【交通保障】2015年12月23日至24日，眉山市国防动员委员会组织交通战备办公室、市交警支队等成员单位召开军地工作协调会，开展驻川部队冬季野营拉练眉山境内交通保障工作，保障防空旅、149师445团4000余人及500余辆车辆安全过境。

（眉山军分区）

武警眉山支队

【思想政治建设】2015年，中国人民武装警察部队四川省总队眉山市支队（简称武警眉山支队）坚持把学习习主席系列讲话精神作为首要政治任务，强化官兵旗帜意识、军魂意识和首位意识。领会总部、总队党委扩大会议精神，研判部队建设形势，叫响“一个口号”（献身强军梦、一切为打赢）、倡导“两种理念”（激情工作、快乐生活；支队创先我尽责，支队发展我受益）、落实“三个要求”（把部队当家建、把战士当兄弟看、把工作当打仗待），推动强军目标在基层落地生根。开展“学习践行强军目标，做新一代革命军人”主题教育活动，先后组织开展“强军故事会”“烽火壮歌”歌咏比赛等系列文化活动，巩固和深化主题教育效果。紧盯官兵现实问题，开展“一盯一、一帮一、一对红”和“七个一”活动（每日练一百字、每周写一篇周记、每周学一首歌、每月办一期手抄报、每月读一本书、每月过一次集体生日、每季度举行一次演讲比赛），建立健全“六小员”制度（班上设立条令条例辅导员、思想矛盾化解员、警容风纪纠察员、安全工作监督员、装备物资管理员、卫生防病检查员）。紧盯“五防”（防自杀、防激情犯罪、防婚恋问题、防失泄密、防枪弹问题），每季组织预防工作“小而实”经验交流、每月下发预防动态、每周汇报“个别人”思想。

【中心任务】2015年，武警眉山支队狠抓实战化训练，先后组织战训法集训、教练员集训和士官轮训，严密组织“卫士-15·雪域”实兵演习，提升部队实战能力。完成解决首长机关“五个不会、一个不知道”问题试点、战训法集训战例剖析录像片的拍摄制作任务，参加总队参谋业务比武获得团体第四。狠抓特勤排、应急班建设，区分狙击、突击、侦察等要素和编成，分类分批组织专项集训，严格落实每周两个半天和一次夜间的反恐专项训练，提高了部队反恐制胜能力。规范勤务值班体系和勤务管控督导体系，研发的“执勤信息一点通”系统在全总队推广运用，支队被总队表彰为正规化执勤优秀单位。完成省监狱安全工作会议“三共”经验录像片拍摄任务。落实双首长、全要素常态值班，按照体系化、实案化、精确化要求，以成都“护城河”反恐防暴为重点、以眉山社会面维稳为核心，着眼打好“三大战役”，优化兵力部署，初步构建规模适度、结构优化、编成合理、优势互补的力量体系。完成警卫、巡逻、设卡、押解、抓捕等临时勤务，协同市公安民警抓捕眉山“6·28”重大枪击案犯罪嫌疑人。

【基层建设】2015年，武警眉山支队按照初期抓学习、中期抓规范、长期抓转化的思路，采取学、练、用、考、评等方法，抓好《纲要》的学习教育宣传，按纲建队计划措施的科学制定，支队、大队、中队三级日、周、月、季工作的运行规范，总结评比和表彰的组织实施，党委机关抓基层制度的责任落实等5个方面的探索规范。在四中队进行试点，推动全支队的学习贯彻。结合勤训轮换和军事后勤工作推进会、政治工作研讨会，研究基层党支部建设、经常性执勤和训练工作、经常性管理等重点问题，提高各级抓建能力。落实常委年度包片、季度分析形势、责任挂钩奖惩制度，派出8批常委带队的工作组到中队蹲点住班1至2遍，帮助基层解决问题。持续开展党支部班子岗位练兵活动，每月组织一次“支部夜校”，提升书记队伍抓工作的具体能力。支队10名党支部书记在总队《纲要》培训综合考试中取得团体第三名。坚持把考官作为硬指标、把逼官作为硬手段、把带官作为硬任务，建立干部“月考试、季考核、年考评”制度，促进素质能力提高。加大教育关爱力度，为10名特困干部发放3万元救济金，表彰“爱岗敬业好干部”10名，并遴选6名同志作先进事迹报告，激发了干部干事创业的热情。

【部队管理】2015年，武警眉山支队开展“学法规、用法规、守法规”“条令法规学习日”和“百日安全竞赛”活动，党委依法决策、机关依法指导、部队依法行动、官兵依法履职氛围初步形成。修订完善《正规化管理实施细则》《经常性安全隐患排查治理措施》等6个规范性文件，为管理提供依据，给落实提供“抓手”。树立“底线不可逾越”安全理念，以安全警示常讲、安全责任常查、安全常识常学、安全技能常训、安全形势常析“五个经常”为主要手段，提升官兵安全素养。盯住“人车枪弹酒、水火电毒密”等主要环节和八小时之外、节假日等敏感时段，突出干部士官、在外和零散人员管理，强化车辆、枪弹和涉密问题管控，提高部队安全系数。坚持依法与从严有机统一，强化纪律执行，始终以“零容忍”态度对制度落实不严、部队秩序不正规、安全工作不托底等人和事进行倒查实纠，坚决做到惩戒恰当、公平如度、执法如山。

【后勤保障】2015年，武警眉山支队先后组织司务长、炊事员、军械员集训和卫生员、驾驶员复训，提高后勤队伍业务素质。每月组织实战化拉动演练，确保遇有情况部队能“快运、快供、快救、快修”。按规定组织招投标，严格落实工程廉政建设“双合同”制度，防止违规违纪问题发生。规范基层主副食配送方式，优化集中办伙，提升部队伙食质量。

【班子建设】2015年，武警眉山支队始终把创新理论学习作为党委班子建设之本，坚持每个月两天时间自学，每两个月组织一次集中学习，每次突出一个主题，提升班子成员理论素养和思想境界。始终把贯彻民主集中制作为党委班子建设之要，落实党委集体领导下的首长分工负责制，修订完善《支队党委议事规则》，制定重大决策投票表决、专家咨询论证等具体措施，确保党委议事决策科学化。在涉及用人、用钱和官兵切身利益的重大敏感问题时，坚决按原则办，没有个人或少数人说了算现象。始终把改作风正风气作为党委班子建设之魂，“三严三实”专题教育整顿中，先后3次书面征求意见，2次召开座谈会，梳理出党委机关需要重点解决的5个方面39个问题，逐一制定路线图、明确时间表、签订“责任状”，班子成员带头清房退车清人，深入对照检查、深度正本清源、深刻清除积弊。始终把谋发展求跨越作为党委班子建设之责，“一班人”工作勤奋敬业，善于攻坚克难，顾大局、讲奉献，一心扑在工作上，体现了党员干部应有的素养。

【上级领导检查】2月，总队后勤部副部长何冬云深入眉山支队看望慰问基层官兵。3月，总队政治委员高凯率工作组深入眉山支队检查调研，并就抓好新年度工作谋划落实作重要指示。4月，总队政治部主任肖方举深入眉山支队检查2015年院校招生预考工作。总队副参谋长王松清带领司令部作战勤务处参谋吴成明，莅临三中队检查指导执勤工作。5月，总队参谋长陈伟率政治部保卫处处长展国，司令部办公室秘书唐宁、秘书郑学辉，后勤部审计处助理员朱直勇一行，深入眉山支队进行考帮建，并出席眉山支队党委民主生活会。6月，司法部部长吴爱英与副省长邓勇等领导一行深入眉山市眉州监狱检查调研并亲切慰问眉山支队备勤官兵。7月，总队后勤部副部长霍雁平率工作组一行深入眉山支队检查指导。8月，总队费德军副司令员率工作组一行，深入眉山支队检查指导安全工作。9月，总队副司令员汤达友率司令部训练处处长贺满生一行，深入眉山支队机关和基层，对落实上级指示情况、补选退工作开展情况、安全工作管理情况和年度工作推进情况等进行检查，并看望慰问支队退伍老兵。10月，总队政治部副主任蔡楠率工作组深入眉山支队检查指导国庆期间各项工作开展情况。总队副参谋长聂德江率司令部训练处副处长施杨德，深入眉山支队检查指导。总队司令员唐大淮率司令部警务处处长李勋章、政治部宣传处处长吴向阳、后勤部军需物资处副处长刘平深入眉山支队丹棱县中队检查调研，看望慰问新训官兵。11月，总队副政治委员张启营率政治部保卫处展国处长、训练基地办公室主任李刚、后勤部卫生处副处长徐海、政治部干部处干事周辉一行，深入眉山支队考察帮建党委班子，检查调研部队年度工作开展情况。12月，总队参谋长郭小列率工作组一行，深入眉山支队检查指导新兵野营拉练工作，看望慰问拉练官兵。总队副参谋长聂德江率司令部训练处参谋储志锐、政治部宣传处干事程周来一行，深入眉山支队检查考核新训工作。

（吕炜乾）

眉山市公安消防支队

【概况】2015年，眉山市公安消防支队（以下简称“支队”）推进能力素质强化年、基层基础攻坚年、规范建设突破年、作风改进深化年、特色品牌创建年、队伍形象提升年“六个主题年”建设。全市消防工作在省政府目标考核中连续3年取得先进，在全省消防工作会议上受到通报表扬；支队党委连续3年被省公安厅、消防总队评为优秀领导班子。2015年，支队在消防总队目标考核中取得优秀，被评为全省消防部队执法质量考评先进单位、安全工作先进单位；东坡大队、特勤中队被评为全省先进基层单位，东坡中队被评为全省青年文明号和全省政法系统先进集体。

【火灾防控】2015年，在全市开展劳动密集型企业整治、福利救助机构消防安全专项治理、商场超市、娱乐场所火灾隐患排查整治、彩钢板违章建筑消防安全专项整治、今冬明春火灾防控及夏季消防安全检查工作。全市消防系统做好火灾防控工作，火控形势保持持续稳定，全市连续17年无较大以上事故发生。全年检查单位场所5510家，依法整改重大火灾隐患3家、火灾隐患1573处，净化消防安全环境。

【救援能力建设】2015年，支队制定实施年度防灾救灾演练计划，组织开展各类演练40余次，参演人数近2万余人。承办省政府（眉山金象化工）危化品事故处置实战演练和全省首次（消防部队川西战区）轨道交通事故处置全要素演习，提升应急救援能力。全年全市消防部队接警出动1018起，抢救人员219人，完成各项抢险救灾任务，特别是在处置“4·28”成乐高速甲醛罐车泄漏事故时，支队第一时间调集3个中队、7辆救援消防泡沫车、抢险救援车以及1辆空气充装车，40救援官兵赶赴现场实施救援。

2015年4月28日，成（都）乐（山）高速两车相撞，甲醛罐车泄漏，消防官兵救援现场

【消防基础建设】2015年，建成东坡区思蒙镇、永寿镇，彭山区青龙镇，仁寿县汪洋镇，洪雅县柳江镇乡镇消防站；开建公寓住房；启动建设培训基地；把8辆消防车、3900余件套器材装备到一线；［完成现役中队灭火救援“四个一”一辆城市主战消防车，一辆中（重）型泡沫消防车，一辆具有救援功能的举高类消防车，一辆多功能抢险救援消防车］作战单元配置，接入政法二级网、天网监控平台，升级指挥调度网、视频监控系统，配备便携式卫星站及铱星、海事等卫星通信设备，提升保障能力。

【部队管理教育】2015年，支队制定实施《正规化建设推进方案》，逐级细化正规化建设内容，分类推进部队正规化、政工规范化、后勤规范化、执法规范化、消防安全重点单位标准化管理等试点建设，召开现场会议5次，示范推广，整体提升。各级部队着力正规

2015 年 4 月 29 日，彭山区青龙镇甲缩醛罐车起火现场

化建设，健全“三个网络”（管理网络、制度网络、责任网络）、“四项制度”（信息公开制度、隐患排查制度、访查督导制度、定期考评制度），深化部队“网格化”管理，开展条令条例学习、“八无一培”［无等级责任事故、无刑事案件、无自杀事件、无严重违纪事件、无违反禁令铁规、无失（泄）密事件、无负主要责任的社会事故、无因工作不到位引发重大负面影响的舆情事件、培育安全文化］创建，专题部署推进为期 3 个月的安全工作专项整顿教育；依托指纹识别、营区监控、行车记录、车辆定位等技术措施，促进“五统一五规范”（统一营院秩序，统一内务设置，统一库室建设，统一装备标识，统一基础台账；规范执勤、训练、工作、生活秩序，规范管理教育，规范警容风纪，规范行为养成，规范安全管理）。

【消防特色品牌创建】2015 年，支队完善和丰富廉政文化内涵，建设警营文化“一队一景”，打造家文化、幸福文化、安全文化，开办“东坡讲堂”，推荐“好书美文”，组织“书画采风”，编发“东坡廉语”，东坡特色廉政文化和眉山特色警营文化形成品牌优势。创新研发和推广运用政治工作痕迹管理、消防装备器材管理和网上银行审批支付系统，提升管理信息化、实时化、专业化水平。

【消防科学技术革新】2015 年，支队坚持开展部队安全科研工作，自主革新和研发“灾害事故救援现场远距离报警设备”和“消防员收纳包”获得国家专利两项，其中“灾害事故救援现场远距离报警设备”荣获公安部第五届全国公安基层技术革新三等奖、四川省公安厅第三届全省公安基层技术革新优秀奖、公安部消防局 2015 年度公安消防部队灭火救援装备“小革新、小发明、小创造”活动的优秀奖、四川省消防部队第一届“小革新、小发明、小创造”活动优秀“三小”成果奖，在第八次上合组织紧急部门领导人会议救援成果演练等训演中投入实战运用。

【消防宣传教育】2015 年，组织宣传、教育、消防等部门和新闻媒体专题研究消防宣传，在“两台两报四网”（眉山电视台、眉山广播电台、《眉山日报》《眉山广播电视报》、四川新闻网、四川在线、四川法制网、眉山网）开设宣传专栏，建立微信、短信平台，发展 8.7 万人关注、宣传消防安全。建立消防科普教育基地和学校消防安全体验馆，受到《人民日报》关注采访，《消防安全我能行》《珍爱生命永保平安》被推荐为全国消防安全示范课。组织开展法制月、“119”宣传周等宣传活动。将消防知识纳入义务教育、领导干部及公务员培训、科普及普法教育和乡镇长、村“两委”负责人培训内容，培训领导干部、公务员、村“两委”负责人和保安队伍 1.8 万人次，社会整体防控能力提升。

人民防空

【人防工程建设与管理】2015 年，全市人防工程稳步推进。全市开工建设人防工程 8 个。其中规模化人防工程 3 个。依法审核把关所有报建的人防工程项目，严格审查设计、建设等单位资质及从业人员资格，严格质量监督，指导企业进行人防设计、施工图审查备案、技术交底。加大对投入使用人防工程的维护，完善交通中心、天盛长岛等人防工程的标志标牌。

【机动通信队伍训练】2015 年，市级人防机动指挥所建成投入使用，包括前端信息采集车和中型机动指挥车，总投资 508 万元。市机动通信分队参与全省机动通信队伍组网训练 1 次，自行组织机动通信队伍跨县适应性训练 3 次，训练时间 15 余小时；参加省人防办组织的短波电台执勤训练 422 次，收报 401 份，发报 39 份，沟通率 99%；参加省人防办组织的视频互联互通训练40次，沟通率100%。

【应急指挥通信建设】2015年，完善全市防空警报分布规划，新安装防空警报器10台。至年末，全市安装防空警报器119台，其中眉山中心城区42台、区县77台，覆盖面积95%以上。“9·18”在眉山中心城区和5区县主城区鸣放防空警报，警报鸣响率100%。

【宣传教育】2015年，开展人防宣传“五进”（进机关、进学校、进社区、进企业、进网络）活动。在全市20所中小学校、5个社区开展人防知识宣传，通过报纸杂志、电视、广播、宣传橱窗、短信等媒体以及现场有奖知识抢答宣传人防（民防）应急救灾知识。结合“9·18”警报试鸣放，组织全市30余所学校11万余名师生开展应急疏散演练。全年发表人防工作动态类稿件近80条。其中中国人民防空网采用7条，四川新闻网采用4条，眉山新闻网采用40余条。受宣传教育群众70万人次。

【行政审批】2015年，市人防办窗口受理行政审批及行政征收项目42件，办件率、评议率、满意度均100%。完成2项行政许可、6项行政处罚、1项行政强制、1项行政征收、1项行政奖励和1项其他行政权力的清理登记工作。荣获“流动红旗窗口”称号3次。

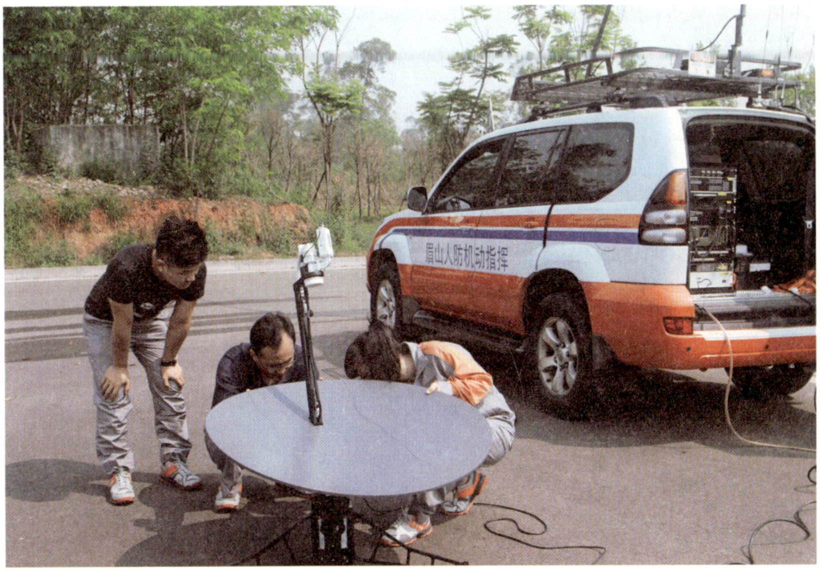

2015年4月，市级机动通信分队与仁寿县机动通信分队开展跨县组网训练

【易地建设费征收】2015年，全市收取人防易地建设费1.13亿元，其中市级3601.51万元、区县7689.58元。所收易地建设费纳入财政专户管理。

【人防队伍建设】2015年，人防专业队伍整组350人。在市级政府机关组建一支200人的人防应急抢险志愿者队伍，并进行演练活动。

（市人防办）

2015年10月，省人防办信息化专家组验收眉山人防机动指挥所

民主党派·工商联

Democratic Party industry and Commerce

中国民主同盟眉山市委员会

【概况】截至2015年年底，中国民主同盟眉山市委员会（以下简称“民盟眉山市委”）有盟员174人。其中市直总支盟员77人，东坡区总支盟员49人，彭山县总支盟员48人。盟员中具有研究生学历15人，大学本科学历115人，大专学历37人。公务员38人，退休盟员34人，省政协委员1人，市人大常委2人，市人大代表3人，市政协常委2人，市政协委员12人。在职盟员中有厅级领导干部2人，县处级领导干部5人，科级领导干部24人。

【思想建设】2015年，民盟眉山市委引导盟员学习习近平总书记一系列重要讲话，开展“坚持和发展中国特色社会主义”学习实践活动和贯彻落实中共十八届三中、四中、五中全会，中央统战工作会议和省委、市委系列重要会议精神，坚定盟员政治信念，增强政治判断能力和理性分析能力。开展参政党建设和多党合作理论研究。承担民盟中央理论研究课题1个、民盟省委理论研究课题2个，其中承接的民盟中央理论研究课题是2015年民盟中央面向全国316个市级盟组织招标的30个中央级理论研究课题之一，主委杨常沙申报的《如何完善和发展政协协商》中标。盟市委机关撰写的《议参政党机关办公、办文办会办事能力建设》被民盟省委评为四川民盟理论研究成果一等奖。

【组织建设】2015年，民盟眉山市委发展新盟员11人，平均年龄34岁。截至2015年年底，全市有盟员174人，平均年龄48岁,高等教育占15.77%；基础教育占33.76%；机关单位占29.06%，医药卫生占11.41%，新社会阶层占10%,年龄层次和界别结构更趋合理。民盟眉山市委为2006年12月民盟市委成立后加入民盟组织的81名盟员补印盟员证，强化组织管理。举办“眉山民盟经济与法治大讲堂”“经济形势与我市经济发展专题培训班”等培训，承办“眉山第二期同心大讲堂”，培训盟员及统战成员400余人次。其中，5月12日举办的“眉山第二期同心大讲堂”由中央电视台百家讲坛讲师，全国知名国学教授王启涛授课。全年先后分批推荐79名中青年盟员骨干到中央社会主义学院、省社会主义学院、西南财经大学、浙江大学、市社会主义学院集中学习培训。

【参政议政】2015年，市委统战部部长黄玉蓉、民盟市委主委杨常沙一行拜访全国政协副主席、民盟中央常务副主席陈晓光，并座谈交流。陈晓光表示民盟中央要加强与眉山的联系、合作和支持。9月，民盟中央秘书长高拴平带队到眉山，把民盟宣传部青年干部寇光裕送到市教育体育局下派任局长助理，加强民盟中央与眉山联系。在省市“两会”期间，盟员人大代表、政协委员围绕城市建设、教育、卫生等民生问题提出提案、议案、建议意见20件。其中省政协委员提案2件；市政协集体提案1件；市人大代表议案、建议6件，市政协委员提案11件。民盟眉山市委提交的大会书面发言《关于整合资源凸显文化加快发展特色乡村文化旅游的建议》以及民盟市委委员、民盟东坡区总支主委李贤进作《关于加强中心城区社区建设管理的建议》的大会发言，获得市委书记李静肯定性批示。

【调查研究】2015年，民盟眉

山市委报送社情民意信息20条，比2014年增加8条。其中，民盟中央采用1条，省委统战部采用3条，民盟省委采用8条，市政协采用5条。民盟市委被四川民盟评为反映社情民意信息工作先进集体。争取参与民盟省委委托课题《关于整合资源凸显文化打造特色乡村文化旅游产业的建议》研究，形成具针对性意见的调研报告。配合民盟中央、民盟省委就民办高等教育发展情况开展调研，会同市教体局对眉山民办高校展开调研座谈，形成调研报告《关于民办高等教育发展存在的问题及建议》，受到民盟省委领导肯定，荣获"2015年四川民盟民办教育调研特别奖"。

【社会服务】2015年，民盟市委主要领导多次率队到仁寿县樊家村调研，帮助制定脱贫发展规划和精准扶贫工作计划。协调仁寿县"五小水利"项目工程落户虞丞乡樊家村，于10月开工，投入资金141.63万元，截至年底，完成蓄水池20口，解决了村民用水困难问题。为樊家村老年文化活动队定做表演服装和道具，为生活困难群众送去慰问金2.6万元。彭山区总支副主委、彭山区红十字会常务副会长王娜与中国红十字基金会和省、市红十字会项目办协调对接，争取到中国红十字基金会援助彭山区谢家镇汉安村和观音镇果园村"博爱家园"项目资金73.5万元，截至年底，首批资金51.45万元到账，为两村精准扶贫工作提供保障。对仁寿县虞丞乡九年义务学校购买钢架课桌椅79套，为10名贫困学生捐赠助学金1万元。民盟市委委员、东坡区总支主委李贤进为东坡区争取国培（中小学教师国家级培训计划）项目县资格，全区2163名教师获得参加国培机会，节约培训经费近百万元。彭山区总支副主委周建伟为黄丰中学、义和中学初三优秀学生发放建伟奖学金8000元，市直总支盟员艾柏杨为仁寿贫困山区3名贫困学子捐赠助学金4500元。东坡区总支为松江初中"烛光阅览室"征订杂志40种，价值8900元。曾涛、艾柏杨、文志海、谢廷洪等法律界别盟员为青神县政府、城管局、卫生局等机关单位，阿坝州黑水县，彭山区江口、青龙、观音等乡镇社区，法王寺、慧光寺等寺庙教堂，岷东新区、眉山友禾公司、四川金辐核照等园区企业宣讲行政许可、政府信息公开、婚姻家庭、民间借贷、侵权、合同等法律法规29场；为1400余名群众提供免费法律咨询、代收等法律服务；办理工伤赔偿、人身损害、赡养、追讨农民工工资、贫困群体刑事辩护等法律援助案件36件，为受援群众节约律师费用60余万元，追索农民工工资、赡养费、抚养费、工伤赔偿款、交通事故赔偿金等280余万元。民盟市委与中农现代投资股份有限公司沟通协商，促使该公司在眉山投资建设"欧洲商品贸易城"，该项目初步选址于眉山市眉州大道西段，占地约2.8公顷，总体规划约10万平方米。民盟捐献50万元在洪雅县余坪镇中心小学校修建"民盟烛光食堂"完工并投入使用。民盟市委委员、丹棱中医医院院长汤学全全年组织开展医疗下乡活动11次，出动车辆30余台次，出动人员80余人次，发放宣传资料2000余张，免费处方600余张，为群众提供免费健康检查1000余人次。10月，彭山区总支盟员林敏组织彭山医疗骨干团队10余人前往美姑县龙门乡拉木阿觉乡和峨曲古乡为当地群众免费进行专家咨询878人，免费做B超378人，孕产妇胎心检测156人，并到当地福利院为老人免费体检。彭山区副主委王娜、一支部副主委倪文萍先后2次组织开展红十字知识进校园活动，为彭山区8所中学近2000名在校学生进行应急救护知识培训教育活动，提高学生自救能力和应急能力。

【信息宣传】2015年，眉山民盟提高网站新闻的时效性、可读性，开辟"坚持和发展中国特色社会主义学习实践活动""扶贫攻坚、精准扶贫""盟员风采"等专栏，加强对基层组织和一线盟员宣传报道。截至年底，眉山民盟网站访问量2.34万次，全年网站发文87篇。全年在市级及以上主流媒体发表稿件70余篇，其中民盟中央《群言》杂志采用2篇、《团结报》采用1篇、中国政协网采用1篇、《四川民盟》杂志采用4篇、四川新闻网采用19篇、民盟省委网站采用24篇、《眉山日报》采用4篇、市政协网站采用16篇。

（王毅）

中国民主建国会民山市委员会

【概况】中国民主建国会眉山市委员会（以下简称"民建眉山市委"）于2009年12月23日成立，下设市直机关、东坡、彭山总支委员会，各总支分设2个支部委员会。2015年1月召开中国民主建国会眉山市第二次代表大会，选举产生二届领导班子。截至2015年年底，民建眉山市委有会员106

人，其中市直总支36人、东坡区总支34人、彭山区总支36人。会员中具有研究生学历的6人，占会员总数5.7%；大学本科学历的54人，占会员总数50.9%；大专学历的28人，占会员总数26.4%；经济界会员77人，占会员总数72.6%；退休会员8人，占会员总数7.5%；全国政协委员1人，省政协委员1人，市人大常委1人，市人大代表4人，市政协常委3人，市政协委员7人；在职会员中有厅级领导干部1人，县处级领导干部5人，科级领导干部13人。

【思想建设】2015年，民建眉山市委以纪念民建成立70周年为契机，推进坚持和发展中国特色社会主义学习实践活动，制定《民建眉山市委开展坚持和发展中国特色社会主义学习实践活动方案》，明确学习实践活动的指导思想、工作步骤、重点内容和工作责任。坚持市委会每两月一次，各总支每季度一次的学习制度。市委会全年组织学习会9次，各总支15次。征订《四川民讯》《四川统一战线》《依法治国七讲》《中国共产党如何治理国家》等书籍，编印《中国共产党统一战线工作条例（试行）》《四川省〈中国共产党统一战线工作条例（试行）〉实施细则》，中共十八届四中、五中全会，中共四川省十届七次全会，中共眉山市第三届二十二次全委（扩大）会精神等学习资料。开展弘扬民建优良传统，坚持和发展中国特色社会主义学习实践活动专题考察活动，组织新任各级班子成员赴重庆特园——参观中国民主党派历史陈列馆，开展纪念中国民主建国会成立70周年和抗战胜利70周年征文、座谈等活动，会员姚少惠征文稿件《深切缅怀我的爷爷——抗日致残的姚玉崑老人》被民建中央采用。围绕活动撰写学习体会6篇，理论文章4篇，纪念文章1篇。邀请民建中央副主席周汉民到眉山作《上海自贸区建设实践及其对内陆地区的启示》专题辅导。组织市委、总支班子以及骨干会员120人次，参加省、市统战部，民建省委举办的“同心大讲堂”培训学习，组织市委、总支和骨干会员36人次，参加民建省委、市委统战部组织的到中央、省市社会主义学院培训学习。加强与兄弟民建组织的学习交流。东坡和彭山总支分别组织会员前往汶川地震灾区参观，感受抗震救灾精神；促成机关总支与民建成都蒲江支部建立为友好支部；副主委陈静辉到民建北京西城区支部、民建天津市委河北区支部学习取经；接待民建江苏省委一行领导到眉山学习考察；参加民建省委在乐山召开的川西南片区学习实践活动工作交流会。

【组织建设】2015年，民建眉山市委抓好换届各项筹备工作，召开民建眉山市第二次代表大会，选举产生新一届委员会和领导班子成员，市委会成员由上届的9人增加为11人，优化班子年龄结构、知识结构；换届后及时调整班子成员分工联系基层支部，加大对总支和支部的联系指导力度，全年走访基层支部30人次，与基层班子成员交心谈心20余人次，参加基层组织活动10余次，为总支和支部协调争取工作经费，为活动开展提供保障。指导东坡总支完成2个支部班子调整；调整充实三个专委会组成人员，实行目标责任管理；向市委统战部推荐党外代表人士20名。全年发展会员6个，发展率6%，储备入会积极分子4名。组织会员开展拓展训练、登山运动会、考察岷江航电工程和瓦屋山复兴村旅游开发等活动。彭山总支开展“重走汶川”学习考察，东坡总支组织会员考察牟家山寨新农村建设和旅游开发建设。

【参政议政】2015年，民建眉山市委健全履职保障。调整充实学习宣传与参政议政工作委员会力量，完善参政议政激励考核办法，制定政协委员、人大代表及市委委员履职考核办法，从组织和制度上健全履职保障，推进参政议政工作。加强组织领导，推进参政工作，形成市委主委统领，分管副主委具体抓，其他成员协同抓，学习宣传与参政议政、组织与建设、经济与科技三个专委会通力合作的良好局面。根据党政工作大局、民建上级组织的工作部署要求，制定参政与调研工作计划，拟定调研课题，确定课题负责人及完成时间，同时调研材料完成后由集体讨论审定，确保质量。围绕天府新区眉山区域发展，完成《抢抓机遇、融入成都，规划发展环天府新区区域促进眉山发展的建议》调研报告，在市政协常委会上作专题议政发言；围绕岷江航电发展，完成《关于促进汉阳航电枢纽工程健康发展加快开发岷江航电项目的建议》；围绕群众反映的热点难点民生问题，完成《关于加快我省高速公路ETC建设，提高服务质量的建议》《全国两会召开前民众关注的问题》《关于拆除宏远盖丽广场小转盘设置红绿灯的建议》等社情民意稿件。抓好“两会”平台，提升参政效果。完成市政协集体提案5篇，个人提案5篇，省政协提案件1篇，市人大建议案1篇，完成区政协提案18篇、人大建议案2篇。其中集体提案《关于进一步鼓励和引导工商资本下农村的对策建议》作为书面交流材料在市政协全委会上交流。这些提案、建议均得到省、市、区政府相关部门采纳。

【社会服务】2015年，民建眉山市委领导带队多次深入联系贫困村——洪雅县槽渔滩镇关顶村调查摸底，对接贫困村，聚焦贫困户，根据村及各贫困户实际情况，为他们量身制定产业发展及脱贫致富规划。制定市委3年扶贫投资计划。市委会主要领导帮助协调市、县有关部门，争取资金30万元，副主委罗永田捐资10万元，帮助村委会修建村文化活动中心；协调市文教体局解决资金30万元，帮助槽渔滩镇竹菁小学修建学生食堂，解决在校吃饭问题；响应“绿海明珠”建设，购买树苗续建“民建林”0.33公顷，开展“走基层、送温暖”活动，春节等节日为联系镇敬老院、贫困户发放慰问金2万余元。立足“同心、共享”发展理念，动员会员企业家参与各类公益事业。副主委罗永田为市慈善总会捐款70万元、为彭山寿星节捐资30万元，为彭山区捐资40万元修建殡仪站1座、捐资120万元建设青龙开发区城市绿化项目、出资21万元为企业所在地——彭山县牧马镇莲花村群众购买医疗保险和资助养老金、资助贫困大学生及困难群众3万元；会员企业眉山宏远商贸有限公司为东坡区康复救助中心捐款20万元；会员彭山建伟房地产有限公司总经理周宇为彭山寿星节捐资20万元。会员企业四川绿艺华福石化科技有限公司2015年度向社会公益事业捐款捐物累计价值逾30万元。会员企业四川岷河管道建设工程有限公司长期安置45名残疾人就业，建立企业“爱心基金”定期资助公司特困职工及其子女、父母；其他会员企业稳定解决社会就业400人。做好会员企业服务，解决新常态下企业经营发展面临的新情况和新问题。市委会加强同会员企业联系，帮助协调解决生产经营中遇到的困难和问题，为企业发展营造良好环境。副主委罗永田带领经济科技专委会成员，联系走访每1户会员企业，针对企业在新常态下遭遇的融资难瓶颈，为企业搭建银、企合作平台。民建眉山市委与乐山市商业银行眉山市分行签订《战略合作协议书》。

【信息宣传】2015年，民建眉山市委安排资金2万元，创建眉山民建网站。编印《眉山民建》特刊(第二次代表大会)及《眉山民建》会刊第一期。在眉山设区建市18周年之际，在《眉山日报·文化立眉山》专版上发表文章，宣传眉山民建，向民建省委报送会员书法作品1幅，向各级媒体报送的信息及新闻稿件，市级采用15条，省级采用10条。

（梁维君）

中国民主促进会眉山市委员会

【概况】2015年，中国民主促进会眉山市委员会（以下简称“民进眉山市委”）下设总支委员会3个（分别为东坡区总支、彭山区总支和机关事业总支），支部委员会6个，专门工作委员会3个。截至年底，有会员122人，其中各级人大代表、政协委员42人，副县级以上政府实职4人。成员界别中高等教育2人，普通教育44人，医药卫生15人，文化艺术9人，出版传媒2人，公有制经济4人，新社会阶层13人，政府机关23人，人大、政协机关3人，党派机关2人，社会团体2人，司法机关1人，其他2人。本党派界别特色55人，占会员总数的45.1%。

【自身建设】2015年，民进眉山市委以提升干部综合素质和能力为切入点狠抓思想政治建设。强化会员先进性和责任感，组织会员将坚定走中国特色社会主义道路，夯实多党合作思想政治基础，组织动员会员自觉投身建成小康社会的伟大实践，作为学习贯彻精神的出发点和落脚点。结合庆祝中国民主促进会成立70周年，开展“民进优良传统时代价值研究”主题征文和“讲好民进故事”活动，在全体会员中推进坚持和发展中国特色社会主义学习实践活动。召开专题学习会、组织中共十八大精神和法治理念讲座、班子成员结合形势现身说法和基层会员结合实际工作分享心得等形式，加深对中国特色社会主义的理论认知和政治共识的了解，坚定会员对中国特色社会主义的道路自信、理论自信和制度自信。狠抓会员学习培训，推进建设学习型参政党。各级组织召开学习中共十八届五中全会、中央统战工作会等重要会议精神为主要内容的专题学习教育活动9次，受训会员150余人次。梁勇参加四川省优秀干部人才递进培养第四期培训班（党外干部班）、民进中央2015年第二期民进骨干会员培训班、井冈山干部学院培训班；宋波、杨国芝、赵锐参加眉山市党外代表人士参政议政能力提升培训班；杨国芝参加全省民主党派骨干成员培训班；张梅参加省委统战部第32期民主党派干部培训班；组织55名会员参加市委统战部组织的3期同心大讲堂活动；组织9名彭山区总支会员赴贵州开展革命传统教育；举办眉山市第四期同心大讲堂，邀请四川省委党校经济学教授文大会为全市各民主党派、市工商联、市级统战社团负责人、无党派代表人士、市级有关部门、各区县统战系统负责人以及党外人士200余人作《一代伟人毛泽东》专题讲座，提升眉山民进社会影响力。抓思想宣传工作，树立党派良好形象。坚持团结鼓劲，正面宣传原则，深入基层了解会员思想动态，突出民进亮点工作开展思想宣传工作。发挥信息平台作用，调动基层信息员积极性，全年报送思想宣传信息58篇，被民进中央采用3篇，四川民进会刊采用19篇，四川政协网采用11篇，民进四川省委网站采用28篇，眉山日报采用2篇。与中共各级统战部门协商，发展新会员4名，平均年龄35岁。注意开拓界别，优化年龄结构，在眉山职业技术学院发展会员2名，实现眉山民进在高校和职业技术教育中“零”会员突破。贯彻落实民进全国组织工作会议精神，健全科学民主的领导班子议事决策规则和工作程序，开展正确的政治方向和政党意识教育，增进班子成员对国情省情了解，提高领导班子能力，营造务实、协力工作氛围。做好市委会和各基层组织的换届前期筹备工作。加强与市委统战部、各基层组织所在区县统战部和会员所在单位中共党组织的交流协商，保障会员参与基层组织活动，推进基层组织生活的制度化、常态化。针对市委会和各基层组织实际，采用座谈、约谈等形式加强与基层组织班子成员、会员的沟通，开展调查研究，掌握会员的思想动态。

【参政议政】2015年，民进眉山市委通过“两会”主渠道参政议政。召开提案工作专题部署会、提案撰写培训会，要求会员人大代表、政协委员要把助推眉山跨越发展作为参政议政的第一要务，围绕市委、市政府中心工作，开展调研，撰写提案。全年提交省政协提案2件，市政协提案11件，区县政协提案18件。提案内容涵盖民生、经济、教育、环保、文化、城市建设等多领域。梁勇在省政协第十一届三次会议上提出的《关于充分利用餐饮废油，推进我省生物柴油产业发展的建议》和《关于调整电动汽车产业化政策的建议》切题准确深入，把握广大群众和社会舆论关注热点，受到包括中国新闻网、中国能源网、四川在线等多家省内外媒体的关注并全文转发。在会议小组讨论中关注社会公平公正，希望两院（法院、检察院）“在以往工作的基础上，维护社会秩序，保护人民群众合法权益”的发言在《四川日报》上报道。围绕新时期统战工作如何适应社会信息化持续推进，如何充分运用新技术新应用创新媒体传播方式，占领信息传播制高点，市委会组织调研形成《利用新媒体优势做好统战工作问题研究》的调研报告，为创新推动新常态下统战工作的发展做出积极探索。围绕本市学前教育阶段幼儿园入园难、入园贵、教学质量参差不齐现状，市委会组织力量开展调研形成《改进和发展我市学前教育的建议》调研报告，结合本地实际提出具有可操作性及实用性的建议和意见，受到市委、市政府和相关部门的重视和采纳。参与省、市“十三五”规划制定意见征询和市委、市政府、市政协、市委统战部召开的各种征求各民主党派、无党派人士意见座谈会、协商会，及有关部门组织的专题视察活动并根据实际情况提出意见建议。反映基层群众诉求，上报社情民意信息2条，得到相关部门及时办理。

【社会服务】2015年，民进眉山市委做好扶贫攻坚工作。全年争取相关部门94.8万元资金支持，为联系村解决村社道路建设改造、人畜饮水工程、引水工程三大热点问题。争取相关部门26.5万元资金支持，打造环境优美示范村庄、村级青少年校外活动示范阵地和乡村旅游村落，为联系村新建塑胶篮球场1个，垃圾池5个，配备保洁员10名。组织会员捐款3000元，为9户联系贫困户送去慰问品慰问金价值4000元。动员社会力量开展助学援助，为2名贫困学生送去助学善款4000元。为10户特困户送去价值4600元优质蛋鸡200只支持其发展养殖。完成联系村17户35人贫困户脱贫目标任务。市委会和各基层组织开展送文化、科技、卫生下乡活动11次，参与会员85人次，探望慰问孤寡老人76人，捐助慰问金、生活用品、生产用具等合计2.14万元。发挥界别优势，整合会内文艺工作者和爱好者，筹备成立眉山民进艺术团，在洪雅县中保镇踏水村开展送文化下乡慰问演出。服务教育界别，推动教育事业均衡发展，市委会和各基层组织开展教学研讨诊断活动2次，读书推广会活动1次，帮扶贫困儿童、贫困学生85人次。推动完成中共四川师范大学党委统战部和民进川师委员会到眉山与苏南小学达成战略合作，将苏南小学列为川师大教育实习基地。组织会员为彭山区特殊教育学校捐赠凉被、生活用品等价值6000余元，为贵州省金沙县岚头镇中小学捐赠图书461册。组织甄选会内外摄影家优秀摄影作品110余幅，开展“眉山民进会员宣传眉山生态文化旅游摄影展”活动，在成都市宽窄巷子开明书画院展出15天，吸引数十万名成都市民和游客观展。

（赵锐）

2015年1月9日，农工党眉山市总支党员志愿者为东坡区富牛镇新华小学留守女学生讲授《女童安全知识课》

中国农工民主党四川省委员会眉山市总支委员会

【概况】2015年，中国农工民主党眉山市总支委员会（以下简称“农工党眉山市总支”）在市委统战工作会议作题为《发挥优势，主动作为，为建设富裕美好新眉山添砖加瓦》的工作经验交流。全年发展新党员5人，完善党员考评机制，7名党员参加中央社会主义学院、河北社会主义学校培训。4月，全国政协副主席、农工党中央常务副主席刘晓峰在北京接见眉山总支领导班子，希望“眉山同志学习领会中央精神，提高思想素质，与中共同心同德同行。紧紧围绕环保领域多作调查研究、建言献策，发挥好参政议政作用”。

【思想建设】2015年，农工党眉山市总支举办“学习中共五中全会精神”“依法治市”“党章党史”培训班6期，轮训党员396人次。组织参加“同心大讲堂”培训讲座10期，参训党员45人次。组织班子成员、骨干党员20余人到德阳开展纪念建党85周年暨学习交流坚持发展中国特色社会主义学习实践活动。开展全体党员大会主委、副主委工作述职。开展学精神、学党章、学党史“三学”活动，举办有奖抢答赛。在《前进论坛》、农工党中央网站、《团结报》、团结网、四川政协网等媒体用稿268篇。

【参政议政】2015年，农工党眉山市总支调研醴泉河、思蒙河流域水污染，在市政协三届五次大会上作《关于加强我市水污染防治工作的建议》大会发言。调研洪雅中药材资源，提交《关于开发利用好洪雅中药材资源优势和中药人才优势，助推眉山经济发展的建议》，建议意见转化为党政决策。开展快递业发展、大气扬尘污染、天府花海观光农业园区花卉业发展、扶贫攻坚医疗救助扶持等课题调研，提交人大代表、政协委员提案建议23件，12件建议意见被有关部门采纳。

【社会服务】2015年，农工党眉山市总支争取到三苏祠纪念馆升级改造项目，农工党中央、中国初级卫生保健基金会向三苏祠博物馆再次捐赠展陈改造提升工程项目资金500万元，援建三苏祠博物馆灾后重建资金达到1100万元。开展为建设农工党上海第一次干部会议会址、建设眉山樱花公园捐款活动，计捐款8300元。争取在北京眉山籍党员支持家乡发展，著名国画家、国家一级美术师、全国人大代表何学斌和北京天通苑中医院院长魏凤霞捐款25万元，帮助25名眉山贫困学生圆大学梦。关爱特殊困难群体，为全国扶贫日捐款捐物2.72万元。开展“春风暖冬行动”“三下乡”“用爱点燃希望”“全

2015年6月17至18日，农工党中央、中国初级卫生保健基金会到眉山考察灾后重建项目进展情况

国助残日·农工党员在行动”“关爱抗战老兵”等社会服务行动35次，为困难群众、贫困学生、抗战老兵捐款送物20.12万元。党员李俊英成立“李妈妈爱心工作团”，常年关爱贫困学生、留守儿童，被评为眉山市第四届“助人为乐·道德模范”。党员王德全组建“眉山爱心联盟”，常年为城乡困难群众献爱心送温暖。东坡支部副主委许远明现场指导农民春耕生产。东坡支部副主委、市中医院骨二科副主任窦树林被评为眉山市第二届名中医，义务指导市民正确选择和使用保健枕，帮助市民防治颈椎病。

（何明）

九三学社四川省委员会直属眉山市委员会

【概况】2015年，九三学社眉山市委筹备组有社员93人，其中研究生学历7人，占社员总数7.5%；大学本科学历63人，占社员总数68%；大专学历16人，占社员总数17%；公务员31人，占社员总数33.3%；退休社员19人，占社员总数20.4%；省政协委员1人，市人大常委2人，市人大代表2名，市政协常委2人，市政协委员9人；在职社员中有县处级领导干部9人，科级领导干部20人。

【思想建设】2015年，九三学社眉山市委筹备组围绕学习贯彻中共十八届三中、四中、五中全会精神，和全国“两会”、九三学社十二届十一次中常会精神，先后组织学习讨论5次，相关培训2次。通过系列培训学习活动，号召全市广大社员投身中国特色社会主义事业，将全面深化改革、依法治市、精准扶贫、创新驱动等战略部署作为工作重心，落实到社务实践中。以抗战胜利70周年及社庆70周年为契机，深化学习实践活动。根据学习实践活动五年计划，制定年度学习实践活动实施方案，围绕中央、省委和市委重大会议精神和战略部署，引导全市社员争做中国特色社会主义的实践者和捍卫者。开展“慵懒散浮拖”问题整治工作，加强作风建设和文化建设。

【组织建设】2015年，九三学社眉山市委筹备组召开20余次班子会议，组织领导班子成员学习讨论，汲取先进理论知识，抓好社内重大事项民主协商，领导班子成员到基层调研20余次。按照民主集中制原则开展工作，重大事项和重要决策由领导班子集体讨论并形成决议，形成民主科学决策机制，开展领导班子谈心谈话活动。加强基层组织建设，夯实组织建设基石。加大对九三眉山社员教育培训、实践锻炼力度，提高全体社员综合素质和履职能力，全年发展新社员6名。2015年推荐3人参加社中央培训，推荐10人次参加社省委培训，16人次参加市委统战部组织培训，20人次参加各类专题培训。全年社市委领导参加市委、市政府、市政协、市人大会议、座谈会等30余次，参加社省委会议10余次。社省委、市统战部领导多次到九三学社市委筹备组调研，了解情况、听取意见，帮助和支持社市委筹备工作。加强作风建设，开展“三严三实”、批评与自我批评活动，鼓励并支持各支社采取多种形式组织社员开展专题调研、社会服务和学习活动，加强组织凝聚力。集中订阅《团结报》《中央社讯》《四川社讯》《人民权利报》《四川政协报》《中国统一战线》《四川统一战线》等报纸杂志供社员们学习交流。

【参政议政】2015年，九三学社眉山市委筹备组围绕市委、市政府中心工作，针对党委、政府关心的改革发展问题，撰写议案、提案，全年撰写市人大建议意见1件（《关于逐步开行纯电动公交车，建设绿色眉山的建议》），省政协提案2件（《关于加强食品卫生量化分级监督管理的建议》《关于加强企地两地联系，强化科技项目管理的建议》），市政协提案20余件，区县政协提案10件。其中赖崇华《关于天府新区眉山区域加快信息化产业建设的建议意见》在政协第三届眉山市委员会常务委员会第十五次会议上发言。王莉茹在市政协第三季度常委会议暨生态文化专题议政会上，围绕市委2015年提出打造"东坡味道"千亿产业重大决策，就《打造"东坡味道"千亿产业的建议》作专题发言。王莉茹提交的《深度开发眉山生态文化旅游资源的建议》提案，得到市委书记李静签批，参与撰写的提案《关于中心城区园林绿化与三苏文化结合的建议》《关爱抗战老兵，体现党的温暖，促进社会和谐》，均为市政协重点督办件。

【调查研究】2015年，九三学社眉山市委筹备组以"提高参政议政能力"为主题开展培训，举办"提高参政议政能力座谈会"。组织多次各类调研，形成多篇有针对性、务实的调研报告。其中：王莉茹撰写的调研报告《眉山民营博物馆运行情况调研》获得眉山市政府社科奖二等奖。多渠道搜集素材，开展调研，全年上报社情民意6条，被社省委采用6条，为《抗日老兵晚年生活困难急需解决》《对当前企业界不稳定因素应引起高度重视》《救一救挣扎在死亡线上的实体企业》《关于对多吉美等药品实施专利强制许可的建议》《关于社会保险基金实行"五险统一征收"的建议》《关于我省扶贫攻坚工作的建议》。把握担任市政府特邀监察员及各类特约人员机会，认真履职，实施民主监督，在调查研究基础上为政府职能部门改进工作作风，加强廉政建设，为公检法机关执法公平公正，提高工作效率提出整改建议。

【社会服务】2015年，九三学社眉山市委筹备组组织在洪雅、仁寿、东坡区等近10个边远乡镇，对近6000人的困难群众、留守儿童、空巢老人、贫困母亲等弱势群体，进行义诊，让群众节约医疗费用60万元。为山区儿童送去御寒衣物、文体用具、课外书籍等实物。组织社员实地考察眉山岷东新区、眉山经开区新区、东坡区白马镇，就城市新区基础设施建设、工业园区在建项目"产城一体"建设、新农村建设展开实地调研，为下一步向市委、市政府建言献策奠定基础。

【信息宣传】2015年，九三学社眉山市委筹备组发表文章30余篇，其中被中央媒体刊登7篇，省级媒体5篇，九三学社中央网站9篇，九三学社省委网站16篇。多篇文章分别在民主党派中央报纸《团结报》、中国网、中国政协网、人民政协网、中共中央统一战线网、四川在线、四川政协网上刊登。组织社员参加九三学社中央和九三学社省委开展的庆祝九三学社创建70周年征文活动，王莉茹、钟伟、管静撰写的三篇论文被九三省委刊用，其中，《正确把握参政党文化建设的方向》被民主党派中央报纸《团结报》刊用，《关于九三学社政党文化建设的思考》被《四川省社会主义学院学报》2015年第3期刊用。

（九三学社眉山市委筹备组）

眉山市无党派知识分子联谊会

【概况】2015年，市无党派知识分子联谊会（以下简称"市无党派知联会"）有理事241名（常务理事58人）。市直机关分会20人，新社会阶层分会28人，东坡分会21人，仁寿分会35人，彭山分会20人，洪雅分会27人，丹棱分会36人，青神分会24人，眉职院分会13人，金象园区分会17人。理事中省人大代表3人、省政协委员2人（常委1人）、市人大代表24人（常委1人）、市政协委员62人（常委14人）、副县级领导干部22人、科级领导干部41人。

【思想建设】2015年，市无党派知联会举办学习会、座谈会、交流会等17次，组织200余人次开展学习贯彻中共十八届五中全会精神，习近平在全国统战工作会上的重要讲话，省、市统战工作会议精神，市委关于制定国民经济和社会发展第十三个五年规划建议，无党派知识分子工作方针政策等主题学习，引导理事树立正确人生观、社会观和价值观。坚持一季度一次的会长会和各分会季度学习活动会。开展"同心·论坛"讲座，打造同心品牌。会长陈宏斌向广安市、阿坝州、黑水县民营企业家作"中国特色式企业的科学管理"讲座，并向全市政协委员作"政协委员如何更好履职"讲座；新社会阶层理事、四川中驰税务师事务所有限公司董事长柳联森向市工商联会员作税务风险防范讲座。推荐52名优秀理事分别参加中央社会主义学院举办的全市党外代表人士参政议政能力提升培训、云南大学生态与文化相结合培训、全市统战系统“同心大讲堂”专题讲座、全市统战信息宣传调研工作培训等。

【组织建设】2015年，市无党派知联会召开会长会3次，研究讨论知联会工作；召开常务理事会1次，就二届二次理事大会工作报告、会议议程、各类先进表彰名额征求意见和建议；召开二届二次理事大会，传达《中国共产党统一战线工作条例（试行）》、市委三届二十二次全委（扩大）会议主要精神，总结知联会二届一次理事大会召开以来取得的主要成绩，安排部署下一步工作，表彰先进集体和先进个人。会上，先进集体及先进理事代表作经验交流发言。各分会、各专委会之间开展联谊学习交流活动7次；走访调研理事企业6次，帮助理事红豆杉种植和山地鸡养殖基地、大雅不知火水果合作社建立电子商务平台，并每户提供宣传推广费2000元；举行1期新理事学习培训会。

【参政议政】2015年，市无党派知联会完成省政协提案3件，市人大建议意见9件，市政协提案35件，区县建议意见和提案46件。其中，会长陈宏斌在省政协常委会上代表眉山市政协作题为《进一步创新举措助推天府新区快速建设发展》大会发言，引起与会人员强烈共鸣，撰写提案《关于进一步加强全省雾霾天气治理的建议》受到省政协全会参会人员关注；常务副会长兼洪雅分会会长彭远畅撰写提案《关于加强全市生态文化建设，加快生态旅游业发展的建议》入选市政协全会大会书面发言材料，并获李静批示；丹棱分会撰写集体提案《关于进一步深化丹棱县农村生活垃圾治理的建议》在县政协全会上作专题发言。会长陈宏斌参加市人大各类执法检查和调研，从专业角度提出建议意见。

【社会服务】2015年，市无党派知联会“同心·帮扶”工程开展产业帮扶和爱心捐助，向3名贫困大学生、3名困难群众捐款6万元，向2名自主创业大学生提供无息借款10万元，向2名养殖专业户提供无息借款10万元。各分会、企业界理事向困难群众、贫困学生等捐资5万余元，争取社会、企业慈善捐款24万元，开展送科技下乡活动16次，为500余名农户提供养殖和种植培训。其中，副会长兼彭山分会会长万永福向彭山区义和乡村道建设捐资5万元；彭山分会为观音镇贫困户捐赠3000元，为3名抗战老兵捐款3600元；丹棱分会全体理事向脑瘤女孩齐佳琼捐款2.3万元，向县民政局申请救济金2万元，发动企业界人士为其捐款8万元，并通过微信平台，先后两次发动微友向她募捐医疗资金16万元；眉职院分会利用理事专业技术特长，组织学院农业技术人员多次深入丹棱生态园合作社、秀芳葡萄合作社、盘鳌乡蜜柚种植基地开展“不知火”水果产业提升培训、葡萄和蜜柚种植技术培训，到崇礼镇进行农村安全用电知识培训。

【信息宣传】2015年，市无党派知联会发行内部刊物《知联会之声》7期，上报信息32条。德阳市、绵阳市涪城区、乐山市井研县、泸州市、遂宁市等地市统战部门及知联会分别到眉山考察学习知联会组织建设的工作经验，签订结为友好团体协议。

（朱丽）

中国国民党革命委员会四川省委员会直属眉山市总支委员会

【概况】2015年，中国国民党革命委员会四川省委员会直属眉山市总支委员会（以下简称“民革眉山总支”）新发展党派成员4人，截至年末，有党员65名，其中眉山市级机关和企事业单位支部30人，东坡区支部35人。总支主委1人，副主委2人，支委4人。党员中具有大学以上文化47人，大专文化7人。高级职称12人，中级职称28人。

【政治理论学习】2015年，民革眉山总支坚持每月政治学习1次。重点开展十八届四中全会《决定》《中国共产党统一战线条例》的集中学习和专题讨论。组织党员参加省委统战部“智汇四川·同心讲堂”、市委统战部“同心·大讲堂”6个专题讲座的学习。组织党员参加“民革四川省委中青年骨干成员培训班”、国家社会主义学院“眉山市党外代表人士参政议政能力提升培训班”和“眉山市2015年优秀干部人才递进培养班”学习，组织党员参加民革省委组织的新党员培训、民革省委通讯员培训班学习。全年参加学习培训人数100余人次。

【两个文明建设】2015年，民革眉山总支组织赴云南腾冲，开展纪念滇西抗战英烈活动。看望慰问东坡区健在的21位抗战老兵，争取到“北京志远功臣关爱基金会”为眉山市7位中国远征军·滇西抗战老兵，每人捐助8000元生活补贴资金。举办“纪念抗日战争暨世界反法西斯战争胜利七十周年”书画摄影作品展和文艺演出。定点帮扶东坡区秦家镇一里村12名贫困学生。东坡区支部定点帮扶修文镇罗营村12位贫困生，解决部分学习和生活费用，开展“惠民政策宣讲会”。联系眉山特殊学校，为特校学生免费体检，赠送学习用品。党员自愿为东坡小学身患白血病的薛贵鑫捐款1.19万元。党员王永树建立“华信恒富”教育基金，资助优秀困难教师和学生各10位，每人5000元。7名同志分别被政府部门聘为国土资源系统、银行系统行风监督员、特约审计员、特邀税务监督员。

（宋洪芳）

眉山市工商业联合会

【概况】2015年，眉山市工商业联合会内设办公室、经济科、会员科，下属事业单位眉山市非公有制经济维权投诉中心、眉山市非公有制经济投资服务中心。

【参政议政】2015年，市工商联通过深入区县、园区调研，召开民营企业家座谈会等形式，收集对眉山发展的意见和建议，针对企业实际困难和问题，与相关部门沟通协调解决。形成《关于促进全市农业园区健康发展的建议》（该建议在政协第三届眉山市委员会第四次会议上作大会发言）等集体提案17件。形成上报省级提案《关于适当增加市州工商联执委会规模的建议》。

【招商引资】2015年，市工商联完成签约项目3个，其中世界五百强企业1个，投资总额11.5亿元。

【百企联百村和扶贫攻坚】2015年，市工商联引导企业新投入帮扶资金914.89万元，围绕产业带动、基础建设、扶贫助困、全民创业等，支持各联系村经济、社会发展。以百企联百村活动为载体开展扶贫攻坚，动员159家非公有制企业联系142个贫困村。

【企业培训】2015年，组织企业培训6次，培训329人次。先后邀请品牌管理专家为55位企业家作《创新营销》培训，邀请注册税务师为62位企业家作《税务风险防范及税收筹划案例解析》培训，邀请清华大学“总裁系统高级研修班”讲师为60位企业家讲授《团队凝聚力打造与组织管理》，邀请税务筹划专家为58位企业家和企业高管作《纳税筹划》培训，组织43位企业家参加在北京举行的“清华大学现代企业管理高级研修班”《战略人力资源管理》培训，邀请方舟世纪企业管理咨询公司为51位企业家作《互联网+新常态下企业转型升级》讲座。组织4名企业家到北京大学、中央社会主义学院学习。

【维权】2015年，市工商联继续发挥好“一个中心、五个平台”(即市非公有制经济维权投诉中心、企业发展协调服务平台、行政监察服务平台、法律咨询服务平台、仲裁调解服务平台、危机处理服务平台）维权模式作用，全年受理企业投诉3件，投诉受理率和办结率均100%。

（市工商联）

群众团体

Mass organizations

眉山市总工会

【劳动竞赛】2015年，眉山市总工会推荐表彰全省优胜单位1个，“五化五强”（制度规范化，执行力强；竞赛指标化，战斗力强；技能复合化，创新力强；管理精细化，竞争力强；作风民主化，凝聚力强）班组2个，先进个人3名。继续开展“安康杯”劳动竞赛，评选全国优胜单位3家，全国优胜班组1个；省优胜单位3家，省优胜班组2个；省优秀组织单位2家，年度安康企业家1人，省优秀组织者1人。与市人社局共同举办第三届职工技能大赛，选拔8个工种人才496名。指导餐饮、国税、粮食、电力等系统（行业）开展技能比武活动。

【群众性合理化建议活动】2015年，市总工会在全市50人以上企业开展“推进科学发展、我为企业献一策”群众性合理化建议活动，全市职工提合理化建议9.74万条，采纳7.06万条，创造经济效益1.78亿元。

【劳模管理】2015年，市总工会推荐评选全国劳模2人，全国先进工作者1人；四川省劳模10人，四川省先进工作者6人。建立省、市级职工（劳模）创新工作室11个，在主流媒体宣传劳模事迹30余次。全市各级工会走访慰问各级劳模238人次，为581名劳模发放劳模“三金”［春节慰问金，生活困难补助金（低收入补助金），特殊困难补助金］107.45万元，组织220名劳模参加免费健康体检。

【工资集体协商】2015年，市总工会推行区域性行业性工资集体协商，培训协商代表1208人。全年全市新（续）签订工资专项集体合同1169份，覆盖企业（含个体户）7299家，覆盖率98.68%。

【厂务公开民主管理】2015年，市总工会开展职代会评议行政班子成员和“两会合一”制度（即：企业工会会员代表大会与职工代表大会合并召开）。全年培训职工代表1550人。全市建会公有制企业厂务公开、职代会（职工大会）建制率100%，建会非公有制企业厂务公开、职代会（职工大会）建制率95%。

【职业病防治】2015年，市总工会强化履约检查，全市高危行业112家企业全部签订职业病防治合同，合同签订率100%，覆盖职工1.56万人。全市规模以上企事业单位610家职业病防治100%写进集体合同。

【民生工程】2015年，市总工会“春送岗位”举办招聘会26场，举办技能培训班24期，帮助1648名下岗失业人员实现再就业。筹资145.5万元慰问高温一线职工1.21万人；筹资217.28万元“金秋助学”资助困难职工子女1787人；筹资261.9万元开展“送温暖”活动，慰问困难企业347个，慰问困难职工2648户；筹资228.5万元帮扶救助5489户困难职工，实现建档困难职工应助尽助。全年救助市本级家庭困难会员58人，资助金额11.1万元。

【职工医疗互助保险】2015年，市总工会职工医疗互助保险全年预赔付1419人，赔付金额107万元，实现市本级职工当面赔付、区县职工三日内赔付承诺。女职工大病互助保险全年新参保3883人，参保金额58.41万元，赔付女职工48人，赔付金额67万元。11月中旬，将职工医疗互助保险、女职工大病保险、困难职工救助咨询、金秋助学咨询、职工法律维权咨询等涉及服务职工群众事项进驻中心。

【工会维权】2015年，市总工会探索建立全市工会农民工工资拖欠信息网络上报、跟踪处理机制。全年接到投诉287件，转移处理回复率100%，追回农民工工资883.5万元。全年调解各类劳动关系矛盾纠纷911件，调解成功率80%。开展“送法进企业”活动，编印《职工维权手册》发放到规模以上企业职工手中，做到人手1册。做好职工法律援助工作，全年受理劳动关系侵权案件216件，涉及职工（农民工）811人，挽回经济损失4700余万元。全年收到省总工会舆情8件，回复8件，满意率100%，舆情发生在同类市州排位最少。

【组织建设】2015年，市总工会打造省级乡镇（街道）、社区规范化建设示范点5个，市级乡镇（街道）、社区示范点27个。在全市范围打造企业工会示范点50个，对每个示范点配套工作经费3万元，全市工会组织规范化建设面86%以上。对全市131个乡镇（街道）工会、239个社区工会补助专项工作经费185万元。开展“争创模范职工之家、争做职工信赖娘家人”活动，全市建家达标率70%，“会员评家”活动面90%以上。推荐表彰“全国模范职工之家（小家）”各4个，“全国优秀工会工作者”4人；“全省模范职工之家（小家）”各5个，“全省优秀工会工作者”5人。实施《眉山市职工素质建设工程五年规划》，打造全国职工书屋示范点1个，省级农民工文化驿站1个。会同市体育局组织开展眉山市第三届职工篮球赛。组织开展第二届职工摄影大赛。

【联系服务群众】2015年，市总工会抓好直接联系服务群众工作。选派1名干部常驻仁寿县松峰乡双塘村开展精准扶贫，提供产业发展资金10万元。筹资近30万元支持仁寿县满井镇半山村发展。组织党员到芙蓉路社区报到，开展志愿服务活动6次。

（廖静雨）

共青团眉山市委

【概况】2015年，共青团眉山市委（以下简称“团市委”）内设办公室、组织宣传部、工农青年部、学校少先队工作部4个中层机构，关工委办公室1个下属事业单位。全市有青年124.86万名，其中团员32.6万名；有基层团委299个，总支204个，支部3489个；有团干1129名，其中专职团干597名。

【主题教育】2015年，团市委紧扣核心价值观和“中国梦”主题，开展“奋斗的青春最美丽”“我为社会主义核心价值观代言”“民族精神代代传”“勿忘历史·圆梦中华”“我看眉山新变化”等主题教育实践活动300余场次，参与青少年15万余人。在全市116所小学开展“眉山故事少年说”讲说比赛，1300余名少先队员讲述身边的故事，学习身边可亲、可敬、可学的榜样和人物，教育引导广大少先队员自觉践行社会主义核心价值观。在全市60余所中小学开展社会主义核心价值观教育研讨，形成一批有价值的研讨成果。

【“新媒体”引领】2015年，团市委以“争做向上向善好青年·争做文明守法好网民”主题宣传教育实践活动为主线，通过网站、微博、微信、手机报四位一体网络宣传平台，组建5.5万人的网络文明志愿队伍，策划“六一”微博话祝福、禁毒宣传、单身青年交友、周末体验微信报名等活动30余次，发布新浪微博1677条，微信411条，评论点赞、转发收藏等3000余个，培养“青微工程”队伍骨干成员10人。团市委腾讯微博活跃程度仅次于“微眉山”，排名全市第二。

【先进典型】2015年，仁寿县政务服务中心成功创建全国青年文明号，市电力调度控制中心等7个青年集体成功创建省级青年文明号，仁寿县民政局、彭山县工商局凤鸣工商所成功创建四川省“青少

2015年9月，四川青年创业促进计划（SYE）眉山办公室授牌仪式暨SYE·第一课眉山工作培训会召开

年维权岗”；徐艳红被评为第九届“全国农村青年致富带头人”，黎兰阳被团中央评为优秀共青团员，李倩、向锋等7名优秀青年被评为省“向上向善好青年”和四川“乡村好青年”；推荐眉山优秀青年李丹为全国青联委员，选拔7名优秀青年企业家成为省青年民营企业家协会和省青年企业家协会会员。

【青年小额贷款】2015年，团市委开展“贷动青春”青年小额担保贷款项目，与邮储银行合作，用500万元眉山青年创业基金作为担保，将担保贷款额度放大为2500万元，为150名创业青年发放无抵押、无担保贷款1000余万元，为30名创业青年配备一对一导师，帮助6名青年54万元贷款申请财政全额贴息；与农信社等金融机构合作，向400名青年发放小额贷款，推荐30名创业青年申请SYE（四川青年创业促进计划）扶持项目，4名通过实地面试，3名获准首批扶持30万元。为4600名青年开展就业创业培训，培养领头雁450名；提供“逐梦计划”实习岗位483个，安排100余名大学生上岗实习。依托万景集团国际中心、九巷十坊、丹棱大雅堂等商业项目建立青年商业创业基地，200余名青年在基地创业；依托仁寿西南网贸港、青神电商基地建立青年电商创业基地，1000余名青年培训后开店创业；依托岷江现代农业示范园区、竹编产业园区和泡菜加工企业、茶叶合作社、藤椒专合组织分别建立青年蔬菜、花卉、竹编、茶叶、藤椒等创业基地，通过基地产、供、销一条龙服务，带动帮扶4000余名青年就业创业。

【爱湖护岛志愿服务】2015年，团市委以“宣传、劝导、公益”三大行动为载体，开展“爱我东坡湖·护我东坡岛”万名青年志愿者文明宣导志愿行动，组织84支队伍2万余名志愿者参与，开展活动160余次，服务群众30万人次，人民网、新浪、腾讯等各大媒体宣传报道20余次，市委书记李静作肯定性批示2次。组织60余家社会组织在“五四”青年节开展“青春　低碳　爱心”千人徒步公益活动，社会组织和爱心企业捐赠5万余元参赛费，向仁寿两所贫困学校捐建爱心活动室。牵头开展全国第九届残疾人运动会350余名志愿者的选拔、培训和管理工作。组织应急、赛会、爱心点滴等60余支服务队开展助老助残、心理健康、赛会服务、小家电维修等志愿服务，服务群众上万人次。

【公益组织】2015年，团市委依托市（区）群团组织社会服务中心，以服务青年公益组织、发布公益项目和组织公益行动为重点，动员社会组织参与政府购买社会组织公益服务项目，发布“爱我东坡湖·护我东坡岛”“为了明天——重点青少年关爱”等3批次76个项目，资金84万余元；转发省群团中心2批4个项目，资金5万元。与成都恩派合作，培育孵化社会组织33家，培训公益骨干50余人。联系全市社会组织50余家，帮助爱心联盟、返乡大学生志愿者协会等5个社会组织办理项目落地、人员联系、民政注册等事项，组织社会组织开展公益活动45次。

【志愿者队伍】2015年，全市团员注册志愿者12万人；市青年志愿者协会新组建50余人的直属服务队，下属各服务队新增各类志愿者500余名；各区县均建立志愿者协会，吸纳各类志愿者1000余人。

【救助贫困青少年】2015年，团市委实施“新年心愿·青春微力量”大型公益暖冬行动，帮助2710名贫困学生完成心愿，折合资金137.1万元；争取“我要上大学——爱心圆梦”活动救助8名大学新生，每人5000元；联合市关工委、关心下一代基金会开展“助学成才，放飞梦想”活动，分别按照800元和2000元标准救助品学兼优的贫困高中生312名、大学生218名，救助金额69万余元。

【关爱重点青少年】2015年，团市委深化特殊青少年管理服务改革试点工作，分区县建立各类重点青少年群体、工作队伍、工作平台3本台账，有关信息全部录入全市网格化系统。开展校地共建、“亲情大讲堂”“心连心”关爱、快乐微电影等形式，关爱留守学生2.9万名，重点加强对全市923名失足青少年等特殊重点青少年的关爱、帮扶。“玩具总动员——环保微炬汇”活动征集玩具3104件，图书573本，陆续送到结对学校及学生手中。组织省内外40余所高校120支大学生志愿者队伍到眉山开展关爱留守学生活动，1500余名高校学子与近万名留守学生共度暑假生活。

【团基层组织建设】2015年，全市新建非公有制团组织65个，覆盖青年3000余名，东坡区3个街道建成街道共建委员会；新建23个机关事业单位团组织，覆盖青年1000余名；深化团的基层组织建设试点工作，选树10个基层工作典型，开展交流学习。

【队伍建设】2015年，选拔3名基层团干到团市委上挂锻炼，团青神县委增配1名副书记，1名区县金融机构负责人到区县团委挂职锻炼，市少工委及区县少工委11名干部到中小学开展蹲点调研。“共青学堂”邀请专家讲授政治、经济、法律等理论知识和财务、调查研究、办文办会等业务知识11次。

（团市委）

眉山市妇女联合会

【创新创业工作】 2015年，全市建立巾帼示范基地5个，市级巾帼示范街1条。眉山市妇女联合会（以下简称“市妇联”）牵头组织推进会、培训会3次。编印《眉山市妇女创业就业政策汇编》《眉山市妇女创业就业宣传折页》等书籍1万余份，制作宣传妇女创业创新环保袋1万个；制定《关于实施巾帼创业创新“万千百十工程”推进大众创业万众创新的通知》。推进巾帼创业创新“万千百十工程”（万名妇女创业创新大培训、千名妇女创业创新大帮扶、百名妇女创业创新大示范、十万妇女创业创新大维权）获市委、市政府主要领导和分管领导肯定性批示4次。

【妇女居家灵活就业】 2015年，妇女居家灵活就业工作纳入全市民生工程，列入区县党政目标绩效考核。全年全市新建妇女居家灵活就业基地5个，新建市级妇女创新创业示范基地1个、示范街1条，开展种养殖、编织、钩线、来料加工等培训，培训妇女5008人次。

2015年11月24日，由四川省妇联主办，眉山市妇联、彭山区妇联承办的“11·25国际反家暴日”法制宣传活动在彭山区观音镇果园村举行

【妇女精准扶贫工作】 2015年，市妇联制定《贯彻市委决战“1593”扶贫攻坚，推进妇女精准扶贫“1234”重点工程实施方案》，以帮扶青神县瑞峰镇中岩村扶贫攻坚和产业发展为重点，推进农村贫困妇女精准扶贫工作。向上争取项目资金及协调市、县有关部门支持，全年向桂坪村、中岩村落实到位项目14个，项目资金201.3万元。［“1234”中“1”是：确保实现“一个目标”。到2017年底，确保全市现有农村贫困妇女5.04万人全部实现脱贫。“2”是：着力打造“两个基地（农村妇女精准扶贫工作示范基地、妇女居家灵活就业试点基地）”。“3”是：精准实施“三个一批”。让自身确无能力、生活确实困难的贫困妇女摆脱贫困一批；让具备生产能力和就业技能的贫困妇女脱贫一批；让因病因残或遭遇灾害的贫困妇女脱贫一批。“4”是：强力推进“四大行动”。推进农村贫困妇女素质提升行动；推进农村贫困妇女产业发展行动；推进农村妇女权益保障行动；推进农村贫困妇女困难关爱行动］

2015年5月29日，市妇联组织到仁寿县高家小学开展“六一”慰问活动

【救助贫困母亲】 2015年，连续9年将贫困母亲救助工作纳入十项民生工程。全年全市各级、各单位开展多种形式帮扶慰问活动，救助贫困母亲2152人，发放救助物资、资金193万元。

【信访维权】 2015年，市妇联以“建设法治眉山·巾帼在行动”为主题，深入基层开展“巾帼维权

服务乡村行”活动。散发宣传资料6万余份，开展咨询、义诊服务4000余人次，提供就业岗位800余个。开展“送法到家”“让伤害远离留守儿童”活动，举办妇女权益保障法专题讲座20场次，4000余名妇女听讲座受教育。全年接待来信来电来访179件次，结案179件次，结案率100%。

【寻找最美家庭活动】2015年，在智慧眉山、眉山妇女网开展寻找“最美家庭”活动，展示41户最美家庭故事，推荐5户家庭参加全省评选，其中2户被评为全省最美家庭。

【家庭教育】2015年，市妇联利用“妇女之家”“儿童之家”及家长学校等阵地开展家庭教育讲座和咨询活动，举办“母亲课堂”“儿童自我保护”讲座16期。

【志愿服务】2015年，针对特殊群体关爱、“绿海明珠”建设、“法治城市”创建等志愿服务重点，市妇联组织志愿者2000余人次参与。

【队伍建设】2015年，市妇联联合市委组织部、市委党校举办第四期科级女干部培训班，培训全市正科级女干部58人。举办第二期重点乡镇妇联主席培训班，培训乡镇妇联主席82名。

（市妇联）

眉山市社会科学界联合会

【规划评奖】2015年，眉山市社会科学界联合会（以下简称市社科联）牵头完成眉山市第九次、第十次哲学社会科学优秀成果评审工作。其中，第九次哲学社会科学优秀成果奖获奖51项：一等奖1项，二等奖6项，三等奖15项，社科界优秀成果奖29项；第十次哲学社会科学优秀成果奖获奖77项：一等奖空缺，二等奖10项，三等奖19项，社科界优秀成果奖48项。

【社科研究】2015年，全市立项社科研究课题36项，市委宣传部、市社科联印发《眉山市2015年社会科学研究立项课题目录》，市课题工作小组8名成员分工联系，对36个立项课题的研究进行跟踪、服务、指导，帮助解决研究过程中的问题，除1项跨年度研究课题外的35项课题全部结项。组织参与四川省社科规划立项申报工作，《以成绵乐高铁为依托的眉山快递业发展研究》获省2015年社科规划项目立项，《眉山市发挥成都天府国际机场综合效益的可行性研究》获立项为四川省“总结‘十二五’谋划‘十三五’四川区域发展研究报告”重要选题。

【学术活动】2015年，市社科联组织市发改委等单位参加“第五届成都经济区建设与发展论坛”，其中，《强化成都经济区多边合作，加快构建眉山对外开放新格局》《成都经济区内各市相互融入机制研究》荣获论坛三等奖。参加全国大中城市社科联第26次工作会议，被评为“全国先进社科组织”。眉山市课题工作经验《眉山课题工作做法与体会》在全省基层社科联（西昌）工作培训会议上作交流发言。

【社科普及】2015年，全市新增县级社科普及基地6个、市级社科普及基地2个，实现市级社科普及基地区县全覆盖。全年开展“科普宣传月”“三下乡”“科技活动周”及市县联动的规模科普活动30余次，宣传科普条例。

【信息宣传】2015年，市社科联编印《眉州学刊》4期，刊发论文、调研报告、对策研究等60余篇，48万余字。全年在“四川社科在线”、《四川社科界》《社科界信息》、每日科技网等省级媒体刊发社科类信息74条（篇）。实现省委宣传部信息采用“零”突破。

（市社科联）

眉山市文学艺术界联合会

【文艺创作】2015年，眉山市文学艺术界联合会（以下简称“市文联”）组织策划“同圆中国梦·共建新眉山”系列专题采风创作展演活动。组织引导广大文艺工作者开展“深入生活、扎根人民”主题实践活动。组织召开创作推进会和专业协会重点创作项目研讨会，落实市委《2015—2016年眉山市文艺创作选题指南》《第七届苏东坡文艺奖扶持项目》任务。组织参加四川省文联五大文艺创作工程，指导项目主创人员制定创作计划，调动创作资源，完成创作任务。全年创作《大美眉山》美术作品130余件，创作《唱响眉山》歌曲80余首，创作《人文眉山·城市风光》摄影作品近千件，创作《歌咏眉山》诗词书法作品300余件。参与大型舞台剧《竹韵天下》、综艺晚会《东坡月·眉山情》、大型舞蹈《月上东坡》等重点舞台艺术项目实施。全年创作优秀单件文艺作品超过500件，在国展、省展中入展获奖70余件次，其中6人在国展中入展获奖，5人获第八届巴蜀文艺奖，23件作品获四川省文联“五大文艺创作工程”优秀作品奖。

文学。全年出版优秀文学作品集20余部。“三苏”题材作品王影聪《苏东坡情怀人生》，方永江《苏轼立人》《苏祠外仰视》，刘寅《探秘苏东坡》，邵永义和汪明中《苏东坡与青神》公开出版。抗战纪实文学作品集《岷峨壮士》和第六届在场主义散文奖获奖作品集《文人事》出版发行。周闻道长篇纪实散文《国企变法录》由广东人民出版社再次推出精装本，全国发行。王碧林诗集《雅韵集成》、戢炳华诗集《寻找太阳》、倪兴国散文集《话说彭祖》公开出版。沈荣均散文获第二十四届“孙犁散文奖”一等奖，孙文华获全国人文地理散文大赛二等奖。市诗词楹联学会胡良均、周忠斌2件诗词作品获“诗咏四川”诗词书法创作工程优秀奖。周仲明、王莉茹、张生全、沈荣均、李云、袁瑛、许岚、宋时修等人30余件20余万字文学作品在《人民文学》《四川文学》等国家级、省级文学刊物发表。周仲明被评为四川十大作家。

美术书法摄影。辜志勇油画作品获第八届巴蜀文艺奖银奖，辜志勇和刘启伏2件美术作品获四川省“大美四川”创作工程优秀作品奖。杨江帆书法作品获第八届巴蜀文艺奖特殊荣誉奖，全省行草书展唯一特等奖；陈敦良获第八届巴蜀文艺奖提名奖；杨江帆、李国莲、陈敦良、段勋书法作品入展中国书协等主办的四川省诗书画院三十年优秀教学成果展；李国莲书法作品入展中国书协主办的首届国际女书法家作品展和米芾书风全国书法展，入展省艺术院“四面风”内江、达州、宜宾、遂宁巡展；陈敦良、杨江帆、段勋、陈冬文、雷曦5件书法作品获“看四川”诗词书法创作工程优秀作品奖；徐晓洪、罗映涛书法论文入选省第四届书学论文。12件书画作品在四川省第二届文华奖入展获奖，其中辜志勇美术作品获一等奖，杨江帆书法作品获二等奖，余涛书法作品获三等奖。8件书法、15件美术作品参加中国巴蜀国际艺术博览会；19件作品获四川省第二届农民工原创文艺作品大赛奖。朱家枢、王国荣、李劲3件作品入展中国摄协第十六届国际摄影艺术展，柴树清、李幼萍2件摄影作品获中国摄协第二十五届摄影艺术展优秀奖，王仲明、李幼萍、盛晓波、何泽群、杨均5件摄影作品获“看四川”摄影作品展优秀奖。全年市文联编辑出版书画摄影作品集5种，刊发700余件优秀入展作品。

2015年8月20日，中国散文之乡授牌暨中国著名作家“东坡故里行”采风活动启动仪式在眉山举行，中国散文学会会长王巨才（右）向眉山市人民政府授牌

音乐、舞蹈、戏剧、民间文艺、广播电视艺术。余启翔歌曲《老井》获第八届巴蜀文艺奖特殊荣誉奖，余启翔、王晋川、王宏7首歌曲作品获“唱响四川·百姓喜爱歌曲”优秀作品奖，赖永毅音乐剧《美丽的小路》获四川省中小学生艺术节二等奖，梅兼毓、周德光、李晓峰3首歌曲作品入选中国第七届村歌大赛，其中梅兼毓《竹海渔村美》、周德光《三月里来桃花开》获二等奖。舞蹈《小辫儿甩》《白鹭情》、戏剧小品《捐》推荐参加全国“群星奖”赛事选拔。市剧协创作表演节目获四川省首届艺术节暨四川省第十五届戏剧小品小戏大赛剧目奖、导演奖、表演奖。向省文联推荐张敏芳电影剧本《决战峨眉》、雷淑芳微电影剧本《竹魂》。市视协参与举办首届微电影大赛，创作作品226件，获奖作品22件。陈云华竹编作品《苦乐清凉》获第八届巴蜀文艺奖特殊荣誉奖。吴建堂、吴乙古捻条画展在四川省美术馆开展，吴建堂作品参加“四川省非遗艺术进京展”，李长青雕塑作品获省“第五届工艺美术精品展”金奖，陈云华、李长青、何江海、谢伟4件作品获“看四川”全省民间文艺作品展优秀奖，陈云华竹编作品《福禄吉祥》获中国民协“首届中国（潍坊）民间艺术博览会”精品奖，陈岚、张保珍作品获四川省第五届工艺美术精品展金奖。

【文艺惠民】 2015年，市文联和各专业协会带领全市文艺家开展“深入生活、扎根人民”主题实践活动，到联系点体验生活，创作文艺作品；到基层“结对子、种文化”，走进乡镇村社、社区、企业、学校和警营，为百姓赠送春联，送文艺书籍，办文艺讲座，辅导基层文艺创作。建立文艺志愿者队伍9支，组织1000名文艺家走基层，开展对口服务和文艺惠民活动。组织10名中青年文艺家到基层挂职锻炼，50名艺术家开展结队帮扶。举办系列有影响的文艺采风展演活动，举办“仰望东坡·大美眉山”美术作品展、首届“东坡杯·歌咏眉山”诗词书法作品展、第三届苏东坡书法艺术节系列活动、“唱响四川·歌咏眉山”原创歌曲征集活动、“人文眉山·城市风光”摄影作品展、第九届残运会眉山赛区眉山残疾人故事摄影作品展、首届微电影大赛、“诗歌之王”电视选拔赛、第三届戏剧小品（小戏）大赛等。开展“同圆中国梦·共建新眉山”和“到人民中去”系列文艺惠民活动。2015年元旦、春节期间，在仁寿县文化中心、洪雅县柳江古镇和东坡区东坡宋城举办“共园中国梦·共建新眉山”主题书画摄影展，展出眉山元素书画摄影作品300余件，并出版作品集；到彭山谢家镇、洪雅柳江镇、仁寿县文化中心、丹棱县九龙广场等地开展送福进万家书法惠民活动，为群众写春联上万幅。4月，在仁寿县“天府花海”园区举办“天府才女”相约“天府花海”现代农业园区采风创作活动和书画惠民活动，承办全国法院在眉山会议期间书画摄影展。5月，在仁寿县城区举办眉山市第三届戏剧艺术节。“七一”前夕，在七里坪创作基地举办“到人民中去”庆“七一”文艺走基层展演活动，举办书画摄影展和文艺演出，创建文学、散文、书法、美术、摄影、戏剧等市级创作基地8个。10月，举办“扶贫手拉手·大爱心连心”书法扶贫义卖活动，组织捐赠书法作品130余件，募集善款3.05万元，用于扶贫。全市文联和专业协会组织开展文艺惠民活动近百场次，3000余人次参加活动，实现月月有活动，月月有成果，月月有精彩，群众得实惠。

【品牌创建】2015年，眉山创建“中国散文之乡”。完成组织建设、阵地建设、队伍建设、散文创作等各项创建工作任务，通过中国散文学会实地考察验收，授牌“中国散文之乡”，在洪雅县七里坪举办中国散文学会创作基地授牌仪式。贾平凹、舒婷、阿来等200余名全国著名作家到眉山参加授牌仪式和采风创作系列活动，创作10余万字眉山元素散文作品。新华网、中新网和四川卫视等多家媒体先后多次予以报道。创建洪雅县七里坪省级文化艺术区和文艺创作基地，被评为四川省十大文艺创作工程。11月28日，省文联在洪雅县峨眉半山七里坪举行“省文化艺术示范区”“省文艺创作培训基地”授牌仪式和文艺惠民活动，百名文艺名家走进洪雅，举办书画采风创作笔会和文艺演出。推动中国书法名城创建工作，加大东坡遗迹遗址地书画交流合作，在第六届东坡文化节期间赴惠州联合举办惠州黄州眉州儋州四市书画联展。引进民间资本，创建苏东坡书法艺术院，举办第四届苏东坡书法艺术节系列展和培训。市区县文联和专业协会围绕泡菜展销会、彭山长寿文化节、洪雅七里坪山花节、青神竹编艺术节、丹棱桃花节等地方文化品牌，举办系列专题文艺创作展演和交流活动。

【文艺人才】2015年，市委办印发《关于加强文艺人才队伍建设的意见》，实施本土文艺人才培养工程。全年先后组织18名市区县文联和协会干部到复旦大学、云南大学参加业务培训，邀请专家到眉山举办公益大讲堂和专题文艺讲座10余场。市作协、市散文学会邀请中国散文学会常务副会长红孩，著名作家贾平凹、阿来等举办文学讲座。市文联邀请著名书画家李兵、戴跃、杨江帆等主讲书画创作与欣赏，邀请四川大学副教授董小伟主讲诗词欣赏。市美协邀请程峰指导写生创作培训。市书协组织30名书法骨干参加国家级、省级创作骨干培训。市音协邀请省音协

2015年12月30日，“仰望东坡·大美眉山”美术作品展在四川省美术馆开展

主席敖昌群、阿金到眉山举办创作培训2次。市视协邀请省级专家到眉山举办新媒体培训2次。扶持13名文艺骨干进京到省参加高层次专业培训。89人加入国家级专业文艺家协会，19人加入省级协会，李国莲被中国散文学会书画院聘为副院长，沈荣均加入中国作协，辜志勇加入中国美协，杨勇、姜志臻、余涛、刘君文加入中国书协，赖永毅、张时贞加入中国音协，顾伶俐、王晋川、陈云华加入中国民间文艺家协会，付庆一等78人加入中国散文学会；刘清泉、龚碧英2人加入省作协，秦富伟、熊泽红等9人加入省美协，张海英等6人加入省摄协，李长青、何江海2人加入省民间文艺家协会。

【激励机制】2015年，市政府办出台《关于印发〈眉山市文艺精品创作扶持管理办法（试行）〉的通知》，奖励扶持40个重点项目。印发《关于印发眉山市苏东坡文学艺术奖评奖办法的通知》，开展第七届苏东坡文艺奖评奖，奖励扶持71件文艺作品和31个文艺扶持项目。六区县党委政府均出台相应配套文艺创作激励政策。

【文联建设】2015年，苏辙公园雏凤阁整体划拨市文联使用，引进企业家杨建中创建苏东坡书法艺术院和眉山市文艺活动中心。眉山国画院引进企业家兰华在老城门楼新建眉山国画院画廊。创建1个国家级、2个省级、30个市级文艺创作交流基地。全年编辑出版《眉山文艺》《眉山文联年鉴》《东坡文学》《东坡诗刊》等文艺刊物30余期，在市级和省级报刊网站刊发消息50余条。

（胡志蓉）

眉山市红十字会

【概况】2015年，眉山市红十字会领导机构为第一届理事会，有会长1人、副会长6人、常务理事23人、理事68人，成立红十字医疗机构2个（县红十字医疗机构1个），拥有团体会员单位228家，个人会员1.9万人，红十字志愿者2100余人，建立社区红十字服务站29个，基层红十字会126个。

【项目建设】2015年，眉山市红十字会实施“4·20”芦山地震重建项目7个。截至年底，3个项目主体工程完工，4个还在主体工程施工。正式落户博爱家园项目2个（彭山区观音镇和谢家镇）。

【募捐救助】2015年，眉山市红十字会救助贫困学生5名，救助资金1万元；接受企业捐赠93.6万元，用于市人民医院和市中医医院购买救护车辆，改善医院紧急救援条件；向仁寿县玉龙乡兴隆村资助4200元，用于改善弱势群体生活环境。

【防病减灾宣传】2015年，眉山市红十字会加强宣传红十字相关知识、防灾减灾知识及无偿捐献知识。利用“5·8”世界红十字日博爱周开展宣传、义诊、卫生救护培训工作；开展中小学校、机关企事业单位、城镇社区和农村社区人群初级卫生救护培训，传授自救互救和防灾减灾技术，降低自然灾害和突发事件对公众的生命与财产损失。全市分直属单位、东坡区、仁寿县、彭山县、洪雅县、丹棱县和青神县7个区域，培训50次，受训人数5500余人。

（岑俍桧）

法　治

Rule by law

政法工作

【维护稳定】2015年，市委政法委深化“维稳跟着项目走”，开展专项督查和调研指导，组织召开现场推进会，加强基层基础规范化和制度化建设。全市开展重大事项决策社会稳定风险评估646件，其中，重大决策13件、重大项目593件、重大活动32件，经评估可以实施642件、暂缓实施3件、不实施1件。加强情报预警，建成市、县、乡三级全覆盖的“大一统”涉稳情报信息综合处理平台，维稳信息化考核积分排名全省第一。强化研判预警，市委维稳办向有关地方和部门预警稳定风险30余次。坚持重大涉稳问题动态挂牌督办、包案化解制度，市上挂牌督办的93件重点涉稳案件已化解76件。加强涉稳重点人员分类定级管控，确保动态排查列管的492名涉稳重点人员在重要敏感节点时期无进京到省集访、非访。维护市场经济秩序，全市排查投融资理财咨询、管理类公司和各类实体企业133家，其中非法集资“高风险”等级17家，及时跟进加强管控。打击非法集资、金融诈骗、传销等涉众型经济犯罪，公安机关侦破多起重特大非法集资案件，涉案金额19.2亿元，检察机关查办工程建设、征地拆迁、招投标等重点领域和关键环节职务犯罪23人。开展“情报信息大搜集、矛盾纠纷大调解、信访问题大化解、社会治安大整治、重点人员大管控”五大行动，健全和运行重要敏感时段维稳工作机制，开展危爆物品寄递物流清理整顿，加强反恐防暴工作，全市未发生政治案（事）件、大规模群体性事件和重大公共安全事故，社会大局持续稳定。

【法治眉山建设】2015年，市委政法委推行“菜单式”精准普法，开展“法律服务跟着矛盾走”活动，组建“依法治市·法在身边”巡回宣讲团和50支法律宣传服务小分队，深入659个村（社区）和企（事）业单位开展法制宣讲。市法学会创新开展“百名法学法律工作者百场法治讲座”活动，深入机关、学校、乡（镇）、村（社区）、企业开设法治讲座251场。坚持开展“调解一次纠纷，上好一堂法制课”活动，省委书记王东明作出肯定性批示并全省推广。推进依法治市“八大体系”建设，继续实施“法治文化亲民、法律服务为民、法治环境惠民”三大行动。选派246名律师担任政府、企业法律顾问，全市131个乡镇（街道）全面启动法律顾问制度。举办全市政法系统“三严三实·司法为民”主题书画摄影文学作品展，开展见义勇为表彰奖励，建成13个大型法治文化广场和公园，建立固定法治宣传栏1239个、电子显示屏553个，在重点宗教场所建立14个“同心法律书屋”，普法艺术团深入基层演出法治文艺节目1200余场。全市建成省级、市级法治示范区（县）、法治示范乡镇（街道）、学法用法示范机关83个。

【社会治理工作】2015年，市委政法委将网格化服务管理工作纳入中心工作，区（县）均设立网格化服务中心，选强配齐工作人员，健全网格化服务管理考核办法，实行每月督查通报。出台《网格员管理规定》和《考核办法》，制定网格事件办理流程和规范，实行网格员事件办理量化管理，组织开展网格员全员培训、全员练兵、全员比武，六区县均举办网格员技能比武大赛。截至11月，全市网格员办理和上报办理各类事件18.5万件次。推进“三项重点工作”，落实公安、卫计、司法部门主体责任，采取“系统并入、职责并联、功能并接、培训并举”的办法，将特殊人群全面纳入网格化服务管理体系。截至12月底，全市网格员对13.78万名流动人口进行宣传，在民警带领下开展工作13.13万人次；发送吸毒人员信息3.33万条，重症精神病人员信息3.95万条，社区服刑人员信息1.66万条，刑释人员信息1.69万条。开展特殊人群服务管理改革综合试点工作。探索构建“全面筛查、全面治疗、全面管理、全面救助”基层严重精神障碍患者服务管理工作体系和“党政主导、公安管理、卫生服务、社会参与”特殊涉毒人员综合治理模式，工作做法和成效受到省委常委、政法委书记侍俊，公安部两任禁毒局局长肯定。推行“六化”（摸底研判动态化、防范监控网格化、教转巩固一体化、宣传教育立体化、督查指导常态化、考核奖惩实效化）防邪工作模式，经验在全省推广。综治部门牵头建立联席会议等联动协调机制，形成特殊人群服务管理工作合力。市财政拨付专项资金720万元，保障试点工作有序开展；各地各相关部门投入3000余万元，建成市精神卫生中心、仁寿县精神卫生中心、洪雅县精神卫生中心、青神县精神病院、东坡区精神康复医院、刑释人员过渡性安置帮教基地和市血液核酸筛查检测实验室，夯实特殊人群服务管理基层基础。全省综治办主任培训会在眉山召开，学习推广眉山特殊人群服务管理工作经验。

【“平安眉山”建设】2015年，市委政法委加强社会治安形势分析研判，挂牌督办22个社会治安突出问题，挂牌整治地区治安面貌改变率达100%。开展平安创建活动，全市40%以上的网格、村（社区）、乡镇（街道）达到创建标准，全市铁路交通事故实现零发生，校园周边治安环境良好。构建立体化社会治安防控体系，织紧“六张防控网”［街面、社区（村）、单位和行业场所、区域边际、虚拟社会、线（路）治安防控］，建成天网2600余个，城区覆盖率逐年提升。组建“红袖标”（群众性义务巡防队伍）队伍7万余人，建立重要时段、敏感时期和日常巡逻工作机制。公安机关开展侵财性违法犯罪常态化破案攻坚专项行动，破获各类侵财性案件5812件，打掉犯罪团伙89个，抓获作案成员2655人，追缴赃款赃物9000万元。

【“大调解”工作】2015年，以市委办、市政府办名义出台《关于进一步完善诉讼与非诉讼相衔接的多元化纠纷解决机制的意见》《关于深入推进“调解跟着矛盾走”的实施意见》，以市政府办名义出台《关于建立乡镇街道矛盾纠纷第三方调解中心的通知》；召开全市多元化纠纷解决机制改革工作推进会；将“大调解”工作和“调解跟着矛盾走”分别实施加减两分制，并纳入市委年度目标考核。创新实施“调解跟着矛盾走”，推进调解组织“八进”（进农村院落、城镇小区、市场商场、重点车站、园区景区、学校医院、协会商会、项目工地），全市131个乡镇（街道）、1267个村（社区）人民调解委员会实现全覆盖，企事业单位建立人民调解委员会267个，全市建立人民调解小组3812个、农村中心户调解室9291个、个人调解室增加到27个；规模市场商场、建制园区景区、行业协会商会、重点项目工地、学校医院等重点领域调解组织实现全覆盖。深化行业性、专业性调解组织建设，推动矛盾纠纷多元化解。全年各级调解组织排查化解矛盾纠纷18899件，调解成功率98%，全市连续八年未发生重大“民转刑”案件和群体性事件。推动市、区（县）法院诉讼服务中心和诉调对接中心规范化、标准化建设，将调解工作融入诉讼服务全过程；市县两级人民法院在193个乡镇（街道）和村（社区）建立法官联络站和巡回法庭，与156个行政机关和538个调解组织建立诉调对接关系。全市131个乡镇（街道）创新建立第三方调解中心；“非诉”调解组织在法院设立调解工作室42个，通过人员进驻常态化工作实现“非诉”与诉讼的有效衔接。全国法院多元化纠纷解决机制改革工作推进会在眉山召开，中央政治局委员、政法委书记孟建柱对会议作出重要批示，最高法院院长周强出席会议并作重要讲话，“眉山经验”上升为“中国经验”。省委书记王东明对眉山多元化纠纷解决机制改革经验作出肯定性批示。《焦点访谈》以《调解室里打官司》为题报道眉山矛盾纠纷多元化解工作。矛盾纠纷多元化解“眉山经验”入选十八大以来30个改革成功案例，全国学习推广。《人民日报》头版“深化改革的基层创新”专栏以《纠纷未必到法院，调解也能解难题—眉山家门口化解九成官司》为题报道眉山多元化纠纷解决机制改革经验，将“眉山经验”作为依法治国背景下“枫桥经验”的升级版向全国推广。

【执法监督工作】2015年，市委政法委开展案件评查，抽选案件评查专家和执业律师对150余件社会影响较大、当事人反映强烈关系群众切身利益的案件进行评查，对评查中发现的问题逐案督查整改并建立相应长效机制。推进执法司法规范化建设，法院系统执行信息公开，除法定保密案件外，做到全案、全程上网公开100%；检察系统开展规范司法行为专项整治，整改司法作风简单粗暴等十个方面突出问题；公安机关建立执法权力运行监督“四大体系”，推出15条“警改新政”。司法行政系统加强律师队伍监督指导，强化律师执业保障，改善律师执业环境。深化司法体制改革，以市委办、市政府办名义出台《眉山市领导干部干预司法活动、插手具体案件处理的记录、通报和责任追究的实施细则》，全市未发现领导干部违法干预司法活动、插手具体案件处理的案件；开展立案登记制改革工作，市、区（县）法院全面公开登记立案流程，畅通起诉渠道，做到“有案必立、有诉必理”。市、区（县）党委政法委办理群众来信来访204件次，均及时依法处理；推进律师参与化解和代理涉法涉诉信访案件试点工作。深化司法公开，法院系统裁判文书实现上网公开率100%，录播庭审14次，微博直播庭审7次，“12368”服务热线接受电话咨询、案件查询2000余人次；检察机关开通“案件信息公开网”，发布案件程序性信息、重大案件信息2984条，公开法律文书1107份，“眉山检察”官方微博、微信入围全国政法“双微”排行榜前20名；公安机关在门户网站设立“立案查询系统”，实现执法信息化、规范化。规范全市国家司法救助资金审批、拨付工作，全市落实司法救助163件326人，支出司法救助专项资金153.19万元。加强“一站式”诉讼服务大厅、温馨调解室、信访接待室等工作平台建设，最大限度方便人民群众。公安机关开展户籍业务网上抽查、网上迁移、预约办理“三项服务”。司法行政系统建成村级司法工作站159个，全部配备基层法律服务工作者，提供法律援助服务18731人次，办理法律援助案件1083件。成立“眉山市特赦部分服刑罪犯工作协调小组”和14个市级部门组成的“眉山市特赦部分服刑罪犯工作专班”，加强对特赦工作的组织领导和监督检查，全市未出现涉稳涉访事件。

【政法队伍建设】2015年，市委政法委制发《关于进一步加强政法领导班子思想政治建设的实施意见》，成立全市政法领导班子思想政治建设工作领导小组，建立市委政法委领导联系督导制度，市、区（县）政法部门班子成员建立督导联系点227个，开展督导工作980余次。组织开展“讲政治、守纪律、守规矩”专题学习，广大党员干警对照“七个有之”“五个必须”“十类问题现象”“六个坚持”及违法违纪典型案件认真反思讨论。坚持问题导向，开展“三严三实”专题学习研讨；组织召开党员领导干部专题民主生活会和专题组织生活会，认真查摆整改问题。制发《关于开展政法领导班子和干部队伍纪律作风建设常态化督查的通知》，坚持“明查和暗访相结合，以暗访为主；定期和不定期督查相结合，以随机督查为主”的方式，对全市政法干部队伍进行不间断督查。在市党务政务服务中心开设政法服务窗口，受理对全市各级政法部门和干部干警的举报投诉。加强正规化、专业化、职业化建设。举办“北京大学—眉山市政法干部法治思维和法治方式运用能力提升培训班”，集中举办全市维稳、综治、大调解、政法政工、执法督查干部专题培训班，开设6期“眉山政法大讲堂”，依托“四川政法大讲堂”开展在线培训6期，分级分类开展执法司法人员法治能力培训14期，参训干警3000余人次。加强政法宣传平台建设，构建“两报两网两微一台一刊”《四川法制报》《眉山日报》，眉山长安网、四川法制网，眉山见义勇为、眉山法学微信公众号，眉山电视台，《眉山法学》杂志宣传平台体系，眉山政法宣传工作连续5年名列全省第一。

【法学会工作】2015年，市委政法委在全省率先建成有正式机构和人员编制的区（县）法学会。围绕全市工作大局和法治建设中的重点难点问题开展应用法学研究，完成中央综治办委托并代拟的《完善多元化矛盾纠纷解决机制的意见》专题调研等重点课题任务，形成《培育全民法治信仰对策研究》等150余篇法学研究成果。指导各研究会组织开展“事实劳动关系的确认”“税务行政处罚自由权”“公益诉讼”“政府法律顾问”等专题研讨会10余次，撰写调研文章30余篇，提出对策建议10余条。加强法学研究成果应用转化，出版《眉山法学文集》（第七辑）和《眉山法学》刊物4期。

（市委政法委）

政府法制

【法治政府建设】2015年，市政府印发《眉山市人民政府2015年度推进依法行政工作安排》，从严格执行决策法定程序、积极推进“三张清单”（权力清单、责任清单、负面清单）制度、严格规范行政执法行为等9个方面做好依法行政工作。市政府与6区（县）政府和41个市级部门签订《2015年度依法行政责任书》，6区（县）政府与所属乡（镇）政府和县级部门分别签订《依法行政责任书》，明确目标任务和责任主体。

【依法行政示范创建】2015年，市政府法制办公室（以下简称“市法制办”）牵头开展示范创建活动，组织全市69个单位申报，市交通运输局、市工商局、市公安局东坡区分局、彭山区青龙镇政府、彭山区工商质监局、市公安局彭山区分局、仁寿县地税局、洪雅县食、丹棱县食药监局、青神县审计局、青神县汉阳镇政府等11个单位命名为全省依法行政示范创建合格单位。

【行政权力清单】2015年，市委、市政府印发《眉山市市级单位行政权力清单（试行)》，市法制办指导市级各部门编制行政权力清单，牵头优化调整发改委、教体局等29个市级行权部门行政权力事项，减少行政权力事项503项，市本级行政权力事项为5158项（行政许可246项，行政处罚4100项，行政强制182项，行政征收51项，行政给付3项，行政检查192项，行政确认71项，行政奖励52项，行政裁决4项，其他行政权力257项)。指导各区（县）完成“三张清单”编制和公布工作。

【复议应诉】2015年，市政府印发《关于进一步加强新形势下行政复议和应诉工作的通知》，在提高复议应诉质量、规范出庭应诉行为、建立健全联动工作机制等方面作了明确规定。市政府行政复议委员会印发《眉山市人民政府第一届行政复议委员会组成人员名单》《眉山市人民政府行政复议委员会工作规则》《眉山市人民政府行政复议委员会全体会议议事规则》《眉山市人民政府行政复议委员会委员守则》《眉山市人民政府行政复议委员会行政复议案件审理会议议事规则》《眉山市人民政府行政复议委员会案例评析规定》《眉山市人民政府行政复议委员会非常任委员工作报酬支付暂行规定》，规范市政府行政复议委员会的工作。2015年，市法制办收到行政复议申请42件，结案36件（维持8件，撤销并责令重新作出行政行为1件，责令限期答复1件，驳回申请8件，不予受理5件，撤回申请5件，未补正材料视为撤回申请7件，转其他部门处理1件)，6件在审理中。承办眉山市范围内被征地村民向省政府申请撤销征地批复复议案件11件。承办以市政府为被告的行政诉讼案件26件，完成证据整理、书面答辩、出庭应诉等工作。

【合法性审查】2015年，市法制办审查全市670个重大行政决策和政府出台的91个规范性文件合法性，并按时报送上级政府法制办和同级人大常委会备案。对下级政府和同级部门报送的118个规范性文件进行备案审查和“三统一”(统一编号、统一登记、统一发布）登记管理。审查信访复核案件23件，提出多条合理化建议。

【法律顾问】2015年，市法制办牵头面向社会遴选10名法学专家和知名律师加入法律顾问队伍。指导各级各部门合理确定法律顾问服务模式，形成市、县（区)、乡（镇）三级法律顾问工作机制。

【执法监督】2015年，市法制办组织全市1497名行政执法人员参加通用法律知识培训，组织全市40余人到省委党校参加依法行政专题培训，审验全市4000余名行政执法人员资格。印发《眉山市2015年行政执法和行政执法监督工作要点》《关于解决行政执法不规范问题实施方案的函》，明确工作任务、工作方案和工作要求，化解执法体制权责脱节、多头执法、选择性执法等情况。与市政府督查室组成市政府依法行政领导小组检查组，对6区（县）政府和市级10余个重点执法部门采取召开座谈会、抽查行政执法案卷、检查行权平台运行情况、查阅规范性文件备案登记目录等方式开展依法行政工作监督检查。梳理依法行政突出问题242个，明确整改部门、整改措施和整改时限，并在各级政府网站公开，接受群众监督。配合市检察院指导全市检察院、法制办及各级行政执法机关建立行政执法与刑事司法衔接信息共享平台，实现“两法”（行政执法与刑事司法）衔接平台与行政权力依法规范运行平台对接，全年通过平台移送涉嫌犯罪案件37件。

【行政审批制度改革】2015年，市政府印发《眉山市市本级行政许可目录》，公布市本级行政许可事项230项。市政府办印发《眉山市行政职权目录动态调整管理办法（试行)》，加强行政职权目录管理，保证行政权力事项合法有效、及时公布和公开运行。

【公共资源交易管理】2015年，市公共资源交易管理委员会（以下简称“市公管委”）印发《关于兼职市公共资源交易管理委员会办公室主任副主任的通知》《眉山市公共资源交易管理委员会议事规则》《眉山市公共资源交易管理委员会办公室工作规则》，明晰市公管委、市公共资源交易管理委员会办公室（以下简称“市公管办”）基本议事规章。市政府印发《关于废止部分公共资源交易管理规范性文件的通知》，废止6份公共资源交易管理规范性文件。市政府办印发《眉山市市本级公共资源交易目录(第一批)》，列入《目录》的公共资源交易活动须纳入市公共资源交易中心集中交易。市公管办印发《关于主任副主任职责分工的通知》，明确职责分工；印发《投诉举报处理暂行办法》《眉山市工程建设项目招标投标投诉举报处理暂行办法》《眉山市市本级公共资源交易现场管理暂行办法》《眉山市工程建设项目诚信库管理暂行办法》《眉山市工程建设项目招标投标工作规程》，规范公共资源交易中的投诉举报及处理，完善交易管理机制，理顺部门职责分工，避免交叉管理、重复管理、管理缺位。

【行政调解】2015年，市法制办组织区县政府法制办负责行政调解工作责任人、市级部门行政调解骨干、专业调解组织骨干200余人，集中参加法律知识和调解技能培训，编印行政调解工作参考资料200余本。全市受理行政调解案件7547件，调解成功7488件，成功率99.2%。

【仲裁工作】2015年，市法制办收到仲裁申请27件，受理17件，不予受理10件。受理案件中裁决4件，调解1件，撤回4件，8件正在审理中。

2015年7月31日，市公安局与市金融部门、市通信部门共同召开打击通信诈骗返赃大会

公安工作

【综述】2015年，市公安局开展十项改革创新和创建“特色四区”（警务改革先行区、打防管控样板区、基层基础规范区、群众认可安全区）等，全市公安工作上新台阶，在市委、市政府年度考评中名列政府部门和政法单位序列第一；在全省公安系统年度综合考评中排名第三，获一等奖，荣记集体二等功，9个单项工作进入全省公安先进行列。《人民公安报》《四川日报》《华西都市报》《四川法制报》《眉山日报》等中央、省、市主流媒体宣传报道70余次。

社会治安管理

【概况】2015年，全市“110”有效接处警6.81万起，比2014年（下同）上升0.57%；全年破各类刑事案件4054起，上升17.4%，抓获各类刑事案件涉案嫌疑人2270人；查处行政案件1.11万起，减少37.9%，查处违法人员7708人。在2015年四川省公安机关社会化综合评价满意指数调查结果中，眉山市排名第六，其中日常动态测评排名第五，政风行风测评排名第七。在政风行风建设群众满意综合指数中，人民群众安全感排名第八，满意度排名第五。

【维护稳定】2015年，市公安局定期开展情报会商，分析研判不稳定因素、突出警情。收集各类涉稳情报信息3187余条（甲级情报189条），分析研判上报《公安国保信息》748期、《维稳综合分析研判报告》12份、《情报研判专报》35期、《网络舆情》169期，超前化解群体性事件36起。全年受理信访事项1401件，办结1382件，办结率98.64%；保持非法上访“零进京”、集访“零到省”；受理各类矛盾纠纷8740起，成功调解8695起，调解成功率99.49%。

【防暴反恐】2015年，市公安局实施盘查清查和涉恐人员三级分类管控，充实应急反恐预备力量750人，整合武警、特巡警、派出所等警力，组建反恐快反小组20支，开展远程集结反恐防暴演练5次。开展反恐大清查3次，查出敏感群体2个、人员482人次，掌控涉恐阵地及人员。管控全市9.4万流动人口，动态管控1.7万名不稳定重点人员，防范和控制个人极端暴力犯罪发生。

【邪教防范处理】2015年，全市公安机关破获各类专案27起，稳控136人，刑事打击17人，治安处罚49，教育训诫70人。立邪教案件5起，破案5起，破案率100%。破获省公安厅督办的“SD1510”专案等一批有影响的邪教案件，抓获22人，刑拘1人，行政拘留3人，教育训诫48人，搜缴作案工具和反宣品。专案侦查彭山民运重点人，打击“6·4”重点人，挤压民运、资化等敌对势力活动空间。

【侦查破案】2015年，全市立各类刑事案件1.43万起、抓获犯罪嫌疑人2270人，抓获逃犯327名，破命案21起、现案破案率

100%，侦破命案积案1起，破获公安部挂牌督办"2014·5·1"盗掘倒卖文物案、省公安厅挂牌督办仁寿"12·4"系列盗窃电瓶车案、丹棱"2·5"特大生产销售假烟案、旭光小区系列入室盗窃案、东坡区"6·3"故意杀人案、"6·28"持枪聚众斗殴案、仁寿县"3·20"聚众斗殴案、洪雅县"11·19"故意杀人案、青神县"2·11"故意杀人案等大案要案。破获毒品刑事案件223起，缴获各类毒品32.32千克；破获新中国成立以来眉山最大的一起运输、贩卖海洛因案，抓获犯罪嫌疑人4人，缴获毒品海洛因19.66千克；破获省目标（2015—148）案1件，打击处理14人，打掉制毒窝点8个，缴获冰毒液体7.08千克，冰毒174.5克，冰毒片剂171颗，制毒原料麻黄素5.66千克。全市公安经侦部门受理各类案件186件，立案123起，涉案金额21.23亿元；破案105起，抓获犯罪嫌疑人196人，抓获上网逃犯13人，挽回经济损失2.9亿余元，打击处理162人，侦破四川宏霖置业投资有限公司非法吸收公众存款案等案件。

【治安管理】2015年，全市受理治安案件1.42万起，查处9279起。查处涉黄案件180起、查处301人，涉赌案件369起、查处806人。全年收缴各类枪支70支、子弹6658发、炸药4765千克、雷管1469枚、弩6把。

【食品药品安全管理】2015年，全市治安部门受理食品、药品类案件11件，立案7件，破获6件，在侦2件，提请逮捕涉案嫌疑人27人，移送起诉15人，捣毁制假售假窝点8处。破获"东坡区生产销售不符合安全标准食品案""东坡区生产不符合安全标准面粉案"；移送起诉公安部督办销售假冒烟草制品案8人；破获丹棱"2·5生产销售假冒烟草制品案"，逮捕涉案人员13人，捣毁生产窝点4处、储存窝点4个，扣押车辆4台，烟草制品1200余件。协助侦办上级发起的食药类集群战役12起，移交犯罪嫌疑人4人。8月至10月，市公安局食药犯罪侦查大队会同市食品药品监督管理局，辗转成都、江油、阆中、石家庄，破获眉山市"尚品商贸有限公司销售有毒有害冰醋酸案"，扣押问题醋酸近1000千克，抓获涉案嫌疑人4人。多次参加全市食品安全大检查，规范食品药品市场秩序。

【户政管理】2015年，市公安局制发《关于贯彻落实〈眉山市深化户籍制度改革实施方案〉的实施意见的通知》，促进农村转移人口和外来人员到眉山市城镇落户。截至12月31日，全市新增城镇人口2.69万人，其中农业人口转非农业人口9689人。全市制发居民身份证17.71万张，其中从4月1日开始，制发有指纹信息的居民身份证12.89万张。为2462名超生、非婚生、无计划生育婴儿办理入户登记。开展户籍人口信息无相片人员清理工作，清理无相片人员6.83万人，18周岁无相片清理完成率98.52%，人像采集率99.96%。专项清理整顿重复户口工作，自查自纠1786件，清理应销未销户口4059个，清理纠正户口登记项目差错105个。在2015年春节期间开展"农民工服务办证月"专项活动，接待群众3.2万人，受理二代身份证1.99万人，办理临时身份证5388人，发放二代身份证送证上门1920张，受理出生登记等户籍项目7989人次，办理暂住证117张，抓获网上逃犯1人。

2015年9月3日，全市公安机关进入一级戒备响应，副市长、公安局局长辜永忠等领导坐镇市公安局指挥中心，视频指挥调度全市"9·3"维稳安保工作

【流动暂住人口规范化管理】2015年，全市公安机关登记流动人口9.4万人，比2014年（下同）减少7192人，下降7.1%。暂住人口中，男性5.23万人，女性4.17万人。2014年7月1日至2015年6月30日，全市为5613人发放暂住证，减少3788人，下降40.29%。在暂住人口管理中破获刑事案件53件，查处治安案件272起。

【“一标三实采集”与运用】2015年，全市采集录入实有房屋4.03万套，实有人口7.6万人，实有单位7473家，从业人员6.14万人。全年完成实有人口人员核查88.44万人，实有单位日常检查6.33万家，实有房屋日常检查43.82万套；采集和分类确定流动人口信息采集申报点3517个，通过社会机构、单位主动申报录入流动人口信息4万余条。

【社会治安防控体系建设】2015年，市公安局充实调整全市中心城区和县城镇39个社区警务室，农村警务室21个，医院警务室9个，每个警务室实行“3+3”(3名民警+3名辅警）或“1+2+N”(1名民警+2名辅警+治保力量）工作模式，保持71名专职社区民警和61名驻村民警工作。建立完善治保会1322个4845人；建立治保小组3878个1.1万人；建立治安联防组织机构705支，配备治安联防队员6687人，全市在治安防控中为破案提供线索428条，抓获各类违法犯罪人员130人。

【创新社会管理】东坡区是全省49个吸毒千人以上的重点县（区）之一，特殊涉毒人群以身患艾滋病、严重传染性疾病和肢体残疾等原因行“抢劫、抢夺、盗窃”及“以贩养吸”等违法犯罪活动危害社会治安，2012年建立康复（救助）中心实施“保障+救助+管理”，逐步形成“党政主导、公安管理、卫生服务、社会参与”的特殊涉毒群体管控模式。2015年，东坡区依托康复（救助）中心建设，对感染艾滋病、肺结核等传染性疾病或肢体残疾的吸毒人员进行康复救助，先后收治特殊涉毒人员560余人次，其中艾滋病人86人次，收治率98%。全区社会治安秩序良好，国家禁毒办公室印发第162期《禁毒工作简报》，向全国推广学习东坡区创新特殊涉毒人员管控模式的经验做法。

【行业管理】2015年，市公安局把旅馆业、典当业、公章刻制业列入行政审批备案工作，落实监管责任，对旅馆业进行“四实”（实名、实情、实数、实时）登记管理，对印刷业、废旧金属回收业实行备案登记制。做好日常检查与二手机动车交易市场等旧货流通业治安管理阵地控制。全年检查各类行业场所1000余家，处罚宾旅馆不按规定登记住宿旅客信息46家、废铁收购站收购废旧金属站点未如实登记12家、承修机动车不如实登记8家。对全市96家未办证留宿场所安装信息系统，安装率100%，全省考核第一名。

【禁黄禁赌】2015年，市公安局开展打击涉黄涉赌专项行动，全市治安部门办理涉黄案件180件，其中行政案件137件，行政拘留266人，破获刑事案件43件，刑事拘留35人，移送起诉50人，捣毁涉黄窝点36个，打掉组织卖淫团伙12个。办理涉赌案件369件，其中办理行政案件272件，行政拘留违法人员656人，侦破刑事案件97件，刑事拘留犯罪嫌疑人150人，移送起诉200人，收缴各类赌博机具1258台，捣毁涉赌团伙50个。移送起诉开设赌场案（网络赌博案）涉案人员13人，收缴违法所得3600万元。

【信息化建设】2015年，市公安局制定《2015年信息化建设重点项目分解表》，投入394万元改造信息中心运行环境；投入350万元推进全市扁平化指挥体系方案设计、硬件采购招投标、环境搭建、安装等建设工作；投入240万元用于PGIS（警用地理信息系统）建设；投入844万元在眉山中心城区建成投运“高清”天网监控点位300个，完成220个标清点位的高清改造，各分县局的1340个天网点位纳入市指挥平台调度，全市一类、二类、三类点位运行正常率和在线率均95%以上；投入226.5万元完成“动中通”地面站建设，新建“动中通”卫星通信系统1套，购置“动中通”卫星通信车1辆，7月底，市“动中通”卫星通信车投入使用，在全国残运会火炬传递安保通信保障中发挥音视频现场传输作用。

采集市内党政机关、学校幼儿园、医院诊所、加油（气）站、派出所、涉危化涉爆信息等重点单位图层的标注率100%，旅店、网吧标注率分别98.18%、99.21%，完成派出所辖区采集工作和通用采集工具中的图层采集工作。

【网络舆情导控与安保】2015年，市公安局发现、通报和上报异地、境外网站专项有害信息5955条，处置异地专项有害信息1367条，完成公安部、省公安厅落地信息19人次，开展落地调查25人次，确保全市舆情总体平稳可控。做好2015年眉山全国高考网上安保工作，受到公安部通报表彰。

【警卫保卫】2015年，市公安局制定科学警卫方案，先后完成荷兰经济大臣坎普考察彭山区出席联合利华全球生产基地一期开业庆典，四川省委书记王东明，中央政治局原委员、全国政协原副主席杨汝岱，最高人民法院院长周强，中央政治局委员、中央书记处书记、中宣部部长刘奇葆等领导到眉山考察警卫任务10批次。完成全国第九届残疾人运动会火炬传递暨眉山赛区比赛、纪念抗战胜利70周年活动、第七届中国泡菜展销会、全省道路交通安全整治现场会等84个大型活动与重要会议安保任务。

【公安宣传】2015年，市公安局组织开展“身边雷锋·时代楷梓”巡回演讲3场次，全年在省级媒体刊登稿件900余篇（次），在中央级媒体上稿240余篇（次）。中央电视台、法制网、凤凰网、腾讯网、《人民公安报》《四川日报》《四川法制报》等主流媒体多次报道全市公安工作，提升眉山公安知名度。

【便民利民服务】2015年，市公安局创新推出改进作风便民利民措施6类37项，涉及治安、交通、出入境、消防、监所管理等方面的20项管理权限下放分县局；精减压缩户政业务、消防验收等办事流程22个；999项行政审批项目归口公安窗口统一受理、审核、发证和公示，实现治安许可、驾考车检、出入境办证、行政审批、消防审批等项目网上预约、网上审查、网上办理、网上告知“一站式”服务，在全省公安工作社会化评价考评中，眉山排名第六，连续三年进入全省一流方阵。

【执法规范化建设】2015年，市公安局制定《开展法制学习年实施方案》，市、区（县）两级公安机关制定会前学法制度和授课提纲，每月由授课部门统一授课。法制支队组织全市公安机关科所队长参加法治公安建设专题培训3期。全市组织597名民警参加中级执法资格等级考试，98名新入警、转警的民警参加基本级执法资格考试。组织全市139名参赛人员进行法律知识比武竞赛；组织18名参赛人员封闭式集训，参加全省公安机关学法用法比武竞赛并取得佳绩。

市公安局在公安改革中规范执法主体，建立《主办侦查员工作规定》《主办侦查员考核办法》《主办侦查员分级管理办法》等7项配套制度，形成主办侦查员配套机制。市、区两级公安机关建立案管中心，制定《案管中心工作规定》《案管中心工作流程》等10余项配套工作制度规定，形成从受案审查→立案审核→个案监督→督察追责的一体化案件管理程序，实现执法办案“三统一”（统一审核、统一出口、统一把关）。充实27名专职人员，监督刑事、行政执法权力，实现受立案分离的改革要求。

严打整治专项行动

【“打黑除恶”专项行动】2015年，全市公安机关开展“打黑除恶”专项行动，打掉黑恶势力犯罪团伙13个，抓获九类涉恶类犯罪嫌疑人405人。

【“灭枪”行动】2015年，市公安局在全市开展“灭枪”专项行动，全市破获非法持有枪支案件35起，缴获枪支44支，抓获并移送起诉涉枪类犯罪嫌疑人75人，其中起诉非法持有、私藏枪支弹药罪犯罪嫌疑人54人，起诉非法制造、买卖、运输、邮寄、储存枪支、弹药罪犯罪嫌疑人21人。

【“打击严重暴力犯罪”专项行动】2015年，市公安局从6月19日起开展为期6个月的严厉打击严重暴力犯罪专项行动，破获持枪伤害案件1起；暴力袭警案件1起，提清逮捕4人；暴力抗法案件4起，提请逮捕4人。

【“打拐”专项行动】2015年，市公安局开展打击拐卖妇女儿童犯罪专项行动，在“三八”妇女节、“六一”儿童节、“110”宣传日等节点，在全市各区县中心城区、主要街道、社区、学校等场所开展打击拐卖妇女儿童宣传30余次，全市破获拐卖妇女案件3起，其中省公安厅挂牌督办案件1起，起诉拐卖妇女犯罪嫌疑人3人。

【打击“两抢两盗一诈骗”犯罪专项行动】2015年，全市公安机关开展打击多发性侵财犯罪专项行动，抓获侵财类犯罪嫌疑人667人，比2014年（下同）上升6.89%，打掉跨区域系列犯罪团伙9个，侵财案件重刑率7.08%，下降2.18%。

【网上追逃】2015年，全市公安机关运用信息系统开展追逃研判，抓获2013年12月31日前网上的在逃人员32人。

【“扫毒害”专项行动】2015年，全市公安禁毒部门在扫毒专项行动中破获各类毒品案件1922起，其中治安案件1692起，刑事案件230起，缴获各类毒品27.99千克，其中海洛因25.27千克、合成毒品2.7千克，黄牌警示涉毒场所18家，刑事拘留292人，监视居住19人，取保候审16人。强制隔离戒毒1049人，责令社区戒毒310人。行政拘留1437人，责令社区康复18人。

【“治爆缉枪”专项行动】2015年，全市公安机关在治爆缉枪专项行动中收缴各类枪支70支、子弹6658发、炸药4765千克、雷管1469枚、导爆索19.25千米、管制刀具28把，仿真枪1支、弩6把；破获涉枪涉爆刑事案件2起，抓获犯罪嫌疑人2人，查处涉枪涉爆行政案件1起，查处违法嫌疑人1人。

【开展打击整治食品药品领域违法犯罪利剑行动】2015年，全市公安机关受理食品、药品类案件11件，立案7件，破获6件，在侦2件，提清逮捕嫌疑人27人，移送起诉15人，捣毁制假售假窝点8处，破获“东坡区生产销售不符合安全标准食品案、丹棱“2·5”生产销售假冒烟草制品案”等案

2015年11月20日，在眉山职业技术学院开展全市公安机关应急处突队伍远程集结暨反恐防暴演练

件，依法移送起诉公安部督办的销售假冒烟草制品案8人。

【开展仿制式警服清理整顿专项行动】2015年，市公安局与14家保安服务公司和100余家单位企业签订《不违规发放和穿着仿制式警服承诺书》，检查生产和销售企业、网点、着仿警服群体393个，查处制式服装5件、各种配饰175个，仿制式服装233件、各种仿配饰1210个、警械6个。

【开展民营企业周边社会治安整治行动】2015年，市公安局制发《关于报送2015年民营企业周边社会治安整治工作情况的通知》，整治行动中出动警力6525人次，走访企业1856家，发现并整改隐患236起，排查矛盾纠纷468起，抓获违法犯罪嫌疑人71人，清查出租房屋108户，清查行业场所678家，查处治安案件201起，行政拘留116人，侦破刑事案件23起，刑事拘留23人。

【严厉打击非法集资犯罪专项行动】2015年，全市公安机关立非法吸收公众存款、集资诈骗案件18起，涉案金额19.2亿元，涉及集资参与人员4250人（户）；破案12起，移送审查起诉案件11起，查扣、冻结涉案资产约2.7亿元；打掉犯罪团伙4个，抓获犯罪嫌疑人51人，移送起诉40人。

【打击假币犯罪专项行动】2015年，市公安局经侦支队指导全市公安经侦部门创新工作方法，形成打击假币违法犯罪“三个点对点”（辖区派出所——银行网点，经侦部门——刑侦部门，经侦部门——人民银行）工作模式，省公安厅向全省推介《眉山市公安机关“三个点对点”创新打击假币违法犯罪工作模式》经验材料。全年全市公安机关开展打击假币犯罪专项行动，查处持有、使用假币行政案件近50起；立、破伪造货币，购买、销售假币与持有、使用假币等刑事案件7起，破获系列假币调包诈骗案件8起，移送审查起诉案件14起，抓获并打击处理犯罪嫌疑人5人；收缴假人民币49.6万元。

【打击系列假币调包行动】2015年2月至4月，市辖6个区（县）接连发生犯罪分子冒充地质勘查人员，假借租用房屋伺机实施假币调包案件，涉案金额9万余元。市公安局建立专案侦查，经侦、刑侦、技侦等多警种合成作战，专项打击。4月20日，该系列假币调包诈骗案件的3名犯罪嫌疑人被专案打击队伍全部抓获归案，现场搜缴假人民币近2万元。串并、破获该系列诈骗案件8起，侦破持有、使用假币刑事案件6起，收缴涉案假币10.5万元。

【丹棱网络贩卖假币案】2015年8月，丹棱县公安机关在工作中发现，有不法分子于本县境内使用QQ聊天工具，通过韵达快递公司进行网络贩卖假币，随即对该线索开展核查。9月4日，公安机关在丹棱县韵达快递公司调查发现，收件人为“杰克逊”的快递包裹内物品为假人民币纸钞，随即立案侦查。当日，专案组在该快递公司配合下，将前来领取该包裹的人员谢寨旭当场抓获。在其接收的快递包裹以及出租屋内，搜查出1244张人民币印制品（经中国人民银行眉山中心支行鉴定为假币），总面值为3972元，面额分别为1元、5元、10元、20元、50元，并查获其网络购买和销售假币的聊天记录和网上资金交易等证据。经查，2015年1月以来，犯罪嫌疑人谢寨旭化名“杰克逊”，通过物流快递形式从互联网购买半成品假人民币，再加工为成品假币后，通过互联网QQ聊天工具等多次进行假币销售，涉嫌伪造货币与购买、出售假币犯罪，被依法惩处。

【联合整治银行卡网上非法买卖专项行动】2015年3月至6月，

全市公安经侦部门开展联合整治银行卡网上非法买卖专项行动。期间，立案涉网银行卡犯罪案件5起、破案3起，其中破获团伙案件2起，抓获犯罪嫌疑人11人，提请逮捕3人。

【打击制售假冒伪劣商品犯罪行动】2015年，全市公安机关开展打击制售假冒伪劣商品犯罪行动。行动中，立各类假冒伪劣和侵犯知识产权案件9起，破案8起，移送审查起诉案件8起，打掉制贩假团伙7个，抓获犯罪嫌疑人26人，打击处理21人。

【打击丹棱制造、销售假冒卷烟专项行动】2015年7月初，市公安局、丹棱县公安局专案组联合市、县级烟草管理部门，开展打击丹棱制造、销售假冒卷烟的专项行动，破获眉山建市以来最大的制造、销售假冒卷烟案件。分化瓦解制售假烟团伙4个，抓获并刑事拘留犯罪嫌疑人14人；查获生产制造假烟窝点4个、假烟仓储窝点8个；收缴“中华”“玉溪”“云烟”等各类假烟品种1200余箱，现场收缴制造假烟工具10余台及假冒标识2万余张，扣押涉案车辆6台、账本若干、现金60余万元。公安部与国家烟草专卖局打击制售假烟网络工作领导小组办公室发来贺信。

【打击、整治传销犯罪专项行动】2015年，全市公安经侦部门开展打击、整治传销犯罪专项行动，立、破组织、领导传销活动案件3起；打掉传销团伙2个，捣毁传销窝点5个，抓获犯罪嫌疑人6人，依法惩处5人。

【打击商业贿赂犯罪专项行动】2015年1月至11月，全市公安经侦部门破获商业贿赂案件16起，涉案金额260余万元，打击处理犯罪嫌疑人16人，其中，破获山东鲁洲集团旗下鲁洲生物科技（四川）有限公司员工特大系列商业贿赂案，涉案总金额200余万元，移送起诉犯罪嫌疑人14人，为企业挽回直接和间接经济损失1400余万元。

道路交通管理

【概况】2015年，眉山市公安局交通警察支队（以下简称“交警支队”）巩固深化道路交通安全综合整治工作，确保全市道路交通安全畅通有序。全市发生道路交通事故157起，比2014年（下同）下降4.27%。死亡66人，下降14.29%，未发生一起死亡3人以上较大交通事故。

【道路交通安全综合整治】2015年，交警支队做好全市国省干道“双超”（超速、超载）整治工作，新建固定治超检测点18个，落实交警、路政、农机执法人员全天候联合勤务制，组建机动执法队，对故意逃避检查的违法车辆实施精准查缉，全市查处各类双超违法车辆1200余辆。联合治安、特警、武警开展武装值守和追踪查缉，行政、刑事拘留恶意冲关、妨碍执行公务的驾驶员7人。

【农村道路交通管理】2015年，通过道路交通安全整治，初步建立起“政府主导，乡镇主抓，交警指导，交管办主管，派出所协管，道协和安联组参与”的农村道路管理新模式。全市128个乡（镇）全部建立交管办，成立道安协会分会，恢复安全联组。配备交管办专职人员463人，设立重点村劝导点512个，配备劝导员1635人，将人员和工作经费纳入各级财政预算。全市乡（镇）交管办统一办公场地、外观标识、基础台账和工作制度，配齐必要工作装备。自主研发“农村道路交通安全管理信息系统”，实现基础信息全面录入、及时更新，隐患排查实时上传、限时整改，交通违法精确查询、科学研判，工作绩效自动统计、网上考核。明确乡（镇）交管办职能职责，落实人员工作责任，对辖区车辆和驾驶人基础数据采集、道路隐患排查整改、村民交通安全宣传教育、重点车辆及人员违法劝导、抓好交通违法行为集中整治等工作。通过互联网信息平台，实现车驾业务临界信息和交通安全提示实时告知；交管办建立QQ、微信群，实现车驾业务咨询和预约办理，便捷服务车主。全省道路交通安全综合整治深化巩固年工作推进会在眉山召开，眉山经验在会上交流。

【道路交通事故预防】2015年，交警支队坚持每月开展道路交通事故形势分析研判，开展道路交通安全隐患排查整治，全市排查标志标线标牌损毁缺失，安全护栏损毁缺失等隐患650处，列入市重点隐患11处，报告党委、政府及时整改，预防和减少事故发生。

【道路交通安全宣传】2015年，交警支队推进交通安全宣传“五进”（进社区、进村庄、进学校、进单位、进家庭）活动，组建眉山市公安交警文艺宣传小分队，同道安协会等协作，组织开展“道路交通安全宣传季”等活动，以书法、文艺演出等形式，将道路交通安全宣传活动推进到社区、企业、村组，提升社会知晓率。全市张贴、散发宣传资料30余万份，展板2000余块，标语8000余幅；在各类媒体开设整治专栏15个，曝光典型案事例259件次；发送整治短信100万余条，提升人民群众交通安全意识。

【走进眉山网在线访谈】2015年5月，交警支队政委伍利民、副支队长何超率相关科室负责人走进眉山市政府官方网站与网民互动交流。访谈期间，市人民政府网站有2000余人在线，371名网友参与访谈，就货车超限超载、驾考难等问题展开谈论。

【交通基础设施建设】2015年，交警支队投入各类资金1000余万元专项用于信息化建设工作。投资258余万元，建成具有信号联网控制、数字视频监控、综合指挥调度等功能的支队智能化交通指挥中心；投资785余万元，在中心城区63个重要路口节点建成自适应信号控制和闯红灯电子警察，路口联网信号控制率95%，完成全市335千米国省干道、各治超点智能卡口和视频监控系统建设，全市建成智能卡口5处、视频监控探头668个，实现大平台、大数据要求并接入全国和全省稽查布控系统，实现对事故多发、危险路段实时监控全覆盖。投资44余万元，建成中心城区禁货车入城系统，对违规进入中心城区的货车全程跟踪抓拍录像。

【秩序管理】2015年，全市交警部门定期组织、集中开展查处机动车涉牌涉证、酒后驾驶等各类专项行动30余次，全市出动警力1.23万人次，先后组建缉查小分队101个，设置检查点144个。检查各类车辆8.97台次，查处各类交通违法行为20余万起。

【整治湖滨路通行秩序】2015年，交警支队开展湖滨路交通专项整治行动，形成湖滨路限时限段单向通行方案并组织实施，在湖滨路段新增交通信号灯路口6个，闯单行电子警察5套，闯红灯电子抓拍系统18套，改善湖滨路通行秩序。

【中心城区非机动车专项整治】2015年11月，交警支队启动中心城区非机动车通行秩序专项整治，采取“大队包片、中队包段、民警包点”的“三包方式”，将整治工作任务层层分解落实到人。由财政出资聘请150名交通劝导员协助交警部门执法，全年劝导、教育非机动车驶入机动车道行驶500余起。

【车辆管理业务】2015年，交警支队推进车管业务下放，在全市新增3家4S店机动车登记服务站，在办理新增注册登记时合并办理抵押登记业务。将电动自行车上牌办证和购买保险业务全部下放到各交警中队、乡（镇）派出所及有条件的农村交管办，实现登记和保险一条龙办理，将服务送到群众身边。

【机动车检测】2015年，交警支队投资100余万元建成机动车监管中心，实现对全市社会化检测机构远程监管、网上审查，严把车检审核标准关，保证车辆检测合格率、准确率。截至年底，全市有社会化安检机构11家，汽车线10条、摩托车线9条，检测车辆18.3万台次。

【驾驶人管理】2015年，交警支队严把驾考准入关，推广互联网预约考试，科目一、二、三全程智能化考试等举措，规范驾考，全年完成13余万人考试任务。

【“法制学习年”活动】2015年，交警支队启动“法制学习年”活动，支队党委全体成员、支队机关和直属大队全体民警参加动员会和第一堂法律培训课。印发支队《关于组织开展法律学习的通知》，利用晚上时间将规定的5部专业法律法规和10部公共法律法规进行培训，由支队党委成员和各业务科室负责人培训授课。

【规范执法】2015年，交警支队坚持执法质量考评，成立由法制、事故、秩序、车管等相关部门组成的执法质量考评领导小组，健全落实执法质量考评、法制情况通报、监督考核制度，按季度考评；制订出台有关事故处理、车管业务办理、驾照考试、涉案车辆停放施救、违法记分等方面制度8个，自主研发违法记分处理系统、驾驶人档案管理系统、机动车检测监管系统等业务监督系统；做好行政执法权力清理，全市清理规范公安交管部门行政执法权力336项（其中行政处罚291项、行政强制措施11项、行政确认3项、行政检查6项、其他行政权力25项）。

检察工作

【概况】2015年，全市检察机关有9个集体、32名个人获市级以上表彰，有6项工作经验在省以上交流推广，有4个案件分别被最高人民检察院、省人民检察院评为精品案例。“眉山检察”成为四川省唯一入围全国前20名的地市级检察院官方微博微信。

【打击刑事犯罪】2015年，全市检察机关批准逮捕犯罪嫌疑人1400人，起诉2418人。其中，批捕黑社会性质组织犯罪、故意杀人、绑架等严重影响社会治安和群众安全感的犯罪14件16人，起诉14件17人；批捕抢劫、抢夺、盗窃、诈骗等多发性犯罪424件547人，起诉491件689人；批捕涉黄涉赌、侵害妇女儿童权益等社会反映强烈的犯罪91件123人，起诉185件343人。

【查办职务犯罪】2015年，全市检察机关立案查办职务犯罪案件52件75人。其中，贪污贿赂案件44件61人，渎职侵权案件8件14人；查办大案49件，要案8人（厅级2人、县处级6人）。开展打击工程建设领域贿赂犯罪专项行动，查办18件25人。开展打击行贿犯罪专项行动，查办5件5人。开展追逃追赃工作，追赃挽损

5400余万元；抓获1名携款58万元、潜逃16年的贪污犯罪嫌疑人。

【预防职务犯罪】2015年，市检察院建立完善侦查和预防工作信息交流、提前介入和会诊机制，在查办职务犯罪案件中同步开展预防，向发案单位发出预防职务犯罪检察建议40份，提出整改措施19条，促进建立健全各类规章制度15项。与市房管局等部门建立“实名制信息共享协作机制”，开辟实名制信息查询绿色通道。开展职务犯罪预防宣传，深入职务犯罪高发行业开展调研3次，开展预防讲座36场，利用门户网站、官方微博微信发布职务犯罪预防信息136条。跟踪服务重大投资项目、重大工程项目建设，推动廉洁准入管理，提供行贿犯罪档案查询238次。

2015年7月7日，市检察院第五支部全体党员重温入党誓词

【涉毒案件】2015年，全市检察机关探索构建“在刑事上重打击，经济上不放纵”的毒品案件办理“眉山路径”，办理各类毒品案件343件424人；与市公安局会签文件规范涉毒案件财物管理；协调公安机关、环保部门对60余吨液态制毒原料和400余千克液体毒品进行无害化销毁，工作经验在全省推广，中央电视台和《检察日报》等主流媒体进行报道。

【未成年人案件】2015年，市检察院创新“左手挽救右手保护，两手抓两手都是爱”未成年人刑事检察工作模式，开展法律援助82人次，不逮捕38人，附条件不起诉13人，封存未成年人犯罪记录76件，通知合适成年人参与刑事诉讼63人次，工作经验在全省交流，刘某强奸猥亵儿童案入选四川省十大未检典型案例。

【监督职能】2015年，全市检察机关监督侦查机关立案19件，纠正不应当立案而立案18件，纠正漏捕31人、漏诉43人；监督刑事审判机关，提出（提请）刑事抗诉11件，法院审结8件，改判或发回重审6件；监督刑事执行机关，纠正监管场所违法55件，纠正违法减刑、假释、暂予监外执行21件，督促收监执行3人，查办涉嫌职务犯罪1人。开展羁押必要性审查22件，对无羁押必要18人提出释放或变更强制措施建议；依法全程监督64名罪犯特赦工作。受理民事行政申诉案件117件，提出（提请）抗诉3件，提出个案再审检察建议19件，办理审判活动违法监督13件，办理执行活动违法监督11件。移送审判、执行人员职务犯罪线索3件，移送其他职务犯罪线索2件。对行政审判违法提出监督意见2件。推进“行政执法与刑事司法相衔接工作”信息共享平台建设和应用，291家用户单位按要求完成资源配置，并通过平台移送涉嫌犯罪案件14件，公安机关立案5件。

【社会治理】2015年，市检察院畅通群众诉求渠道，完善12309举报电话、网上信访、来信、来访、视频接访“五位一体”接访办访工作机制，办理控告申诉举报467件，接待群众来访502人次。全市检察机关连续8年实现涉检案件进京到省零上访。在检察环节化解社会矛盾，全年促成刑事和解不捕42人、不诉78人，开展不捕说理290件，要求公安机关对应当立案而未立案案件说理19件；办理司法救助案件45件，发放救助金39万元。坚持“谁执法、谁普法”的普法责任制，开展法制讲座25场、法制宣传10次。推进网格化社会管理，强化对监外执行罪犯社区矫正的法律监督，纠正脱管、漏管等违法问题170件，工作经验在全省交流。

【队伍建设】2015年，全市检察机关畅通干部和人才交流渠道，新招录检察干警11名。开展全员教育培训，组织参加各类专题学习、业务培训59期，开展法庭论辩、审讯技巧、法律文书制作等练兵活动13期。市人民检察院、彭山区人民检察院、青神县人民检察院分别与四川大学法学院、四川大学锦江学院、四川师范大学法学院建立院校合作机制。查摆司法不规范具体问题68个，建立台账进行管理，通报6件司法不规范典型案例，对相关人员依纪依规作出处理。坚持开门纳谏，采取座谈会、登门走访、问卷调查等形式征求意见，汇总意见建议29条。推进基层院“八化”（执法规范化、执法标准化、队伍专业化、队伍职业化、管理科学化、管理信息化、保障现代化、保障实用化）建设，东坡区人民检察院、丹棱县人民检察院顺利通过基层检察院建设抽样评估。建成4个司法鉴定工作室，建成远程视频接访、远程审讯、侦查信息查询等系统，完成检察机关涉密信息分级保护建设，建成信息技术侦查中心并投入使用。

【接受外部监督】 2015年，两级检察机关主动接受人大、政协和社会各界监督，向人大报告工作18次，向政协、各民主党派、工商联、无党派人士通报工作15次，邀请参加工作视察、检察开放日活动、专项执法检查、旁听庭审等活动23次。深化检务公开，统一发布案件信息3854条，公开法律文书1223份；通过微博、微信、手机报发布检察信息3700余条，寄送联络专刊4000份；在国家级、省级媒体上稿340篇；接待律师和其他人员查询案件信息143次；市人民检察院门户网站全年点击率超过12万次。

（薛良荣）

法院工作

【概况】 2015年，眉山市中级人民法院（以下简称“市法院”）下辖东坡、彭山、仁寿、青神、洪雅、丹棱6个基层法院，19个人民法庭。全市法院工作受到省市领导肯定性批示25次，在省法院委托的第三方满意度测评中排名全省法院第八位。受到市级以上表彰36人次，1名干警被评为全国法院先进个人。全国法院多元化纠纷解决机制改革工作推进会在眉山召开，“眉山经验”（党政主导各方推进，解纷网络全面覆盖，司法推动科技助力，辅分调审有序化解）入选中央司改办30个改革案例之一，市法院被命名为“多元化纠纷解决机制改革和司法公开双示范法院”“全省法院文化建设唯一示范中级人民法院”。

【刑事审判】 2015年，全市法院审结刑事案件1755件，比2014年上升14.71%。其中，市法院审结176件，审结率89.8%。严惩多发突出犯罪，审结故意杀人、故意伤害、爆炸、抢劫、绑架等严重暴力犯罪225件305人，审结毒品犯罪案件183件，东坡区法院依法惩处23人非法集资犯罪案件。严惩贪污贿赂犯罪，审结贪腐案件33件。严惩危害农民工、妇女、儿童等弱势群体犯罪，审结拒不支付劳动报酬罪3件4人，审结侵害妇女、儿童权益犯罪案件41件，被最高法院确定为全国第二家“预防惩治侵犯留守儿童权益犯罪联动机制”试点中级人民法院。办理减刑、假释案件1047件，办理特赦案件64件，执行注射死刑4例。

【民事审判】 2015年，全市法院审结民商事案件1.74万件，比2014年（下同）上升18.31%。其中，市法院审结1613件，结案率94.55%。妥善审结劳动争议案件1311件，上升41.88%。审结房地产开发经营合同纠纷、建设工程合同纠纷、土地使用权纠纷等房地产案件332件，上升76.60%。审结民间借贷纠纷案件2316件，上升102.98%。

【行政审判】 2015年，全市法院贯彻新修订的《行政诉讼法》，审结行政案件305件，比2014年上升134.62%。其中，市法院审结165件，结案率93.75%。探索行政案件集中管辖，报送年度行政审判白皮书，提出司法建议18条，市人大常委会组织召开全市依法行政工作会议。

【执行工作】 2015年，全市法

2015年4月9日，全国法院多元化纠纷解决机制改革工作推进会在眉山召开

院依法执结案件 6017 件，执结标的额 31.87 亿元，比 2014 年分别上升71.23%和 573.78%。其中，市法院执结 446 件，结案率 96.75%。开展“集中打击拒不执行法院判决、裁定等犯罪行为”专项行动，判处刑罚 2 人，司法拘留 12 人。加大惩戒失信被执行人力度，将 805 名失信被执行人纳入征信黑名单。发挥“点对点”网络执行查控系统功效，查控存款逾 3.15 亿元、车辆 1637 辆、房地产 2996 宗。

【立案工作】2015 年，全市法院以破解“立案难”为目标，召开新闻发布会，制定统一方案，清理各项立案“土政策”，落实有案必立、有诉必理，当场登记立案率 95.68%，法定期限内登记立案率 100%，未发生一起有案不立、拖延立案投诉。全市法院立案 2.72 万件，审结 2.68 万（含旧存）件，结案率 94.97%。其中，市法院立案 3588 件，审结 3649（含旧存）件，结案率 96.28%。

【诉非衔接】2015 年，多元化纠纷解决机制改革“眉山会议”召开，中央政治局委员、政法委书记孟建柱作出重要批示，最高法院院长周强到会讲话并视察指导，“眉山经验”正式提出并向全国推广。中央深改组审议通过《关于完善矛盾纠纷多元化解机制的意见》，眉山为此提供基层实践素材。“眉山经验”入选中央司改办十八大以来 30 大改革案例。省人大常委会征求《四川省矛盾纠纷多元化解机制促进条例（初稿）》意见，“眉山经验”转换为全国首个省级立法。加大调解组织培育和调解人员培训力度，专业性、行业性调解组织向泡菜、医疗等各行业延伸，全市培训专业调解员 431 名。邀请最高法院司改办相关负责人专题授课，为法官员额制、司法责任制等司法体制改革做好思想发动。

【诉讼辅导】2015 年，市法院新建诉讼服务中心，融合纠纷分流、司法公开、诉讼服务、法治教育等多种功能，全国各地 20 多批党政干部到眉山考察。诉讼辅导的人工服务与自助设备智能服务互为补充，方便当事人参与诉讼。诉讼辅导被写入最高法院司法解释征求意见稿。推行诉讼辅导机制，通过诉讼辅导环节分流化解纠纷 18.36%。加大速裁机制适用力度，市中院 26.42%的民商事案件速裁审结，全市法院民商事案件速裁审理周期 12 天。成立专门诉讼保全组和诉讼文书送达组，集中快速办理诉讼保全和文书送达工作。司法“前台”的制度创新和程序设计，化解大部分纠纷，促进司法“平台”的公正权威裁判，全市法院服判息诉率 92.69%，信访投诉率 2.04‰，全市法院审判质效持续稳定在全省法院前茅，在争创“两个一流”半年考核中排名全省第一。

【信访工作】2015 年，市法院推行诉访分离和信访终结制度，着力解决涉诉信访进出口不畅问题。开展信访举报积存线索专项清理，按照“拟立案、初核、谈话函询、暂存、了结”五类处置方式及标准，对每件案件提出处置意见并报党组研究决定。全市法院纪检监察部门收到群众来信、来访 103 件（次），全部按时办结回复。

【司法救助】2015 年，市法院健全领导小组，明确职责分工，规范司法救助工作开展、审批程序和资金发放、档案管理、统计报告等工作。全市法院向 100 件 192 名孤寡残幼、低保人员等经济困难当事人发放司法救助金 87.09 万元，为 1435 件案件当事人缓、减、免交诉讼费 333.61 万元。

2015 年 4 月 23 至 25 日，中央电视台《焦点访谈》栏目摄制组到眉山采访“诉非衔接”工作

【司法公开】2015 年，全市法院深化司法公开，裁判文书上网率 95%，巡回审理案件 2813 件，网络直播庭审 32 次，连续 2 年播出 20 期《法庭纪实》电视节目，连续 3 年推出 3 部法治微电影。多元化纠纷解决机制改革成效在中央电视台“焦点访谈”栏目整期专题播出。“眉山经验”作为全国十大基

2015 年 9 月 25 日，市法院举行“开放日”暨“法律进学校”活动

层改革典型经验之一，在《人民日报》头版刊载。开设“12368”语音电话服务热线，接听、办理电话 400 余次。

【队伍建设】2015 年，市法院融合法院文化、东坡文化、廉政文化的法治教育陈列馆向群众开放共享。规范内部“三会”（党组会议、审判委员会议、院长办公会议）议事程序，规范法官会见当事人及代理人行为，规范涉案财产查封、冻结、评估、拍卖程序，开展审务监督 10 次。举办教育培训讲座 29 次，外派参训 1275 人次，上派下挂干警 13 人，开展法官、书记员、法警大练兵，实施“青蓝工程”传帮带，举办首届全市法院运动会，承办中国法学会和省社科院两个省部级调研课题。

【信息化建设】2015 年，市法院树立“互联网+”思维，初步形成“开放、动态、透明、便民”的阳光司法机制，信息技术运用成果在全省中级人民法院院长会上“PPT+现场连线”展示。以当事人心理需求为导向，优化诉讼服务中心“实体店”信息化设施，完善诉讼服务中心“网店”立案预约、案件查询、庭审直播等功能，眉山法院网点击率 900 余万，“互联网+诉讼服务”有效运用。整合大要案及执行指挥、“点对点”查控、“三大公开”（裁判文书上网公开、案件流程信息公开、执行信息公开）、诉非衔接管理、IP 音视频对讲等系统，搭建集约化的司法综合信息查询平台，“互联网+司法公开”有效融合。优化“诉非衔接”管理系统，科学考核区县、乡镇和基层法院，与调解组织音视频互联互通，逐步实践“互联网+多元纠纷解决”。

（市中级人民法院）

司法行政工作

【概况】2015 年，市司法局获市委市政府以上表彰 19 次，受到省、市领导肯定性批示 15 次，“依法治市·法在身边”集中宣传活动得到市委李静书记肯定，6 月，司法部部长吴爱英到眉山调研，对眉山司法行政工作给予充分肯定。

【普法工作】2015 年，全市将“法律七进”（进乡村、进学校、进社区、进机关、进寺庙、进企业、进单位）作为“六五”普法重要载体和依法治市“一号工程”，采取“五个一”（一个市级领导挂帅负责、一个市级部门牵头落实、一套工作方案组织实施、一个亮点品牌合力打造、一个大型活动掀起高潮）模式推进工作，完善“谁执法、谁普法”工作机制，“六五”普法工作得到省检查验收组和市政协视察组高度评价。为全市中小学校配备法治副校长，在 14 处重点宗教场所建立“同心法律书屋”，建立固定法治宣传栏 1239 个、电子显示屏 553 个。建成省级、市级法治示范区（县）、法治示范乡镇（街道）、学法用法示范机关 83 个。牵头组织市区 100 余个执法单位和部门开展“依法治市·法在身边”大型集中宣传活动。牵头成立两个“依法治市·法在身边”巡回宣讲团，对 659 个村（社区）32.95 万人进行法治教育。在全市建成 13 个大型法治文化广场和公园。指导各区（县）打造各具特色的普法艺术团，深入乡镇、社区、学校、园区演出法治文艺节目 1200 余场。打响“调解一次纠纷，上好一堂法治课”普法品牌，开展全市性现场观摩活动 5 次，有效减少和预防矛盾纠纷。

【律师工作】2015 年，市司法局选派 246 名律师担任政府、企业法律顾问，全市 131 个乡镇（街道）全面启动法律顾问制度。健全律师和律师事务所违法违规执业惩戒制度，全市律师代理各类案件 3622 件，办理非诉讼案件 1430 件，提供法律咨询 1.1 万人次，提供法律培训 182 场次，实现执业收入 3000 余万元。牵头组织四川同心·律师服务团眉山分团到阿坝州黑水县开展“送法进藏区”活动，为藏区经济发展、社会稳定提供对口法律帮扶。

【公证与司法鉴定】2015 年，

2015 年 6 月，东坡区开展禁毒宣传活动

全市公证机构为群众上门办证 259 件，上门服务 306 人次，证后回访 192 件，为困难群众减免公证费约 18 万元。全年办结提速案件 1126 件、上门服务 236 件、司法鉴定援助 12 件，减免费用近万元，无信访投诉，案件采信率 99.7%以上。

【法律援助】2015 年，市司法局深化“一小时法律援助服务圈”建设，在眉山军分区挂牌成立全市首个涉军法律援助工作站。全年提供法律援助服务 1.87 万人次，办理法律援助案件 1083 件、其他法律援助事项 1.66 万件，开展岁末年初农民工讨薪专项行动，为农民工追讨工资 580 万元、工伤赔偿 120 万元。法律援助工作被市委、市政府评为民生工程工作先进。

【法制工作与司法考试】2015 年，市司法局完成 47 项行政权力清单比对优化调整工作。完成 2015 年度国家司法考试全省联网测试、网上报名、现场审核、确认和“法律职业资格证”申请审查上报工作。

【人民调解】2015 年，在全市开展社会矛盾纠纷化解“五跟”活动，排查矛盾纠纷 4563 次，预防矛盾纠纷 2470 件，防止群体性上访事件 41 件涉及 769 人，防止群体性械斗事件 6 件涉及 16 人。全市人民调解组织调解矛盾纠纷 1.21 万件，比 2014 年（下同）减少 2977 件，调解成功 1.19 万件，成功率 98%，提高 2%。规范统一全市调解委员会标识标牌、公示栏、统计台账和文书档案格式，规范率 85%。

【基层法律服务】2015 年，完成全市基层法律服务 2014 年度检查和 2015 年度注册，注册法律服务所 42 家、基层法律服务工作者 140 名，行政审批 215 件，办结率 100%，满意率 100%，全市建成村级司法工作站159 个，全部配备基层法律服务工作者。

【安置帮教与社区矫正】2015 年，健全社区矫正制度，规范监管、教育、考核、帮扶、警务协作、部门联动等环节，把好“入口、矫正、出口、执法”关口。市级成立社区矫正执法支队，区（县）成立相应执法大队，配齐配强社区矫正工作者队伍。以政府采购方式购买 800 部电子腕表配发到区（县）。市司法局建成全市社区矫正指挥中心，实现全市社区服刑人员日常监管科技化。组建由 16 名心理咨询师组成的心理专家志愿者服务队，对社区服刑人员进行心

2015 年，东坡区盘鳌乡人民调解员向纠纷当事人解释法律、政策

理健康辅导、个案矫治。全年接收社区服刑人员810人，解除矫正830人。建成过渡性安置帮教基地。对服刑人员未成年子女建立基本信息管理台账，动态管理，开展“亲情帮教大走访”活动。服刑人员基本信息核实率98%以上，刑满释放人员安置率达到98%以上，帮教率达到98%以上。无一人重新犯罪。

（市司法局）

眉州监狱

【概况】2015年，眉州监狱坚持依法治监，稳步推进各项工作，完成监狱“六零四提升”工作目标，荣立集体二等功，在全省监狱工作绩效考核中荣获一等奖，评为全省监狱系统“六五普法工作先进单位”。

【安全稳定】2015年，眉州监狱深入开展“双违”（违禁品、违规品）活动，落实“全员安检、徒手进监”。推行罪犯“零留监”制度，探索“板块移动”新型警务运行模式。

【治监能力】2015年，眉州监狱开展民警学法育法、罪犯学法守法、社会普法懂法宣传教育。推进狱务公开，执行“1+5+1”教育改造模式，开展“警民亲”“百子千妻万母”亲情帮教活动，举办第二届“新起点”文体艺术节。

【队伍建设】2015年，眉州监狱开展学习贯彻中共十八届五中全会精神等专题活动，树人民满意干警薛伟、先进个人张军、苏巍等先进典型。打造“新眉州”警营文化，开展抗战胜利70周年纪念活动、第三届“新眉州”文化艺术节，《翅膀》获全省总工会微电影大赛铜奖。

【信息建设】2015年，眉州监狱构建外网AOE网络管理平台，建立全狱数字监控集中存储局域网络系统，完成司法部狱务公开系统和目标跟踪与定位系统试点项目建设，开发个案管理询证矫正系统升级V2.0版。完成教育中心信息化功能配套建设。

（眉州监狱）

2015年1月26日，眉州监狱联合服务队到彭山区锦江乡开展义诊、义询（法律咨询和心理咨询）、心理讲座等服务群众活动

眉州监狱创作的微电影《翅膀》获2015年四川省工会微电影大赛铜奖

经济管理

Economic management

综　述

2015年，全年全市地区生产总值（GDP）1029.86亿元,比2014年（下同）增长10%，人均GDP突破5000美元；地方一般公共预算收入83.1亿元，增长10.5%；全社会固定资产投资1032.37亿元，增长11.9%，民间投资占全社会投资69%；产业结构调整为15.5:56.1:28.4；规模以上工业企业622户，规模以上工业增加值增长12.3%；第三产业增加值增长10.8%，增速全省第三位;城镇化率42%；全年实现贫困人口脱贫5.14万人；新增城镇就业3.4万人；全市全部财政支出80%用于民生。

发展改革管理

【规划编制】2015年，全市形成“十三五”规划前期课题调研成果20个，完成“十三五”规划《纲要》（草案）编制工作。11月27日，市委三届二十二次全委（扩大）会议审议通过《中共眉山市委关于制定国民经济和社会发展第十三个五年规划的建议》。

【项目投资】2015年，全市全社会固定资产投资1032.37亿元；16个省重点项目完成投资54亿元，100个市级重点项目完成投资190亿元；全年举办重点项目集中开竣工仪式4次，集中开工项目134个，集中竣工项目148个；招商引资到位资金566亿元，全省第二；引进中法农业科技园彭山园区项目、彭祖山旅游开发项目、现代工业新城PPP合作项目等投资超百亿的项目。

【资金争取】2015年，全市争取中央和省预算内项目102个，到位资金5.6亿元，其中中央预算内资金5.3亿元，省预算内资金0.3亿元；争取前四批国家专项基金31个项目，到位基金15.24亿元，其中第二批0.93亿元，第三批4.9亿元，第四批9.41亿元；开展2012—2014年中央预算内投资清理工作，涉及317个项目17.7亿元，报省上同意置换6个项目，调整安排沉淀资金3294万元。

【区域合作】2015年，市发改委完成眉山市“十三五”县域经济发展课题研究；市委、市政府印发《关于印发眉山市参与建设丝绸之路经济带和21世纪海上丝绸之路实施方案的通知》；与雅安市召开区域合作推进会，形成6项主要成果（推进旅游环线、景点区域等重点路段的互联互通；共建“生态文化旅游融合发展先行试验区”；共同包装5条国际精品旅游线；共建“川西茶叶旅游生态试验区”“雅眉泡菜产业园区”；打造青衣江流域湿地公园），并纳入两市“十三五”规划。

【引进外资】2015年，洪雅县向世界银行贷款的洪川镇环境整治一期项目顺利通过评审；争取到世界银行贷款1400万美元用于洪川镇环境综合整治子项目二期工程和柳江镇子项目；落实重点流域水污染治理专项基金1.76亿元。

【综合交通建设】2015年，全市综合交通“533”（5大类，33个综合交通重点考核项目）项目完成投资96.1亿元；80个公路项目、4个铁路项目规划上档升级；资金争取实现11.08亿元；8个确保竣工类项目完成投资11.06亿元；7个加快建设类项目完成投资59.3亿元；4个“四箭齐发”类项目完成投资22.7亿元；力争开工类项目，3个有投资任务的完成投资3.05亿元；10个抓紧储备类项目正在加快前期工作；高速公路建设完成投资37.6亿元，建设进度全省第一；国省干线大中修完成150

千米，推进进度全省第一；洪雅至峨眉山快速通道、岷东大道、工业大道三条公路先后获批立项一级收费公路，占全省批复总量的30%，居全省第一；成昆线扩能改造工程眉山段进度和征地拆迁工作始终保持全线领先；向上争取建设资金首次突破10亿元；眉山东站成为全省第一个投运的次级城市枢纽一级站；公路水路建设完成投资79.8亿元，投资任务完成进度全省第二；道路交通安全综合治理经验在全省推广；安保工程累计完成建设730千米，实现全市国、省、县、乡道路安全隐患路段全覆盖，得到交通运输部部长杨传堂的肯定性批示和新华社的正面报道；道路运输管理、道路运输安全管理工作连续5年荣获全省考核“双优”；铁路建设工作经验得到省铁建办、相关参建单位肯定和相关市州学习借鉴。

【社会事业发展】2015年，市发改委开展“十三五”推进基本公共服务均等化调研，完成《眉山市“十三五”推进基本公共服务均等化调研报告》。全市争取中央预算内社会事业项目127个，争取到位中央预算内资金1.48亿元，比2014年增长20%。争取到国家专项债券基金项日6个，总投资62.88亿元，争取专项债券基金2.55亿元。

【招投标管理】2015年，市政府印发《眉山市进一步规范国家投资工程建设项目招标投标工作的意见》，完善招投标标前、标中、标后监督管理。3月15日起取消市交易中心代行项目业主自行招标职责，市发展改革委印发《关于全市政府性投资工程建设项目统一使用眉山电子交易平台有关事项的通知》。全年依法核准公开招标的国家投资工程建设项目69个，办理变更招标组织形式批复37个。直接参与现场监督109项次，完成招标项目145项次，招标控制价40.22亿元，中标金额34.15亿元，节约资金6.07亿元，节资率15.01%。办理新增不可预见突发工程认定15期，审核新增工程资金4230余万元。

【项目稽查】2015年，市发改委配合省重大项目稽察办开展专项稽查2次。专项检查全市2012—2014年中央预算内投资计划执行情况。下达投资项目316个，开工286个，完成中央投资12.65亿元，占投资计划72%。纠正不规范的代理机构比选文件3个；实行市场调节价选择勘察、设计、监理、代理单位8个；启动重大项目招标文件会商2项。查处理违反招投标法律法规案件2件，分别依法给予5500元和5423元的行政处罚。

【政务服务】2015年，市发改委再次清理编制完成行政权力清单，保留行政权力事项29项。其中，行政许可4项，行政处罚23项（价格类11项，招投标类11项，能源类1项），行政检查1项，行政奖励1项。提请取消、下放、整合、暂停行政权力事项5项。

【体制改革】2015年，全市经济和科技体制改革工作要点13项，需要推进的省、市改革方案27项。市发改委印发《关于安排布置2015年经济和科技体制改革任务的通知》，明确主要改革任务，建立改革台账。制定“三张清单”制度改革、社会信用体系建设、中心城区城市管理社会化改革、实施“三证合一”登记制度改革、促进有条件的民营企业建立现代企业制度等5项专项改革方案。建立“投资项目限制禁止清单”制度，市委、市政府印发《眉山市投资项目限制禁止清单（试行）》，限制禁止投资事项清单748项，按禁入类型分：禁止类475项，限制类273项；按产业类型分：第一产业20项，第二产业677项，第三产业51项；按内外资分：内资657项，外资91项。8月6日，省发改委正式确定仁寿县为6个省级中小城市综合改革试点城市之一。

【服务业发展】2015年，市委、市政府印发《关于服务业改革发展的实施意见》，持续加快服务业发展，推进服务业各领域有序开放。放宽登记条件，降低准入门槛；缩短登记时限，实施“三证合一、一照一码”；简化登记环节，缩短工作流程；支持服务业领域所有制结构调整；引进服务人才，促进农村劳动力转移；加大信贷支持力度，完善金融服务；全面实施商标战略，支持服务业创品牌；区分服务行业中的营利性服务；建立集聚发展推进机制；优化外商投资环境，建立协调处理机制；建立个人资信评估体系，构建企业信用共享机制。

【信用体系建设】2015年，市发改委拟定《关于加强社会信用体系建设着力打造“诚信眉山”》《眉山市社会信用体系建设规划（2015—2020年）》，在政府诚信、司法公信、企业信用体系建设、农村信用体系建设、金融诚信建设、信用服务产业建设、信用文化建设7个方面加强全市信用体系建设，加快打造“诚信眉山”。

【产业发展】2015年，洪雅县峨眉雪芽茶产业发展公共服务平台建设项目上报为2015年省预算内基本建设投资计划，下达补助资金180万元。洪雅、丹棱和青神纳入四川省“宽带乡村”试点县，争取到省预算资金300万元。市委印发《关于实施“22345”创新创业攻坚，确保实现“两个率先”的决定》。市委印发《眉山市大众创业万众创新“活动月”实施方案》《眉山市“大众创业万众创新活动月”启动仪式暨成果展方案》，于10月19日组织启动仪式。

【能源建设】2015年，省发改委核准仁寿县恒重压缩天然气有限公司恒重LNG（液化天然气）—CNG（压缩天然气）加气加注示范站项目和中石油眉山公司仁寿县城东CNG加气站项目；省能源局核准批复仁寿视高110千伏变电站扩建工程项目和眉山长征110千伏输变电工程项目；争取2015年农村电网改造升级工程补助资金7.8亿元。统计上报全市“十三五”天然气需求。（市发改委）

工商行政管理

【工商登记制度改革】2015年，全市实行注册资本认缴制，除国家另有规定的特殊行业外，公司实收资本不再作为登记事项，取消最低注册资本限制，公司登记时不再提交验资报告。登记“一址多照”“一照多址”市场主体863户。登记前置改后置许可653户。办理经营范围“筹建”企业232户。落实国务院规定的134项前置改后置审批事项，建立“三方告知”（对需要后置审批的企业到工商部门登记后，告知企业需要到什么部门办理后置审批，告知相关后置审批部门工商登记信息，告知属地管理工商所加强监管）推送机制。截至12月，全市新登记个体工商户1.44万户，比2014年（下同）增长3.26%，新登记民营企业3427户，增长21.14%。市政府办公室出台《眉山市开展“三证合一”登记制度改革的实施意见》，办理“一照三号”（一张营业执照包含营业执照号、组织机构代码和税务登记号）企业营业执照163户，核发“一照一码”营业执照1486张。

【信用信息系统建设】2015年，市工商局牵头建设全市市场主体信用信息系统，即“一个中心、五个平台”（眉山市市场主体信用信息交换中心、部门协作办理平台、区县协作办理平台、企业信用信息交换平台、市场主体自助管理平台和大数据预警平台），系统建成后，与国家工商总局、省工商局企业信用信息公示平台及市、县（区）有关部门业务平台相连，负责企业登记、行政处罚等多种数据信息的生成、采集和交换。

【企业年报】2015年，推进全市企业年报公示工作，清理“死户”企业1256户，其中吊销企业931户、注销企业101户、列入经营异常名录企业187户、补报年报后移出经营异常名录企业37户。

【民营经济】2015年，全市民营经济增加值587.22亿元，比2014年增长10.8%，居全省第四位，占GDP比重57%。民间投资718亿元，占全社会固定资产投资比重69.5%，居全省第二位。民营经济对经济、税收率、就业的贡献率均居全省第一。眉山市民营经济发展领导小组办公室出台《眉山市民营经济发展目标考核办法》，将民营经济发展列入市委、市政府重点工作进行专项考核，每季度通报民营经济发展情况。市政府办公室出台《财政专项资金支持民营经济发展暂行办法》，定期召开银政企融资对接会，鼓励和引导金融机构面向民营企业开发中短期小额贷款项目，对贷款2000万元以上的重点民营企业项目贴息20%，全年全市银企对接签约项目105个，融资金额54.82亿元。市委办公室出台《眉山市联系服务重点民营企业制度》《眉山市联系服务小微企业和个体工商户制度》，由市领导，市级相关单位、部门主要负责人直接联系服务全市50户重点民营企业、57户小微企业和个体工商户。召开全市民营经济知识技能培训会，邀请专家讲解民营经济工作中涉及的经济、统计等方面知识；召开企业管理培训会，邀请专家对50户企业家进行企业文化与员工执行力、企业品牌战略管理、人力资源职能战略规划等知识培训。开展电商创业培训，推动“大众创业、万众创新”，全年培训5600人，实现创业1878人，销售自产产品305户，销售农产品939户，实现销售额1987万元。开展“四送一建”（送政策、送法律、送金融、送温暖、建组织）万家企业大走访活动，走访企业4975户、个体工商户5179户。形成《眉山市民营经济运行情况分析》《眉山商事制度改革后新生小微企业发展状况及对策建议》《眉山扶持小微企业健康发展的意见》等调研成果。

【商标品牌管理】2015年，全市13个园区实现商标战略进园区全覆盖。建立商标战略示范乡镇7个，商标战略示范县1个，商标战略示范企业3个，彭山青龙工业园区建成省级园区示范站，仁寿视高工业园区和眉山经济开发东区建成市级园区商标工作示范指导站。新申请商标注册217件，新培育中国驰名商标2件、地理标志证明商标2件，新认定中国驰名商标1件、四川省著名商标6件、市知名商标24件。提出取得“东坡味道”千亿产业商标所有权或使用权的建议，提供商标转让合同和商标使用许可合同样本。帮扶中纺粮油提升质量争创品牌，“溢满香”商标获得知名商标认定。指导“东坡泡菜”制定证明商标使用管理实施细则，完善“青神竹编”的使用和管理制度，加大“高庙白酒”“洪雅藤椒”“仁寿枇杷”“青神椪柑”“丹棱冻粑”已注册地标的运用、管理指导力度。开展“双打”（打击侵犯知识产权和制售假冒伪劣商品）等各类专项行动，查处侵犯注册商标专用权案件42件、假冒伪劣商品案件61件。

【执法监管】2015年，在全市开展“红盾春雷行动2015”“春雷为民行动2015”，检查企业和个体工商户8601户，整治重点区域496处，查处案件351件。开展“红盾亮剑”行动，办理各类违法违章案件532余件。开展“2015红盾网剑专项行动”，网上检查网站（网店）980次，实地走访网站319户，申请电子标识177户，企业自主登载营业执照信息541户。开展“红盾护农行动”，抽检化肥137个批次，农膜10个批次，其中不合格批次29个，查处案件15件。加强投融资理财信息咨询类公司监管，分类建档，分类监管，削减存量。将打击传销、创建无传销城市纳入社区网格化管理，2015年，全市开展打击传销专项行动4次，捣毁传销窝点41个，教育遣返传销人员650人次。组织新《广告法》宣传培训，开展“两品一械”（药品、保健食品和医疗器械）虚假违法广告、银行卡网上非法买卖专项整治，查处违法案件83件。开展集中整治机动车非法生产销售改装拼装专项行动，全面排查货车销售企业，发放进货台账和销售台账175套，与货车销售企业签订货车销售责任书（承诺书）40份。2015年，开展专项检查5次，检查二手车交易市场13个，机动车维修经营户104户，报废汽车回收拆解企业2户，电瓶车销售经营28户，发出责令整改通知书12份。查处1户涉嫌无照经营、非法改装机动车经营户，暂扣非法改装货车1台，查处2户货车销售企业销售底盘车3台。加强流通领域成品油质量监管，抽检85个批次车用柴油、93号汽油、97号汽油，其中4个批次不合格，查处案件5件。

【消费维权】2015年，市工商局加强流通领域商品质量监管，实施进销货查验制度、索证索票制度及不合格商品退市等制度。开展儿童用品质量专项整治，抽查检验15类商品312个批次。对家用电子电器类、服装鞋帽类、装饰装修材料类、交通工具类商品等重点领域和与消费者紧密相关的公共服务领域开展消费维权，查处各类消费侵权违法案件209件。推进“12315”消费者投诉举报处理工作，在82个社区建成“12315”联络站和消费者投诉站164个，聘请社区网格员163人，在66个市场、商场、超市建立“消费维权服务站”。对社区网格员、市场商场工作人员、社区居民和消费者开展培训宣传2213人次。全市接受各类消费咨询6000余人次，处理各类消费者投诉举报1385件，为消费者挽回经济损失166万元。

安全生产监督管理

【概况】2015年，全市各类生产经营性事故死亡32人，其中生产经营性道路交通事故死亡28人，工矿商贸事故死亡4人。无较大及以上安全生产事故发生，连续5年无重大及以上事故发生。

【责任覆盖】2015年，市、区县、乡镇（街道）党委、政府出台“党政同责”实施办法，市、区县、乡镇政府主要负责人担任本级安委会主任，各级安监部门定期向同级纪检、组织部门报送安全生产情况。全市“四级四覆盖”〔市、县（市、区）、乡镇（街道）和行政村（社区）实现四个全覆盖〕覆盖率100%；全市规模以上企业、煤矿、非煤矿山、危险化学品、建筑施工、交通运输、民爆等高危行业“五落实五到位”（“五落实”即明确企业董事长、党委书记、总经理对本单位安全生产同时担责；企业安委会主任由董事长或总经理担

2015年6月16日，市、区县安委会成员单位在三苏雕像广场举行眉山市“2015年安全生产月宣传咨询日活动”

任；企业领导班子成员承担相应的安全生产工作职责，做到一岗双责；企业安全生产情况定期向董事会、业绩考核部门报告，向社会公示；企业内部配齐配强专门的安全生产机构和注册安全工程师等专业人员。“五到位”即安全责任到位、安全投入到位、安全培训到位、安全管理到位、应急救援到位）覆盖率100%。

【履职考核】2015年，市委、市政府在综合目标考核中实行安全生产“一票否决”制，在对各级党委、政府的考核表彰时专项考察安全生产履职情况。市政府修订出台《眉山市安全生产目标考核管理办法》《眉山市安全生产目标管理奖励暂行办法》，通过实施项目化考核注重基层基础工作、过程考核和结果运用。市财政预算300万元对相关责任单位和个人表彰奖励。对各类生产安全事故严格按照“四不放过”原则（事故原因未查清不放过，责任人员未处理不放过，责任人和群众未受教育不放过，整改措施未落实不放过）实施责任追究。

【新安法宣传贯彻】2015年，全市组织开展安全生产知识进企业、进农村、进社区、进学校、进机关、进景区、进家庭“七进”活动。市委常委会、市政府常务会分别进行会前学习新《安全生产法》。市安委会印制新《安全生产法》2万本，免费送到各部门、重点企业、乡镇。各区县组织宣讲队到乡镇、进企业开展宣讲活动。市安委会在《眉山日报》开展新安法专题专栏，向全市规模以上企业和高危企业赠送安全生产“五落实五到位”挂图800份。

【“安全生产月”活动】2015年，市委副书记、市长、市安委会主任宋朝华在《眉山日报》发表《以法治利器保障安全生产》署名文章。组织开展“安全生产月宣传咨询日”活动、客运驾驶员安全宣誓活动。市政府安排资金20余万元开展寻找“安全主体责任落实最全面的负责人、安全管理制度落实最严格的管理者、安全操作规程落实最规范的操作手”大型公益活动，媒体集中宣传报道170余次。眉山市被省安委会评为全省安全生产月活动先进单位。

【安全培训】2015年，市、区县行业主管部门按照“三个必须”（管行业必须管安全、管业务必须管安全、管生产经营必须管安全）要求，加强从业人员安全培训教育，推行持证上岗和先培训后上岗制度，重点加强农民工、班组长和一线从业人员安全培训。安全监管、公安消防、交通运输、公安交警、建设、质监等部门组织开展安全生产宣传教育培训活动，培训从业人员10余万人次。

【隐患排查整治常态化管理】2015年，全市坚持隐患“零死角排查、零容忍整改、零放过处理”，隐患排查治理“每月一排查、每月一整改、每月一通报”。全年，明察暗访单位5.2万余个次，排查整治事故隐患2.7万余处。其中，整改完成国务院安委会挂牌重大火灾隐患1处、市级重大隐患25处。531家企业利用四川省隐患排查信息系统上报隐患3100余条（项），实现企业每月自查自报隐患常态化。

【安全生产大检查】2015年8月中旬起，全市开展为期4个月的安全生产大检查，深化“打非治违”和专项整治工作。10位市级领导挂帅、23个部门牵头，对33个重点行业领域开展隐患专项排查整治。1262个各级各类检查组监督检查企事业单位和场所6375家，排查治理隐患7348项，打击非法违法行为136起，整治违规违章行为1042起，停产整顿6家，处罚罚款47.65万元。

【专家排查隐患制度】2015年，眉山市采取政府购买服务方式，市、区县财政安排200余万元聘请省市安全生产专家参与安监部门执法监察、标准化评审、三同时（建设项目安全设施必须与主体工程同时设计、同时施工、同时投入生产和使用）审查、隐患排查等工作，提高隐患排查准确性和针对性。

【打非治违】2015年，全市建立完善“政府统一领导、部门依法打击、企业自查自纠、社会广泛参与”的打非治违常态化工作机制。全年打击各类非法违法和治理纠正违规违章行为3000余起，取缔关闭非法违法和不符合安全生产条件的生产经营单位9家。

【煤矿和非煤矿山】2015年，洪雅县关闭花溪煤矿926井，完成整体退出煤炭行业。仁寿县关闭天峨煤矿，完成其余煤矿企业的整顿关闭和重组工作；建立“一矿一组”隐患排查工作责任制，督查、检查煤矿33矿次。开展煤矿、金属非金属矿山业主、矿长谈心对话活动。关闭（退出）金属非金属矿山44家。完成137家非煤矿山基本情况普查工作。

【危险化学品和烟花爆竹】2015年，市安全监管局推进“两重点一重大”（重点监管危险化学品、危险化工工艺和重大危险源）企业自动化控制系统改造，完成改造2家，检查危险化学品重点工艺和重要装置20个次。考评31家危化品企业安全生产标准化。培训危化品企业负责人、安全管理人员和重要设备管理人员650人。普查全市烟花爆竹生产企业3家、批发公司7家和零售网点1368个，取缔烟花爆竹非法储存仓库14个，缴获非法产品8000余件，价值700余万元。开展输油气管道安全专项整治，对2处较大隐患实行挂牌督办。

【建筑施工和特种设备】2015年，全市在各类建设工程现场开展“六整治五落实”［“六整治”：基坑支护，土方（隧道）开挖，脚手架，模板支撑体系，起重机械安装、吊装及拆卸，高陡边坡作业等分部分项工程整治；“五落实”：施工作业前必须编制施工方案，施工方案必须按规定审批或论证，施工作业前必须进行安全技术交底，施工过程中必须按施工方案施工，施工方案完成后必须经验收合格后方可进入下道工序］为重点的建设工程落实施工方案专项行动，专项检查简蒲高速眉山段施工安全。开展液化石油气钢瓶充装检验、大型游乐设施、电梯安全监管大会战、建设工程施工起重机械安全专项整治等6个专项治理行动，检查特种设备使用单位663家，下达监察指令书65份，集中销毁报废液化石油气钢瓶1200余个。

【交通安全和学校安全】2015年，全市开展道路交通综合整治巩固年行动，强化国、省干道货运车辆“双超”（超限超载）治理。完成安保工程（路侧护栏）建设200余千米。加强农村道路交通安全整治。开展水上交通安全进校园、进企业、进乡镇活动，救身衣行动，继续保持零事故、零经济损失、零死亡人数“三为零”目标。取缔不合格学生接送车辆，规范校车行驶线路和校车停靠站点，整治校车行驶线路隐患。加强中小学生安全教育，开展学校安全应急演练3500余次。7所学校被省人民政府应急办公室和省教育厅命名为省级“应急教育示范学校”。

【消防安全】2015年，全市推行社会单位消防安全网格化管理，开展劳动密集型企业、商场市场、娱乐场所、学校等行业消防安全专项整治，检查单位1935家，查处火灾隐患和消防违法行为687处，办理行政案件72件，罚款101万元，责令停产停业、停止施工、停止使用18家，临时查封17家，拘留5人。整治国务院安委会挂牌督办重大火灾隐患1处。全面开展林区乡镇森林防火“三进、六有”（森林防火要进社区、进学校、进景区，森林防火重点林区乡镇要有队伍、有经费、有制度、有预案、有装备、有措施）活动，开展森林防火“二三四工程”（突出联防联保和火源管控“两个重点”，强化队伍保障、物资保障、经费保障“三个保障”，确保应急预案落实、制度落实、特殊人群管控落实、防范措施落实“四个落实”）、示范村创建和“责任落实年”活动，对567家木材加工企业安全状况进行排查建档。

【职业健康】2015年，全市开展职业卫生基础建设活动，建成职业卫生规范化管理企业35家。开展职业危害作业现场检测300余家，职业危害接触人员体检1.4万人次，职业危害申报企业164家，现状评价企业83家。

【安全社区建设】2015年，16个乡镇开展四川省安全社区建设。市安全社区推进办指导各乡镇实施工作场所、学校、交通、消防、社会治安、老年人安全等各类促进项目260余个，协调落实专项工作经费650万元，惠及群众50余万人。12个乡镇通过全国安全社区成都支持中心现场评定。

【安信工程】2015年，全市建立眉山市企业信用信息共享机制和企业安全生产“黑名单”制度，根据企业行政许可、行政处罚和安全生产标准化达标情况，评定企业安全生产信用等级，在日常监管、评先奖优、项目审批、金融支持、财政扶持等七方面实行差别化管理。全年新增安全生产标准化企业80余家，对5家标准化二级以上企业实施奖励补助15万元。

【应急救援能力建设】2015年，全市修订完善和应急演练市级专项应急预案31个。9月，眉山市承办省政府安委会主办的四川省危险化学品事故应急处置综合演练。10月，市政府常务会审议通过组建金象化工园区危化品应急救援队伍方案，并启动组建。彭山区在全省率先启动县级危化品应急救援队伍建设。（市安监局）

审 计

【审计成果】2015年，市审计局审计机关完成审计项目904个，查出主要问题金额54.66亿元，其中违规金额7305万元、管理不规范金额53.93亿元；损益（收支）不实83万元；审计处理处罚金额43.95亿元；审计发现非金额计量问题129个；审计促进整改落实有关问题资金35.95亿元；审计促进拨付资金到位13.73亿元、审计后挽回（避免）损失2.26亿元。移送司法机关、纪检监察机关和有关部门处理事项38件。出具审计报告和专项审计调查报告249篇。提出审计建议447条，提交审计信息171篇,被批示、采用89篇。向社会公告审计结果7篇。市审计局获四年一度的四川省审计系统先进集体，在省审计厅审计业务绩效考核中列第三位。参与实施的南充市土地出让收支和耕地保护情况审计项目被评为国家审计署表彰审计项目。市委、市政府组织召开审计工作推进会，市委印发审计工作通报。

【财政（预算执行）审计】2015年，市审计局完成预算执行

2015 年 9 月 8 日，眉山市审计系统召开业务骨干培训会

审计项目 40 个，延伸审计单位 83 个，审计查出问题金额 36.43 亿元；完成财政决算审计项目 14 个，延伸审计单位 17 个，审计查出问题金额 3.75 亿元。

【经济责任审计】2015 年，市审计局完成项目 70 个，审计查出问题金额 8 亿余元。探索建立区县党政、市级部门、园区及国有企业三个类别的领导干部审计评价量化体系，打分评价 10 位县级干部。

【固定资产投资审计】2015 年，市审计局完成项目 776 个，送审投资 49.28 亿元，核减投资 3.97 亿元。

【行政事业审计】2015 年，市审计局完成项目 64 个，审计查出其他问题金额 8.72 亿元。

【企业审计】2015 年，市审计局完成项目 1 个，审计查出其他问题金额 1.36 亿元。

【专项资金审计（调查）】2015 年，市审计局完成项目 9 个，审计专项资金总额 13.28 亿元，审计查出问题金额 6608 万元。

【信息化建设】2015 年，市审计局完成总投资 500 余万元的全市联网审计系统招标工作，举办 58 人的计算机中级培训“眉山班”。与省审计厅金融处共同研发的《虚假压降农村信用社上存资金的计算机审计方法》获省 2014 年度计算机审计方法和实例成果优秀类第一名。

（万秋池）

统　计

【概况】2015 年，市统计局完成设管、综合、核算、工业、投资、商贸、农经、服务业、人口和就业、能源和环境、社会科技、“两纲”（妇女发展纲要和儿童发展纲要）统计监测、小康监测等统计工作。全年有 31 项单项工作受到省统计局通报表扬，19 项重点工作受到市委、市政府通报表扬。

【统计服务】2015 年，市统计局撰写各类统计分析报告 45 篇。编印发行《眉山统计月报》3400 余份、《眉山统计年鉴》300 余份。向省统计局办公室、市委办公室、市政府办公室报送信息 300 余条，采用 160 余条。参与市委经济工作会、党代会、人代会等重要会议资料收集整理工作。利用市政府门户网站、统计信息内外网等渠道规范发布统计信息，及时回复公众留言，解读经济形势。

【统计改革】2015 年，市统计局推进 GDP 核算、投资统计、能源统计等方面的改革工作。

【统计基层基础建设】2015 年，市统计局组织 1200 余人次参加各级业务培训，组织 267 人参加统计从业资格考试，组织 469 人参加继续教育。投入 30 余万元维护更新服务器系统、硬件防火墙系统、视频会议系统，推进街道与乡镇统计信息系统建设。补助六个区县统计局 100 余万元用于夯实统计基层基础，提升发展质量。

【统计法制建设】2015 年，市统计局坚持中心组学法制度和领导干部学法制度；开展“12·4”《宪法》宣传日、“12·8”《统计法》宣传日等各类法制集中宣传活动；开展“法律七进”（法律进机关、法律进学校、法律进乡村、法律进社区、法律进寺庙、法律进企业、法律进单位）活动，送法到基层、到企业、到机关；组建数据质量隐患全面排查领导小组和平台数据监管小组，加强数据质量排查、监管；每季度组织人员对“四上”（规模以上工业企业、资质等级建筑业企业、限额以上批零住餐企业、规模以上服务业企业）企业开展巡查，全年对 36 户企业开展执法检查，其中行政处罚企业 2 户。

【全国 1%人口抽样调查】2015 年，眉山市开展全国 1%人口抽样调查，选调指导员和调查员 332 名，市、县（区）投入经费 105 万元，组织开展业务培训 22 次，培训业务人员 800 余人次，完成仁寿县满井镇省级综合试点、样本框核实整理、调查区划制图和编码、数据处理、入户摸底和登记、行职业编码、事后质量抽查等工作，登记人口3.67万人。

【直接服务群众】2015年，市统计局加强机关干部直接联系服务群众活动，全年多次深入四公镇联系乡、联系社区和联系户开展帮扶，为联系户收割油菜籽，中秋、重阳、国庆节等节假日为联系户送去慰问物资；开展扶贫攻坚工作，先后3次深入贫困村开展调研，帮助贫困村协调解决扶贫经费22万元。

（市统计局）

统计调查

【概况】2015年，国家统计局眉山调查队（以下简称“眉山调查队”）加强基层基础、依法调查、调研分析和干部队伍建设等工作，探索出“一主三化”（探索非抽中县自主调查模式、探索建立企业调查诚信化模式、探索部门合作常态化模式、探索基层基础工作规范化模式）眉山新模式,非抽中县自主调查、住户收支调查评审工作、企业信用档案和台账建设受到国家局、总队领导和市委、市政府充分肯定。

【调查业务】2015年，眉山调查队完善数据评审办法，推进重大调查制度改革。加强基层点人员全覆盖培训，达到培训常态化；加强汇报、沟通，争取地方政府支持；修订完善目标考核办法，提高奖优惩劣力度，鼓励争先创优；实施工作日志管理、轨迹查询等，促进业务工作提质升位增效。分专业制作《提升业务支撑能力——专业工作指南》，内容涵盖业务培训、信息报送、数据审核、数据评估、考核办法、统计关系告知、铭牌悬挂、联系卡制度、执法规范、明白卡制度、基层台账和工作台账模版等制度和内容。把各专业重点和创新工作任务、目标要求、完成时限、责任人员、责任领导分列成88项重点工作，定期检查、年终考评。设计制作《采购经理抽样调查统计台账》和《规下工业调查统计台账》两本台账，得到国家统计局服务业司、四川调查总队领导肯定。眉山模式初建成效。在工作实践中探索非抽中县自主调查模式、探索建立企业调查诚信化模式、探索部门合作常态化模式、探索基层基础工作规范化模式，即“一主三化”模式。该模式的实践运用，解决市县队人员不足瓶颈问题，提高企业对调查工作的配合程度和工作质量，优化调查工作开展的外部环境，为实现“为国调查、为民服务”，确保调查数据真实可信找到可持续发展的科学模式。《中国信息报——调查月刊》创刊号，以《“一主三化”：国家调查惊现“眉山模式”》为题对眉山队“一主三化”调查模式实践情况进行宣传报道，并在全省调查系统基层基础工作会议上作经验交流。

【专项调查】2015年，眉山调查队开展专项调查服务。完成市级单位对园区新区授权和服务满意率调查工作、全省公共文明指数测评调查工作、眉山市居民购房意向调查、市级政府依法行政第三方测评工作、新设立小微企业和个体经营户发展状况调查等，扩大调查影响。

【法制建设】2015年，眉山调查队贯彻实施《统计法》等法律规定，坚持独立调查、独立上报，加大案件查办力度，反对在统计数据上弄虚作假；聘请两位律师担任常年法律顾问；开展数据质量大检查，加强对被处罚单位的跟踪回访，巩固执法成果。建立健全行政执法责任制工作机制，深化实施新增统计法律关系告知制度；规范统计执法工作流程，规范执法行为，加大对统计违法违纪行为查处力度，提高办案质量，强化“有法必依、执法必严、违法必究”法制思想，树好统计法制权威，营造良好法制环境。实施完善部门联席会议制度，坚持住户收支等重要调查数据公开评审，主动接受监督。全年开展执法检查6起。

【调查服务】2015年，眉山调查队加强新闻信息宣传，总结经验，加强交流，宣传调查工作进展和成效，提升眉山国家调查形象。全年编报各类经济信息、信息专报、调研报告被省以上采用300条次。2篇次被省委书记王东明签批、1篇被省政府副省长王宁签批、1篇被省政协副主席陈文华签批；市级领导签批11篇次。《眉山小微企业融资现状及成因分析》（调查报告）获眉山市第九次哲学社会科学优秀成果奖三等奖；《城乡一体化住户调查中的数据质量控制研究》（对策研究）获眉山市第十次哲学社会科学优秀成果奖三等奖。

【队伍建设】2015年，眉山调查队坚持“好干部”标准选人用人，营造科学、公正、公平选人用人氛围，逐步完善面向社会公开选聘人员办法和管理模式；搭建干部培养发展平台，坚持开展干部交流、轮岗、下派锻炼，增长干部才干，提升工作水平；强化学习培训，多形式开展理想信念教育、调查业务和综合知识教育等学习培训，提升调查干部责任意识、使命意识和综合能力；修订完善目标考核办法，提高奖优惩劣力度，鼓励争先创优；加强作风建设，弘扬焦裕禄精神，自觉践行“三严三实”要求，抓好群教活动整改落实“回头看”，持续提升队伍执行力，密切联系服务群众，树好调查干部为民、务实、清廉形象。

（杨益）

价格管理

【价格改革】2015年8月，洪雅县开始实行阶梯水价，自此全市仅丹棱县、青神县未实行阶梯水价。全面放开药品价格、过渡费、化肥价格、铁路支线装卸费、种子价格、自制药品价格、非居民用水和特种行业用水价格、水电气安装工程价格等政府定价，调整道路客运价格管理权限。

【价格调控】2015年，全市CPI指数涨幅1.1%，低于政府3%的调控目标。全市争取生猪规模化养殖小区（场）建设补助资金、生猪调出大县奖励资金、生猪良种补贴资金9874.71万元；落实良种补贴和粮食直补等扶持农业发展政策，争取农业项目资金6.79亿元，农机购置补贴资金3982万元，1.42万户农户受益，新增补贴机具2.32万套。全市储备原粮2.9万吨、小包装食用油210吨、大米2100吨。按省上政策保护价收购油菜籽3.64万吨，国家补贴收购资金1821.79万元。

【要素价格政策】2015年，利用省上增设110千伏趸售电价降价1.5分/千瓦时空间，从8月1日起，将彭山经济开发区南区（成眉石化园区）大工业用电与四川电网同价，大工业电价降低2.71分。持续推进留存电量扩面工作，四川启明星、瑞能硅材料、川越工贸、金象赛瑞和中车眉山等5家重点企业全年使用留存电量14.73亿千瓦时；37家企业纳入直购电试点，年使用直购电量14.06亿千瓦时；尼科国润、英伦陶瓷、立白实业等22户企业结算富余电量2700万千瓦时。争取省上出台针对航电的“船闸投资加成加价”上网电价定价方法，汉阳电站上网电价上调0.04元/千瓦时，年增收1100万元。金象公司化肥用气比例从45.63%调整为62.71%。下调全市非居民用气销售价格0.80元/立方米，调后全市非居民气价为2.4元/立方米，在全省处于中等偏低水平。

【惠民价格政策】2015年，全市“低保”“五保”家庭用户实行每月15度免费用电补贴政策，向符合条件的“两保”（低保、五保）家庭返还用电补贴1469.03万元。彭山区、青神县、丹棱县继续执行居民生活用电与四川电网同价试点政策，减少城乡居民用电支出4300余万元。拨付2014年下半年天然气价格专项调节金691.48万元补贴城市公交和农村客运。

【收费改革】2015年，全市取消收费许可证及年审制度；实施收费单位情况和收支状况报告制度；建立收费政策及执行情况后评估制度；强化收费目录清单制度和收费公示制度。指导各执收单位做好网上填报收费收支情况及全国动态行政事业性收费系统的维护和数据统计。开展全面清理经营服务性收费工作，放开具备竞争条件的服务价格实行市场调节价53项，取消4项（涉及全国）。

【收费管理】2015年，市发改委清理、核实涉企行政事业性收费、经营服务性收费、专项收入、基金收入的项目和标准4000余项，涉及行政事业性收费15个部门，经营服务性收费10个部门，专项收入3个部门，基金收入4个部门，市发改委编制成《眉山市市本级涉企收费目录》，在眉山日报、政府网站、政务服务中心等公示，并印制成册分送到企业、园区和相关部门。清理行政事业性和经营服务性收费项目（市本级），公布2015年以来放开53项、取消4项、降低12项的行政事业性收费和经营服务性收费项目清单。

【价格认定】2015年，办理各类价格鉴定、认证765件，标的金额6334万元，完成件数比2014年增长17.5%。认定结论无一例重新鉴定及复核裁定案件。

【成本监审】2015年，在全市开展天然气定价成本监审工作，完成监审项目15项，审减率7.37%，监审结论作为政府实施天然气阶梯气价的重要依据；完成国家、省安排的6个品种、12个调查项目的农产品调查任务，拨付农产品调查经费3.68万元；建立定期重要商品调查制度，全面完成重要污水、垃圾、水泥、钢材、天然气5种商品的调查任务。2015年成本监审工作综合排名第八位。

【价格与收费专项检查】2015年，开展商业银行、教育收费、资源要素价格、涉企收费及医药卫生服务和药品价格等专项检查，全市查处价格违法案件4件，经济制裁15.9万元，其中，退还0.1万元，没收违法所得7.9万元，罚款7.9万元。

【涉企收费专项检查】2015年，市发改委对市食药监、市质监、市经信委和市卫计委开展涉企收费专项检查，重点检查收费部门是否按照国家涉企价费政策执行，对国家和省上的涉企优惠减免政策是否落实到位。

【商业银行收费检查】2015年，开展商业银行、各区县农村信用合作联社收费检查。重点检查银行中间业务中与贷款捆绑强制、只收费不服务或少服务收取“财务顾问费”“融资顾问费”、向客户转嫁住房抵押登记费等问题。

【重点时段市场价格监管】2015

年，全市各级价格部门在重大节假日实施市场价格监管，加强市场价格巡查和宣传,引导经营者合法经营，杜绝价格违法行为。全年全市出动检查人员1200余人次，310余车次，发放《价格法》《关于商品和服务实行明码标价的规定》等宣传资料、宣传册近2000份，政策提醒告诫函800余份，重点对全市40余家大型商场超市、10余个农贸市场及各地客运中心站、旅游景点景区门票价格和停车收费等进行检查，对查出存在的违法问题责令限期整改。对性质恶劣的典型案件加大处罚力度，情节严重的予以曝光。

【教育收费专项检查】2015年，市发改委对全市教育主管部门、下属事业单位及大中专、中等职业、中小学及幼儿园等129个学校的教育收费执行情况进行专项检查。

【资源要素价格专项检查】2015年6—7月，市发改委与东坡区发改委、彭山区物价局联合开展对四川电力眉山分公司、四川佳源燃气眉山分公司、东坡区鑫诚燃气有限公司、眉山天然气公司和眉山市电力公司以及彭山供电公司等的检查工作。对存在价格问题的眉山天然气公司等几家企业发出责令整改通知书，责令限期整改。

【医疗卫生服务和药品价格检查】2015年10月—11月，市发改委对全市7家市级医疗机构、各区县人民医院、中医医院以及部分血站、药品生产企业等20余家单位进行价格检查。

【价格举报】2015年，全市受理群众价格政策咨询举报604件，其中咨询584件，价格违法行为投诉举报20件（来信1件，来电598件，网上举报2件，其他网络渠道3件）。举报投诉案件协调办结17件，查处办结3件，办结率100%，经济制裁7.92万元，其中，退还用户610元，罚款3.93万元，没收违法所得3.93万元。

（市发改委）

质量技术监督

【质量工作机制】2015年，市政府印发《眉山质量工作考核办法》《关于建立健全大质量工作机制的通知》《眉山市贯彻实施质量发展纲要暨建设质量强市2015年工作计划》等质量工作指导性文件7个，将质量工作考核结果纳入全市目标绩效考核体系，市政府与省质监局就质量工作需求进行对接，完善“政府牵头、部门主抓、企业主责、社会参与的“大质量”工作格局。

【质量品牌建设】2015年，“彭山葡萄”“文宫枇杷”获批国家地理标志保护产品；“东坡泡菜”荣登2015年中国品牌价值评价榜，入围全国区域品牌50强，位居全国加工食品类地理标志产品榜第五名，品牌价值104.65亿元；全市新创省级“质量强市示范城市、有机产品认证示范县、知名品牌创建示范区”各1个，获批省级中小学质量教育社会实践基地2个，评选表彰第二届市政府质量奖6个，培育第十二届四川名牌候选企业32家。

【质量暨品牌建设“三百工程”】2015年，市质监局服务企业转型升级攻坚，牵头多部门创新开展质量暨品牌建设“三百工程”（即：助推100家企业提升质量，服务100家企业扩大品牌影响，培训100名企业首席质量官）。组织质量专家深入企业“把脉问诊”，制定“一企一策”质量提升意见书51份，指导企业解决技术难题316个；帮助20家企业通过天府网交会进行展销，在市委市政府网站开辟“眉山优秀品牌”专栏，集中宣传100个眉山品牌，组织200余家企业参加“川货全国行”等市场拓展活动；组织169名企业人员参加首席质量官培训，70人取得任职证书。

【特种设备安全监管】2015年，市政府印发《关于进一步加强特种设备安全工作的通知》，2次

2015年5月12日，市质监局指导粮油企业开展质量提升工作

召开特种设备安全监管联席会议部署工作。市质监局狠抓隐患治理，组织开展电梯安全监管大会战、液化石油气钢瓶充装检验等5个专项治理行动，帮助663家企业查找整改隐患159个，消除“三无电梯”（即：无物管、无维保、无维修资金）46台，销毁报废液化石油气钢瓶1129个，全市实现特种设备安全“零”事故目标。全市质监系统对照新出台的《特种设备目录》对在用特种设备重新进行普查登记，确定378家企业为重点监控单位，“一企一档”建立安全档案；全年培训特种设备从业人员1008名，开展特种设备事故应急救援演练7次；东坡区试点气体充装单位特种设备安全管理规范化建设，打造示范点2个。探索“互联网+”特种设备监管，启动“BDIM特种设备综合管理系统”建设［即：大数据“Big Data”、物联网“Internet of things（IoT）”、移动应用“Mobile Application”（简称BDIM）］。

【民生产品安全监管】2015年，市质监局强化事中事后监管，对全市156家工业产品生产许可证获证企业建立质量档案，实施分级分类监管；监督抽查10类重点工业产品468批次，合格460批次，合格率98.3%，比2014年提升1.3%。集中宣传贯彻新颁布的《食品安全法》，督促34家食品相关产品生产企业作产品质量安全自我承诺。开展农资、建材、汽配、儿童用品、絮用纤维制品等重点产品专项整治12次，检查企业500余家，帮助53家企业整改问题108项，办结各类质量举报投诉案件16起，依法关停4家无证生产钢坯、钢材作坊式企业，为消费者挽回经济损失15万元。

【标准化工作】2015年，市政府调整全市标准化工作领导小组成员，制定《眉山市贯彻落实国务院〈深化标准化工作改革方案〉的意见》，完善全市标准化工作机制。市质监局出台《眉山市团体标准管理办法（试行）》，主导制定《竹编生产工艺技术规范立体竹编》等省级地方标准4项；指导“彭山葡萄”国家农业标准化综合示范区和“丹棱顺龙山地鸡”等3个省级农业标准化试点项目通过考核验收；完成“眉山市农村敬老院服务标准化”国家级试点项目建设任务，新增国家级“殡仪服务标准化试点”项目，启动“物流、信访”2项省级服务标准化试点项目；指导15家企业建立健全标准体系，7家企业获批采用国际标准9项，获批AAAA级标准化良好行为企业1个，新备案企业标准30项、修订22项；新注册商品条码52家、续展151家。

【计量与认证工作】2015年，市政府印发《眉山市贯彻实施〈四川省计量发展规划（2014—2020年）〉2015年度工作计划》并组织实施。市质监局强化民生计量监管，开展节日市场计量监督检查3次，检查集贸市场、加油站等单位964家，抽检在用计量器具3679台（件）、合格率97.83%，抽检节日热销定量包装商品334批次、合格率97.31%；免费为集贸市场、乡村医院检定计量器具2800台件，惠民金额30余万元；全市新建社会公用计量标准4项，138家单位签订诚信计量自我承诺书并公开接受社会监督；服务企业节能减排，开展锅炉能效测试21台，对18家重点耗能企业开展能源计量审查，“十二五”期间累计完成审查66家。强化认证认可服务，指导45家企业通过管理体系认证，指导洪雅县获批“四川省有机产品认证示范创建县”；监督检查获证实验室21家，指导整改缺陷项目155项。

2015年9月15日，国家泡菜质量监督检验中心（四川）举行“质量月”实验室开放日活动

【检验检测工作】2015年，市质监局服务“东坡味道”千亿产业发展，争取质检总局和省质监局支持，将原“国家酒类及加工食品质量监督检验中心眉山泡菜分中心”

更名为“国家泡菜质量监督检验中心（四川）”，完成国家泡菜质检中心应急改造工程，成为“中国泡菜展销会”参观考察重要窗口，建成集检验、科研、标准制修订、质量教育为一体的综合检测平台。市质监局下属3个省级质检中心通过实验室资质认定复评审，下属4个技术机构具备41个大类、1168个项目、1285个参数的检验检测能力；全年完成产品监督抽查和企业委托检验5030批次，检定校准各类计量器具3.91万台（件），检验各类特种设备6297台（件），外派7名检验人员赴新疆巴楚完成12万吨棉花公证检验任务，未发生一起检验检测责任事故。

【简政放权工作】2015年，市质监局推进“三张清单”制度，清理政府责任清单32项、行政权力清单206项，并在行权平台依法规范公开运行；将9项行政权力集中到市党务政务中心窗口统一办理，配合相关部门实施“三证合一、一照一码”登记制度改革（“三证合一”登记制度是指将企业登记时依次申请，分别由工商行政管理部门核发工商营业执照、质量技术监督部门核发组织机构代码证、税务部门核发税务登记证，改为一次申请、由工商行政管理部门核发一个营业执照的登记制度）；行政许可窗口全年受理行政审批事项6995件，按时办结率、群众满意率均100%。

（刘莉）

食品药品监督管理

【食品药品监管体系建设】2015年，市委、市政府高度重视食品药品监管工作，调整充实市食品安全委员会，将食品药品安全、食品安全评价检测、食品药品总体合格率纳入年度绩效目标考核体系。市政府出台《关于建立健全食品安全监管共同责任机制的通知》，建立长效机制，形成监管合力。各级政府、职能部门、食品生产经营企业层层签订责任书，形成“政府领导责任、行业主管责任、部门监管责任、企业主体责任”四位一体的共同责任体系。

【食品药品监管能力建设】2015年，全市实施乡镇食品药品监管机构标准化建设三年行动计划，市政府出台《关于实施乡镇（街道）食品药品监管机构标准化建设的意见》，计划到2017年，全市所有乡镇监管所按照“五有”（有固定办公场所、有监管人员、有办公设备、有执法装备、有快检设备）标准要求建设到位。市食品药品监督管理局（以下简称“市食药局”）印发《关于统一乡镇食品药品监管机构制度和标识标牌的通知》，落实乡镇监管所标准化建设“四统一”（统一标识标牌、统一公示职责、统一制度上墙、统一配备快检设备和执法装备）要求。全年投入资金650万元开展32个乡镇监管所标准化建设，青神、丹棱两县全面完成标准化建设任务。市食品药品检验检测中心通过新增食品检测项目资质认定评审，新增食品检测参数396个，检测能力涵盖食品6大类、412个项目、557个参数，非食品3大类、126个参数。市政府专题研究“眉山市食品安全检（监）测能力建设”项目，项目纳入国家投资计划，中央专项资金和市财政配套资金划拨到位，11月底进入招投标阶段，12月开工建设。

【食品综合协调监督】2015年，市食药局发挥食品安全委员会的统一领导和食品安全办在统筹规划、监督指导等方面的主体作用。牵头宣传贯彻新《食品安全法》。配合市人大常委会开展食品安全监管工作情况调研。组织召开全市食品安全委员会全体成员会议。指导彭山区和青神县创建省级农产品质量安全监管示范县和省级食品安全示范县。

2015年10月13至14日，国务院食品安全办、国家食品药品监管总局督查考核组对眉山市食品药品监管工作进行现场督查考核

2015 年，青神县强化基层监管，创建省级食品安全示范县

【食品生产经营监管】2015 年，市食药局加强肉及肉制品、泡菜、白酒等重点生产企业检查力度，集中约谈存在安全隐患的 24 家食品生产企业，督促企业落实安全主体责任，提升产品质量。统一食品生产企业质量安全公示模板，指导 400 家食品生产企业完善质量管理制度并上墙公开。开展生猪肉制品、泡菜、乳制品质量溯源体系建设，初步建立来源可追溯、去向可查证的食品质量安全追溯制度。加大婴幼儿配方乳粉、食用油、食品添加剂、儿童食品市场巡查力度，督促大润发、宏远上铖等 9 家规模以上商场、超市履行食品流通主体法定责任。在全市 8 家农贸市场开展食用农产品质量安全监管规范建设试点，推进批发市场、中心城区农贸市场、规模超市“1+1+1”(批发市场+中心城区农贸市场+规模超市）快检覆盖工程，全市建立食用农产品快速检测室 15 个，建立检测产品台账并实行日公示制度。推进眉山市学校食品安全三年行动计划，学校食品安全管理制度健全和执行率提高，硬件设施明显改善。推进餐饮服务量化分级管理，全市 7766 家餐饮单位评定量化分级优秀 95 家、良好 1563 家、一般 6108 家。圆满完成 295 次重大会议和接待的食品安全保障。实行农村家宴和乡村厨师双备案管理制度，全市打造农家宴集中就餐示范点 78 个，培训乡村厨师 83 期、2375 人次，全市经培训、持健康证并公示管理乡村厨师 1317 人，备案登记管理农家宴 1.09 万起、发现并消除安全隐患 607 个，563 个（名）农家宴加工服务队（乡村厨师）参加食品安全责任保险。启动实施“明厨亮灶”工程，市食药局打造 10 家“明厨亮灶”示范店并召开现场观摩会，各区县确定 40 家首批试点单位，全市完成“明厨亮灶”改造 1348 家，其中学校食堂 365 所，341 所学校食堂实现视频厨房管理。

【药品生产流通监管】2015 年，市食药局强化药械安全监管，落实药品、医疗器械、化妆品质量主体责任，推行“两书一报告”(药品质量安全责任书、药品质量安全承诺书、年度质量回顾报告）和“月巡季查”制度，实施信用等级分级监管，对信用等级评定为 B 级、C 级和 D 级的 4 家药品生产企业增加检查频次并予以诫勉谈话。集中约谈存在安全隐患的 9 家中药饮片生产企业并提出整改要求，实行中药饮片生产网络公示制度，搭建中药饮片信息公示平台，邀请社会公众共同监督企业是否有违法生产行为或产品质量问题。2015 年，公示新增中药饮片生产品种 633 个，生产信息 2103 批次。巩固药品市场网格化管理和巡查制度，加快实施药品电子监管，1215 家药品经营企业加入中国药品电子监管网。加强医疗器械生产经营企业监督管理及备案许可工作，开展医疗器械“五整治”（整治虚假注册申报、违规生产、非法经营、夸大宣传、使用无证产品等五种行为）专项行动“回头看”、体外诊断试剂、避孕套、隐形眼镜专项整治。

【风险监测与应急管理】2015 年，市食药局针对酒类、调味面制品、学校食堂等重点品种和环节开展 6 次食品安全风险研判及交流，分析存在食品安全风险点。建立故障模式影响分析（FMEA）对药品风险进行等级分级，收集风险信息 149 条并采取防控措施，推动监管工作从“事后灭火”向事前防范转变。以抽检监测推动风险防范，规范抽检监测，提高抽检监测效能。组织抽检食品 1948 批次、药品 824 批次，核查处置不合格及问题食品 120 批次、药品 16 批次。监测上报药品不良反应报告 3137 例、化妆品不良反应报告 319 例、可疑医疗器械不良事件报告 414 例、药物滥用监测报告 1100 例，及时发现并防控食品药品安全风险隐患。抓好舆情监测，建立并完善信息互通、共享机制，全年全市处理 7 起舆情信息，未引起较大负面影响。

建设重大信息直报平台，构建重大信息直报网络，提高突发事件信息报告的时效性。组织修订《眉山市食品安全事故应急预案》，指导丹棱县、仁寿县开展食品安全事故应急演练。

【食品药品专项整治】2015年，市食药局坚持监管必须查案，查案必须从严。部署开展“食品药品百日会战”、白酒和中药饮片“两大专项整治”、食品生产经营企业主体责任落实情况和传统节庆特色食品“两大专项检查”、医疗器械“五整治”回头看、两品一械违法广告整治等多个专项整治行动，以“零容忍”的态度严厉打击食品药品安全违法行为。全年，出动执法人员2.89万人次,车辆7244台次，检查食品药品生产经营使用单位2.78万户次，责令改正777户次，查处违法案件1588件，捣毁制假售假窝点6个，移送司法机关案件21件，配合公安机关抓获犯罪嫌疑人7人。

【依法行政许可】2015年，市食药局推进新修订药品GSP（药品经营质量管理规范）实施,全市24家药品批发企业、1162家药品零售企业通过新版GSP认证。合并简化行政许可事项，将药品经营许可和GSP认证两项审批“二合一”，将一类医疗器械注册审批和二类医疗器械经营许可改为备案登记管理，简化办理程序，为企业提供方便。规范权力运行，制定《依法行政监督指导意见》，编制行政权力清单、政府责任清单、市场准入负面清单“三张清单”，公布行政权力174项，公开行政处罚案件1011件，主动接受社会监督。

【服务食品医药产业发展】2015年，市食药局深入四川宏源医药包装材料有限公司、东坡区好味稻专业合作社等企业25次，帮助企业解决办证难题2个、发展难题8个。提升“东坡泡菜”质量，成立帮扶指导泡菜企业专项工作组，开展泡菜质量安全提档升级行动，淘汰19家低水平企业，走访吉香居、李记、邓仕等12户大型企业，帮助分析查找质量问题，鼓励企业自动化、标准化生产，减少产品质量风险点，助推打造千亿食品产业。指导企业严格执行食品药品生产经营规范和标准要求，105家食品生产企业取得135张QS（企业食品生产许可）证书，获证单元产品170个；自豪时代、德峰药业、森科制药3家新建企业取得“药品生产许可证”，全市23家药品生产企业通过新版GMP（药品生产质量管理规范）认证，1215家药品经营企业通过新版GSP认证。

【宣传引导社会共治】2015年，市食药局宣传贯彻新《食品安全法》，举办执法监管人员专题培训7期、食品生产经营主体培训5期，在市级主流媒体开设“食品安全法大讲堂”专栏26期，印发新《食品安全法》宣传资料2万余份。设立12331投诉举报电话，建立统一高效处置流程，处理投诉举报570件。市政府出台《眉山市食品药品投诉举报奖励办法》，提高奖励标准，落实资金兑现奖励，激发群众参与热情，构建社会共治格局。普及社会宣传，建成“食品药品科普宣传站”53个，印发食品药品安全宣传标语口号100条，发布高风险食品预警24期，通过电视、广播、报刊、政务微博、公共场所显示屏等载体普及食品药品安全知识，宣传食品药品监管成果。

（黄珂琦、尹慧敏）

国有资产管理

【概况】2015年，全市国有企业83户，资产总额585.8亿元，比2014年（下同）增加142.6亿元、增长32.2%，其中市属国企资产总额233.4亿元，增加72.1亿元、增长44.7%。全市国企净资产320.7亿元，增加74.5亿元、增长30.2%。全市国企资产负债率45.3%，远低于全省市州平均水平19.3个百分点。

【国企监管】2015年，市国资委新组建眉山市固恒建设工程质量检测公司、金象园区工业供水公司和园林公司、眉山发展子公司宏景园林绿化公司、岷东大道开发公司（恒信交投控股）等5户市属国有独资、控股企业，新组建市资产公司参股的四川成昆铁路有限公司、现代工业新城投资公司参股的四川京府投资有限公司等2户参股企业。会同市委组织部制定出台《眉山市市属国有及国有控股企业领导人员管理暂行办法》，明确市属国企领导人员管理权限和选拔任用、考核评价、管理监督方式。精简放权，修订出台《眉山市市本级国家出资企业重大事项审批和备案管理办法》，划分审批事项和备案事项范围。按照市委、市政府建立“三张清单”制度规范行政权力运行要求，制定国资监管行政权力清单，两类8项行政权力事项经市政府审核通过被列为法定审批项目。完善市属国企法人治理结构，按规定配齐眉山发展公司、“东坡宋城”公司、现代工业新城公司、眉山固恒检测公司、甘眉公司董事、监事和总经理等高级管理人员。强化企业资产处置等行为监管，对市属国有企业的资产处置、租赁、增减资本、车辆购置等重大事项严格履行审批管理。加强工业企业应急临时周转资金使用监管，对由市经信委牵头会商、眉山发展公司调度并采取“过桥”转贷运行的3亿元市工业企业应急临时周转资金严格审查到位，坚持报批手续完备，全年协助为全市12户规模以上工业企业办理完成转贷18笔，累计周转借用资金3.99亿元。加强市属国企财务稽核管理。按照市委、市政府要求，市资产经营公司采取公开竞买的方式，回购青羊国投所持有的四川琼宇影视文化有限公司78.34%股权，连同自身所持有的21.66%股权一并划转岷东新区管委会，助推蟆颐观区域纳入岷东新区滨江公园一体化打造。

【国企改革】2015年，市人社局牵头，市国资委配合，初步制定深化国有企业负责人薪酬制度改革实施办法并报省薪酬制度改革领导小组办公室初审，省薪酬制度改革领导小组办公室初核并反馈意见。探索发展混合所有制经济，引进北京中景恒基投资有限公司，与眉山现代工业新城投资有限公司联合组建四川京府投资有限公司，注册资本金5亿元，采取PPP模式（公私合营模式）共同打造眉山现代工业新城总部经济区。打造城市智慧公交，在眉山东站公交站建设智能公交运营管理系统，在207辆城市公交车上安装车载视频监控系统、智能调度系统、智能公交IC卡系统，城市公交车智能化率100%，公交车准班、准点率95%以上，完成投资1200余万元。

【行政事业单位资产监管】2015年，市国资委对19个市级单位损耗、无使用价值的固定资产进行核销报废处置，核减原单位资产账面原值933.2万元，实现残值收入16.2万元；采取捐赠划转、对口帮扶联系村等方式，对4个市级单位价值18万元的电脑、办公用品等资产进行合理调剂；公开拍卖市城管局广告式果屑箱、10平方米垃圾房经营权，实现拍卖收入280万元，增值率204%；将市统征中心12个安置小区的24间房屋统一划拨东坡区国资局，支持社区居民小组活动阵地建设。

【国有资本经营预算管理】2015年，市国资委在全市25户国有企业中推行国有资本经营预算管理制度，适当提高国有资本收益上缴公共财政比例，向保障和改善民生倾斜，全年实现上缴利润226.4万元，比2014年增长40.6%。

【投融资工作】2015年，市国资委向投融资企业注入优质资源，助推眉山发展公司和市资产经营公司资产规模分别达到110.7亿元和85.7亿元，增强企业融资能力。全年争取到位省开行棚户区改造项目专项贷款资金6.71亿元，专项贷款支付进度在全省21个市州中排名第三位。调整苏母公园项目总体规划方案，启动王家渡桥工程建设，完工高压线路迁改工程，全年完成投入3952万元。指导市属国企、区县国资局融资行为，全年市属国企实现融资49.5亿元，其中市资产经营公司完成融资7.24亿元。市政府制发《关于做好市资产经营公司2015年度政府性投资项目债务本息偿还工作的通知》，全年收回贷款本金2800万元，利息1.38亿元，严控信贷风险。

【招商引资工作】2015年，市国资委赴北京拜访国务院国资委投资规划局，邀请40余家央企、省属国企参加“四川天府新区项目推介会”“中外知名企业四川行”等会节活动。促成中铁贵旅与仁寿县签订黑龙滩休闲旅游度假中心项目战略框架协议；促成川投集团与洪雅县人民政府签订瓦屋山旅游开发合作协议；初步与中车丹齿达成在眉山设立四川省齿轮检测中心协议；促成年产5万吨竹原纤维项目正式签约。全年引进国网四川电力公司农网改造升级工程、中国联通LTE—FDD（4G指第四代移动通信技术。在4G国际技术标准选择上，中国采用LTE，这一标准有TD—LTE和FDD-LTE两种通讯模式）无线网（眉山）工程、广发银行分行落户、铁塔基站建设等项目5个，到位资金13.26亿元。

【国有企业党建工作】2015年，撤销中国电信眉山分公司机关党委，成立中国电信眉山分公司党委；新成立中国铁塔公司眉山分公司党支部。编制党委主体责任清单、纪委监督责任清单等“六张清单”，梳理党委主体责任34项、纪委监督责任11项。完成2013—2017年惩防体系建设阶段性任务。开展“严以修身”“严以用权”“严以律己”3个专题学习研讨和南充拉票贿选案专题剖析反思，指导中国移动眉山分公司党委和中国铁塔眉山分公司党支部“三严三实”专题民主生活会。在年终以书面形式开展国有企业党组织书记抓党建工作专题述职。开展国有企业党风廉政建设和反腐败工作情况专项监督检查，督促指导各项制度的执行落实。组织5名党组织书记参加省委基层党支部书记培训班，组织24名入党积极分子参加培训。举办市国资系统廉政大讲堂，参加教育的委机关干部和国企员工200余人次，组织委机关中层以上干部和国有企业负责人到眉州监狱、虞丞乡廉政警示教育基地接受教育80余人次。开展党内评先选优，通报表彰先进基层党组织12个、优秀共产党员42名、优秀党务工作者12名。开展“七一”、春节慰问活动，走访看望企业老党员、老干部40余人。

【扶贫攻坚】2015年，主动对口联系贫困村仁寿县涂家乡千山村。开展市国资系统“扶贫日”捐款活动，筹集扶贫资金15.9万元。协助流转土地成片发展柑橘“青见”17.33公顷、硬化村道便道1400余米、解决近800余名村民吃水难问题，到位扶贫资金106万元，实现农民年人均纯收入增长12%。

（余海浪）

眉山发展(控股)有限责任公司

【概况】2015年，眉山发展（控股）有限责任公司投资总额10.09亿元，融资27.97亿元，营业收入11.1亿元，利润总额8260万元。

【项目融资】2015年，眉山发展（控股）有限责任公司将2015年定为“融资拓展年”，主动对接信托、银行、基金、融资租赁、券商等金融机构，优选融资工具和融资渠道，融资27.97亿元。通过上海证券交易所发行眉山首支公司债20亿元，缓解了眉山新一轮城镇化建设资金压力。

【城市建设】2015年，眉山发展（控股）有限责任公司推进东坡岛市政道路（1、3、5、12号路）、大型音乐喷泉二期水幕电影、东坡湖石柱亮化项目、金龙小区、白虎滩小区、东坡城市湿地公园核心区东区和环岛绿地、市老年大学等12个项目，完成投资3亿元，截至年底，累计完成投资4.25亿元。建成眉山东站广场绿化及阜成路、岷江大道西延段、紫竹西街、秋岚东街等配套市政道路，完成路灯、标牌、周边绿化工程等附属设施项目建设。其中，眉山交通中心广场雕塑灯选用宋朝瓷灯造型，道路路灯选用幻光速影灯造型，科技水平、文化蕴含均为眉山首创。完成庄店花园小区11栋楼主体封顶，完成投资2亿元；推进第二污水处理厂和生物净化处理池、截污干管、眉山市全民健身中心暨青少年活动中心、鱼山小区、“五馆一中心”等6个项目；完成眉山城区8座宋韵型公交候车亭设计建设和中心城区公交站点规划。

【支持区域经济增长】2015年，眉山发展（控股）有限责任公司先后为东坡区、仁寿县、岷东新区、市资产经营公司提供融资担保71.88亿元，支持市政府、岷东新区、青神县投资重点项目22亿元。借助省级综合性产业投融资“航母”——四川发展控股有限责任公司，与其旗下资管公司合资成立眉山川发股权投资基金，以基金化委托贷款模式向四川金象赛瑞化工股份有限公司发放贷款1亿元，帮扶地方产业龙头企业度过短期困难。与市、区县财政合资设立3亿元的工业企业应急临时周转资金，为尼科国润、新高峰瓷业、圣道铝业等12家重点工业企业办理转贷业务19笔3.99亿元。

【转型发展】2015年，眉山发展（控股）有限责任公司着力解决土地资产合法化、完善财政统筹公司融资借贷手续、集团公司组建、市属国有企业领导人员管理办法等体制机制问题，眉山交通中心及周边道路、东坡城市湿地公园等一批市政设施项目落实财政回购2亿元，置换政府性债务7.45亿元。先后投资市级农村土地综合整治、仁寿县大化镇土地“双挂钩”（建设用地增、减挂钩）等项目建设10个，完成项目投资2067万元，新增耕地指标148.67公顷，“双挂钩”项目投资收益754万元。实现理财投资收益120万元。拓展酒店、广告、资管、园林、物业等经营范围，实现营业收入5000余万元。

【规范管理】2015年，眉山发展（控股）有限责任公司开展制度汇编，对关键岗位、关键环节实行流程化管理、规范化运作，建立30个各类合同范本，避免招标文件和合同的法律风险。举办“发展论坛”7期，聘请银行、券商、法律、审计、交通、国资、酒店等不同领域专家进行理论和实战传授，推行中层以上员工人人上台讲课，增强个人能力。修订员工薪酬管理办法，建立科学考核分配和激励约束机制。先后荣获市委、市政府东坡城市湿地公园建设工作先进集体、“绿海明珠”“千湖之城”大会战先进集体、城市规划区征地拆迁工作先进集体等5次，获得招商引资、农村生活垃圾治理工作等先进个人表彰8人次。

［眉山发展（控股）有限责任公司］

国土资源管理

【重点项目用地】2015年，市国土资源局加快调整完善全市土地利用总体规划，完成土地利用总体规划调整完善的中期评估工作。依法局部调整土地利用总体规划，全年全市审查上报局部调整5个区县21个乡镇的土地利用总体规划5批次，新增建设用地149.14公顷；上报待批调整土地利用总体规划2宗。全年全市上报省国土资源厅建设用地 81 批次、2460 公顷，新增建设用地 1893.33 公顷；批回 56 批次、1306.67 公顷，新增建设用地 933.33 公顷，保障全市建设项目用地。

2015 年 10 月 26 日，市委书记李静为市不动产登记局授牌

【土地出让】2015 年 4 月，召开全市 2015 年土地项目推介会，以营销观念出让土地，加强土地包装，科学出让土地，全市出让土地 312 宗、933.33 公顷，实现土地出让收入 115.19 亿元。

【耕地保护】2015 年，市政府与各区县政府签订耕地保护目标责任书，纳入年度目标考核。县、乡（镇）政府层层签订目标责任书，实行一票否决，严格责任追究和奖惩机制，落实耕地占补平衡，确保全市耕地保有量 24.03 万公顷和基本农田 21.24 万公顷面积不减少、质量不降低。全市打造基本农田保护示范区平台、现代农业示范园区耕地保护平台、低效耕地整理提升示范区平台、农业专业合作社耕地保护平台、特色产业发展耕地保护平台和执法保护平台“六个平台”，初步划定永久性基本农田 21.69 万公顷，建立 20 个基本农田保护示范区 1.19 万公顷。

【土地综合整治】2015 年 6 月，市国土资源局印发《眉山市土地整治项目和资金管理办法》，规范全市土地整治项目和资金管理，确保项目建设质量，提高资金使用效益。全年全市实施土地整理项目 17 个、面积 1.26 万公顷，新增耕地 592.67 公顷；建成高标准基本农田 2.74 万公顷，产生的新增耕地作为耕地占补平衡指标，用于城镇、重大产业、工业项目等各类建设占用耕地的补充。

【土地利用“五大模式”】2015 年，全市创新建立土地利用“五大模式”，通过工业用地、以税控地、空间利用、示范带动和激励约束“五大模式”推进土地节约集约利用，制定工业用地弹性年期出让及低效存量工业用地退出相关规范，明确工业企业扩容优惠政策，出台专项资金补助政策用于对土地利用评价好的城镇、园区、企业和项目。推进节约集约用地模范县创建，东坡区创建为国家级模范县，彭山区申报创建。

【国土资源执法】2015 年，市国土资源局加强对耕地特别是基本农田的执法监管和动态监管，及时发现、制止和纠正违法占用耕地特别是基本农田的违法行为。全市开展动态巡查 3505 次，参与人数 8709 人次，覆盖率 100%；动态巡查发现土地违法、非法占地 88 宗，均及时处置。市国土资源局清理闲置土地 9 宗,面积 10.6 公顷，全部处置到位。接到“12336”举报 39 件（其中省、部转办 14 件），办结 37 件，其余 2 件未到办结时限。

【地质灾害防治】2015 年，市国土资源局坚持“以防为主、防治结合”工作理念，编制工作方案、制定防治措施、落实防灾责任，拉网式排查全市地质灾害隐患点 3 次，确定防灾责任人和监测责任人，安排专职人员 24 小时监测隐患点。召开 2015 年度地质灾害防治知识宣传培训会，开展 2015 年度市级突发地质灾害应急方案演练。全市完成地质灾害防灾避险搬迁安置农户 55 户，投入资金 192.5 万元。完成 8 处中小型地质灾害应急排危除险工作。全年无因地质灾害引发人员伤亡和重大财产损失发生。

【矿产资源管理】2015 年，市国土资源局完成第三轮矿产资源规划修编大纲编制并通过省国土资源厅审查。开展安全生产大检查及“打非治违”联合执法行动，指导督促各区、县国土资源局开展安全生产联合检查 62 次，开展工作抽查 8 次，规范矿产资源开采利用秩序。完成审查储量动态监测报告 35 份，探矿权年检 20 个，采矿权年检 60 个，开展探、采矿权延续评审 12 次。全市征收矿补费 162

万元。全年全市非煤矿山无重大事故发生。

【征地拆迁补偿安置】2015年，全市规范征地程序，严格执行征地拆迁补偿安置标准，推行货币化安置补偿政策，全市完成集体土地征地拆迁653.33公顷、安置群众1.26万人，其中货币化安置8374人。

【信访维稳】2015年，市国土资源局受理群众来信和上级交办件59件，接待来访群众222批、712人次，妥善解决群众合理合法诉求，维护群众知情权、财产权、发展权和申诉权“四项利益”，连续7年未发生一起进京非正常访，未发生一起因国土资源问题引发的群体性事件和大规模群众上访，实现“零非访、零聚集、不出事”目标。

【信息化建设】2015年，市国土资源局开展政府门户网站普查，完成门户网站优化改版升级。开发移动办公APP（应用程序），进行测试并修改完善。开展“一张图”数据入库更新工作，完善相关业务数据。推进政务信息网上公开，被国土资源部评为政务信息公开工作先进单位、被省国土资源厅评为示范单位。

【不动产统一登记】2015年，全市完成不动产统一登记职责整合和机构建立，人员、场所整合全部到位。市、区县不动产登记机构全部实现挂牌集中运行，是全省除泸州市（试点市）外率先完成不动产统一登记职能职责整合的市州。

【地籍管理】2015年，市国土资源局完成市本级82.57平方千米宗地统一代码编制并通过检查、验收，年度土地变更调查成果通过部省检查审核。严格行政许可项目办理，精简审批事项、优化审批流程，受理建设项目预审11件、采矿权审批12件、土地使用权和他项权利确认登记1.49万件，办结率、满意率均100%。完成农村宅基地使用权确权颁证73.08万户、集体土地所有权确权颁证9276宗。

（市国土资源局）

投资与招商

【概况】2015年，市委、市政府将招商引资工作主题确定为“产业转型升级招商年”。全市招商引资实际到位资金576.23亿元。其中省外到位资金401.45亿元，位列全省第二位。四川省天府新区投资推介会上,眉山市签约项目10个，合同金额463亿元；2015中外知名企业四川行活动，眉山市签约项目70个，合同金额537.9亿元；中国西部（四川）进口展暨国际投资大会，眉山市签约项目43个，合同金额413.34亿元，三次活动签约项目合同金额均位居全省第二。

【招强引优】2015年，全市新签约项目108个、合同金额732.94亿元。其中：1亿元及以上5亿元以下项目40个，5亿元及以上10亿元以下项目14个，10亿元及以上项目24个。引进高新技术企业12家，战略性新兴产业人才（团队）带项目到眉山落户17个，重点高校、科研院所到眉山建研发中心、创新中心、孵化转化机构14个。中景恒基、珠海格力、香港清华同方、东方园林等知名企业投资的重大项目落户眉山。引进世界500强企业格力电器全资子公司格力电工投资5亿元建设高档电磁线生产项目，东方园林投资21亿元建设滨江旅游综合开发项目；云南城投投资50亿元彭祖山旅游开发项目。尤其是引进由中景恒基投资110亿元在现代工业新城建总部经济区PPP建设运营项目，规划总投资约150亿的中法农业科技园彭山园区项目，眉山百亿项目取得“零”突破。

【“三走一请”】2015年，眉山开展“三走一请”（走出去、走下去、走上去、请进来）招商，全市开展招商洽谈活动主动走出去800余次，考察企业900余个，对接促进项目300余个，新获取有效项目信息260余条；主动到省投促局、省政府驻外办事处对接工作80余次，捕捉项目信息60余条；协调相关部门帮助解决项目建设过程中土地、办证、融资等方面遇到的实际困难和问题，推进项目履约开工；跟踪促进优质项目，全年邀请220余家企业到眉山投资考察。

【平台搭建】2015年，眉山市组团参加省委、省政府举办的四川天府新区投资推介会、2015中外知名企业四川行活动、长三角地区和珠三角地区四川省投资推介会暨合作项目签约仪式、中国西部（四川）进口展暨国际投资大会、科博会、海科会等7个省级重大投资促进活动；省上活动期间，在成都举办“天府眉山·共享发展——中外知名企业四川行眉山市投资说明会暨项目签约仪式”眉山专场活动，组织市领导会见知名企业嘉宾，邀请有意向的企业家到眉山实地考察；11月，在香港举办以“天府眉山　情满香江”为主题的眉山市（香港）投资推介会等系列活动，签约项目18个，涉及金额100.97亿元；在江苏、成都、新疆、武汉等地举办眉山市优势产业和重点项目推介活动；在眉山、重庆举办眉山籍在外优秀企业家迎春恳谈会、返乡发展座谈会。

【招商考核】2015年，市投促局完善统计督查考核机制，科学统计招商引资数据。完善督查考核制度，对投资促进工作实行全方位、多角度综合目标设定，层层分解下达省、市招商引资目标任务，囊括招商引资到位资金、省外到位资金、新签约项目、重大项目、创新驱动、省级活动平台签约项目“三率”（履约率、开工率、资金到位率）、招商引资软环境、有效项目信息等指标。所涉指标全部纳入市委、市政府目标绩效考核，并将招商引资工作纳入全市5个单项考核工作之一。

（市投促局）

经济贸易

【概况】2014年10月，中国国际贸易促进委员会眉山市委员会（以下简称“市贸促会”）作为群团组织单列管理，并纳入市级招商引资工作体系。市贸促会是中国国际贸易促进委员会四川省分会的分支机构，是市委、市政府领导的由眉山市经贸界有代表性的人士、企业和团体组成的全市经济贸易促进组织，由市委、市政府领导联系。内设办公室、国际经贸部、企园助推部（挂“法律事务部”牌子）三个部室。

【招商引资】2015年，市贸促会邀请利洁时集团（英国，世界500强）中国区新技术开发经理到眉山市进行投资合作考察；邀请Top Screen Media总裁Achille Traore到四川伟易达科技有限公司就产品规格、标准等事项进行洽谈，考察合作；市贸促会牵线搭桥，林斯特龙公司成都分公司区域总经理马飞一行先后与联合利华、思念食品等4户公司围绕加强供需合作展开沟通。全年市贸促会先后报送有效招商信息3个，分别为投资大型品牌直销购物中心项目，华瑞世纪集团并购医疗企业项目，利洁时公司（Reckitt Benckiser,LSE:RB）收购稳定的医药类、家用清洁类新产品或技术项目。引进大型品牌直销购物中心项目——[重庆金辉集团（眉山）购物中心项目]，完成招商引资2.3亿元。

【“一对一”服务企业】2015年，眉山市贸促会印发《关于提升为企业（园区）服务工作效能的通知》，建立“企业（园区）服务工作台账表”，全程“一对一”跟踪服务，纳入考核，严格奖惩。为金象赛瑞、眉山车辆厂等10余户眉山企业开拓欧洲市场服务；促进眉山市四川新达粘胶科技有限公司与印度对接，实地考察孟买投资建厂；组织相关部室帮助四川三益建材科技有限公司向市区经信委协调。全年，走访会员企业200余户次，到内江、南充等地学习、调研，并向市委、市政府上报《眉山市贸促会关于推进对外贸易快捷通关工作的报告》。

【经贸活动】2015年，市贸促会拜会以色列、新加坡、斯里兰卡等驻成都领事馆总领事蓝天铭、颜呈吉、坎迪潘·巴拉素部冉马尼目，就眉山与各国在经济、贸易、投资等领域的交流展开探讨，增加沟通，加强合作。同时，拜访欧盟创新中心（成都）等驻成都机构，携手为眉山企业搭建投资、贸易平台。3月23日与欧盟项目创新中心签订合作备忘录，全年促进20户眉山企业与该中心对接合作。

【经贸信息】2015年3月，市贸促会创建季刊《贸易视点》，全年编印发行4期，其中设有“经济动态”“产业发展”“贸促动态”“国际市场”等专栏，推介“东坡味道”“眉山制造”“互联网+”“万众创新创业”，传递国内外经贸

2015年11月10日，市贸促会带领中车集团四川丹齿零部件有限公司与欧洽会俄罗斯客商洽谈

信息30余条，助推眉山企业开拓市场。定期向企业发放《国际经贸》《国际商情参考》等经贸刊物，帮助企业了解国际国内市场。6月，建立运行“眉山贸易网”、微信公众号“眉山贸易”，及时更新网站信息，通过网络平台将欧盟项目中心与眉山企业进行项目信息直接对接，传递发布国内外市场信息、展会服务、经贸摩擦等内容，拓宽眉山企业经贸信息获取渠道，助推150户企业开拓国际市场。市贸促会通过到企业（园区）调研服务传递相关经贸信息，全年传递发布150条省会及市级部门相关国内外有效经贸活动、展会信息给企业。

【商事调解】2015年，市贸促会与市中级人民法院共建化解民商事纠纷诉调对接平台，并联合下发诉调对接意见，共同成立民商事调解中心，聘请调解员12名。全年，化解民商事纠纷7起，涉案标的额3000万元。

【经贸摩擦应对】2015年，市贸促会全年发布经贸预警信息45条。推进经贸洽谈会、研讨会、圆桌会，为企业培训贸易规则及相关法律、法规。全年市贸促会组织企业参加“一带一路”战略下企业如何利用商事认证提高国际竞争力培训会、经贸摩擦预警工作研讨会、民商事调解工作研讨会200余人次。

【原产地证】2015年，市贸促会宣传推广原产地证业务，简化签证流程，降低企业产品出口成本，提升企业国际竞争力。全年签发原产地证明书238份，出口贸易涵盖美国、俄罗斯等34个国家和地区，签证金额468万美元。

【参会参展】2015年，市贸促会组织企业（园区）参会、参展。5月“邀商月”活动，参加商务代表团赴韩国开展投资与贸易暨“东坡味道”推介活动，寻求补链招商引资机遇；12月，眉山在上海法兰克福汽配展发音，省贸促会将眉山确定为助推2016年成都国际汽车零配件及售后服务展览会重点市。全年市贸促会组织参加第二届成都国际汽车零配件及售后服务展览会、欧洽会等国内外重大展会12次，推介“眉山制造”，助推60户企业开拓市场、走出国门，对接项目16个，签订订单3个，获销售协议100万美元。

【业务培训】2015年，市贸促会组织干部职工参加商事调解培训。派员参加中国贸促会与英国有效争议解决中心（CEDR）在北京联合举办的商事调解技能技巧培训会；参加中国贸促会在成都举办的经贸摩擦应对培训；到青岛参加2015年中国贸促会调解员培训会。提升干部职工业务水平，强化补链招商引资、精准服务企业能力。

（王欢）

公共资源交易

【概况】2015年，市公共资源交易中心（以下简称市交易中心）组织各类交易项目375项，涉及投资额67.7亿元，增收节资13.9亿元。其中：政府性投资项目155项（次），总投资额（控制价）42.01亿元，中标金额35.53亿元，比预算控制价下浮6.48亿元，下浮比例为15.42%。组织完成政府采购项目191个，采购预算资金1.22亿元，成交金额1亿元，节资0.22亿元，节资率17.6%。成功出让宗地59宗，成交金额50.65亿元，高出起拍价9.08亿元。组织17场拍卖会10个产权项目交易，起拍价396.69万元，成交价591.36万元，高于起拍价194.67万元，溢价率49.1%。

【人事管理】2015年，市交易中心召开16次党组会研究人才工作。根据年度人才培训计划，把人才工作专项经费列入年初预算，支持和鼓励干部职工参加各类培训、自学、自考。按照新修订《党政领导干部选拔任用工作条例》有关规定，提拔总工程师1名，充实中心班子队伍；提拔1名正科级和2名副科级干部，充实中层干部队伍。年内通过公共资源交易系统座谈会、开设职工“一月一讲”内部讲坛等活动，鼓励大家讲、集体学，着力构建好学善思的高素质干部队伍。

【制度管理】2015年，市交易中心根据招投标职能转变相关决定，导入流程化管理。调整内设机构，重新界定职责，建立交易受理、交易组织、交易评审、现场监督等几个环节内部控制机制，重新构建新业务流程、操作规程，建立物理上完全独立的开、评标区及全高清全覆盖实时监控系统，打造标准化“流水线”，从“行业管理”模式转变为“流程管理”模式。眉山市公共资源交易管理委员会办公室制定并印发《眉山市工程建设项目招投标投诉举报处理暂行办法》《眉山市市本级公共资源交易现场管理暂行办法》《眉山市工程建设项目诚信库管理暂行办法》《眉山市工程建设项目招标投标工作规程》等一系列监督监察管理工作制度。交易中心按照“一个项目一张卡”，建立现场监督工作卡。对项目受理、开标、评标各环节，逐项记录现场交易情况、监督部门履责情况、出现异常或不良情况及处理建议。监督卡在工程建设招投标中率先试行，有效督促审批部门、行业主管部门、监督部门履职到位。

【改革创新】2015年，市交易中心深化交易服务平台电子化建设，优化平台业务系统。根据交易中心从自主招标到代理招标模式转变要求，升级改造电子交易平台。新建工程建设招标代理机构诚信库，统一代理机构入库标准；结合招标模板，编制完善代理机构使用电子交易系统的形式审核要点；完成电子交易服务平台软件功能模块固化，巩固开评标系统；完善多元化网上银行保证金缴纳系统建设，在开通建设银行、农业银行网上缴纳保证金系统基础上，新增工商银行网上缴纳保证金系统。加强平台安全管理。与江苏国泰新点软件公司签订《电子交易服务平台安全保密协议》，严格界定软件公司和交易中心的权限、职责，确保平台规范运行；收回江苏国泰新点软件公司部分超级管理员权限，建立电子软件信息和数据使用审批机制，完善服务器定期巡检和安全评估机制。优化招标模板，完善暗标评审。针对个别投标人提前勾兑专家导致“暗标不暗”问题，在原有暗标评审的基础上对勘察设计等采用综合评估法固定模板进行优化。同时针对重点项目（投资估算5000万元及以上项目）增加3套模板，引入7名专家进行评审，实行去掉一个最高分和一个最低分进行评审，坚决杜绝人为操纵招投标。

（市公共资源交易中心）

气象管理

【概况】2015年，眉山市气象局推进气象现代化建设，不断提高气象灾害监测预警能力，发挥“两个体系”（农业气象服务体系和农村气象灾害防御体系）示范建设优势，在全市防汛抗旱防灾减灾、全国第九届残运会、第七届中国泡菜展销会、森林防火、节假日保障等重大保障工作中发挥作用，为防汛减灾工作“零伤亡”做好参谋与保障。

【春运气象服务】2015年，眉山市气象局制定《2015年春运气象服务工作实施方案》，组织实施春运气象服务。2月3日至3月14日，每天对外发布春运专题天气预报，制作发布春运专题预报31期，春节专题预报9期，森林火险气象等级预报40期，微博80条，多次接受眉山电视台专题采访，气象信息快报1期，大雾橙色预警信号2期。

【灾害性天气预警服务】2015年，全市出现12次暴雨天气过程（其中有3次为区域性暴雨）,2次强降温天气过程，14次大雾天气。全年区域性暴雨服务有效率100%，服务传真200次，电话服务200人次，气象微博发布信息213条次，发布预警信号181次，其中橙色预警信号75次，向决策人员发送决策服务短信46万余人次，预报准确，服务及时，减轻灾害损失。

【重大活动气象保障服务】2015年，眉山市气象局做好全国第九届残运会眉山赛区气象保障服务工作。残运会眉山赛区火炬传递期间及比赛期间，全市气象部门通过人工消雨、发布专题天气预报和逐时滚动天气实况与预报等方式保障赛事活动顺利举行。10月底至11月初，市气象局对第七届中国泡菜展销会开展气象保障服务，确保展销会顺利举行。

【环境气象服务】2015年10—12月，眉山市大部分地方出现雾霾天气,大气环境污染严重。在市辖区内多个作业点开展大规模人工增雨作业洗尘消霾作业，作业范围内降雨量达中到大雨，增加降雨量，净化提升空气质量。

【农业气象服务】2015年，市气象局制定为农气象服务周年方案和决策气象服务周年方案，撰写各类服务材料150余篇，为眉山市春播、夏收和秋种提供气象服务；市气象局、市统计局、农技站、植保站等部门开展联合会商、田间调查4次，召集30余家种粮大户、专合社、专业种子、化肥、农药公司召开“直通式”技术交流服务现场会；开展岷江现代农业园区专项气象服务，开展主要粮油作物和葡萄、不知火等水果的农业气象服务；完成东坡、彭山、青神的水稻、葡萄、柑橘等作物农业气候适宜性区划和农业气象灾害风险区划工作。彭山区在全省实现葡萄气象服务率先突破，通过葡萄气候品质认证。彭山区“三农”（农业、农村、农民）气象服务工作被中国气象局评为全国标准化现代农业气象服务县（区）；仁寿县因地制宜，建立气象信息发布网，加强基层防灾减灾信息手段整合共享，完成乡镇气象应急认证。

【人工影响天气】2015年，眉山市各区县均出现不同程度春夏旱，眉山市人工影响天气办公室监视天气变化，抓住有利天气时机组织实施防雹增雨作业。全市集中开展大规模人工影响天气作业24次，出动车载火箭40余台（次）发射火箭弹120余枚。开展大规模地面人工影响天气作业，增加降水，为眉山经济建设和农业生产提供条件。开展瓦屋山流域增雨蓄水作业，促进瓦屋山电站水库蓄水。

【森林防火气象服务】 2015年3—4月，气温偏高，林区气象火险等级持续偏高，市气象局加强火险预报服务，坚持每天三级以上火险等级预报和实况及时通知市护林办，制作森林火险专题预报5期，通过电视、手机短信等途径宣传，提供森林防火服务。

【气象现代化建设】 2015年，市气象局完善地面探测网络，开展区域站改造工作，改造完成首批老旧新型站10个，完成遴选国家级骨干气象观测站网前期调研工作。新安装小气候观测站1套，区域气象观测站2套。完成眉山要素预报客观预报方法研究开发，投入试用。开展岷江农业园区等2个大型重点农业园区直通式气象服务工作，各区县特色作物农业气象指标体系初步建立。3个区县更新人影作业车辆和装备，彭山区、仁寿县、丹棱县3个区县气象台完成现代化改造。

巩固和发展电视天气预报、气象手机短信、气象微博等自有传播手段；市气象局和市文广新局合作，利用“村村响”大喇叭、广播电台等手段传播。和市交通局合作，利用出租车顶灯LED（发光二极管），公共汽车LED传播非时效性气象信息。和市城管局合作，利用公众电子显示屏传播预警信息等气象信息。和市政府信息中心合作，利用政府网传播气象信息。

【气象法制建设与依法行政】 2015年，“三张清单”进入行政服务中心气象窗口工作，全市办理行政许可（审批）和服务事项750余件，行政审批事项按时办结率100%，无投诉。依法开展氢气球施放活动审批和气象探测环境保护等行政执法检查15次。

（市气象局）

眉山人工增雨消雹作业

工　业

Industry

综　述

【工业发展情况】2015年，市政府出台《关于2016年新型工业化发展的意见》《关于印发眉山市工业企业应急临时周转资金使用管理办法的通知》等政策措施，激励全市工业经济稳定增长、稳步发展。全年全市实现全部工业增加值492亿元，对眉山市GDP贡献率突破56%，拉动经济增长6个百分点。

工业经济与信息化管理

【经济运行情况】2015年，全市622户规模以上工业企业实现工业总产值1386.7亿元；规模以上工业增加值增长12.3%，高于全省平均水平4.4个百分点，居全省第四位；规上工业利润总额77.4亿元，比2014年增长7.3%；工业入库税金21.92亿元。

【企业培育】2015年，全市规模以上工业企业622户，其中当年新增规模以上工业企业47户，退出54户。有盈利企业541户，占全部规模以上工业企业比重87%，亏损企业41户，占全部规模以上工业企业比重6.6%。全市年产值上亿元企业379户，其中1亿元~5亿元企业326户，5亿元~10亿元企业47户，10亿元~20亿元企业5户，40亿元以上企业1户；培育“专精特新”企业80户，“小巨人、成长性”企业124户；新培育省级企业技术中心3户，全市省级以上企业技术中心21户；培育省级小企业创业示范基地5户，新增小微企业398户。投资443.7万元，建成眉山市中小企业公共服务平台。

【工业投资】2015年，全市开展“两走一对接”活动，建立重大项目领导联系制度，对重点企业、重大项目实行定向帮扶、重点推进，全年全市完成工业投资392.1亿元，比2014年（下同）增长8%；完成更新改造投资279.2亿元，增长9.2%。实施投资千万元以上工业项目260个，其中新开工项目120个，竣工投产项目85个。37个工业项目被列为省重点项目，全年完成投资73.9亿元；3个省重大产业化项目全年完成投资8亿元。

【能源要素】2015年，全市争取留存电量、直购电试点、丰水期富余电量和“开门红”资金政策，为四川启明星和瑞能硅等13户企业节约用电成本4.9亿元。全年全市全社会用电量87.7亿千瓦时，比2014年（下同）降低9.01%，其中工业用电量65.8亿千瓦时，增长13.2%；全市天然气骨干网完成整体布局，天然气供应瓶颈制约问题得到彻底解决。全年全市天然气供应量5.9亿立方米，增长0.1%；销售成品油33.5万吨，增长6%；公路货物运输周转量504.8万吨千米。

【产业发展】2015年，全市“4+4”产业规模以上企业517户，占规模以上工业企业总户数的83.1%，实现工业总产值1160亿元，占全市比重83.7%。其中：机械装备制造产业有规模以上企业72户，实现工业总产值130亿元；农产品加工产业有规模以上企业100户，实现工业总产值282亿元；化工及化工新材料产业有规模以上企业91户，实现工业总产值272亿元；新型建材产业有规模以上企业173户，实现工业总产值252亿元；新一代电子信息产业有规模以上企业30户，实现工业总产值63亿元；新能源及金属新材料产业有规模以上企业24户，实现工业总产值92亿元；高端装备制造产业有规模以上企业30户，实现工业总产值30亿元；生物医药产业有规模以上企业14户，实现工业总产值39亿元。瞄准高端产业和产业高端，培育发展战略性新兴产业。全年全市战略性新兴产业实现工业总产值292亿元，占全市比重21.1%。

【园区建设】2015年，全市12个重点工业园区完成工业投资293.5亿元，其中技改投资173.8亿元；实现税金18亿元；完成工业主营业务收入896.6亿元，占全市比重63.4%，其中：四川彭山经开区完成191.7亿元，甘眉（铝硅）工业园区完成96.8亿元，金象化工产业园区完成70.4亿元，仁寿视高经开区完成191.72亿元，仁寿文林工业园区完成78.82亿元，青神县工业开发区完成65.94亿元。年主营业务收入100亿元以上园区2个，50亿元~100亿元以上园区5个。

【淘汰落后产能】2015年，全市对照国家、省制定的落后产能目录及环保、安全等有关政策和要求，针对重点行业产业，继续开展东坡区醴泉河、思蒙河小流域污染治理和仁寿汪洋片区“五小”企业污染治理工作，制定实施《眉山市2015年淘汰落后产能行动计划》。全年涉及企业27户，淘汰建材类21万吨、造纸类1.2万吨、生铁类10万吨、硫酸钠类28万吨，实现节约标煤12.9万吨。针对大气污染防治重点，督促企业自愿制定清洁生产计划，全年有6户企业自愿开展清洁生产审核工作。全年单位工业增加值能耗下降21.11%，降幅全省第一。

【信息化建设】2015年，全市实施光网城市、乡村宽带、4G（第四代通信技术）跨越网、中西部中小城市基础网络完善工程、无线城市等工程，电信基础投入5.25亿元；4G网络建设覆盖成效显著，全市完成2000个4G基站建设，实现城市中心城区、重要乡镇全覆盖；全面建成“全光网城市”，眉山正式迈入“光网新时代”，全市乡镇光纤入户覆盖率100%，行政村光纤入户覆盖率81%；“宽带乡村”试点从仁寿县扩大到两区三县，实现全域乡村宽带覆盖，至年底完成工程总量的93%；全市40余户规模以上工业企业参与工信部互联网与工业融合创新试点工作，其中中车眉山车辆有限公司、东升齿轮等2户企业成功申报两化融合贯标体系试点；建设“数字眉山·智慧城市”，加快就业、交通、医疗、文化、旅游、安居养老等专业性应用系统的建设步伐，推动智慧民生、智慧旅游、智慧医疗、智慧天网发展。

【争取政策工作】2015年，市经信委争取留存电量、直购电试点和富余电量政策，为企业节约用电成本5.67亿元。争取各类项目资金，支持企业发展。全年为89个项目争取到位资金1.35亿元，创历史新高。其中：园区平台项目700万元、新兴产业项目3570万元、技术改造项目1555万元、节能减排和淘汰落后项目2105万元、中小企业项目995万元。特别是阳光尖端铝业获得战略性新兴产业项目资金2200万元，创建市以来单笔项目资金之最。兑现企业转型升级创新发展激励2044万元，“开门红”激励949万元。

【无线电管理】2015年，全市年检电台2646部，年检率100%，新增无线电台站45个，监测无线电频率5800余小时，受理并及时查处有害无线电干扰案件8起。在全市范围内开展频率使用情况核查专项活动。活动中，梳理各类指配文件21个，清理不规范频率批复3个，实地核查频率使用单位3家。收回并注销频率2个。对公众移动通信、230MHz（兆赫）数据传输、广播电视3400MHz—3600MHz、14.25GHz（吉赫）—14.5GHz等频段开展监测比对工作，掌握频率使用情况。活动期间，抽调人员52人次，车辆37车次，行程1000余千米。开展工业行业安全隐患“大排查大整治”活动，结合无线电管理工作性质对全市民航、铁路和广播电视等重点部门的频率使用和电磁环境安全进行排查。检查各类监测设施设备安全，检查大功率、重要无线电电台。“大排查大整治”期间，派出人员60人次，车辆21车次，走访重点单位8家，排查安全隐患点3个，开展机动监测10次，对全市重点频段监测240余个小时。参与2015年全国普通高校招生考试、全国英语四六级考试全国职称外语考试、眉山市上半年公务员考试、全国高等教育自学考试、眉山市2015年度选聘高校毕生到村任职考试、眉山市2015年组织部选拔任用干部考试等30余场各类无线电考试保障任务，出动移动监测车65车次、人员160人次,使用监测设备100余套次，保障时间265个小时。开展各类宣传活动，发放宣传册3000余套、宣传短信25万条，悬挂摆放各类标语展板20余幅，出动宣传车车辆20余次，人员50余人次。 （市经信委）

供　电

【概况】国网四川省电力公司眉山供电公司（以下简称国网眉山供电公司）于2001年12月26日随眉山建市而成立，是四川省电力公司下属特大型一类供电企业，经营区域覆盖全市两区四县及成都部分地区,供电范围7390余平方千米，服务人口360余万。2015年，完成售电量77.92亿千瓦时，比2014年（下同）降低8.97%；线损率完成5.34%；售电均价403.73元/千千瓦时，下降12.74元/千千瓦时；售电收入35.19亿元，降低11.06%；电费回收实现“双结零”（陈欠电费和新欠电费全部为零，即无用户欠费）；新增业扩报装容量74.33万千伏安，增长16.80%；截至12月31日，眉山电网实现连续安全运行2485天；同业对标综合排名位列省公司第三名，业绩考核被评为A级。

【人力资源】2015年，国网眉山供电公司有长期职工1749人。其中，博士生2人，硕士研究生173人、大学本科1343人、大专学历164人、中专学历46人；高级职称102人、中级职称231人、初级职称820人。

【安全生产】2015年，国网眉山供电公司开展安全巡查488次，发现整改各类问题336项。开展春、秋安检查，发现各类缺陷隐患842条，整改完成599条。完成61条110千伏及以上线路标准化建设。修编应急预案24项，编制重要岗位应急处置卡265类。备调主要调控业务实现全备用。信息网络、综治保卫、消防、交通安全工作持续加强。成功应对暴雨、雷电、洪涝等极端天气对电网的影响，完成第九届残奥会等83项保电任务。

【电网建设与发展】2015年，国网眉山供电公司电网建设全面推进，完成眉山电网“十三五”规划。供区内126个乡镇完成“一乡一品”（注：农村电网改造结合每个乡的经济社会发展情况，逐一定制农村电网，服务新农村建设）电网规划。石化园220千伏输变电工程等3个项目投产，新增变电容量46万千伏安，线路63.28千米。累计完成农网投资5亿元，治理低电压台区1295个。实施岷东新区等多项市政重点工程的电力迁改工作。落实基建质量工艺标准及控制要点，输变电工程达标投产率100%，城西110千伏变电站、宝飞至城西110千伏线路工程获评国网公司优质工程。

【经营管理】2015年，国网眉山供电公司推进综合计划和预算管理，非生产性支出同比下降30.33%。加强对标过程管控，71%的单项指标位列省公司A段。开展量价费损在线监测，消除异动689项，追补电费43.62万元。完成三新公司子改分，推进集体企业改革改制工作。“包片进村”管理创新成果获全国企联现代化创新成果二等奖，GPS（全球定位系统）定位追踪安全风险管控科技创新成果获中电联信息化优秀成果三等奖。

【优质服务】2015年，国网眉山供电公司开展业扩报装（客户申请用电到实际用电全过程中供电部门业务流程的总程）“百日行动”，平均接电时间减少10.62天。实施供电服务作风整顿“百日行动”，制定并落实12条优质服务提升措施，投诉量同比减少21.04%。完成欧洲映像等22个居民住宅小区供配电设施移交，移交数量处于全省前列。新增“心连心”服务站17个，开展上门服务1167次，解决居民用电问题1362个。累计换装居民智能电表105万余只，新增各类缴费网点473个。“掌上川电”APP（手机软件）安装用户13.16万户，为服务线上化奠定坚实基础。

【依法治企】2015年，国网眉山供电公司开展法律进班组、进社区活动117期。应对涉电诉讼12起，开展企业规章制度立、改、废工作，新（修）订管理制度24项，废止18项。开展四类项目专项检查，查找问题97个，并进行全面整改。完成审计项目374项，审减金额666.07万元。开展重点领域自查自纠及资金管理专项检查“回头看”，强化审计结果利用，促进公司相关规章制度建立和完善。开展农网工程建设廉政监督护航等工作，防范管理风险。

【创新突破】“十二五”期间，国网眉山供电公司售电量首次突破85亿千瓦时，最大负荷141.8万千瓦；完成各级电网建设投资36.32亿元，新增35千伏及以上变电容量257.3万千伏安、输电线路629千米。资产规模61.23亿元，年均增长13.09%。实现安全生产、优质服务、党风廉政、队伍稳定零事故。

【国网仁寿县供电分公司】2015年，仁寿县供电分公司拥有35千伏及以上变电站23座/148.95万千伏安（其中220千伏变电站2座,110千伏变电站9座,35千伏变电站12座）；35千伏及以上输电线路40条/533.6千米（不包括220千伏线路）；10千伏配变5010台，农村低压线路19936千米；用电客户51.6万户（其中仁寿城区客户4.6万余户，农村客户47万余户）；实现安全生产周期5116天。全年完成售电量12.46亿千瓦时，比2014年（下同）增长1.77%；实现销售收入7.29亿元，降低0.44%；综合线损9.03%，售电量创历史新高。

【国网眉山市彭山供电公司】2015年，彭山供电公司供区内用电客户15万余户，乡、村、农户通电率100%。管辖变电站及开闭所16座,其中220千伏变电站2座；110千伏变电站6座；35千伏变电站4座，10千伏开闭所4座，变电总容量1081.2兆伏安。全年完成售电量6.61亿千瓦时；线损率完成5.38%；售电均价669.1元/千千瓦时，比2014年（下同）增加9.4元/千千瓦时；售电收入4.42亿元，降低13.68%；电费实现“双结零”；新增业扩报装容量10.87万千伏安，增长13%。截至12月31日，彭山电网实现连续安全运行5144天。

【国网洪雅县供电公司】2015年，洪雅供电公司供电范围809余平方千米，用电户数8.74万户，供区人口25万人。公司有水电站4座，发电装机总容量27200千瓦（其中：王关电站2×6300千瓦，柳新电站4×1250千瓦，石河电站2×2800千瓦，高凤山电站2×2000千瓦）。35千伏及以上变电站6座，变电容量60.5万千伏安；35千伏及以上线路9条，总长121.3公里。全年售电量4.38亿千瓦时，比2014年（下同）减少4.6%；发电量1.53亿千瓦时，增加23.3%；线损率10.19%；售电均价545.95元/千千瓦时，减少5.14元/千千瓦时；洪雅电网实现连续安全运行3540天。

【国网丹棱县供电公司】2015年，丹棱供电公司有110千伏变电站3座（丹棱站、何场站、木林站），主变5台容量21.3万千伏安；110千伏输电线路87.03千米；35千伏变电站2座（杨场站、中隆站），主变3台容量2.43万千伏安；35千伏输电线路78.42千米；10千伏及以下配电线路4595.68千米，配变1177台262070千伏安。丹棱电网形成以三座110千伏变电站为支撑，以35千伏及以上输电线路为骨干网的双电源供电格局。用户数为6.29万户，其中居民用户5.57万户，大工业用户77户，全年售电量为4.54亿千瓦时。

【国网青神县供电公司】2015年，青神供电公司有110千伏变电站2座（兰店站、青竹站），总容量143兆伏安；35千伏变电站2座（罗坝站、穆家埂站），总容量14.3兆伏安。配电变压器971台，总容量118.81万千伏安；辖区内有110千伏线路4条，线路长度70.69千米；35千伏线路4条，线路长度30.69千米；10千伏配电线路21条，线路长度871.2千米。2015年，售电量首次突破3亿千瓦时，全年完成售电量3.05亿千瓦时，比2014年（下同）增长3.25%；完成线损率4.06%；完成电网投资1.4亿元；实现电费回收率和解交率均100%。全年未发生生产性人身、电网、设备、火灾、交通事故，实现连续安全生产5011天。

（税秀花）

金象化工产业园区

【概况】2015年，金象化工产业园区完成规模以上工业主营业务收入71.3亿元，规模以上工业增加值增速12.3%；固定资产投资24.9亿元，其中工业固定资产投资23.3亿元（技改投资16.1亿元），基础设施投资2.5亿元；新增承载能力72公顷；新增规模以上工业企业4户；招商引资实际到位资金17.7亿元；外贸进出口额4500万美元。

【项目推进】2015年，推进锦成公司50吨/年淤浆聚乙烯催化剂项目、友禾科技12万吨/年硫酸钾项目、新都化工15万吨/年硝基水溶复合肥、誉丰科技30万吨/年复合肥、年年丰30万吨/年药肥、顺应1200吨/年四氧化三钴及7200吨/年三元材料、道弘新材料5000吨/年丙烯酸酯橡胶、星利石大5000吨/年涂料及1000吨/年缓蚀剂及化工产品检验检测9个项目竣工投产；推进惠盛新能源10万吨/年生物柴油以及博川水务污水处理厂2个项目主体工程完工，进入设备安装调试阶段。

【招商引资】2015年，园区新签约投资10亿元的年产60万吨SV燃料（车用清洁燃料），投资5.2亿元的年产20万吨高浓度甲醛及年产4万吨多聚甲醛及后续加工项目，投资5.2亿元的再生资源利用等项目8个，合同金额25.6亿元。引进孵化器1个、高新技术企业1家、战略性新兴产业人才带项目2个、重点高校来园建创新中心3家。

【要素保障】2015年，园区实现融资到位1.92亿元，其中市财政借款7000万元，邮储银行流动资金贷款500万元，兴业银行流动资金贷款4160万元，短期社会融资2886万元，星旗建筑公司融资1008万元，农林劳务公司融资616万元，君逸建筑公司融资260万元，招商引资项目保证金2225万元。投资3600万元完成金茂路1期、金华路2期、金象大道1期东段、兴业路1期3.35千米道路建设；投资500万元完成工业环线1期绿化工程；完成10千伏铝象线杆线铺设工程、10千伏象磷线金华路支线延伸线工程、10千伏象磷线君乐路支线延伸线工程；完成金华路、金桥大道、君乐路、金茂路自来水管道主管网铺设；完成金桥大道2.2千米天然气管道主管道铺设；完成金桥大道以南片区3千米热能管线铺设工作。

【安全工作】2015年，园区开展创建“省级安全社区”活动。开展安全生产月、百日安全生产、打非治违等专项安全生产活动，加强企业安全主体责任落实，安全生产体系完善及安全隐患整治工作。开展安全隐患排查整治，每月专业隐患排查1次，重大节假日、重点时期安全大检查，“打非治违”、危险化学品、油气管道等专项整治，排查隐患742处，下发整改指令书13份，督促企业上报整改方案19份。组织开展事故应急救援演练，制定园区企业应急救援演练计划表，配合省、市相关部门完成在川金象公司开展全省危化企业应急救援演练。开展安全生产宣传教育培训，强化“安全生产红线意识”，开展新安全法培训2次，安全知识培训2次，户外宣传3次，通过组织开展集中宣传，向企业发放宣传书籍资料约400本，向群众发放宣传资料300余份。

【环保工作】2015年，开展省级生态工业园区建设，并取得省环保厅省级生态园区建设批复。开展工业废气防治专项行动1次，工业粉尘防治专项行动2次，道路、在建项目扬尘防治1次，VOCS（无组织挥发性有机物）综合整治专项行动1次，水污染防治专项行动1次，建设项目违法违规及“三同时”（同时设计、同时施工、同时投入使用）情况专项行动2次，燃煤锅炉淘汰专项行动4次等各类专项行动，查处、上报各类环保污染问题20余处，并责令限期整改，整改率90%以上，项目环评率100%。重点开展污染深度治理，投入1000余万元，淘汰7台燃煤锅炉共40.8蒸吨每小时，金威特导热油烟气脱硫治理，友禾科技废气深度治理吸收，凯尔化工及水泥厂布袋除尘器的新增和更换，力祥饲料厂、旗胜公司库房粉尘扩散围挡治理，乐土公司废水深度治理等。开展环保落后淘汰，完成乾坤科技、艺林家私2户环保落后企业关闭淘汰，道弘公司违规建设实验装置拆除。开展全园企业新《环境保护法》宣传培训2次，召开环保专题会议3次，开展“6·5世界环境日”宣传1次，“12·4法制宣传”1次，向企业、群众发放宣传书籍、资料350余份，向企业印发国家、省、市、园区相关文件资料800余份。

【国土工作】2015年，组建报批3批次，通过2批次报件，保障园区工业储备用地36.67公顷、商住用地2.11公顷、军事设施用地2.33公顷；完成新都化工、友禾科技、道弘新材料、惠盛新能源、星利石大、博川水务10宗地35.2公顷土地出让工作，供地率增长13.13%。

【征地拆迁安置】2015年，推行“三公开三分离”（政策、面积、金额公开，丈量测绘、计算兑现、复核监督分离）征地拆迁政策，做深做细群众工作，妥善处理矛盾，实现平稳、和谐拆迁，确保项目用地需要。开展成昆铁路复线、精细化工产业园、污水处理厂等项目征地拆迁工作，全年拆迁70余公顷。

【社会事业】2015年，园区梳理职责权限，制订园区市场准入负面清单（2015版）9项、限制类1项和园区管委会责任清单10大项48小项。加强和改进群众信访工作，引导群众依法理性表达诉求，依法妥善处理群众合理诉求。畅通社情民意，解决群众关心的土地征用、房屋拆迁、劳动保障、教育医疗、环境污染等热难问题。落实领导包案制度，坚持“三三制”（组、村、镇三级各三次调解）原则，加强信访积案化解，全年调解纠纷90余次，成功调解80余次；接收社区矫正人员27人，解除社区矫正人员19人，正在接受矫正8人。完善百姓安居工程，解决廉租房19户，公租房2户。开展失地农民就业工作，新增就业312人，登记失业率控制在3.5%以内。开展民政优抚和残联工作，发放特困救助金20万元，城镇低保金150.66万元，农村低保金42.96万元，医疗救助3.5万元，五保救助金2.52万元，孤儿救助金1.6万余元，优待资金83.9万元。

铝硅（甘眉）园区

【经济运行】2015年，甘眉（铝硅）园区实现工业总产值101亿元；主营业务收入100亿元，其中新兴产业主营业务收入23亿元；固定资产投资22亿元，其中工业固定资产投资18亿元（技改投资5.5亿元）；新增规模以上企业4户，规模以上工业增加值增速8%；入库税金1.2亿元。

【产业发展】2015年，园区续建产业项目11个，新开工10个，竣工9个，投资18亿元；兑现2014年转型升级和安全生产奖励100万元，出资200万元推进新型工业化建设；全年园区企业投入研发经费5000万元，申请专利35件，其中发明7件；申报获批省级企业技术中心1个；与全球第一大薄膜太阳能发电企业汉能控股集团签订投资30亿元的300兆瓦光伏建筑一体化薄膜太阳能电池项目投资协议；紧密联系全球领先的涂布工艺生产薄膜太阳能电池企业，全国铝材行业六强企业，全国第一大正极材料生产企业等国际、国内知名企业。

【基础建设】2015年，园区实施修文安置区（一期）等基础设施建设项目24个（新开工18个，续建6个），总投资9亿元，竣工6个，完成投资4亿元。

【要素保障】2015年，园区征拆项目用地73.8公顷，报批土地1批次28公顷；完成凌江村土地整

2015年4月10日，甘孜州、甘眉园区联合到广东华昌铝业有限公司考察，促进项目尽快落户甘眉园区

理58.08公顷，获得土地占补平衡指标54.73公顷；向上争取项目补助资金3000万元，其中，为阳光坚端争取到省级战略新兴产业项目资金2270万元；协助企业融资1亿元；落实应急转贷资金6500万元；争取留存电量24亿千瓦时，使用直购电8亿千瓦时，为园区企业降低生产成本3亿元，为甘孜州财政增收4007万元；与华电集团签订战略合作协议，筹备申报全省五个售电侧改革试点园区相关工作。

【安全环保】2015年，开展安全检查220次，出动检查人员350人次，检查生产经营单位、设施及场所450余处，排查一般安全隐患280余处，下发限期整改通知7份，企业落实整改资金280万元；查处违法生产6起，责令2家企业停产整顿；悬挂安全标语25余幅，发放安全生产书籍、宣传单、宣传画等资料3000余份；组织重点监管企业开展应急演练7次，参与演习3900余人次。审核清洁生产企业1家，环评建设项目5个，项目试生产及验收8家，淘汰燃煤锅炉1个，督促4户熔炼企业投入280万元治理烟气，规范雨污排口管网建设企业4家，行政处罚违法违规建设或生产企业4家，处置环保群访事件3起。

【软环境建设】2015年，园区坚持“维稳跟着项目走”，第1~4批集中开工和竣工重点项目14个，均编制社会稳定风险评估报告，评估出可能出现的稳定风险点36个。报送不稳定因素13条，涉稳人员信息22条，形成研判报告4份。全年排查涉及劳资纠纷、融资借贷、职工工伤、职工意外死亡等矛盾纠纷和不稳定因素86个，化解81个，稳控5个。调处劳资纠纷事件涉及企业8家，涉及人员1399人，拖欠工资金额412万元。处理融资借贷事件涉及企业4家，涉案金额6.7亿元，涉及债权人157人。处置突发涉稳事件6起，未出现群众集体上访。

【党建工作】2015年，园区新提拔科级领导干部3名，非领导5名。选配党组织书记28人、党建工作指导员35人、专兼职党务工作者40人。为园区规模以上企业231名中级职称人才争取补助6万元。组织干部职工参加全市工业大讲堂等讲座6期。为4名退休公务员妥善办理退休手续。预算30万元作为非公有制企业党组织活动经费补助，按照每名党员不低于200元标准预算党建工作经费。投入40万元，改扩建党群服务中心。开展“三分类三升级三挂钩”活动，19个党支部晋位升级。整顿2个软弱涣散党组织，推动2个党组织提档升格。开办入党积极分子培训班2期，培养入党积极分子80名，新发展党员28名。加强干部教育培训，培训干部500余人次。开展“三严三实”专题教育，征求企业、村社、党代表建议和意见27条，开展批评与自我批评，针对问题形成整改清单。建立行政责任清单53项、投资项目限制禁止清单49项。组织领导干部讲党课，发放《习近平总书记系列重要讲话读本》《中共中央关于全面推进依法治国若干重大问题的决定辅导读本》等书籍600余册。配备网络评论员4名，发表正面评论30余篇，引导舆论走向。在网站、报纸等宣传阵地发表新闻通讯报道10余篇。推行区域性、行业性工资集体协商，50人以下企业区域性工资集体协商有序推进。重点打造眉山启明星铝业公司和眉山市金锣食品公司，作为园区企业工资集体协商的示范单位。接待职工来访373人次，调处劳动关系矛盾纠纷30起。争取省、市总工会到园区慰问268名职工，赠送268份价值2万元的清凉慰问品。开展金秋助学活动，发放帮扶资金2.4万元，帮扶困难职工51人，发放慰问补助5.9万元。

中车眉山车辆有限公司

【概况】2015年12月24日，南车眉山车辆有限公司更名为中车眉山车辆有限公司。年内，公司针对国内铁路货车需求持续下滑，推进企业转型升级、管理创新、科技创新，实施产品差异化策略和“大客户”营销策略，由纯“产品”向“制造+服务”转变，开源节流、控本经营，发展新产业，全年完成营业收入14.2亿元，利润-9658万元。截至12月31日，公司有员工3431人，其中工程技术人员338人，经营管理人员125人、专业管理人员388人、市场营销人员62人、技能操作人员2455人；公司下设3个子公司，2个分公司，5个车间及21个管理部室；固定资产10.72亿元，占地面积79.42万平方米，建筑总面积31.4万平方米。

【规划发展】2015年，制定公司“十三五”发展规划，将“一体两翼、三分鼎足、四产业共进”作为具体发展目标，［即：一体（做优做强做精国内铁路货车及制动机完成27亿元）；两翼（新产业和国际化分别完成26亿元和13亿元）；三分鼎足（国内轨道交通装备市场、新产业市场成为公司两大支柱，国际市场成为公司重要支持）；四产业共进（铁路货车产业、紧固件产业、物流装备产业、制动机产业）］。年内，开展阿根廷项目、哥伦比亚项目、加拿大项目、泰国项目、紧固件并购项目、澳大利亚制动项目、美国Railmark项目等7个国际化经营项目，其中阿根廷项目、哥伦比亚项目上报中国中车，加拿大项目成立项目组，开展相关工作。为降低投资风险，坚持执行投资例会制、费用评审制、投资项目绩效自我评价制等制度，通过投资项目费用评审。针对项目预算执行实施效果进行自评和点检，全年评价项目13项，查出问题落实责任单位进行整改。根据国内货车市场需求变化，暂停棚车生产线能力提升、中梁多头钻更新等20项扩能性新建项目，全年确定投资项目82项，总投资预算3349万元。

【经营管理】2015年，推进实施国际化经营，寻求海外并购、合资合作机会，探索海外本土化经营，开展哥伦比亚股权投资项目、加拿大合资项目、泰国合资项目、紧固件德国并购项目的调研、论证。制动产品“借船出海”，实现随车出口，进入澳大利亚货车检修配件市场，首次出口埃塞俄比亚、韩国等市场。紧固件产品进入美国太阳能市场，为后续开发国际高端市场奠定基础。扩展新产业，紧固件产品通过军工认证，城轨市场开拓取得进展，汽车紧固件获得订单；四川南车复合材料结构有限公司挂牌运营，实现销售收入；物流装备产业瞄准定制市场，专业打造附加值高、具有特色运输类专用汽车及物流装备，LFT新材料在路内外市场推广应用，获得P70型铁路棚车内装饰订单；推进动车座椅、新能源专用车等市场前景可期项目，完成粮食贸易物流合资项目等9个项目的调研、论证，新产业全年实现销售收入2.65亿元。开源节流、控本经营，全年可控费用预算较年初预算下调39.89%，加强单车费用管控，将单车的工装费、模具费、装卸费、维修费压缩30%，鼓励车间自行制作工装、模具及进行设备维修。利用国家、地方各类资金、政策支持，获得各项政府补贴、财税收益及电费节省等1984万元。推动采购、外协、产品发运等业务管理模式改革，降低产品综合成本，电子商务采购平台上线采购率94.14%。全面清理临时用工，用工总量和人工成本实现有效管控，实现员工多岗位流动调剂。根据公司发展需求，推进组织机构调整，统筹管理新产业和海外业务。建立资源共享集中采购、集中储备和集中供应管理体系，降低管理成本。精益运营管理平台与标准部室创建有机融合，重点推进“专业管理体系化、业务工作标准化”建设，以信息化项目管理平台为抓手，推进阿根廷项目、泰国平车项目管理，强化项目计划进度管控，基本实现产品实现过程的“可控、可视、可溯”。以标准工位建设为重点，夯实工位制节拍化流水线管理基础，推进安全、质量、成本工位建设，工位制节拍化生产100%覆盖主产品组装线。清理现有制度，强化重点工作执行力。

【科技创新】2015年，开展40项科技研发，其中铁路总公司科技开发项目1项、中车科技项目11项、原南车科技项目11个，完成7项整车、4项转向架样机试制，P80型、GQ80型国内大轴重铁路货车首次实现小批量生产，1项具有自主知识产权的国内铁路货车新产品实现销售，累计签约市场铁路货车新产品1094辆。全年完成126项专利申报，其中发明专利47项。其中，制动科技专利申报43项，其中发明专利16项；紧固件科技专利申报10项，其中发明专利5项；物流装备专利申报6项，其中发明专利1项。

【市场营销】2015年，实施“低成本”和“差异化”两种营销策略，由纯“产品”向“制造+服务”转变,调整和优化产品结构，开拓海外市场，发展新产业市场。国内市场全年新签铁路货车整车订单1838辆，实现销售收入7.9亿元。以非洲、亚洲、南美洲、澳大利亚为开拓重点，收集市场需求信息，完成新项目申报50项，获得中车独家支持项目12项，采取“走出去”与“请进来”方式进行国际商务活动，分别与澳大利亚、巴基斯坦、突尼斯、阿根廷、毛里塔尼亚、智利、泰国、美国、加拿大、苏丹、莫桑比克等国客商进行商务与技术交流，参与巴基斯坦、泰国、几内亚、毛里塔尼亚铁路货车招、投标，全年海外出口铁路货车及配件新签订单1.1亿元。

【人力资源管理】2015年，进行10次岗位评审，处理岗位优化事项24个，涉及岗位117个，优化管辅岗位定员59个。强化劳动用工管理，从严控制人员引进，严格控制用工总量，全年在册员工减少181人，在岗员工减少164人，月平均临时性用工从666人下降到382人，降幅42.6%。组织开展临时性用工和长期不在岗人员清理、清退，临时用工由2014年年同期的747人减少到278人。开展国际化人才、核心管理人才、核心技术人才、核心技能人才培训，全年开展各类培训1.37万人次，其中，外出、委外培训245人次，内部培训1.34万人次。

【质量管理】2015年，制定《子公司质量管理制度》《CRCC认证管理办法》《供应商产品质量考核管理办法》《质量追溯制度》《内外部质量信息沟通管理办法》。9—11月，对原有的《质量管理考核实施细则》等15个质量制度进行系统梳理和修订，并利用Visio软件新编制制度流程，实现质量制度的目视化、表单化管理。持续开展内外部质量体系审核，完善体系建设，4月，开展质量体系内审，5月，通过贝尔验证机构对公司IRIS质量体系运行情况监督审核。年内取得转K6摇枕、转K6侧架等8种产品CRCC（中铁检验认证中心）认证书。开展供应商质量体系审核，制定《供应商产品质量考核管理办法》，全年对14个供应商的21批次问题产品进行扣分。定期在OA平台发布质检信息通报；制定出口项目管理考核实施办法，对出口样车，每30辆车组织相关单位随机抽一辆已经完成交检的转向架、车体钢结构、涂装前处理车进行质量检查，每周随机抽一辆完成交检的整车进行质量检查，每半个月定期召开出口车质量专项问题分析会，对典型质量问题布置整改；开展SQ6型双层运输汽车车顶漏雨惯性质量攻关，采取针对性措施进行改进，解决该项惯性质量问题。

【“两化融合”体系建设】2015年，开展“深化信息化管理，提升业务管控能力”课题活动。3月，管理体系通过中国电子技术标准化研究院现场评估审核，成为集团公司和四川省首批“两化融合”管理体系通过现场评估审核的企业。4月，公司成为国家首批200家获得“两化融合”管理体系评定证书企业之一。7月，成为四川省首批17家“互联网+”制造示范企业之一。9月，获得国家“2015年两化融合最佳实践单位”称号。10月，公司获四川省政府信息化创新驱动105万资金支持。11月，公司被推选为四川省信息化与工业化融合创新联盟副理事长单位。

【四川制动科技股份有限公司】四川制动科技股份有限公司为中车眉山车辆有限公司的控股公司。主营铁路机车、客车、货车及地铁、城市轻轨制动产品研制、生产、销售，注册资本6667.9万元。2015年完成销售收入1.83亿元，其中外销1.57亿元、内销2700万元。年末，公司有员工620人，其中，技管人员134人，生产工人486人；中、高级工程技术管理人员101人，工人技师92人。公司占地面积8万平方米，拥有从美国、日本、德国、澳大利亚等国引进的加工中心、旋压机、车削中心、混砂机等各类设备964台，资产总额1.35亿元。全年新产品销售收入1000万元。全年申报专利50项，受理45项，授权专利39项，实用新型专利32项，发明专利11项，知识产权许可收入240万。评定为国家高新技术企业，获得地方政府310万元资金支持。

【眉山南车紧固件科技有限公司】2015年，眉山南车紧固件科技有限公司实现销售收入2.46亿元，净利润1022万元。采取多种方式，开拓铁路局市场，全年在铁路局市场实现销售收入2000余万元，比2014年增长25%。持续开发城轨市场，对进入城轨车辆市场的产品进行跟踪服务，部分产品完成合格供方认证或产品试装车。年内，公司取得国家级高新技术企业；申报国家专利10项，其中，发明专利5项，实用新型专利5项。

【眉山南车物流装备有限公司】2015年，眉山南车物流装备有限公司占地8200平方米，拥有专用汽车生产标准厂房7500平方米，钢结构和复合型新材料生产厂房7400平方米。调整产品结构，开发铁路配套物流装备、快运集装器具、新能源汽车、冷藏保温车（箱式）运输半挂车、公铁驮背运输专用半挂车、LFT复合新材料市场，采用区域代理销售营销模式，实现区域市场订单突破。优化现有产品，研发推广具有轻量化、高技术含量、高附加值、高可靠性的运输类专用汽车及物流装备,瞄准消费前沿，进行房车、专用车、直升飞机运输车等高附加值车型研制，直升飞机运输车实现销售。公司拥有专用汽车产品系列国家专利26项，国家公告产品27项；年内完成9项产品开发，其中2项产品实现销售收入，5项产品申请国家专利，一项产品获得行业内年度荣格创新奖。

（汪清泉）

眉山现代工业新城办公室

【项目建设】2015年4月，市政府与北京中景恒基投资集团签订战略投资框架协议，7月正式签订《战略合作合同》，眉山现代工业新城投资有限公司与北京中景恒基投资集团签订《投资合作合同》。8月，市政府与北京中景恒基投资集团组建项目合作公司——四川京府投资有限公司，按照3∶7的出资比例，协调新城投资公司先行出资到位注册资本金858万元。四川京府投资有限公司指导开展策划规划编制工作。工业新城办开展土地征拆前期工作。推进省级PPP示范项目申报。加快推进总部经济区先期项目、东坡区醴泉河生态建设项目2个省重点项目，全年完成投资7000万元。

【经济建设】2015年，现代工业新城实现销售收入480亿元，比2014年（下同）增长12%，占全市工业销售收入的35%；规模以上工业增加值增长12.2%；固定资产投资完成168.4亿元，增长11.2%，占全市固定资产投资的16.5%;其中工业固定资产投资125.2亿元,增长14.3%，占全市工业固定资产投资的33.5%;招商引资实际到位资金152.7亿元；规模以上企业127户，占全市规模以上企业的20.4%;新增规模以上企业14户，销售收入超过5亿元企业21户，税收超过1000万元企业9户；彭山经开区建成全市首个200亿元园区。

【转型升级】2015年，现代工业新城围绕主导产业，坚持招大引强。全年新签约项目29个，其中亿元项目21个，10亿元项目5个，世界500强企业4个。现代工业新城入驻世界500强企业9家，国内行业100强企业12家，大企业、大项目成为产业集群发展动力。

【基础建设】2015年，现代工业新城以“绿海明珠”园区大会战为抓手，推进园区、小区、厂区绿化建设。全年新增绿化面积30.2公顷，其中成片绿地面积22.47公顷，新建道路绿化17.2千米，改善主干道路、窗口形象。配套功能建设总投资6.97亿元，到位融资总额2.8亿元。新征拆土地面积283.07公顷，总投资6.24亿元。

【统筹城乡】2015年，现代工业新城323家企业提供就业岗位4万余个，分期培训农村群众1万人次，农民转变为产业工人3600人，农民转移为城镇居民1500人。新建安置区4.1万平方米，新建城镇基础设施28个。

（眉山现代工业新城办公室）

2015年2月8日，市委书记李静会见中景恒基投资集团股份有限公司董事长、首席执行官肖厚忠一行

农　业

Agriculture

综　述

2015年，全市农作物总播种面积43.5万公顷，比2014年（下同）增长0.96%，其中粮食作物播种面积29.7万公顷、增长0.76%；油料作物播种面积5.7万公顷、增长1.77%；药材播种面积2560公顷、增长1.23%；蔬菜播种面积5.8万公顷、增长2.86%。全年粮食产量168.5万吨、增长2.5%，其中小春粮食产量29.8万吨、增长2.33%，大春粮食产量138.7万吨、增长2.54%。油菜籽产量10.2万吨、增长4.18%。茶叶产量2.15万吨、增长2.51%。水果产量91.3万吨、增长5.39%。蔬菜产量153万吨、增长5%。全年肉类总产量30.3万吨、降0.73%，其中猪肉产量20.9万吨、降2.36%；牛肉产量0.73万吨、增长5.52%；羊肉产量0.73万吨、增长3.86%。牛奶产量14.5万吨、增长0.19%。禽蛋产量5.5万吨、增长2.6%。年末生猪存栏200.6万头，奶牛存栏6.7万头。生猪出栏293.8万头，羊出栏56.3万只，家禽出栏3004万羽。全年完成营造林建设1.03万公顷。年末森林面积31.3万公顷，森林覆盖率48.08%，增长2.11%。全年水产品产量11.18万吨、增长6.38%。水产品养殖面积1.54万公顷、增长1.06%。年末耕地保有量17.06万公顷，全年新建成高标准农田0.87万公顷，治理水土流失80.1平方千米，完成7座病险水库整治，解决7.76万农村居民安全饮水问题。年末农业机械总动力240万千瓦，全年机耕作业面积25.7万公顷，主要农作物耕种收综合机械化水平58%，完成机耕便民道建设2217.6千米，更新改造提灌机械3260台次。全市实现农林牧渔业总产值276.51亿元，增长4.5%，其中农业126.17亿元、林业7.44亿元、牧业121.44亿元、渔业16.05亿元、服务业5.41亿元。农业、林业、牧业、渔业、服务业产业结构比为45.6∶2.7∶43.9∶5.8∶2。实现农林牧渔业增加值162.72亿元，其中农业86.49亿元、林业5.00亿元、牧业57.83亿元、渔业10.32亿元、服务业3.08亿元。农民人均纯收入1.28万元，增加1144元，农村社会稳定。

（市委农工委）

种植业

【概况】2015年，眉山市种植业实现农业增效、农民增收，粮食总产量168.55万吨，比2014年增产4.11万吨；种植业产值126.17亿元；泡菜产业实现销售收入136亿元；农民人均种植业增收458.3元。

【“东坡味道”千亿产业】2015年，眉山市正式启动“东坡味道”千亿产业发展工作，市委、市政府印发“东坡味道”千亿产业“十三五”规划纲要，各区县和13个产业牵头部门形成工作实施方案。成立市“东坡味道”产业推进办公室，与市泡菜产业推进办公室合署办公。制定“东坡味道”准入条件，全年“东坡味道”13个重点产业销售收入总额583亿元，其中市农业局牵头负责的泡菜产业销售收入136亿元、果蔬产业销售收入93亿元、茶叶产业销售收入21亿元、水产品销售收入25亿元。

【泡菜产业】2015年，眉山市建成泡菜原料基地2.81万公顷，新建标准化生产线9条、达到143条，研发新品24个。举行第七届中国泡菜展销会。全年泡菜加工量

2015年10月31日至11月2日，第七届中国泡菜展销会在眉山举行

152.53万吨，实现泡菜产值136亿元，比2014年增加14.23亿元，保持全省第一。

【现代农业发展】2015年，眉山市重点建设都市近郊型现代农业15个万亩亿元示范区，整合项目资金1.93亿元，完成田型调整2200公顷、田间道路和沟渠建设462千米，建成粮经复合基地1.73万公顷，建成东坡复兴柑橘基地、彭山公义葡萄基地、仁寿兆嘉蔬菜基地、丹棱仁美水果基地示范亮点。新植和改造果菜茶等特色优势产业1.2万公顷，晚熟柑橘完成新植、改造0.73万公顷，蔬菜、水果、茶叶产量均创历史新高。加快水产业发展，全市鱼种投放量1.81万吨，水产品总产量11.18万吨，渔业经济总产值40亿元，水产品总产量、鱼苗繁育量保持全省第一。新建农村户用沼气池5099口，小型沼气工程40处。开展基层农技人员知识更新培训和乡镇条件建设，培训新型农民1900人，培训基层农技人员1850人。

【粮油生产】2015年，眉山市粮食播种面积29.7万公顷，建设“千斤粮万元钱”粮经复合基地1.73万公顷，油高产创建万亩示范片50片。粮食总产量168.55万吨、比2014年（下同）增产4.11万吨，油菜籽总产10.2万吨、增产0.41万吨。实施测土配方施肥13万公顷，秸秆覆盖11.68万公顷，开展高标准农田验收认定和补充耕地质量验收评定，新建高标准农田0.87万公顷，实施病虫害专业化统防统治23.07万公顷、绿色防控示范2.68万公顷。《眉山市测土配方施肥技术应用研究与推广》获得市政府科技进步一等奖。3月，四川省政府在眉山市召开春耕生产暨高标准农田建设现场会。

【农业信息化】2015年，眉山市推进“互联网+农业”，建成仁寿网贸港、青神易网电商基地、东坡三苏柑橘合作社、彭山观音葡萄基地、洪雅槽渔滩茶叶基地等农业电子商务示范企业和农业物联网生产示范基地。通过电子商务实现农产品销售5.36亿元。洪雅县槽渔滩宏益茶叶专业合作社被省农业厅评为“全省农业物联网示范基地”。

【农业机械化】2015年，眉山市实施农机购置补贴资金4429万元，补贴购置机具2.41万台套，修复改造提灌机械3260台次，建设机耕便民道2217.6千米，主要农作物耕种收综合机械化水平58%。未发生较大及以上农机安全事故。眉山市获得2013—2015年度四川省农田水利基本建设“李冰杯”竞赛农机项目一等奖。

【农村经营管理】2015年，眉山市129个乡镇完成农村土地承包经营权确权航空摄影，120个乡镇开展确权登记田间作业，完成确权登记面积19.11万公顷。全市新增农村土地流转0.46万公顷，农村土地流转率35%。新增3.33公顷以上种植业规模经营业主575个，新注册种植业家庭农场110个，新建市级以上农民合作社示范社52个。

【农产品质量安全】2015年，市农业局完成市农产品质量检测中心项目建设，眉山市各区县健全乡镇农产品质量服务站，在农业核心示范基地配备农产品质量检测仪器。实施农产品品牌和质量安全示范基地创建奖补，开展农产品质量定期抽检、检执联动、准出准入试点，全年新申报无公害农产品10个、续展和新认证绿色食品26个、新认证有机食品9个。开展市级、县级和基地抽检1.2万个样品，总体合格率98%；省级农产品例行监测4次，眉山市农产品抽检合格率99.7%。

【农业行政执法】2015年，市农业局清理行政权力事项，健全政务服务中心市农业局窗口和行权平台，行政审批事项全部进入窗口办理。开展农资市场检查整治，办理农业综合执法案件123件，获得农业部、省农业厅优秀案卷7卷。受理群众信访和政策咨询26次，按时办结率100%。接受全国人大《农业法》执法检查和市人大《农产品质量安全法》实施监督。

【农业产业扶贫】2015年，制

第七届中国泡菜展销会会场

定眉山市农业产业扶贫专项方案。根据贫困村不同的资源条件、产业优势、发展基础，优化产业区域布局，改善农业基础条件，加大农民培训，推进产业助农增收。市农业局对口帮扶丹棱县顺龙乡柏木村，选派干部担任驻村第一书记，落实项目支持7万元，开展脆红李、茶叶、水产养殖技术培训3期，完成沼气池、湿地池、垃圾池、山坪塘等整治改造149口，全年实现脱贫13户42人。

【第七届中国泡菜展销会】 2015年10月31日至11月2日，第七届中国泡菜展销会在眉山举办。1500余名嘉宾参会，196家企业参会参展。展销会期间举行“东坡味道”中国泡菜制作大赛，评选出“中国泡菜十强企业”“最具创新十大产品奖”“最具潜力十大产品奖”等。中央电视台财经频道和新浪、搜狐、腾讯、新华网等100余家门户网站进行系列报道。

（陈小芳）

林　业

【绿海明珠】 2015年，眉山市打造以中心城区“东坡竹园”、西来堰大桥水碾河段园林景观、彭山区“寿乡水岸·五湖四海”湿地公园、仁寿县中央水体公园、洪雅县“引青入城”项目、丹棱县大雅堂公园、青神县竹林湿地公园为代表的多个精品工程。市级各部门单位在联系村建立“绿色基地”131.49公顷，带动全市144万人次义务植树324.2万株，新增绿地面积7000余公顷。中心城区30个独立办公单位开展立体绿化工作，全市20所学校创建“绿色校园”，7家医院创建“绿色医院”。巩固提升148.15千米多色谱林业景观带和24个景观节点，在省道106线新栽植一串红景观带10.7千米。新增道路绿化14.3千米，打造岷江水上绿色走廊12.18千米，完成库区绿化80公顷。完成12个重点集镇10余万平方米公共绿地广场建设，绿化场镇道路8.17千米。完成19个新村居民点7万余平方米绿化建设，新建产业基地200公顷。彭山经济开发区等11个工业园区新增绿化面积56.2公顷，完成道路绿化27.2千米。全年新增森林面积1.6万余公顷，森林覆盖率48.08%（含四旁树），城乡绿化覆盖率50.81%。新华社、中新社、四川日报等新闻媒体聚焦眉山，聚焦“绿海明珠”建设。

【青神竹编产业发展】 2015年，全市围绕“竹海、竹艺、竹城”，推进青神竹编产业发展。市委办、市政府办印发的《第九届中国竹文化节筹备工作总体方案》和眉山市青神竹编产业推进领导小组制订的《2014年全市青神竹编产业推进工作要点》，明确各责任单位目标任务，严格目标考核。市林业局会同市政府督查室，每月督查竹文化节筹备工作1次，形成倒计时推进机制。推进重点项目建设，中国首家竹林湿地、成艺竹编学院、竹主题绿化走廊、竹产业创业创新孵化园等一批精品项目竣工，国际竹艺城市政基础及旅游配套设施建设项目、竹林湿地三期项目和国际竹艺博览馆项目11月开工建设。加快竹产业发展，培育优质竹基地6.09万公顷，带动相关从业人员84.8万人，生态旅游年接待游客82.7万人次，竹产业总产值52.1亿元。组织编报相关林业项目3500万元，推荐青神竹编产业园区申报省级示范园区。

【林产工业】 2015年，全市实现林业总产值181.71亿元，比2014年（下同）增加14.2亿元。农民人均从林业上获得收入1452.6元，增加140.4元。指导彭山南方家居产业园区建设，打造占地100万平方米、产值过100亿元的现代家私产业园区。引进青神西龙生科5万吨本色纸竹浆生产线。加快“互联网+林业”电子商务发展，青神竹编、火烧木等产品年网络营销突破亿元。

【林业重点县建设】 2015年，推进青神县、丹棱县现代林业重点县建设，指导现代林业产业“万亩林亿元钱”示范区打造，完成年度省级财政项目投入600万元，培育现代林业产业基地4466.67公顷，打造以核桃、藤椒、银杏、雷竹和林下种养殖为主的“万亩林亿元钱”示范区6个。

【现代林业产业基地】2015年，全市新创建现代林业产业示范基地5个，五年累计创建示范基地30个。全市新增核桃、花椒、香樟、桂花、银杏等产业基地7000余公顷。

【林下经济发展】2015年，全市启动林下经济示范基地评选工作，认定东坡区茂华食品林下魔芋种植基地等3个市级林下经济示范基地。市委、市政府推进“东坡味道”千亿食品产业发展，市林业局制定全市森林食品产业发展实施方案，规划10亿元发展目标。

【林业生态旅游】2015年，全市推进森林公园项目建设，完成瓦屋山、九龙山森林公园年度项目资金投入410万元，新建公园旅游步行道3.2千米。在四川首届生态旅游博览会上，眉山市参展的生态旅游商品，分别获得参展金奖1个、银奖2个、铜奖3个。中国（四川）首届森林康养年会在洪雅县召开，洪雅玉屏山森林康养基地、峨眉半山七里坪度假区获全省首批10处“森林康养试点示范基地”授牌，玉屏山野鸡坪营地获全省首批10个网络评选“最佳森林康养目的地”第一名。

【天然林保护工程】2015年，市、区（县）两级政府、林业部门分别签订天然林保护工程目标责任书，落实“四到区县”（目标、任务、资金、责任到区县），按照《眉山市天然林资源保护二期工程实施方案》继续停止天然林商品性采伐，管护森林面积9.65万公顷。实施集体公益林生态补偿3.35万公顷。完善国有林业单位职工基本养老、基本医疗、失业、工伤、生育等五项社会保险和政策性社会性支出补助政策，参保率100%。

【退耕还林工程】2015年，市林业局巩固退耕还林成果专项建设，通过退耕还林省级复查。完成2014年巩固退耕还林成果专项建设（涉林项目）建设任务，其中：种植项目1.04万公顷，养殖项目28.88万平方米，菌类培植项目2万袋（棒）。分解下达2015年计划，完成设计批复。

【血防工程造林】2015年，完成2014年林业血防工程建设733.33公顷，完成2015年林业血防工程林建设500公顷。

【深化集体林权制度改革】2015年，市林业局培育家庭林场、专业合作社等新型经营主体，打造市级示范农民专业合作社。截至2015年年底，全市有家庭林场60家，经营面积2266.67公顷，位居全省第二。推行最低限额保障制度，推广龙头企业+公司+农户、专合组织+农户、科技人员+农户等模式，采取林农以林地入股，对半分成或四六分成等方式合作造林，林农全程参与营林、护林，防止林农失山失地，推进林地规模经营、集约经营，释放林地生产力，产生良好的经济效益、生态效益、社会效益。

【森林防火】2015年，52个村创建森林防火“二三四”工程（即突出“两个重点”：联防联保和火源管控；强化“三个保障”：队伍保障、物资保障、经费保障；确保“四个落实”：应急预案落实、制度落实、特殊人群管控落实、防范措施落实）示范村。强化森林防火信息化建设，在各区、县建立县级森林防火指挥中心，打造具备召开视频会议、实施远程监控、辅助决策指挥等多功能的指挥调度综合平台，实现国家、省、市、县（区）信息互通和资源共享。全年无较大以上森林火灾发生，建区设市18年无较大以上森林火灾发生。

【林地保护】2015年，市政府办印发《关于切实加强林地保护管理工作的通知》，完善林地保护管理机制。开展非法侵占林地清理排查专项行动，全市调查核实和处理非法侵占林地25宗，非法侵占林地面积8.5公顷，守住林地和森林红线。依法审核查验55项工程建设项目征收占用林地，涉及林地164.29公顷。

【林业有害生物防治】2015年，市林业局落实森防目标责任制，强化林业有害生物监测预报工作，加强松材线虫病枯死松树春、秋两季普查工作，制定控灾减灾预案，开展防治工作。全年全市发生各类林业有害生物1.35万公顷，防治1.32万公顷，无公害防治率95.64%。

【野生动植物资源保护】2015年，市林业局开展“2015年爱鸟护鸟活动”“依法保护野生动植物，共同建设美好家园”等主题宣传活动，营造保护野生动物舆论氛围。救护国家二级保护动物野生猕猴4只，并按要求送至成都动物园。

【森林公安】2015年，全市开展“利剑行动”、林区缉枪治爆专项行动、林地行动、“雷霆行动”等系列专项行动，保持对林区涉林违法犯罪行为高压态势。全市立刑事案件57件，破案56件，办理各类涉林行政案件246件，打击处理各类违法犯罪人员309人，挽回经济损失169万余元，保护了森林和野生动物资源。

（刘渝南）

水 利

【概况】2015年，全市向上争取资金3.29亿元，完成水利工程建设投入11.4亿元，整治病险水库7座，综合治理江河堤防5.2千米，解决7.76万农村人口饮水不安全问题，建成农村安全饮水水质检测中心7个。眉山市中心城区改造市政供水管网16千米，改造乡镇供水管网10.8千米。完成大中型灌区续建配套与节水改造16千米，治理水土流失面积80.1平方千米。新增有效灌面3193.33公顷，新增节水灌面9600公顷。

【骨干水利工程】2015年，彭山县龚家堰水库扩建工程完成水库扩建工程枢纽部分主体工程建设；穆家沟水库取得省发改委立项批复，青神县复兴水库扩建工程完成80%前期工作；龙池寺水库、蓝妖庙水库、白马湖水库开工建设。

【千湖之城建设】2015年，全市恢复和新增水域面积28.5平方千米，“四引”（引水入城、入镇、入村、入园）工程49处。推进“四湖”建设，完成“东湖”所有专题论证报告，取得省发改委立项批复，前期工作完成；“南湖”核心区、东坡湖南段、湖滨带开挖土石方9万立方米，回填9.5万立方米，围堰0.7万立方米，完成挡墙浇筑1500米；“西湖”两座水库完成招标工作，两座水库全面动工；“北湖”完成规划编制，确定眉山发展（控股）有限责任公司为项目业主。

【农田水利基本建设】2015年，全市新增和恢复蓄引提水能力296万立方米，恢复灌面2573.33公顷，改善灌面4986.67公顷。完成东坡区、仁寿县、洪雅县、彭山县、青神县中央小型农田水利重点县建设，工程新建渠道187.75千米，整治渠道686.66千米，整治山平塘617座，新建石河堰19处，整治石河堰48处，新建蓄水池575口，新建泵站7处，整治泵站126处。新增节水能力1934.8万立方米，新增粮食生产能力2934.78万千克，新增经济作物产值2556.7万元。

2015年6月17日，全国节水灌溉示范项目建设与管理现场会议在青神县召开

【春灌工作】2015年，全市召开管委会和灌区代表大会，研究落实年度供水计划、调配水方案、抗旱保栽等措施，制定眉山市2015年水稻保栽形势分析，栽插水稻11.44万公顷，提前3天“关秧门”，无水事违法案件发生，无跨行政区域用水矛盾重大协调，无栽插死角。

【防汛工作】2015年，全市成立专业防汛抢险队伍41支1420余人，群众抢险队伍4300余人；储备麻袋2.5万条、编织袋25.21万条、编织布0.3万平方米、铅丝25.5吨、砂石料5.01万立法米、橡皮舟10艘、冲锋舟19艘、救生衣3684件、救生圈350只、照明灯具200套、柴油发电机组15台套，总价值590余万元。组织开展水库抢险、水上救援、城市内涝、山洪防御、供水短缺等应急演练11次。汛期全市岷江、青衣江均未发生超警戒水位洪水,两江洪水接近历史最低值。岷江彭山站最大洪峰流量为8月18日5时35分，洪峰流量每秒3480立方米,洪峰水位421.52米；青衣江洪雅站最大洪峰流量为8月4日3:00时，洪峰流量每秒3550立方米，水位453.42米。全市有3个区县15个乡镇不同程度受灾，受灾人口4.72万人，转移人口232人，倒塌房屋25间，洪涝灾害直接经济总损失2462.3万元，其中，农林牧渔业直接经济损失1128万元，工业交通运输业直接经济损失126万元，水利工程水毁直接经济损失703万元。全年全市无洪涝灾害导致的人员伤亡。

【农村饮水安全】2015年，全市推行“规模化发展、标准化建设、规范化管理、企业化运营、用水户参与”的农村饮水建设模式，实现“农村供水城市化，城乡供水

2015 年 6 月 30 日，眉山市举行山洪灾害防御暨水库抢险应急演练

一体化”。解决 7.76 万人农村饮水不安全问题，建成集中供水工程 17 处，完成工程投资 5076.88 万元。建成 7 个农村安全饮水水质检测中心，建设数量为全省第一，也是全省唯一的建设市级检测中心的地级市，实现饮水安全检测全域覆盖。

【城市供排水】2015 年，眉山市中心城区改造市政供水管网 16 千米，改造乡镇供水管网 10.8 千米。眉山市城市污水处理厂（一期）升级改造工程进行招标，编制完成近远期污水处理及再生利用设施建设规划，完成第三水厂水土保持方案评审、节能评估、环评第一次网络公示和社会公众问卷调查，项目总投资 3.42 亿元，完成投资 1000 万元。市供排水总公司完成供水 3449 万吨、售水 2686 万吨，完成污水处理 2173 万吨，发展新用水户 1.78 万户，“一户一表”改造 2527 户。

【水务综合执法】2015 年，全市开展水行政执法巡查 215 次，出动执法人员 780 余人次，查处水事违法案件 11 起。开展水库、水土保持专项执法检查，制止正在发生和可能发生的水事违法行为，减少水事纠纷，维护全市良好水事秩序。

（市水务局）

四川省都江堰黑龙滩灌区管理

【概况】2015 年，四川省都江堰黑龙滩灌区管理处（以下简称“灌区管理处”）内设办公室、政工科、工程管理科、供水经营科、计财科、发展与经营管理科、综合执法科、工会、伤残办公室。辖属单位有：航管所、渔政分站、黑龙滩水库水资源保护管理办公室，陵阳站、文宫站、李家沟库渠站、钟祥站、禾加干渠站、富加站、水库站，工程总公司、建筑综合服务公司、物资供销公司、电厂、旅游公司、宾馆、四川省都江堰勘测设计院眉山分院。

【蓄水保水用水】2015 年，全年实现灌区总蓄水量 3.6 亿立方米，引水 2.7 亿立方米。实现供水 3.28 亿立方米，其中农业供水 2 亿立方米，城镇生产生活 0.55 亿立方米，生态供水 0.43 亿立方米，向井研灌区输水 0.3 亿立方米。春灌实现灌区 6.09 万公顷耕地满载全种。实现零纠纷、无水毁、少水量，保证了灌区农业、经济社会、城市发展用水需求。

【项目建设】2015 年，灌区管理处争取续建配套与节水改造资金 9363 万元实施了金鸡支渠、禾加分干渠45.81 千米明渠及建筑物整治项目，以及争取但尚未实施的李家沟中型灌区方加分干渠 10 千米渠道及建筑物整治。其中，投资 3611 万元实施了金鸡支渠 0+000~22+829 渠道及建筑物整治，投资 4702 万元实施了禾加分干渠 0+000~22+980 渠道及建筑物整治。以及尚未实施的投资 1050 万元李家沟中型灌区方加分干渠整治。争取了维修养护项目资金 410 万元，完成灌区 468 千米渠道的维修养护。投入约 210 万元，新建李家沟水库管理站、陵阳管理站站房；改善水资办和钟祥管理站办公生活条件，对黑龙滩拦污栅工程进行配套改造和安全隐患整治。

【水源保护】2015 年，灌区管理处完善饮用水源保护长效机制，开展与市县环保等相关部门定期会商制度，发现问题，及时研究，及时处置。及时清理库区来水漂浮物及库区垃圾，全年处理动物尸体 1200 余头（只）；清除“三无”（无船名船号、无船舶证书、无船籍港）船只 20 余艘；拆除水库违章建筑物、帐篷 40 余处。坚持“人放天养”养殖模式，严禁投放污染水库水质的任何物质。加强督查，严格追责，确保水库水质常年保持在地表水Ⅲ类水质标准。

【安全管理】2015 年，灌区管理处开展灌区防汛、安全生产、社会治安综合治理、内部保卫、消防等工作，全年没有发生一起安全事故，灌区安全度汛。制定有效管理意见，层层签订防汛、安全生产、社会治安综合治理、禁毒工作、信访稳定目标责任书，明确职责。以“安全生产年”“社综宣传月”“安全生产月”“国际禁毒日”等为契机，在全处进行法制安全宣传教育，提高干部职工法律意识。做好“五一”、国庆、春节等重大节日期间、防汛期间等安全管理，在建工程安全管理，以及灌区隐患排查工作等。针对各单位的实际及存在的问题，建立台账，并对排查出的56处安全隐患进行分类核查，及时或限期整改到位。

【权属管理】2015年，灌区管理处加大灌区权属管理，维护灌区工程完整性，及时查处权属侵权事件6起，特别是有力维护了黑龙滩新华书店争议权属的管理。

（余涛）

通济堰灌区管理

【防汛抢险】2015年5月，通济堰灌区较常年降雨次数较少降雨量偏小；6月、7月灌区降雨次数明显增加，降雨量正常；8月降雨趋于正常；强降雨主要集中在9月，全年灌区汛期平均降雨量为324毫米；截至9月30日，灌区汛期平均降雨量为663毫米，最大降雨量为792毫米，同期降雨总量较2014年略偏多。8月、9月通济堰灌区发生强降雨，造成思蒙、眉山灌区20多处渠段不同程度垮塌、滑坡，直接损失162万元。其中较严重的有西干渠临江堰下游（桩号：44+390~44+500）（右岸）护坡垮塌110米；西干渠凉风（桩号：40+074~40+224）护坡损坏150米；普兴堰支渠一渡槽泄洪沟（桩号：10+591~10+656）垮塌65米；镇江排洪沟（桩号：0+120~0+250）沉降长度130米；西干渠万冲堤灌站（桩号：27+620）垮塌。

【春灌工作】2015年5月，通济堰灌区实现2.94万公顷水稻满栽满插，提前13天完成春灌任务。

【水污染】2015年，通济堰总东西干渠的彭山区、东坡区范围内有28家规模化养殖场、5家猪鬃厂、10家工业企业、4个生活集中区排污入渠严重影响通济堰水质。

【工业水价】2015年9月1日起，按照《四川省发展和改革委员会关于调整四川省通济堰灌区管理处水利工程非农业供水价格的函》要求，调整后的工业水价新标准为：工业用消耗水价格为0.32元/立方米；自来水厂用原水为0.21元/立方米；环境用水价格为0.14元/立方米；灌流水价格为0.13元/立方米。

（岳蕾）

畜牧业

【概况】2015年，全市畜牧工作按照市委、市政府要求，以“五型”（设施型、生态型、风味型、观光型、效益性）畜牧业为抓手，深入推进现代畜牧业深化试点，都市近郊型现代畜牧业稳步推进，全市畜牧业产值120.84亿元。

【奶产业】2015年，全市存栏奶牛6.8万头，主要有荷斯坦奶牛、西门塔尔奶牛、娟姗奶牛等品种。全市鲜奶产量15万吨。市内蒙牛、新希望、菊乐、美妙4家乳制品加工企业，日处理鲜奶能力1400吨。全市乳制品产量26.2万吨，增长18.6%。全市标准化示范奶牛场创建工作走在全省前列，有9个奶牛场成功创建为国家和省级标准化示范奶牛场（其中国家级标准化示范奶牛场5个），国家级和省级创建数居全省第一，在西南地区也位居前列。

【生猪产业】2015年，全市出栏生猪322.24万头，存栏纯外种母猪8578头，外二杂母猪存栏21.26万头。推进规模化、标准化养殖，全市年出栏生猪50头以上农户1.73万户，生猪规模养殖比

表4　2015年眉山市畜牧生产情况统计表

类别	计量单位	2015年	2014年	±%
肉类总产量	吨	346457	328848	5.35%
禽蛋产量	吨	56589.4	54615.2	3.61%
牛奶产量	吨	150098.3	147450.2	1.8%
出栏生猪	头	3222350	3085739	4.43%
出栏肉牛	头	63919	61917	3.23%
出栏肉羊	只	612433	550178	11.32%
出栏家禽	只	37366039	32719411	14.2%
出栏肉兔	只	23379100	22205426	5.29%
年末生猪存栏	头	2213530	2108827	4.96%
年末牛存栏	头	126822	130002	2.45%
年末山羊存栏	只	441627	404549	9.17%
年末肉兔存栏	只	8261400	8126476	1.66%
年末家禽存栏	只	14697800	13364905	9.97%

重73.1%，国家生猪标准化示范场3个，省级生猪标准化示范场11个。引导龙头企业打造现代生猪生产基地，正大、巨星等龙头企业“公司+基地+农户”模式，带动养猪农户300余户。

【肉兔产业】2015年，全市出栏肉兔2337.91万只，年出栏肉兔500只以上农户9394户，肉兔规模养殖比重72.2%，良种化率97.9%。依托肉兔良繁和规模饲养、现代畜牧业财政资金项目，集中打造肉兔生产基地，青神县众鑫养兔基地年出栏肉兔35万只。

【家禽产业】2015年，全市家禽出栏3736.6万只，年出栏肉鸡2000只以上农户3102户，肉鸡规模养殖比重79.3%，良种化水平98.2%。推广温氏、巨星“公司+农户”的合作养鸡模式，发展合作农户1143余户。全市鹌鹑存栏500万只。

【都市近郊型现代畜牧业】2015年，以“五型”畜牧业为抓手，着力打造都市近郊型现代畜牧业。以养殖设施机械化、自动化和智能化为重点，打造洪雅现代牧业万头牧场、蒙牛千头牧场、眉山温氏、眉山万家好、丹棱巨星等为代表的设施型畜牧业。以构建农牧业可持续发展体系为重点，打造东坡区茂华生态养猪场、新希望眉山生态牧业、彭山保胜生猪养殖园区、仁寿大化优质生猪养殖示范园等为代表的生态型畜牧业。以为不同层次的都市消费群体提供品种多样、风味独特、生态安全的畜禽产品为重点，打造雅妹子、雅嫂、九升、王家渡等为代表的风味型畜牧业。以特色养殖、特色消费为重点，打造江口林下生态养殖观光园、镜湖山庄农牧业观光园区、蜀色天香家庭牧场等为代表的观光型畜牧业。以推广科学养殖、现代经营管理方式、加强畜牧品牌建设为重点，打造效益型畜牧业。

【机制创新】2015年，全市规范发展畜牧专业合作社，扩大养殖户参与合作社。全年规范发展畜牧专业合作社620个，带动农户10.8万户。推广“寄养”“代养”“订单养殖”“公司+农户”等模式，化解养殖户缺技术、缺资金、缺市场等问题。在全省率先开展生鲜乳收购价格协调机制试点，奶价协调委员会在指导监控鲜奶收购价方面发挥的作用更加突出，促进奶业持续稳定发展。将育肥猪价格指数保险试点和鹌鹑特色农业保险试点工作列为2015年深化农村改革重点工作之一，参保生猪4400头、承保鹌鹑39.1万只。

【畜产品加工】2015年，全市有肉食品加工企业10个，加工量12.6万吨；乳制品加工企业4个，加工量26.2万吨；小家禽和兔加工企业18个，加工量4.3万吨；禽蛋加工企业15个，加工量7.6万吨；饲料生产企业65个，加工量159.8万吨。

【项目建设】2015年，全年向上争取项目24个，争取资金2.02万元；36个现代畜牧业建设项目开工建设并全部完工，完成项目投资6.11亿元。

【畜牧科技】2015年，开展千名畜牧科技人员进村入户网格化服务群众活动，全市选派1214名畜牧科技人员以村为基本服务网格单位，每个村落实1名畜牧科技人员，负责全村畜牧技术指导和服务，做到“全面覆盖，界线明确、不留空白、不交叉重叠”。联系128个乡镇，1232个村（居委会），7898户适度规模养殖户，65个饲料和畜产品加工企业，联系养殖户人均畜牧业现金收入增收1016元。

【疫病防控】2015年，全市调运各类动物疫苗1亿余毫升。累计免疫牲畜口蹄疫611.89万头（只）、猪瘟541.89万头、高致病性猪蓝耳病495.68万头、高致病性禽流感4050.04万只、鸡新城疫2975.99万只，羊小反刍兽疫12.72万只，犬只狂犬病56.35万只。各强制免疫病种均超额完成省农业厅要求的群体免疫密度常年保持95%以上的目标任务，规定病种免疫抗体合格率均超过部省规定70%的标准，确保全市没有发生区域性重大动物疫情和动物源性公共卫生事件。

【畜产品安全】2015年，全市1207家规模养殖场（小区）产地检疫申报受理率实现100%，116个生猪定宰厂（场点）官方兽医全部驻场。全年产地检疫畜禽5017万头（只），屠宰检疫生猪176.56万头（只）。强化病死动物无害化处理监管，全市养殖环节病死动物无害化处理4.05万头，屠宰环节病死动物无害化处理207头。强化投入品监管，全市开展兽药专项整治行动6次，监督检查饲料经营门市1872家，查处违规经营的饲料门市9家；立案调查处理的案件4起，结案4起，处罚4.07万元。强化“瘦肉精”和生鲜乳监管，全年检测瘦肉精11.69万头份，检测结果均为阴性；生鲜乳监测抽样1500份，三聚氰胺和黄曲霉毒素M1检测结果均为阴性，确保畜产品质量安全。

【生猪屠宰管理】2015年，全市现有生猪定宰厂（场点）116个。其中A类企业16个，B类场点100个。全年通过生猪屠宰资格审核清理，现场审核通过A类企业4家（待颁证），关闭不合格场点11家。

（市畜牧局）

眉山岷江现代农业示范园区

【概况】2015年，岷江现代农业示范园区（以下简称“园区”）管委会同东坡区、彭山区，瞄准“都市近郊型现代农业示范区”和“深化农村改革试验区”目标，运用市场机制撬动社会资本，整体推进园区建设。先后承办省委园区和农村基层党建、全省产业园区党建培训、全省改革办主任培训、金融创新等省级会议的现场参观，省级以上新闻媒体报道20余次。

【土地信托流转】2015年，园区管委会出台《关于规范乡镇土地流转服务公司运行的意见》，指导公司完善流转、预流转、财务、档案等手续资料，规范土地风险防范金、复垦保证金和流转服务费的收取、支出。截至年底，园区耕地流转率76%，未流转的933.33公顷耕地完成预流转466.67公顷。完成悦兴镇土地流转服务公司的混合所有制改造，村集体参股二次分红；将正兴农业公司作为乡镇土地流转服务公司母公司，化解266.67公顷土地流转遗留问题。

【培育新型农业经营主体】2015年，园区管委会出台《关于引导和规范城市工商资本到园区发展现代农业的意见》，提出“6+5”模式，从项目、资金、用地、金融、保险、信息6个方面扶持，从经营范围、经营规模、土地用途、风险防范、资格审查5个方面规范，保证入驻业主符合园区规划。园区规模经营50亩以上的新型农业经营主体161户，经营面积2933.33公顷，占园区总耕地面积76%。

【社会化服务】2015年，园区管委会争取产业发展扶持资金对购买烘干机、水肥一体化滴灌系统等先进农业设施和建设服务阵地进行“以奖代补”，协调区县解决业主实际问题，参与“好味稻合作社”经营模式，把关“田园商店”布局、内容和建设，“好味稻合作社”建成全省最大的烘干中心。与彭山区联合解决中国、以色列葡萄合作基地建设中基础设施配套问题，促成“中国-以色列葡萄科技合作示范基地”落地。从项目资金上支持果怡农业公司开展可追溯系统、农残检测系统和电子商务平台建设，葡萄

岷江现代农业示范园区万亩蔺草

种植技术、品种、品质、设施、销售、储存实现国内领先，园区葡萄产业整体转型升级。园区管委会与市气象局协商，争取省气象局在省公共服务平台上为园区开设专门通道，园区业主通过网络就能够查询本地气象实时数据；牵头开发园区手机端 WAP（无线应用协议）网站和微信公众平台，搭建土地流转、农资供求、专家服务等信息交流平台。

【农业贷款】2015 年，园区管委会与东坡区信用联社联合制定金融产品方案，发起设立东坡、彭山贷款风险保证金，与中国人民银行眉山中心支行建立联席会议制度。东坡、彭山设立风险保证金 2000 万元，彭山区颁发土地经营权证、建立农村产权交易平台，开发出土地经营权、农机具、农业设施、财政补贴资金、信用抵押 5 个金融产品，人民银行成都分行组织全省银行系统现场会进行推广。

【农业保险】2015 年，园区管委会牵头与保险公司磋商，起草和把关保险方案，新开发蔬菜目标价格保险和葡萄、柚子特色农业保险。全年园区内购买蔬菜目标价格保险 280 公顷，水稻制种、蔬菜、葡萄、柚子特色农业保险 800 公顷。

【村集体经济增收试点】2015 年，园区管委会起草涉农项目改革方案、合同、操作程序、资产移交书等文本，提出业主有偿使用标准，全程参与业主谈判、合同签订和资料完善等工作。全年彭山区域对新投入的 3 个项目实行有偿使用改革，增加村集体收入 4 万元。园区管委会牵头测算乡镇土地流转服务公司流转服务费的收取、支出情况，划转土地流转服务费增加村集体收入，全年园区范围村通过公司划转流转服务费增加收入 10 万元以上。

【农民货币安置】2015 年，园区管委会开展农村房屋居住情况调研，依托土地“双挂钩”项目和出台政策鼓励货币安置，增加农民财产性收入，与区县测算安置成本，让农民能够在城里住得下来，追加园区发展专项资金预算，主要补助房屋拆迁。全年货币安置 700 户 2600 人。

（眉山岷江现代农业示范园区）

岷江现代农业示范园区蓝莓观光采摘园

旅游业

Tourism

综 述

2015年，全市旅游以“四川建设世界旅游目的地”和“眉山全域景区化”为总体目标，重点实施“旅游规划、旅游项目、乡村旅游、品牌创建、智慧旅游、畅游眉山”六大攻坚行动。全市实现旅游收入230亿元，接待游客2987万人次，分别比2014年增长27.3%和25.1%；旅游项目完成投入75.25亿元。实现农村居民向第三产业经营者或从业者转变3.15万人。旅游收入、接待游客数均为“十一五”期末的3倍，旅游收入首次突破200亿元大关。

截至年底，全市拥有国家级森林公园、国家A级景区，国家、省、市级文化保护单位，省级风景名胜区120余处，其中国家A级景区12个、国家AAAA级景区4个、国家AAA级景区4个；星级饭店10家，其中五星级饭店1家、四星级1家，还有长岛洲际、彭山恒大、仁寿嘉斯曼、丹棱锦江等一批高标准旅游饭店；有全国农业旅游示范点4个；规模农家乐700余家，其中星级农家乐81家；乡村旅游示范县3个；省级特色旅游商品购物点9个。

规划编制

2015年，市旅游局编制《眉山市自驾车营地发展规划》《眉山市岷江旅游经济带发展规划》《眉山市智慧旅游设计方案》等3个旅游规划，推进《眉山市“十三五”旅游规划》《洪雅生态旅游强县规划》《彭山区旅游发展总体规划》和《仁寿县乡村旅游专项规划》等旅游规划编制工作。

招商引资

2015年，全市引进法国卢浮宫国际艺术村落项目、彭山文化旅游综合开发项目、中法农业科技园彭山园区项目等亿元项目8个，签约协议资金252亿元。智慧旅游等7个项目争取到省级旅游发展补助资金510万元。彭祖山、瓦屋山、柳江古镇、汉阳古镇4个旅游开发项目争取到国家专项债券建设基金1.95亿元。

项目建设

2015年，洪雅香花嶺、青神茶语原乡等12个新项目按时开工，完成投资11.2亿元。黑龙滩长岛、七里坪、江湾神木园等34个续建项目进展顺利，新增投资64.05亿元。储备包装二峨山、雅女湖、东坡水府等项目近40个，计划总投资近300亿元。

品牌创建

2015年，江湾神木园和柳江古镇成功创建国家AAAA级旅游景区。推进七里坪创建国家级旅游度假区、黑龙滩创建省级旅游度假区和省级生态旅游示范区，仁寿县和洪雅县创建四川省旅游强县等旅游品牌创建工作。制定印发《眉山市旅游景区建设管理暂行办法》。实施“旅游厕所革命”行动，全年完成新建和改扩建A级旅游厕所40座。新建星级农家乐（乡村酒店）28家，其中五星级农家乐（乡村酒店）6家。

乡村旅游

2015年，全市实现乡村旅游收入35亿元。东坡白马龚村和丹棱幸福古村等省级乡村旅游试点项目建设进展顺利。申报四川省乡村旅游强县1个（仁寿县）、特色乡镇2个、精品村寨4个、精品乡村旅游特色业态41个。新建特色业态乡村旅游经营点18家。

智慧旅游

2015年，推进“互联网+旅游”工作，眉山智慧旅游项目与眉山游客中心建设实施一体打造、联合推进。眉山游客中心装修完工，智慧旅游应急监控管理平台建设有序推进。建成后的眉山游客中心将集窗口展示、形象宣传、智慧管理、智慧服务、智慧营销功能于一体，为眉山旅游跨越发展实现智慧支撑。

旅游营销

2015年，全市举办各类旅游节庆活动65次；在重庆和成都举办眉山旅游专场推介会2场；举办眉山旅游专题摄影图片展5次；组织参加国际国内大型宣传活动和展会活动13次；整合编制推出两大线路体系和8条旅游新线路、新产品；全新推出《天府新眉山》旅游画册，制作眉山旅游微电影宣传片1部；组织开展“媒体走进眉山旅游”和“旅行社走进眉山踩线”2个重点旅游宣传活动；组织省内知名媒体、旅行商、星级宾馆饭店、农家乐近200家嘉宾8批次赴眉山踩线；在韩国SBS电视台《今日现场》、台湾旺旺中时媒体集团、《华夏地理》等50余家国内外知名媒体上专题宣传眉山旅游；与成都、乐山等市建立高铁旅游联盟，在高铁《火车杂志》上专题宣传眉山旅游8个版；与潮州市文物旅游局建立旅游区域合作关系，打通“潮州—眉山”旅游线。

行业管理

2015年，市旅游局印发《眉山市旅游局旅游安全工作委员会工作方案》，与区县层层签订安全责任书。联合工商、交通、公安消防、食品药品监督等部门开展旅游市场检查和专项检查52次，调处旅游纠纷31件，办结率100%，保持旅游安全“零事故”。全年开展治理“不合理低价”、出境旅行社收取游客保证金、旅游行业推行合同示范文本及规范格式条款等专项检查。建立企业约谈制度，全市旅行社约谈率100%、分社和旅行社网点约谈率90%。编制《眉山市旅游局“十二五”期间突发事件应急体系建设评估和“十三五”规划编制基础资料》，组织开展彭祖山景区应急疏散演练，提高应急处置能力。指导岷江东湖饭店、青神大酒店和眉山宾馆分别通过五星级、四星级年度复核和三星级评定性复核，完成全市旅游饭店和绿色旅游饭店年度复核工作。

人才管理

2015年，从市旅游局干部中选派1名优秀干部到国家旅游局监管司挂职锻炼1年，成为全市旅游系统干部到国家旅游局挂职锻炼第一人。在区县旅游局和景区管委会优选4名干部分别到省、市旅游局挂职锻炼。选派1名市旅游局机关干部到区县旅游部门挂职锻炼。引进1名省旅游局业务骨干到市旅游局挂职1年。市旅游局引进法律、财会专业人才各1人。在中山大学旅游学院举办旅游管理专题培训班1期，培训市、区县旅游行政管理人员53人。通过集中专题培训、网络培训、企业自训等方式，全年培训旅游行业人员7154人。组织4名选手参加全省2015年旅游饭店服务技能大赛，岷江东湖饭店客房服务选手获全省三等奖，市旅游局荣获组织奖。组织全市导游和景区讲解员参与四川“最美导游”选拔，三苏祠博物馆讲解员李晓苹通过层层选拔荣获2014年四川“最美导游”称号。

（市旅游局）

商 贸

Trade

国内贸易

【招商引资】 2015年，全市实际到位外资1.41亿美元。市商务局推动亚洲最大的工业和物流基础设施提供商与服务商——普罗斯集团投资2400万美元建立普海仓储物流公司；协助区县引进优利西玛阀门制造、斯加特流体控制设备等项目落户天府新区眉山区域；协助彭山区签订“中法农业生态科技园”合作项目。组团赴韩国召开投资与贸易推介会，与20余家韩国企业和研发机构进行对接。韩国MBI、韩国永兴食品株式会社（OTTO）、香港萃福林国际有限公司、韩中贸易协会、荷兰壳牌集团、英国怡和集团、法国ENGIE集团等10余家企业和商协会多次到眉山进行考察。通过中外知名企业四川行，广交会，重庆国际投资大会，眉山市香港投资推介会，北京、长春、哈尔滨、呼和浩特、杭州商品展销会的平台，组织投资促进专题推介会，全年有国内外1000余位企业家参加。

【电子商务】 2015年，全年实现电子商务交易额300亿元（含撮合交易），增速30%以上；实现网络零售额60亿元，增速30%以上。新增电商创业2500余人，电商从业人员达到3.5万人。火烧木家具、腌腊制品以及枇杷和不知火等产品网销量全国第一，实物单店交易指数和家装家饰网络零售额全省第二，电子商务健康度和农产品网上交易额保持全省前三，电子商务带动创业就业人员超过30万人。青神县电子商务发展指数居全省第三名，其中，网商指数居全省第一名，成为全省首个电商顺差县，被评为国家级“电子商务进农村综合示范县”，农村电商发展经验在全国推广。仁寿完成覆盖13个乡镇和57个行政村电商服务站的布点建设，基本打通工业品下乡和农产品进城的双向渠道，经验在全国推广。香港清华同方投资12亿元在眉山建设“电子商务产业园”正式签约。东坡区、彭山区、仁寿县、丹棱县、青神县均建立电子商务孵化中心，洪雅县在规划中。孵化中心整合商务、劳动和社会保障、工商、群团等部门资源，促进创业就业工作。全年举办各级各类电子商务应用培训100余场（次），电商创业培训1.1万人次。

【东坡味道系列活动】 2015年，市商务局组织开展“东坡味道”上海站产品推介暨签约仪式活动。13家眉山本地企业展示300余种特色农副产品，上海好时集团、喜达屋集团、中国移动等100余家知名企业和商家参加推介会；13家参展企业现场达成意向订单上亿元。组织30户从事电商的农副产品生产、加工企业参加2015中国（四川绵阳）电子商务发展峰会，眉山特色泡菜、藤椒油以及生态农副产品等1000余个品种带到现场进行展示、展销，与国内一线电商企业进行深度洽谈、合作，现场达成意向性合作项目15个，签约16.5亿元，现场销售“东坡味道”产品17万元，网上交易275亿元。在东湖酒店举办“东坡味道”经销商推介会，来自全国各地的经销商100余人，眉山市泡菜企业、农产品生产加工企业、电商企业参加推介会，23户企业与经销商签订意向性购销协议，协议金额20亿元。

【会展业】 2015年，市博览事务局组织参加中国西部（四川）进口展暨国际投资大会、第三届四川农业博览会暨成都国际都市现代农业博览会、第二届四川旅游交易博览会特色商品展、2015春季中国（广州）国际茶业博览会、2015黑龙江国际绿色有机食品产业博览会暨哈尔滨世界农业博览会（哈尔滨绿博会）、中国—蒙古国博览会暨第九届中国民族商品交易会等省内外综合性展会等全国知名品牌展会11个，为经贸合作、技术合作、招商引资搭建平台。组织并邀请市政府驻外投资促进机构、有关重点企业参加2015中国西部（四川）进口展暨国际投资大会北京、广州、上海推介活动，推动企业参加中俄“两河流域”经贸人文合作成果展，引进并协助承办第二届中国（西部）国际平板产业高峰论坛眉山分论坛活动。引进外地企业到眉山举办2015眉山市冬季商品展销会，支持本土展销会品牌建设，指导并协办眉山首届观赏石玉石博览会、协办第七届中国四川泡菜展销会等全市重点会展活动。协调、联合四川博览事务局会展公司，与韩国贸易协会下属最大会展中心——韩国国际会展中心成功开展首次展会合作。完成“眉山会展网”全国网站普查和完善工作，建立全市会展业基础数据统计体系，完成“川货全国行”数据统报工作。

10月，中国西部（四川）进口展暨国际投资大会期间，全市组织参加2015中法（四川）中小企业投资与贸易合作洽谈会、第八届中国西部国际采购商大会、中国供应链管理高峰论坛、第七届中国西部国际资本论坛、第二届西部电子商务发展高峰论坛等大会重要活动20余项，签约43个重大项目，签约金额413.34亿元。11月，第三届四川农业博览会暨成都国际都市现代农业博览会上设立眉山特装展馆，包括现代农业主题馆、茶产业合作馆、莲花馆，展出眉山特色产品1000余种，实现现场展销收入1000余万元，达成采购意向3.45亿元，接待观众30万人次；签约农业投资促进重大项目8个、项目投资20.6亿元；农产品采购贸易协议6个、签约金额19.38亿元。

【供销商业】2015年，全市供销社创新体制，搞活机制，构建农村社会化服务体系，发展各类专业合作社，提高为农服务、助农增收水平，促进农村经济发展。全年实现商品销售5.6亿元，新发展各类专业合作社25个，获得省供销社表彰5项。

对外贸易

2015年，全年进出口总额实现2.05亿美元，比2014年新增有实绩外贸企业23家，累计进出口金额3464万美元，占全年进出口总额的16.8%；新办理外贸获权企业46家；有实绩外贸企业93家，比2014年增加11家。通过召开政策培训会、座谈会，走访帮扶企业和网络平台、QQ群等方式，引导企业扩大进口和引进先进技术设备，实施技术改造、科技研发等，增大产品市场竞争力和占有率，促进企业转型升级，发掘新的外贸增长极。将各项外贸进出口业务目标分解落实到区县和相关园区，并纳入全市专项目标考核管理系统实行目标绩效考核。定期不定期对各责任单位目标完成情况进行督查、通报。开展外贸专题业务培训，举办“眉山市拓展市场‘三大活动’专题培训班”，邀请省商务厅、成都出入境检验检疫局等部门的专家对300余名来自全市部分企业和经济组织的管理人员进行系统培训。5月，协助中国轻工工艺品进出口商会在眉山举办由商务部，日本农水省、经产省、财务省、外务省等中日政府负责人以及中日双方蔺草协会和企业参加的2015年度中日蔺草制品贸易交流会，促进眉山蔺草产业发展。组织一批本地企业与韩国农水产协会等20余家机构和企业进行洽谈交流。推进李记酱菜调味品有限公司境外分公司筹办工作。推进“万企出国门”活动，全年全市近130家（次）企业参加省、市和企业自主开展的各类活动，使用标准展位54个，境外调研考察近70家（次），带动眉山外贸企业发展。与成都出入境检验检疫局、乐山海关，眉山工商、税务、外汇管理等部门联系，建立眉山外贸工作联席制度。对重点企业、重点行业实施精准帮扶，落实具体责任人实行“一对一”服务，帮助企业解决融资、信保、退税、用工等方面的困难和问题。跟踪落实企业订单情况，帮助企业实现订单合同。

商贸管理

【市场建设】2015年，市商务局支持大型农产品批发市场升级改造。眉山市圣丰农产品批发市场商品市场建设改造（冷链）项目全部竣工、验收并投入使用，改变全市无大型冷冻、冷藏库现状。启明星市场投入使用，解决明星路占道经营问题。规划修建了玖荟二手车市场，解决中心城区无规范二手车市场及长期上访问题。

【行政审批】2015年，市商务局对《对外劳务合作经营资格核准办事指南》《大厅二手车鉴定评估机构审批办事指南》《加工贸易审批办事指南》《外商投资企业审批/备案办事指南》《鲜茧收购资格认定审批办事指南》等五项行政权力事项办事指南进行重新梳理制作。全年窗口办件135项，其中，对外贸易经营者备案登记（含变更）69项，加工贸易审批29项，外商企业投资审批11项，举办会展备案、二手车评估报告等行政权力事项 26 项，所有事项均在承诺时限内完成，受理率、办结率、满意率均实现 100%。

【特种行业管理】2015 年，市商务局完成典当、拍卖行业 2014 年度年审及核查工作，全市 12 家典当企业和 10 家拍卖企业全部通过年审及核查。完成 2015 年老旧汽车报废审核。

【农村专合组织】2015 年，彭山、仁寿、丹棱三区县新发展供销社参股控股和归口管理的养殖、水果、蔬菜等农民专业合作社 6 家。丹棱县供销社经县政府同意，完成社有农贸公司财政划转注资工作，实现供销社全资控股。并以此为依托，参股 3 家专业合作基层组织。仁寿县批准为省级供销社 2016 年基层组织建设示范县。

【企业改革】2015 年，丹棱、彭山两区县以政府名义印发《深化供销社综合改革实施意见》。指导丹棱县开展与全国供销合作总社在农产品平台上的培训和对接，实现专合社产品在总社网站上的推广销售。仁寿县供销社制定省级供销社综合改革资金使用方案，并报仁寿县政府批准后实施。

【安全生产】2015 年，市商务局宣传贯彻《安全生产法》，发放安全生产法和有关安全政策法规 3 万余份，举办各种安全知识培训班 23 期，培训人员 1675 人次，1685 人参加安全法规普及教育，受教育面达 90%。

粮食商业

【项目建设】2015 年，完成建设项目 22 个，投资 9200 万元，其中，市粮食储备库 5 万吨仓房设施建设工程、3 万吨原粮低温库建设和 3000 吨成品粮低温库建设项目纳入市政府 2015 年市级政府性投资重点项目，彭山青龙现代粮食物流园区 5 万吨仓储物流项目第二期工程建成投入使用，丹棱粮食物流节点项目和 5 万吨原粮低温库项目实施，同时配套完善相关功能。

【向上争取项目资金】2015 年，向上争取中央预算内投资、产油大县、2015 年第一批粮食低温储备库专项建设投资等项目资金和各类补贴共计 2.16 亿元，比 2014 年增加 6900 万元，增长 47%，其中，2015 年粮食流通产业发展专项资金“放心粮油”工程项目资金 374 万元；2015 年第一批粮食低温储备库专项建设资金 1760 万元（其中：彭山凤鸣储备库 608 万元；彭山青龙粮食物流园 450 万元；仁寿国家粮食储备库 702 万元）；2015 年第一批中央预算内投资粮食仓储设施项目资金 300 万元（仁寿钟祥粮站收纳库建设项目）；争取到东坡区产油大县奖励资金 1500 万元，专项用于油脂原料储备仓、油罐和配套设施建设；眉山市粮食储备库 2015 年中央预算内仓储物流建设项目补助资金 350 万元。

【放心粮油工程建设】2015 年，市粮食局编制《眉山市“放心粮油示范”工程第二期建设项目实施方案》，项目总投资 2279 万元，争取到省级财政补助资金 886 万元，主要升级改造基地建设、放心粮油加工企业、市级配送中心、区县级配送分中心、示范店建设和质量追溯体系。截至年底，完成基地建设 3 个，加工企业建设 4 个，配送中心建设 5 个，旗舰店建设 3 个，示范店建设 51 个，质量追溯体系和监管平台建设工作进展顺利。

【稻谷最低价收购工作】2015 年，市粮食局执行稻谷最低收购价政策，保护种粮农民利益。市粮食局与市发改委、财政局、农业局、农发行和中储粮眉山直属库、各区县按照“五个到位”（组织领导、政策宣传、政策执行、优质服务、监督检查）要求收购农民余粮近 5 万吨，无投诉举报，增加农民收入 2000 余万元。经验做法在全省粮食流通工作会议上做专题经验交流发言。

【粮食食品安全工作】2015 年，市粮食局与区（县）粮食局、

2015 年 10 月 16 日，四川省暨眉山市 2015 年世界粮食日和全国爱粮节粮宣传周活动启程仪式在眉山举行

2015 年 10 月 20 日，全市“兴粮惠农进万家”活动在仁寿县松峰乡新和村举行

局属各单位签订目标责任书，落实责任。围绕粮食科技活动周、《粮食流通管理条例》实施纪念日、食品安全宣传周、世界粮食日、“兴粮惠农进万家”等重点活动，开展集中宣传 6 次，其中，“兴粮惠农进万家”得到国家粮食局总工程师何毅肯定并亲临现场检查指导。组织全市性以会代训 6 次，培训从业人员 200 余人次。围绕地方应急储备小包装粮油库存检查和第九届残运会粮油质量安全检查，开展各类检查 45 次，检查国有粮食企业、粮油生产加工、经营企业、经纪人 178 个次，出动人员 198 人次；抽检政策性粮油样品 78 个批次，合格率 100%；开展产新粮油质量调查，抽取油菜籽、稻谷样品 24 个。全市未发生粮油质量安全责任事故。

【依法管粮工作】2015 年，市粮食局开展粮食流通监督检查，开展各类执法检查 209 次，出动人员 626 人次，检查企业 647 个次，办理行政处罚案件 17 件，全市粮食系统无行政投诉案件、行政诉讼案件和行政复议案件发生。开展粮食库存检查，各区（县）指导辖区内 35 家企业开展自查，检查全市库存粮食 82.15 万吨；省复查与市重点抽查同步进行，省市两级组成联合检查组对眉山市纳入检查范围的 55.86 万吨库存粮食进行检查。收储企业执行国家粮食购销政策情况专项检查，普查辖区内所有纳入检查范围的企业，检查企业 18 家、库点 24 个、仓间 82 个、稻谷 7.42 万吨；市级重点检查企业 5 家、库点 9 个、仓间 49 个，检查数量占全市收购总量的 57%。

【扶贫工作】2015 年，市粮食局建立机关干部联系贫困户制度，建立结对帮扶卡实行一对一的帮扶。为联系村提供帮扶资金 4 万元用于村两委建设，协调落实整治山坪塘项目资金 100 万元。开展“兴粮惠农进万家”活动，送去粮食政策科技知识和 30 个科学储粮小粮仓，同时为联系帮扶的 25 户贫困户每户送去价值 500 元慰问品。

【宣传工作】2015 年，市粮食局组织市粮油监测站、彭山区粮食局在四川大学锦江学院举行以“爱粮节粮，健康消费”为主题的宣讲活动，从爱粮节粮、健康食粮、食品安全、膳食平衡、科学消费五个方面做讲解，锦江学院 200 余名同学参加。开展法治宣传活动，重点宣传《粮食流通管理条例》、粮食政策法规知识、粮食市场准入等内容；向群众介绍米面油鉴别方法、家庭储粮方法等与生活密切相关知识，倡导节约粮食、科学消费、安全食用的文明风尚；现场发放各类宣传资料 400 余份，接受群众咨询 60 余人次；开展有奖问答活动，现场发放统一制作的“节粮爱粮，科学食粮”小容器和平衡膳食小礼品 50 余份。10 月，四川省暨眉山市 2015 年世界粮食日和全国爱粮节粮宣传周活动启程仪式在眉山市举行。市粮食局联合市农业局、市科技局、共青团眉山市委、市妇女联合会共同开展全国爱粮节粮宣传周暨“兴粮惠农进万家”活动，深入仁寿县兴盛镇五星社区和松峰乡新和村，现场讲解农业生产科技知识和节粮减损方法，宣传国家惠农政策，发放粮食政策、粮食生产和科学储存知识等宣传资料，赠送粮食储存实用技术光盘、温湿度计等宣传品。

【队伍建设】2015 年，市粮食局组织全市六区（县）、市粮食局直属单位、川粮集团彭山粮库、中央储备粮眉山直属库开展全省第三届粮食行业职业技能竞赛眉山初赛，选拔 2 个工种（粮油保管、粮油检化验）6 名选手参加全省第三届粮食行业职业技能竞赛决赛，获全省团体第二名（其中粮油检化验工种个人荣获全省第一名，粮油保管员工种个人荣获全省第二名）。

（市粮食局）

石油商业

【汽柴油销售量】2015年，中国石油眉山销售分公司（以下简称“公司”）销售汽柴油25.31万吨，比2014年（下同）增长2.96%。实现纯枪销量19.6万吨，下降2.33%，其中汽油销售增长12.33%，柴油下降0.27%。

【销售收入】2015年，公司销售收入16.01亿元，利润544万元、比2014年（下同）下降24.61%。吨油利润21.48元。吨油费用397.49元。上缴税费2588万元，费用总额1.01亿元。

【非油销售】2015年，非油收入1661万元，比2014年（下同）增长31.9%，非油利润309.9万元，增长62%。开店率上升至86%。

【网点建设】2015年，公司争取投资1655万元，新开发加油网点项目3个，完工投运3个。全年争取投资2.03亿元，新开发网点21座，投运17座，其中新开发汪洋、文宫2对高速公路服务区，1个停车区和4座参股加油站。技改加油站13座，解决仁寿清水、花湾等土地历史遗留问题4宗。投入140万元用于改善非生产区域环境。累计完成油气回收改造加油站42座，平均工期控制在15天以内。

【信息化建设】2015年，公司改造升级库站液位仪、视频监控等设备，卡机联动自助加油覆盖面60%。更换东坡新民、洪雅开发区等13座站49台卡机联动加油机，大流量枪22把。在东坡城北、眉州等11座站推广自助加油，使用蓝色版“快捷自助”加油机形象标识，提高加油站接待效率。在洪雅城西、大丹等11座站安装水探测型滤芯，实施卸油不停枪，减少客户等待时间。

中石油眉山分公司举行消防演练

【精细化管理】2015年，公司推行“神秘顾客访问、远程视频监控、日常巡检稽查”三位一体的现场监督考评机制，完善自助加油、间歇营业、弹性排班、错峰配送等工作措施，提升加油站规范管理、运行效率和客户服务水平。

【安全环保】2015年，落实资金842万元治理各类隐患432项。修订完善公司及基层现场应急处置预案，开展应急培训演练849次。发布执行地罐交接加油站40座，占营运加油站71%。全年送检抽检油品188批次，合格率100%。

【油品质量自检】2015年，公司接受省市职能部门抽检柴油9个、汽油4个；送省公司检验汽油5个、柴油17个；省公司抽检汽油22个、柴油11个。公司自检汽油93个、柴油25个。加气站被省职能部门抽检2次。合格率均为100%。

【环评工作】2015年，公司与市环保局和各区县环保局沟通协调，配合省公司统一招标的环评单位，清理、获取47座加油站的建设立项、规划文件，组织21座加油站签订《废水消纳协议》，督查环评单位开展执行标准申请、环境监测、环评报告表编制工作，督促并协同相关部门开展建设项目环评手续办理工作，取得环评批复加油站8座。

【可燃气体检测工作】2015年，公司为4座加油站配置油气浓度检测仪，并指导定期开展检测工作；整改油罐操作井油气浓度超标问题，定期监测承重式油罐加油站油气浓度；督促加油站按期送检压力表、化验设备、计量器具等，保证在有效期内使用；及时送检可燃气体检测仪、氧气浓度检测仪、接地电阻测试仪等，保证检测数据可靠。

【员工安全培训】2015年，公司组织开展新《安全生产法》和新《环境保护法》宣传贯彻培训、开展加油站油气回收系统管理和检维修培训、加油站汽车卸油和检维修作业专题培训、加油站计量人员培训、应急预案培训、HSE（健康Health、安全Safety与环境Environment 管理体系的简称）信息系统操作培训、安全环保质量计量管理人员培训等；督促片区、库站按下发的学习内容开展 HSE 三级教育培训；全年组织加油站 120 名计量人员和油品接卸人员参加市安监局举办的特种作业操作证取证培训并取证。51 名加油站经理通过职业资格认证。

【应急体系建设】2015 年，公司制定公司级和基层现场应急处置预案修订方案，修订和发布公司级突发事件应急预案，并报市应急办和市安监局备案；组织开展各级预案修订工作。根据气候特征和特殊时段，发布应急预案演练类型，督促、指导加油（气）站定期开展应急预案培训和演练。

【隐患整改】2015 年，公司重点排查加油站罩棚、库站管线、承重式油罐等隐患，各级均建立《事故隐患台账》。全年落实整改并督促落实整改各类隐患 432 项。

【企地关系】2015 年，公司与全市各区（县）签署或达成战略合作框架协议，在应对重大自然灾害和突发事件中组织油品资源供应，确保资源供应统筹平衡、库存保障有力。疏通加油站周边沟渠，加大库存油品数质量检查，全年无一起数质量事故，先后荣获“眉山市安全生产先进单位”“四川优秀诚信企业”等称号。全年投入扶贫帮困资金 107.65 万元，帮扶 631 名。爱心捐款 12.42 万元，爱心援助重病住院员工、“4·20”地震受灾群众等。

【文化建设】2015 年，公司配齐加油（气）站图书柜、学习机、文化宣传板报等。开展以“学习在石油·快乐悦读 10 分钟”、健康运动，才艺比赛等主题文体活动，健身操比赛获省公司“特等奖”，篮球、拔河等项目获眉山市职工运动会二等奖。

（中石油眉山分公司）

烟草专卖专营

【概况】2015 年，眉山市烟草专卖局、四川省烟草公司眉山市公司辖东坡区、彭山区、仁寿县、洪雅县、青神县、丹棱县 6 个县级烟草专卖局（分公司）以及 1 个物流中心。在岗职工 371 人。

【经营效益】2015 年，全市销售卷烟 46.35 亿支（9.27 万箱），比 2014 年（下同）降 1.8%；销售收入 31.64 亿元（含税），增长 8.8%；税利 7.78 亿元，增长 26.71%。

【专卖管理】2015 年，全市破获涉烟案件 1002 起，罚没烟草专卖品 941.71 万支，罚没款 153.67 万元，行政处罚 991 人，刑拘 21 人，逮捕 13 人，判刑 12 人，其中查获案值 5 万元以上案件 42 起，破获案值百万元以上网络案件 4 起，其中“2·5”制售假烟网络大案是眉山建市以来查获现货最多、案值最大的涉烟案件，国家局、公安部联合发来贺信，确定为部督案件，被国家局、公安部指定为 2015 年烟草十大经典案例，并在全国进行宣传。

【公益事业】2015 年，四川省烟草公司眉山市公司捐赠 29.5 万元（眉山“金叶”敬老院 3 万元、眉山市儿童福利院 4 万元、仁寿县板燕村 4 万元、仁寿景贤学校 1 万元、仁寿县第二高级职业中学 4 万元、青神县高台学校 0.6 万元、洪雅县槽渔滩学校 1 万元、彭山区中国水电七局高级技工学校 4 万元、青神县河坝子镇 5 万元、仁寿县板燕乡 0.4 万元、青神县河坝子镇 0.4 万元、全国扶贫日捐赠 1 万元、四川省“圆梦村小”活动捐赠 1.1 万元）。参加义务献血活动，献血 3000 毫升。

（市烟草专卖局）

盐 业

【概况】2015 年，四川省盐业总公司东坡支公司位于科工园一路，眉山市盐政稽查处设在东坡支公司内，有盐政执法人员 33 名。

【运销业务】2015 年，眉山市盐政稽查处执行国务院颁布的《食盐专营办法》《食盐加碘消除碘缺乏危害管理条例》和省政府颁布的《四川省盐业管理条例》，深化改革，转换机制，全年销售盐产品 5 万余吨。

【市场管理】2015 年，眉山市盐政稽查处重点打击非法贩运、经销、制售私盐行为，保证食盐质量，维护盐业市场秩序。在“5·15”宣传日，出动宣传车 16 台次，盐政执法人员 46 人次，通过广播、电视、散发资料、现场设立加碘盐经销点等多种形式，开展宣传，发放宣传资料 3600 份，接受咨询 1300 人次。

【盐政执法】2015 年，眉山市盐政稽查处出动执法车辆 980 台次、盐政执法人员 3300 人次，检查辖区各乡镇大型副食批发市场、农贸市场、食品市场、城乡结合部食盐市场、腌腊制品加工场所、集体食堂、餐饮饭馆、锅炉软水、皮革、日化等企业。

财政·税务

Fiscal and taxation

财 政

【全市预算执行情况】2015年，全市地方一般公共预算收入完成83.1亿元，比2014年（下同）增长10.6%。全市地方一般公共预算支出完成207.2亿元，增长13.9%。地方一般公共预算支出主要项目完成情况是：一般公共服务支出21.2亿元,下降11.1%；公共安全支出10.5亿元，增长26.6%；教育支出34.3亿元，增长15.3%；社会保障和就业支出28.5亿元，增长23.7%；医疗卫生与计划生育支出23.7亿元，增长20.6%；农林水支出31亿元，增长19.2%；资源勘探电力信息等支出5.6亿元，增长38.1%；城乡社区支出15.7亿元，增长19.9%；文化体育与传媒支出2.9亿元，增长29.8%。全市地方一般公共预算收支平衡情况是：全市地方一般公共预算收入83.1亿元，加上级返还性收入和转移性收入118.8亿元，地方政府债券转贷收入52.6亿元，2014年结余收入5.1亿元，调入资金3.8亿元，收入总计263.4亿元，减一般公共预算支出207.2亿元，转移性支出1亿元，政府债券还本支出46.1亿元，增设预算稳定调节金7.3亿元，收支品迭滚存结余1.8亿元。其中，结转下年支出结余1.8亿元。全市地方政府性基金收入完成124.3亿元，增长15.8%。地方政府性基金支出完成127亿元，增长14.5%。

【市本级预算执行情况】2015年，市级地方一般公共预算收入完成17.3亿元，比2014年（下同）增长7.8%。市级地方一般公共预算支出完成36.1亿元，增长36.1%。地方一般公共预算收支平衡情况是：市级地方一般公共预算收入17.3亿元，加返还性收入和转移性支付收入16.3亿元，地方政府债券转贷收入17.4亿元，2014年结余收入3.7亿元，调入资金1.5亿元，收入总计56.2亿元；减当年一般公共预算支出36.2亿元，上解支出0.3亿元，地方政府债券还本支出15.7亿元，增设预算稳定调节金2.7亿元，收支品迭滚存结余1.3亿元。其中：结转下年支出结余1.3亿元。全年市级地方政府性基金预算收入完成28.5亿元，增长19.9%。地方政府性基金预算支出完成28.1亿元，增长23.8%。

【民生工程】2015年，全市拨付“民生工程”财政性资金35.51亿元。其中拨付中央、省财政性资金23.74亿元，拨付市级财政性资金1.18亿元，拨付区县级财政性资金10.58亿元。“民生工程”各个项目全面完成。

【政府采购监管】2015年，全市政府采购预算金额6.62亿元，实际采购金额5.84亿元，节约资金0.78亿元，资金节约率11.78%。市财政局印发《关于取消协议供货采购实行网上竞价和商场直购有关事宜的通知》，发挥市场在资源配置中作用，解决通用货物零星小额采购时间长、价格高、质量差等问题；印发《眉山市政府采购评审专家劳务报酬支付标准》，提高评审工作质量，规范评审劳务报酬支付行为，维护采购人、采购代理机构和评审专家的合法权益；制定《眉山市网上竞价和商场直购供应商库管理暂行办法》，推进政府采购商场直购和网上竞价工作，防止质次价高、以次充好等行为的发生。

【保障性安居工程】2015年，安排用于保障性安居工程建设资金1亿元。其中，中央和省级资金0.9亿元，市级资金0.1亿元。

【政府向社会力量购买服务】2015年，市政府办印发《关于印发眉山市政府向社会力量购买服务暂行办法的通知》，市级部门完成居家养老服务、政府购买植保服务等8个项目，实现政府向社会力量购买服务工作扩面增效。

【国库集中支付】2015年，根据金财工程大平台系统业务流程，建立预算单位、财政内部各业务科室、代理银行和人民银行相互制约的清算制度。采用指标控制用款计划，用款计划控制支付，资金通过代理银行支付，人民银行金库清算模式，推动和指导市级预算单位准确合理编制基本支出用款计划和项目支出用款计划，科学控制财政资金现金流量，确保财政资金安全。加强与税务、人民银行沟通协调，牵头组织调研、宣传工作，逐步提高全市纳税人签约率、联网扣税笔数和金额，积极推进批量扣税业务、银行端查询缴税和刷卡缴税业务。

【公务卡改革】截至2015年12月底，市本级208个独立核算单位发放公务卡3246张，消费还款12341笔，累计消费金额2630万元，比2014年增长3.21%。推行公务卡结算，方便预算单位用款，减少现金流量，增强资金使用透明度，规范公务消费，防止财务违纪违规行为。

【“三公”经费】2015年，市财政局做好中央“八项规定”精神和省委、省政府“十项规定”及市委、市政府“六个坚持”的工作，市支付中心严格控制市级“三公”经费的开支，截至年底，市级“三公”经费合计支出4510万元，比2014年下降28.27%。

【支持教育发展】2015年，落实财政教育投入法定增长任务。全年市财政安排教育事业专项资金2.63亿元。推进实施第二轮“学前教育三年行动计划”，支持城市、农村公办幼儿园新建、改（扩）建，加大幼儿园贫困在园学生资助力度。全年开工建设公办幼儿园13所，建设园舍1.5万平方米，投入资金2000万元，建成后计划招收幼儿2500人。重视城镇小区配套幼儿园建设，制定出台城镇小区配套幼儿园建设管理实施办法。投入资金1.4亿元，新建、改扩建校舍10万平方米。实施“全面改善贫困地区义务教育薄弱学校基本办学条件”工程，建设校舍和室外运动场地10万平方米，完成投资1.05亿元，购置教学仪器设备0.3亿元。完成眉山市示范性综合实践基地项目一期工程，完成土建投资2000万元，建筑面积1.2万平方米；完成苏辙小学建设项目一期工程，新建校舍1.96万平方米。完成芦山地震灾后恢复重建，累计投入资金3.07亿元，建设学校项目135个，建设面积38.66万平方米。“两中心”和国家示范性综合实践基地项目有序推进。

【文化投入】2015年，市财政安排文化产业发展专项资金3000万元、文体事业发展专项资金800万元用于文化产业发展，文学、艺术、体育成就奖和乡镇文化站建设、村文化活动室建设、农村电影放映、社区书屋建设、广电事业发展、新闻出版事业发展、文物和非遗保护、其他体育事业等。完成建设项目编报及资金下达工作，项目总投资4792.38万元，投入“三馆一站”（博物馆、文化馆、图书馆、乡镇综合文化站）免费开放资金1050万元。完成全市19个幸福美丽新村文化院坝（社区）试点建设。全市1186个行政村实现“村村响”全覆盖。完成直播卫星户户通建设2.92万套。完善优化市级地面数字电视节目集成平台，全市地面数字电视用户5万户。全年放映农村公益电影1.37万场。农家书屋、社区书屋出版物补充更新工作完成省定目标的200%。支持国家、省重点文物保护单位和非物质文化遗产保护，支持开展第一次全国可移动文物普查。支持文化精品创作和人才培养，支持开展主题文艺创作、支持媒体融合发展、文化创意和设计服务与相关产业融合发展及影视产业发展等重点文化产业项目实施。

【科技投入】2015年，市财政安排科学技术经费1100万元，着力培育企业创新主体、牵引产业技术升级、推动区域重点突破，其中：科技型中小企业创业投资补助资金100万元，科学进步奖励基金100万元，科技成果转化补助资金100万元。配合市科技部门做好向上申报项目和争取资金工作。组织实施省级以上科技计划项目51项，争取国家、省级无偿科技项目资金2747万元。推进建立企业主导的产学研协同创新机制，推进建立企业主体的技术创新研发机制。新实施8个省级产学研合作项目,获得项目资金1500万元。

【农业发展】2015年，统筹安排专项资金6000万元，支持眉山岷江现代农业示范园区重点项目建设；安排中国泡菜城建设专项资金3000万元，提升泡菜城建设成果和影响力；安排专项资金2400万元，支持“绿海明珠”建设及青神竹编产业发展；落实惠农强农补贴5.69亿元，其中：退耕还林政策性补助及巩固退耕还林成果专项建设资金1.23亿元、农业支持保护补贴3.71亿元、农业机械购置补贴7527万元。

【财政投资管理】2015年，安排征地拆迁安置资金5.88亿元，安排市级政府性工程资金59.42亿元，推进城市基础设施建设。统筹资金按时还本付息，全年拨付还本付息资金4.44亿元，维护政府信誉。

【财政投资评审】2015年，评审市本级政府投资项目161个，送审总金额为23.13亿元，审定金额为21.38亿元，审减金额1.75亿元，综合审减率为7.6%，其中，完成预算项目130个，送审金额23.03亿元，审减金额1.73亿元，平均审减率为7.5%；完成结（决）项目31个，送审金额0.1亿元，审减金额0.02亿元，平均审减率为20%。

【交通建设】2015年，支付省道106线和省道103线路面改造工程回购款和投资收益1.92亿元。审核拨付滨江大道东坡区段建设资金2.56亿元。安排眉山象耳至思蒙公路建设项目贷款本息1376万元。安排公交公司财政专项补助资金2404万元。安排成昆铁路市级资本金1096万元。安排“四箭齐发”市级奖补资金8280万元。

【工业发展】2015年，参与研究拟订“眉山制造2025”、2015年度工业经济“开门红”、“天府新区专项发展扶持资金”等一系列支持工业经济发展的财政奖补政策和资金管理办法。转变财政支持方式，整合市级工业发展资金7000万元，充分发挥财政资金的撬动和放大效应。落实园区财税政策，审核安排拨付市级园区财政资金4.6亿元。严格资金管理，加强项目核查，兑现转型升级、开门红、煤矿关闭等各类奖补资金6923万元。

【社会保障】2015年，完善企业职工基本养老保险制度。连续第11年调整企业退休人员基本养老金水平，全市有21.23万名退休职工享受此次调整政策。完善城乡居民社会养老保险制度。政府补贴5.51亿元，支持城乡居民社会养老保险工作，提高城乡居民社会养老保险参保率。完善城乡居民医疗保险制度。全市各级财政对新型农村合作医疗、城镇居民基本医疗保险的补助水平，由2014年的年人均320元提高到380元，其中，新农合财政补助资金9.33亿元，城镇居民基本医疗保险财政补助资金1.85亿元，提高城乡居民医疗保障水平。加大基本公共卫生服务经费投入。投入基本公共卫生服务专项资金1.19亿元。完善县级公立医院取消药品加成改革，按核定收入减少额的20%进行补助，保障县级公立医院取消药品加成工作。加强社会保障。全年各级财政拨付城市低保资金1.62亿元、农村低保资金2.76亿元，切实保障困难群众最低生活需要。开展重特大疾病医疗救助工作，帮助解决重特大疾病贫困患者的医疗困难，财政安排城乡医疗救助资金6232万元。扩大救助范围，城乡医疗救助范围从城乡低保对象、农村“五保户”，扩大到低收入重病患者、重度残疾人、低收入家庭老年人等特殊困难群体。做好救灾资金保障工作。安排救灾资金400万元，解决受灾群众的生产生活困难。通过政府购买服务的方式，构建全市居家养老服务机制，为高龄老人和困难老人提供居家养老支持服务，帮助解决老年人晚年生活问题。

【会计管理】2015年，以“服务广大会计考生、考务工作零差错”为会计考务工作的出发点和落脚点，会计从业考试由原来每年2次增加到每年4次，实现考试常态化，为考生服务。全年组织各类考试近1.7万人次，其中会计从业资格考试近1.3万余人次、会计专业技术资格考试近3000人次，注册师考试1000余人次。会计考试总人数同比翻番，创历史新高。注册会计师考务工作荣获全省先进单位。抓好会计人员继续教育，强化专业素质，提升理财水平。启动管理会计人才队伍培养，牵头组织市级部门财会人员61人赴厦门国家会计学院举办管理会计提升培训班，推进全市管理会计人才建设工作。重视高级会计人才素质提升，组织4个中高级会计人员到厦门国家会计学院参加财政部举办的总会计师素质提升学习，提升行业高层次人才素质，助力行业人才建设。强化注册会计师行业党建工作指导。推进“双培工程”即“把骨干发展为党员，把党员培养成骨干”，开展好全行业“国际化建设年”活动，促进事务所发挥经济社会监督作用，服务经济发展。荣获地方行业党总支一等奖。

【财政资金检查】2015年，市财政局组织开展预决算公开情况专项检查。各区县开展自查自纠，市局组织检查组，对检查中发现预决算公开不及时、不完整、细化程度不够等问题，在全市财政系统进行通报，要求各区县举一反三，全面查找预决算公开工作中存在的问题和不足，规范预决算公开情况。组织开展对民生项目资金、农村公老服务运行维护补助资金的专项检查，对检查发现的部分资金未实行县（乡）财政报账制、合同管理不规范等问题，督促整改，对仁寿县文林镇火箭村两名村干部私分补助资金2.47万元，追回补助资金，两名村干部被撤职。组织开展公路安保工程（路侧护栏）监督检查，自查中无套取、截留、挪用等严重违纪违规问题。全市监督检查16个科（股）室、20个单位。监督检查的主要内容是财政部门内部业务机构履行财政管理工作职责的合法性、合规性和有效性，内部控制的完备性、合理性和有效性，以及接受上级财政部门和审计机关检查发现问题的整改落实情况。分自查、重点检查、汇总上报、整改落实四个阶段进行，采取听取情况介绍、座谈、调阅文档资料、抽查项目等方式进行。针对检查发现的内控制度不完善、预算执行和资金监管不到位、档案管理不规范等问题进行纠正和完善。

开展绩效评价实施过程监督绩效评价和绩效监督组同步进行，加强对监督的内容和指标进行核实、分析，核查资金和项目管理资料。加强财政监督法规制度建设。市政府办印发《关于进一步加强财政监督工作的意见》，制定《财政监督检查工作四个“统一”管理办法》和《眉山市市级财政检查结果运用办法》等一批财政监督法规制度，为全市财政监督提供制度保障。加强机构队伍建设。全市各级财政监督机构7个，财政监督检查人员28人，其中持有初级职称5人，中、高级职称3人，注册会计师1人。组织开展业务培训。全市财监部门开展各种业务培训，培训532人次。

【会计监督检查】2015年，市财政局组织35个检查人员（其中财监人员31人，外聘注册会计师4人）开展对20家广播影视服务行业和教育行业会计监督检查。检查发现存在内控制度不完善等内控方面3个问题；会计核算存在2个问题，其中漏记资产3060.9万元；财务管理方面存在3个问题，其中往来款项长期挂账138.05万元；会计基础工作方面存在报账资料不完整等2个问题。对存在的问题，下达整改通知书，要求单位立即纠正，限期整改，整改情况报市财政局备案。

【严肃财经纪律】2015年，市财政局组织开展私设“小金库”及滥发钱物问题专项整治工作。全市党政机关、事业单位1242户，自查单位户数1242户，自查面100%。对自查中发现土地出让收入等非税收入1.11亿元未及时上交国库的问题进行纠正，缴入国库；对超范围列支“三公经费”5400元，立即退回；对查处的“小金库”追缴资金36万元，行政处罚1人，组织处理1人，党纪政纪处理8人，移送司法机关2人。成立盘活财政存量资金专项检查小组，对检查中发现政府性基金预算结转资金和部门预算结转结余方面涉及违规资金656.83万元，下达整改通知书，限时整改，及时备案。开展税收收入征缴及退付专项检查。做到及时足额征缴，未发现违规减免、缓征、混级混库等问题，税收退付方面不存在退付条件不符，虚报退付金额、越权退付等问题。开展少数民族发展资金监督检查。仁寿县涉及该项目资金80万元。对检查中发现项目预决算资料不齐全，验收粗略等问题及时予以指出，督促仁寿县加强项目资金管理，对存在的问题，制定整改方案，确保整改到位。开展乡镇财政管理专项检查。区县财政部门对照规范乡镇财政管理工作情况，全面开展自查工作，市财政局组织检查组，全面检查东坡区乡镇，抽查仁寿县10%的乡镇，其余区县抽查20%，全市检查36个乡镇，发现问题立即指出，督促纠正。开展置换债券偿还存量债务执行情况专项检查。主要检查是否及时偿还到期债务，是否存在债券资金挪用，是否超项目进度支付资金等，对检查中发现的问题及时指出，立即整改。

（陈伟林）

国家税务

【税收收入】2015年，全市国税系统组织税收33.7亿元，比2014年（下同）增长9.74%，增收3亿元，税收规模列全省第11位，其中，企业所得税6.87亿元、增值税2.83亿元、消费税2.22亿元、车购税3.79亿元、个人所得税3万元。全市6个区（县）经开区全部进入亿元行列。东坡区6.43亿元、彭山区4.41亿元、仁寿县5.1亿元、洪雅县2.8亿元、丹棱县1.02亿元、青神县2.8亿元、经开区7.88亿元。全市地方公共财政收入完成5.91亿元，同口径同比增长10.96%，增收5838万元，其中，市本级地方公共收入完成1.49亿元，增长11.67%，增收1555万元。

【税收优惠】2015年，全市办理税收优惠15.38万次，减免税9.5亿元，其中，落实小微企业税收优惠，全市累计9.38万户（次）小规模纳税人享受优惠，免征增值税4800万元。享受小微企业所得

2015 年 4 月 1 日，市国税局开展小微企业税收优惠新政全市集中宣传咨询活动

税优惠纳税人 2639 户，政策实际受惠面 100%，户均 0.47 万元。落实 1.6 升及以下排量乘用车车辆购置税减半征收政策，办理 1.6 升及以下排量乘用车车购税业务 5202 台，减免税额 2148 万元。

【税收改革】截至 2015 年年底，全市有“营改增”纳税人 3705 户，全年入库“营改增”增值税 1.5 亿元，全年累计减税近 3.39 亿元，其中，一般纳税人减税 1.88 亿元，小规模纳税人减税 209 万元，全市非营改增纳税人接受营改增专用发票抵扣 1.5 亿元。实施消费税改革，新增电池、涂料消费税申报缴纳消费税 6 万余元；烟草批发消费税政策调整后申报缴纳消费税 1784 万元，比 2014 年增长 121%。出口退（免）税审批权从 4 月 1 日起下放到区县国税局。完成对仁寿、丹棱、青神、洪雅、彭山 5 个县（区）局的部分车辆征管权限下放。

【税收征管】2015 年，全市风险应对组织入库税收 1.23 亿元，占同期税收收入的 4.18%。开展重点行业专项整治和重点事项风险管理，实施消费领域风险专项整治和金融、房地产、货物运输业三大产业链专项风险应对。全市消费领域发出评估任务 91 户，消费领域企业评估入库税款 2265.28 万元，消费领域个体实现 6.9%同期涨幅。消费领域个体税收收入比 2014 年增收 495.8 万元。省国税局专项风险应对准期完成率 100%，应对准确率 71.43%。统筹全市进户检查计划审批、全市风险应对任务发布，落实全市各项风控指标。市国税局风险办发布风险应对任务 216 件（次），应对完成率 100%，应对准确率 100%。在青神县国税局开展探索征管税收现代化试点，建立“纳税服务”“风险管理”“绩效考核”三大专业化税收征管体系。落实税收保障平台建设，推行《全国税收征管规范（1.0 版）》。“金税三期”工程实现全市范围内的全量双轨运行。所得税汇算清缴申报率 100%，预缴率 85.2%，差错率为 0%。

【纳税服务】2015 年，开办纳税人学堂 38 期，培训 5198 人次。12366 热线受理来电语音服务 2159 笔、网络服务 4 次，开展在线访谈节目 4 期。走访纳税人 3128 户次，收集意见建议 46 条。召开税企座谈会 36 次，参与纳税人 675 户次，收集需求建议 37 条。深化特色服务模式，深化全职能办税服务厅建

2015 年 9 月 15 日，市国税局服务天府新区建设，对符合税收优惠政策条件的企业采取定项宣传、主动引导、一站办理

2015 年 9 月 28 日，市国税局在门户网站举办眉山市“三证合一”登记制度改革在线访谈活动

设，平稳落地《纳税服务规范》，推出大企业专属服务模式，全市“互联网+纳税服务”模式初见雏形。国地税联合出台税收征管保障、纳税信用等级评定、纳税信用分级分类管理服务、纳税人学堂共建、国地税合作意见等制度文件，联合开展税源控管、税务稽查、个体定税、涉税信息交换共享及全市“春风杯”税法知识竞赛、“税收公益宣传大道行”等活动，共同办理“三证合一、一照一码”（“三证”指工商营业执照、组织机构代码证和税务登记证）户数 1890 户。举行银税战略合作签约仪式，推出“税易贷”产品，全年批准发放贷款 14 户，贷款金额 950 万元。全市国税系统纳税人满意度测评，在全省国税系统的排位第 11 位。车辆购置税分局被市政府评为“五星级”政务服务窗口。

【依法治税】2015 年，在全系统开展税收优惠政策清理，落实依法治税实施意见和行政审批制度改革措施，开展税收宣传月活动，“12·4”宪法日宣传活动，“依法治市、法在身边”法治宣传活动，“国税助力·法治眉山”法律进乡村、进社区活动。开展创建学法用法示范单位建设，被市政府确定为全市“学法用法”示范机关。落实“黑名单”制度，召开联合惩戒联席会议 4 次，涉及 21 个部门和单位。全年查处纳税人 179 户，查补入库收入 4250 万元，其中，立案检查 99 户，入库收入 1669 万元，自查补税 2581 万元。全市稽查部门选案准确率 98%，入库率 100%，协查系统选票准确率 62%，协查案件按期回复率 100%，信息完整率 98%。

【队伍建设】2015 年，市国税局开展作风建设“巩固深化拓展”主题活动及“三严三实”专题教育。组织开展第二届“赛比争”工作竞赛活动，评选出“四川省工人先锋号”1 个，“四川省青年岗位能手”2 名，“四川省国税系统岗位能手”7 名。会计从业资格通过 79 名，通过率超 65%，居全省第一。入选全省 14 类递进式骨干人才 32 人，入选全国税务总局纪检监察骨干人才库 1 名。全市国税系统全部创建成为省级以上文明单位，其中，市国税局通过全国文明单位复查验收，3 个区县国税局创建成为省级最佳文明单位。开展走基层直接联系服务群众活动和党员志愿服务，同东坡区复盛乡中复村 39 户贫困户建立结对帮扶，投入资金 18 万元，落实具体帮扶项目 20 余个。

（市国税局）

地方税务

【税收收入】2015 年，全市地税组织收入 64.69 亿元，比 2014 年（下同）增加 2.66 亿元、增长 4.29%，总量列全省市州第九位，增幅上升到第七位，其中税收收入 62.06 亿元，同比增加 2.47 亿元、增长 4.15%，总量列全省市州第九位，增幅上升到第八位；省以下地方级税收收入 56.5 亿元，同比增加 2.97 亿元、增长 5.54%；市及市以下地方公共预算收入 47.07 亿元，同比增加 3.7 亿元、增长 8.54%；市本级收入 9.57 亿元，同比增加 8595 万元、增长 9.87%。

【税收改革】2015 年，市地税局做好“营改增”税制改革，开展专题纳税辅导和建筑业、不动产、金融保险业营业税税源清查；推进资源税改革，全市运行平稳。清理各项行政审批事项，全年取消非许可类行政审批 116 项，保留行政许可 3 项。推进“三证合一”登记制度改革，从 2015 年 9 月 25 日起对全市设立登记和变更登记的企业、农民专业合作社，统一实行“三证合一、一证一码”。学习《深化国

2015年，全市地税系统启动“金税三期”建设。图为地税职工参加“金税三期”业务培训

税、地税征管体制改革方案》，做好国地税征管体制改革各项准备工作。完成市区征管体制调整，按照市政府调整市、县（区）、园区财税体制预算管理事项要求，基本建立“纳税服务（征收）、税源管理、纳税评估、税务稽查”四个序列的征管模式，调整后市地税局第一直属税务分局专司风险管理，市地税局第二直属税务分局负责房地产建安金融保险等重点税源和岷东新区税收管理、东坡区地方税务局负责工业和双定户等税收管理，实行市区专业化管理、统一征收、市及市以下地方公共预算收入按市级52%，区县级48%比例分享。

【依法治税】2015年，市地税局采取PPP模式（公私合营模式）与四川法济律师事务所合作，开展“六项法治基地建设”（法治基础性建设、法律能力拓展基地建设、公职律师团队建设、税务行政执法案源库建设、法治税务社会评价反馈机制建设、法律顾问制度建设）。8月，公职律师团队建设项目率先启动。调研全市城镇土地使用税影响招商引资情况并报请市政府，3月，市人民政府下发《关于调整城镇土地使用税年税额标准的通知》，调整城镇土地使用税年税额标准。规范执法行为，建立“两张清单”制度，对行政权力清单和行政责任清单进行清理和编制，梳理出8大类83项行政权力。完善重大行政决策机制，调整重大税务案件审理机构和标准。开展税收执法督察，对彭山区地方税务局、洪雅县地方税务局、丹棱县地方税务局、青神县地方税务局4个单位进行税收执法督察。开展存量房执法专项督察，规范房地产交易计税办法。开展普法教育和法治宣传，健全系统内全员学法用法制度。

【税收征管】2015年，市地税局开展“金税三期”上线建设，完成系统初始化、数据清理、欠税清理、系统测试等工作，升级改造市地税局机房、专网线路、终端设备和客户端。11月，在丹棱县地方税务局率先实现双轨运行；12月1日，实现全市大双轨运行。市财政局牵头，市地税局具体实施的眉山市经济社会综合信息平台建设成效初显，通过三方信息共享，加强税源管控，防控税收风险，全年入库查补税款1100万元。税务电子档案全面运行；推进存量房评估系统信息采集；个人所得税扣缴系统上线单位3959户，上线率超70%，申报率90%。加强税收风险管理，完善全市税收风险管理平台，建成房地产、建安、金融保险等行业模型22个，加载指标元67个，指标73个，新增的跨级推送、逐级审核、人工干预、集体审议、任务归并、细化查询等系统功能，被四川省地税局采用后在全省推广，全年推送风险管理任务8315条，应对处置率99%，通过纳税评估新增税款3.08亿元。将税收风险管理引入大企业管理中，完成中国联通、中国人寿、中海油等6户企业集团在眉山成员单位的大企业税收风险管理工作。开展欠税清理，重点开展政府融资平台公司和房地产企业欠税清理，其中政府融资平台公司清理欠税4.33亿元。

【国地税合作】2015年，市地税局深化国地税合作，落实《国家税务局 地方税务局合作工作规范（1.0版）》，全面展开合作项目32项；建立眉山市国地税协作联席会议制度，全年召开协调会议4次，国地税联合出台税收征管保障、纳税信用等级评定、纳税信用分级分类管理服务、纳税人学堂共建、国地税合作意见等制度文件5项；共同完成2014年纳税信用等级评价工作。加强国地税信息共享，全年利用国税数据60579条，识别出风险纳税人1874户次，评估税款812万元，入库税款559万元。加强国地税稽查合作，形成《眉山市国、地税稽查局联合办案实施方案》。市地税局、市国税局与人民银行眉山中心支行共同开展“税易贷”融资服务，全年有 14 户企业申请贷款，受理 11 户，金额 650 余万元。

【纳税服务】2015 年，市地税局开展“便民办税春风行动”，开展税法知识进企业、进学校、进机关的“三进”税收宣传活动；国地税联合组织眉山市“春风杯”税法知识竞赛、“税收公益宣传大道行”等多项活动。加强纳税人学堂建设，全年 8 个实体学堂举办纳税人学堂培训 21 期，培训 3700 余人次。丰富和更新“12366”知识库，“12366”纳税服务热线实现市（区）县坐席服务。建立眉山市地方税务局“12366”电子办税服务中心，推广网上办税服务厅。全市 10 台自助办税终端上线运行良好，覆盖全市各办税服务厅。升级市地税局内外网站，整合网上办税、“12366”等功能，优化网络办税环境。

2015 年 4 月 22 日，市国、地税局联合举办“春风杯”税法知识竞赛

【税收优惠】2015 年，市地税局落实小微企业减半征收企业所得税应纳税所得额及营业税起征点提高税收优惠政策，落实个人住房转让营业税新政以及重点群体、退役士兵及残疾人创业就业等国家稳增长促改革调结构惠民生一系列税收优惠政策。全年落实各项结构性减税政策和税收优惠政策 2.6 亿元。

【税务稽查】2015 年，市地税局稽查部门开展房地产及建筑安装业和营利性教育培训机构、医疗机构等行业专项检查；对中心城区房地产企业和高风险重点税源企业开展专项自查；打击发票违法犯罪活动；全年检查纳税户 391 户，查补入库 2.08 亿元。

（市地税局）

金　融

Finance

金融协调管理

【信贷投放】2015年，全市本异地银行表内外各项贷款余额872.32亿元，比2014年（下同）增长15.23%，其中，表内贷款新增58亿元，表外融资新增57.32亿元。市政府办印发《眉山市信贷投放目标考核奖励办法》《眉山市市本级政府可调控资金存放与银行支持地方发展挂钩考核办法》，市政府金融办、人民银行眉山支行联合制订《眉山市金融支持创新创业实施方案》。市政府金融办每月按时收集本地和异地金融机构信贷投放情况，以“一月一通报”的形式全市通报。

【银行企业项目对接】2015年，每月组织市内外金融机构到市、区县工业集中区对接项目，重点项目实行专行负责、专人负责、限时办结制度，全年走遍全市所有13个工业园区，召开大型对接会3次，签约项目121个，签约金额76.17亿元。

【债券】2015年，彭山资产经营公司发行私募债券3亿元。眉山市发展（控股）有限公司发行公司债券20亿元。仁寿县资产经营公司发行公司债券5亿元。全年28亿元的债券为市、县重点建设项目提供金融支持。

【企业上市】2015年，市政府金融办组织证券公司等金融机构对全市200余家企业进行主板、创业板、新三板、四板上市和挂牌培训，建立总数为112家企业的眉山市企业上市和挂牌后备资源库。截至年底，丹甫股份在深交所中小板上市，德恩精工在新三板挂牌，四川省仁寿县金鹅纺织有限公司、四川润农生物科技有限公司等21家企业在四板挂牌。

【保险】2015年，全市6个区县农村小额人身保险参保273.99万人，实现保费收入9863.86万元，赔付金额5993.13万元。全市产、寿险保费累计收入40.86亿元，比2014年（下同）增长17.58%，其中产险保费收入13.32亿元，增长17.81%，寿险保费收入27.54亿元，增长17.47%。

【小额贷款公司管理】2015年，全市有小额贷款公司15家，注册资金18.3亿元。年末贷款余额17.99亿元。

【融资性担保机构监管】2015年，全市有融资性担保公司8家（其中政策性担保公司2家、商业性担保公司3家、互助式会员担保公司2家、分公司1家），注册资金6.69亿元。年末融资性担保余额7.93亿元。

【信用建设与改善金融生态环境】2015年，市政府印发《关于进一步加强民间投融资理财信息咨询类公司监督管理的通知》，明确民间投资理财“十不准”（一是不准吸收或变相吸收公众存款，或协助他人吸收或变相吸收公众存款，不得持有投资者资金或建立资金池；二是不准向公司（企业）、单位、个人发放贷款；三是不准从事第三方理财、私募投资、信托等金融业务，或借款人“随借随还”等非法集资居间服务；四是不准以本机构账户、股东或员工个人账户来接收或汇集出借方或借款方的资金，也不得以本机构员工充当出借人代表的方式规避，出借方和借款方的资金往来必须直接通过银行业金融机构进行结算；五是不准为虚假项目、本机构关联企业项目、无真实足值物权的抵押借款项目、担保方资质不实或代偿能力不足的担保借款项目、借款方和担保方为关联企业的项目供借款居间服务；六是不准误导出借客户将资金交付到实际借款企业的公司账户以外的对公账户甚至私人账户；七是不准为资产负债率超过70%、债务及担保额超过总资产75%的借款人提供借款居间服务；八是不准以本机构自身名义为出借者提供任何形式的担保，或对借款本金和收益作出承诺；九是不准进行虚假误导宣传、在经营场所外发布投（融）资理财广告、向社会不特定对象宣传推介投融资项目或理财产品，履行好投资者风险警示教育义务；十是不准为非法来源的出借人或非法用途的借款提供居间服务，严禁参与洗钱、涉黑、暴力追债等违法活动）负面清单。5月，市政府金融办在全市范围内开展防范打击非法集资宣传月活动。9月至10月，在全市开展涉嫌非法集资广告资讯信息排查清理活动。11月至12月，开展对全市民间投融资中介机构、房地产建筑领域、P2P（Peer-to-Peer的缩写，即个人对个人）网络借贷平台、典当、大宗商品交易等重点领域的清理排查与规范。运用电视、广播、报纸、大型立柱广告、公交车车载电视、银行LED显示屏、微信、QQ、手机短信多种载体以及公开信、宣传海报、知识手册多种形式，开展宣传。全年全市金融机构无重大案件和安全事故发生，未出现因非法集资、民间高息借贷而引发的群体性事件。

（谭璟烨）

银行业

【概况】2015年，全市银行业金融机构17家，营业网点448个（新增3个），从业人员4957名。全年金融业实现增加值29.38亿元，比2014年（下同）增长13.7%；净利润16.46亿元，减少3.34亿、下降16.85%。

【资产业务】2015年，全市银行业金融机构资产总额1550.19亿元，比2014年增长11.93%。其中，本外币各项贷款年末余额684.06亿元，比年初（下同）增长9.18%，居全省第15位；全年新增贷款57.54亿元。年末不良贷款余额27.94亿元，增加7.04亿元，不良贷款比例4.08%，上升0.75%。

【负债业务】2015年，全市银行业金融机构负债总额1499.1亿元，比2014年增长11.81%，其中本外币各项存款年末余额1434.93亿元，比年初增长14.26%，增速比2014年（下同）增加1.85个百分点，存款增速居全省第7位；全年新增存款179.08亿元，多增40.46亿元。

【金融改革】2015年，农业银行继续深化“三农金融事业部”改革，提高服务“三农”能力。邮政储蓄银行拓展业务范围，支农支小成效显著。农村信用社改制农村商业银行工作进展顺利，青神县农村商业银行于11月10日召开创立大会。

中国人民银行眉山市中心支行

【概况】2015年，中国人民银行眉山市中心支行设办公室（后勤服务中心）、人事科（党委组织部）、宣传群工部、纪委监察室、货币信贷管理科（调查统计科）、金融稳定科、会计财务科、支付结算科、反洗钱科、科技科、货币金银科、国库科、内审科、征信管理科、外汇管理科、保卫科16个科室（部），辖仁寿县、彭山区、洪雅县和青神县4个县（区）支行（洪雅县支行负责洪雅和丹棱两县业务），在册职工195人。

【货币信贷政策】2015年，全市银行业金融机构加大对实体经济支持力度，年末各项贷款余额684.06亿元，比年初增加57.54亿元，增长9.18%，其中法人金融机构新增贷款34.09亿元。持续实施“千户百亿”诚信小微企业融资培育工程，新增中小微企业137户，为804户培育企业发放贷款67.99

2015年11月5日，眉山市推动金融创新服务都市近郊型现代农业三年行动计划启动会召开

亿元；全面实施新型农业经营主体主办行制度，支持新型农业经营主体310户，年末贷款余额17.44亿元，新增2.95亿元；创建4个省级、12个市级支农再贷款示范基地，支持示范产业10个；指导支持企业开展跨境人民币融资，结算金额1.94亿元。加大对重点产业、重点项目、重点企业的信贷支持，全市各银行机构对市级以上重点项目投放贷款35.65亿元，比2014年多投放11.73亿元；全市中小微企业和"三农"贷款分别较年初新增24.6亿元、55.09亿元；投放创业贷款15.44亿元，支持创业就业主体8714个，带动3.16万人就业；新增个人住房贷款24.43亿元。开展农村"两权融资"试点，发放涉农创新性贷款19.62亿元；推广供应链融资、订单仓单质押等新型信贷业务，实现信贷投入13.11亿元；参与专利权质押贷款试点，促进农业科技与金融结合；创新开展银税合作，向纳税信用户发放"税易贷"信用贷款640万元。试点探索"互联网+农村+金融"模式，仁寿县推进电商与农村信用信息平台有效对接。

【支付结算】2015年，全市支付系统清算资金348.32万笔、8710.62亿元，比2014年（下同）分别增长202.88%和9.9%。全市银行卡存量880.11万张，布放ATM机1205台、POS机（传统POS机和电话POS机）2.32万台，分别增长28%、37%、24%；发展特约商户1.54万户。省级银行卡刷卡无障碍示范区6个，市级银行卡刷卡无障碍示范区2个，县级银行卡刷卡无障碍示范区7个；全市217个助农取款服务点升级为功能完善的农村新型金融综合服务平台，建成9个助农取款优质服务示范点、1个农村金融综合服务示范站，全年助农取款服务点发生查询业务108.14万笔；取款业务108万笔、金额4.11亿元；代理缴费业务18.09万笔、金额2921.37万元；转账业务17.05万笔、金额5.15亿元。以银行卡为基础的电子支付手段在全市农村地区的应用逐步扩大，14家支付机构向人民银行报备在眉山开展第三方支付业务，全年完成115.19万笔、56.36亿元，分别增长82%、48%。

【经理国库】2015年，办理全市各级次预算收入资金（含转移支付调拨资金）入库494.76亿元，比2014年（下同）增长26.9%；拨付各类财政款437.74亿元，增长24.5%；办理各类预算收入资金退付3.25亿元，增长41.7%；办理非税收入直缴入库2789.2万元；办理"村干部务工补贴"直接拨付补助资金287.2万元，惠及1460余人。财税库银横向联网电子缴税业务占比96.7%，位居全省前列。配合税务部门完成金税三期系统上线并与财税库银横向联网系统成功对接。发行凭证式国债7991.31万元、储蓄国债（电子式）8998.79万元；兑付无记名国债本息202.57元。组织市级相关部门及银行业机构开展"人民银行经理国库30周年"系列宣传活动。

【人民币发行与管理】2015年，人行眉山市中心支行构建以主办银行为依托，以主办网点为前沿的小面额钞币供应长效机制。加大残损人民币回收力度，净化市场流通人民币。推进冠字号码查询管理，金融机构柜面A类点钞机配备覆盖率100%。打造综合服务示范网点30个。全年收缴假人民币125.9万元（公安机关收缴53万元）。

【反洗钱】2015年，人行眉山市中心支行现场检查3家反洗钱义务主体履行义务开展情况，对1家履职不到位的机构处30万元罚款、机构高管处1万元罚款。全年向公安机关移送可疑交易报告4起，公安立案3起，破案3起，配合公安机关协查案件21次。培训管理层和一线洗钱员工反管理和操作技能1200余人次，发放宣传资料3万余份。

【外汇管理】2015年，全面实施直接投资货物贸易改革制度，全年进出口总额2.05亿美元，其中出口完成1.74亿美元，进口完成3103万美元。向30户培育企业新增贷款4.12亿元、贸易融资476.11万美元，开立信用证、办理远期结售汇等3889.88万美元。

【存款保险】2015年，人行眉山市中心支行指导督促所辖8家法人银行业金融机构按制度要求缴纳存款保险，全年缴纳保费500万元。

【维护金融稳定】2015年，人行眉山市中心支行构建涵盖银行、证券、保险、非银金融机构以及重点企业和市场的金融风险监测网络，定期对金融机构开展现场评估和压力测试。配合市政府金融办、公安等职能部门处置非法集资风险。协助有关银行处置企业信贷违约风险。

【信用体系建设】2015年，市政府印发《关于加强社会信用体系建设着力打造"诚信眉山"的意见》《眉山市社会信用体系建设规划（2015—2020)》。人行眉山市中心支行制定《眉山市信用信息共享服务平台建设方案》，牵头筹建"眉山信用信息服务中心"。联合23个市级部门签署《企业信用信息共享机制建设合作备忘录》。指导市住房公积金中心和彭山珠江村镇银行接入个人金融信用信息基础数据库。推广中征应收账款融资服务平台，融资金额20亿元。牵头签署《银税战略合作备忘录》，发放“税金贷”等银税合作信贷产品1000万元。

【金融管理】2015年，人行眉山市中心支行实施金融管理综合评价，对辖内17家银行业金融机构量化考核，评定工商银行眉山分行为A等。对洪雅县农村信用合作联社等2家银行业金融机构开展综合执法检查；对农业发展银行眉山市分行等6家银行业金融机构开展专项执法检查，处罚1家机构34万元。指导1家银行业金融机构网点开业。全年受理金融机构重大事项报告66期，对2家银行业金融机构重大事项报送情况进行核查。

【金融消费权益保护】2015年，人行眉山市中心支行健全金融消费权益保护工作机制，制定《金融机构消费权益保护工作规范》，建立金融消费权益保护走访、回访、新产品报备、评价、案例报送“五项制度”；构建金融知识宣传长效机制，开展“68686宣传工程”“金融消费权益保护日”“金融知识普及月”活动，全年组织金融机构开展广场宣传63次，讲座15场，宣传进高校10次、社区28次、农村22次、工业园区17次，设置宣传橱窗265个，发放宣传资料6万余份；金融消费权益保护信息管理系统顺利上线，依托政府网站拓展电子政务服务平台，实现在线咨询及投诉，建立以“金融消费权益保护系统”为主干、“12363”电话和互联网站为两翼的咨询投诉受理、处理体系；全年受理金融消费者投诉41件，结案率和满意率100%。

【直接联系服务群众】2015年，人行眉山市中心支行为联系乡绿化荒山1公顷，改造村垃圾池23个，援建村道380米，助春耕活动2次，抗旱浇灌稻田2公顷。组织党员干部、团员40余人次到中岗乡“金融爱心·留守儿童活动中心”开展趣味活动7次。组织全行支部直接投入帮扶基金10余万元，定点帮扶仁寿县景贤乡柏柳村22户贫困村民脱贫。

（人行眉山市中心支行）

中国银行业监督管理委员会眉山监管分局

【概况】2015年，银行业资产总额1550.19亿元、负债总额1449.1亿元，分别比年初增长11.93%、11.81%；实现利润15.47亿元；各项存款余额1365.96亿元、贷款余额684.06亿元，分别比年初增长12.39%、9.18%；不良贷款余额27.94亿元，比年初增加7.04亿元；不良贷款率为4.08%，比年初上升0.75%。无重大金融案件和安全责任事故发生。

【市场准入管理】2015年，眉山银监分局核准高管任职资格23人、初审2人，核准机构新设3项、变更60项。回访新设机构3个。

【现场检查】2015年，眉山银监分局开展7项现场检查，发现问题52个，发出现场检查意见书11份，提出整改意见45条。

【非现场监管】2015年，眉山银监分局开展票据、同业业务和“两个加强、两个遏制”等专项督查，发出《金融监管意见书》4份，发现问题8个，提出监管意见9条。建立月度风险分析制度，强化监测分析，根据非现场监测情况约见高管谈话34人次；对重大风险实行分管领导、部门负责制，对法人机构实行主监管员制度；组织开展农村信用社、村镇银行2014年度监管评级工作；对不良贷款月度和不良资产季度进行监测分析和考核。逐月报送1104数据；收集全市农村信用社10万元以上企业贷款台账，建立全市农村信用社单笔500万元以上大额不良贷款监测台账，按季分析；及时进行风险预警和提示，落实突发事件发现报告岗位责任制。对大额贷款、泡菜行业、房地产信贷风险、“两高一资”（高耗能、高污染和资源性）和产能过剩行业贷款风险及时进行风险提示，持续监测和预警关注类贷款。

【金融服务】2015年，眉山银监分局支持重点项目建设，辖内银行业机构主动对接市级重点项目109次、62个项目，简蒲高速等49个重大项目建设贷款余额45.21亿元，保障天府新区基础设施、重大交通、民生及社会公益项目建设的推进。与7个省级重点项目建立合作关系，合计授信20.3亿元，贷款7.5亿元，并提供委托债权、资金结算、有条件贷款承诺函等业务服务。青年创业贷款、水利建设贷款、助学贷款等民生重点领域贷款投放取得较大突破，贷款余额14.16亿元，较年初增加10.97亿元，增幅422%。全年举办银企对接活动39场，参与企业530户，意向融资金额347.21亿元，签约金额54.82亿元，发放40.84亿元。开展“第四届小微企业金融服务宣传月”活动，举办第六届小微企业客户经理技能竞赛（川西赛区）初赛。全市小微企业贷款户数2.44万户，比2014年同期增加1938户，贷款余额275.57亿元，比年初增加35.88亿元，申贷获得率比年初高0.64%，实现小微企业贷款“三个不低于”目标（小微企业贷款增速不低于各项贷款平均增速，贷款户数不低于上年同期数，申贷获得率不低于上年同期水平）。加大“三农”金融服务力度，将“村村通”工作与“三大工程”相结合，开辟支农绿色通道，引导农村中小金融机构进村入社区。全辖配置各类金融机具1197个、流动服务车和金融联络员等其他方式1257个，实现行政村基础金融服务全覆盖。全市涉农贷款余额439.07亿元，比年初增加56.11亿元，高于各项贷款增速5.44%，实现涉农贷款“一个不低于”的目标(涉农贷款增速不低于各项贷款平均增速)。自2014年8月“续贷新政”实施以来，督促辖内银行业机构开办小微企业续贷业务945笔、金额23.17亿元。督促银行业机构取消收费项目90项，降低收费项目37项，清退不规范收费149.69万元。持续开展“送金融知识下乡”“金融知识进万家”等公众教育宣传活动，组织集中宣传2次、村镇社区宣传195次，覆盖147个乡镇。解决群众投诉问题，全年收到来电来信来访36件，全部办结。

【风险处置】2015年，眉山银监分局，推动眉山市设立总规模为3亿元的工业企业专项应急临时周转资金，为11户企业办理转贷18笔，使用周转金3.8亿元。成立困难企业帮扶工作小组，指导尼科国润、玉泉农业和金象化工等困难企业化解突发性信贷违约风险，在《眉山日报》上发表专题文章《经济下行期间如何加强银行与企业的合作》，督导银行业机构为诚信经营的企业提供真诚服务，对符合条件的困难企业不抽贷、不断贷、不压贷。在《眉山日报》上发表专题文章《正确理解银行履约按期收回贷款——相关金融法律政策解读》，引导社会舆论，增强借款人诚信意识，防止恶意逃废银行债务。督导辖内银行业机构关注到期贷款的偿债资金来源，加强对债务规模、结构、偿债能力的掌控。政府性融资平台贷款余额20.23亿元，比年初减少4.65亿元，下降18.69%，无不良贷款；房地产行业贷款余额176.07亿元，不良贷款率0.06%；节能环保项目及服务贷款余额35.92亿元，同比增加9.94亿元，增长38.28%；水泥、造纸等产能过剩行业贷款减少3.01亿元；涉及落后产能待清收处置的贷款企业1户，金额0.34亿元。建立辖内银行业机构案防季度案件统计平台，开展案防督查6项、安全评估检查3项，发现违规问题6个，责令对13名违规人员问责，机构内部罚款2.3万元。履行处非成员单位职责，参与涉嫌非法集资的调查和案件查处4起，参加处非宣传2次，告知社会公众以“金融互助”名义投资获取高额收益的风险。要求各银行业机构自觉规范与担保公司、小贷公司的合作，严禁银行员工充当资金掮客和参与民间借贷等非法活动。

【银行业改革创新】2015年，眉山银监分局推动农信社产权改革，指导辖内6家联社全部启动改制组建农商行工作，截至年底，青神农商行向四川银监局申报开业请示，东坡和彭山两区联社整合组建眉山农商行的筹建整改材料报送至四川银监局；丹棱农商行报送筹建申请；洪雅县联社正开展改革前的财务重组工作。引进广发银行和成都农商行来眉山设立分支机构，填补眉山股份制银行机构的空白。完成邮储银行二类支行改革，5个二类支行直接变更为代理营业机构，完善邮储银行体系布局。指导辖内银行业机构探索开展农产品订单质押、土地流转收益保证、水域滩涂使用权抵押等业务创新，扩大“三农”信贷投放范围。邮储银行眉山市分行发放辖内首笔、当时全省单笔最高的100万元农村产权融资抵押贷款。邮储银行眉山市分行与眉山市农业科技协会合作开展的银会合作融资模式累计支持农户4258户、金额4.32亿元，“银会合作”眉山经验在全国推广。

（朱妍颖）

眉山市农村信用社

【经营指标】2015年，眉山农村信用社存贷规模稳步增长，年末全市农村信用社存款余额447.52亿元,较年初（下同）增加56.24亿元；各项贷款余额252.24亿元，增加34.69亿元。存贷增量及市场份额均位居全市金融机构第一。信贷投放结构均衡，截至12月末，累计发放贷款154.86亿元，增加36.58亿元，其中，发放涉农贷款124.2亿元，贷款余额227.98亿元，增加38.16亿元；小微企业贷款余额124.09亿元，增加22.64亿元；房地产贷款余额30.89亿元，增加4.15亿元。年末全市农信系统银行卡发卡量230.5万张，增加12.86万张，活卡率79.55%；银行卡存款余额57.76亿元，增加13.27亿元；银行卡业务收入1294.88万元，电子银行业务收入852.16万元；发展特约商户803户，特惠商户379户，布放POS机1038台；新一代电子银行平台9.86万户，企业网银1049户，短信银行签约22.9万户，自助银行设备投放385台，布放EPOS（电子支付终端）机1531台。

【改革转型】2015年，眉山市农村信用社实施网点转型战略，探索创新营销手段、运行模式、考核机制、管理体系等，建立系统服务平台。推进“农改商”工作，与部门协作，解决确权颁证、不良资产处置等难题，督促区县联社做好动员宣传及队伍稳定工作，调动社员代表和员工响应改革、参与改革。以办事处及东坡、彭山联社筹建的眉山农商银行进展顺利。青神县、仁寿县联社召开农商行创立大会，进行开业挂牌等筹备工作；丹棱县联社开展净资产处置相关事宜；洪雅县联社推进财务重组。

【企业文化建设】2015年，全市农村信用社以文化建设为抓手，推进全市系统协调可持续发展。开展“三严三实”专题教育活动，改进工作作风，提高工作效率，提高职能管理及服务水平，加强干部队伍建设；结合思想政治文化建设，开展党群活动，组织培训学习，开展第三届职工运动会，营造主动作为、争创一流的氛围，强化员工队伍建设；开展大学生再培训、新一代电子银行系统、稽核审计系统等应用培训，采用理论与实际相结合，建立学习型队伍，营造公平有效的内部竞争机制和建立良好的反馈沟通机制。

（眉山市农村信用社）

中国工商银行股份有限公司眉山分行

【概况】2015年，中国工商银行股份有限公司眉山分行（以下简称“工行眉山分行”）下辖东坡区本部和彭山、丹棱、洪雅、仁寿、青神5个一级支行，分行机关设置部门11个，物理网点20个，在职员工441人。

【存贷款业务】2015年，全部存款比年初（下同）净增21.4亿元，其中对公存款（不含同业存款）年增6.88亿元，储蓄存款年增12.71亿元。全年投放贷款45.95亿元，其中投放公司贷款29.6亿元、投放个人贷款15.8亿元。各项贷款净增15.37亿元，其中，法人贷款净增5.91亿元，个人贷款净增9.46亿元。

【资产质量】2015年，工行眉山分行不良贷款比年初增加4706万元，不良贷款率2.16%，比年初上升0.2%。

【主要业务发展】2015年，工行眉山分行，支持眉山交通建设，成功营销并投放简蒲高速5亿元前期贷款，牵头完成29亿元银团贷款上报审批工作，当年投放6亿元。支持眉山天府新区建设，跟进天府新区招商引资项目，实现与仁寿视高、彭山青龙工业园区全面对接。多渠道满足小微企业资金需求，强化小微企业专营支行建设，开展小微企业融资“六专服务”（专业目标、专营机构、专业人才、专属产品、专项考核、专项流程），实现监管口径小微企业金融服务“三个不低于”目标。提升普惠金融服务水平和能力，发展个人信贷、借记卡、信用卡、个人结算、代理保险、第三方存管等零售业务，满足居民的各类金融服务需求。

【经营管理改革】2015年，工行眉山分行优化完善管理机制、分配机制、工作机制、保障机制，发挥资源投入在效益产出和重点工作推进中的“杠杆效应”。推进人力资源结构优化，强化人力成本约束，加大对新业务、新模式和新业态的人力资源配置。推进网点轻型化、智能化建设，构建线上线下一体化服务营销新模式，实现网点功能由核算交易型向综合营销服务型转变。

【内控案防】2015年，工行眉山分行开展全面风险管控专项治理活动，明确重点、落实责任、强化考核。强化信用风险管控，完善资产质量管控机制，特别是对不良贷款及剪刀差大户，落实逐户分析，综合施策，逐笔化解。强化案件和风险事件防控，加强员工思想教育，开展异常行为排查，保持“零”发案。开展银监“两加强两遏制”（加强内部管控和外部监管，遏制违规经营和违法犯罪）专项检查活动，人行综合评价继续保持评价A级，全市唯一。

【服务工作】2015年，工行眉山分行优化服务渠道，增强服务实体经济能力，以加快推进网点改造和优化布局为主，以物理网点为轴心带动自助银行、助农取款点辐射周边重点乡镇，离行式自助服务点达57家。加大各类自助设备投产力度，各类自助机具近200台，完善刷卡消费环境，丰富客户自助办理业务种类。健全服务组织管理，统筹抓好网点建设、经营、管理、服务、营销、考核等涉及网点经营管理工作。持续开展指标分析、监测、通报和全辖网点的沟通、联系、指导。实施网点服务流程标准化建设和基本服务设施标准化管理，强化网点柜员、大堂经理、网点负责人等关键岗位的主动服务，构建随时、随地、随心的线上线下一体化服务模式，打造“客户满意”银行。

（陈兴睿）

中国农业银行股份有限公司眉山分行

【概况】中国农业银行眉山分行筹建于1998年1月，同年12月成立眉山地区分行。2001年2月，更名为中国农业银行眉山市分行，2009年更名为中国农业银行眉山分行。

【经营指标】2015年，全行各项存款余额285.05亿元，比年初增加24.65亿元；各项贷款余额99.68亿元；中间业务收入1.37亿元。在眉山四大行中，农行各项存款余额占比44.04%、增量占比43.43%，个人存款余额占比52.63%、增量占比48.66%，各项贷款余额占比37.38%，个人贷款余额占比36.15%，六项指标均居四大行首位。突出重点项目信贷投放，为辖区内交通、房建、水电等重点建设项目提供信贷支持1.77亿元；牵头承办银政企项目对接会，签约客户5户，实现信贷投信2.76亿元；加大小微企业信贷培育力度，全年实现累计投放5.33亿元。强化“三农”金融服务，支持新型农业经营主体，推进“公司+农户”“龙头企业+基地+农户”发展模式，全行涉农贷款余额比年初增加4.94亿元；延伸“三农”服务半径，新布放“银讯通”服务点322个，点均业务量排名全省第四位。

【内部管理】2015年，完成BoEing（蓝海引擎，即农行新的核心业务系统）工程投产切换，推广iTable（智能办公门户系统）和iReport系统（智能视窗平台），开展“金点子”创意征集活动，卷烟货款跨行支付产品“烟草易付”获省分行创新成果二等奖，员工金点子奖获奖项目32个，排名全省第二位。开展“两违”（违规经营和违法犯罪）专项排查、案件风险排查等各类内外部合规检查，加大员工行为管理力度，规范操作行为。开展“三严三实”专题教育，市、县两级行组织集中学习54次，参加人员551人次。督促各级领导干部履行“一岗双责”，开展警示教育活动，组织党员员工、领导干部、网点主任、客户经理以及重点岗位人员225人次到眉州监狱反腐倡廉教育基地接受警示教育。树立先进典型，助力建功立业，评选市分行爱岗敬业先进个人26名、支行级先进个人42名，并有3人获省分行建功立业标兵、2人分获省分行青年岗位能手和营销标兵，仁寿汪洋支行和富加支行分获总行“青年文明号”和“工人先锋号”称号。推报省分行文明单位4个、省分行精神文明建设先进单位12个，市分行、彭山区和丹棱县支行顺利通过省级文明单位复查验收。

（农行眉山分行）

中国农业发展银行眉山市分行

【概况】2015年，中国农业发展银行眉山市分行（以下简称“农发行”）内设办公室、计划信贷管理部、客户部、财务会计部、信息技术部、人力资源部、内部审计部、监察保卫室、机关服务中心、营业室10个部室。管辖仁寿、彭山、青神、丹棱、洪雅5个县支行。有干部职工147人，其中高级职称1人，中级职称29人，大专以上学历133人，党员93人。

【业务范围】2015年，农发行办理粮食、棉花、油料收购、储备、调销贷款。办理肉类、食糖、烟叶、羊毛、化肥等专项储备贷款。办理粮食、棉花、油料加工企业和农、林、牧、副、渔业的产业化龙头企业贷款。办理粮食、棉花、油料种子贷款。办理粮食仓储设施及棉花企业技术设备改造贷款，办理农业小企业贷款和农业科技贷款。办理农业基础设施建设贷款，支持范围限于农村路网、电网、水网（包括饮水工程）、信息网（邮政、电信）建设，农村能源和环境设施建设。办理农业综合开发贷款，支持范围限于农田水利基本建设、农业技术服务体系和农村流通体系建设。办理农业生产资料贷款，支持范围限于农业生产资料的流通和销售环节。代理财政支农资金拨付。办理业务范围内企事业单位的存款及协议存款、同业存款等业务。办理开户企事业单位结算。发行金融债券。资金交易业务。办理代理保险、代理资金结算、代收代付等中间业务。办理粮棉油政策性贷款企业进出口贸易项下的国际结算业务以及与国际业务相配套的外汇存款、外汇汇款、同业外汇拆借、代客外汇买卖和结汇、售汇业务。办理经国务院或中国银行业监督管理委员会批准的其他业务。

【指标完成情况】2015年，农发行投放各类贷款13.99亿元，比2014年（下同）少放9.64亿元，收回各类贷款17.06亿元，少收6.62亿元。年末各项贷款余额66.45亿元，比年初减少3.07亿元，降幅4.42%。年末各项存款余额17.18亿元，比年初增加4.78亿元，增幅38.55%；各项存款日均余额11.58亿元，比2014年增加1.47亿元，增幅14.77%；考核期日均存款余额11.65亿元，增加1.63亿元，增幅16.27%。全年综合收息率99.83%。实现各项收入4.05亿元，各项支出3.05亿元，账面利润1亿元，减少5837万元、减幅36.78%；人均利润67.81万元。

【粮油收购信贷工作】2015年，农发行支持粮油收购，抓好粮油信贷工作，确保粮油收购资金供应管理不出大的问题。投放品种串换、跨县集并等储备调控类贷款9397万元。审批最低收购价中晚稻贷款2.81亿元，年内实际投放1.5亿元，支持收购中晚稻5.37吨，入库值1.48亿元。投放市场化粮食收购贷款1100万元。

【产业化龙头企业续贷工作】2015年，全年投放龙头加工企业贷款6.29亿元，办理银行承兑汇票业务5笔2600万元，办理银行承兑汇票贴现业务334笔、贴现金额7771万元。

【支持农业农村基础设施项目建设】2015年，农发行支持公司类客户农业开发和农村基础设施建设，提升营销办贷能力，全年营销中长期项目9个，项目申贷金额

121.2亿元。合理利用贷款期限政策，支持农业农村基础设施建设。截至年末，全行获省分行审批同意期限重置项目15个、涉及贷款11.55亿元，全行符合条件的还款安排调整业务申报审批率100%。贷款项目重置贷款期限后，全年收回贷款5.59亿元。开展中国农发重点建设基金项目对接工作，截至年末，完成四期专项建设基金项目申报，累计申报项目324个，资本金投资需求509亿元；发改委核准重点建设基金项目24个，安排拟投放专项建设基金9.39亿元，其中，完成调查评估上报项目21个8.79亿元；获省分行投审会批复项目20个8.09亿元。年末资本金实际到账项目15个6.02亿元。

【中间业务】2015年，农发行制定《关于印发〈中国农业发展银行眉山市分行2015年度存款业务专项奖励办法〉的通知》，鼓励多渠道组织低成本存款，以贷吸存、以管增存、以利引存。同时，开办咨询顾问业务、国际业务，拓宽中间业务收入领域。

【风险管理】2015年，农发行加强制度建设，在全行推行规范化管理，防止制度盲区；加强考核，提高制度执行力。推进精细化规范化管理，提高贷款调查质量。强化信贷管理，防控信贷风险。从支行领导到客户经理落实责任，尽职履责；抓好监测，及时预警风险信息。坚持合规高效，加强贷款审查工作，全年组织召开贷审委会议13次，审查信贷项目14笔1.66亿元。继续采用新评级授信办法，通过实行加强信息反馈、系统操作规范化、标准化等措施，严标准细审核，做好客户评级授信工作。全年信用等级评定72户，授信59户。

（徐巍洧）

中国银行股份有限公司眉山分行

【概况】2015年，中国银行股份有限公司眉山分行（以下简称“中行眉山分行”）内设公司业务部、中小企业中心、个人金融部、消费贷款中心、计划财会部、综合管理部、监察部及营业部，辖属8个经营性支行（含彭山支行、仁寿支行），有员工168人。

【存贷款业务】2015年，中行眉山分行各项存款余额53.26亿元，比2014年（下同）增长10.98亿元，增幅25.98%；本外币日均客户存款余额46.56亿元，增长8.46亿元，增幅22.22%。各项贷款余额21.69亿元，比年初增长2.62亿元，增幅13.74%。不良贷款余额2.01亿元，比年初增加1.98亿元，不良率为9.29%，比年初增长9.1%。实现中间业务净收入2024万元，同比增长1.92%。

【网络金融】2015年，中行眉山分行创新网络金融模式，打造中银e社区标杆银行。中行眉山分行通过平台整合e社区商家，开展多种优惠活动，达到客户、商家、银行三赢。发展农村互联网金融，通过e社区商户活动销售农村特色产品。

【自助业务】2015年，中行眉山分行优化布局，建设自助渠道，为群众提供更多金融便捷，减轻柜台压力。全年新增投放自助设备21台，增幅47.7%；新增离行式自助银行（服务点）10个。

【国际结算业务】2015年，中行眉山分行国际贸易结算量4313万美元（11月），市场份额为27%；跨境人民币结算1.76亿元（11月），位列当地同业第一。全年叙做国际信用证福费廷业务4笔，金额101.3万美元；叙做进口押汇业务12笔，金额397.99万美元。

【风险防控】2015年，中行眉山分行贯彻落实“基层网点风险防控若干措施”的精神，开展全行宣讲大会，定制《加强基层网点风险管控的50条措施》学习手册，每人一册，随时学习。请外援人员办理业务、现场抽问、随机测试、观察等方式等验证员工对“50条”学习执行情况。全年对9个营业机构及相关条线部门进行检查，检查项目20个，检查机构覆盖面达200%。

中国建设银行股份有限公司眉山分行

【主要业务指标】2015年，中国建设银行股份有限公司眉山分行（以下简称“建行眉山分行”）经营效益持续增长，实现账面利润2.69亿元。全年一般性存款日均新增11.04亿元,时点新增1.29亿元。各项贷款新增7.74亿元，余额60.48亿元，实现贷款投放29.2亿元，其中对公贷款实现投放17.2亿元，个人贷款实现投放12亿元。实现中间业务净收入0.91亿元，增速5.7%。不良贷款110.28万元，不良率0.02%。

【支持地方经济】2015年，建行眉山分行加大信贷结构的转型和优化，实现稳定增长，存贷较2014年提升5%。大力支持铁路、公路、环保产业、医院、机械制造等项目的金融需求，实现大中型贷款新增2.45亿元；支持彭山经开区、眉山经开新区、金象园区和岷东新区建设，满足园区企业融资、资金结算、对外贸易等业务需求；坚持“抓大不放小”，助力“大众创新、万众创业”，支持小微企业金融服务工作，加大对民生领域的金融支持力度，与学校、医院合作，支持个人住房按揭、房屋装修和汽车分期、电子商务等方面的金融需要；执行差别化住房信贷政策，个人住房贷款实现新增8.44亿元，满足居民购房资金需求。首创信用类产品“投标贷”，推广将税务信用转换为银行信用的信用类产品“税易贷”，开启政银企合作，联合眉山特色产业园区开发出“园保贷”；2月，位于富牛镇的岷东支行正式开业；创新生产作业流程，打造“信贷工厂”模式和评分卡流程，缩短企业从贷款申请到实现投放的时间。

【风险防控】2015年，建行眉山分行组织催收处置团队，制定催收处置管理办法，一户一策制定催收处置措施，确保完成省分行不良贷款控制计划；开展民营企业和押品排查活动，加强检查分析甄别，制定差别化的贷后管理措施，对风险较大的客户实施退出策略；加大贷后回访和现场检查力度，对存在风险隐患的客户及时纳入预警跟踪客户管理，做到早发现、早行动、早化解。

【党风廉政建设】2015年，建行眉山分行开展“讲规矩 正风纪 守廉洁”主题教育活动，组织观看“廉洁合规从业微电影”、参观革命传统教育基地，开展“心写建行人”员工讲故事活动、知识竞赛活动、参加学习规章制度考试，与员工签订《学习规章制度承诺书》。组织开展员工行为集中排查、案件风险排查和专项治理活动。以电话、邮箱、网上举报，家访、观察、谈话等方式，对全辖员工进行排查；落实银监会案件风险排查管理办法及省分行要求，组织各业务条线按季开展案件风险排查。落实内外部检查发现问题的责任追究，全年，根据“288”条处理责任人9人，根据轻微违规管理办法查处110人次（79人），积分187分，给予1人奖励积分5分。全年，全行实现无案件、无重大违法违纪违规事件、无重大责任事故的案防“三无”目标。

【安全保卫】2015年，建行眉山分行开展平安创建、百日安全生产、2015年安全生产检查等活动；加大重要敏感时期隐患排查力度和值班安全报告制度；开展员工防诈骗知识培训和宣传，通过柜面宣传、劝导客户、票据识别，成功制止4起诈骗行为，协助公安机关为客户追回被骗资金19万元。

【反洗钱】2015年，建行眉山分行组织全辖区开展“合规管理年”活动，明确5项内容12项任务43个活动；开展反洗钱工作，全年新建立反洗钱内控制度2个，修订6个；组织全辖3次大型宣传，受众人数8.92万人，发放宣传折页2.3万份；开展反洗钱培训32次；接受外部监管部门检查3次，发现3个问题，全部整改到位。

【企业文化建设】2015年，建行眉山分行开展“在创新转型中为党旗添彩、为党徽增光”四个一工程党建主题实践活动，结合工作实际开展“三严三实”专题教育活动，将“从严求实”的要求与业务发展结合起来，深化党建主题活动，参观革命传统教育基地——“建川博物馆”，开展爱国主义教育活动，组织前台党员和入党积极分子开展“听抗战老兵讲历史，做建行事业排头兵”主题活动；组织“员工响应与知识管理推广评优活动”“个人客户经理风采展示大赛”“关注公众号，绑定信用卡”等劳动竞赛活动；开展结对共建乡村学校少年宫、“慈善一日捐”献爱心活动、桃源乡结对帮扶等系列活动。

（建行眉山分行）

中国邮政储蓄银行股份有限公司眉山市分行

【概况】2015年，中国邮政储蓄银行眉山市分行设部门10个，下辖6个区（县）支行。全市有营业网点100个（自营网点20个）。

【业务概括】2015年，邮储银行眉山市分行自营收入完成2.04亿元，比2014年（下同）增长6.29%，列全省第九位；利润总额完成5364万元，增长18.3%，列全省第四位。个人储蓄余额32.11亿元，新增3.08亿元；公司存款余额30.15亿元，新增7.25亿元。全市发放贷款31.41亿元，结余24.29亿元，较年初增加1.45亿元，其中，工业贷款发放3.47亿元，涉农贷款发放11.11亿元，小型微型企业贷款发放4.89亿元。

【普惠金融】2015年，邮储银行眉山市分行创新“再就业小额担保贷款”“青年创业贷款”等系列金融产品，全年发放创业就业贷款1.22亿元。拓展新型农业主体业务，探索推进家庭农场主贷款、农民专业合作社贷款、土地流转经营权抵押贷款。拓展“银会合作”，创造“科协高质量推介项目、邮储低成本提供信贷”的眉山经验，全年发放“银会合作”贷款4337笔，金额4.5亿元。

【服务创新】2015年，加大IC卡发放力度，全年金融IC卡发放15.51万张，其中社保卡9.91万张。抓客户服务工作，提升标准、规范服务，提升服务质量。2015年，东坡大道支行荣获中国银行业文明规范服务千佳示范单位称号。加快自助银行建设，自助银行12处，新增6处，自助设备总量77台，新增31台。

【风险防控】2015年，邮储银行眉山市分行落实案防责任，明确

2015 年 5 月 26 日，彭山区举行农村产权抵押融资签约仪式

案防目标，将案件防控纳入机关部门负责人、区县支行领导班子绩效考核，逐级、逐层签订案件防控责任书 49 份。开展“两加强、两遏制”专项检查活动，全市 6 个区（县）局、支行均按规定自查，自查率 100%。采取“面对面”“背靠背”的方式开展民间借贷专项排查整治“回头看”工作，排查区（县）分公司（支行）领导 28 人，网点负责人 100 人，前台柜员 437 人。开展责任认定工作，全年开展不良贷款责任认定 4 次，认定不良贷款 102 笔，不良金额 1814.9 万元，经济处罚 99 人，处罚金额 15.15 万元。

【社会责任】2015 年，邮储银行眉山市分行参与眉山市“栋梁工程”公益活动，向全行员工发出“献爱心、助栋梁”倡议，募集捐款 1.96 万元，被授予眉山市 2015 年“栋梁工程”捐资助学活动爱心单位荣誉称号。响应市委、市政府号召，向“眉山市关心下一代基金会”捐款 9.8 万元。强化资金监测，开展反洗钱工作，被人行眉山市中心支行评为 2015 年度“1523”工程建设先进单位。

（邮储蓄银行眉山分行）

保险业

中国人民财产保险股份有限公司眉山市分公司

【概况】2015 年，中国人民财产保险股份有限公司眉山市分公司（以下简称“人保财险”眉山市分公司）在全市范围内保险服务机构 50 个（市分公司 1 个、县级公司 7 个、保险营销服务部 42 个）；在乡（镇）设有保险服务站 130 个，村级保险服务点 1222 个。公司拥有 2000 余名城市、农村专业服务人员，120 余辆理赔服务专用车，建立“365×24”（365 天加 24 小时）工作制。全年保费达 7.42 亿元，在全省系统排名第五位，占眉山市市场份额 55.67%，支付各类赔款 4 亿余元，上缴地方税金 8071.62 万元，各类捐款 30 余万元。先后荣获“省级最佳文明单位”“省级守合同重信用企业”等荣誉称号。

【“95518”服务专线电话】2015 年，人保财险眉山市分公司加强“95518”服务专线建设，努力把“95518”建成一个服务规范、功能完善、反应敏捷的保险客户服务核心，受理各类出险报案、受理各类保险投诉、保险咨询、提供紧急救援。24 小时为保户提供服务，全年人保财险眉山市分公司接到各类咨询、调度 2 万余次。

【规范经营】2015 年，人保财险眉山市分公司贯彻落实保监会各项文件精神，开展整顿规范工作，对内加强合规思想教育，对外倡导行业自律，带头规范市场秩序，坚

2015 年 7 月 20 日，全国推进“银会合作”工作现场会在眉山召开

持依法合规经营，堵塞违规源头同时，主动督促、协助行业协会制定相关管理办法，并针对新情况、新问题及时进行调整完善。

【客户服务】2015年，人保财险眉山市分公司在全市系统内组织开展优质服务大讨论活动，打造客户俱乐部，着力为客户提供优质服务，推进公司新的发展战略，增强全体干部员工的“大服务”意识，增强在经营过程中做好服务工作的自觉性，树立“机关为基层服务，二线为一线服务，全员为客户服务”的服务观念。加强优质服务观念的教育和优质服务技能的培训工作，在全市系统内组织开展“金牌服务工程—规范服务达标”活动，推广客户经理制，使每个员工明确与其岗位相关的客户服务标准，并将规范的要求融入日常工作中。在省公司开展的客户满意度调查中眉山得分名列全省第一，在保险行业协会评比中，获全行业第一。

【服务“三农”】2015年，人保财险眉山市分公司与市财政、畜牧、农业等有关部门紧密合作，在全市范围内开展水稻、玉米、育肥猪、能繁母猪、奶牛政策性农业保险工作，承保农户近87.5万户次，提供41.25亿余元的农业风险保障。简化政策性保险赔案处理手续，加强“农村保险服务体系”建设，降低农业种植、养殖风险。

（孟琼艳）

中国人寿保险股份有限公司眉山市分公司

【概况】2015年，中国人寿保险股份有限公司眉山市分公司（以下简称“中国人寿眉山市分公司”）在全市共有县支机构6家，农村乡镇营销服务部106个，员工和营销人员3400余人。中国人寿眉山市分公司总保费收入9.88亿元，同比增长22%，市场份额36.38%，继续占据当地寿险市场主导地位。

【客户服务】2015年，中国人寿眉山市分公司继续开展“国寿1+N”增值服务，组织客户参与“国寿大讲堂”系列讲座；“鹤彩无限”特约商家优惠活动。组织“牵手”及国寿客户节系列客服活动，开展“牵手国寿，孝善为先”少儿绘画活动、“牵手国寿，关爱特殊儿童”公益活动、“健康中国，圆满爱鑫”客户回馈活动等。推行综合柜员制，提高柜面人员业务技能、业务处理效率专业化服务水平。

【理赔给付】2015年，中国人寿眉山市分公司共处理各类赔案10.09万件。审核医疗类案件1.39万件，剔除不符合条款及社会医疗保险的费用约1884万。

【社会服务】2015年，中国人寿眉山市分公司参与健全社会医疗保障体系建设，开展城乡居民大病保险、城乡居民补充医疗保险、农村小额人身意外伤害保险、老年人意外伤害保险等业务。

【风险防范】2015年，中国人寿眉山市分公司开展风险防范理念和法制教育宣导，形成人人自觉学法、守法、用法氛围。做好反洗钱工作，组织反洗钱培训、宣传、自查自纠和考核检查，配合人民银行开展反洗钱监管走访。组织开展防范和打击非法集资排查和“两个加强、两个遏制”专项治理工作。开展警示教育活动，利用纪检监察简报开辟学习园地。

【队伍建设】2015年，中国人寿眉山市分公司注重加强企业文化建设，着力培育新型管理干部队伍，提高中青年业务骨干能力，完善员工培训机制和绩效考核体系。强化销售队伍人员管理，打造队伍常态建设，全年累计增员近1900人。深入开展“三严三实”专题教育活动，深化党建工作，持续加强作风建设，提升公司整体综合实力。

【公益活动】2015年，中国人寿眉山市分公司参与栋梁工程捐资助学、关心下一代“关爱‘五失’青少年”公益募捐、直接联系群众帮扶活动等。

（赵雪梅）

交通·邮政

Transport and post

交通运输

【交通基础设施建设】 2015年，眉山市完成交通建设资金投入79.8亿元。成都经济区环线高速公路眉山至简阳段实现全面、全线开工建设，仁沐新高速公路眉山段完成征地拆迁、开工建设。干线公路有序推进，“四箭齐发”（工业大道、滨江大道、岷东大道、天府仁寿大道）累计开工107.8千米、完工46.5千米，仁寿富汪路路面改造工程、遂（宁）资（阳）眉（山）高速公路丹棱连接线、丹棱丹名路（省道104线）改造工程、仁美至张场公路（老峨山旅游快速通道）升级改造二期工程主体完工，遂资眉高速至岷东大道连接线、丹夹路丹棱段改造工程、省道305线洪雅城区段、大峨眉旅游西环线洪雅至柳江段施工建设中。眉山市客运站、彭山区客运站、丹棱县客运站、青神县客运站建成投入使用，洪雅县八角庙车站完成主体工程，仁寿县联营汽车站开工建设。农村公路完成398.64千米，安保工程完成214千米，完成渡改人行桥2座，船载、码头视频监控45个，完成青神、洪雅两县海巡艇建造。

【成都经济区环线高速公路简阳至蒲江段建设】 成都经济区环线高速公路简阳至蒲江段项目是成都经济区环线高速公路的南段，位于成都市、资阳市、眉山市境内，起于资阳市简阳市禾丰镇与成安渝高速相交对接德阳至简阳段，经眉山市仁寿县、彭山区、东坡区，止于成都市蒲江县天华镇，与蒲江县至都江堰段对接，项目全长126.33千米，预算投资146.68亿元，其中眉山市境内长76.4千米，预算投资91.8亿元。全线有桥梁113座22.27千米，隧道2座4228米，双向六车道，设计速度100千米/小时，沥青混凝土路面，设枢纽互通5座（眉山市境内2座，分别为与成自泸高速公路交叉的古佛枢纽互通、与成乐高速公路交叉的永丰枢纽互通），一般互通12座（眉山市境内7座，分别为仁寿元通互通、松林互通、黑龙滩枢纽互通、东坡土地互通、眉山互通、悦兴互通、多悦互通）。项目经省政府办公厅批准，采用BOT（建设—经营—转让）模式建设，授权眉山市牵头，眉山市、成都市、资阳市三市人民政府为项目实施的工作责任主体。2013年11月，通过公开招

成自泸赤高速公路仁寿段

投标，中国铁建投资有限公司和中铁二十局集团有限公司组成的联合体为中标投资人，组建项目公司中铁四川简蒲高速公路有限公司负责建设管理。2014年4月，在眉山举行成都经济区环线高速公路眉山段征地拆迁工作协议签订仪式暨征地拆迁动员大会，8月全线开工建设。2015年，加快路基桥涵施工建设，完成路基土石方的93%，桥梁工程下部结构的87%，上部结构的46%，涵洞工程的95%，隧道工程开挖初支的69%，完成投资30亿元，累计完成投资52亿元。项目2014年、2015年连续两年投资额和投资完成率都名列全省第一。

【仁沐新高速公路仁寿段建设】仁沐新高速公路北起仁寿县满井镇接遂资眉高速公路，经乐山市井研县、五通桥区、犍为县、沐川县，止于宜宾市屏山县新市镇与宜宾至攀枝花高速公路相连，全线长203.21千米，估算投资221.99亿元，双向四车道，路宽25.5米，设计时速80千米/小时，沥青混凝土路面。眉山市境内长27.08千米，估算投资20亿元，平均每千米造价7386万元。2012年，完成工程可行性研究报告编制并通过评审，乐山、眉山、宜宾三市人民政府采取市企共建模式建设，授权乐山市交投公司开展项目前期工作。2013年，引进四川省高速公路建设开发总公司负责项目建设运营管理，三市政府以土地入股进行建设。2014年6月，乐山、眉山、宜宾三市政府与四川省高速公路建设开发总公司签订项目投资协议。11月，仁寿县开展征地拆迁工作，施工单位进场开展施工。2015年，实施路基、桥涵工程建设，完成路基土石方865万立方米占总路基工程量的82%，桥梁工程桩基606根占桩基总工程量的96%，涵洞79道占工程总量的49%，完成投资6亿元，累计完成投资8.7亿元。在四川省交通运输厅2015年度高速公路施工标准化活动考核中，考核结果为3个优秀项目之一。

【岷东大道建设】眉山岷东大道起于青神县中岩寺，经东坡区、彭山区，止于成都市双流区黄龙溪接剑南大道，全长72千米，一级公路、双向六车道，设计速度60~80千米/小时，路幅宽64.5米，沥青混凝土路面，估算总投资52.6亿元。按照统一规划、统一标准，属地管理、分步实施原则，分别由东坡区、彭山区、青神县和岷东新区管委会负责投资建设。项目由四川省交通运输厅交通勘察设计院、中国华西工程设计建设有限公司、深圳市市政设计研究有限公司等单位设计，太平洋建设集团公司、重庆中环建设集团有限公司、隧道集团工程有限公司等单位施工投资。2013年11月起，分段开工建设彭祖山至黄龙溪段、岷东新区段、永寿至崇礼段、岷东新区至土地段、土地至彭山界段、东坡界至彭祖山段共46.6千米，其中岷东新区段10.4千米、永寿至崇礼段5.9千米、彭祖山至黄龙溪成彭段13千米完成主体工程。2015年，取得省政府收费公路立项批复，完成投资8.71亿元，累计完成投资26.81亿元。

【滨江大道建设】眉山滨江大道起于青神县城，经东坡区、彭山区，止于成都市新津县界接国道245线（原省道103线），全长67.4千米。一级公路、双向八车道，设计速度60千米/小时，路幅宽88米，沥青混凝土路面，估算总投资66.2亿元。按照统一规划、统一标准，属地管理、分步实施原则，分别由市本级、彭山区、东坡区、青神县负责建设。项目由四川省交通

洪雅县博竹至汉王农村公路

运输厅交通勘察设计研究院、新疆维吾尔自治区交通规划勘察设计研究院等单位设计，江西省路桥工程集团有限公司、安徽开源路桥有限责任公司、四川圣蓝投资有限责任公司等单位投资（施工），四川省公路工程监理事务所等单位负责监理。2013年10月起，分段开工建设眉山岷江二桥至彭山界段、彭祖新城段、东坡区界至彭山城区段共15.9千米，其中彭祖新城段4.2千米建成通车、岷江二桥至彭山界湖滨路段0.6千米完成主体工程。2015年，完成投资4.73亿元，累计完成投资16.51亿元。

【工业大道建设】眉山工业大道起于省道428线（原省道103线）眉山市东坡区与乐山市夹江县交界处，止于彭山区青龙镇接国道245线（原省道103线），全长61.9千米。一级公路，双向六车道，设计速度80千米/小时，路幅宽64.5米，沥青混凝土路面，估算总投资46.7亿元。按照统一规划、统一标准，属地管理、分步实施原则，投资建设分别由东坡区和彭山区负责。项目由中交远洲交通科技集团有限公司、中交第二公路勘察设计研究院有限公司等单位设计，2013年起，开工建设石化园区段、国道351线（原省道106线）至彭山界段共18.47千米，其中石化园区段4.8千米建成通车。2015年，取得省政府收费公路立项批复，完成投资5.26亿元，累计完成投资11.86亿元。

【天府仁寿大道建设】天府仁寿大道起于国道351线（原省道106线）仁寿城东，绕仁寿县城，经大化、清水止于双流界，接成都天府大道，全长53千米，估算总投资70亿元，一级公路、双向八车道，设计速度80千米/小时，沥青混凝土路面。仁寿县负责投资建设，2012年12月起，分段开工视高段、清水段、仁寿县城至成都经济区环线段、成都经济区环线至成黑快速通道段共26.8千米，其中视高清水段7.6千米完成主体工程。2015年，完成投资4亿元，累计完成投资13.14亿元。

【大峨眉国际旅游西环线建设】大峨眉国际旅游西环线起于国道351线（原省道106线洪雅延伸线），经洪雅洪川、止戈、东岳、花溪、柳江镇，止于与峨眉山市与洪雅交界处，全长64.2千米（主线56千米，4条连接线8.2千米），一级公路，双向四车道，沥青混凝土路面，概算投资41.3亿元。2013年8月开工建设，先期建设止戈五龙祠至柳江段22.3千米。至2015年年底，先期开工段基本完成路基、桥梁工程，实施路面铺筑，完成投资5.3亿元，累计完成投资9.87亿元。

【老峨山旅游快速通道建成通车】丹棱老峨山旅游通道（仁美至张场公路）升级改造起于国道351

岷东大道彭山段府江大桥

线（原省道106线）仁美平交口往丹棱方向1千米处的黎寨冲，止于张场镇文沟村，全长14.59千米，按二级公路标准改扩建，设计行车速度60千米/小时，路基宽12米，路面宽10.5米，沥青混凝土路面，总投资2.3亿元。项目分两期建设，一期工程全长7.78千米，于2013年12月完工通车；二期工程全长7.04千米，由眉山市发展和改革委员会批准立项，眉山市交通运输局批复施工图设计，中国华西工程设计建设有限公司设计，四川省公路工程咨询监理事务所监理，双流菁宏投资有限公司建设施工，2014年10月开工，2015年6月建成通车，累计完成投资2.23亿万元。

【岷东大道成彭段形成通车能力】岷东大道成（都）彭（山）段起于彭山岷江二桥东侧桥头，止于双流县双黄路（剑南大道），全长12.98千米，其中改建段5.19千米，新建段7.8千米，采用双向六车道一级公路技术标准建设，设计速度80千米/小时，路基宽32米，沥青混凝土路面，总投资6亿元。经公开招商招标，道隧集团工程有限公司为项目投资人和建设人，安徽省交通规划勘测设计研究院负责设计，中国华西工程设计建设有限公司负责监理。2012年11月5日开工建设，2015年12月31日完成主体工程形成通车能力，完成投资2.3亿元，累计完成投资10.3亿元。

【眉山高速公路沿线风貌改造】2015年1月29日，眉山市人民政府办公室印发《关于全市高速公路及沿线风貌建设管理的意见》，以规范高速公路及沿线风貌管理，发挥高速公路窗口展示平台作用，由市交通运输局牵头负责对高速公路沿线区县风貌建设开展指导和督查。按照“规划先行、突出特色，政府主导、社会参与，属地负责、条块结合”原则，坚持以规划为引领，在规划建设、控制及保护等环节体现当地经济发展、历史传统、自然生态和地域文化特色，注重展示东坡文化、长寿文化、大雅文化、生态文化、竹编文化等本土文化，避免“千路一面、千路一统”，发挥好高速公路的窗口展示平台作用。明确各区县政府高速公路风貌建设管理的主体责任，引导和动员高速公路业主公司、沿线企业和农户参与，形成齐抓共管、和谐共建的建管模式。对市境内高速公路服务区、收费站、沿线交通标志、建筑物、广告牌、互通范围内的景观和绿化进行统一的风貌规划建设管理。要求分期分批完成改造，对已建高速公路风貌改造最迟于2016年年底前全面完成。对在建或拟建高速公路，风貌改造建设与高速公路建设同步完成。截至2015年年底，完成成乐高速眉山互通，遂资眉高速洪雅收费站、三苏服务区改造，其他项目抓紧实施中。风貌改造工作受到省交通运输厅厅长彭琳的肯定，要求全省交通行业学习借鉴。

【眉山高速公路建设创建平安优质工程】2015年，眉山启动高速公路“平安优质工程”和精品示范工程创建工作。4月9日，在成都经济区环线高速公路简阳至蒲江段启动，并召开创建“平安优质工程”动员大会暨安全质量工作会议，省交通运输厅建管处副处长刘玉荣、厅质监局局长刘孝明，眉山市政府副市长钟毅出席，眉山、成都、资阳三市交通运输局（委）、三市质监站、沿线交通运输部门、中铁建简蒲公司、施工总承包部、14个施工标段和监理、试验检测单位200余人参加。简蒲公司下发《中铁建四川简蒲高速公路有限公司关于全线开展创建“平安优质工程”活动的通知》。创建活动按进度实施，标准化施工，严格管理，质量和安全可控，无重大安全事故发生。

【道路交通安全综合整治】2015年，全市抽调51名干部和300余名专业人员充实治超（治理超限、超越、超重）一线，在全市128个乡镇全部建立交管办，配备专职人员463人，重点村劝导员1635名，成立（道路交通协会）分会，恢复安全联组，投入3.5亿元资金用于安防工程、治超站点、监控设备等设施建设和整治工作。实现道路交通事故死亡人数、道路养护成本、道路交通事故纠纷“三个明显下降”，群众道路交通安全感和对党委政府满意度增强。全年建成公路安保工程214千米，实现国省县乡四级公路应安尽安，全覆盖，为公路运行安全“再安一道门，再上一把锁”。强化治超源头管理，全市运管部门与机动车维修企业签订《禁止非法改拼装责任书》。凡是经机动车综合性能检测不合格的，坚决不予进入营运市场；对重点货运装载源头单位全部落实运管、交警联合巡查、驻点监管；推进信息化应用及监控系统建设，加快重型载货汽车和半挂牵引车的卫星定位装置安装。推进路面治超，全市路政系统以固定检测站为依托，实行路政、运政、交警联合驻站，建立路政养护联合巡查机制，凡超限一律卸载，凡超限20%以上一律处罚，凡加装栏板的货车一律现场切割，实现“一站式”查处，超限率控制在1.48%以内。眉山安保工程建设被省交通运输厅推荐接受新华社专题采访，《国内清样动态》专题报道，交通运输部部长杨传堂作肯定性批示。11月25日，全省道路交通安全综合整治工作推进会在眉山召开，现场参观新义超限检测站，眉山治超经验在全省推广。

【公路超限超载运输治理】2015年，眉山市投入1500万元完成国道351线眉山站（国家I类超限检测站）、国道245线彭山青龙站、国道213线仁寿八里站3个超限检测站标准化改造。投入4500万元启动仁寿满井站、仁寿宝马站、东坡思蒙站、东坡永寿站、彭山谢家站、彭山武阳站、丹棱群力站、洪雅余坪站、青神黑龙站等9个超限检测站新建工程，完成洪雅余坪、东坡思蒙、青神黑龙3个超限检测站建设并投入使用。全市交通路政系统依托全市各超限检测点，坚持协调、配合公安交警部门实行联合治超，坚持24小时执勤，建立政府主导、多部门协作、联合执法、一站式查处的治超长效机制，执法人员按照省市相关规定和轴载标准对货车逐台称重检测，按规定卸载非法超限车辆。全年检测货车85.2万辆，查处超限货车1.26万辆，卸载货物7.3万余吨，抄告超限车辆1798辆，超限率控制在1.48%以内。治超工作在全省公路工作会上经验交流，道路交通安全综合治理工作经验在全省推广。

【岷东大道、工业大道一级公路收费立项获批】2015年，眉山市岷东大道、工业大道一级公路项目经省交通运输厅、财政厅、发展和改革委员会审查，报经省政府批准，符合《收费公路管理条例》规定的技术等级和规范要求。8月4日，省交通运输厅、财政厅、发展和改革委员会以《关于眉山岷东大道公路收费立项的批复》批准同意岷东大道按政府还贷公路立项建设。12月24日，省人民政府办公厅批准同意眉山工业大道公路项目按政府还贷公路收费立项。岷东大道、工业大道一级公路收费项目是全省2013年1月1日取消政府还贷二级公路收费以来，继2014年全省唯一批准眉山市洪雅至峨眉山大峨眉国际旅游西环线一级公路收费立项后，全省新批准的两条一级收费公路（全省新批10条）。

【眉山长途汽车客运站建成投入使用】眉山长途汽车客运站位于东坡区裴城路（秋岚街与二环西路交汇处）的市交通中心内，属新建项目，按长途客运一级站标准建设，占地3.53公顷，建筑面积9512.7平方米，概算投资8000万元。2011年，眉山四通运业有限公司成立建设领导小组，设立建设办公室负责建设管理。2012年，完成施工图设计。2013年，通过公开招标，确定成都美厦建筑设计有限公司为设计单位，四川安汉建筑工程有限公司为施工单位，四川省城市建设工程监理有限公司为监理单位，6月开工建设，2015年1月建成，完成投资6400万元，项目建设速度快、质量好、管理规范，是全省汽车客运站提升改造工程项目中第一个完工投入使用的次级公路运输枢纽城市枢纽站。2月16日正式运营，开行班线47条，其中跨省长途班线5条、省内市际班线35条、市内班线7条，日发送旅客9343人次。4月28日，省交通运输厅在眉山召开全省汽车客运站提升改造工程现场推进会，将眉山市客运站提升改造工程经验作为范例，在全省推广。

【交通运输安全】2015年，开展安全检查1297次，检查企业2333家次，检查营运车辆2.3万辆次，整改安全隐患258处，打击黑车115辆，查处客运违法行为29起。加强驾驶员安全生产教育培训和出租车市场监管，提高驾乘人员安全生产意识和应急处理能力，严把驾驶员资质和车辆安全技术状况关；加强参营车辆技术状况的检查检测，确保客运车辆技术状况良好、运行正常；加强GPS监控，严格执行长途客车凌晨2—5时停车休息制度，防止驾驶员超速、超载、超疲劳驾驶等违规行为发生。开展水上交通运输“大排查、大整治”活动和水上非法运输专项整治，落实水上交通安全管理责任，严把船舶适航关、船员适任关、安全航行关，对重点船舶、重点时段、重点水域和重要环节加强监管。加强交通在建工程安全监管，开展“平安优质工程”和“精品示范工程”创建活动，强化对特大桥梁、特长和瓦斯隧道等重点工程的施工安全检查，保障施工作业安全。公路路政管理部门，加强对国道213线、245线、351线和省道305线等重点公路的巡查，清除路障，确保公路安全通畅。加快安保工程（路侧护栏）建设，全年完成214千米，建设进度快速、质量高、覆盖全，实现国省县乡道路应安尽安，安全隐患路段全覆盖。全市水上交通未发生安全责任事故，连续19年保持“三为零”，道路运输未发生源头管理责任事故和较大以上安全事故，公路养护建设工程未发生安全责任事故，安全控制指标保持在省市下达的目标范围内，交通运输安全形势持续稳定。眉山安保工程建设被省交通运输厅作为建设典型接受新华社四川分社专访，被省委宣传部作为展示四川安保工程建设成果专题报道。道路运输管理安全工作、“打非治违”工作评为全省先进。

【“十二五”交通发展成就】“十二五”期间，眉山高速公路增长迅速，全市进入国家高速公路网规划和省高速公路网规划的“三横六纵”高速公路网（“三横”为成雅高速公路、遂资眉高速公路、成都经济区环线高速公路，“六纵”为成乐高速公路、成赤高速公路、雅乐高速公路、仁沐新高速公路、蒲井高速公路，成宜高速公路），总规模500千米。2012年以来，连续三年每年新开工一条高速公路、建成通车一条高速公路（2012年开工遂资眉高速公路、建成雅乐高速公路，2013年开工成都经济区环线高速公路、建成成赤高速公路，2014年开工仁沐新高速公路、建成遂资眉高速公路）。全市高速公路通车里程298千米，实现县县通高速公路，东坡、彭山、仁寿、洪雅通两条高速公路，与相邻市全部通高速公路。2012年，规划新建总规模252千米“四箭齐发”（工业大道、滨江大道、岷东大道、天府仁寿大道）四条一级干线公路，城市过境段全部配套市政设施，项目全部进入天府新区综合对外配套路网规划，全部进入联网畅通工程，实现眉山与成都公路交通“有特色、无落差、无缝对接”，四条大道开工建设107.8千米，完工路段46.5千米。全市完成农村公路新改建2660千米，其中通村公路1530千米、通乡公路1130千米，等级路以上比例达到75%，实施“重生命、除隐患、保安全”的安保工程，在国省县乡四级道路临崖临水路段全部安装路侧护栏，完善道路标志、标线、标牌，增设警示桩、广角镜、爆闪灯等交安设施，确保县、乡公路具有更高安全系数和更强保障能力。客货运输趋于成熟，全市客运线路达430条，乡镇和行政村通客车率分别达到100%和91.81%，新建一级客运站1个、二级客运站场3个。城市公交路线由2011年的13条增至2015年年底的49条，公交客车由2011年的163辆增至2015年年底的458辆。实施“春风行动”，采取公交IC卡服务、特殊群体免费乘车、开行夜间公交、成立出租车“雷锋车队”等30项惠民便民措施，极大改善市民出行条件。淘汰散、小、弱货运企业和个体业主，货运企业向规模化、集约化、网络化发展，货运企业有198家（其中危货运输企业13家），营运性载货汽车2.1万辆。2015年全市道路运输货运量6620万吨、货物周转量60.9亿吨千米。全市国省道公路养护管理工作健康发展，公路服务水平改善，公路交通防灾抗灾和应急处置能力提高，公路行业的可持续发展能力提升，发挥公路基础设施在全市经济中的基础性、服务性、先导性作用。

【公路养护管理】2015年，眉山公路养护管理坚持以路面养护为中心全面养护，严格养护规范，做好日常工作养护、周期养护和预防性养护三结合，加强国道213线、245线国道、351线国道、省道305线等国省干线公路和农村公路养护管理，确保公路安全、通畅。全年，普通国省干线公路路面使用性能指数（PQI值）90.8，位居全省第九位；完成公路大中修工程149.68千米；完成农村公路建设452.3千米；完成农村公路安保工程（路侧护栏）建设213.9千米；完成危病桥整治4座，完成公路绿化补植20千米，养护管理站规范化整治3座，建成彭山机械化养护中心；未发生一起重特大公路交通安全责任事故，无因公路隐患造成的安全事故，死亡人数为零，直接经济损失为零。

【公路水路运输】2015年，全市通公路的乡镇、建制村客车通达率分别达100%、92.57%。全年道路运输完成客运量5993.47万人次，旅客周转量17.01亿人千米，分别比2014年同期下降0.92%、0.07%；完成货运量6620.26万吨，货物周转量59.2亿吨千米，分别比2014年同期增长16.54%、12.03%，客货运输周转量增幅名列全省第八位。水路运输完成客运量442万人次，旅客周转量920万人次；货运量5万吨，货物周转量24万吨千米，总体保持平稳。全年开工建设洪雅县八角庙车站和仁寿县联营汽车站2座客运站，建成眉山市长途汽车客运站、彭山区客运站、丹棱县客运站、青神县客运站等4座客运站。

（魏平）

表 5　2015 年眉山市交通运输能力概况统计表

公路			
通车里程	总里程（千米）：7530.403		
	其中（单位：千米）	高速公路	298.5
		一级公路	111.36
		二级公路	341.11
		三级公路	333.94
		四级公路	4853.18
		等外公路	1591.97
公路密度	按国土面积算：百平方千米 104.79 千米		
	按人口计算：万人 25.5 千米		
通达程度	通公路的乡镇 128 个，占乡镇 100%		
	通公路的村 1186 个，占村 100%		
客运站	总数（个）：180		
	其中	一级站	1
		二级站	5
		三级站	2
		四级及以下站	172
营运车辆	总数（辆）：22760		
	其中	客车 1709 辆 39600 座	
		货车 21051 辆 123893 吨	
公路运量	旅客	运量（万人次）	5993.47
		周转量（万人千米）	170140.84
	货物	周转量（万吨千米）	6620.26
		周转量（万吨千米）	592001.64

内河			
通航里程	总里程（千米）：768.08		
	其中	三级航道	—
		四级航道	—
		五级航道	—
		六级航道	78.7
		七级航道	11.02
港口（码头）	总数（个）：80		
	吞吐量	旅客吞吐量（万人次）	—
		货物吞吐量（万吨）	—
水路运量	旅客	运量（万人次）	426
		周转量（万人千米）	1160
	货物	运量（万吨）	—
		周转量（万吨千米）	—
营运船舶	总数（艘）：245		
	其中	客船 200 艘 4593 座	
		货船 45 艘 3882 座	

城市公交运输	
营运车辆	458 辆
公交线路	49 条
公交站	968 个
运量	6667 万人次
备注	

邮政管理

【概况】2015 年，全市邮政业业务量实现 3.53 亿元，居全省第九位，比 2014 年（下同）增长 26.38%，增速居全省第五位；邮政业务收入 2.93 亿元，居全省第十三位，增长 14.23%；快递业务量 805.46 万件，居全省第五位，增长 47.18%，增速居全省第八位；快递业务收入 8708.44 万元，居全省第九位，增长 27.74%。全年市邮政管理局个人获国家级表彰 1 人次，省级表彰 4 人次，市级表彰 1 人次，市级先进集体表彰 2 次。

【基础建设】2015 年，全市有普遍服务网点 238 处，快递法人企业 21 家，快递备案分支机构 77 家，快递末端服务点 369 处，民营快递乡镇覆盖率 70%。全年有 4 家快递公司（眉山顺丰、眉山圆通、眉山中通、彭山申通）扩建场地，有 3 家企业（眉山顺丰、眉山圆通、眉山中通）启用分拣传输带，全市标准化营业网点 8 处。

【普遍服务】2015 年，市邮政管理局推进邮政普遍服务基础设施建设。完成全市 9 处空白乡镇邮政局所补建，并分别建立《眉山市空白乡镇邮政局所补建项目资料归档目录》《眉山市空白乡镇邮政局所补建档案综合类卷宗目录》。多次与市农工委、市邮政分公司协商，通过两条途径，推进村邮站建设，一种是将村邮站建设纳入《眉山市幸福美丽新村建设整体推进工作方案》；另一种是选择符合条件的邮政“三农”服务站、便民服务站，叠加村邮站功能，进行试点、推广。完成全市238处邮政普遍服务网点覆盖率检查，实地核查121处，发函调查117处，确认覆盖率为100%。依法开展邮政普遍服务网点行政审批，受理邮政企业提出的普遍服务网点撤销申请15起，经实地核查及征求当地政府、群众的意见，同意撤销11起、不同意撤销4起。受理普遍服务网点地址变更备案8起。开展专项检查，做好数据统计分析。调查全市邮件投递处理场所69处，登记每次场所的班期、投递路线、内部处理时间、外部处理时间、邮件种类，并录入信息系统。调查全市1387个建制村（社区）的通邮情况，其中直投到户362个、投递到村级转接点920个、投递到村外其他地区105个。一周投递次数5次的建制村（社区）259个，5次以上的建制村（社区）1128个。登记邮政标识车辆71辆，包括车辆品牌、车辆号牌、车型、行驶路线等信息。开展地级以上城市间信件全程时限监测，向全国336个测试单位寄出平信和挂号各1封。开展《人民日报》投递时限调查，选取市辖区、县、乡镇、农村11个样本点，记录8月24日至9月2日发行的10期《人民日报》的收报时间、是否损毁、污染等情况。开展“2015年全国机要邮件传递时限监测”工作。依法开展《乙未年》《北京申办2022年冬奥会成功纪念》《中国人民抗日战争暨世界反法西斯战争胜利七十周年》纪特邮票发行监督检查工作。完成全市6位邮政特邀监督员的续聘工作，发动监督员参与《人民日报》投递时限调查、纪特邮票发行情况调查等专项行动。全年收到监督员报表131张，投稿15篇，被《邮政社会监督信息》采用1篇，反馈问题6个，提出意见建议9条，起到良好的社会监督效果。

2015年9月2日，市邮政管理局、市公安局、眉山国安局、市交通运输局、市工商局等部门组成联合检查组，对彭山区的邮政和快递企业开展安全检查

【市场监管】 2015年，市邮政管理局结合日常监督检查和专项行动联合执法检查，检查邮政、快递企业营业场所312处次，出动检查人员1200余人次，下发责令整改通知书8份，作出行政处罚5起，罚款9000元。先后召开安全生产、政策法规宣贯、普遍服务、行业管理、快递业务经营许可工作优化、寄递渠道清理整顿专项行动、旺季服务保障等会议。开展查堵禁寄物品安全培训、安全演练。组织全市邮政、快递企业在中通速递分拣场地，针对收寄中发现禁寄物品、分拣中化学品泄漏、派件中发现易燃易爆物品三种情况进行模拟演练。

邀请国安、公安相关部门负责人，通过理论梳理、案例分析、视频教学等方式，讲解禁寄物品的辨识方法、应急处置、应急联系部门、安全责任落实要求以及反恐安全等方面内容；邀请法律顾问解析《新安全生产法》，并发放《收寄验视现场工作手册》《邮政行业法律法规汇编》。全年举行快递业务员职业技能鉴定考试4次，173名从业人员参加考试，考试合格人数130人，合格率75.14%。开展快递服务网点综合测评，全年评选出25处优秀快递服务网点并予以表彰授牌。制发《2015年快递业务旺季服务保障工作方案》《眉山市邮政业突发事件信息报送管理办法》，成立运力监控、巡检驻场、新闻宣传专项小组，分工协作，抓好快递业务旺季服务保障。在业务高峰期间，现场督导中通、韵达、顺丰、申通、EMS（中国邮政速递物流股份有限公司眉山市分公司）等分拣场地。撰写上报的《“双十一”快递业务旺季服务保障工作情况报告》，得到省邮政管理局局长成建政，市委书记李静，市委常委、政法委书记杨勇肯定性批示。抓好邮件、快件寄递安全管理，尤其是抗战胜利70周年和西藏自治区成立50周年等特殊时期保障、集中开展危爆物品寄递物流清理整顿和矛盾纠纷排查化解专项行动。与市综治、公安、国安、交通等部门联合成立邮件、快件寄递安全管理工作领导小组，制定计划方案及联席会议制度，并将各成员单位在寄递渠道安全管理工作中的履职情况列入部门综治目标考核。11月，牵头与市综治、公安、国安、交通、工商、安监等部门联合成立市寄递物流清理整顿专项行动工作专班，制定工作方案及计划，分解落实任务。制作统一《四川省寄递物流企业责任告知书》、收寄验视及实名收寄规定，要求各企业上墙公示；与各企业分别签订《寄递渠道安全保障补充责任书》，要求企业内部层层签订安全生产责任书800余份，将责任分解落实到一线收投员工，做到可“溯源追责”；开展全覆盖摸底排查，建立监管台账，实施负面清单管理、隐患销号管理，实行整改一项，销账一项，并列入年终企业服务质量考评。鉴于区县未设立邮政管理部门，安排3名机关人员分别担任区县联络员、专班成员，负责联系沟通参与区县寄递渠道清理整顿专项工作。寄递渠道安全管理工作多次受到国家、省级、市级领导督导专察，并多次得到肯定性批示。

2015年11月19日，省委常委、政法委书记侍俊（前排右三）率调研组到眉山中通快递公司调研

【行业宣传】 2015年，市邮政管理局利用“3·15”消费者权益保护日、“6·26”国际禁毒日、“12·4”法制宣传日、“10·9”世界邮政日等重要节点和日常检查，集中开展宣传活动，宣传邮政快递法律法规，展示邮政行业形象。全年新闻稿件被《中国邮政快递报》采用6篇，被内刊《四川邮政管理》采用图片2张，稿件3篇。政务信息被采用15篇，其中被国家邮政局单独采编2篇，合并采编3篇；被省邮政管理局单独采编4篇，合并采编6篇。

【自身建设】 2015年，市邮政管理局聘请法律顾问，在机关内部定期开展法律法规培训，对行政执法重大事项、法律文书审核把关，对相关问题提供法律咨询，提出意见建议。该做法在全省邮政管理系统率先施行，并在各市州进行推广。梳理行政许可类2项、行政处罚类25项、行政强制类1项，建立行政权力清单、政府责任清单和市场准入负面清单“三张清单”。明确分管领导和具体工作人员，入驻市行政服务审批中心综合窗口，推进行政权力集中运行。推进县级邮政监管机构组建，分别与市委编办、市财政局、市交通运输局协调，拟定组建工作方案报市政府审批。

（张燕）

中国邮政集团公司
眉山市分公司

【概况】2015年，全市邮政公司业务总收入实现2.1亿元，排名全省第十三位，比2014年（下同）增长10.37%；完成业务总量2亿元，增长10.50%，排名全省十一位。

【子改分法人体制调整】2015年，中国邮政集团公司眉山市分公司（简称“眉山邮政公司”）启动企业子改分法人体制调整工作,市公司所属各级分支机构以更名形式变更为隶属于集团公司的分支机构。7月25日，完成市公司以及二区四县邮政企业更名挂牌工作。截至12月31日，完成营业执照、税务登记证、车辆登记、银行名称等变更工作。

【基础建设】2015年，眉山邮政公司完成洪雅邮件处理中心综合楼主体建设、仁寿县邮件处理中心征地、丹棱县邮件处理中心招标工作。新标准化改造金融网点19个，累计完成44个网点的转型改造，改造率55%，新增投递汽车7辆，电动三轮车44辆，新增智能终端52台，完成社会自提点160个。投放ATM机（取款机）和CRS机(存取款机）32台，提升网点服务能力。与仁寿县“网贸港”达成合作，提供电子商务进农村服务；青神县分公司与网易公司合作，作为联合竞标体获得物流配送中心和107个服务站的建设工程，负责青神农村电商示范基地的线下体系建设；新建便民服务站31个，累计建成762个，实现电费、助农取款、车险和票务等11项业务叠加，打造综合服务平台体系。

【安全生产】2015年，眉山邮政公司加固改造24个代理金融网点，截至2015年12月31日，全市80个金融网点全部完成加固改造，并安装防弹玻璃、防尾随门电视监控设备，实现与110报警系统联网，完成彭山、洪雅、青神三类业务库改造。开展“合规大行动”、网点风险等级评价等专项检查，企业安全生产稳步提升。

【和谐建设】2015年，眉山邮政公司建成职工小家66个、投递员之家5个、职工食堂6个，并实行定额补贴；建立重大节日送温暖与日常帮扶相结合的帮扶体系，慰问员工200人次，发放慰问金(品）1万余元；建立年会先进表彰机制，表彰先进集体和先进个人100余人次；开展“春节游园”“五四”登山跑以及足球兴趣活动，丰富员工业余文化生活；全年687人次自愿加入员工医疗互助会，为19人次申请医疗互助金，补助金总额2万余元。

【服务地方】2015年，眉山邮政公司“邮政便民服务站”建设被市委、市政府纳入全市十大民生工程；联合市委宣传部、市文明办等部门举办第十一届少儿书信活动，涉及参赛学校328所，参赛人数14万人；直接联系服务仁寿县方家镇斑竹村，为18户联系户送去大米、食油等慰问品和慰问金计1.39万元，树立企业形象。

（眉山邮政公司）

信息业

Information industry

中国电信眉山分公司

【市场经营】2015年，电信业务总量9.96亿元，主营业务收入实现5.2亿元，纳税金额2512.11万元。截至年末，天翼用户总数54万户。推进“宽带乡村”工程和“光网城市”建设，6月30日，建成全省首批全光市，年末光纤宽带用户31万户。年末电视用户27.39万户。ITV（互动电视）发展创造全省单日发展最高纪录。新建专营渠道53家（其中城市28家、农村25家），专营渠道总数增至391家。翼支付用户数27.64万户，活跃用户8.85万户。翼支付商户净增595家，完成率居全省第一，交易额1.96亿元。

【数字城市建设】2015年，中国电信眉山分公司实施“超宽带、大视频、全智能”的“网络强市”行动。打造全程智能化运营管理的光网络，加快提升信息化服务能力；丰富“互联网+”应用，引领光网宽带和信息化发展新潮流，政企业务聚焦信息化项目，发展居家养老用户5.7万户，建设“幸福美丽乡村”，启动“12345”党务政务服务平台项目，推进校园信息化项目，为“智慧城市”打下基础，为全市人民提供用得上、用得起、用得好的信息化服务。

【网络建设和运营】2015年，中国电信眉山分公司提升网络保障能力，建设部门顺应营销节奏需要，适度超前建设，提升全光网及4G（第四代网络通信技术）网络承载能力。维护部门创新运行维护管理模式，宽带网、无线网主要维护指标居全省前列，荣获中国通信企业协会“运维支撑先进集体”称号。安装维护管理部门强化合作伙伴管理和装维单兵作战能力提升，有效应对突发性的大批量装机需求。

【有线建设】2015年，开展四期宽带乡村建设以及仁寿国家宽带乡村建设，累计建成端口14余万个，全省占比3.57%，完成一至四期宽带乡村任务书建设，全年累计综合造价全省排名第二。承载网建设上，全年IP城域网完成200×10G带宽的端口建设、新增4台MSE（多服务边缘路由器）及19台汇聚交换机，满足全市宽带、视频业务发展。传输专业新建13个OTM（光终端站）站、143个10GE（万兆以太网口）波道，支撑数据、政企业务开通。新建660套IPRAN（无线接入网IP化）A、B设备保障全年4G建设进度。新建中继光缆芯8513千米，为所有业务开通提供支撑。

【无线建设】2015年，4G建设重点在城区和乡镇，涉及铁塔、移动、联通工作协调和共建共享工作。全年累计开通C网站92个，LTE站449个，其中新建LTE站343个（共享移动站108个，联通站136个），提前完成三期基站建设任务，其中一、二期获得720大会战铜奖，三期1030任务全省排名第五。为宽带乡村匹配新建C网基站42个，宽乡二期、三期、四期C网基站建设开通进度全省排名分别为第五、四、二名。截至12月，全省城区LTE覆盖率“RSRP（手机接受信号强度）指标”、C网主要性能指标“万用户掉话次数、Ec/Io、C/I优良比”指标达标，综合网络质量排名第五名。截至年底，C网规模为840个（含室分），全省占比3.46%；LTE规模为859个（含室分），全省占比3.33%。

【基础管理】2015年，中国电信眉山分公司各部门协同完成管理支撑系统（MSS）上线工作，强化事权审批、资金管理、工程管理、合同管理和采购管理，严控账外工程，严把工程质量，取得实效。加强实名制、安全生产、信息安全、法律事务、舆情管控等工作，确保企业安全稳定。深化改革，推进“电视宽带手机服务中心”，划小收入规模较大的城区分局，落实责任制，选好用好责任人。完善“倒三角”支撑体系，解决一线实际问题，扫除发展障碍。

（谢慧）

中国移动通信集团四川有限公司眉山分公司

【概况】2015年，中国移动通信集团四川有限公司眉山分公司（以下简称“眉山移动”）投资3.5亿元、投入成本超5亿元加快打造4G（第四代移动通信网络）无线通信网、宽带电视有线网，加快市场培育，促进本地信息消费水平提升。逻辑基站4470个，其中4G基站数1980个；服务180余万客户，其中4G客户数突破50万；全年新增宽带电视用户5.4万户，有线宽带电视用户份额超过30%。2015年，完成考核收入10亿元，综合目标考核列全省第七；本地缴纳入库税款4596万元。被中央精神文明委员会评为第四届“全国文明单位”。

【无线网建设】2015年，眉山移动解决4G网络连片覆盖、室内覆盖问题。在4G网络上实现各区（县）城区、高校、景点、交通干道的连续覆盖，100%乡镇的全覆盖以及超过50%的行政村覆盖，4G网络下载峰值速率达到每秒100兆字节。本地运营商推出载波聚合技术（4G+），并在政府、高校、商业场所等数据业务热点区域部署，覆盖区域网速达到“4.5G”，实现在线高清视频的秒点秒开，下载峰值速率达到每秒300兆字节。

【家宽电视有线网建设】2015年，眉山移动加快宽带战略性公共基础设施的发展与普及。3月，眉山移动被市政府纳入“宽带乡村扩大试点工程”实施单位，完善城区、乡镇驻地光纤宽带覆盖，传输网、IP（网络之间互连的协议）承载网扩容，互联网电视质量提升等提速提质工作。全年新增家庭宽带电视端口能力数12.8万线，市—省出口带宽200G，县（区）—市出口带宽中东坡、仁寿80G，其余区（县）20G，实现城区住户覆盖率76%，行政乡镇住户覆盖率100%，农村住户覆盖率45%；城区具备每秒100兆字节光纤接入能力，城区宽带用户平均接入速率每秒20兆字节以上。

【智慧城市建设】2015年，眉山移动以“政府倡导的、社会关注的、群众需要的”为企业运营出发点，开展智慧城市涉及的各类民生和行业信息化项目建设。全年投入资金近5000万元，建设优质信息化项目42个，其中，全市公积金“12329”短信平台、企业移动办公应用、智慧旅游平台以及洪雅七里坪、三苏博物馆景区信息化项目、智能公交项目、居家养老平台、农信通“6995”平台等有代表性的项目，展示眉山移动公司技术优势和综合优势。

【社会民生服务】2015年，眉山移动实施“提速降费”行动，先后发布“光网宽带，全面提速”“4G流量，翻倍畅享”“全家用移动，宽带电视免费用”等行动。打造安全、健康的网络环境，重拳整治“黑卡”，对已入网和新入网用户实施实名制登记，存量用户实名制率91.62%，对未实名制的用户从2016年1月1日起实施限制办理业务直至停机处理；利用各种技术和管理手段进行垃圾短信、诈骗电话监测和拦截、开展“伪基站”自动侦测筛选，配合公安等部门对其进行打击。带动下游产业发展，在全市建立渠道营业网点678个，一村一店1188个，间接带动三方从业人员超过5000人。聚焦留守儿童群体，打造公司微公益活动品牌，联系仁寿县马鞍山九年制义务学校，启动对50个留守或贫困儿童的圆梦活动，并向校方捐赠2万元用于少年宫建设。

【企业管理】2015年，眉山移动开展安全生产二级达标活动，强化安全基础管理和隐患整治，通过四川省安全生产标准化二级企业（通信）认证。加强精神文明和文化建设，开展“道德讲堂”、员工“压力与成长”辩论赛、《风信子》读书会等活动，被评为“全国文明单位”并继续保持“集团企业文化三星级示范点”称号。

中国联通

【市场经营】2015年，中国联通眉山市分公司（以下简称“眉山联通”）完成收入1.95亿元，收入增幅排名全省第十位，其中移动业务收入1.58亿元，固网业务收入3733万元；各类在网用户41.6万户。

【网络运营】2015年，眉山联通投入1.8亿元打造移动、宽带网络，沃4G网络规模扩大，新建基站519个，增至1040个，无线覆盖率80%，市区、县城城区、国家AAAA级以上旅游景点、跨省高铁等重点场景4G全覆盖。4G网络连接成功率99.5%。关口局实现IP（网络之间互连的协议）化，固网IMS（IP多媒体子系统）投入使用，VOLTE（通过4G网络实现的语音通话）全面部署，4G网络提供数据业务，同时提供音视频通话。

【数字眉山建设】2015年，眉

山联通发展城市光纤建设，并向乡镇覆盖。启动全市网络光纤化改造建设，完成DSLAM（数字用户线路接入复用器）存量小区全光化改造，全网新建FTTH（光纤到户）端口1.6万个，一、二类乡镇及以上城区实现100%覆盖，三、四类乡镇实现50%以上覆盖。推进眉山信息化进程，为党政机关、金融单位、企业园区等提供一揽子信息化解决方案。

中国铁塔股份有限公司眉山市分公司

【概况】2015年，中国铁塔股份有限公司眉山市分公司（以下简称“眉山铁塔公司”）设综合部、财务部、运营发展部、建设维护部等4个部门及6个区域办事处。2015年完成投资1.64亿元，比3家（电信、移动、联通）运营商独立建设节约投资1.93亿元，节约土地3.7万平方米。与3家运营商签订单项服务协议1208份，签订完成率98.65%；全年出账收入1807万元，利润总额92万元。建立跨专业、跨部门的协同机制，实现“资产清查、存量改造、资源系统”的“三同时、三结合”管理，完成资产清查2次，自有物理站址3403个，资产原值3.8亿元，全省占比4.1%，存量资产价值规模全省第十一位，分别完成与3家运营商《资产交割函》签订。

【业务运营】2015年，眉山铁塔公司承接运营商需求1407个，其中新建307个、共享995个，年度需求交付率100%；全年起租1208个，起租率98.65%，运营商年度需求满足率100%，新建站址共享率84.94%。启动东坡及仁寿湿地公园、岷东新区、天府新区视高区域专项规划建设工作，完成规划点位22个。立足“需求—交付”全流程管理，推进工期、质量、造价、合规、安全和阳光“六要素”项目管理，建立全流程控制标准。面对骨头站占比高达30%的现实困难，探索“四力驱动”（内部管理理念，主要是：牵引力，推动力，凝聚力和感染力）管理，破解选址难题，铁塔公司选址认领数、选址成功数超过70%。推进重点敏感区域4G基站建设，成立“基站选址攻坚小组”，先后完成东坡区思蒙镇石沱村7组、泥贺村7组等多年未攻克站点建设。12月，成绵乐高铁眉山段最后一个4G基站落成，实现了高铁沿线全程4G网络信号无缝覆盖。公司加快维护体系建设和维护对接，成立维护中心，选定新建代维队伍，建立“集中监控+属地维护”生产模式，初步建成一级平台、无线方式的运维监控系统，开展维护对接试点。

【企业管理】2015年，眉山铁塔公司坚持以市场为导向，搭建运营商市县两级客户需求管理模型，推进行业资源共享整合，提升网络基础设施效益，实现与运营商共同发展。建立“虚拟服务团队”，落实“员工—部门—公司”三级需求对接管理，提升需求对接受理效率。建立区（县）、市公司满意度测评及闭环的客户投诉管理，做到问题“有反映、有跟踪、有解决、有反馈”。强化结果导向，开展目标管理和绩效管理，建立横向覆盖部门、纵向落到区域的评价体系。

2015年7月，眉山铁塔公司组织对东坡区尚义4号站30米美化灯杆进行吊装

城乡建设与环境保护

Urban and rural construction and environmental protection

城乡规划

【总体规划修编】2015年，眉山市城乡规划局（以下简称“市规划局”）结合彭山撤县建区和天府新区上升为国家战略历史机遇，启动第四轮《眉山市城市总体规划》修编，面向社会公开征选方案，8月确定北京清华同衡规划设计研究院有限公司承担评估和编制任务，完成《〈眉山城市总体规划（2012—2020）〉实施评估报告》。加快各县（区）城市总体规划报批，丹棱县、洪雅县城市总体规划获省人民政府批准，仁寿县、青神县城市总体规划报省住建厅组织专家评审，等待省政府批准。

【专规和详规编制】2015年，市规划局承担规划和测绘项目32项（含城市总规修编）。编制完成《“五馆一中心”设计方案》《眉山城区环城区域分区规划》《眉山市中心城区步行和自行车交通系统专项规划》《测绘标志普查与维护》《世界最美小镇、街道和建筑选编》等项目16项，初步完成《眉山市中心城区城市设计优化及导则》《大东坡湿地公园策划与规划》《眉山城市地下管线综合规划》《眉山城市地下管廊建设专项规划》《地理信息公共平台三维城市建模升级与扩建》等项目16项，基本实现中心城区从地上到地下、从功能到民生、从工作学习到休闲娱乐规划全覆盖。

【优化乡镇规划】2015年，市规划局按照中央、省、市加快推进新型城镇化要求，对“乡镇规划大会战”完成的113个乡镇总体规划、详细规划以及形象设计进行重新审视、优化完善。思蒙镇、白马镇、柳江镇、高庙镇、双桥镇、黑龙镇等11个重点镇规划经市规委会审查通过，富加镇、瓦屋山镇、汉阳镇等5个重点镇规划经市规划局业务会审查通过，其他重点乡镇和一般乡镇规划基本通过县级层面审查，构建起市、区（县）、乡（镇）三级完整规划体系。5月，洪雅柳江镇总体规划被住建部列为全国镇规划示范，在全国宣传推广。

【园区和景区规划】2015年，市规划局编制完成《机械产业园区控制性详细规划及城市设计》，加快推进《现代工业新城总部经济区

2015年3月11日，市城乡规划局组织对三苏祠进行数字化三维建模工作

控制性详细规划和城市设计》编制进度。编制完成《岷东新区西片区户外广告专项规划》《岷黑大道工程设计方案》《"岷东中国樱花第一城"项目策划及概念规划》。指导青神中岩寺景区规划（9月28日重新确定规划编制单位编制）、洪雅柳江镇柳坝片区修建性详细规划、东坡区尚义镇中心村省级历史文化名村保护规划编制。

【测绘基础工作】2015年，市规划局完成"数字眉山"地理信息公共平台建设，获中国地理信息科技进步三等奖、全国优秀测绘工程金奖。完成地理信息公共平台三维演示大厅建设、城市规划信息化管理系统建设以及眉山地下管网三维信息管理系统。完成测绘单位资质年检19家、测绘单位资质升级2家，测绘项目备案124项，测绘成果质量检测20项。完成用地红线图审签17幅，放验线82宗。

【完善管理制度】2015年，市规划局启动《眉山市城市规划管理条例》（即城市规划"宪法"）编制，完成初稿报市规委会审议。结合工作实际，开展《眉山市规划管理技术规定（2015版）》修编（5年内第4次修编），通过专家评审。健全和完善建设项目报建、方案审批、规划放验线、规划核实、建筑外立面风貌改造，重点完善规划设计方案审查、施工图审查以及工程样品现场确认材质色彩等制度，形成规划管理制度体系。

【行政服务工作】2015年，市规划局严格执行国家法律法规，加强"五线五面两率"（五线：红线、绿线、蓝线、紫线、黄线；五面：建筑的四个立面和屋顶形态；两率：容积率、绿地率）管控，全年依法办理《建设项目选址意见书》65份、"建设用地规划许可证"74份、"建设工程规划许可证"179份、"乡村建设规划许可证"10份。建立行政权力清单、政府责任清单和市场准入负面清单"三张清单"制度，所有规划行政权力事项全部进驻政务服务中心，规范行政权力运行。严格执行"四个当天"制度，最大限度缩减办事时限，实现"一书两证"（《建设项目选址意见书》、"建设用地规划许可证"、"建设工程规划许可证"）审批时限由法定20个工作日缩减为5个工作日。开通"绿色通道"，提供"保姆式"全过程规划服务，针对重大房地产项目、重大基础设施项目、招商引资项目、民生工程项目等，在项目选址时提前介入，主动做好规划服务和技术指导，推进项目进度。

【规划方案审批】2015年，所有规划方案均提交规划技术评审委员会、建筑艺术评审委员会、公众评议委员会评审，在审查环节中，注重审查规划项目的"三性四态"（三性：合法性、科学性、前瞻性；四态：项目形态、文态、业态、生态）以及是否符合法律法规、政策要求、技术规范等，全年审查审批各类建设项目117个，其中房地产开发项目85个，面积139.3万平方米。依法开展规划和项目方案公示，广泛收集群众意见，主动接受群众监督，全年公示规划和项目方案135个，公示率100%。

【推进新型城镇化】2015年，市规划局以眉山城区、各县城为主战场，各乡镇为补充，推进新型城镇化。全年全市城镇化率约提高1.95%，新增城镇人口约5.85万人，新增城镇建成区面积约9.1平方千米。4月，在天津大学举办第三期新型城镇化专题培训班，培训市级相关部门、区（县）、园区有关领导和专业技术人员70人。

【规划监督】2015年，市规划局配合省政府派驻眉山城市规划监督员开展规划监督工作，配合市人大常委会开展《中华人民共和国城乡规划法》执法检查，配合市城乡规划监督委员会开展规划执行监督检查，及时发现、纠正违法违规建设行为27起。指导区（县）、乡（镇）完善规划监督委员会职能职责、工作规程，发挥市、区（县）、乡（镇）三级规划监督委员会和社会公众监督作用。

【执法监管】2015年，市规划局加大城市规划区新建、扩建、改建违法建设查处力度，严肃查处铁环路二手车市场、天盛长岛小区等违法违规案件。全年开展在建工程规划专项检查120余次，立案查处19起违反规划的行为，处罚金额约105万元。抓好群众信访案件办理，全年办理市长热线、市长信箱、群众来信来访、网络电话投诉等252起，全部处理完毕，案结群众满意率98%以上。

【规划核实】2015年，市规划局精简办事程序，优化办事流程，依法依规对项目容积率、绿地率、停车位、建筑高度、配套设施等指标进行核实，全年核实建设项目80个，面积213万平方米，核发竣工规划核实合格证75份，依法追缴土地出让金和城建规费46万余元。

（市规划局）

城乡建设

【概况】2015年，全市住建系统以新型城镇化为总揽，实施统筹城乡攻坚，推进新型城镇化、棚户区改造、房地产业、小城镇建设、基础设施建设等。眉山成功创建国家新型城镇化试点城市，棚改开工率、货币化安置完成率、国开行贷款使用率、农村危房改造居全省第一。农村居民进城购房"眉山做法”受到住建部、省政府肯定，相关工作先后23次受到省政府分管领导，市委、市政府主要领导肯定性批示。全年，全市完成城镇建设投资206亿元，其中眉山城区完成投资58亿元。

【国家新型城镇化综合试点工作】2015年6月3日，国家发改委等11部委启动第二批国家新型城镇化综合试点工作。眉山市采取行动，先后召开部门协调会6次，编制单位对接会5次，修改完善5次，15天完成申报方案编制。分管副市长先后6次带队赴省级相关部门和国家有关部委争取支持。8月29日，眉山市通过国家发改委等11部委的评审。11月25日，收到国家11部委试点批文，眉山市新型城镇化工作获得先行先试发展新机遇。11月26日，市委、市政府组织召开新型城镇化推进暨国家新型城镇化综合试点工作启动会，安排部署试点工作。

【房地产业】2015年，市委办、市政府办出台《关于引导鼓励农村居民进城落户促进城乡统筹发展的试行意见》，引导农村居民进城入镇；市住建局、东坡区政府办联合印发《落实〈引导鼓励农村居民进城落户促进城乡统筹发展的试行意见〉有关购房补贴实施办法的通知》，指导各区（县）制定相应优惠政策。坚持“五天一报”“五天一查”，做好补贴资格审核、公示、发放等工作，确保购房优惠政策落到实处。眉山城区累计发放购房补贴约2.5亿元，其中政府补贴约1.5亿元、企业补贴9959万元。全市房地产开发投资、商品房销售、竣工分别比2014年增长12.1%、29.8%、16%，商品房销售居全省第三，尤其在鼓励政策实施的5—12月，商品房销售面积、金额增长幅度均在50%以上，农民进城购房比例达80%。“眉山做法”受到住建部关注，得到省政府肯定。眉山作为全国4个受邀城市之一参加住建部部长陈政高主持召开的专题座谈会。

2015年，市住建局制定《“两走一对接”工作方案》，局班子成员联系80家房地产企业，深入开发楼盘、施工现场了解问题，分类建立台账，协调解决相关问题52个。妥善化解调处鑫龙湾、银鹏·九龙豪府等开发项目引发的民工工资、工程款、办证等涉稳问题。深入区（县）、乡（镇），先后召开座谈会8次，走访群众300人次，发放问卷3600份，在全市范围内开展房地产市场集中调研，委托国家统计局眉山调查队选取2500个样本抽样调查。拟制《关于促进房地产业健康发展的思考与对策》，提出《2016年房地产工作建议》，谋划2016年元旦春节房交会及相应刺激鼓励政策，供市委、市政府参考决策。

【棚改货币化安置】2015年，制定《棚户区改造货币化安置补偿办法》，全市各区（县）及岷东新区均制定出台相应办法。全市停止新建棚改安置房，全面实施货币化安置，棚改货币化安置工作居全省前列。全年棚改货币化安置4910户，货币化安置完成率居全省第一。对接省住建厅、国开行，争取贷款项目和资金。10月，太和片区棚改项目成功申贷5.1亿元。累计争取第一、二、三批贷款35.6亿元，放贷金额居全省前列。国开行贷款累计到账资金13.21亿元，支付12.32亿元，资金支付率居全省第一；建立棚改台账机制，实行周统计、月通报、季督查，先后4次会同市政府督查室、市统计局专项督查区（县）棚改项目建设、资金使用等，印发督查通报12期。

【小城镇建设】2015年，全市分类推进国家级重点镇、省级试点镇、市级特色镇建设，打造县域次中心，凸显重点镇、中心镇的辐射带动作用。成功申报省级试点镇5个。全市拥有国家级重点镇10个，省级试点镇13个，市级特色镇22个。全年带动和吸引周边农业转移人员2.5万人就地、就近城镇化。坚持“一镇一业”“一镇一特”，市住建局会同市发改、经信等5个部门，贯彻落实《关于支持眉山市特色镇产业发展有关问题的通知》，因地制宜，依托资源，培育核心产业，壮大产业支撑。整合建设、农业、旅游等多方资源和资金，加大集镇道路、管网、园林景观、污水和垃圾处理设施等公用设施建设力度，提升场镇综合配套功能。2015年，全市乡（镇）建设完成投入20亿元，乡（镇）扩大镇域面积7.2平方千米。通过建立一户一档、一户一卡，做到危改户应改尽改、应补尽补，全年改造农村危房8297户，连续4年居全省第一。

【建筑业】2015年，市住建局支持企业新办、升级、增项，促进企业做专做精，做大做强。全年全市新增一级企业6家，总数13家。加大建筑工程“九大员”（以前指九种岗位，现已增至土建施工员、土建质量员、设备安装施工员、设备安装质量员、装饰装修施工员、装饰装修质量员、市政工程施工员、市政工程质量员、安全员、材料员、资料员、机械员、劳务员、标准员、测量员、试验员16个岗位）、建筑“三类人员”（项目负责人、企业主要负责人、专职安全员）、特种作业、职业技能鉴定等培训工作。组织开展各类培训25期，培训人员6980余人次，其中岗位培训3680人次，特种作业操作培训969人次，“三类人员”培训813人次，职业技能鉴定243人次，补换证1275人次。深入40家建筑业企业，帮助解决实际问题36个。全市完成建筑业产值230亿元，成建制劳务输出17.8万人，实现建筑劳务收入91亿元，新增就业岗位1万个。

【项目遗留问题】2015年，市住建局对2011年以来招投标后未开工或开工后又停工的14个市政项目进行分类梳理，先后召开项目协调会12次，逐一分析原因，提出方案加快推进。截至年底，崇光街等4个项目因不具备施工条件报请市政府同意取消，同运南街、苏洵公园竣工并移交，江公街、育才东街、江乡路、金城巷等8个项目进场施工。

【项目建设】2015年，市住建局建立完善项目推进机制，针对市政工程项目在招标工程量清单、招标控制价、招标文件编制、暂列金使用、工程款项拨付等环节存在把关不足、权责不明等问题，研究制定《政府投资项目招标工程量清单、招标控制价内部审核制度》等5个内部管理办法，明确有关单位和科室在项目推进中的职能职责，实施全过程监督管理，有效解决项目建设技术把关和审核审查问题。整合城投公司、市政处专业技术力量，成立三个项目推进小组，细分责任，分级负责；建立工程建设周例会制度，抓进度、查问题、解难题、列计划，全时、全员、全力推进。协调对接东坡区、市国土、市财政等部门，加快项目推进。东坡湖污染治理截流工程、湖滨路拓宽工程、通义路中段整治等项目完工，完成投资约2亿元；东坡大道、东坡湖污染治理南延段等重点项目加快推进。

【行政建设】2015年，市住建局先后召开专题会议5次，制发《关于进一步优化行政权力和提高行政效能的通知》，对行政审批事项逐项逐条清理、优化，所有审批项目全部进政务中心办理，分清职能职责，做到“权力进清单、清单之外无权力”，规范行政审批。遴选12名人员到窗口工作，明确局内中层干部提拔优先考虑窗口工作人员，年度考核按30%的比例向窗口同志倾斜。审批项目由原来的9项优化减少到7项，施工许可前置条件由原来的25项减少到16项，商品房预售许可前置条件由原来的12项减少到7项，审批时限由原来法定最高20个工作日缩短到3个工作日。行权平台录入700余件,行权办理结果公示4.4万余件，评议满意率100%。浙江、福建及自贡、南充、甘孜等省内外相关单位到眉山学习考察住建工作，新华社、《人民日报》《光明日报》《四川日报》等中央、省主流媒体宣传报道。

【工程质量治理】2015年，市住建局开展工程质量治理两年行动。先后7次召开全市性的动员会、观摩会、现场会、座谈会、总结部署会，突出安全生产、扬尘治理、文明施工，开展大排查大整治，规范市场行为。对全市在建工程开展专项督查6次，安全抽查1760次，复查1110次，依法查处违规企业11家，罚款127万余元，相关问题及时整改。2015年，4个项目被评为省级机构优质工程，5个工地被评为省级标化工地。

【综合监管执法】2015年，市住建局制定《关于进一步规范和加强建设行政执法工作的意见》，明确13个科室和单位具体执法责任，整合内部力量，充实执法队伍，形成“一个拳头”执法局面，对住建领域市场活动进行综合监管执法。全年巡查1000余人次，巡查项目180个，出具整改通知书14份、停工通知书10份，行政处罚11件，处罚金额125.8万元，比2014年增长482.2%。

【信访维稳】2015年，市住建局针对民工工资、房屋质量、项目停工、延期交房等焦点问题和信访遗留问题，制定《信访维稳工作处置流程》，明确工作职责，完善调节机制，实施包案化解，加强预售资金和民工工资监管，化解了龙跃熙炎景城、春天系列、鹭湖国际等一批信访突出问题。全年受理信访案件598件，办结589件，办结率98.5%。

【行业协会改制】2015年，完成市房地产业协会脱钩改制，全面实行市场化，发挥行业协会规范、自律和调解作用，强化参与市场监管能力。

【行业服务】2015年，市住建局直接参与监管中心城区的发包工程76个，发包总价56.3亿元，建筑面积约264.1万平方米，分别比2014年（下同）增长117%、278%、477%；办理施工图审查备案102件，建筑面积200.8万平方米，分别增长32.5%，36.3%；发布造价信息20余万条，增长43.3%；重点工程档案进馆率100%；散装水泥推广使用量497.8万吨，散装率46.1%。招投标、勘察设计、造价管理、城建档案等行业服务能力增强。

（市住建局）

住房公积金管理

【住房公积金缴存】2015年，眉山市住房公积金缴存人数11.2万人，比2014年增长4.08%；公积金综合覆盖率88.88%，新增缴存15.65亿元，缴存总额71.57亿元。市政府印发《关于进一步扩大

2015年12月4日，眉山市住房公积金管理中心人员在激情广场为群众讲解住房公积金政策

住房公积金制度覆盖面的通知》，对住房公积金的缴存范围、缴存基数和比例、缴存时间等作出明确规定和要求；市住房公积金管理委员会出台《眉山市住房公积金归集扩面工作部门协同实施办法》，建立住房公积金归集扩面协同机制；市住房公积金管理中心出台《眉山市住房公积金引导鼓励农村居民进城购房落户的实施细则》，允许有进城购房落户愿望的农村居民缴存住房公积金并申请贷款。2015年6月，在仁寿县的缴存单位中试行网厅缴存业务。

【住房公积金提取】2015年，全市提取住房公积金10.03亿元，占全年归集额的64.1%。市住房公积金管理中心出台《关于对住房公积金提取办法进行部分调整的通知》，取消提取公积金单位审批，取消租房提取须房屋租赁合同登记备案，取消提前还贷提取受提取时间间隔限制，取消眉山市范围内住房公积金贷款提前还贷提取、每年还贷款本息提取须提供银行出具的贷款余额清单和近三个月还款记录的规定，将职工大修自住住房提取由原规定“须提供所在地社区居委会、房管部门或者村委会的情况说明”，调整为提供房屋安全鉴定部门一年内出具的C级或D级危房鉴定报告。截至年底，开始试行授权委托提取按月对冲还贷业务。

【住房公积金贷款】2015年，全市发放住房公积金贷款4902户、金额10.89亿元，累计发放贷款47.3亿元，贷款逾期率0.13‰。市住房公积金管理中心印发《关于对住房公积金贷款政策及办理流程进行部分调整的通知》和《关于业务办理有关证明材料出具办法的通知》，将全市最高贷款额度统一到35万元，将首套普通住房住房公积金贷款最低首付比例由原“90平方米及以上30%、90平方米以下20%”统一调整为20%，二手房最低首付比例由原40%调整为20%；取消借款人到购房所在地房管部门查询房屋产权产籍环节，取消本市缴存职工申请住房公积金贷款开具住房公积金缴存证明；取消单身证明。

【资金管理】2015年，全市住房公积金个贷率99.27%，居全省第二位；资金使用率99.62%。全市住房公积金增值收益1.04亿元，增值收益率3.15%，综合费用率0.5%。计提贷款风险准备金759.03万元，提取廉租住房补充资金8285.58万元。12月，市住房公积金管理中心提请市政府常务会议审议通过《关于实施公积金贷款转商业贴息贷款的请示》，与中国银行眉山分行开展“公转商”贴息贷款业务，产生的利息差由市住房公积金管理中心与中国银行眉山分行结算。

（市住房公积金管理中心）

城市管理

【概况】2015年，市城管执法局按照“123”工作思路（即：坚定“以人为本、和谐管理、文明执法”工作理念，健全“大城管”和市场化购买服务两个工作机制，推进城市管理、秩序和作风建设三个新常态），加强城市管理，强化城市经营，突出市场化购买服务，以精细化、标准化、制度化推进城市管理工作提档升级。

【法规案件办理】2015年，市城管执法局做好规范性文件修订工作，通过对外征求相关单位意见、市法制办审核、市政府审批等程序，由市政府印发《眉山城区占道经营管理办法》《眉山城区城市绿线管理实施办法》《眉山城区洗车场管理办法》等规范性文件6个。开展执法培训和“六五”普法收尾工作，邀请北大知名教授崔和平授课。全年审查办理简易程序案件951件，一般程序案件31件，累计罚款金额23万余元。

【公用设施移交管理】截至

2015年12月底，市城管执法局组织下属事业单位做好新建公用市政设施的移交接管工作，接管市政道路长度45.49千米，面积240.22万平方米，水域面积1.42万平方米，园林绿化管护面积94.29万平方米，路灯2.94万盏，公厕6座，垃圾地库2座。

【城市防汛管理】2015年，市城管执法局组织局属各单位开展汛前自查。6月下旬，组织东坡区政府、市国土资源局、市水务局等单位对城区内涝隐患进行排查，发现内涝隐患40处。制订《2015年眉山城区内涝隐患整治任务分工表》，督促各单位保持警惕，落实防汛责任，检查重点区域、部位，及时排除内涝隐患，确保安全度汛。

【城市光彩工程建设管理】2015年，市城管执法局会同市住建局、市规划局等部门开展东坡大道、眉州大道、岷江大道、湖滨路的光彩亮化工作，实施岷东新区及城区部分重要道路和节点的亮化工作。

【行政许可】2015年，市城管执法局行政许可窗口接受申请317件，受理317件，办结率100%，无错办、漏办、超期办结行为；确保满意率“五个100%”（五个满意率：项目集中率、窗口受理率、按时办结率、群众满意率、内部满意率）。做好市级行政权力集中进入中心运行，公示行政权力事项，制作新的办事指南。统一提供并指导填写事项申请书格式文本。

【项目建设】2015年，市城管执法局负责22个项目建设，总投资估算2.64亿元，其中，续建项目10个，总投资估算1.3亿元，新建项目13个，总投资估算1.34亿元。制订《眉山市城市管理行政执法局采购工作办法（试行）》，完成局机关及下属各事业单位采购项目34个。眉山市城市生活垃圾环保发电项目总投资6.8亿元，其中一期建设5.2亿元，完成投资3亿元，完成主厂房部分混凝土浇筑、反硝化池基地清理、综合楼封顶、清水池顶板铺设钢筋梁绑扎以及部分设备采购等工作。每周召开1次项目分析会，及时解决项目推进中存在问题；与市发改委、市财政局、市国土资源局等相关单位衔接，协调推进项目开展，全年推进市级投资项目22个。

【园林管理】2015年，市城管执法局下属事业单位市园林局实施园林绿化项目工程。开展互通立交外园林景观工程、西来堰桥下及水碾河公共绿地景观绿化工程、东坡竹园等重点绿化项目。完成眉州大道、岷江大道等主要干道乔木、灌木等补植工作并进行精细化疏枝、整形。完成“绿海明珠”大会战中心城区绿化美化。市园林局编制完成《眉山市园林树种及常用植物应用规划》《国家园林城市·眉山园林的中国姿态》。东坡城市湿地公园、三苏祠被命名为四川省重点公园。指导洪雅县、青神县创建四川省园林县城工作，其中洪雅县被省人民政府命名为“四川省园林县城”。

【路灯管理】2015年，市城管执法局下属事业单位路灯管理处开展职工技能培训和职工安全培训24次，举行业务技能大练兵活动4次，组织人员学习路灯知识和管理维护经验。完成检修路灯、配电控制柜、处理路灯地下网络故障各项管护任务。结合《眉山城区四条城市干道夜景亮化规划》方案，营造诗书城优美灯光环境。完成“三遥”（指具有遥测、遥信、遥控功能的系统，又称遥控遥测遥信系统）技术全覆盖。全年无安全生产责任事故。

【环境卫生管理】2015年，市城管执法局下属事业单位环境卫生管理处起草《五大强化措施》，打通街面“点状垃圾”视而不见、见而不管、管而不实的“体制梗塞”，整治“带泥出场”“抛洒滴漏”问题，提升街面保洁管理。渗滤液运输实现公司化运作，费用比2014年下降12%。拍卖1000个广告式果屑箱、1600个广告式垃圾房广告经营权，成交额283万元，节省维护费100万余元。市环卫处制定《环卫工人工资结构调整方案》，将30类岗位合并为3类11级，分类定岗、以岗定酬，统一工资标准，解决同工不同酬问题。

【市政管理】2015年，市城管执法局下属事业单位市政管理处加大市政设施巡查维修力度，对发现存在安全隐患的市政设施，做到整改到位、修复到位。利用信息报送电话、网络平台，把市政设施片区责任的巡查和监管工作落实到每名干部职工。全年修复人行道7.72万平方米，车行道17.1万平方米，沥青路面1.79万平方米，路缘石2086米，雨水篦子1111个，井盖738套，花台2926米；维修沥青路面灌缝4.4万米、健身器材124件、栏杆497米。3月起，疏通清掏城区63.5万余米雨污水管网及2.63万座检查井、2.76万个雨水口。

【市容环境管理】2015年，市城管执法局市容环境管理支队对城区500余处占道堆放易产生扬尘的沙石、煤炭、建材等，采取覆盖防尘布、打围遮挡、清理铲除等方式加强防尘处理。规范夜市摊点出摊时间，规范杭州路等50余处摊点炉灶店内经营。完成双凤创业街临时市场搬迁工作，取缔以街代市局面。规范城区信息亭（棚）管理，开展集中治理10余次，拆除闲置亭（棚）6个，督促36个邮政、报刊售货亭、治安岗亭申请行政许可。将东门狗市、鸽市搬迁至原东坡湖公园外，取缔湖滨路远景楼亲水平台茶摊业主违规搭建的棚伞8

个。拆除各类破损、违规设置灯箱、标语、店招等户外广告2000余处。市容支队制定并实施《眉山城区夜市摊点设置标准》《夜市积分管理制度》，改善夜市经营场所卫生状况。

【数字城管中心】2015年，数字城管中心受理案件2.25万件，其中监督员上报案件1.92万件、视频监控案件3272件，配合交警、公安及市民查询交通肇事逃逸、治安、寻人等案件12起。完成信息系统升级，重点解决案件处置流程冗余，地图覆盖不完全、定位有误差等问题，实现指挥中心与专业部门、一线管理人员无缝化衔接。

【行政执法】2015年，市城管执法局行政执法支队办理行政执法案件128件，收缴罚款14余万元，按时办结率100%，办案正确率100%。开展大气污染防治整治，城区餐馆签整改协议198户，验收101户。开展“抛洒滴漏”集中整治，全年处罚各类违法车辆200余辆，处罚金额6.78万元。加强餐饮行业油烟污染控制，处理油烟污染投诉80余起。开展东坡湖禁渔工作，夜间和凌晨集中整治20余次，没收鱼竿150余根、渔网10副、渔具30余套。加强机动车停放收费管理，停车收费比2014年增长15%。与交警部门合作，整治乱停乱放机动车。全年受理市民投诉（建议、意见）1283件，办结率99%。全年印发督查通报10期，通报问题348个。开展专项督查4次，专项通报30余期。

【队伍建设】2015年，组建数字指挥中心、岷东新区分局，选派3名科级干部入驻岷东新区，对岷东的环卫、园林绿化等实行延伸管理。组织县级干部参加《东坡讲坛》、干部自主选学培训等培训；组织91人参加“提升依法行政，做人民满意公务员”主题培训，28人参加专业技术人员专业技术继续教育培训。

【廉政建设】2015年，市城管执法局制定《整治“庸懒散浮拖”问题落实“四个当天”制度实施办法》《党风廉政建设约谈制度》等相关制度，开展正风肃纪工作，深化作风建设。全年开展工作纪律督查46次，抽查局属部门和直属单位200余人次，纪检监察机构口头批评7人，约谈1人。拓宽干部提拔廉政审查渠道，通过本人自查，拟提拔干部的所在单位、服务对象等途径，全面了解拟提拔干部的工作作风和党风廉政情况。全年审查副县级后备干部4名，科级领导干部12名，科级非领导干部9名。

城乡环境综合治理

【概况】2015年，眉山市城乡环境综合治理办公室（以下简称“市治理办”）推动环境质量再提升、农垃治理（农村生活垃圾治理）保验收、城镇品质再提升、设施建设增投入、文明新风促和谐“五项重点工作”，提高市民素质，改善人居环境，眉山市城乡环境治理工作连续三年获全省一等奖。

【农村生活垃圾专项治理】2015年，全市开展农村生活垃圾专项治理。4月，眉山市作为全省第一批接受农村生活垃圾治理国家验收的八个市州之一，通过住建部等10部委抽样检查。眉山90%以上行政村实现“五有”（有齐全的设施设备、有成熟的治理技术、有稳定的保洁队伍、有长效的资金保障、有完善的监管制度），“农村五乱”（畜禽乱跑、柴草乱垛、垃圾乱倒、粪土乱堆、污水乱泼）得到整治，村容村貌改善，群众环境意识提高。省政府办公厅工作通报53期通报表扬眉山市农村生活垃圾治理工作，重点介绍丹棱县农村生活垃圾治理的主要做法和成效。12月，住建部等10部委关于四川省农村生活垃圾治理现场会议及授牌仪式在眉山召开。

【示范创建】2015年，实行眉山城区环境综合治理一月一考评、一月一通报制度和全市每季度“十佳”“十差”乡镇考评制度，完善季度“十佳”“十差”乡镇奖惩机制和眉山市城乡环境综合治理机制，促进长效管理。眉山城区、洪雅、彭山、丹棱县城及12个镇（乡）135个村庄创建成功的单位增添措施，巩固成果，发挥示范创建引领作用。青神县城及8个镇（乡）45个村庄（社区）被省委、省政府命名为2015年度省级示范城镇乡村。

【民生工程】2015年，完成省级民生项目4项，即农村生活垃圾治理项目、彭山区牧马镇环境基础设施建设项目、仁寿县汪洋镇污水处理厂及管网建设工程和青神县黑龙镇污水处理站及配套管网建设工程，省拨资金1983万元全部到位。超额完成“绿色基地”建设，在洪雅县将军乡洪三路种树935株，绿化面积0.73公顷，形成乔灌花草合理搭配、层次分明、错落有致的多色谱景观带。

【宣传教育】2015年，市治理办利用《眉山日报》、眉山电视台、《四川在线》、《博周刊》等宣传平台，开设城乡环境治理宣传专栏。引导群众参与，向全市印发《环境治理宣传手册》5万余册，向市民普及环境卫生知识。新华社、《人民日报》《经济日报》、中央电视台（1套、2套）、中央人民广播电台和《中国建设报》等6家中央媒体组成的采访团深度报道眉山市农村生活垃圾治理工作，宣传眉山形象，提高眉山知名度。全年全市接待省内外学习考察团近80批次。在各类媒体开设治理工作专题、专栏51个，在公共场所设置工作宣传栏、标牌2078个，组织群众性主题宣传活动669次，编发治理工作简报206期，组建志愿者服务队202支4700余人，开展志愿者服务活动500余次，成立文明劝导员队伍197支1800余人，组织开展文明劝导行动1800余次，劝导“不文明、不卫生”行为3万余人次。

【长效机制建设】2015年，市治理办构建城乡环境综合治理长效机制，逐步实现常态治理。落实治理工作专项经费1.2亿元，全市新增城镇保洁人员543人，农村保洁人员396人，城镇保洁人员总数和农村保洁人员总数分别为6141人和8269人；开展督导（暗访）活动900余次，受理、办结群众投诉500余件，通报批评责任单位、部门50余个，问责治理工作不力人员30余人。

【村（居）民自治】2015年，推进城乡环境综合治理村民自治。全市1117个行政村实现村民自治。利用一事一议方式，村民适度缴纳费用，全市村民缴费2000余万元，缓解农村生活垃圾治理“财政投入大、政府包袱重、安全隐患多、常态保洁难”问题。

（市城乡环境综合治理办公室）

环境保护

【环评审批服务】2015年，市环保局实施重大项目环评审批提前介入服务制度，主动上门服务和指导，参与项目选址等前期工作，提供环保政策咨询服务，先后为成眉石化园区中海能源LNG（液化天然气）项目、洪雅盛丰海绵钛项目等协助办理环评审批审查手续。在省环保厅取得环评批复17个，其中工业类项目11个、其他类6个。依法开展环评审批，市本级环评审批建设项目80个，其中工业类项目28个，环评审批率100%。与市环境监察执法支队配合开展市本级建设项目试生产现场检查，先后对瑞能多晶硅节能减排项目等现场检查，出具试生产意见44个。强化建设项目竣工环保验收，组织开展四川凯尔化工年产10万吨高塔造粒尿基（硝基）复合肥等20个项目的验收，环保验收率100%。

【污染物总量减排】2015年，市环保局印发主要污染物总量减排工作《意见》，层层签订目标责任书，将总量减排任务分解到各区（县）政府和市级相关部门。淘汰不符合国家产业政策的落后产能，排查重点工业园区企业，全年淘汰27户企业落后产能共计建材类21万吨、造纸类1.2万吨、生铁类10万吨、硫酸钠类28万吨。完成重点减排项目73个。

【大气污染防治】2015年，市环保局推进工业烟粉尘治理。加快水泥、化工、耐材、热电、造纸等重点行业除尘设施建设与升级改造，5家国控、省控重点企业全部安装废气排放自动监控设施；强化重点工业企业燃料、原料、产品堆场扬尘控制，安装视频监控，推进堆场密闭料仓与传送、自动喷淋等装置建设或顶篷、防风墙等设施建设，落实覆绿、铺装、硬化等措施。加强油气回收治理，完成加油站油气回收190家、储油库油气回收1家，油罐车全部整改完毕。控制建筑扬尘污染，建筑工地设置扬尘治理控制监管公示牌，并做到“六必须”（必须围护作业，必须硬化道路，必须设置冲洗设施，必须湿法作业，必须规范使用材料和清运料渣，必须配备保洁人员并定时清理施工现场）、“六不准”（不准车辆带泥出门，不准高空抛撒料渣，不准现场露天搅拌混凝土，不准施工场地积水，不准现场焚烧废弃物，不准现场堆放未覆盖的散碎料和裸土），对中心城区建筑工地开展扬尘污染专项巡查1100余次，印发《检查表》和《整改通知书》960余份、督查通报和督办函10余期。加强交通扬尘污染控制，实

眉山大气环境质量监测

施绿化带“提档降土”改造工程和裸土覆盖工程，覆盖率100%；实行建筑垃圾密闭运输，推行道路机械化清扫冲洗等低尘作业方式；加大城市管理行政执法力度，依法严格查处抛洒滴漏、带泥行驶、道路乱开乱挖以及擅自清运工程渣土等行为。加强机动车污染防治，实行城市主城区货运、工程等高排放车辆禁行措施；淘汰黄标车及老旧车2874辆。严格机动车环保合格标志管理，全面启动环保定期检验工作，设置环保标志核发点8个，新注册车辆环保标志核发率100%。抓好秸秆禁烧工作，严格巡查执法与督查，探索就地还田、生产有机肥等措施，加大综合利用力度。2015年,全市大气环境质量有所改善，中心城区环境空气主要污染物比2014年同期二氧化硫下降51.4%，二氧化氮下降32.7%，PM10（指粒径小于10微米的所有颗粒物的总质量浓度）上升9.2%。

【工业污染防治】2015年，市环保局抓好燃煤锅炉淘汰工作。完成燃煤小锅炉淘汰任务61台，节约标煤55万吨，减少二氧化硫排放9288吨，减少氮氧化物排放2869.55吨；建成区禁止新建燃煤锅炉，工业园区禁止新建20蒸吨以下燃煤锅炉。开展流域总磷污染调查，对岷江流域东坡、彭山、青神、丹棱4个区（县）和金象、铝硅2个园区废水涉磷的58家企业采样分析，对28家废水总磷指标超标的企业实施限期治理。加强工业挥发性有机物治理，制定《眉山市工业企业挥发性有机物污染治理方案》，对涂装、印刷、化学原料制造等7个行业11家企业开展治理。开展强制性清洁生产审核，下达2015年强制性清洁生产审核企业名单，组织对11家企业进行清洁生产审核评估，4家企业通过清洁生产审核评估。

眉山工业企业污水采样分析

【流域污染防治】2015年，市环保局加大水污染治理力度。编制完成《水污染防治行动计划眉山市工作方案》《眉山市岷江干流彭山段、东坡段及相关重要支流交界断面水质超标资金扣缴方案》，启动岷江干流眉山段水污染防治达标方案编制工作。编制岷江眉山段醴泉河支流2015年度水污染防治实施方案，设定年度目标任务和考核指标，筛选工程项目及建设内容，确保完成推进和建设。编制醴泉河水体达标方案，提出醴泉河流域恢复水环境Ⅲ类功能区的近期、中期、远期污染治理任务、内容和完成时限。2015年，全市水环境质量持续改善，岷江干流眉山段出境断面与入境断面水质相比，氨氮下降52.2%，总磷下降11.9%，其余指标均达到Ⅲ类，青衣江出境断面水质优于Ⅲ类，球溪河北斗断面水质平均为Ⅲ类，黑龙滩集中式饮用水源地水质优于Ⅲ类，思蒙河、毛河水质除总磷指标外，综合平均达到Ⅲ类。

【农村环境保护】2015年，市环保局督促、指导全市4个区（县）11个乡（镇）60个村开展环境综合整治，解决项目区范围内生活污水、生活垃圾及畜禽养殖污染问题。完成乡（镇）与村集中式生活污水处理站16个，建设污水收管网约34.1千米；新建垃圾转运站1个，垃圾收集房22座，垃圾收集池1148个，修复垃圾池405个，购置垃圾箱1280个，垃圾收运车53辆；新建畜禽养殖污水净化池783口，修复畜禽养殖污水净化池920口，田间池4口1000立方米、饮用水源保护隔离网1570米、饮用水源保护标识牌4个、农村环境保护宣传牌13块。直接受益群众12.5万余人，满意率95%。

【饮用水源地保护】2015年，市环保局加强饮用水源地保护，组织全面调查评估水源地水质、管理状况、应急措施等。加强农村饮用水源保护，调查全市乡镇饮用水源地变更情况，更新完善饮用水源地数据；强化饮用水源地巡查执法，组织全市乡（镇）对集中式饮用水水源地环境现场执法巡查，排查环境隐患。市、区（县）环境监察执法机构定期对全市5个城市集中式饮用水水源保护区开展巡查，及时处理发现的问题。严格水质监测，每月例行监测饮用水源指标61项，同时采取委托和自行监测相结合的方式，对5个城市集中式饮用水水源地开展水质全分析，掌握水质情况。

【固体废物管理】2015年，市环保局执行危险废物申报登记、转移审批、转移联单、经营许可证等制度，加强危险废物转移审批管理，依法批复危险废物转移200余批次，涉及危险废物3万余吨，未发生环境污染。加强废弃电器电子拆解审核工作，确保废弃电器电子规范拆解，不发生二次污染。

【自然生态保护】2015年，市环保局推进生态区（县）建设，洪雅县创建成国家生态县，创建经验和做法被中央电视台《新闻联播》《新闻直播间》宣传报道。丹棱县、青神县创建成省级生态县。实施生态细胞创建，建成国家级生态乡（镇）13个、省级生态乡（镇）39个、省级生态村45个、市级生态村419个，生态文明家园3106户。协调争取部、省支持，将黑龙滩纳入全国良好湖泊保护项目，将洪雅县、彭山区纳入重点区域、重点流域治理试点，醴泉河纳入国家重点小流域污染治理试点。全年累计向上争取各类环保资金1.43亿元。

【核与辐射安全监管】2015年，市环保局加强辐射环境安全监管，做好对核技术利用单位的监督检查，现场指出存在问题，督促省辐射安全许可现场执法检查和辐射安全大检查存在问题的6家单位落实整改，并组织核查。强化电磁辐射环境管理，处理岷江大道东段东陵一路5号基站等投诉10余件次，处置率100%，群众满意率100%。严格辐射安全许可管理，核发辐射安全许可证1个，对青神县申宇木业有限公司等15家单位辐射安全许可证予以延续，完成2家向省环保厅延续辐射安全许可证企业延续申报材料的审查。开展核安全文化宣传贯彻专项行动，提高核技术利用行业的责任意识、敬畏意识和守法意识。

【环保宣传】2015年，市环保局紧抓地球日、世界环境日等主题节日，组织开展环保宣传活动。加强对外宣传，开通眉山市环境保护局官方微博，推出公益广告《春天在哪里》及平面宣传组画《向污染宣战，我们一起行动》，与眉山日报、眉山电视台沟通协调，围绕大气污染防治等重点工作推出宣传专版20余期，全年编辑上传动态信息200余条。加强网络舆情监控，有效监控并妥善处置环境网络投诉事件95起，全年未发生环境投诉事件，无环境突发事件被网络热炒现象。

【环境监察执法】2015年，市环保局会同市法制办和市检察院，分市、县两级举办3期全市环境监察执法人员及300余户企业负责人参加的专题培训。开展环境保护大检查，成立分管市领导任组长，市级相关部门负责人为成员的环境保护大检查工作领导小组，制定大检查工作方案，解决突出环境问题；结合环境监察稽查，对全市6个区（县）开展环境保护综合性监督检查，及时通报督查情况。严厉打击各类环境违法行为，全年全市立案查处环境违法案件129件，是2014年的11倍，处罚金额272万元。约谈24户企业负责人，向23户企业下达整改通知，责令限期改正；对3户无证排污的业主，3起在禁烧区露天焚烧秸秆的人员依法移送公安机关行政拘留；查封扣押2户；限制生产、停产整治1户。推进环境信访工作，维护群众环境权益，全年受理环境污染投诉举报热线“12369”、环保举报微信、市政府门户网站信访件、网络平台、书记信箱、市长热线举报等256起。

【环境监测】2015年，市环保局加强环境质量例行监测，编报、上传空气质量日报、周报、月报，及时向公众发布空气污染指数信息，全年发送空气质量日报365期，空气自动站上传数据46.5万个。编报黑龙滩饮用水源地水质月报，按时完成特定分析33项；实施岷江等流域10个国控、省控监测断面的水质监测，对岷江流域的主要支流毛河、醴泉河、思蒙河等21个市控监测断面开展水质监测，全年发送水质自动站周报53期，水质自动站上传数据21.4万个。开展污染源监督性监测，出具污染源监督性监测报告133份，在线比对监测报告86份。加强能力建设，新增持证项目16项，累计资质持证221项；完成“实验室气路、通风系统改造及实验室台柜项目”，提高实验室分析准确率；加强环境监测质量管理，开展全市实验室比对工作，在市站和区县站进行3个基础项目比对考核，市环境监测中心通过“2015年第一轮国家环境监测网实验室能力考核”。

【环境应急管理】2015年，市环保局完善环境应急风险防控体系，修订完善突发环境事件应急预案；联合市安监、交通、水务等部门对重点园区、重点行业、重点企业、重点流域和重点饮用水源开展联合检查；加强应急物资储备，在48户企业储备环境应急物资；成功处置“4·28”成乐高速公路眉山青神到乐山夹江段甲醛运输车辆因被追尾导致少量甲醛滴漏的环境应急事件。开展环境突发事件应急监测与演练，组织监测技术骨干赴广元支援嘉陵江流域锑污染应急监测，参加遂资眉高速眉山段隧道危险货物运输事故应急抢险救援、金象化工产业园区氨泄漏应急监测、全省环境应急监测等演练，全市环境应急能力提升。

教育·体育

Education and physical education

综述

2015年，全市有各级各类学校916所（民办465所），其中，幼儿园460所、小学208所、初中124所、九年一贯制学校66所、高中28所、中职校16所、特校5所、高校9所。在校学生44.66万人。教职工3.16万人。

全市有各类体育场地2240个，业余体校6个，市级体育社会组织16个，县级57个。体育传统项目示范学校国家级1所、省级10所。国家青少年体育俱乐部10个。现有专职教练25人，体育教师884名，各级社会体育指导员和体育骨干1620名。

2015年，眉山市教育体育系统围绕办党政放心人民满意的教育体育事业，深化教育体育综合改革，协调发展各级各类教育，大力发展体育事业，超额完成目标任务。学前教育经验国际交流；丹棱县、青神县义务教育均衡发展通过国家验收；高校数全省前三；成功承办全国九残会、全国农乒赛、省滑翔伞赛等重大赛事；引进中国特技滑水队训练基地落户青神，四川省滑翔伞训练基地落户洪雅。投资20亿元的“道境·成眉国际体育产业园”落户岷东新区。教体系统安全稳定，各项目标任务完成。

教育体育综合改革

【招生考试制度改革】2015年，眉山市教育体育局（以下简称“市教体局”）印发《关于做好2015年高中阶段教育学校考试招生工作的意见》《关于切实做好2015年义务教育学校招生工作的通知》。改革考试报名及志愿填报方式，实行网上报名、网上填报志愿；改革物理、化学实验操作考试形式，全市统一命题、统一考试时间；改革体育考试形式，统一采用仪器测试，实行全电子化考试；改革考点设置形式，采取相对集中，实行标准化考试；改革志愿设置及录取方式；严审入学资格。落实小学升初中免试就近入学规定，原则上所有小学、初中实现划片就近入学，学生生源均由就近入学方式确定，全面实行“阳光招生”。

【人才培养模式改革】2015

2015年眉山市中小学生田径运动会

年，眉山与乐山、资阳达成三市职教区域合作意向，签订合作协议，成立职教联盟，在中职学生学业水平测试、技能大赛、市本级教师培训、市级职教科研等方面开展互动交流与合作。推进中高职业衔接，全市有12所中职校与11所高职院校签订招生、专业设置等方面协议。全市12所中职校开展对口高职升学班教育教学，1160名中职毕业生参加高职单招考试报名，上线录取962名（其中本科63人），录取率82.9%。

【体育公共服务供给方式改革】2015年，8个体育场馆获得中央大型场馆免费低收费开放补助，获得资金890万元，其中中央、省补助金794万元，地方配套96万元。公共体育场馆全部免费低收费向社会公众开放，并提供健身指导、国民体质监测等公共服务。

教育扶贫攻坚

【教育和能力扶贫】2015年，市委办、市政府办印发《“五个一批”减贫行动计划和“十个专项”扶贫攻坚方案》，推进实施教育和能力专项扶贫工作。重点加强特殊群体教育资助、教育基础能力建设和就业创业能力培育。全年投入3.1亿余元，惠及学生28万人。

【对口帮扶】2015年，市教体局派驻机关党委专职副书记徐萨萨全脱产到仁寿县大化镇曹河村驻村担任“扶贫第一书记”。机关和直属事业单位77名党员干部“一对一”结对帮扶洪雅县白马村贫困户；机关和直属事业单位57名党员干部“一对一”结对帮扶仁寿县曹河村贫困户。为曹河村争取到价值30万元扶贫项目1个，主要用于帮助全村57户贫困户152人种植养殖产业发展和曹河村蓄水池基础设施修建。争取到社会和相关部门、单位扶贫专项帮扶资金和物资折合9.5万元。为白马村协调筹集资金134万元，新建水泥路2000米，完成村道改造1000米。新建山坪塘4口，整治塘坎249米，完成辖区内省道305线沿线景点打造。两个贫困村贫困人口年度减贫任务完成，洪雅县余坪镇白马村脱贫19户，仁寿县大化镇曹河村脱贫2户。

教育重大项目建设

【资金争取】2015年，全市向上争取资金3.5亿元，其中义务教育经费保障资金1.8亿元，学生资助资金0.7亿元，基础建设经费1亿元。

【项目建设】2015年，全市投入资金1.4亿元，新建、改（扩）建校舍10万平方米。实施“全面改善贫困地区义务教育薄弱学校基本办学条件”工程，建设校舍和室外运动场地10万平方米，完成投资1.05亿元，购置教学仪器设备3000万元。完成眉山市示范性综合实践基地项目一期工程，完成土建投资2000万元，建筑面积1.2万平方米；完成苏辙小学建设项目一期工程，新建校舍1.96万平方米。完成芦山地震灾后恢复重建，投入资金3.07亿元，建设学校项目135个，建设面积38.66万平方米。

【跟踪引进高校建设】2015年，市教体局加强引进高校的跟踪服务工作，四川工商学院完成一期工程，新建校舍20万平方米；二期工程总建筑面积15万平方米，完成主体工程；累计完成投资10亿元，入住学生5700人。四川城市职业学院眉山校区，完成一期工程，新建校舍8.2万平方米，累计完成投资4亿元，入住学生2700人。除成都信息工程大学天府校区外，境内9所高校有8所招生，现有在校生4.5万人。

基础教育

【学前教育】2015年，全市推进实施学前教育第二轮三年行动计划，新建、改（扩）建公办幼儿园13所，创建普惠性民办幼儿园30所，学前三年毛入园率90%。组织召开全市学前教育工作推进会和现场教学研讨会，开展现场观摩培训，纠正“小学化”倾向。启动市级示范性幼儿园创建活动，以示范带动规范发展，以省级、市级示范幼儿园为规范，加强科学保教业务指导。10月21—24日，第四届反贫困与儿童发展国际研讨会暨亚太儿童早期发展2015年会在北京举行，市委书记李静在会上发表题为“扩大优质学前教育覆盖面 积极构建公益普惠的学前教育体系”的演讲。

【义务教育】2015年，推进义务教育均衡发展。青神县、丹棱县通过国家教育督导团县域内义务教育基本实现均衡目标的检查验收。加强对留守儿童少年、进城外来人员随迁子女和适龄残疾儿童少年、家庭贫困孩子等特殊群体入学问题关爱和管理，解决4600余名进城务工随迁子女入学问题，全市义务教育巩固率95%。

【普通高中教育】2015年，推进高中课程改革，执行普通高中课程设置方案，开齐课程，开足课时，完善课改措施。严格执行《四川省普通高中学籍管理办法》，规范转学流程。巩固10所省级示范高中确认成果，推动洪雅中学和仁寿中学、华兴中学分别争创省一级和二级示范高中。完成5次学业水平考试的领卷、组考、阅卷、成绩统计工作。全市高考本科上线人数比2014年（下同）净增529人（参考总人数比2014年减少56人），总上线人数达8327人，增幅6.78%。重点本科上线2297人，净增875人，增幅61.53%。

【特殊教育】2015年，全市贯彻落实《眉山市特殊教育提升计划（2014—2016）实施方案》。将特殊教育纳入教育发展规划，由市教体、财政、残联等相关部门组成联席会议制度，健全残疾学生资助体系。以特殊教育学校为示范，随班就读为重点，保障残疾儿童少年入学。

【德育工作】2015年，在全市中小学开展全民阅读活动，全市师生免费荐书40余万册，交流读书心得1万余次。收集书法比赛作品300余件，获奖作品80件次。30余万师生参加“品读国学经典·博学笃志励志”读书征文活动。创建家长学校264所，“全国优秀家长学校”10所，“全国规范化家长学校实验基地”42所。推进“绿海明珠”大会战，评选第二批“绿色示范学校”20所。深化校园文化建设，对区县申报的第二批学校进行“十佳校园文化学校”评审。开展纪念抗日战争暨反法西斯战争胜利70周年活动，并作为秋季“开学第一课”内容，引导学生铭记历史，缅怀先烈。

【体卫艺国防教育】2015年，全面实施学校体育工作自评、公示和年度报告制度。成立眉山市青少年校园足球工作领导小组，全面普及与推广校园足球工作，创建全国校园足球特色学校17所。推行青少年阳光体育运动，创建省级阳光体育示范学校5所，评定市级阳光体育示范学校15所。举办中小学生田径运动会和篮球、足球、乒乓球、跆拳道、羽毛球、棋类等比赛，全市中小学生田径运动会、中小学生足球联赛、中小学生棋类比赛规模均达1000人以上。制定《学校体育艺术五年行动计划（2014—2018年）》，彭山区被省教育厅确定为艺术教育试点区县。眉山市艺术教育经验在全省学校体育艺术区域整体推进改革试点工作现场会上交流推广。举办“眉山市第八届中小学生艺术节系列活动”，遴选出20%的优秀作品参与全市集中展演，参评省级的作品获一等奖21个、二等奖27个、三等奖16个，市教体局、东坡区教育局、青神县教体局获四川省优秀组织奖。开齐开足健康教育课，各级各类学校开展防艾滋病、结核病、禁毒教育、防近视教育等健康教育活动，组织全市300余人的防艾滋病专题培训。全市学校未发生传染病聚集性疫情或较大及以上的群体性食物中毒等突发公共卫生事件。配合空军招飞局成都选拔中心做好2015年空军青少年航空学校招生，选送7名优质生源到培训学校就读。

中等职业教育

【中职招生就业】2015年，全市中职招生16079人，中职毕业生11986人，就业率99%。

【职教基础能力建设】2015年，全市争取中央、省、市各项职教专项资金2329万元。选送12名专业教师参加国培，3名青年教师到企业实践，69名教师参加省级培训，360余名专业教师参加示范课、研究课、说课、评课等活动。

【职教专业建设】2015年，开展新专业开设审查和备案。新开设专业2个，包括丹棱职中“电子商务”专业，彭山职中“中餐烹饪”专业。停办专业2个，包括眉山电子职业技术学校“中餐烹饪与营养膳食”专业、眉山市华西航空旅游学校“高星级饭店运营与管理”专业。

【“9+3”免费教育】2015年，全市招收“9+3”学生472人，召开“9+3”管理工作座谈会3次。抓好“9+3”学生党员发展工作，“9+3”学生团员674名，参加党课培训150名，递交入党申请书84名，培养入党积极分子56名，预备党员1名。2012级136名学生中，11名应征入伍，28名被大学

眉山市第七届中职学生综合素质大赛（现代服务业类）现场

录取，其余全部落实就业单位。

成人教育

2015年，全市开展各类培训10余万人次，其中开展农村劳动力转移培训6.18万人次，开展农村实用技术培训6.23万人。

民办教育

【概况】2015年，开展民办教育各类政策清理工作，鼓励社会力量举办教育。加大对民办教育的资金扶持力度，开展普惠性民办幼儿园创建，全市六区（县）投入140万元，创建普惠性幼儿园30所。全年全市社会力量投入6000余万元，新增教育机构16所。

【民办教育监管】2015年，加大民办学校招生简章备案管理，严格民办教育机构年度检查工作。组织开展全市非学历教育培训机构清理整顿工作，对全市非学历培训机构进行集中清理、整顿与规范。有10所限期整改，查处无证非法办学机构72所。

体育工作

【群众体育】2015年，贯彻落实《眉山市全民健身实施计划（2011—2015年）》实施效果评估报告，逐步形成覆盖城乡的全民健身公共服务体系。组织网络建设，新增体育单项协会1个、体育俱乐部1个，市级体育单项协会增至19个、体育俱乐部增至4个，覆盖城乡的晨晚练站点1127个、健身气功站点6个。组织开展篮球、足球、健身操、体育舞蹈等各项群众体育活动130余次。体育场馆免费对外开放接待60万余人次。创编《眉山市第二套广场健身操》并组织推广。开办各类培训活动20次，参培800人次，其中培养二级社会体育指导员210人、三级社会体育指导员310余人、骨干教练员387人。择优推荐参加国家级、一级培训20人次。

【竞技体育】2015年，全国农民运动会乒乓球比赛、全国第九届残疾人运动会盲人门球、飞镖比赛在眉山市举办。组队参加四川省青少年锦标赛，派出20支代表队350余名运动员、教练员和工作人员参加2015年度四川省青少年锦标赛田径、游泳、举重等16个大项的比赛，获得16金15银19铜的成绩，并获得体育道德风尚奖。输送运动员车林霄在2015年全国皮划艇冠军赛中获得双人皮艇1000米第一名、四人皮艇1000米第二名，在2015年全国皮划艇锦标赛中获得双人皮艇1000米第三名、四人皮艇1000第四名，在2015年全国青少年皮划艇锦标赛（23岁以下）中获得双人皮艇1000米第三名、四人皮艇1000米第三名；输送运动员罗雅丹在2015年全国赛艇锦标赛中获得8人桨2000米第一名；输送运动员徐子弦在2015年全国青少年羽毛球锦标赛中获得女子团体第二名。全市有28名运动员被选调到省上集训，其中林星宇、胡想琳2名运动员选调进入省专业运动队。向省大专以上体育院校输送体育后备人才300余人。全市3名运动员授予国家一级运动员称号，29名运动员被授予国家二级运动员称号，14人被授予国家一级裁判员称号，21人被授予国家二级裁判员称号。

【体育产业】2015年，全市申请上级补助资金408万元，市本级投入资金19万元。建成农民体育健身工程69套、健身路径9套，乡镇农民体育健身工程2个，社区多功能运动场1个，文化服务体系补助项目1个。组织中国体育彩票冠名赛事8个，参与人数近10万人次，申请宣传经费35万元。全年体彩销售超过1.2亿元。引进中国特技滑水队训练基地落户青神，四川省滑翔伞训练基地落户洪雅。投资20亿元的“道境·成眉国际体育产业园”落户岷东新区。

眉山首届中小学体育教师校园足球专项培训

教育体育民生

2015年，全市教育民生工程全面完成目标任务。高校毕业生就业率95.8%。开工建设公办幼儿园13所。减免在园幼儿保教费6100人。免除义务教育阶段学生作业本费21.34万人。中等职业学校招生1.69万人。国家奖学金等资助普通高校优秀本科学生100人。开工建设义务教育学校教学用房3.24万平方米。开工建设农村义务教育学校食堂1.13万平方米。农村义务教育学生营养改善计划3425人。为边远贫困地区农村教师建设周转房42套。提高公办普通高中办学经费22所。免除民办中职学校三年级学生学费4200人。免费开放体育馆体育锻炼62.26万人次。资助中等职业学校学生7898人，资助普通高中学生16089人，资助地方属普通高校学生2000人，免除中职学生学费23341人，免除家庭经济困难高中学生学费16107人。

队伍建设

【校（园）长培训】2015年，全市培训校（园）长1572人次。其中省级以上培训244人次，市级培训250人次，区（县）培训1078人次。

【教师培训】2015年，全市培训教师4.19万人次，其中参加国家级培训18人次，省级培训1.54万人次，市本级培训5020人次，区（县）培训2.14万人次。成功申报“国培”项目县2个（东坡区、仁寿县），7396人（其中幼儿教师850名、中小学教师6546名）参加省级信息技术应用能力提升培训，240人参加培训者团队建设培训。开展“名师和乡村教师一对一”试点培训，岷东新区两所小学50名农村小学教师接受为期一年的连续跟踪培训。邀请国家和省级专家对全市200余名体育教师开展为期4天的校园足球专项培训。选派40余名体育教师参加国家和省级培训。

【先进表彰】2015年，全市推荐评选省级优秀教师18人，省级优秀教育工作者3人，“农村义务教育贡献奖”教师21人，“农村家庭经济困难教师资助”7人，评选表彰市级师德标兵20名，教坛新秀40人，各类区县级先进750人，宣传优秀教师先进事迹200余人次。

【教师职称评审】2015年，调整完善教师职务评审专家库,组织开展中级职务评审工作，协助省高评委开展高级职务评审。2015年全市晋升高级职称教师142人，晋升中级职称教师478人。

【对口支教】2015年，全市落实中央财政专项补助93万元。春季和秋季学期分别选派50名具有中级以上职称教师到甘洛、金阳、会理工作。组织名特优教师参加送教讲学活动。接收7名校长和21教师在眉山市挂职锻炼学习。

【教师资格认定】2015年，全市申请受理教师资格人员4425人，认定3831人。其中，高级中学753人，中等职业学校113人，中等职业学校实习指导教师2人，初级中学998人，小学376人，幼儿园1589人。

招生自考

【普通高校招生】2015年，全市参加各类普通高校招生统考21857人，其中20370人报名（文科9025人、理科11345人）参加全国普通高校招生统考，录取17057人（文科6500人、理科9246人、艺术1033人、体育278人）。1487名职业高中、中师毕业考生报名参加全省职教、高职对口招生统考。录取1201名，其中本科层次48名、专科层次1153名。

【成人高校招生】2015年，全市参加成人高校招生考试4581人，录取3808人，录取率83.1%，其中，高中起点专科录取3214人（文科1041人、理科2173人），高中起点本科录取9人，专升本录取585人。

【高等教育自学考试】2015年，组织高等教育自学考试2次，报名13858人，报考25872科次，毕业38人。

【非学历证书考试】2015年，全市参加全国计算机一至四级考试6797人次，参加全国英语一至三级考试7598人次，参加全国大学英语四、六级考试17002人次（四级12631人、六级4371人）。

教育科研

【科研课题立项与成果推广】2015年，全市教体系统立项省级课题8项，其中重点课题2项。立项省重点人文科学课题“四川省义务教育新课标背景下群文阅读推广与深化研究”子课题3项。获省阶段成果评奖一等奖2项、二等奖5项、三等奖10项。获省第二届教育发展改革研究优秀成果评奖二等奖4项、三等奖1项，实现了“零”突破。开展“新建学校校本培训有效性策略研究”等优秀教科研成果推广工作，全市700余人次参加。

【教学研究】2015年，成立高三学科中心指导组，开展地方课程教学研讨活动，培训教师1200余人次。全市教师在各级各类刊物上发表文章900余篇。组织青年教师参加优质课竞赛，10人获省一等奖，6人次获省二等奖。组织相关学科论文或教学成果、教学案例等评选活动，获得省一等奖3人、二等奖7人、三等奖13人。组织本市中小学生参加四川省第八届中小学网络系列活动，15人获特等奖，11人获一等奖，14人获二等奖，9人获三等奖，囊括小学组二人接力全部一等奖，获奖总数和等次为全省第一。

教育装备与信息化

【教育装备】2015年，中央、省上划拨“薄改”（全面改善贫困地区义务教育薄弱学校基本办学条件）资金总计5859万元，其中眉山市用于教育装备1370万元，市级财政和区县财政配套1748万元，全市实际直接投入教育技术装备经费3118万元，配备数字教室347间、计算机网络教室26间、理化生实验室34间、音体美器材599套、数字校园2所、学生课桌椅5328套、教师办公桌955套。

【教育信息化工作】2015年，建立学校网络宽带接入与运行机制，全市中小学校基本实现校校通宽带网络。全市423所中小学校中，413所学校联通互联网，互联网覆盖率98%；其中250所学校通光纤，学校覆盖率59%。建立3个区县学校光纤建设示范县和18所中小学宽带网络校校通示范点。打造彭山区、青神县学校光纤建设示范县，两县中小学光纤覆盖率100%。全市确定28所中小学“宽带网络校校通”示范点，示范点实现光纤到班。启动全市所有中小学校的电子图书管理系统的入库工作。青神县于年底前完成该项工作，东坡区、彭山区、丹棱县启动此项工作。启动新一轮教师信息技术应用能力提升计划，3年内完成全市2.5万名教师培训，提升教师教育技术应用水平。全市完成260名市级骨干教师信息技术应用能力提升培训。

【两项考试】2015年，全市191所初中22358名考生参加初中理科实验操作考试，高中参考学生17210人。1.8万余名学生参加高中信息技术学业水平考试。

教育督导

【机构和队伍建设】2015年，贯彻《教育督导条例》，完善督导评估意见反馈制、限期整改制、结果使用制和报告制、公告制等工作制度。加强对市督学和市教育督导评估专业委员会成员两支队伍的管理和使用，发挥两支队伍的作用。组织开展对市教育督导评估专业委员会成员以及各区（县）责任督学的业务培训，提高督导人员工作水平。

【督政工作】2015年，开展义务教育均衡发展督查，对青神县、丹棱县义务教育均衡发展进行督导检查。

【督学工作】2015年，重点开展全面改善贫困地区义务教育薄弱学校基本办学条件、学校教育教学质量与管理工作、高中课改、学校安全工作、中小学体育卫生工作等方面的专项督导。开展学前教育督导评估，市级全年评估省、市级示范幼儿园16所。执行《眉山市人民政府教育督导团关于开展对全市普通中小学素质教育工作督导评估的工作方案》，开展素质教育督导评估工作，全年评估中小学校57所。配合省上完成基础教育质量监测工作，完成2015年四川省对全市五年级、八年级学生阅读素养水平监测，洪雅县23所样本校校长和五、八年级任课教师、1216名学生参加监测。

党风廉政建设

【党风廉政建设】2015年，市教体局党组主动落实党风廉政建设主体责任，研究制定《2015年党风廉政建设和反腐败工作的意见》和“两个责任”清单。全年党组专题研究党风廉政建设和反腐败工作11次，签订目标责任书43份，对7家直属事业单位开展述责述廉工作，开展农民健身路径等项目采购、验收监督21次，组织全体干部职工观看警示教育片6部，赴警示教育基地学习1次，学习警示教育读本3本。

【政风行风建设】2015年，结合反“四风”、党的群众路线教育实践活动“回头看”和“三严三实”专题教育活动，开展教育领域不正之风专项整治，受理教育收费、征订教辅、教师有偿补课等方面问题的信访举报61件，均逐一调查处理。开展中职助学金发放、中小学教师职务推荐评审等5个专项督查工作，发现并整改落实问题13个。全年全市教育纪检监察机构查处教育乱收费案件12件，清退违规收费金额及代收金额约5.6万元；责成区（县）对17名责任人进行处理，对2名校长和1个区（县）局纪委书记开展诫勉谈话。

依法行政

【依法行政】2015年，调整完善依法治市、依法治教领导小组。坚持领导干部和机关干部学法用法制度，全年局党组中心组集中法律学习4天，机关干部集中学法12次，学法时间40小时以上。制定完善《眉山市教育体育局党组会议事决策规则》《眉山市教育系统重大决策事项社会稳定风险评估实施办法》以及《眉山市教育体育局工作规范系列规定》等制度。开展社会稳定风险评估工作2次。按照行政许可、行政处罚、行政强制等10大类，确认行权事项31项。清理责任清单18项主要职责，市场准入负面清单8项。设置“眉山市教育体育局行权服务窗口”，行政权力事项全部进入政务中心。落实大调解工作“一把手”工程和“一岗双责”责任制，各级各类学校设立调解组织和调解室431个，配备专兼职调解员1142人，其中建立规范化调解室27个，受理调解矛盾纠纷93件，调解成功90件，成功率96.8%。推进政务公开，主动公开目录新增6大类、13个事项，全年公开发布各类教体信息635条，全年及时受理、反馈网上咨询200余次。

【依法治校】2015年，深入推进“法律进学校”。编写法治教育宣传读本5本，印发法律知识试题20套。全市中小学校全部配备法治副校长，培训教师300余名，培训法治副校长434名，举办法治专题讲座1113场。建设法治教育基地7个，青少年法治教育基地区县覆盖率100%，组织学生到法治教育基地开展法治教育活动8.5万余人次。与市法院联合开展“学生走进法院、讲座走进校园、学生旁听庭审、法官走进校园”活动，组织7批次学生到市、区（县）法院观摩庭审接受教育。加强校园法治文化建设，开展辩论赛100余场，演讲赛130余场，法律知识竞赛40余场，观看法治微电影、动漫等1000余场。开展依法治校示范校创建和复查活动，全年有6所学校申报市级依法治校示范校，完成对8所省级依法治校示范校的复查工作。

安全及其他

【学校安全】2015年，成立学校安全工作领导小组，实行安全工作领导干部分片包干制度，局机关班子成员和科室负责人分为6个小组，每个小组负责一个区县的学校安全工作，编印《学校安全工作手册》,层层签订2015年学校安全稳定工作目标责任书。开展隐患排查，排查整治各类安全隐患230余次，整改率100%。抓好校园安保、校车监管、校园周边环境综合治理等学校安全管理工作，全市学校学生非正常死亡人数比2014年减少。2015年各类学校学生非正常死亡12人，比2014年减少3人。加强学校安全管理教育，督促学校修订完善各类应急预案892个，开展安全教育2000次，应急演练1800次，发放“告家长一封信”40余万份，宣传资料10万余册，刻制全市学校反恐防暴应急演练光碟1000盘。完善三级培训,开展市级8次600余人、县级30余次2000余人、学校级2000次2万余人。丹棱县中学选送的“珍爱生命永保平安”课件被教育部、公安部评为中学组全国消防优秀课件，眉山市第一小学选送的“消防安全我能行”课件被教育部、公安部评为小学组全国消防优秀课件。全市有7所学校被省政府应急办和省教育厅评为省级“应急教育示范学校”，有9所学校被市政府应急办评为“学校基层应急管理规范化建设单位”。

【学校食品安全三年行动计划】2015年，全市投入资金1.96亿元，完成学校食品安全三年行动计划，实现7个100%（100%的学校食堂和小卖部证照齐全、100%的学校食堂达到《餐饮服务许可审查规范》或《四川省农村义务教育学校食堂（伙房）建设指导意见（试行）》标准、100%的学校生活饮用水检测合格、100%的学校实现厕所水冲式、100%的学校食品从业人员持证上岗、100%的学校食品安全监管规范有力、100%的学校师生食品安全知识知晓率）。

【语言文字工作】2015年，贯彻落实《国家中长期语言文字处理事业改革和发展规划纲要（2012—2020年）》和《国家通用语言文字法》。开展第18届普通话推广周活动，全年发放宣传资料1万余份，悬挂宣传横幅100余条。在全市教育系统开展中华经典诵读活动，组织开展“四川省‘百幅经典书画进校园巡展’活动走进眉山”，组织6000余名中小学生参观。完善普通话培训测试设备设施和相关制度，严格规范测试程序，全年举办培训班6期，培训888人。

（郝凌燕、廖仁军）

表 6　2015 年眉山市教育事业发展情况统计表

学校类型	学校数（所）	毕业生数（人）	招生数（人）	在校生数（人）	教职工数（人）	
					合计	其中：专任教师
一、基础教育						
1. 普通中学	218	44774	39425	119671	12947	10506
高中	28	18306	17139	50946	4427	3390
其中：民办	6	1691	2364	5811	917	590
初中	190	26468	22286	68725	8520	7116
其中：民办	2	894	1117	2675	86	48
2. 小学	208	22228	26649	143064	8781	8210
其中：民办	15	1260	1169	7571	566	430
3. 幼儿园	460	33084	36686	92508	5672	3297
其中：民办	434	17882	19691	56441	4903	2653
4. 特殊教育学校	5	50	49	309	0	0
二、中等职业教育						
1. 职业高中	5	4698	2524	11215	569	468
2. 中等职业学校	3	8143	5687	12662	504	367
3. 成人中等专业教育	1	5698	6237	6237	33	30
4. 中等技术学校	7	4428	3278	10962	692	480

眉山职业技术学院

【概况】2015 年，眉山职业技术学院（以下简称“学院”）建筑总面积 12.3 万平方米，教学设备设施总价值 2868 余万元，馆藏纸质图书 40.3 万余册，在校学生 7143 人，专任教师 315 人。设有师范教育系、农业技术系、商贸旅游系、工程技术系、文化艺术系、中等职业教育部、继续教育培训部等 7 个教学科研单位。

【省级示范性高等职业院校建设】2015 年，学院通过省教育厅专家组中期检查，全年新完成示范建设工作验收要点 583 个，占总验收要点 81.2%，完成年度示范建设任务。

【内涵建设】2015 年，学院创新人才培养模式，通过与学校、企业、行业合作共建“田边教室”、校内快递站、中小企业财税咨询服务中心等方式推进校企合作育人。实行大教研室制度，开展课程教学内容重组、教学组织形式、教学方法、教学手段等多方面多维度教学模式改革。探索现代学徒制培养模式，被省教育厅批准为“四川省现代学徒制试点单位”。恢复电子商务专业招生，增设会计和园林技术专业，新增省级精品共享课程资源 1 门。加大实践课和课证融通课所占比例，实践课比例 60%以上，课证融通课比例 10%。推进实验实训基地建设，新增校内实验实训基地 3 个，校外实训基地 22 个。

【招生就业】2015 年，学院录取高职新生 2578 人，招生工作实现“两升两降一优化”［在川普通类录取分数大幅提升，单独招生比例大幅提升，“三州”（甘孜州、阿坝州、凉山州）生源比例下降，招生成本下降，新生专业分布更加平衡、优化］，实现年初提出的降成本、调结构目标。组建创新创业俱乐部，搭建水果店、超市等学生创新创业实训基地，开设第一届创新创业基地班，举办首届“大学生职业生涯规划”大赛和花艺博览会，参加首届中国“互联网+”大学生创新创业大赛，获四川赛区银奖。2015届毕业生就业率95.17%。

2015年，省社科院与眉山职业技术学院共同建立省社科院眉山分院

【师资队伍建设】2015年，学院引进高学历、高层次、紧缺专业等各类人才47人。选送103名教师参加各级各类培训，组织87名青年教师开展教学能力提升培训。2个教师团队参加省高职院校信息化教学大赛分别取得第一名和第二名，代表四川省参加全国信息化教学设计比赛荣获三等奖。周建华教师被评为四川省争当“岗位学雷锋敬业标兵”。

【学生工作】2015年，学院按高学历、优素质、强能力要求选拔配齐辅导员（班主任），新引进6名硕士研究生任专职辅导员。召开第四届团代会和学代会，完成学生会、团委、社团各部门换届选举。开展班集体特色项目创建，申报114项，立项39项；开展科技文化艺术节、“一月一主题”主题活动。开展全院性职业技能大赛，强化学生职业能力培养，商贸旅游系酒店管理专业12级学生郭潇作为2015年米兰世博会中国大学生茶艺团的团员登上米兰世博会舞台，被授予百年世博中国茶文化周推广大使称号。成立由17名不同专业学生组成的朋辈心理联盟，开展生殖健康讲座1次，心理健康教育讲座14次，为学生心理咨询服务356次，心理测试2500人。完成2015级学生军训，完成高职段12名学生征兵免学费评定、上报、发放工作；审核完善4112名家庭经济困难学生档案,为531名学生申请办理生源地国家助学贷款，为282名新生办理绿色通道；完成2119名国家助学金学生评选、审核、发放工作；完成中职段学生助学金、免学费评定、发放及家庭贫困学生信息统计报送，资助学生约2000人次。

【科研工作和社会服务】2015年，学院提出“立足岗位、立足学院、立足眉山、立足高职”选课题、搞研究的科研工作总体要求。新设立科技合作处，出台《关于进一步加强科研工作的实施意见》，修订科研管理制度。开展科研专题讲座3次，选派17人参加教学与研究能力提升省级培训班；全年立项省级课题7个、市级课题10个、市金桥工程1个，发表论文132篇，科研成果获市级一等奖1项、二等奖7项、三等奖4项、优秀奖7项。与省社科院共同建立四川省社会科学院眉山分院。被省农业厅认定为四川省现代农业技术培训基地，成功申报眉山市定点高技能培训基地。完成四川省基层农技人员（畜牧）知识更新培训2期和眉山市基层农技术推广人员（畜牧、水产、种植、优质高效农业、农业机械化）知识更新培训6期，开办畜牧兽医类省级高职院校骨干教师培训班。全年为市内外教育、农业、财务、机电等行业企业举办专题培训近100场。完成各类职业技能鉴定1346人。

【人事制度改革】2015年，学院按照“小机构、大教学、大服务”原则，调整优化党政管理机构和教学单位设置；建立目标管理考核制度，简政放权，重心下移，突出教学单位在人才培养中的“主要阵地、主体责任、主攻力量”“三主”地位。完成新一轮教职工“三定一聘”（定编、定岗、定职责，实行全员聘用合同制），缓聘工作人员11人，解除劳动关系28人，精简职能处室工作人员11人，增加中高级职称岗位 26 个，增加编外人员指标 20 个，专业技术岗位比例由 81%提高到 90%。试行安全保卫和保洁管理服务外包。制定《教师年度考核办法（试行）》《教学工作量计算办法（试行）》等制度，改革收入分配制度，激发教职工干事创业热情。

【依法治校】2015 年，学院启动省级依法治校示范学校创建工作。完成《学院章程》核准稿，以章程为依据，启动管理制度“废、改、立”工作，废止制度 14 项，修订整合制度 48 项，新建制度 43 项。完成《学院志》初审稿。

【服务保障】2015 年，学院置换和新征校园用地 5 公顷，启动校园规划修编工作。运动场改造工程开工建设。完成智能温室、临时停车场、创新创业基地、道路塌陷、山体滑坡整治、地漏整治、机电实训室、光彩、腾房等 9 个项目建设，全年累计完成基本建设投资 430 余万元。完成信息化平台建设一期项目并通过验收，基本完成二期和三期建设项目功能设计，建成临时服务器机房，完成 101 个教室多媒体教学设备更新改造。全年总收入 1.23 亿元，比 2014 年（下同）增加 47%，总支出 8669 万元，增加 53%。提前归还新校区建设贷款 3000 万元，争取运动场改造专项补助 400 万元，标准化考场建设专项补助 35 万元。将后勤服务从原计划财务后勤处剥离，新成立后勤服务处。改革食堂管理模式，采取“自主经营、合作管理”经营模式，将超市完全收回自主经营，打造成为学生创业基地。完成计算机教室视频监控系统、艺术中心音响系统改造等 34 个小型维修改造项目。开展校园环境卫生问题和水电浪费现象专项整治，加大园林绿化维护。开展法律法规、消防、交通、禁毒等专题安全教育，对校园安全隐患进行大排查和大整治，加强对学生公寓安全管理，规范校园交通秩序，抓学校及周边治安综合治理。

（李尧）

四川大学锦江学院

【概况】2015 年，四川大学锦江学院（以下简称“学院”）获四川省教育厅校园文化建设三等奖，省委宣传部组织评选为“十大书香校园”。人民网、新华网、中国新闻网等主流媒体先后对学校进行 760 余次报道。人民日报、央视新闻、共青团中央、环球时报、新华网等官方微博对学校新闻推送、转发、点赞总量超过 20 万次。10 月 24 日至 25 日，学院啦啦操代表队参加在日本东京举行的 2015 年世界啦啦操日本公开锦标赛，参加 4 个项目比赛，取得 1 金 1 银 2 铜成绩，分别是院校组集体女子技巧冠军、双人街舞亚军和季军、混合小团体配合技巧季军。

【制度建设】2015 年，完成学校章程修订，完善各类管理制度。全面修订各部门职责和岗位职责，制定完善行政管理、人事、教学、学生管理等方面规章制度 22 个。充实学校督查督办办公室，加强对各项工作的督促检查，强化制度执行和工作落实。开展法律进校园系列活动，推进学校依法治校、依法治教进程。对学校“十二五”教育事业发展规划完成情况绩效评估暨中长期教育改革和发展规划纲要进行中期评估；启动学校“十三五”规划制定工作。

【教学改革】2015 年，学院推进课程考核改革，推动教考分离，加强学生过程学习考核，正式实施计算机基础课程考核机考。完善大学英语、微积分试题库建设，采用题库生成考题形式考试。实施《大学英语》分层教学改革方案。加快网络教学平台建设和优质教学资源

2015 年，四川大学锦江学院第九届田径运动会开幕式啦啦操表演

共享工作；引入“尔雅通识教育网络选修课程”慕课教学课程平台，开设30门慕课课程，选修9000人次。推进学生创新教育，完善创新学分考核登记办法，完成近6000人的创新学分认定。

【教学管理】2015年，学院推进教学质量监控体系建设，加大质量标准宣传和执行力度。召开以“规范教学过程，严把质量标准，提升教学质量”为主题年度教学工作会，深化落实教学质量监控体系，完善教学质量管理相关制度，落实教学质量监控各项措施。加强督导队伍建设和教学督导力度，加大教学检查力度，完善学校、学院、教务处、学生自律委员会在常规教学检查基础上，集中开展“课堂教学质量月”活动2次，加强各类考试考风考纪建设工作，加强教师教学考核。

【教学基本建设】2015年，学院完成2015年人才培养方案修订工作，启动课程教学大纲修订（制定）工作。调整专业结构，新增电气工程及自动化、秘书学2个本科专业。打造省级重点特色专业，获得“四川省民办学校重点特色专业质量提升计划”资金支持。启动商科实训中心建设。新建校外教学实习基地7个。加强教研室建设，制定教研室管理办法，明确教研室职责，加大教研活动力度，发挥教研室作用。完成2011年立项的8门精品课程结题验收工作。加强教材建设和选用管理，自编教材《大学生应用文写作》被评为四川省“十二五”普通高等教育本科规划教材。

【通识教育课程改革】2015年，学院推进通识教育课程改革，重新构建通识教育体系，优化通识教育必修课程，科学设置通识教育选修课程，完成具有锦江特色的通识教育方案以及与之相配套的“素质养成计划”实施方案。举办2013年大学生创新性实验计划项目成果展和大学生创新性实验计划项目经验交流会。

【第二课堂活动】2015年，学院举办“锦江大讲堂”讲座10场、专职教师学术讲座118场；重点支持开展91项校级第二课堂活动，另举办流行音乐演唱会、书画大赛、棋艺大赛、吉他社演唱会、假面舞会等周末活动40余次；学术型社团举办社团特色活动69次；开展关爱孤寡老人和留守儿童、赛事服务、城乡环境综合治理、暑期支教、西部支教等志愿服务活动143项；新成立文玩社、橙子电影社、网络虚拟运营社等社团。

【创新创业俱乐部】2015年，学院建立创新创业俱乐部，20余家学生创业团队入驻俱乐部。俱乐部开展创新创业系列讲座，前往其他高校和孵化机构交流学习，组织参加“创青春”大学生创新创业大赛、“励志青春·创造未来”四川省高校毕业生创业大赛、成都市青年创业大赛、“互联网+”创新创业大赛等赛事，学生创业团队获得3.3万元的创新扶持金和17万元的创业补助款。

【招生与就业】2015年，学院在四川省普通类本科招生录取中，学校文科调档线超过二本省控线25分；理科调档线超过二本省控线29分。举办大型校园双选会，邀请到用人单位295家，为毕业生提供7200余个岗位，举办专场招聘会40余场，2015届毕业生一次就业率95.6%。新建就业实习基地11个。成立校友会成都分会。2015届毕业生中，144人通过研究生入学考试国家控制线，其中90人被“985”“211”等高校录取；另有82名学生被美国密歇根大学安娜堡分校、英国巴斯大学、澳大利亚悉尼大学等境外56所知名高校录取为硕士研究生。

【教育交流与合作】2015年，学院深化校际合作、学分互认、双

四川大学锦江学院图书馆内学习氛围浓

学位等合作项目。与美国布里奇波特大学、英国胡弗汉顿大学、瑞士HTMi酒店旅游管理学院、泰国正大管理学院、日本鹿儿岛大学等开展的“2+2”“3+2”“4+2”“3+1”等合作项目均取得成效。开展学生暑期赴美带薪实习项目，暑期英、美游学夏令营项目，促进学生跨文化交流和社会实践活动。与美国北佛罗里达大学建立校际合作关系，签署谅解备忘录，合作开展交换生项目。承办爱尔兰大使馆主办的“爱尔兰主题日”活动。承办55名德国教师参加的博世基金会大学教师培训；完成美国北佛罗里达大学14名师生参加的“川大锦江中文强化项目”。英国、德国、日本、韩国等12所大学和教育机构的校长、专家教授以及德国驻成都总领事馆副总领事、日韩酿造专家一行、日本春晖博士团专家一行等36个国际团组到学校开展交流访问。

【信息化建设】2015年，学院完成校园卡与银行卡圈存系统建设。启动校园数字化统一平台建设。加强OA（办公自动化）系统建设，提升运行效率。

【图书档案】2015年，学院新增CNKI（中国知识基础设施工程）数据库专题、统计资源库、电子书借阅系统。学校获得全国高校图书馆首届阅读推广大赛西部赛区优秀奖，是省内唯一获奖的独立学院。加强档案信息数据库建设，全文数据库建设逐步升级，全年新增目录级档案条目1.54万条，全文数据扫描1.54万份。获得四川省“高等学校档案业务知识竞赛”组织工作三等奖。

【学生获奖及论文专利】2015年，学院学生在国际及省级以上各类竞赛中获奖173项，其中，在2015年国际啦啦操联合会日本公开锦标赛中获得冠军1项、亚军1项、季军2项；在“挑战杯”大学生课外学术科技作品竞赛中获得全国三等奖2项；在“高教社杯”全国大学生数学建模竞赛中获得全国二等奖2项。学生发表高水平学术论文8篇，其中4篇被美国康奈尔大学图书馆收录，3篇被电气和电子工程师协会（IEEE）会议论文集收录，1篇被工程检索（EI）收录；申请国家专利57项，获得专利授权21项。

【教职工荣誉及科研专利】2015年，学院教职工获得校外各级荣誉68项，其中，副教授张龙成获省教育厅颁发的“四川省优秀教师”荣誉称号；教授阎钢获2015年度四川大学卓越教学奖；教授胡绍中获“全国高校美育先进工作者”荣誉称号；陆水萍被国家体育总局授予“啦啦操国际裁判”资格。此外，40余名教师获省级以上学生学科竞赛指导教师奖53项。教师共获批省级立项科研项目11项；发表论文49篇，其中核心期刊5篇，科学引文索引（SCI）1篇，中文社会科学引文索引（CSSCI）2篇；主编、参编出版专著6本、教材2本；获国家实用新型专利授权2项。

【大型活动】2015年，学院承办2015全国大学生数学建模竞赛四川赛区颁奖暨工作交流会，中科院院士、数学家李安民教授，省教育厅高教处、全国大学生数学建模竞赛四川赛区组委会领导出席会议，全省33所高校的教务处负责人、数学建模指导老师参加会议。承办由中国辩论教育网络主办的2015CDEN（中国辩论教育协会）锦江杯中国（西南）大学辩论公开赛，四川大学、四川农业大学等17所学校120支队伍参赛。承办由四川省科学技术学会主办的2015年四川省食品产业青年人才产学研创新设计大赛，川内17所高校、科研院所及食品企业的106名选手参加大赛。

【党建工作】2015年，学院开展“党纪印我心”知识竞赛活动。优化教职工学习制度，确保半月一次政治学习，有内容、有布置、有检查。加强和改进学生思想政治工作；开展服务型基层党组织建设活动、基层党支部“三分类三升级”活动，对41个党支部书记（副书记）进行集中专题培训。对全院基层党支部（总支）进行调整，成立土木工程学院党总支，增加9个党支部，充实基层党务工作人员。机关党支部被四川大学党委评为“先进基层党组织”；2人被四川大学党委评为“优秀共产党员”。全年培养入党积极分子2851人、发展对象613人，发展预备党员495人。

【学生管理】2015年，学院加强辅导员队伍的教育、培养、管理和考核，强化对辅导员业务能力和素质的培训，全年组织18次全体辅导员培训学习，加强学生学业和心理健康指导工作；完善班主任制度，选聘150名专职教师担任2014级、2015级班主任，定期进行工作检查和考评。加大对学生课堂纪律、早晚自习、考风考纪、作息制度、行为习惯等教育监督检查力度。加强“学生文明寝室”建设，严格执行每月一次寝室文化、卫生、安全检查。

四川大学锦江学院举行2015年毕业典礼暨学位授予仪式

【队伍建设】2015年，学院任命处级干部8人，科级干部30人；完成第四届学生科长、第四届团总支书记的换届选举和上岗培训工作。加强教职工分类、分层培训，2015年组织教职工各类培训20场。启动校内专业技术职务低职高聘工作。完善教研室负责人聘任管理办法。加强二级学院办公室建设，完善办公室主任聘任管理办法。启动教师队伍“两个一”工程建设（每个专业聘请一位行业经验丰富的工程师、专家作为客座教授；聘请一位国内外著名教授、学者作为特聘教授）和首届“十佳优秀教师”评选工作。组织第一届青年教师教案大赛、第二届青年教师教学大赛。39名教职工获评中级专业技术职称，3名教师获评高级专业技术职称。

【后勤服务】2015年，学院继续推进后勤精细化管理,完善后勤成本控制体系，加强学生公寓管理和校园绿化。优化交通车运行和管理。加强经费管理，重新规划财务核算系统，补充完善数据报送体系，加强报销凭证审核。加强常备物资管理和物资验收工作。

【安全保卫】2015年，学院加强人防、物防、技防建设力度。增加生活和教学区域、校园主要通道监控系统建设。强化保卫人员岗位意识，规范执勤行为，加强学校治安管理；加强与地方公安机关的协调和联系，校园内治安巡逻纳入彭山区公安局巡警大队的巡逻范围。学校消防工作户籍化管理、资料归档、消防设施规划建设等受到四川省消防总队及眉山市消防支队检查组肯定。

【校园建设】2015年，学院完成校园建设总体规划调整。修建学院南路，完善学校周边市政设施；完成空气能热水进寝室工程、人行天桥设计及工程招标、校园二期监控工程设计规划；完成东坡桥、路的桥梁主体工程、路基工程、水电管网安装工程；完成篮球场改造为网球场的土建工程和一教、八教周边绿化；制定学生公寓安装空调电力系统整改方案；完成自动门大楼梯防水工程等14项维修改造项目。

（四川大学锦江学院）

科学技术

Science and technology

科技管理

【科技平台】2015年，全市新认定高新技术企业21家，全市高新技术企业总量增至54家。启动重点科技孵化器“西部药谷医药产业孵化器”建设。建成省级科技企业孵化器2个。建成市级工程技术研究中心6家。组织实施高新技术和战略新兴产业项目62项。1家科技型企业新三版上市，2家科技型企业Q版上市。

【科技项目】2015年，全市组织实施市级以上科技计划项目116项，争取国家、省级无偿科技项目资金2747万元；实施省级产学研合作项目8个,获得无偿资金1500万元。启动龙蟒福生科技责任有限公司承担的国家国际科技合作专项“重要农作物病害高效生防微生物制剂合作研发”。

【科技成果】2015年，全市鉴定登记市级以上科技成果21项。实施重大科技成果转化项目30项，实现产值35亿元；完成技术合同交易额6865万元。1项科技成果获2015年度省科技进步奖二等奖。获“2015年四川专利奖”二等奖1项、三等奖1项。四川省中晟环保科技有限公司获2015年第四届中国创新创业大赛四川赛区优秀奖。修订完善《眉山市科学技术奖励办法》。

【产学研协作】2015年，市政府与电子科技集团公司第十研究所签订战略合作协议；清华大学与眉山金象化工产业园区及园区企业签订合作协议，合作建设博士后工作站；眉山经济开发区新区与韩国韩南大学生物素材营销支援事业团达成战略合作协议。四川格林泰科生物科技有限公司开展新药临床前药效评价第三方技术服务平台建设。第三届中国科技城科技博览会上，成都、绵阳、眉山等八市科技局共同启动成都经济区“大众创新 万众创业”协作行动纲领。

【科普活动】2015年，市科技局开展“科技之春”“科技活动周”“科技下乡”等科技下乡集中示范服务活动。开展各类培训100余期，培训2万余人次。“中国知识产权远程教育眉山分站”建成，培训学员3500人次，综合排名居全国133个分站第十位。

【农业科技】2015年，眉山市实施省级富民强县项2项，国家星火计划项目1项，支撑计划项目2项，到位资金370万元。组织实施“高效降解亚硝酸直盐泡菜乳酸菌的筛选及其应用示范”“自动自控乳酸菌泡菜加工关键设备集中及示范”等泡菜科技攻关项目，开发泡菜新产品、新技术近10个（项）。实施“彩色竹编产品研究与培训技术”项目，开发竹编新产品6个。实施“洪雅藤椒特色优势产业链关键技术集成研究与产业化示范”项目，带动种植户700余户，开发新产品5个。

【知识产权】2015年，全市申请专利1053件，申请发明专利297件。获得专利授权764件，获得发明专利授权91件。组织实施省级专利实施与促进项目32项。与中国人民银行眉山市中心支行共同制定《眉山市专利权质押贷款管理办法》。彭山区成功申报“国家知识产权强县工程试点县（区）”。制动科技、德恩机械成功申报“国家知识产权优势企业”。组织联合执法和专利专项执法检查12次，登记标专利注产品300余件，查处假冒专利案件15起。

（杨光华　刘桥华）

科学技术普及

【科普宣传活动】2015年，全市以《全民科学素质行动计划纲要》为统领，以“五大人群”（未成年人、农民、城镇劳动者、领导干部和公务员、社区居民）为重点，以科普“六进”（进学校、进乡村、进社区、进企业、进机关、进军营）为载体，开展全民科学素质提升活动。全年组织市级相关部门和6区县的2420余名干部、科技人员参加各类科普“六进”活动190余场次，受益群众37万余人次；补助100余万元，在6区县新建科普宣传画廊10个，修缮村级科普宣传栏120个，开发科普图书8万余册；按季度对全市800余个村级“站栏员”更换张贴科普挂图1万余幅，受益群众43万余人次。

【基层科普行动计划】2015年，全市推进基层科普行动计划项目的争取和实施。全市基层科普行动计划工作获中国科协、财政部表彰奖励项目7个（3个协会、2个基地、1个社区、1个带头人），获奖补资金125万元。获省科协、省财政厅表彰奖励项目10个（5个协会、2个基地、2个社区、1个带头人），获奖补资金92万元；争取到省科协科普专项资金100万元；评选出市级优秀农技协20个，优秀科普示范基地10个，优秀农村科普人才10名。

【青少年科普】2015年，市科协举办眉山市第十四届青少年科技创新大赛；组团参加在广安市举行的四川省第三十届青少年科技创新大赛，眉山市作品获一等奖6个、二等奖14个、三等奖27个。眉山市入选参加第三十届全国青少年科技创新大赛作品14件，获全国一等奖2个、二等奖5个、三等奖2个；创建市级科技示范学校6所，市级防震减灾科普示范学校8所。组织科普大篷车12次先后深入东坡、彭山、丹棱、青神等区（县）的8所学校、4个社区开展科普宣传活动；加强科技辅导员培训工作，全年外送骨干教师学习培训48人次。

2015年7月20日，中国科协副主席陈章良（中）调研洪雅县藤椒协会工作开展情况

【金桥工程】2015年，全市金桥工程实现省级立项备案35项，立项备案产值39.8亿元。眉山市金桥工程省级立项备案数、立项备案产值连续三年位居全省第二位。全市金桥工程项目实现产值40亿余元，新增效益5亿余元，新增税收1亿余元。

【银会合作】2015年，市科协深化“银会合作”。截至年底，眉山市邮储银行向全市农技协及会员户发放优惠小额贷款4458笔、发放金额5.8亿余元，全市发放“银会合作”贷款户专项贴息资金230万元。眉山“银会合作”经验受到省委书记王东明，中国科协、中国邮储银行总行肯定。7月20日至21日，全国推进“银会合作”工作现场会在眉山市召开，中国科协书记处书记、副主席陈章良，中国邮储银行总行行长吕家进，省委常委李登菊等到会并讲话。眉山“银会合作”工作，成为服务“三农”的重要品牌和亮点工作，上海市、重庆市、云南省、甘肃省、青海省等多个省市州科协20余批次到眉山考察学习参观。

【学术交流】2015年，眉山市级学协会组织开展各类学术交流活动60余场次，参加人数6000余人次；组团参加四川省第七届中青年专家学术大会，眉山有6篇论文入围得奖；眉山有2名同志作为全国基层农技协服务带头人代表（四川4人）受邀参加11月20日在北京召开的全国农技协经验交流座谈会并发言。

（李成军）

传 媒

Media

广播电视

【主题宣传】2015年，眉山市广播电视台开设“攻坚克难 跨越发展 打好八大攻坚战”“行进眉山 精彩故事”“学习贯彻十八届五中全会精神”等35个专栏，宣传绿海明珠、全民创业、万众创新、全面深化改革、依法治市、建设幸福美丽新村、“大战红五月”、扶贫攻坚、治理空气污染、全国九残会、第七届泡菜展销会等重点工作，展示眉山攻坚克难、跨越发展的新举措、新成效，播出广播电视新闻8364条。完成2015年“绿海明珠”大会战动员大会和市委中心组（扩大）学习会议等21场直录播活动。拍摄制作播出《绿海明珠》《千湖之城》、第七届泡菜展销会主题宣传片《东坡泡菜 中国味道》、第九届残运会眉山宣传片、惠州东坡文化节眉山宣传片、全市招商引资宣传片《天府眉山新区域 西部发展活力》（中文版、英文版、韩文版）、岷东新区《诗意山水 岷东新城》等专题片、形象片30余部。

【对外宣传】2015年，眉山市广播电视台拓宽四川电视台国际频道外宣渠道，宣传全市改革发展成就，展示眉山形象，提升眉山影响力，全年在省级以上新闻媒体播发新闻516条，其中，电视新闻395条（中央电视台53条），广播新闻121条（中央人民广播电台15条），四川卫视发稿保持全省第一方阵，四川电视台国际频道用稿排名全省第五。市广播电视台利用广播、电视、报纸、新媒体等多种宣传方式从倒计时100天开始，陆续推出各种报道，开设“当好东道主 办好九残会”和“‘川川、迎迎’逛眉州”专栏，各频道每天安排10次以上播出全国第九届残运会公益广告及手语教学片。

【媒体活动】2015年，市广播电视台举办“眉山‘五一’房产汽车文化节”“我是厨王”“少儿艺术节”“五人制足球争霸赛”“眉山好声音”等活动。“眉山‘五一’房产汽车文化节”“眉山市首

2015年2月13日，眉山市首届“民间文化手工技艺”广场汇活动在东坡宋城启贤广场举行

届创业成果展和金秋房产汽车文化节”商家销售总额近3亿元。承办“眉山微电影大赛”“眉山市创业就业惠民年表扬大会”和“眉山市岷东新区2015年项目暨土地推介会”等，全年产业经营收入2126.2万元。

【新媒体建设】2015年，市广播电视台组织学习无锡、成都、德阳、绵阳等先进地区推进媒体融合发展经验，制定融合发展实施方案，明确时间表、路线图和任务书。全年投入近100万元，启动新型媒体平台建设，官方网站、官方微博、官方微信及手机（APP移动客户端应用程序）“智慧眉山”第二代投入运行，具有直播、点播、新闻、旅游、报料、查询等功能。建立《新媒体新闻首发制度》，实现新闻信息一次采集、多次编辑，多元在线推送，上传视频新闻6180条，视频专题400条，采写各种图片文字新闻、专题8000余条。开展“眉山首届少儿书画大赛”“敬礼抗战老兵”等新媒体特色活动10余项，手机客户端“智慧眉山”用户总量近2万户，成为全市最具影响力的手机APP。向腾讯大成网、眉山市政府门户网站传送1400余条新闻、信息。

【区外合作】2015年，眉山市广播电视台联合成都电视台、乐山电视台、绵阳电视台、德阳电视台共同制作的大型系列专题《拥抱高铁时代》在五地同时播出，展示成绵乐高铁开通给五地经济社会发展带来的深刻影响和五地的美食、旅游、房产、交通和产业，向高铁沿线五市3000万观众介绍眉山。眉山市广播电视台与潮州市广播电视台合作拍摄制作大型城市互动推介节目——双城记“三苏故里 千年凤城”，推进两地历史文化、商贸旅游等合作，搭建东部经济发达地区与眉山各产业合作的桥梁。

2015年3月27日，中央电视台《乡约》栏目走进丹棱

【主要成就】2015年，市广播电视台在全省、全市广播电视节目政府奖评选中，“艺考：并非实现梦想的捷径”获省级优秀奖，13件作品获省级提名奖；“我市13家高污染高耗能企业集体退出造纸行业”“我市‘诉非衔接’工作获评全国第一”等27件作品获得市级优秀奖，12件作品获市级提名奖。6件作品获四川新闻奖；62件作品获2015年眉山新闻奖，其中“调解室里打‘官司’”“眉山：‘三位一体’建设国际化现代新区”2件作品获特等奖，“眉山：盘活农民房产 增加农民财产性收入”等8件作品获一等奖。学会奖12件（纪录片《山里的希望》获中国电视艺术家协会“年度三农人物电视作品评选”三等奖）。

【电影放映】2015年，全市组织农村公益电影放映1.37万场。全市新建星级数字电影院5座，完成区县数字影院全覆盖，全年电影票房收入5500万元。

【广播电视宣传管理】2015年，全市评出2014年度眉山市广播电视节目政府奖105件，其中市级优秀奖38件、市级提名奖67件。全市选送32件广播电视节目参加省级广播电视节目奖评选，获得省级优秀奖2件、提名奖15件。市文广新局荣获省第四届公益广告创作大赛优秀组织奖，选送的1件作品获得广播类公益广告三等奖。

【广播电视基础建设】2015年，完成全市3万套直播卫星“户户通”建设任务，发展地面数字电视用户1万户。完成1.13万个自然村广播电视“村村通”运行维护工作，实现全市1186个行政村广播“村村响”。市广播电视台投入180万元，购置直播高清字幕机、高清切换台等设备，建设演播室直播平台，提升市广播电视台制作实力。投入近50万元，更新电视和电台播出设备。

（市广播电视台、市文广新局）

新闻出版

【扫黄打非】2015年，全市“扫黄打非”工作围绕重大活动、重点工作、重要节点，提早安排、周密部署、狠抓落实，以净化出版物市场环境为主线，以查堵政治性非法出版物为重点，组织开展系列专项行动，确保全市出版物市场安全稳定，多次接受省“扫黄打非”办检查并受到肯定。全年出动执法人员9177人次，出动执法车辆2857台次，检查出版物市场经营单位3424家次，立案5件，办结4件，警告20家次，责令改正15家次。

【公共服务】2015年，市文广新局统筹补充更新全市1186家农家书屋、161家社区书屋和2015年度电子阅报屏建设，促进新闻出版公共服务标准化、均等化。加强已建电子阅报屏管理，委托眉山发展（控股）有限公司拍卖广告位经营权。依托农家书屋和社区书屋，组织开展全民阅读系列活动，营造“全民读书，终身学习”氛围，何伟等3户家庭入选第二届全国“书香之家”候选家庭，市文广新局等3家单位被评为全省全民阅读先进单位。指导竹编企业开展版权保护，青神竹编产业园区成功创建全省地级市首个国家级版权示范园区。

【印刷业】2015年，全市以丹棱印刷包装产业孵化园建设为重点，推进印刷产业发展。年末，全市有印刷企业148家（其中出版物印刷企业4家、内资印刷企业1家、包装装潢印刷企业44家、其他印刷品印刷企业99家）。印刷企业资产总额11.93亿元、工业总产值12.01亿元、工业增加值2.17亿元、工业总产出12.57亿元、销售收入12.41亿元、利润总额7874.8万元、营业税金及附加1103.05万元、从业人员4022人。

【发行业】2015年，培育出版物发行市场，初步形成较为完备的市场体系。年末，全市有出版物发行单位122家，从业人员307人，出版物销售总额1978.98万元、利润总额406.34万元。

眉山日报社

【宣传工作】2015年，眉山日报社做好市“三会”召开及贯彻落实宣传，市委、市政府2015年“八大攻坚战”实施推进工作宣传，领导班子思想政治建设和领导干部“三严三实”专题教育宣传，创业就业惠民和民生工程宣传，建区设市18周年宣传，市委三届二十一次全委（扩大）会宣传，纪念中国人民抗日战争暨世界反法西斯战争胜利70周年宣传，全国第九次残疾人运动会宣传，大气污染防治宣传，泡菜展销会，党的十八届五中全会、省委十届七次全会和市委三届二十二次全会宣传，社会主义核心价值观宣传，依法治市宣传等。在建区设市18周年宣传中，正报推出36个版、《博周刊》推出176个版反映眉山市建区设市18周年来取得的成就。通过开展报纸有奖纠错等活动，实现重大政治性、政策性宣传“零差错”。采写的有关春运工作、文化下乡、重点工程建设、直接联系服务群众、中央五中全会宣传等新闻在《人民日报》、新华社等省级以上主流媒体发稿212条。

【网站建设】2015年，眉山网做好对外宣传，及时刊发国内外重大新闻，开设宣传专题10余个。建成眉山网、眉山在线新闻客户端、眉山日报数字报、眉山日报公众微信账号、眉山日报法人微博等眉山日报全媒体集群。网站工作人员到市级部门、各区县、企业和商场宣传推广，策划推广活动，提升眉山网和眉山日报数字报、微信、微博、新闻客户端影响力，“两微一端”会员数15万人，“眉山老家论坛”会员36万人。眉山网被全国网络联盟评为最具本土传播力品牌奖，在全国网络媒体创新发展论坛上被评为泛成渝网盟2015年度十大最具人气活力网站，在全国地方新媒体发展高峰论坛暨第八届中国地市新闻网联盟年会上，眉山网荣获2015年全国地方主流网络媒体“十大最具价值品牌”奖。

【经营管理】2015年，传媒公司实行广告经营公司代理制，实现经营、采编“两分开”；开展东坡宋城策划宣传、配合市委市政府房产新政加大房地产宣传等活动；抓好“8·26”宣传经营活动；推出高铁杂志《火车·成绵乐》。

眉山日报社加大媒体融合发展探索调研，推进全媒体新闻中心建设，制定眉山日报全媒体新闻中心项目建设规划；加大新媒体人才储备，招聘新媒体员工11人，增加硬件设备设施投入100余万元。加强改革创新，完成深化事业单位人事、收入分配和社会保障“三项制度”改革，建立适应新闻单位发展的体制机制。弘扬东坡文化，出版《探秘苏东坡》一书5000册。

文 化

Culture

综 述

2015年，全市有文化事业单位38个。其中文化市场综合执法队伍（支队、大队）7个；文化馆7个，图书馆7个，文物管理所6个，博物（陈列、纪念）馆1个，美术馆2个，电影公司3个。1月，成立眉山市广电公共服务中心。全年全市获国家级命名或表彰的品牌（先进个人）5项，市文广新局被评为全省新闻出版广电系统先进集体，全系统荣获省政府表彰1项、省级部门表彰奖励11项。“扫黄打非”、全民阅读活动、送文化下乡等9项工作（指标）进入全省前列。“绿海明珠”大会战、十大民生工程等9项工作被市委、市政府通报表彰。在全省文化事业发展18项指标中，眉山市有9项指标排名升位，3项指标进入全省前8名。其中，艺术表演团体国内演出观众人次全省第三；演出场次全省第八；演出收入全省第六。

文艺创作与文化活动

【文艺创作】2015年，市文广新局组织参加各类艺术赛事。在“第二届四川文华美术奖”评选中，眉山选送的油画作品获一等奖1项，书法获二等奖1项、三等奖1项，国画3件及书法3件入展。在“四川文华奖”舞台剧目的展演评比中，眉山原创情景歌舞剧《竹韵天下》获剧目奖。在四川省第八届戏剧小品作品比赛中，选送作品获一等奖1项、三等奖2项，市文广新局艺术科获优秀组织奖。在四川省第二届“天籁之音·石海之约”民歌大赛中，市文化馆组织创作的音乐作品《赛龙舟》获创作奖铜奖和歌曲表演奖铜奖。在第八届巴蜀文艺奖评奖活动中，1人获银奖，3人获特殊荣誉奖，1人获提名奖，获奖人数居全省市州第一方阵。在四川省第二届农民工原创文艺作品大赛中，美术类获一等奖1项、二等奖1项；书法类获一等奖1项、二等奖1项；歌词类获二等奖1项；小说类获三等奖1项；诗歌类获二等奖1项。组织参加四川省第十五届戏剧小品（小戏）比赛，1件作品获得剧目奖和导演奖，2人获表演奖。指导完成舞台剧《竹韵天下》，表演唱《千里共婵娟》，舞蹈《饮湖上初晴后雨》《赤壁怀古》《月上东坡》《小辫儿甩》，歌舞《回家的路》《放歌东坡岛》《梦圆眉山》，曲艺《东坡岛上走一走》，少儿舞蹈《白鹭情》《节节高节节甜》《赶场归来》《课堂内外》《火车开呀开》等作品的创作、录制工作。充实、壮大东坡艺术团，市文广新局与四川工商学院签订院地信息咨询合作框架协议。

【群众文化活动】2015年，市文广新局围绕“同圆中国梦 共建新眉山”活动主题，组织开展“同圆中国梦 共建新眉山”新年晚会、“东坡月·眉山情”大型主题综艺晚会、2015“眉山东坡大舞台·文化惠民乡村行”“金曲迎春·舞动眉山”群众广场舞大赛、全民阅读系列活动等群众文化活动2422余场次，惠及群众300余万人次。举办2015年“眉山东坡大舞台”第三届戏剧小品（小戏）大赛、“东坡月·眉山情”大型主题综艺晚会，邀请乐山市音乐剧《沫若少年》、省歌现代舞剧《男城女》、成都市曲艺风味喜剧《安逸社区真安逸》到眉山演出。“仰望东坡 大美眉山”美术作品展在四川省美术馆展出，展览作品134件。开展“眉山人画眉山走进彭山写生展”活动，参与艺术家40余人，创作作品200余幅。举办“放飞希望——眉山市首届少儿书画大赛作品展”，展出作品60幅。

【图书馆】2015年，市图书馆以“推广全民阅读，建设书香眉山”为指引，免费开放，提升服务质量，组织开展全民阅读活动，启用流动图书车送书进社区、进军营。举办《聚焦两会共谋发展大计》《践行“三严三实”，推进作风建设》等公益图片展，设立“中纪委推荐的70本书”专架，举办“发现图书馆之美”摄影作品征集和展览，阅读之城——好书推荐“四个一”（为朋友推荐一本书、为同事推荐一本书、为同学推荐一本书、为家人推荐一本书）活动、绘本阅读——带孩子走进书的世界、寒暑假“小小图书管理员”“光影伴书香”少儿影院、科普趣味乐园等活动。在各区县小学开展经典诵读暨关爱留守儿童系列活动，参与主办四川省暨眉山市2015年中华经典诵读活动启动仪式，全市第二届中华经典诵读决赛。开展国家“数字图书馆推广工程”工作，举办“网络书香过大年”新春系列活动，组织“我心中的图书馆”少儿绘画作品参加全国及全省数字图书馆推广工程少儿绘画比赛，其中14幅获国家级奖励，27幅获省级奖励，名列全省第二。获全国“我爱我家”书香家庭阅读微视频大赛优秀组织奖，四川省数字图书馆推广工程“书香过大年全民数字阅读”活动优秀宣传单位奖，四川省图书馆“把四川寄往世界”大型明信片邮寄活动组织二等奖。四川省图书馆学会授予眉山市图书馆“全民阅读示范基地”称号。全年新办借书卡1120张，持证读者4480人；接待来馆读者8.01万人次，书刊流通8.41万册次。网站浏览99.97万人次；新增藏书5600册，藏书总量4.1万册。

【文化馆】2015年，市文化馆加大免费开放力度，增设夜间开放服务，增加免费服务项目，公示、公布免费开放项目内容、方式、方法、开放范围，全年服务群众2.4万人次。市文化馆微信平台正式上线，官方网站改版，实现文艺演出在线抢票和艺术培训在线报名，建立全市艺术爱好者网上数据库。在全市建立乡镇文化站示范点7个，组建基层文化指导员队伍，开展基层公共文化服务。以馆办舞蹈队、合唱团为基础，坚持日常辅导培训，培训辅导学员3200余人次；开展未成年人培训，建立未成年人培训基地，以学校为基地，成立少儿合唱团，定期进行专业训练；举办基层广场舞推广培训、古筝二胡公益普及培训班、基层腰鼓表演骨干培训班、摄影知识讲座等培训活动。承办“东坡月·眉山情”大型主题综艺晚会、“眉山市纪念中国人民抗日战争胜利70周年文艺会演”“东坡大舞台·文化惠民乡村行”系列活动、四川省文化馆“天府群星快车·送欢乐下基层”惠民巡演眉山部分演出。举办“群众之星”广场歌曲大家唱活动、“童心中国梦”中小学生美术作品展、“唱响中国梦·唱好声音”眉山赛区比赛，参与组织“金曲迎春·舞动眉山”眉山市群众广场舞大赛、“东坡大舞台”第三届戏剧小品比赛等赛事。组织文化志愿者到仁寿县高家镇中心小学开展“放飞梦想·携手成长”关爱留守儿童志愿服务活动。参加第四次全国文化馆评估定级工作，申报三级馆，接受省文化厅第二检查组检查验收。组织选送群众文艺作品参加四川省第二届农民工原创文艺作品大赛，获一等奖2名、二等奖4名、三等奖1名；选送作品参加第二届“群星璀璨”四川省群文美术书法摄影优秀作品展览，获二等奖1名，三等奖4名。组织创作歌曲《天府赛龙舟》，获第二届四川省民歌大赛三等奖。

【美术馆】2015年，市美术馆开展送春联下乡活动，组织艺术家42人次，到各区县开展免费送春联活动，书写春联2000余幅。开展“眉山人画眉山走进彭山写生展”活动，参与艺术家40余人，创作作品200余幅，其中精选48幅作品于劳动节期间在东坡区文化馆展出，展出作品结集成书1000册。承办“放飞希望——眉山市首届少儿书画大赛作品展”，60幅作品在东坡区文化馆展出，并结集成书1500册；协助市委政法委举办“三严三实”书画文学摄影展，组织全市作者书画稿件100余件。承办中国人寿眉山公司“传颂中华美德”少儿绘画大赛。承办“仰望东坡·大美眉山美术作品展”。举办眉山市首届书法绘画临摹展。

文化阵地建设

【概况】2015年，全市有乡镇

（街道）综合文化站131个，专（兼）职文化专干213人；群众文艺队伍798支，群众文艺指导员367人；村（社区）文化室1355个。创建四川省民间文化艺术之乡6个（青神县竹编文化、青神县瑞峰镇龙舟会、丹棱县民间唢呐、洪雅县五月台会、彭山县谢家镇竹琴、彭山县黄丰镇草龙），中国民间文化艺术之乡1个（青神县竹编）。组织开展全国第四次文化馆评估定级工作。

【文化基础建设】2015年，“丹棱县引导民间众筹文化院坝建设”成功申报创建国家公共文化服务示范项目。全年完成全市43个幸福美丽新村文化院坝（社区）试点建设。全市免费开放文化馆7个、图书馆7个、乡镇（街道）综合文化站131个，全市“三馆一站”（博物馆、文化馆、图书馆、乡镇综合文化站）投入免费开放资金1050万元。

文化市场监管

【文化市场管理】2015年，全市新增互联网上网服务营业场所78家，总数增至480家；歌舞娱乐场所4家，总数增至287家；印刷企业5家，总数132家；影院3家，总数8家。放宽各类经营场所审批限制，取消印刷企业设立资金面积要求、互联网上网服务行业布局规划，促进公平竞争。简政放权，推进行政审批改革，下放许可项目6个，由区县直接审批网吧、歌舞娱乐场所、电影院等经营场所。取消前置条件5项、非行政许可审批8项，依法保留行政审批11项。完善行政权力依法规范公开运行平台、文化市场技术监管与服务平台，梳理审批流程，更新网上服务指南。加强区县指导，规范日常审批工作秩序，实现群众办事“一窗受理、内部流转、限时办结、窗口取件、结果公示”，审批办理提速60%以上。行政许可（11项）、行政确认（4项）、其他行政权力（6项）等申请类行权事项办理过程进入政务服务中心。行政处罚（160项）、行政强制（1项）等现场处置类行权事项，其办理结果在政务服务中心公示。组织各区县完成全市文化市场歌舞娱乐场所和互联网上网服务场所从业人员培训6次，参训业主700余人次。组织各区县现场勘查，完成2014年度全市文化市场统计，实现文化市场经营数据动态管理。整治全市营业性演出市场，重点理清农村演艺市场发展状况。开展文化市场经营场所环境整治和业态转型升级提升形象工作，鼓励小微文化企业多元化多渠道提供文化产品和服务，引导社会资本加大投入，20家互联网上网服务营业场所纳入全省转型升级试点，15家歌舞娱乐场所转型量贩式经营，7家大型院线影院覆盖各区县。

【文化市场综合执法】2015年，全市文化市场综合执法机构开展校园周边专项整治、“两会”期间文化市场专项整治行动、网吧专项整治行动、歌舞娱乐场所专项整治行动、扫黄打非专项整治、禁毒防艾宣传等。采取部门联合抽查、行业专项行动、假日突击检查、踩点暗访布控、社会义务监督、网络技术监控、预警教育谈话等方式，加强市场经营事前预防、事中引导和事后监管。通过整治，打击违法违规经营行为，规范文化市场安全生产经营秩序，遏制互联网上网服务营业场所假期违规接纳未成年人势头。全年全市检查经营单位1.71万家次，立案调查114家次，办结案件132件，行政警告119家次，责令改正63家次，责令停业整顿15家次。眉山办理的“仁寿县某量贩式KTV播放的曲目、屏幕画面含有禁止内容案”，被文化部评为全国文化市场重大案件。全市5件案卷被四川省文化厅分别评为2015年优秀、规范和重大案卷。

文化产业

【概况】2015年，全市新增文化类经营单位114家（其中新增企业104家、个体工商户10家），新增就业人数1178人，其中东坡区50家、仁寿县28家、彭山区4家、洪雅县20家、青神县3家、丹棱县9家。全年评选公布市级文化产业示范基地8家。全市6个项目（万景九巷十坊、大雅堂博物馆、大旺山文化旅游项目、七里坪艺术村创建、洪雅陶瓷标本博物馆数字化建设和止戈花溪历史文化风景区）成功申报2015年全国重点文化产业项目。“东坡宋城”、洪雅县幺麻子食品有限公司分别被评为第二批省级文化产业试验园区和第五批省级文化产业示范基地。

【文化旅游业】2015年，市政府与四川省峨眉山乐山大佛旅游集团总公司签订战略合作框架协议。市文广新局深入企业联系、对口帮扶、指导项目建设，了解项目进展。组织编写“一带一路”项目表，将李密故里旅游综合开发项目、眉山东坡宋城项目、蟆颐观道教文化城、四川天府国际影视城、中国成都包装印刷产业孵化园区五个项目列入“一路一带”项目表。

【文化传媒业】2015 年，市文广新局推进广电网络数字化、网络化、双向化改造和技术升级，加快高清电视发展，拓展新业务发展空间。全市广电网络完成投资 1.28 亿元，实现收入 2694 万元。培育出版物发行市场，形成中心城区有书城、县有书店、乡有出版物销售网点的市场体系。数字化电子阅报屏在城区建成并运营，全年出版物发行单位实现销售收入 4001.2 万元，比 2014 年增长 14.6%。

【文化娱乐业】2015，市文广新局协助眉山观赏石协会举办首届中国眉山观赏石博览会。支持青神县和丹棱县两地影院建设，8 家大型院线影院覆盖各区县,全市城市影院票房突破 5000 万元，排名全省第七。眉山太平洋影院全年实现营业收入 2169.5 万元，比 2014 年（下同）增加 20.2%；青神县阳光钱柜娱乐有限公司营业收入 181.1 万元，增长 20.7%。

文物保护

【国家历史文化名城创建】2015 年，市委、市政府下发《关于创建国家历史文化名城的实施意见》。市文广新局牵头开展创建国家历史文化名城前期工作。

【可移动文物保护】2015 年，完成第一次全国可移动文物普查工作。省可移动文物普查工作组在眉山市审核 6 区县和三苏祠博物馆全部普查登录数据，完成文物认定、数据审核和数据报送工作。

【不可移动文物保护】2015 年，完成眉山市第四批重点文物保护单位申报评审及公布。全市公布第四批市级保护单位 25 处（东坡区 3 处、彭山区 6 处、仁寿县 7 处、洪雅县 4 处、青神县 3 处、丹棱县 2 处）。完成眉山报恩寺维修工程、梓潼宫屋面抢险维修工程、奎星阁文物维修及周边环境整治工程。完成双堡牌坊、甘泉寺、能仁寺摩崖造像、大佛沟摩崖造像等 4 处国家级保护单位及省级保护单位奎星阁中央监控平台建设，实现监控信息实时传输。完成丹棱白塔抢救性保护规划编制、江口崖墓和武阳故城遗址的保护规划方案送审工作。启动苏氏墓地保护维修、报本寺维修改造和江口石龙维修。

【考古发掘】2015 年，眉山市文物局协助省考古研究院完成三苏祠维修工程发现的古井遗迹考古发掘、丹棱县“大雅杨氏墓”考古发掘；完成仁沐高速合兴古墓清理发掘工作，收集墓地石刻 5 件；完成东坡区岷东大道汉墓的发掘工作。

【博物馆工作】2015 年，启动博物馆展陈设计前期资料准备收集，完成博物馆年检。

非物质文化遗产保护

【非物质文化遗产】2015 年，公布民间文学、传统音乐、传统舞蹈、传统戏剧、传统美术、传统技艺、民俗七大类的 21 人为第五批市级非遗代表性项目代表性传承人。公布四川省川源药业有限公司、东坡区恒发工艺品雕刻厂、四川八百寿酒业有限公司、仁寿县聚艺彩陶厂、洪雅县幺麻子食品有限公司 5 个企业为眉山市第一批非遗传习基地。系统收集、整理、拍摄全市非遗项目的图片、文字、音频视频资料，建立眉山文化遗产数据库。举办眉山市首届“民间文化技艺”广场汇展览、展销、展演活动，观众 10 万人次。开展“我心中最美的眉山非遗”评选活动，评选出青神竹编等非遗项目 20 项。市文广新局组织非遗项目参加第五届国际非遗节，获太阳神鸟金奖 2 项。组织青神竹编、杨氏根雕、仁寿彩陶等非遗项目参加第二届四川国际旅游交易博览会，获各级领导高度评价。

三苏祠博物馆

【灾后保护维修工程】2015 年，实施三苏祠灾后保护维修工程项目。三苏祠保护维修一期工程（文物本体）3 月竣工验收合格；三苏祠防雷工程 1 月竣工，3 月验收合格；三苏祠保护三期工程、三苏祠、三苏纪念馆展陈改造提升工程、三苏祠消防工程、三苏祠安防工程、三苏祠清水型生态系统构建工程开工建设。三苏祠博物馆争取到国家文物局项目资金 5942 万元，争取到农工党中央捐赠资金 1100 万元。

【东坡宋城建设管理】2015 年，完成东坡宋城一期工程建设施工影响商铺 23 家商户、“以奖代补”店招店牌 17 家商户补助结算和眉州东坡酒楼三苏祠店的经营影响补助。启动三苏祠开馆前有关配套设施建设，包括三苏祠游客中心改造提升工程、景区无线网络建设工程、景区导视系统工程和智能化门禁系统工程。市政府制订《眉山市东坡宋城景区保护管理办法(试行)》，加强景区管理；实行步行街区管控，机动车辆限时限段通行，非机动车辆定点规范停放；整合保洁资源，采用购买社会服务增加保洁力量，改善卫生状况；“东坡宋城”景区管委会和市城管执法局联合制发《关于进一步加强东坡宋城一期建成区店招店牌管理的通告》，规范管理景区店招店牌；推进景区广场群众文化活动登记备案制度，实行定点限时开放，景区群众文化活动“健康、文明、有序”开展；加强治安巡逻，新增电子监控摄像头21个，景区社会治安良好。

【东坡宋城宣传营销】2015年，市政府公布并实施《东坡宋城一期区域内业态调整有关扶持政策的实施办法》；制订东坡宋城景区非遗古玩一条街方案；东坡宋城整体营销与峨乐集团达成初步意见，拟定合作协议；完成10余款三苏文化产品创意设计及生产；完成三苏祠注册商标申报；完成省级文明单位、三苏文化社科普及基地的复核；2014年度三苏祠期刊的编辑发送。

【文物保护】2015年，三苏祠博物馆完成馆藏文物的翻检、除虫、防霉；完成馆藏可移动文物普查数据的上报和专家验收；制定《眉州古城墙北段保护管理办法(暂行)》，与四川玫瑰园房地产有限公司签订古城墙保护管理协议，加强古城墙保护。

档案工作

【数字档案馆（室）建设】2015年，市档案馆推广数字档案室系统，通过专题培训、上门操作指导、网上答疑等方式，全市开通数字档案室系统用户344个，在线进行文件资料收集管理。按照存量档案数字化要求，市档案馆完成馆内涉密档案179件、2.95万页数字化加工。各县区投入专项经费318万元，完成目录数据113.94万条，全文数据753.43万页。在政法系统、电力系统、国土资源部门等开展示范性数字档案室试点工作。

【档案接收征集】2015年，市档案馆依法接收档案进馆，优先接收婚姻、工程项目、重大活动及涉民等档案，全市接收各类档案2.5万卷、4.65万件。开展地方特色档案征集，市档案馆通过《眉山日报》、眉山网向社会公开征集档案资料，全市征集照片档案、资料、证书等2万余张（册）。

【档案查阅利用】2015年，市档案馆加快馆藏涉民档案数字化，建立电子检索体系，开展网上查阅利用。执行利用档案零收费规定，简化手续，改进服务方法，改善服务条件。全市接待查阅利用档案1.76万人次，查阅利用档案2.09万卷次、9673件次。

【档案法制建设】2015年，市档案局、市人力资源社会保障局、市法制办等部门开展市委政法委等11个单位开展档案行政执法检查，全市执法检查单位87个。加强档案法律法规宣传教育，学习宣传省委办公厅、省政府办公厅《关于进一步加强和改进新形势下档案工作的实施意见》及档案法律法规，组织3500人参加全国档案法律知识竞赛。开展依法治市、“6·9”国际档案日、“12·4”法制宣传日等宣传活动，组织100余人次参加有奖法律知识抢答、散发宣传资料1万余份，接待群众咨询1000余人次。完成行政权力清单和政府责任清单编制，并抓好实施。

【项目档案】2015年，市档案局检查、指导110个重大工程建设项目单位档案工作，完成108个重大建设项目档案登记备案和7个竣工验收。指导天府新区和产业园区档案工作业务，开展专项督查，产业园区档案工作在全省作经验交流发言。

【农业农村档案】2015年，市档案局、市农业局联合举办全市农村土地承包经营权确权登记颁证档案工作培训会。各县区举办相应业务培训，开展业务指导、工作督查和调研，形成调研报告，确保土地确权登记颁证档案工作有序开展。

【民生档案】2015年，市档案局多次指导医保局、住房公积金管理中心、房管局、国土资源局等单位业务，医保档案通过省验收。市档案局与市住房公积金管理中心联合印发《眉山市住房公积金业务档案管理暂行办法》，规范住房公积金业务档案。

【档案工作规范化管理】2015年，市档案局开展机关、企事业单位的档案工作规范化管理认定工作，全年完成75个单位的复查、认定。

【档案安全】2015年，各级档案馆开展消防培训和演练，组织安全巡检，集中开展安全执法检查，落实人防、物防、技防措施。做好数字化加工、数据管理和网络安全工作。

【档案宣传和档案文化建设】2015年，市档案局利用眉山日报、电视台、网站等宣传档案工作，并专题报道全市档案工作，“新眉山·十八年”纪念特刊专版宣传档案工作。向各级上报档案工作信息102条，被《中国档案》采用1条、中国档案网及资讯网采用38条、省档案局网采用75条。利用档案馆爱国主义教育基地或展板等宣传档案工作，接待5129余名干部群众学生参观。加强开发档案文化产品，《眉山建区设市以来重要民生政策》《仁寿县抗日救亡工作纪实》等11部资料出版发行。

【档案队伍建设】2015年，市档案局组织开展“档案——与你相伴”征文活动，报送征文13篇。全市举办“中国梦、兰台情”演讲比赛，选派1人参加全省比赛获三等奖。选派47人参加国家档案局和省档案局业务培训。全市举办档案业务培训班19期1332人次。1人被表彰为全国档案系统先进工作者。

党史研究

【党史征编、研究】2015年，市委党史研究室加强党史资料征集，多渠道征集党史资料350余万字，图片1000余张，音像等资料10余份。出版发行《中国共产党眉山专区历史（1950—1953）》。完成《中国共产党眉山历史大事记》(2015)，启动《中国共产党眉山历史（1997—2000）》《中国共产党眉山历史（2000—2012）》《三线建设在四川·眉山卷》编撰。

【党史宣传教育】2015年，市委党史研究室组织开展纪念抗日战争胜利70周年纪念活动。编印发行《眉山党史》纪念抗战胜利专刊1000册。为省委党史研究室报送研讨文章、抗战题材、红色故事20余篇。走访、慰问抗战老兵，收集、整理回忆录，开展全市党史系统纪念抗战胜利研讨会。开展中共党史教育基地申报和命名工作。东坡区烈士陵园命名为省级中共党史教育基地；六区县烈士陵园命名为市级中共党史教育基地。9月30日，在东坡区烈士陵园举行省、市级中共党史教育基地命名及授牌仪式。眉山成为全省首个将烈士陵园申报命名为省级党史教育基地的市州。

【区县党史】2015年，市委党史研究室加强对区县党史工作的指导。调研革命遗址的保护利用、党史三卷的编写、执政实录的编写等工作；指导区县开展中共党史教育基地的申报和命名；帮助区县审核文稿100余万字。东坡区、仁寿县、洪雅县启动党史三卷和执政实录的编写；彭山区编写出版《中国共产党彭山组织史（2014)》《中国共产党彭山历史大事记（1993—2014)》，在《彭山》报上刊登《彭山抗日救亡运动》，参加省市县组织的征文比赛；丹棱县编写完成《中国共产党丹棱县历史文献资料(2014)》；青神县编写完成《中国共产党青神县委组织史（1993—2013)》。

地方志工作

【修志工作】2015年，市地方志办开展市志业务培训会3次，培训市志编辑及部门撰稿人100余人次；召开市志编辑部业务讨论会6次，讨论市志人物入选标准、篇目设置等问题。截至12月底，形成市志初稿自然、政区、政党等33篇400余万字。指导部门志编修，组织评审《眉山市民政志》《眉山市食品药品监督管理局志》《甘眉（铝硅）工业园区志》等部门志6部。指导东坡区民营企业四川茂华食品厂出版发行厂志《茂华志》。洪雅县启动《柳江古镇志》编纂工作；《大安村志》完成定稿。青神县开展《青神机械工业志》编纂。

【旧志抢救整理】2015年，开展《眉州属志》（嘉庆版）点校整理工作。仁寿抢救整理旧志6个版本56册。彭山区史志办与西华大学地方文化研究中心衔接，点校整理《彭山县志》（乾隆版）。洪雅县编修《洪雅县志简本》，完成30个类目中的25个类目编撰；校核及重印发行《嘉靖洪雅县志》。丹棱县完成清朝4部、民国2部共6部旧志点校出版工作。

【年鉴工作】2015年，市地方志办组织全市128个市级部门撰稿人员和区县志办业务人员年鉴业务培训，规范全市年鉴编纂。完成《眉山年鉴（2015)》编纂，采用全彩印刷，公开出版发行，全书70余万字。

【地情开发】2015年，市志办课题“两宋眉山进士群体研究”被人民网、《四川经济日报》、《天府智库》、《巴蜀史志》（公开刊物）、《中华论坛》（核心期刊）等全文刊登，受到省委常委范锐平、吴靖平肯定性批示。与《眉山日报》合作，在《博周刊》开设“探秘眉山历史名人”专栏，每周推出1期反映眉山历史名人。出版《眉山地方志》4期，推出《眉山民间抗战全记录》特刊。升级地方志办网站，将年鉴及地方志刊物升级为电子图书，上传网站供查阅。指导彭山编写地情资料《志说彭山》；仁寿县组织编写《仁寿县抗日救亡纪实》；在洪雅中保镇打造民俗博物馆；指导青神县做好《三线建设在四川（眉山卷）》资料收集，指导丹棱县规划和建设好大雅堂内的乡贤馆和规划馆。

【依法治志】2015 年 3 月，市人大常委会执法检查组启动全市《地方志工作条例》贯彻实施情况的执法检查。4 月，省人大常委会和省志编委组成联合调研组到眉山，就执法检查全市贯彻落实国务院《地方志工作条例》《四川省地方志工作条例》，学习落实全省第八次地方志工作会议等情况，肯定眉山依法开展地方志工作。市地方志办利用地方志网站、手机短信、法制宣传手册、地方志刊物等形式，强化地方志法律法规宣传，向企业、农村、社区、高校、军队、图书馆等免费发放有关手册、资料，扩大宣传覆盖面。在全省地方志宣传工作会上，眉山市作为先进市代表作经验交流发言。

【队伍建设】2015 年，市地方志办加强全市地方志从业人员素质培训，组织市县两级地方志人员 60 余人次集中学习年鉴、市志编撰业务，组织开展全市地方志系统“三严三实”读书班，对全系统干部职工进行党性教育，专题培训。加强市州兄弟单位间的学习交流，先后组织人员前往成都市崇州市、成都市大邑县、福建省泉州市等地学习地方志地情开发、市志编纂及村史馆建设经验等。选送干部分别参加市委组织部等举办的眉山市生态文化与旅游相结合培训班、眉山市 2015 年度市本级优秀干部和人才成长班、四川省干部函授学院 2015 年第一期依法行政培训班等。

2015 年 3 月 20 日，市人大常委会执法检查组启动全市《地方志工作条例》贯彻实施情况的执法检查

卫 生

Hygiene

卫生事业管理

【概况】2015年，眉山市有各类卫生机构2057个，其中疾病预防控制中心7个，卫生执法监督所7个，妇幼保健院7个，中心血站1个，单采血浆站2个，血防站2个，医院53个，卫生院130个，诊所（门诊部）324个，社区卫生服务中心12个，村卫生站（室）1486个。床位1.63万张，其中医院床位9805张，卫生院床位数5530张。卫生人员2.01万人，其中卫生技术人员1.47万人。执业（助理）医师5576人，注册护士5839人，药剂人员756人，技师（士）754人（其中检验人员517人），其他技术人员583人。每千人口有卫生技术人员4.15人，每千人口有医师1.58人、注册护士1.65人。

【公立医院综合改革】2015年，县级公立医院取消“药品加成”，统筹推进补偿机制和药品供应、价格机制改革，让利6948.67万元，其中门诊药品2089.2万元、住院药品4859.47万元。县级公立医院开展以管理机制、规划布局、能力提升、严格控费、分级诊疗、人事薪酬制度为主的综合改革，严格预算管理和收支管理，加强成本核算、控制和资产管理。实行年度目标责任制管理和院长任期目标责任制，建立医院绩效评价机制。启动市级公立医院改革，市人民医院试点。

【分级诊疗】2015年，市卫生计生委落实不同层级医疗机构功能定位，落实未按规定转诊医保不予报销政策，引导患者基层首诊，全市县级医疗机构病床使用率96.16%，比2014年（下同）减少0.6%，门诊量28.85万人次，增长10.58%，县域就诊率90.18%。基层医疗卫生机构全部实现与县（区）和市、省级医疗机构双向转诊，三级综合医院均设立“分级诊疗便捷服务窗口”，建立转诊绿色通道。制定《建立医疗联合体建设推进分级诊疗工作的指导意见》，3家市级医疗机构、9家县级医疗机构牵头建立医疗联合体，其中青神县人民医院与乡镇卫生院建立松散式医疗集团管理模式，推进医疗资源下沉。

【基本药物和药械采购】2015年，政府办医疗机构全部实施基本药物制度，实行集中采购、统一配送；加强基层药品采购使用监管，

2015年1月30日，眉山市启动计划生育“三下乡”活动

优化基层药品配备比例。强化药品集中招标采购，全市170家医疗机构参加药品集中招标采购，上网采购率100%，按期回款率100%，采购金额7.7亿元，比2014年（下同）降5.4%；阳光采购积分上报率100%，合格率100%，名列全省前茅。实行医疗器械挂网阳光采购制度，所有公立医院上网阳光采购高值医用耗材和医疗器械，总金额8571.5万元（高值耗材7958.76万元），增长96%。

【健康服务业】2015年，市政府办制订《眉山市健康服务业发展工作推进方案》。促进医养结合，全市二级以上医疗机构设置老年病科或设立托养中心、日间照料中心，开放养老病床300余张；健全医疗机构与养老机构协作机制，市人民医院与眉山老年病医院签订双向转诊和预约服务关系，东坡区、仁寿县、青神县精神病院与残联合作建立精神残疾托养中心（阳光家园），床位200余张，市中医院托管秦家镇敬老院，并与东坡区民政局合作在白马镇龚村筹建养老医护中心。发展新型业态健康服务业，推动医疗养生相关产业融合，洪雅县七里坪抗衰老研究中心被国家发改委国际合作中心批准为“国际抗衰老健康产业试验区”。发展研发服务外包业和专业性医疗服务外包业，74家基层医疗卫生机构与成都大家检验公司开展委托检验。

【社会办医】2015年，眉山市实施“社会资本办医促进工程”，鼓励社会资本投资医疗服务业。全市批准设置、执业民营专科医院7家、民营综合医院7家、诊所（门诊部）32家；增加床位830张，其中设置增加床位640张，执业增加床位190张；全市社会办医床位数达总量的25.8%，二级以上民营医疗机构门诊人次比2014年（下同）增长27.28%，出院人次增长17.42%。

【规划财务】2015年，全市争取卫生计生基建项目111个、资金2.73亿元。2013年、2014年项目完工率分别为97.2%、90%；“4·20”灾后重建项目完工率100%；其中市精神病医院项目竣工投入使用，市人民医院二期工程开工建设，全市公立医疗卫生机构占地面积新增38公顷。

【精神障碍患者管理】2015年，市卫生计生委开展特殊人群管理改革试点。强化严重精神障碍患者服务管理，制订《眉山市严重精神障碍患者筛查、治疗、管理工作方案》，组建市级精神卫生中心，全市开放精神卫生床位1049张，严重精神障碍患者检出率4.45‰、管理率90.06%、治疗率55.62%，列全省第三位。

【血吸虫病】2015年，全市查螺9596.85万平方米、灭螺6154.33万平方米，免费救治晚血病人735人次。东坡区、仁寿县通过阻断达标考核验收，全市实现阻断达标。

【重点疾病防控】2015年，市卫生计生委做好结核病、狂犬病、地方病和慢性病防控，发现和治疗管理活动性肺结核患者1374例，新涂阳患者治愈率96.29%；接种狂犬病疫苗2.72万人，注射狂犬病免疫球蛋白1788人；碘盐覆盖率100%，合格碘盐食用率97.67%。

【传染病防控】2015年，市卫生计生委做好霍乱、不明原因肺炎、人禽流感、手足口等传染病防控，全市报告法定传染病发病率318.54/10万，比2014年（下同）下降26.70%，准确报告率100%，无死亡病例；其中手足口病3805例，下降48.48%，重症29例。强化艾滋病服务管理，实现治疗与管理双向转介，累计接受抗病毒治疗患者1327人、正在治疗1061人，治疗比例85.68%，感染者和病人随访率92.65%，美沙酮药物维持治疗累计治疗1445人，在治625人次，日均200人以上。

【免疫规划】2015年，市卫生计生委加强预防接种信息平台建设，全市免疫规划疫苗单苗报告接种率95%以上，4岁以下儿童麻疹疫苗查漏补种率97.51%、脊灰疫苗补种率98.35%。报告疑似麻疹风疹监测病例164例，实验室诊断麻疹19例、风疹36例，排除麻疹风疹病例报告率3.65/10万。报告急性弛缓性麻痹监测21例。报告疑似预防接种异常反应175例，其中一般反应157例、异常反应14例、偶合4例、待定0例。

【地方病和慢性病防控】2015年，全民健康生活方式行动和慢病宣传、食源性疾病监测哨点医院区县覆盖率100%，全人群死因监测审核率99.89%，编码错误率0.85%。

【食品安全】2015年，市卫生计生委加强食品安全监测能力建设和风险评估，开展食品安全风险监测培训，建成食源性哨点医院6所，覆盖率100%，完成食品安全风险监测389份，完成食品安全标准备案63份，其中变更18份、延续备案44份、企业新备案1份。

【卫生监督】2015年，市卫生计生委开展医疗机构日常巡查，监督覆盖率70%。开展医疗卫生和传染病防治专项监督检查，出动卫生计生监督人员283人次，检查覆盖率100%。加强职业病诊断机构体系建设，市人民医院建成职业病诊断机构，东坡区、仁寿县、丹棱县、青神县、洪雅县建成职业健康检查机构。加强学校卫生监督，开展托幼机构、小学校“手足口病”防控情况专项检查及中、高考期间学校卫生专项检查，检查学校895所。加强传染病防治、生活环境、饮用水卫生督查，开展乡镇供水专项检查和饮用水输配水管材管件专项整治。完成22家消毒产品生产企业监督检查，完成4户涉水产品生产企业现场审查和样品采样。全市2542家公共场所纳入卫生计生日常监督，量化评级274家新办公共场所，监督覆盖率100%。全市卫生计生行政处罚案件130件，罚没金额32.12万元。

【妇幼保健项目】2015年，全市完成艾滋病、梅毒和乙肝检测267万人次，孕产妇检测3.33万人次，完成率108.17%，孕产妇（人类免疫缺陷病毒）抗体检测率99.99%，艾滋病感染孕产妇及所娩婴儿抗病毒药物应用率88.89%、94.44%。农村孕产妇住院分娩补助1.95万人，完成率103.2%。新增服用叶酸2.52万人，完成率121.57%。农村妇女“两癌”（乳腺癌和宫颈癌）筛查4.9万人，完成率100.46%，发现宫颈癌7例。农村妇女乳腺癌免费筛查1.69万名，完成率114%，发现乳腺癌2例。开展免费孕前优生健康检查2.35万人，完成率112.67%。免费婚检1.89万对，婚检率84.33%，居全省第五。

【妇幼管理】全市18家医疗保健机构创建为“爱婴医院”，仁寿县妇幼保健院通过二甲复评，仁寿县通过省级妇幼健康优质服务示范县验收。全市活产3.09万人，剖宫产率42.01%；孕产妇系统管理率98.58%，3岁以下儿童系统管理率98.09%；孕产妇住院分娩率99.99%，孕产妇死亡率19.4/10万，婴儿死亡率4.30‰，5岁以下儿童死亡率6.11‰；新生儿疾病筛查采血2.66万人，筛查率98.91%；听力筛查1.99万人，筛查率74.18%。实行《出生医学证明》网络化管理，签发出生证明2.76万份，废证率0.53%。

【行政审批】2015年，市卫生计生委梳理“行政权力清单”275项，其中行政许可15项、行政确认6项、其他行政权力10项、行政强制15项、行政处罚229项；梳理“负面清单”2项，执行医疗卫生领域国家公布的外商投资负面清单；梳理“责任清单”，明确部门职责边界、管理流程、监督方式等，纠正不作为、慢作为、乱作为；行政权力入驻市政务服务中心。规范行政许可，清理完善15项卫生行政许可事项，录入“眉山市政务服务中心”网站办事指南板块，规范和取消相关前置审批事项。受理行政许可事项190件、其他服务事项111件，按时办结率100%，群众满意率100%。

【基本公共卫生服务】2015年，全市人均基本公共卫生服务经费40元，规范推进12大类45小项国家基本公共卫生服务项目。建立居民健康档案292.51万份，其中规范化电子建档287.71万份（建档率96.60%），儿童、孕产妇、老年人、高血压、糖尿病管理率分别达95.92%、96.50%、94.61%、60.95%、50.93%，中医健康管理率65.51%，老年人健康管理服务实现数量和质量双提升。

【医政药政管理】2015年，实施“进一步改善医疗服务行动计划”，所有二级以上医院推行节假日、双休日门诊和同级医疗机构检验检查结果互认，13家医院开展预约诊疗，推行“先诊疗、后结算”；三、二级医疗机构优质护理服务病房覆盖率分别为100%、91.5%；组建医疗专家便民服务队，开展大型义诊6次，基层坐诊500余人次、义诊2.88万人次，发放宣传资料6万余份，减免费用3.9万元；加强医疗服务投诉管理，推行“病情费用双公开制度”，做好患者随访和服务患者家庭，就医满意度90%以上。

【医疗质量管理】2015年，全市成立医院感染、药事管理等市级医疗质量控制中心30个；全市25所二级以上医疗机构开展临床路径，开展专业数20个、病种数70个，进入路径病例数2.91万例，三级医院出院患者实施临床路径管理1.88万人次，占比16.13%；加强医院感染管理，举办医院感染管理岗位培训班，培训医务人员197人。推进医院评审评价。建立眉山市医院评审专家库，开展医院评审专家培训，制定《2015年医院评审计划》《眉山市一级综合医院评审标准实施细则》。推进市人民医院、仁寿县人民医院创建三甲综合医院，启动仁寿县第二人民医院、天府新区视高医院创建二甲综合医院，指导眉山三医院转型升级创建三级乙等肿瘤专科医院。

【医疗纠纷处理机制】2015年，全市推行医疗责任保险，所有三级医疗机构、85.7%的二级医疗机构参加医疗责任保险。配合司法部门做好第三方调解机制建设，市、区县医调中心全覆盖，向市医调中心推荐评估专家40人。开展“平安医院”创建，规范警医联动机制。报告纠纷190起，比2014年（下同）增加13.77%，出动警力16起135人次，赔偿1297.85万元，增加106.67%，无赔偿35起；市级受理行政调解10件，调解结案率100%。

【城乡对口支援】2015年，实施对口支援，全市二级以上医疗机构派出医务人员123人，分别支援2所县级医院、4所民族地区医院和33所乡镇（中心）卫生院。下派医务人员参与诊疗5.47万人次，开展手术197例，会诊及疑难病例讨论439次，开展学术讲座429次、业务培训522次、教学查房466次，手术示教17次，流动医院卫生下乡活动派出医务人员661人次，巡回医疗、义诊患者1.66万人次。

【中医药事业】2015年，市卫生计生委加强基层中医药服务体系建设，全市所有乡镇卫生院、社区卫生服务中心设立中医科（室），89%的村卫生站、所有社区卫生服务站能提供中医药服务，所有中医医院建立“治未病”科室，农村、社区中医药服务量44.9%，基本实现中医药服务全覆盖。

【中医服务能力】2015年，实施“基层中医药服务能力提升工程”。全市申报市级重点中医专科9个，市中医医院老年病科被评为省级重点中医专科建设项目，仁寿县中医医院通过三乙评审；推广中医药适宜技术，市中医医院中医药预防保健及康复服务能力建设项目考核得分全国第三；推进先进示范单位创建，东坡区创建成全国基层中医药工作先进单位。

【中医队伍建设】2015年，市中医医院被认定为省农村和城市社区中医药知识与技能培训临床培训示范基地，东坡区苏祠社区卫生服务中心认定为基层实践示范基地。评选第二届眉山市名中医10人，开展市名中医师带徒传承教育。举办中医“治未病”工作能力提升第二期培训班，培训中医药人员160人。举办中药优势特色人才培训班，培训中药学骨干35人。申报中医药高级技术职务任职资格评审25人，完成中医药专业副高级技术资格考试报名资格审核52人，完成传统医学师承和确有专长考核报名及省下达30名基层中医师中医类别全科医师转岗培训报名送培。编印《眉山市名中医经验集》，举办市首届名中医讲习班暨基层中医药人才讲师团和中医健康素养促进项目培训，培训中医药骨干98人。

【卫生应急】2015年，开展“十二五”卫生应急体系建设规划评估，完成卫生应急决策指挥系统软件安装。各级卫生计生行政部门、疾控机构、二级以上医疗机构设立卫生应急管理科室，落实专（兼）职人员。调整充实市级卫生应急医学救援队和卫生防疫队，配合军分区组建民兵应急营。制订《地震灾害医疗卫生救援应急预案》，修订《突发公共卫生事件应急预案》《突发事件医疗卫生救援应急预案》《鼠疫控制应急预案》。开展2015年人感染H7N9禽流感防控桌面推演。做好汛期、节假日和重大活动期间应急工作，全年无突发公共卫生事件发生。

【基层卫生】2015年，开展“建设群众满意的乡镇卫生院”活动，4家乡镇卫生院被国家卫计委评选为2015年度“群众满意乡镇卫生院”。开展基层医疗机构标准化达标评审，全市所有社区卫生机构、所有的乡镇卫生院和92.08%的村卫生室评审达标。

推进乡村（社区）医生签约服务，累计为79.41万户城乡居民签约，签约率74.81%，其中2014年试点区县签约率95.05%，2015年新试点区县签约率69.16%。

做好医生注册工作，注册乡村医生2589人、助理执业医师326人、注册护士2人，其中经省统一考试合格新注册乡村医生172人。全市乡镇卫生院、社区卫生服务中心卫生技术人员216人参加四川省医师资格考试，取得“四川省医师资格证书”。举办乡镇卫生院和社区卫生服务中心内儿科人员培训和管理人员培训班，培训基层卫生人员500余人次。

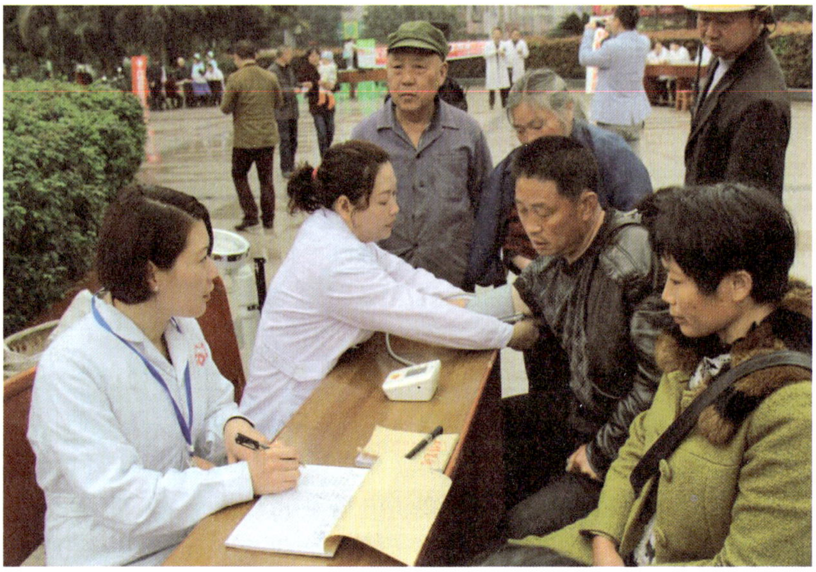

2015年3月18至25日，市卫计委组织开展“百名专家走基层健康服务到门口”活动，为群众提供免费医疗服务

【人事管理与教育科研】2015年，通过公招、自聘引进专业技术人员500余人，医疗机构空编率14.7%。受理卫生专业副高级职称评审报名360人，符合条件345人。组织5197人参加卫生专业技

术资格考试（职称考试2694人、护士资格考试2499人、卫生人才评价考试4人），781人参加医师资格实践技能考试（临床495人、中医286人），538人参加医师资格考试医学综合笔试（执业医师320人、助理医师218人）。全市乡镇卫生院、社区卫生服务机构卫技人员大专及以上学历分别46%、67%，县级医疗机构卫技人员本科及以上学历28.3%。市卫生计生委、人社局联合表扬“十佳医生”“十佳护士”。丹棱县试点《县乡村卫生服务一体化管理实施方案》，全市“村医乡聘”率15.3%。开展医师资格补充认定，化解医师遗留问题。开展县级医院临床重点专科建设2015年规划上报工作，全市170个二级生物安全实验室重新备案。开展“全科讲堂进基层”公益培训眉山站培训活动。举办市级专委会学术活动11次，1502人参加培训。全市继续医学教育覆盖率100%，学分达标率95.8%。接受医疗事故技术鉴定7例，完成鉴定案件5例，属医疗事故3例，事故构成比42.8%。

【卫生计生规划】2015年，开展“十二五”卫生计生事业发展规划终期评估，编制《“十三五”卫生计生事业发展规划》《“十三五”期间卫生重大项目、重点专规》，制定《眉山市2011—2020年区域卫生规划》。

【无偿献血工作】2015年，全市自愿无偿献血1.78万人次，人口献血率6.13‰，献血量3.42万单位，比2014年增长8.81%。其中，400毫升献血1.63万人次，占采血量的91.88%；农村自愿无偿献血7165人次，献血量1.41万单位，献血比例40.27%，临床成分输血比例99.0%。修订印发《眉山市无偿献血管理办法》，市核酸检测实验室12月建成投入使用。眉山市被评为2012—2013年全国无偿献血先进市。

【信息化建设】2015年，启动市、县两级区域信息平台建设，制订市级平台建设方案，完成83.3%的县级平台建设；所有三级医疗机构实现与“健康四川”服务平台对接。75家基层医疗卫生机构实施基卫管理信息系统，公共卫生服务功能软件使用率90%，推进居民健康卡发卡工作。全市2家三级公立医院、1家民营二级医院通过数字化医院评审，评审通过率60%，全市80%的三级医疗机构建成数字化医院。

爱国卫生

【卫生单位创建】2015年，巩固6城区省级卫生县城（城市）创建成果，成功创建国家卫生乡镇2个、省级卫生乡镇7个、省级卫生村57个、省级卫生单位25个，省级无烟单位13个，全市省级卫生县城、卫生乡镇、卫生村覆盖率分别为100%、29.7%、24.6%。

【病媒生物防制】2015年，投入300万元，按照“四不漏”（即不漏一个单位、不漏一户人家、不漏一间房屋、不漏一处环境）原则，开展春秋季“四害”（苍蝇、蚊子、老鼠、蟑螂）消杀活动。

【健康教育和控烟工作】2015年，推进健康素养促进项目，开展各类健康巡讲98场次，受众目标人群3.4万人，发放各类宣传资料4.65万份。开展公共场所控烟工作暗访、督导12次，利用“世界无烟日”等节点开展控烟宣传周活动，参与人次1500余人。

【城乡环境整治行动和农村改厕】2015年，开展旅游沿线卫生、秸秆焚烧等专项治理，全市出动6万余人次，清理垃圾50余吨，受理群众卫生投诉87件，查处抛洒滴漏65起，新增垃圾中转站30个，新、改、扩建污水处理厂（站）14个，新、改扩建农贸市场16个。全市农村垃圾治理工作通过国家10部委验收。新增卫生厕所1.9万户，全市卫生厕所普及率79.25%，居全省前列。

人口与计划生育

【目标绩效管理】2015年，全市出生人口3.74万人，人口自然增长率3.58‰，比2014年（下同）增加0.28‰；符合政策生育率80.83%，人口出生及死亡统计误差率低于0.5%。

【政策法规】2015年，全市推行社会抚养费征管“三公开”（征收标准、征收程序、征收结果公开）“两分离”（处理与征缴、收入与支出分离）体制改革，推进单独两孩政策，全年4942对单独夫妇提出再生育申请，审批通过4829例。实施计划生育证件办理改革，主动核查信息，优化办证服务流程，推行证件代办服务，实行证件声明领取。7月起，实施计划生育便民服务平台办理证件，办理生育服务证4939份、再生育证2332份、独生子女光荣证1434份，平均受理天数1.47个工作日。

【计生惠民帮扶】2015年，全市农村计划生育家庭奖励扶助对象8.43万人、省级计划生育特别扶助对象3810人、市级特别扶助对象480人、农村和享受城镇低保独生子女父母奖励对象47.79万人，兑现奖励、扶助资金1.31亿元。落实计划生育特别扶助调标政策，独生子女死亡、伤残扶助对象扶助标准分别提高到每月500元、400元，计划生育手术并发症患者纳入特别扶助标准同比翻一倍。落实特扶对象参加新农合补助，补助2414人21.73万元。组织开展“关爱女孩—圆梦大学”行动，按照每人5000元标准资助困难女大学新生20人就学。彭山区开展计划生育特别家庭关怀扶助试点、洪雅县开展全省首批计划生育奖扶特扶程序简化程序试点，青神县创建省级计生“三结合”（计划生育工作与发展经济相结合，与帮助农民勤劳致富奔小康相结合，与建设文明幸福家庭相结合；四川省简称生产、生活、生育服务相结合）示范县。

【计生技术服务】2015年，全市开展免费计划生育手术1.58万例，妇女病普查58.58万人，查环查孕61.33万人次。受理申请病残儿医学鉴定148人，实际参加135人，鉴定结果为符合鉴定标准125人。

【流动人口管理】2015年，开展国家流动人口动态监测调查，流动人口重点信息反馈率98.7%、接收率99%、及时率97.3%，入库流入人口期末数5.23万人。推进流动人口基本公共服务均等化，发放《流动人口卫生计生均等化基本公共服务知识》宣传折页10万份，东坡区建设省级示范点1个、市级示范点2个，彭山区建设市级示范点1个，为流动人口提供“一站式”卫生计生公共服务。组织开展流动人口慰问活动，慰问留守儿童35人、空巢老人70人，流入人口困难户25户，发放慰问物资和慰问金总值9.7万元。

【计划生育统计】强化计划生育统计质量监测点工作，全年全市有17个省级统计监测点、7个市级监测点，数据质量均达到省级监测点标准，在全省监测点数据质量评估位列第一。彭山区、仁寿县和青神县分别位列全省78个扩权县第二、第三和第八。

【卫生计生宣传教育】2015年，各级卫生计生部门均设置宣传科室，建立新闻发言人制度。全年省级以上媒体上刊登稿件372篇、市级523篇，其中《人民日报》1篇、《中国人口报》8篇、《四川日报》2篇、《四川电视台》5篇。举办“5·12”国际护士节庆祝暨文娱会演活动，开展“范天勇”先进事迹巡讲眉山站活动。建设人口与健康文化省级示范点1个，建成市级示范点6个。做好舆情应对处置，及时处理率100%，全年无涉及卫生计生重大负面舆情。

【卫生计生文化与精神文明建设】2015年，开展“送政策、送科技、送文化”三下乡活动，慰问基层优秀计生干部及基层困难计生工作者100人、计划生育特殊家庭60户，资助农村贫困独生女孩50人，发放卫生计生宣传资料、宣传品7万余份。

（胡燕）

疾病预防控制

【艾滋病防治】2015年，全市以人才招聘会、建设法治眉山·巾帼在行动暨2015年眉山巾帼维权服务乡村活动、党校优秀干部和人才培训班、教育系统艾滋病防控工作专题培训会、社区药物维持治疗人员座谈会、“12·1”世界艾滋病日宣传活动等为平台，开展艾滋病防治知识宣传和政策培训，发放各类宣传资料近5万份。新建艾滋病病毒检测点1个。开展国家“十二五”重大专项“吸毒人群美沙酮与抗病毒联合治疗减少死亡和HIV新发感染研究”现场干预。美沙酮药物维持治疗门诊病人日均200人以上，洪雅县美沙酮延伸点实行免费服药。艾滋病抗病毒治疗由疾控中心移交定点医疗机构，抗病毒治疗覆盖比例85.68%。东坡区申请社会组织参与艾滋病防治基金国家级项目2项。

【结核病防治】2015年，全市发现并治疗活动性肺结核病人1374例，总体到位率96.06%，涂阳病人接触者筛查率100%，治愈率96.3%。开展“3·24”世界防治结核病日宣传，印制宣传物品4.93万份。

【血吸虫病防治】2015年，全市6个区县设立监测点，开展血吸虫病监测，全年无急血病例发生。东坡区、仁寿县通过血吸虫病传播阻断达标考核验收，以市为单位实现血吸虫病传播阻断目标。

【狂犬病防治】2015年，全市无狂犬病例发生，累计报告犬伤就诊患者2.72万人，伤口处置率100%，接种疫苗2.72万人，注射狂犬病免疫球蛋白1788人。

【慢性病和地方病防治】2015年，东坡区通过慢性病综合防控示范区省级验收，仁寿县、洪雅县启动慢性病综合防控示范区创建。青神县开展国家成人慢性病与营养监测工作。开展全人群死因监测，全市各级各类医疗机构通过死因登记报告信息系统报告死亡病例1.93万例，审核率98.89%，死因编码错误率0.6%。开展肿瘤随访登记和死因漏报调查。启动全民健康生活方式行动，全市覆盖率100%。完成2015年碘盐监测任务，全市碘盐覆盖率100%，碘盐中位数每千克27.5毫克，碘盐合格率、合格碘盐食用率97.67%。开展以“科学补碘，重在生命最初1000天”为主题的“5·15”碘缺乏病防治日宣传活动。洪雅县在燃煤污染型氟中毒监测中氟斑牙检出率为3.47%，尿氟正常率100%，调查户中玉米、辣椒、腊肉均为自然干燥，不再以煤为燃料。未发现疑似克山病病例。洪雅县随访和密切接触者筛查1例现症麻风病病人。

【寄生虫病防治】2015年，全市报告疟疾病例9例，均为输入性病例，个案录入和疫点处置率100%。开展“4·26”全国疟疾日宣传活动。彭山区、洪雅县通过消除疟疾考核验收。丹棱县完成第三次全国人体重点寄生虫病调查。青神县土源性线虫病综合防治试点项目接受省级考核评估。洪雅县、丹棱县开展土源性线虫病监测。

【霍乱、肺炎等传染病防控】2015年，全市未发现霍乱和疑似霍乱病例。市人民医院开展流感监测，报告流感样病例1.12万例，占门诊病例的2.32%，采样检测1006例，检出B型流感病毒17例、季H3流感病毒42例。开展不明原因肺炎、严重急性呼吸系统综合症及人禽流感预警病例主动搜索，未发现病例。加强中东呼吸综合征、埃博拉等防控技术培训和督导，指导各级各类医疗机构开展疫情监测，追踪随访和健康监测对埃博拉疫区返回眉山人员41人，无疫情发生。

【疫情和传染病管理】2015年，全市报告甲乙类传染病4880例，发病率163.39/10万，居全省倒数第三位。发病数居前五位的分别是肺结核、乙肝、梅毒、丙肝和痢疾。死亡43人（艾滋病42人、乙肝1人），比2014年（下同）增长13.16%。报告发病上升幅度较大的病种主要是戊肝（增113.24%）、甲肝（增50.00%）。报告丙类传染病4634例，降44.01%。下降最明显的病种为手足口病（3802例），下降48.48%。加强传染病自动预警信息系统管理，预警信息512条，均响应。

【公共卫生应急准备及处置】2015年，市疾控中心投入16万余元购置卫生应急个人装备30套，开展卫生应急专业培训3次，协助市卫生计生委开展人感染H7N9禽流感应急演练。处置青神县、东坡区两起疑似白喉突发疫情，及时排除2015年全国农民乒乓球赛眉山赛区疑似群体性呼吸道相关疾病疫情。

【免疫规划】2015年，全市完成儿童预防接种信息化平台建设，评审“AAA”级门诊13个。全市免疫规划疫苗各单苗报告接种率95%以上，省抽中仁寿县接种率抽样调查结果为单苗基免接种率95%以上，加强免疫接种率92%以上。全市4岁以下儿童麻疹疫苗查漏补种率97.51%、脊灰疫苗补种率98.35%。全市报告疑似麻疹风疹监测病例164例，流调率100%，实验室检测率100%，实验室诊断麻疹19例、风疹36例，麻疹发病率全省倒数第六位。全市急性迟缓性麻痹监测病例21例。全市报告疑似预防接种异常反应175例，其中一般反应157例、异常反应14例、偶合4例。

【食品安全风险监测】2015年，全市监测食品样品389份，完成各类食品委托样监测91件。开展人群合理膳食指导工作，覆盖乡镇和街道办事处133个，覆盖率100%。全市开展食源性疾病病例信息采集和异常病例监测的哨点医院6个，区县覆盖率100%。6个区县疾控中心均参加食源性疾病（包括食物中毒）报告工作。有3个哨点医院报告病例信息6起14例，市审核上报1起2例。

【水质监测】2015年，全市监测水样853份，其中农村668份、城市185份，农村饮用水、市政集中式供水监测覆盖率和任务完成率均100%。完成各类委托水样监测10件。在全国第九届残运会暨第六届特奥会眉山赛区比赛前及赛事期间，监测运动员入住的岷江东湖饭店、天豪酒店集中式供水、二次供水2次。

【环境卫生监测】2015年，完成中心城区公共场所（旅店、文化娱乐场所和理发店等）监测39家，合格35家；监测件数426件，合格399件；检测样品项数1424项，合格1348项。

【消毒监测】2015年，完成全市一次性卫生用品监测15家，监测环境样品126件，合格120件；监测产品样品27件，合格26件。完成中心城区医疗机构监测4家，全年监测2次，监测覆盖率100%，监测样品154件，合格146件。

【职业放射卫生监测】2015年，开展职业性放射性疾病监测、医用辐射防护监测和重点职业病监测。完成中心城区直管医疗机构从放工作人员每季度个人剂量计换发，换发个人剂量计616人份，个人剂量监测率100%。

【媒介生物控制】2015年，开展白纹伊蚊抗药性监测。完成病媒生物（蚊、蝇）密度监测，布放诱蚊灯160笼，捕获蚊4904只，蚊密度为繁笼小时2.55只；布放诱蝇笼135个，捕获各种蝇124只，蝇密度0.92只每笼。

【能力建设】2015年，市疾控中心通过省计量认证复评审，认证检测能力参数251个，认证食品检验检测能力参数237个。建成结核病实验室。新增检验检测仪器设备19台件。被省卫生计生委批准认定为二级甲等疾病预防控制中心。

妇幼保健

【孕产妇系统管理】2015年，全市孕产妇建卡率99.81%，系统管理率98.58%，孕产妇住院分娩活产3.09万人，住院分娩率

99.99%，剖宫产率42.01%，比2014年下降1.01%。全市孕产妇死亡6例，死亡率19.4/10万。

【婴幼儿系统管理】2015年，全市婴儿死亡率4.30‰，5岁以下儿童死亡率6.11‰。7岁以下儿童保健系统管理率97.02%，3岁以下儿童系统管理率98.09%，新生儿访视率98.66%，6个月内纯母乳喂养率82.87%，早期新生儿死亡54例。新生儿死亡评审10例，无新生儿破伤风病例发生。全市领取《出生医学证明》2.8万份，签发《出生医学证明》2.76万份，作废146份。

【新生儿疾病筛查】2015年，全市医疗保健机构新生儿活产2.69万人，新生儿遗传代谢病筛查采血2.66万人，筛查率98.91%。听力筛查1.99万人，筛查率74.18%。

【妇幼保健技术】2015年，市妇幼保健院组织开展妇女病“两癌”（宫颈癌、乳腺癌）筛查、“三病”（艾滋病、梅毒、乙肝）普查、“免费婚前医学检查”“新生儿疾病筛查”等妇幼卫生重大项目。组织产儿科重大疾病抢救技能培训13次，培训市、区县级妇幼保健人员700人次。开展妇幼卫生重大项目工作督导13次，孕产妇死亡评审、新生儿死亡评审、病残儿鉴定会11次。

（市妇幼保健院）

眉山市人民医院

【公立医院改革】2015年，眉山市人民医院被确定为全市唯一市级公立医院综合改革试点医院。加强分级诊疗政策宣传，与成都中医药大学附属医院、成都军区总院签署双向转诊协议，与丹棱县人民医院等17家基层医疗机构签订双向转诊协议。医院牵头与洪雅县人民医院、丹棱县人民医院、青神县人民医院、眉山中铁医院、东坡区苏祠街道卫生服务中心成立医联体。

【医疗服务】2015年，眉山市人民医院开展“进一步改善医疗服务行动”，优化门诊就诊流程，门诊作息时间由原来的14:30提前到13:30。通过“114”电话预约、医院网站预约、门诊大厅现场预约、新增30台自助挂号缴费机等方式开展预约诊疗服务。在门诊药房设置处方打印和叫号系统。在放射科、检验科外安装影片、报告单、化验单自助打印机，减少患者就诊等待时间。重新规划布局医院门诊大厅，规范标牌标识指引。全院临床科室开展优质护理服务，肾病内科、内分泌科等科室开展慢病管理服务，妇科、普外一科、中医科设立科室微信号和超信服务，进行专科疾病健康指导。呼吸内科开展家访服务，消化内科开展内镜治疗随访，神经外科定期回访对带管（胃管、气管、尿管）病人。全院出院病人电话回访率大于50%，患者满意度测评94.93%。

【对口支援】2015年，眉山市人民医院派驻2批次42名医务人员分别前往洪雅县人民医院、丹棱县人民医院、彭山县第二人民医院、苏祠卫生服务中心开展城乡医院对口支援工作，同时接受基层医疗机构骨干医师到医院进修学习，提升受援医院人才队伍建设和服务能力。

【医疗质量管理】2015年，眉山市人民医院开展“医疗安全月”活动，完善修订《医院医疗质量控制指标体系（2015年版）》。依托医院成立的24个市级医疗质量控制分中心开展工作，推进眉山市医疗质量体系建设。全年开展临床路径数21个专业81个病种。开展不合理用药、抗菌药物合理应用专项检查。建立多种患者身份识别方式，提高患者身份识别准确性，建立监督检查机制。

【科研教学】2015年，眉山市人民医院肾病内科、泌尿外科通过省级重点专科动态验收，达到甲级。完成放射科省级重点专科立项验收。重症医学科、心胸外科、新生儿科通过市级重点专科的立项评

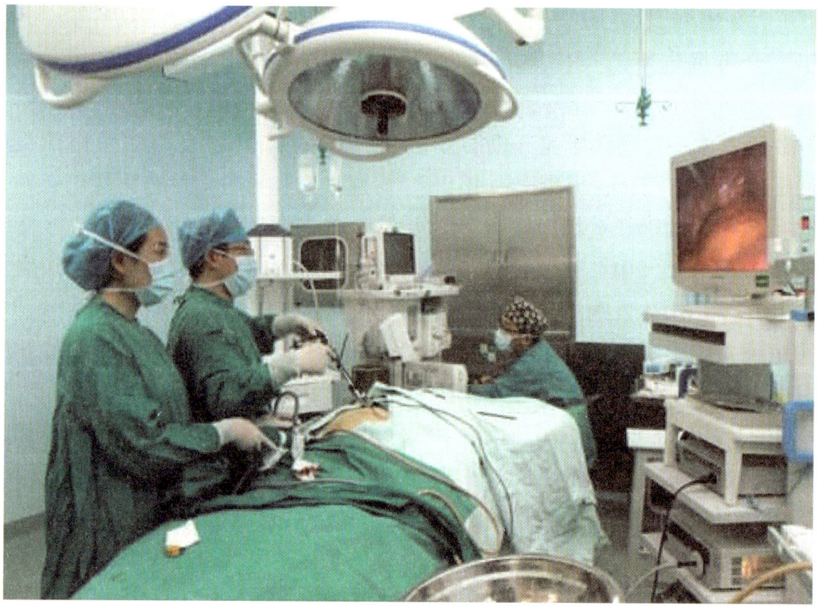

2015年1月23日，市人民医院成功为一名“镜面人”女性患者实施全内脏反位胆囊切除术

审，心内科通过市级重点专科验收评审。举办省级以上继续教育项目5项，市级12项。完成2014年（2013年项目）乡镇卫生院全科转岗系统培训35名学员临床培训和结业考核，完成2015年（2014年项目）乡镇卫生院全科转岗系统培训51名学员岗前培训、轮转安排及培训。全年申报并开展新技术新项目45项，市级科技成果3项，市级科研立项9项。

【人才队伍建设】2015年，眉山市人民医院新招聘专业技术人员44人（博士1人、硕士8人、本科22人）。引进德国心血管介入专家1人到医院做技术指导。全年选派医护人员27人到上级医院进修、专培。

【业务数据】2015年，眉山市人民医院门诊90.45万人次，比2014年（下同）增长7.8%；出院4.39万人次，下降2%；手术1.83万台次，增长17.5%；急诊5.64万人次，增长11.3%；体检1.8万人次，增长8.9%。病床使用率103%，患者平均住院日8.6天。

（市人民医院）

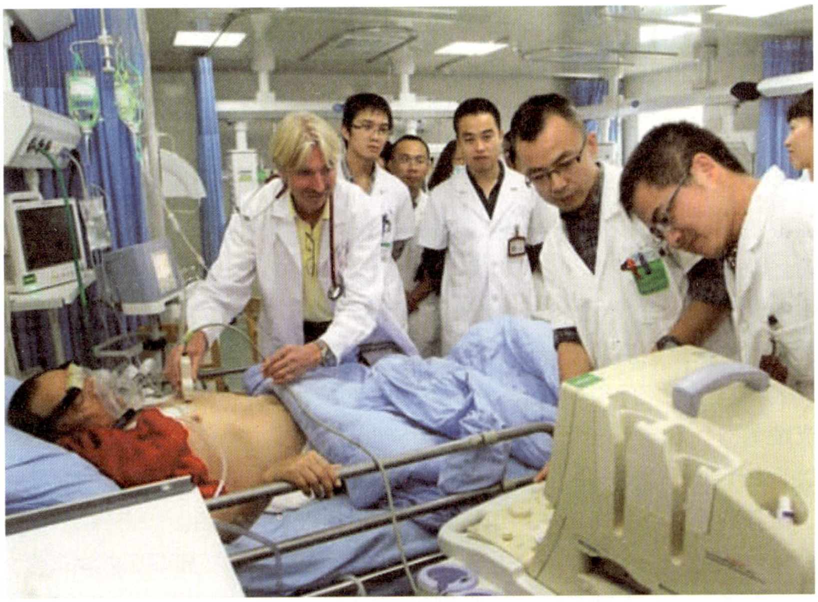

2015年9月26日，德国心内科专家洛伦茨·汉斯·马丁教授到市人民医院进行学术教学、技术指导

眉山市妇幼保健院

【概况】2015年，眉山市妇幼保健院（以下简称市妇幼保健院）收治门诊病人18.67万人，比2014年（下同）增长13%。收治住院病人及孕产妇6742人，下降3.5%。住院手术1778例，生产活婴2898人，儿童体检2.41万人次，危重病人抢救成功率100%。开放床位100张，床位使用率89.05%，平均住院日4.9天。孕妇建卡3328人，增加195人，孕产妇保健1.66万人次。剖宫产率43.84%，下降3个百分点。组织开展医院感染暴发应急处置演练。签发《出生医学证明》3003张，换发29张，废证6张。通过国家级爱婴医院称号复核。创建健康促进医院通过省市验收。

【资源整合】2015年，市妇幼保健院和市级计划生育服务进行职能整合，组建眉山市妇幼保健院计划生育服务中心，保留“眉山市妇幼保健院牌子”。

【学科建设】2015年，市妇幼保健院新设人事科、党办、信息科、设备科、医保科。新开展盆底修复治疗及双下肢气压治疗、新生儿听性脑干反应的筛查业务、儿童气质分析。

【双向转诊】2015年，市妇幼保健院与省妇幼保健院签订医疗联合体协议，与2家三级甲等医院建立双向转诊，与5家基层医疗机构建立医疗联合体，实现与县（区）和省级医疗机构100%的双向转诊。

【科研带教和对口支援】2015年，市妇幼保健院申请立项《早教干预对围产期高危因素的婴幼儿神经行为发育的影响》科研项目，儿童保健科和妇产科生殖健康不孕症专业通过市级重点专科的创建评审。增强专业技术人员带教能力，全年接收学习人员30人，外派对口支援医疗机构12人。

（市妇幼保健院）

眉山市中心血站

【采供血业务】2015年（2014.11.26—2015.11.25），眉山市中心血站血液采集自愿无偿献血率100%，采集1.78万人次，采集血液3.42万单位，其中400毫升采集1.63万人次，采集比例91.8%；农村自愿无偿献血7165人次，献血量1.41万单位，献血比例40.3%；采血量比2014年（下同）增长8.8%，千人口献血率6.13‰。血液分离率99%以上。全年供应临床红细胞类3.15万单位（调出全血20单位），其中成分血比例99%；供应血浆2.14万单位（调出血浆6468.5单位）；供应冷沉淀1376单位；供应浓缩血小板6904单位。红细胞类供应量增长11.36%。

【献血宣传】2015年，眉山市

中心血站在各区县采血点拍摄无偿献血公益广告并在当地电视台、公交车LED无线媒体播放；在东坡区和仁寿县爱心献血屋以图文、LED形式宣传无偿献血。流动采血车到各区县面对面互动宣传，扩大献血宣传覆盖面。开展“莘莘学子热血奉献”“献出一份血 温暖一座城”“捐献青春热血 传递爱心与奉献”等主题宣传活动22次，招募无偿献血者1540人，采集血液2632单位。在市级公务人员队伍开展“人民公仆奉献热血”为主题的无偿献血活动6次，339人参加无偿献血，采集血液647单位。血液采集相对较困难季节在各区县组织团体献血活动，缓解季节性缺血。在四川大学锦江学院、四川工商学院等高校开展无偿献血知识宣传讲座6次，增强青少年对无偿献血的认识。通过报刊、电视、网络等新闻媒体宣传报道无偿献血工作新闻25篇，分别在中国输血协会网、四川新闻网、《眉山日报》等媒体报道。在《眉山日报》刊登无偿献血宣传广告15次。开展“血站开放日”活动，邀请新闻媒体界代表4人和四川工商学院学生代表20人走进血站，亲历血液流程，通过光影、图片、现场观看、听取讲解等方式，了解血液相关知识。招募注册志愿者36人，开展相关知识培训6次，志愿者56人参加无偿献血宣传服务。

【稀有血型献血者管理】2015年，组织召开第十二届稀有血型联谊暨招募培训会，稀有血型献血者代表、市卫计委领导、各区县献血办负责人90余人参加。开展无偿献血相关法律法规知识培训，表彰2014年应急献血先进个人35人，通过培训、表彰，提升稀有血型献血者对无偿献血的认识，提高献血热情。稀有血型应急档案库新登稀有血型献血者44人，现在册并保持通讯联系的献血者150人，组织稀有血型应急献血40人次，稀有血型二次以上献血比例占47.6%。

【质量管理】2015年，眉山市中心血站血液从采集到发放严格执行《血站技术操作规程（2012版）》及血站质量体系文件等规范要求，全年无质量事故发生。加强血液检测，无漏检、错检，有效预防经血传播疾病发生。全年检测标本1.78万人次，不合格标本1134人次。血液检测实验室参加国家卫计委临检中心室间质评3次，综合成绩优秀。全年召开质量分析会7次；修订体系文件70份，确保体系文件的符合性和操作性；加强体系运行情况监控，确保质量管理体系有效运行；全年抽检血液、采供血关键物料、关键设备、工艺卫生等1507次；加强不合格项和不合格品管理，发现不合格项27项，并按程序处理，处理不合格物料2批次，包括过期的谷丙转氨酶试纸条21盒，单采血小板耗材995E5套；落实验证40余项改进措施。

【教育培训】2015年，组织站级培训9次，内容包括职业道德教育、临床输血新知识、新观念、临床咨询、征询体检、消防安全知识和消防演练等，每次培训有考核、有评估、有记录。组织卫技人员54人参加远程项目培训，并取得相应学分。全系统参加国家级培训8人，省级培训16人，市级培训15人。4人取得四川省核酸检测技术培训合格证书。3人取得采供血机构质量体系内部审核员培训资格证。卫生技术人员继续教育学分25学分，学分构成比例符合要求。

【血液核酸检测实验室建设】2015年，市中心血站血液核酸检测项目列入眉山市2015年政府投资项目计划，投入财政经费590万元（省财政补助200万元）。11月底建成，中标价512万元。实验室建筑面积120平方米，核酸检测基础设备13台（件、套）。12月，开展血液核酸检测。

（眉山市中心血站）

人民生活与社会保障

People´s life and social security

主要商品价格

【概况】2015年，全市农业生产持续向好，粮食生产稳定增长，畜牧养殖持续增产；工业增长稳中趋缓；第三产业发展活跃，消费品市场保持活跃；物价水平基本稳定。监测的主要商品成品油价格震荡向下；建材价格以降为主；非居民用气价格下降；生猪价格震荡上涨；粮食类运行基本稳定；蔬菜均价高于2014年；鸡蛋与2014年高位运行比出现回落；经济作物中油菜籽、桑蚕茧收购均价低于2014年水平。

【成品油】2015年，全市成品油价格震荡向下。成品油价格12跌7涨，综合均价除2月、4月、5月、10月呈现上涨外，其他时间呈现下降，其中5月综合均价最高，12月最低，年底成品油90号（无货）、93号、97号汽油、0号柴油价格分别为每升5.24元、5.59元、6.03元、5.23元，比2014年（下同）分别下降8.71%、8.66%、8.64%、10.29%，全年均价每升5.62元、5.99元、6.46元、5.65元，分别下跌17.96%、18.06%、18.02%、18.94%。

【建材】2015年，建材价格以降为主。1—9月水泥价格呈持续小幅下降，10月、11月有所提振，12月反弹受阻运行稳定，水泥市场疲软态势依旧，年底32.5强度、42.5强度水泥价格分别为每吨320元、380元，比2014年（下同）降15.79%、15.56%，全年均价分别为每吨320元、368元，分别降16.88%、20%。平板浮法玻璃价格除春节期间、10月略有上涨外，其他时间段呈稳中小幅下降走势，12月价格每平方米21元，降8.70%，全年均价每平方米22元，降12.5%。胶合板、密度板价格除胶合板8月小幅下降外，全年运行总体保持稳定，监测的胶合板、密度板价格分别为每张56元、95元，与2014年基本持平。

【水电气】2015年，水电气价格中非居民用气价格下降。4月、11月全市非居民用天然气销售价格下调，降幅23.81%，下调后非居民用气价格每立方米2.56元。11月全市车用压缩天然气销售价格由每立方米3.70元降低为3元。其他能源和工业生产资料价格中工业用水、工业用电价格分别为每吨4元、每千瓦时0.86元，保持平稳运行态势。

【化肥】2015年，化肥价格小幅震荡向下，其中复合肥、过磷酸钙震荡幅度较其他化肥品种稍大，12月监测的尿素、碳酸氢铵、过磷酸钙、氯化钾、复合肥（三元，氯基，含氮磷钾各15%）、复合肥（三元，硫基，含氮磷钾各15%）均价分别为每千克1.89元、0.69元、0.68元、3.22元、2.73元、3.10元，环比分别下降1.05%、持平、持平、持平、下降2.68%、上涨2.65%，与1月同期相比分别下降1%、持平、下降6.85%、4.17%、9.60%、7.19%。1—12月化肥综合均价为每千克2.07元，同比2014年（下同）下降4.61%，其中尿素综合均价上涨0.53%、碳酸氢铵持平，其他分别下降2.78%、3.27%、6.98%、7.51%。

【生猪】2015年，生猪价格震荡上涨。1—3月承接2014年年下旬下降走势，全市生猪价格继续小幅震荡向下；4—8月受生猪出栏减少、阶段性供应偏紧，呈现持续上涨；9—11月受供应缓解基本呈回落态势；12月受元旦以及春节前制作腌腊制品习惯需求上涨略有反弹。全年最高价位处于9月份的每50千克927元，与3月份最低时相比上涨48.80%，年底与年初相比震荡后上涨，上涨28.97%；12月月报均价为每50千克852元，环比上涨1.31%；同比上涨21.54%，全年生猪周报均价为每50千克773元，与去年均价比上涨14.52%。

【仔猪】2015年，仔猪价格先扬后抑。1—8月仔猪价格呈持续上涨，最高每千克24.42元，与1月最低时相比上涨144.2%，9—11月呈现持续下降，12月略有反弹，年底与年初相比震荡后上涨，上涨78.4%，12月月报价格为每千克17.46元，环比上涨0.23%，同比上涨59.60%。全年仔猪周报均价为每千克17.06元，与2014年均价比上涨20.82%。

【玉米】2015年，玉米价格震荡下降。上半年玉米价格呈小幅先抑后扬，7—10月呈现下降，11月趋于稳定，下降到监测以来历史低位，各区县11月最低均价为每千克2.46元，比6月每千克2.87元降14.29%，12月略有反弹，12月月报均价每千克2.48元，环比上涨0.81%，同比下降13.89%，全年周报均价为每千克2.74元，与2014年（下同）均价比降2.14%。彭山区青龙玉米批发市场玉米批发价格全年走势与区县均价走势基本一致，其中，9月、10月新玉米上市期间降幅相对较大，最低降到每千克2.08元，与5月、6月最高价相比下降20.61%，全年震荡运行后年底与年初相比呈现下降，降17.19%，年底价格为每千克2.12元，全年玉米批发均价每千克2.45元，降7.55%。各区县和青龙玉米批发市场与最近几年相比，玉米价格在新玉米上市期间出现较大降幅。

【农药】2015年，农药价格基本稳定。全市农药价格一季度小幅以涨为主，6月小幅以降为主，下半年运行平稳，全年震荡运行后年底与年初相比总体略有下降，12月多菌灵、草甘膦异丙胺盐、阿维菌素、乙草胺价格为每千克32元，每毫升40元、80.50元、86元，环比持平，分别比2014年涨1.59%、2.56%、下降6.94%、持平。与2014年比，全年均价多菌灵、草甘膦异丙胺盐略有上涨，阿维菌素下降4.97%，乙草胺持平。

【麦麸】2015年，麦麸价格出现下降。1月、6月、7月、9月、10月麦麸价格出现持续下跌，其他月份运行稳定，12月价格每千克2.20元，环比持平，同比下降11.65%。全年均价每千克2.32元，与2014年均价比下降3.73%。

【农膜】2015年，农膜价格运行基本稳定。农膜中除地膜价格在8、12月小幅下降外，全年其他时间段棚膜、地膜价格运行稳定，12月棚膜、地膜价格分别为每千克15元、15.20元，环比持平，同比为持平、下降3.18%，全年均价与2014年相比棚膜持平、地膜下降1.11%。

【油菜籽】2015年，油菜籽收购期间收购价格稳中略涨。上半年全市小春作物丰收，其中油菜籽产量10.2万吨，比2014年增加4100吨，5、6月份收购期间收购价格略呈小幅上涨，最后一期收购均价为每50千克255元，相比收购初期上涨1.19%，整个收购期间收购均价为每50千克254元，与2014年同期收购均价相比下降1.93%。

【桑蚕茧】2015年，桑蚕茧收购价格下降。全市桑蚕茧单产增，但总产下降，收购期间桑蚕茧收购价格呈稳中小幅下降，11月最后一期收购均价为每50千克1408元，与6月第一期比下降12.71%，比2014年（下同）下降6.01%，收购期间均价每50千克1487元，降8.83%。

【居民服务】2015年，全市城市居民服务价格大部分保持稳定，部分有所变化。其中长途客运票价1月出现下降（降幅6.06%），5月出现上涨（涨幅9.68%），其他监测的时间段处于稳定。最后一期监测的长途客运票价为每人千米0.34元，与年初相比上涨9.68%，比2014年（下同）上涨3.03%。全年长途客运票均价剔除线路改道因素下降6%。公路货运价格在3月、7月、11月出现持续下降，最后一期监测的公路货运均价为0.69元/吨千米，同比下降17.86%，全年均价每吨千米0.79元，呈小幅下降。监测的宾馆住宿价格在节日期间为每间日196元，平时监测的打折价为每间日158元，变化幅度20%左右。医疗服务价格中人均门诊费用、人均床日费用呈小幅震荡，全年监测期间均价每人次224.33元、每床日862.52元，分别上涨11.26%、4.15%。农贸市场摊位费中摊位租金持平，摊位卫生费略有上涨，均价每月平方米181.58元（摊位费合同一年一签，缴全年），上涨4.55%。其他居民服务价格中的交通运输、居住、电信电视、医疗、教育、旅游全年保持平稳。

【粮食】2015年，粮食价格运行基本稳定。全市粮食类中除珍珠米在3月、4月略有上涨，其他时间段本地大米、珍珠米、面粉价格运行稳定，12月本地大米、珍珠米、面粉均价分别为每500克4.52元、5.94元、4.70元，同比为持平、上涨2.77%、持平，全年均价与2014年比除珍珠米略有上涨，其他持平。

【肉类】2015年，肉类价格猪肉震荡向上。全市肉类中猪肉价格1-5月呈稳中小幅下降，6—8月呈稳中小幅上涨，9—11月呈小幅下降，12月底略有回升，震荡运行后年底与年初比呈上涨，涨幅18.37%。年底猪肉（肋条肉）价格为每500克24.90元，全年均价每500克26.68元，比2014年（下同）上涨10.43%；鸡肉、牛肉价格全年保持稳定，均价分别为每500克29元、59元，全年均价上涨6.07%。

【淡水鱼】2015年，淡水鱼价格小幅震荡持平。监测的淡水鱼中花鲢、鲫鱼价格在5月、8月和2月、8月小幅上涨，均在下月恢复到上涨前水平，其他时间段运行稳定，全年小幅震荡后年底与年初相比持平；草鱼不是主要消费鱼类，市场销售少，全年运行稳定。12月，以上三种鱼类价格为每500克19元、19元、17元，环比、同比均持平，全年均价为每500克19.20元、19.12元、19.20元，比2014年分别下降3.23%、上涨0.42%、持平。

【食用油】2015年，食用植物油价格基本稳定。食用植物油价格中调和油、桶装菜籽油4月、6月出现微幅下跌、上涨外，其他时间段运行稳定，12月，调和油、桶装菜籽油均价每升11.38元、14.68元，环比持平，同比为下降0.09%、上涨10.54%，全年均价每升11.38元、13.99元，其中调和油比2014年下降10.14%，桶装菜籽油剔除换规格变化不大。

【鸡蛋】2015年，鸡蛋价格震荡向下。上半年受2014年鸡蛋价格上涨幅度较大，养鸡户增多，市场供应充足呈供大于求，鸡蛋（饲料蛋）价格基本呈持续下降走势，7-8月受天气炎热、蛋鸡产蛋量下降，价格出现反弹，9—10月受供大于求，价格出现上涨，之后两个月基本稳定，全年最高价格处为1月每千克12.50元，最低为7月每千克8.70元，12月价格每千克10元，环比下降1.96%，同比下降21.63%，全年均价每千克10.34元，比2014年下降12.07%。

【蔬菜】2015年，蔬菜价格呈现震荡。2月、9月综合均价为全年中较高价位，5月为全年最低价位，1—12月监测的10类蔬菜周报综合均价每千克5.20元、6元、5.30元、5.14元、4.84元、5.12元、5.18元、5.62元、6.10元、5.38元、5.22元、5.68元，全年综合均价每千克5.41元，比2014年上涨7.11%。

【其他】2015年，其它食品中方便面、食用盐、白砂糖全年呈稳中上涨。10月，方便面价格近几年来首次上调，调价后每袋3元，上涨20%；4月、6月食用盐因品质提高、改换包装出现上涨，上涨后均价每千克7.50元，涨幅75.23%；袋装白砂糖于10月出现上涨，上涨后均价每千克18.62元（袋装），涨幅2.42%。以上价格其他期间运行稳定，全年均价分别为每袋2.63元，每千克6.36元、18.80元（袋装），比2014年（下同）上涨5.2%、48.60%、2.23%。全年矿泉水、豆腐价格运行稳定，保持在每瓶1.55元、每千克3.50元，全年均价与2014年持平；干辣椒呈稳中下降，9月下降后价格每千克25.33元，降6.18%，其他期间运行稳定，全年均价每千克52.88元，上涨11.70%；大蒜（瓣蒜）上半年呈小幅震荡向上，下半年呈稳中上涨，年底与年初比上涨60.06%，全年均价每千克8.32元，上涨27.61%；其他花椒、牛奶、生姜（老姜）价格全年呈小幅震荡，年底于年初相比，花椒震荡后上涨，涨幅5.03%，牛奶、生姜（老姜）震荡后下降，降幅分别为5.67%、1.50%，全年均价分别为每千克133.78元、每盒2.93元、每千克4.78元，比2014年分别上涨3.66%、下降1.35%、32.99%。水稻、玉米、小麦种子价格运行基本稳定，监测期间综合均价为每千克53.44元、27.88元、8.5元，分别上涨3.98%、3.57%、6.25%。

（市发改委）

社会事务服务

【殡葬管理】2015年，全市火化遗体1.61万具，火化率77%，火化区火化率95%以上。推进免除城乡困难群众基本丧葬费工作，青神县、丹棱县、洪雅县实行全民惠民殡葬，东坡区、彭山区和仁寿县60岁以上居民减免基本丧葬费。全市免除困难群众基本丧葬费6672人529万元。符合条件且有意愿的困难群众，逝世后不出钱，可在彭山县莲花公墓行草坪葬或花葬。全市建成农村公益性公墓18个。向全市发出《低碳祭扫　文明清明倡议书》，倡导移风易俗新风，倡导文明低碳祭扫，倡导绿色生态安葬，传播殡葬活动正能量。举办“眉山市第三届集体公益生态葬仪式”活动，彭山区莲花公墓为去世的低保、“五保”、流浪乞讨人员等37人提供免费骨灰生态葬。指导全市公墓开展“鲜花换纸钱”“鲜花换鞭炮”“时空信箱”“黄丝带”“心愿卡”等活动，引导祭祀群众移风易俗，推广“绿色殡葬”。3月15日至4月15日，全市公墓等殡葬场所接待祭祀人员43.61万人次，市殡仪馆开展“眉山殡仪服务标准化试点”，通过国家标准化管理委员会审核，成为全国第二批社会管理和公共服务综合标准化试点殡葬服务领域唯一项目。北京社会管理职业学院与眉山市殡仪馆共建“生命文化研究与学生实习基地”，在市殡仪馆挂牌，共同培养殡葬专业人才，促进校企合作、“产学研”结合，实现资源共享、优势互补、互惠双赢、共同发展，共同推进殡葬事业健康发展。

【救助管理】2015年，全市救助流浪乞讨人员4485人，其中未成年人245人。开展街头救助工作，实现街头救助经常化，实施流浪未成年人和老年人主动保护性救助。指导各区县建立家庭暴力庇护中心。全市救助管理站启用最新全国救助管理信息系统。开展“6·19救助管理机构开放日”活动。副市长辜永忠在全省民政工作会上就未成年人救助保护工作作经验交流。眉山市在民政部召开的未成年人社会保护试点工作研讨会上作经验交流。各区县新建或改建未成年人保护中心，组建机构和队伍。开展全市未成年人保护工作人员专题培训，参加最高人民法院在眉山举办的“加强受侵害未成年人的司法保护”培训。贯彻落实《关于依法处理侵害未成年人权益行为若干问题的意见》。建立眉山市救助管理网站，开展社会走失人员主动登记，开设寻亲寻人栏。市救助站、东坡区、彭山区和仁寿县加强街面主动巡查救助，开展“夏季送清凉”和“寒冬送温暖”专项行动。

【婚姻登记】2015年，全市办理国内结婚登记3.09万对，离婚登记1.15万对，补领结婚登记1.67万对，补领离婚登记587对，出具婚姻登记记录证明2.3万件。补录婚姻历史数据35.91万件，婚姻登记合格率100%。提升婚姻登记窗口服务环境，组织参加省民政厅婚姻登记处组织的婚姻登记员培训。按照相关要求使用婚姻登记工作标识。开展结婚颁证仪式、婚姻家庭辅导服务、和谐婚姻文化建设。推行法定节假日和特殊日婚姻登记预约制，加强好婚姻登记高峰期应急管理，提高全市婚姻登记工作质量和服务水平。规范婚姻登记记录证明出具。全市完成1990年以来的婚姻登记历史数据补录。仁寿县完成新中国成立以来婚姻登记数据补录，市民政公安、法院等部门数据共享。丹棱县2015年3月起免收婚姻登记工本费。仁寿县民政局婚姻登记处成功创建国家AAA级婚姻登记机关。

【收养登记】2015年，眉山市作为第二批收养评估试点地区，完成11个收养家庭评估和4例送养，东坡区民政局、公安部门解决事实收养儿童上户口和上学问题。全市落实生父母有特殊困难无力抚养的子女和社会散居孤儿收养相关政策。全年全市办理国内收养登记46件，收养登记合格率100%。

【民间组织管理】2015年，全市登记在册的社会组织1553个（社会团体750个、民办非企业单位803个）。市级登记在册社会组织234个（社会团体157个、民办非企业单位77个）。年检社会组织1282个，年检率96.6%，年检合格率100%。开展社会组织乱摊派专项整治。重点整治对社会组织利用业务主管部门影响、借用行政资源、依靠代行政府职能或凭借垄断地位进行的六类乱摊派问题。

（市民政局）

社会保险与社会保障

【城镇职工养老保险】2015年，全市职工基本养老保险在岗职工参保人数28.72万人，当期征缴34.68亿元，支付待遇31.2亿元。为企业退休人员21.23万调整基本养老金，人均月增资159.94元。

【机关事业单位养老保险】2015年，市人社局上传2541个机关事业单位数据采集及数据。

【城乡居民养老保险】2015年，全市城乡居民养老保险参保161.2万人，当期征缴7.7亿元，发放待遇人数50.24万人，支出5.6亿元。

【城镇职工医保】2015年，全市城镇职工参保26.49万人，基金征缴8.52亿元，支付待遇6.94亿元，城镇职工医保封顶线由20万元调整为25万元。

【城乡居民医保】2015年，全市建立城乡统一的医保制度，人均

2015年4月10日，人社部调解仲裁管理司司长宋娟（前排右二）到眉山调研调解仲裁工作

2015年9月7日，省人社厅副厅长罗良娟调研眉山社会保障工作

补助标准由2010年的200元，调整为380元，增长90%。城乡居民医保封顶线由13.5万元、15万元调整为一档15万元，二档18万元。

【异地就医结算】2015年，全市异地就医备案人数1.27万人，异地结算4495人次，报销金额5890万元。全市联网医院11家，正式接入省级平台5家。

【疾病应急救助】2015年，全市建立统一的经办管理平台，全面开展应急救助。全年救助306人，审核疾病应急救助费用155.42万元。

【工伤保险】2015年，全市工伤保险参保16.55万人，基金征缴7040万元，支付待遇5881万元。

【生育保险】2015年，全市生育保险参保14.55万人，基金征缴2729万元，3891人次享受待遇，支付2654.42万元。生育保险费率由0.5%调整为0.4%。

【失业保险】2015年，全市失业保险参保10.93万人，基金征缴9608.50万元，支付待遇3532.63万元。失业保险费率由3%降至2%，其中单位缴费费率由2%降至1.5%、个人缴费费率由1%降至0.5%。

【基金监督】2015年，市人社局受理和办理基金举报案件3件，收回基金41.12万元。

【职业鉴定】2015年，市人社局为1.41万人提供职业技能鉴定服务，颁证1.12万本。

【行政权力清理】2015年，市人社局清理行政权力87项，行政许可10项，行政处罚58项，其他行政权力19项。

【行政审批】2015年，市人社局完成退休审批2193人，工伤认定1605人，劳动能力鉴定678人，劳务派遣经营许可3家，特殊工时制审批3家，办理行政复议和行政诉讼44起。

【劳动保障监察】2015年，全市企业劳动合同签订率93.1%，集体合同、企业工资专项集体合同签订覆盖率均为99%；受理举报投诉案件775件，结案775件，涉及人数1.51万人，到期结案率100%。最低工资标准由每月1250元调整为1380元。

【劳动人事争议调解仲裁】2015年，全市各级仲裁机构受理劳动人事争议3084件，到期结案率100%，调解成功率85.3%，结案率全省排名第一。承办全国创新社会管理现场会。

（肖鑫）

老龄工作

【概况】2015年末，全市60岁以上老年人口74.32万人，占全市户籍总人口21.11%。有各类老年组织1629个、老年学校169所。老龄工作有序开展，基本实现“五个老有”（老有所养、老有所医、老有所学、老有所为、老有所乐）工作目标，在全省老龄工作绩效考核中位列第五。

【老年人优待】2015年，贯彻落实全国、全省老龄办等24部门《关于进一步加强老年人优待工作的意见》，制定《眉山市老年人优待规定》。全市70余万老年人得到实惠。全年全市为11.5万高龄老人发放高龄津贴2548万元，各旅游景点为高龄老年人减免门票140余万元，免除公共交通费用约1800万元，免除老年人进入公厕费4万余人次，免除老年人基本火化丧葬费600余万元，公共文化设施向老年人开放7万余人次。

【基层老年协会建设】2015年，市老龄办、市民政局下发《关于进一步加强乡镇（街道）、村（社区）老年协会建设的通知》，放宽登记条件，简化登记手续，取消筹备审批环节，降低登记门槛（乡镇级老年协会注册资金不低于5000元，村级老年协会的注册资金不低于2000元），全市各乡镇（街道）、村（社区）老年协会均纳入公益慈善类社会组织登记范畴，能登尽登，暂不具备登记条件的基层老年协会实行备案管理。截至年底，乡镇老年协会登记率95%，仁寿县黑龙滩镇等8个乡镇因老年协会换届推迟登记。全市评选表彰示范性基层老年协会16个，发挥基层老年协会示范性作用，推动老年协会正规化建设。

【老年大学建设】2015年，眉山市老年大学选址新建，占地1.33公顷（20亩），财政全额拨款新建；东坡区老年大学改造升级；彭山区老年大学拓展发展；仁寿县老年大学建成使用；洪雅县老年大学、丹棱县老年大学重新选址新建，分别占地1.33公顷（20亩）、3.33公顷（50亩）。

【"三级连创"】2015年，市老龄办以第四轮"敬老模范区县""敬老模范乡镇（街道）"和"敬老模范村（社区）"创建活动为契机，狠抓各项工作落实，彭山区和丹棱县通过省第四轮"敬老模范区县"检查验收。市政府命名表彰35个"敬老模范乡镇（街道）"。全市区县命名表彰512个"敬老模范村（社区）"。

【调研】2015年，市老龄办确定4个调研主题，20个调研课目。开展对老龄工作和老龄事业发展的难点、热点问题调查研究。全年上报调研报告6篇，2篇获省调研成果二等奖，调研报告为党委政府决策提供参考，解决制约老龄事业发展问题。仁寿县完成第四次中国城乡老年人生活状况抽样调查。

【宣传】2015年，市老龄办向市以上宣传媒体投稿108件，在省级以上刊物上稿27篇，图片8幅，在市级报刊和网站上宣传老龄工作48篇，《眉山老年月刊》宣传老龄方针、政策和法规，宣传尊老、爱老、助老的人和事，宣传老龄工作的开展和老龄事业的发展，全年免费发放月刊10万余份。眉山主流媒体在"敬老月"活动期间，播报尊老、敬老、爱老、助老专题节目，及时报道老龄工作新闻和老龄工作动态，彭山区举办"中国·彭山第六届彭祖长寿养生文化节"，洪雅县举办《老年法》知识竞赛。

【老年活动】2015年，市老龄办开展评选表彰活动。全市各级组织开展评选表彰"好儿女""好女婿""好媳妇""孝亲敬老之星"和"老有所为先进个人"活动，弘扬中华民族尊老敬老传统美德。全年表彰尊老敬老爱老助老先进个人147名，通过典型示范，影响带动敬老新风尚。开展走访慰问和为老志愿服务活动。在"敬老月"活动期间，市委、市政府、市人大、市政协主要领导赴各区县基层和市社会福利院慰问特困老人、空巢老人、失能、重病老人等500人，发放慰问金和慰问品25.6万元。市级各部门、各区县和乡镇党委政府，分别慰问本部门离退体老年人和辖区内老人代表，全年发放慰问金150余万元。以敬老月志愿服务活动为主，开展为老志愿服务活动420余次，给3000余老年人送温暖，服务老年人1万余人次。眉山电视台、《眉山日报》专题跟踪报道，四川老龄网、晚霞报报道。市老龄办牵头举办纪念世界反法西斯战争暨中国抗日战争胜利70周年文艺会演，基层1000余名老年人参与庆祝活动，各区县相继开展纪念活动。在"敬老月"期间，各乡镇、村（居）老年协会都举办"重阳节"坝坝宴庆祝活动，40余万老年人参与坝坝宴庆祝节日，各基层党政领导受邀参加庆祝活动，四川在线现场报道。各老年协会组织送文化下乡、社区会演、街头演出、联谊会、晚会、琴、棋、书、画等系列活动丰富老年人精神文化生活。参与关爱农村空巢、高龄老人服务活动。

【维护老年人合法权益】2015年，市老龄办开展系列维权活动和法律服务活动。市司法创新建立老年人法律服务和维权活动工作机制，为老年人维权提供方便。全年各涉老执法部门维权老年人权益3起。

【敬老文明号】2015年，市老龄办开展第二届"敬老文明号"创建活动，在全市各级涉老职能部门、公共服务窗口行业、基层为老服务组织中开展创建第二届"敬老文明号"活动。市老龄委命名表彰62个涉老部门、公共服务窗口行业、基层为老服务组织。

（眉山市老龄工作委员会办公室）

眉山市老年大学

【概况】2015年，眉山市老年大学有管理人员9人，聘任授课教师16人、班主任（助教）16人。全年设专业19个（音乐、广场舞、形体舞、书法、国画、电子琴、拳剑、柔力球、电脑、拉丁舞、交谊舞、摄影、声乐、健身球、萨克斯、体育舞蹈、诗词创作与赏析、民族舞、健身气功）58个班，在校学员4704人次。

【教学】2015年，市老年大学学习贯彻《教育法》和《老年人权益保障法》，抓教师队伍建设和学员教育管理，提高教师队伍素质，组织全校教职员工参加省、市学习、培训和学术交流，提高教职员工业务素质。科学设置初、中、高级班。结合老年人身体状况，注重因人施教、因材施教、耐心示范，提高教学方法，提升教学手段，搞好教与学配合，让学员更好更快地掌握知识和技能。

【教学设施与安全管理】2015年，市老年大学购置教学设备，加强校物、校产日常维护与管理，保障教学活动正常开展。加强安全防范工作，建立安全防范机制，落实各项安全措施，建设“平安校园”，全年未发生安全事故。

【老年文化】2015年，市老年大学办《校园简报》7期，采用稿件71篇，多篇稿件被眉山电视台、《四川老年教育通讯》采用。送文化进村（社区）、开展老年志愿者活动10余次，宣传党的路线、方针、政策，传播党政之声，传递老年人之音，维护老年人权益，宣传老年人防骗知识，展示新时期老年人风采，引导老年朋友珍惜生命、崇尚科学、健康生活。市老年大学鼓励老年人参与社会实践活动，扩大社会参与度。市老年大学、市妇联赴青神县桂平村开展送文化活动。市委组织部、市委老干部局在东坡湿地公园举行迎春书画展暨书画笔会。老年志愿者与市民政局、市老龄办、市老年人协会在三苏雕像广场开展写春联送祝福活动，现场书写春联600余幅赠送市民。送文化到市友情养老院、洪雅柳江镇、东坡区思蒙镇。拉丁舞B专业舞蹈《宫廷华尔兹》代表市老年大学参加“红石美地”杯2015年眉山市第八届体育舞蹈大赛。组织全校师生参加郫县书画会展，刘文清展出9本画册及其梅花图等作品。与东坡区“两协”举办联谊演出活动。为庆祝中国共产党成立94周年暨组织教学成果汇报演出抗日战争胜利70周年。组织校柔力球专业队参加四川省第八届老年人运动会柔力球比赛、眉山市老年人健身项目展示活动。组织大合唱、红歌联唱、舞蹈节目参加眉山市民政局、市老龄委、市老年人协会、市文化馆联合组织的为纪念反法西斯战争和抗日战争胜利70周年文艺汇演。乐山市老年大学、眉山市老年大学以及东坡区、彭山区、仁寿县、洪雅县六所老年大学交流办学经验展示教学成果。组织开展金秋音乐会，纪念反法西斯战争胜利七十周年、庆祝建校七周年华诞。

（眉山市老年大学）

残疾人事业

【残疾人民生项目】2015年，13项残疾人重点工作纳入市委、市政府民生工程及民生大事，全年投入资金7166万元，受益残疾人10余万人。其中，居家灵活就业直补2624人；扶持农村贫困残疾人发展生产1.26万人；为贫困残疾人4025人适配亟须的基本型辅助器具；居家托养智力、精神残疾人2300人；资助残疾人托养服务机构12家；发放重度残疾人护理补贴4.14万人；残疾人家庭无障碍改造462户；仁寿县完成新建残疾人康复托养中心，丹棱县完成改扩建残疾人托养中心；救助贫困家庭重度听力残疾儿童45人；救助智力残疾儿童53人；实现城乡残疾人居家灵活就业3.08万人；救助贫困脑瘫儿童212人；资助贫困白内障患者实施复明手术1253例。

【入户调查】2015年，市残联深化“智慧量服”，由依靠手工填写纸质“两表一卡”基础再录入平台的传统模式转变为依靠手持终端设备完成信息录入、修改、读取。全市为131个乡镇、1344个村发放手持终端1659台，普及率100%，使用率100%。入户调研11.6万余名残疾人家庭，掌握11.56万条基本情况和109.02万项次需求信息。全年落实残疾人11.55万人91.33万项次，人均7.48项次，覆盖率94.62%。挑选调查员，开展专项培训，核查持证残疾人9.3万人，非持证残疾儿童16人，核查覆盖率100%。

【残疾人创业就业】2015年，市残联举办盲人按摩、美容美发、家政、互联网等培训班45期，培训1500人次，350余名残疾人就业。盲人保健按摩培训班2期，85名学员就业60人。市残疾人托养服务中心吉香居庇护车间安置智力和重度肢体残疾人120人就业。全市发放康复扶贫贷款贴息181万元贴息，带动残疾人3000余人就业创业。仁寿县在“西南网贸港”建立孵化创业基地，帮助残疾人网上创业；建立“美神无声”聋人美容美甲实训基地免费培训。发放93万元，购买31家专业合作社的服务，采取“合作社+残疾人”模式，扶持残疾人创业就业。依法推进按比例安置残疾人就业，全市机关和企事业单位常年安置残疾人985人就业。

【残疾人康复】2015年，市残联实施残疾儿童康复救助，完成人工耳蜗植入手术和助听器验配24人，听障儿童康复41人；开展脑瘫儿童205人康复手术及训练，智障儿童50人康复训练。全省聋儿语训会议在眉山召开，眉山代表全省接受中国聋儿康复研究中心检查。发放3113件助视器，开展精神残疾人8261人精神病住院、服药和关爱救助活动。市残联与省八一康复中心合作开展假肢安装项目。东坡区、彭山区、仁寿县首批为常年瘫痪在床的重度残疾人87人提供电动智能翻身床。

【全国九残会】2015年，眉山市承办全国第九届残疾人运动会暨第六届特奥会飞镖和盲人门球项目。改造赛场、住地等无障碍，新增盲道、坡道、盲文门牌号等设施。9月12日至20日，全国24个省49支运动队运动员、教练员230人参赛，来自15个省的国派裁判员、技术代表53人执裁。比赛期间，全市60余个部门，干部3000余人全程参与服务赛事一线，一对一接待服务。眉山赛区工作被

150余家媒体宣传报道上千次，运动队和教练员发来感谢信38封，国际盲人门球协会主席卡利、中残联副理事长王梅梅、省委常委李登菊等领导参加，国务院副总理刘延东祝贺九残会圆满成功。

【残疾人文化体育事业】2015年，眉山市8名残疾人运动员代表四川队参加全国第九届残运会，获金牌8枚、银牌7枚、铜牌1枚，3次打破世界纪录，1次打破全国记录。改版眉山残疾人网，启动眉山残联微信、微博平台。

【残疾人保障】2015年，全市实施残疾人燃油补贴，为残疾人3436人发放燃油补贴125余万元。政府为名重度残疾人4.64人代缴120元医疗保险，按最低缴费标准为智力、精神1—4级及其他重度残疾人4.52万人全额代缴100元养老保险。全市困难成年重度残疾2.42万人单独核定纳入低保。将城镇职工精神病药物治疗纳入重大疾病门诊特殊诊疗，参保人员诊疗费用可按80%比例报销，报销最高限额为每人每年2000元，城乡居民精神病服药每年600元的特殊门诊费。实施残疾大学新生资助制度，为残疾大学新生25人每人补助2000~4000元。定期为重度残疾儿童222人开展送教上门服务。

（胡雪怡）

社会福利

【城乡居民最低生活保障】2015年，调整城市居民最低生活保障标准，城市低保保障标准调整为每月370元，城市低收入家庭认定标准为每月630元，农村低保保障标准为每年2300元。城乡低保月人均补助水平分别为232元、123元，全市纳入城乡低保19.68万人，累计244.16万人次，累计支出保障金3.78亿元。市委办、市政府办制订《眉山市低保政策兜底减贫方案》《眉山市社会保障扶贫专项方案》，完成低保政策兜底脱贫1.15万人。建立以最低生活保障、特困人员供养为主，以医疗、教育、住房、就业等救助为补充的社会救助体系，各乡镇（街道办）设立“一门受理、协同办理”社会救助窗口。成立眉山市困难家庭认定指导中心，各区县建立社会救助的城乡居民家庭经济状况核对机制，全年通过比对平台取消低保户1156户1479人。

【城乡医疗救助】2015年，全市资助农村“五保”（保吃、保穿、保住、保医、保葬）供养对象1.98万人、低保对象19.68万人参加新型农村合作医疗，取消救助病种限制，年封顶线提高到2万元。全年累计救助困难群众28.69万人次，发放医疗救助金6544.47万元。政策范围内住院自负费用救助比例70%。

【农村“五保”供养】2015年，农村“五保”分散供养标准每人每月300元，集中供养标准每人每年4466元。加强农村“五保”对象安全管理，敬老院建立每日巡查、每月检查、季度督查制度，各乡镇建立散居“五保”每周巡查制度。建成农村区域性养老服务中心10所，代养社会老人20人，为周边老人1040人开展生活照料、医疗卫生、健康保健、文化娱乐等服务。推进农村敬老院标准化建设，规范完善敬老院硬件设施、院办经济、服务管理、档案资料等。

【临时救助】2015年，市政府下发《关于进一步健全完善临时救助制度的实施意见》，各区县制定“临时救助实施细则”，细化临时救助范围、标准、审批程序及资金管理等规定。建立“救急难”综合救助机制。因灾、突发事故、重大疾病导致基本生活暂时出现困难的家庭，给予500~3000元“急难”救助，全年支出临时救助金1061万元，救助困难群众1.05万户次。

【老年福利】2015年，全市新增公办养老机构床位470张，民办养老床位2000张，养老床位总数2.31万张，每千名老人拥有床位31张；维修改造公办机构床位2091张；建设城乡社区日间照料中心72个（城市54个、农村社区18个），全市日间照料中心150个，占社区总数的63%；为困难家庭失能老人8.15万人和80周岁以上高龄老人提供居家养老服务；东坡区大石桥街道办事处明星社区评为省级养老服务社会化示范社区；建设农村幸福院105个；城市社区居家养老服务覆盖率100%，农村社区居家养老服务覆盖率61%；丹棱社会福利院实施公办养老机构改制试点，彭山区、青神县完成居家养老信息平台建设并投入运营；市民政、人社部门委托东坡区明远职业培训学校举办初级养老护理员培训班，54人参训获证。

【儿童福利】2015年，全市有孤儿405人，其中集中供养70人、分散供养323人，艾滋病毒感染儿童12人；无人抚养儿童291人，困境儿童救助401人。社会散居孤儿基本生活养育标准为每人每月678元，机构供养孤儿基本生活养育标准每人每月1130元。事实上无人抚养儿童供养标准每人每月不低于300元（彭山区每人每月678元）。艾滋病病毒感染儿童基本生活费标准参照孤儿基本生活费额度全额执行。眉山市儿童福利院建设，占地面积0.8公顷，总建筑面积8000平方米，设计床位200张，总投资约2783万元，完成可研报告的编制、立项、方案审查及造价编制等。

【福利企业】2015年，全市福利企业25家，年检合格24家，1家因整改推迟年检。24家福利企业安置残疾人1172人，占福利企业职工总数的39%，减免税总额4157万元。开展“晚情行动”，为252人配备假肢、助听器等康复器具。开展“福彩有爱·孤老不独——向半失能老人赠送轮椅”公益活动，为受赠对象190人发放轮椅。

【福彩销售】2015年，眉山市福利彩票销售2.77亿元。

【慈善救助】2015年，全市募集和争取慈善资金4526.89万元。其中，“4·20”地震灾后重建捐助资金4350.2万元，定向慈善助学93.30万元，定向助困捐赠70.20万元，非定向捐赠13.19万元；理财增值35万元。“4·20”地震灾后重建项目支出3892.2万元；慈善助学345人次124.6万元；慈善助医9人4.1万元，助困3200人次92万元；实施省慈善总会援助的“4·20”灾后“浙川情”慈善救助项目，救助困难群众500人，发放救助金100万元。实施“亨达慈善基金”慈善项目，彭山亨达实业有限公司出资70万元成立“亨达慈善基金”，用于彭山区牧马镇莲花村男满60周岁、女满55周岁老人助老、助医扶贫项目。实施“万景困境儿童”慈善项目，救助困境儿童368人，支出救助资金44.16万元。实施“玫瑰园农村贫困老党员慈善基金”，救助全市80周岁以上农村贫困老党员429人25.74万元。

【慈善助学】2015年，市民政争取省民生慈善基金会“天行健”帮困助学项目，救助贫困高中生33人，每人2000元；应届大学新生（含研究生）37人，每人5000元；助学资金25.10万元。开展第十一届“放飞梦想·托起眉山希望的明天”2015眉山慈善·福彩帮困助学活动，帮助贫困大学新生185人梦圆大学，发放救助金72.5万元，救助高中新生90人27万元。完成“衣恋慈善阳光”慈善助学项目最后一期救助——2012年起对全市高中贫困学生200人实施救助，连续救助3年，投入资金120万元。救助学生50%考入重点大学。

【慈善灾后重建项目】2015年，市慈善总会向上争取灾后重建学校、医院、社会福利设施等项目37个，捐赠资金1.64亿元。年末，全市19个项目完工并投入使用，11个项目在建，7个项目待开工。诺华集团（中国）援建洪雅县汉王乡卫生院综合楼竣工，中华慈善总会副秘书长张心国、中华慈善总会办公厅副主任张欣、诺华集团（中国）企业社会责任总监高明旭、省慈善总会副会长兼秘书长苟兴元等相关部门的领导出席竣工仪式。市慈善总会按照项目协议进行监督，拨付资金；主动向捐赠方通报项目实施情况，得到捐赠方认可，提升眉山慈善公信力。

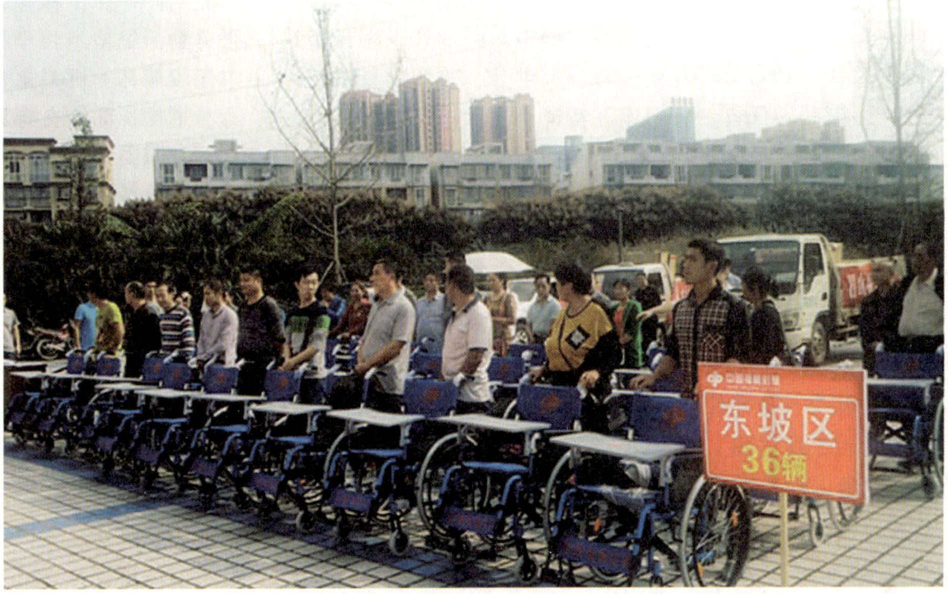

2015年10月19日，眉山市举行“福彩有爱，孤老不独”轮椅捐赠发放仪式

人 物

Character

2015年眉山市市级各部门领导干部名录

眉山市领导机关

中国共产党眉山市委员会

书记李静，副书记宋朝华、刘十庆，常委吴小可（5月离任）、杨勇、宣迅、姜怡、祝云、黄跃、王光彩、张习、吴季友、蔺湘、邓正权（6月任职）、周孝平，秘书长黄跃，副秘书长吴江、杨志忠、杨成芬、宋良勇、彭国超、王军、康勤（10月任职）、李祝才、王麒铭、王晨曦（12月离任）、阮永忠

眉山市人民代表大会常务委员会

主任贺文，副主任何久伦、门俊良（6月离任）、陈大权、陈万忠（2月任职）、李建章（2月任职）、李永高（2月任职），秘书长鲁建伟（1月离任）、徐智勇（2月任职），副秘书长廖明清、袁敏、钟开全

眉山市人民政府

市长宋朝华，副市长吴小可（5月离任）、邓正权（6月任职）、辜永忠、吴爱玲、钟毅、付庆一、汪树槐、唐宏，市长助理王晨明（7月离任）、刘强（11月离任）、崔永伟(12月任职)，秘书长肖忠良，副秘书长徐成良（5月离任）、杨帆（5月任职）、黄劲松、龙学渊、邹汝林、梅斌、罗万东（5月离任）、李付贵（5月离任）、廖宇勇、王茂槐、周吉勋、彭敏、陈瑞林、陈开军、严军、蒋传德

中国人民政治协商会议眉山市委员会

主席王影聪，副主席李亚非（6月离任）、梁勇、立胡左格、黄玉蓉、朱建文、王志敏、祝明洪、杨常沙，秘书长陈泽文，副秘书长刘云福、宋洪芳，兼职副秘书长代贤军、黄锐、江林、甘晓红

纪检、法院、检察院

中国共产党眉山市纪律检查委员会

书记祝云，副书记魏文彪、王世林、陈卫东（5月离任）、杨燕昭(9月任职)，常委宋梅、袁利民（3月离任）、梁昌秋、徐正刚、罗维（7月任职）、曹宇春（7月任职），副县级室主任万凯、张健，市委巡视联络办主任李安翔（12月任职），机关党委书记徐国（12月任职）

市纪委派出纪工委

书记吴建文，委员郑强、王泽华、罗晓玲

眉山市中级人民法院

院长刘楠，副院长李光祥、彭国成、高茜、喻敏（4月离任），纪检组长王建勇，政治部主任王世忠，机关党委书记陈映明，执行工作局局长韩胜，审委会专职委员刘军，市诉调对接中心主任徐家雄(12月离任)

眉山市人民检察院

检察长陈兵（1月离任）、吕皓（1月任职），常务副检察长万超（5月离任）、陈卫东（5月任职），副检察长林建新、林泽明、张勇勤，纪检组长李林坤，政治部主任段瑞林，机关党委书记蒋志全

市检察院检查委员会

专职委员申亚辉、彭林泉

市检察院司法调解中心

主任林健新，副主任徐建国

党群系统工作部门

市委办公室

主任吴江，副主任彭盛东、徐炯、王建祥（10月任职），副县级纪检员汪洪萍

市委机关党委

书记何丹丹

市目标绩效办

主任徐驰

市委常委办公室

主任王晨曦(12月离任)

市委督查室

主任李祝才，副主任黄秀航、聂川（6月任职）

综合调研室

主任王建祥（10月离任）

市机要局（市密码管理局）

局长查庆生，副局长汪英，专职密码督查员侯德明

市委保密办（市国家保密局）

主任（局长）李树伦

市委党史研究室

主任徐永利

市委、市政府接待办

主任王麒铭，副主任刘轶、王军（6月任职）

市委组织部

部长姜怡，常务副部长王晓丽，副部长胡彬、杨志华、王强（8月离任）、周代军（8月任职）、刘波（8月任职）、何万高、唐亚平，部务委员黄磊（5月离任）、刘波（5月任职、8月离任）、李勇刚（5月任职、8月离任），副县级纪检员伍懿

市委党建办

主任胡彬，专职副主任刘波（5月离任）

市委党员干部现代远程教育中心

主任郑敏璐（5月离任）、曾静（12月任职）

市非公有制经济组织和社会组织工作委员会

书记杨志华（8月离任）、周代军（12月任职），副书记李勇刚（5月离任）、廖锦

市人才办

主任廖鹏（6月任职）

市委老干部局

局长王强（9月离任）、杨志华（9月任职），副局长艾小林

市老干部活动中心

主任陈军

市委宣传部

部长周孝平，常务副部长曾丽霞，副部长邓敏、王涛（4月任职）、杨成芬，部务委员马炜（5月离任）、罗明、吴永枢（7月任职），副县级纪检员周天才

市精神文明建设办公室

主任曾丽霞（4月离任）、王涛（4月任职），副主任彭书君

市委对外宣传办公室、市政府新闻办公室

主任杨成芬，副主任李伦、王建国

三苏文化研究院

院长方永江

市互联网信息办公室

副主任涂瑛

市委统战部

部长黄玉蓉，常务副部长杨波，副部长钟云胜、何中、王怀端（3月离任），副县级纪检员周殿志，部务委员潘波

市民宗局

局长何中

市委政法委

书记杨勇，常务副书记徐智勇（2月离任）、王加宾（4月任职），副书记雷建勇（10月离任）、赵樱（5月任职），政治部主任蔡仕华，副县级纪检员林波

市社会治安综合治理委员会办公室

主任徐智勇（2月离任）、赵樱（5月任职），副主任徐金华、戴宇

市委维护社会稳定领导小组办公室

主任王加宾，副主任杜光俊、张川（8月离任）

市矛盾纠纷“大调解”协调中心

专职副主任刘正国

市法学会

专职副会长雷永辉

市委政研室

主任王军，副主任周光普，副县级纪检员夏德强

市委防邪办

主任李树明，副主任邱晓峰

市直机关工委

书记俞红梅，副书记梁建军、彭怀安、余华，纪工委书记余华

市委群工部

部长杨志忠，副部长杨乐园、胡刚、毛秦蓉，副县级纪检员杨学良

市信访群众疏导调解中心

专职副主任符玉芳

市委编办

主任唐亚平，副主任郑高庆、李晓莉，副县级纪检员贾国平

市事业单位登记管理局

局长何青（7月离任）、王馨婧（7月任职）

市信息管理中心

主任王馨婧（7月离任）、李智（7月任职）

市委农工委

主任陈明芳，副主任钟涛、王英哲，副县级纪检员周泮羽

眉山市农业产业化办公室

主任李俊（7月任职），副主任黄玉屏

市总工会

主席祝云，常务副主席张利铭，副主席缪川勋、喻素彬，经费审查委员会主任魏爱武，纪检组长陶建文

共青团眉山市委

书记梁宁（8月任职），副书记田波（5月离任）、梁宁（8月离任）、宋萍（8月任职）

市妇联

主席李红（8月任职），副主席王学芳、曹煦

市工商联

主席立胡左格，党组书记、常务副主席钟云胜，副主席黄锐，秘书长刘前线

市科协

主席李伟，副主席梁成穗、蒋国珍

市文联

主席王影聪，党组书记、副主

席李国莲，副主席顾伶俐

市社科联

主席周孝平（3月任职），党组书记、副主席马湘君，副主席李广平

市残联

理事长王艳（1月任职）、副理事长张平松、彭洪，纪检组长黄毅梅

市残疾人康复中心（市康复中心医院）

主任（院长）彭洪

市红十字会

会长吴爱玲，专职副会长余平

市政府工作部门

眉山市人民政府办公室

主任徐成良（5月离任）、杨帆（5月任职），副主任胡屏、李永康、赵强，纪检组长李军

市政府研究室

主任王茂槐，副主任黄文利

市政府应急管理办公室

主任周吉勋，副主任吴天文

市政府目标督查办公室（市民生工程领导小组办公室）

主任潘春梅

市政府机关党委

书记李妍

市政府信息公开办公室（市效能建设办公室、市政务公开领导小组办公室）

主任段琼

市信息化工作管理办公室

主任邵兵祥

天府新区眉山市建设委员会办公室

主任李付贵（5月离任）

天府新区眉山管委会

主任陈开军（6月任职），副主任符雪梅（5月任职）

眉山市人民政府热线服务中心

主任杨敏

眉山市政府应急指挥中心

主任暂缺

市政府三产办

主任周强（4月任职），副主任杨伟东（4月任职）、廖礼仁（6月任职）

眉山市人防办

主任李攀伦（1月离任）、陈瑞林（6月任职），副主任邓洪刚

市投资促进局

局长罗万东（4月免职），副局长邓川、余敏、邹镜洋（6月任职），纪检组长刘光友

市政府驻外经济合作局

市政府驻广东经济合作局局长冯晓东

市政府驻江苏经济合作局局长张红玲（10月离任）、宋萍（10月任职）

市政府驻武汉经济合作局局长周波

市政府驻上海经济合作局局长李鸿海（12月离任）

市政府驻浙江经济合作局局长李亮

市政府驻北京经济合作局局长刘洋

市政府驻成都经济合作局局长邹镜洋（6月离任）、张红玲（10月任职）

市发展和改革委员会

主任李建章（2月离任）、兰文军（2月任职），副主任兰华、黄海波、李红（7月离任）、牟长海，总经济师罗雪梅，纪检组长余冬梅，机关党委书记郑敏璐（5月任职）

市以工代赈领导小组办公室

主任邓刚

市第三产业领导小组办公室（2015年4月划入市政府办）

主任周强，副主任符雪梅、杨伟东

市项目工作领导小组办公室

主任姚文第（4月离任）、董勇刚（8月任职）

市招标投标管理办公室

主任王雪平

市综合交通枢纽办公室

主任兰华，副主任李钟玲、董勇刚（8月离任）

市物价局

局长李建章（2月离任）、兰文军（2月任职）

市价格监督检查局

局长李垚

市经济和信息化委员会

主任王岳，副主任何健、张仕兵，纪检组长邓德均，总经济师徐庆中，机关党委书记高鹏（5月任职）

市中小企业局

局长胡波，副局长赖崇华

市无线电管理处

处长伍飞龙

市教育体育局

局长廖仁军，副局长赵晓明、周俸贵、曾维刚、姚小虎，纪检组长尹曦，机关党委书记孙志军（6月任职）

市政府教育督导团

总督学郭子明

市招生办公室

主任刘力

眉山广播电视大学

校长叶志华，副校长刘淑群

市教科所

所长谢宏

市科技局

局长陈付生，副局长张刚、左永成，纪检组长刘天舒、杨光华（8月任职）

市知识产权管理处

处长宋洪芳

市公安局

局长辜永忠，常务副局长岳剑，副局长金育林（女）、王怀轩、李文彬、刘长林、王正祥、邢光华，纪委书记刘志彬，机关党委书记管生文，政治部主任何升俊

市公安局交警支队

支队长李文彬，政委伍利民

市公安局刑事侦查支队

支队长李柳，政委阳涛

市公安局特巡警支队

支队长甘志伟，政委王胜

市公安局国保支队

支队长李国辉

园区分局

局长余崇强，政委潘峰

市监察局

局长魏文彪，副局长宋梅、杨燕昭（10月离任）、宋章华

市监察局监察分局

局长吴建文，监察员郑强、王泽华、罗晓玲

市民政局

局长余自生，副局长李述清、杨海涛、史跃平，纪检组长郑剑坤

市老龄办

主任李述清，专职副主任程杰

市双拥工作领导小组办公室

主任郑忠东

市司法局

局长赵樱（5月离任）、万超（5月任职），副局长朱海波、叶忠文、牟锐，纪委书记雷广才，机关党委书记徐勇，政治部主任吕光进

市人民调解指导中心

专职副主任蒋励

市财政局

局长宋仕祥，副局长覃建华、邱云祥、张勇、王继（1月任职），纪检组长徐燕茹，总会计师胡明军，机关党委书记李光

市农发办

主任苏长芬

市政府驻京联络处

主任王继（1月任职），副主任刘汉学、李旭锋

市财政监督检查局

局长侯德宽

市国库集中支付中心

主任冉晓天

市人力资源和社会保障局

局长何万高，副局长王平、陈亚、彭玉霞、尹万军（1月任职），纪检组长钟少云，机关党委书记张敏

市就业局

局长李鑫刚（5月离任）、朱蜀骥（5月任职）

市社保局

局长刘长明

市医疗保险管理局

局长陈建明，副局长戴虹

市军队转业干部安置办公室

主任张敏（1月离任）

市职称改革工作办公室

主任曾学令

市人力资源和社会保障信息中心

主任曾国林

市人力资源服务中心

主任何万高

市人事考试中心

主任杨国芝

公务员管理办公室

主任蒋勇

劳动保障监察支队

支队长柯文渊

市环境保护局

局长江昌淯，副局长李言（3月离任）、张明（12月离任）、李智勇、龚正君（9月离任，挂职）、周学梅（6月任职），纪检组长邱永贵，总工程师许政

市环境监察执法支队

支队长赵友中

市环境监测中心

主任宗贵仪

市住房和城乡建设局

局长肖巍，副局长王新东、张旭冬、曾涛、黄磊，纪检组长刘天舒，机关党委书记周文强

市房地产管理局

局长朱典祺

村镇建设办公室

主任郭恩

市住房保障办公室

主任万永高

市建设监察支队

支队长李远君

市交通运输局

局长顾贵鹏，副局长汪文毅、韩顺江、覃建伟、牟德明、周惠（9月挂职），总工程师牟德明（2月离任）、何永列（2月任职），机关党委书记崔秀丽，纪检组长陈行，局长助理高艳龙

市公路管理局

局长刘小伶，副局长陈艾、魏勇刚

交通技工学校

副校长何永列（2月离任）、江朝明、苏志宏

运管处

处长汪卓然

交通战备办

专职副主任陈继刚

地方海事局

局长黄松建

市交通重点工程建设推进办公室

主任宋鹏

市水务局

局长李俊，副局长胡庆、郑绍飞、梁启明、李正清，纪检组长朱润祥，总工程师艾阳泉，机关党委书记文琼

市防汛办公室

主任王成宏

市水务综合执法监察支队

支队长朱科良

市农业局

局长熊英，党组副书记耿毅（3月离任），副局长潘志辉、余茂军、白炼、刘艺、刘定辉（3月任职），总农艺师程军，纪检组长魏众侪

市农机事业局

局长熊英，副局长汪建军

市农机监理所

所长潘智勇

市泡菜产业推进办公室

主任潘志辉，副主任张川、王淞

市水产渔政局

局长彭建安

市林业局

局长王澄琳，副局长钟利东、胡宝林、叶志远，纪检组长李群尧

市森林公安局

局长李域安，政委徐强

森林防火指挥部

专职副指挥长白文超

市商务局

局长李秀英，副局长刘继桂、杨美凭、张文清，纪检组长陈勇

市博览事务局

局长刘继桂

市供销社

主任廖小宁（6月任职），副主任李崛

中国国际贸易促进委员会眉山市委员会

会长牟建霖，副会长杨勇

市文化广播影视新闻出版局

局长田禾，副局长彭蜀宁、吕泓、曲红、朱龙飞，纪检组长徐松，机关党委书记粟红

三苏祠博物馆

馆长陈仲文

市文化馆

馆长郑蕊

东坡书画院

院长彭蜀宁

市卫生计生委

主任彭锋，副主任李晓萍、王吉宏、梁小林、黄大贤、陈辉，纪检组长徐容，机关党委书记李亚斌

市爱卫办

主任夏炬光，副主任彭家兴

市疾病预防控制中心

主任谌俊平，副主任冷军、苏涛、肖擎

市卫生和计划生育监督执法支队

支队长彭建永

市审计局

局长彭惠琴、副局长张征、魏聂、刘志勇、兰可，纪检组长李建辉（5月任职），总审计师张亚平

经责分局

局长辜青霞

市统计局

局长郭才文，副局长程志春、余素芬、蔡卫东，纪检组长胡玲，总统计师邹水清

市社会经济调查队

队长刘志勇

市旅游局

局长黄劲松，副局长毛林、李四清、涂勇，纪检组长孙丽琴

市外事侨务台湾工作办公室

主任赖刚，副主任杨涛、潘素梅、田波（5月任职），纪检组长施丹

市法制办公室

主任袁大可，副主任白刚

市行政调解指导中心

专职副主任柯杉（5月离任）、郝乾江（6月任职）

市城市管理行政执法局

局长王泽文，副局长袁卫彬、时正权、罗敏，纪检组长帅劲东，机关党委书记陈虹，总工程师范建平

市城管执法局行政执法支队

支队长白仲华

市园林局

局长王美金

市粮食局

局长钟建国，副局长刘毅、孙绍全，纪检组长管志祥

市畜牧局

局长万俊才，副局长蔡健、刘云东、余明鑫、苏学文，纪检组长赵敏

市奶业发展办公室

主任蔡健，专职副主任徐彬

市规划局

局长刘友洪，副局长张乐勤、曾涛（1月离任）、张光志、苏品文（6月任职），纪检组长舒平，总规划师黄兴林（6月任职）

城乡规划设计院

院长李勇刚

市国有资产监督管理委员会

主任贺俊明，副主任岳志云、张岷、武靖宇，纪委书记周文军

市开发性金融合作办公室

主任帅奇

市安全生产监督管理局（市安全生产委员会办公室）

局长（主任）吴光鉴，副局长（副主任）张帆、洪卫刚、陈一江，纪检组长杨梅

市安全监察支队

支队长叶伟

市食品药品监督管理局

局长杨云峰，副局长杨国芳、郑晓、曾扬、吴甚儒、蒋卫东，纪检组长邹泽香，食品安全总监杨鹏旭

市工商行政管理局

局长胡建辉，副局长卓红梅、吴学东、何建琼，机关党委书记王刚，纪检组长沈映波

市质量技术监督局

局长王绪，副局长袁勤、瞿泽林、宋忠宁，纪检组长杜平，机关党委书记杨志祥

市党务政务服务中心

主任康勤，副主任阚建军、余加建，纪检组长曾翠仙

眉山现代工业新城办公室

主任梅斌，副主任冯献忠

市城乡环境综合治理办公室

主任万廷建，副主任杨琴、魏积分

岷东新区管委会

党工委书记白灵贵，管委会主任白灵贵（8月离任）、黄锦鸿（8月任职），党工委专职副书记王毅，副主任向加琪、邓世虎、邹和良、向涛、殷良平（8月任职），纪工

委书记罗维（7月离任）、何青（7月任职），主任助理冯国春（7月任职）

甘眉工业园区

党工委书记刘文德，党工委副书记、管委会主任伍红（5月离任），副主任何文华（5月离任）、倪纲、彭盆，党工委委员周凌峰、王龙海、王志全（10月离任）

眉山铝硅产业园区

党工委书记刘文德，党工委副书记、管委会主任伍红（5月离任），党工委副书记周凌峰，管委会副主任何文华（5月离任）、杨卫东（5月任职），纪工委书记王龙海

眉山金象化工产业园区

党工委书记宋骥，党工委副书记、管委会主任付畅文，党工委专职副书记王风，管委会副主任杨志刚、范旺、张亮，纪工委书记李永超

岷江现代农业示范园区管委会

党工委书记、管委会主任宋良勇，党工委副书记、纪工委书记谭正中，管委会副主任周志军、李国成

市国土资源局

局长李永高（3月离任）、徐成良（3月任职），副局长胡昆明、胡明述（8月离任）、李杰，纪委书记曾艳，机关党委书记何萍，总工程师吴建清

土地储备中心

主任刘杰

国土资源执法监察支队

支队长彭玉聪

市地质环境监测站

站长邓鸿杰

市国税局

局长任晓，副局长郭英雷、刘辉、杨映平、李亚非（2月离任）、张学锋（11月任职），纪检组长张君梅，机关党委书记张晓娟

市地税局

局长冯勇，纪检组长王泊，副局长李祥、卓玉梅、肖山，机关党委书记刘正中，总会计师傅畅江，总经济师罗建忠

市气象局

局长尧登宇（6月离任）、冯志宏（6月任职），副局长杨静、杨义彬（6月离任）、张弛（10月任职），纪检组长孙洪述

国家统计局眉山调查队

队长程志春，副队长贾恒、卢建林，纪检组长张玲华

市邮政管理局

局长覃建伟

市人大常委会工作部门

市人大常委会办公室

主任廖明清，副主任易洪涛

市人大常委会研究室

主任黄玲

市人大常委会人事代表外侨工委

主任王仲成，副主任杨加盛

市人大常委会内司工委

主任李康（5月离任），副主任李鑫刚（5月任职，11月离任）

市人大常委会财经工委

主任杨建林，副主任金玉康

市人大常委会城环资工委

主任王再奎，副主任邓策、岳燕

市人大常委会农工委

主任邱炳光（8月离任）、李启明（12月任职），副主任李建辉（5月离任）

市人大常委会教科文卫民宗工委

主任林晓，副主任李艳

市人大常委会法工委

主任雷建勇（11月任职），副主任李鑫刚（11月任职）

市人大常委会信访办

主任余荣霞（12月离任）

市政协工作部门

市政协办公室

主任刘云福，副主任刘雪萍、高鹏（5月离任）、刘洋（12月任职），机关党委书记刘忠义，副县级纪检员章亚梅

市政协委员联络处

处长邹明光

市政协研究室

主任代贤军

市政协提案委

主任刘坤

市政协经科委

主任余浩，副主任隋敏杰

市政协农业委

主任杨晓宁，副主任吴英

市政协法群委

主任曾乐斌，副主任艾鸿举

市政协教文卫委

主任刘泽军，副主任李昌明

市政协学习文史委

主任王莉茹，副主任李勇

市政协民宗委

主任何德全，副主任周丽芳

直属事业单位

中共眉山市委党校

校长姜怡，常务副校长李明清，副校长胡永恒、李建伟，校务委员李太权、刘艳、张健，机关党委书记曹阳，副县级班主任吴冬梅

市社会主义学院

院长黄玉蓉

眉山日报社

总编胡鲜明，副总编吴仲渊、朱卫红、王永刚、姚永亮，纪检组

长张益明，机关党委书记邱文清（6月任职）

市机关事务管理局

局长贺建文，副局长陈智红、杨大勇，纪检组长郑贤柱

市档案局（馆）

局（馆）长庞红梅，副局（馆）长徐强，纪检组长张世东

市地方志编纂委员会办公室

主任杨文，副主任刘光伟

市住房公积金管理中心

主任王杰，副主任周祝君，纪检组长陈春宇，总稽核袁延

市扶贫移民局

局长杨大兴，副局长魏忠鑫、刘俊辉、罗志军

市公共资源交易中心

主任杨帆（5月离任）、李付贵（5月任职），副主任余永忠、吴山，纪检组长郭静，总工程师余发金

市政府金融办公室

主任邓见文，副主任滕波（6月离任）、王军（6月任职），纪检组长王军（6月离任）

市防震减灾局

局长陈仲池，副局长叶彬

市广播电视台

台长周小川，副台长雷金贵、张剑、乐俊清，总编辑古伯良，纪检组长张浩军

四川省通济堰管理处

处长倪修武，副处长张茂华、雷雨来、王志文，纪委书记赵宇燕，工会主席李忠孝

四川省都江堰黑龙滩灌区管理处

党委书记胡庆，处长肖伟胜，纪委书记苏红兵，副处长袁晓霞（12月离任）、张乃禄、李超

眉山市人民医院

党委书记刘宏眉，院长、党委副书记王建民，党委副书记朱利红，副院长许志忠、张锐、龙鸿川、陈辉（3月挂职），纪委书记、工会主席杨晓枫

市妇幼保健院

院长张奕，副院长黄建文、谢红、刘绪义

眉山职业技术学院

党委书记王元珑，副书记、院长徐井万，副书记刘晓琼，副院长张望，纪委书记张献华，工会主席胡洪安

民主党派

民革眉山市总支委员会

主委王晓明，副主委宋洪芳、陈贤云

民盟眉山市委员会

主委杨常沙，副主委胡志中、江林，秘书长江林

民建眉山市委员会

主委祝明洪，副主委周惠、罗永田、陈静辉（兼秘书长）

民进眉山市委员会

主委梁勇，副主委周强、喻旭、甘晓红，秘书长甘晓红

农工党眉山市总支委员会

主委袁敏，副主委龙惠、李晓萍、彭洪

九三学社眉山市基层委员会

筹备组组长陈东翔，副组长邓洪刚、赖崇华、王莉茹，办公室主任钟伟

无党派知识分子联谊会

会长陈宏斌，常务副会长彭远畅，副会长蒋天华、汪志超、岳志红、雷建军、万永福、吕勇、陈豫川、宋章华、陈蜀黔、徐燕，秘书长邹超

军队系统

眉山军分区

司令员鞠会明（6月离任）、樊亮才（7月任职），政治委员张习，副司令员崔广成，参谋长刘权，政治部主任廖诚周，后勤部部长周开友（2月离任）、王贺利（2月任职）

武警眉山市支队

支队长尤青海（1月离任）、赵玉臣（1月任职），第一政委辜永忠，政治委员李华，副支队长周兴勤（1月离任）、肖广（1月任职），副政治委员陈世胜，参谋长黄晓平，政治处主任陈伟（9月离任）、杜祥鑫（9月任职），后勤处处长张礼武（1月离任）、何昭昕（1月任职）

眉山市公安消防支队

支队长董绍棠（6月离任）、李文川（6月任职），政治委员李健，副支队长李长芳（6月离任）、周云、胡长友（6月任职），司令部参谋长冉轶，政治处主任胡长友（6月离任）、刘钢（6月任职），后勤处处长唐兴盛，防火处处长周明

金融系统

中国人民银行眉山市中心支行

行长李玉辉，副行长谢红、杨淮、邓湘海

中国银行业监督管理委员会眉山监管分局

局长刘松明，副局长税军、彭铭军，纪委书记杨德勇

中国农业发展银行眉山市分行

行长万永利，副行长刘继忠、杨柯、袁野

中国工商银行股份有限公司眉山分行

行长姜海清，副行长陈德庆（2月离任）、杜丹（2月离任）、刘天勇、朱德惠（3月任职），纪委书记陈德庆（2月离任）、陈晓燕（10月任职）

中国银行股份有限公司眉山支行

行长叶晓荣，副行长鲁立国、瞿春（12月离任）、付江英（3月离任），纪委书记刘政

中国建设银行股份有限公司眉山分行

行长刘思东，副行长曾猛、黄宗兰、魏有泉，工会主席黄宗兰

中国农业银行股份有限公司眉山分行

行长任健，副行长万林（7月离任）、张刚、尹鹏、吴奇

四川省农村信用社联合社眉山办事处

主任仇智勇，副主任杨宁远，纪委书记王文忠，党委委员曾映红

中国邮政储蓄银行有限责任公司眉山市分行

行长温青春（2月任职），党委书记温青春，副行长赵琴（6月任职）、张勇

中国人寿保险股份有限公司眉山市分公司

总经理吴超，副总经理陈勇、刘凤先（12月离任）、熊晓兵（2月任职），总经理助理熊晓兵（2月离任）、李惠

中国人民财产保险股份有限公司眉山市分公司

总经理陈军，副总经理杨泽兵、黄德波，总经理助理姚进

市属以上企业单位

四川大学锦江学院

常务副校长阙海宝（12月任职），党委书记韦泰旭，副校长王金顺、杨家仕、林宇、熊伟，工会主席刘富德

中车眉山车辆有限公司

执行董事郑平，总经理潘树平，副总经理雷自原、危勇、肖颖、王云东、黄核仁、杨鸣（1月任职），总工程师杨鸣（1月任职），财务总监危勇，党委书记郑平，副书记王志强、潘树平

眉山发展（控股）有限责任公司

董事长彭晓宇，总经理胡明述，监事会主席万义，纪委书记罗寒，副总经理王靖宇、汪涛、张华，总工程师刘海平

岷江东湖饭店

董事长徐继红

眉山市烟草专卖局（公司）

局长（经理）四朗彭措，党组书记周平，副经理杨海智，纪检组长张六一，副局长罗健

中国石油眉山销售分公司

总经理黄斌，副总经理钟云环、高佳宾、贾进，总会计师金利歆

中国邮政集团公司眉山市分公司

总经理蒋维平，副总经理黄勇军、黄天勇（兼纪委书记、工会主席）

眉山电力公司

总经理、党委副书记张建明，党委书记、副总经理金富怀，副总经理闵向东、杨迎春、夏军（6月离任）、李伟、肖磊（6月任职），纪委书记田伟，工会主席刘开金

眉州监狱

党委书记、监狱长陈波，党委副书记、政委程勇，党委副书记、纪委书记唐毅，副监狱长贾良伦、周永贵、田承军、李建忠、雷明刚、张生兵、杨建，工会主席杨彬

中国电信股份有限公司眉山分公司

总经理符美辉，副总经理杨戈、冯玲莉、高勇（1月任职）、潘明，资深副总裁高峰，督导伍炳才、肖正齐

中国移动通信集团四川有限公司眉山分公司

总经理吴超（1月离任）、肖峰（1月任职），副总经理石勇、杨镇澜、李莉

中国联合网络通信有限公司眉山市分公司

总经理田家，副总经理冷芸（3月离任）、林波（3月离任）、杨勇（3月任职）、蒋为（3月任职）、向洋（10月任职）

中国铁塔眉山市分公司

总经理王容，副总经理王晓强

2015年眉山市各区县领导干部名录

东坡区

中共东坡区委

书记李明舟，副书记孙剑、严明宇、邓越（10月离任）、刘友洪、王晨曦（6月任职，12月离任）、王泽文（7月任职），常委郭建国、李胜华、廖小宁、李莉、王全中、邹成双、陈霞、游方全、王引（7月离任）

东坡区人大常委会

主任黄怡，副主任杨华国、陈贤云、张友清、万仲科

东坡区人民政府

区长孙剑，常务副区长李胜华，

副区长廖小宁、袁继东（挂职）、岳志红、王正祥、李维义、冷青峰

政协东坡区委员会

主席张晓勇，副主席彭德方、童应林、张燕、田中文

彭山区

中共彭山区委

书记梁磊（2月任职），副书记梁磊（2月离任）、罗万东（3月任职）、郭红（3月任职）、王艳（挂职）、许磊（挂职）、李祝才（6月任职，挂职）、林挺（11月任职，挂职），常委钟建成（2月离任）、严开义（5月离任）、李洪强、蒋会强、董武、罗焱、郭茂、姚文第（3月任职）、李忠云（4月任职）、马炜（4月任职）、李勇刚（8月任职）、周代军（8月离任）、黄怡（3月离任）

彭山区人大常委会

主任、党组书记钟建成（4月任职），党组副书记罗会华，副主任罗会华、王洪、周惠、余玺樟

彭山区人民政府

区长梁磊（2月离任）、罗万东（3月任职），党组副书记钟建成（2月离任），副区长钟建成（2月离任）、李洪强（4月任职）、蒋会强、姚文第（3月任职）、廖伟、胡志中、郭益、赵飞宇（4月任职）、李忠云（4月离任）、罗任飞（6月任职，挂职）、杨宇焰（11月离任，挂职）

政协彭山区委员会

党组书记、主席谭福轩，党组副书记郑玉忠，副主席郑玉忠、喻旭、毛太忠、卓德松

仁寿县

中共仁寿县委

书记冉登祥，副书记秦彪、王蔚莛（7月离任）、王世林、商志忠（3月任职）、颜晓平（7月任职）、贺德颖（12月任职），常委王军、孙碧红、骆仕明（3月任职）、明宇、杨建、杨红、骆三勇、陈宏忠

仁寿县人大常委会

主任谢六一，副主任彭森茂、杨建文、曾翔、郭建英

仁寿县人民政府

县长秦彪，副县长商志忠（3月离任）、王军（3月任职）、骆三勇、杨红兵、黄世文、徐燕、胡波

政协仁寿县委员会

主席汪建章（5月离任），党组书记商志忠（9月任职），党组副书记郭火儒（12月离任），副主席王碧仙、邓世明、汪志林

洪雅县

中共洪雅县委

书记陈万忠（11月离职）、阳运良（11月任职），副书记阳运良（11月离职）、王里（12月离职）、王晨曦（12月任职）、岳剑（挂职）、陈斌（下派挂职），常委郭建华、尹斗芳、韩杰、杜强伦、尹鸿、黄锦鸿（8月离职）、王成慧（12月任职，挂职）、张川（8月任职）、李警、李国华、彭飞（挂职）

洪雅县人大常委会

主任李文新，副主任王利洪、李文祥、曾国春、李康平

洪雅县人民政府

县长阳运良，副县长郭建华、彭远畅、万勤芳、周茂云、张锐、卢飞凤（6月任职，挂职）、王成慧（12月任职、挂职）

政协洪雅县委员会

主席李启明，副主席李建全、伍加修、李李、刘明

丹棱县

中共丹棱县委

书记钟维钦，副书记朱莉、郭红（3月离任）、夏荣升，常委齐勇、骆仕明（4月离任）、陈剑、杨昌勤、袁利民（4月任职）、陈于毅（4月离任）、王枫、李红兵、杨卫东（5月离任）、何文华（5月任职）、陈正华（4月任职）

丹棱县人大常委会

主任彭红勤，副主任何卫刚、蒋天华、李庆学、梁大卿

丹棱县人民政府

县长朱莉，副县长齐勇、杨卫东（5月离任）、何文华（5月任职）、杨华、何玉花、王鹏、杨益民、袁勇

政协丹棱县委员会

主席李学权，副主席彭和均、毛咏梅、郑立新、宋俊华

青神县

中共青神县委

书记黄国清（2月离任）、胡国民（5月任职），副书记胡国民（9月离任）、罗兴建（12月离任）、徐琳（8月任职）、王茂奎、代贤军，常委徐琳、周吉华、谢志、杨德志、胡勇、常伟、车智勇、柏晓明

青神县人大常委会

主任李天祥（12月离任）、李志国（12月任职），副主任张福英、李幼林、周志开、吴小萍

青神县人民政府

县长胡国民（9月离任）、徐琳（12月任职），代理县长徐琳（9月任职，12月离职），副县长徐琳(9月离任)、车智勇、侯锐、王利清、王碧华、蔡建川、刘华俊（8月离职）

政协青神县委员会

主席李志国（12月离任）、罗兴建（12月任职），副主席罗泽志、汪志超、谭永忠、曾晓宇

表 7 获全国性表彰的先进个人一览表

姓名	单位	获奖称号	授奖单位
唐寅书	市中级人民法院	信息工作先进个人	最高人民法院
涂 勇	市交通运输局	全国交通运输系统先进工作者	人力资源和社会保障部、交通运输部
尹仕君	仁寿县档案局	全国档案系统先进工作者	人力资源和社会保障部、国家档案局
宿绍伦	市文化市场综合执法支队	全国文化市场综合行政执法优秀个人	文化部
王莉茹	市政协	九三学社 2014—2015 年度参政议政工作先进个人	九三学社中央委员会
王婧筱	市纪委	2014 年度纪检监察信息工作成绩突出个人	中央纪委办公厅
雷建英	中国人民银行眉山市中心支行	中国人民银行先进工作者	中国人民银行
周紫锐	市邮政管理局	全国空白乡镇邮政局所补建工作先进个人	国家邮政局
陈寒水	武警眉山支队	“四会”优秀政治教员	武警总部
刘纽安家庭		《阅读·飞翔》获全国“我爱我家”书香家庭阅读微视频大赛一等奖	中国图书馆学会、国家图书馆

表 8 获省委、省政府表彰的先进个人一览表

姓名	单位	获奖称号	授奖单位
余自生	市民政局	爱国拥军模范称号	省委、省政府、省军区
杨 辉	市科技局	第三届中国(绵阳)科技城国际科技博览会先进个人	省政府
曾建兵	交警支队	四川省道路交通安全综合整治先进个人	省政府
陈正友	东坡区公安局	四川省道路交通安全综合整治先进个人	省政府
杨 刚	彭山区公安局	四川省道路交通安全综合整治先进个人	省政府
段真龙	仁寿县公安局	四川省道路交通安全综合整治先进个人	省政府
陈加良	丹棱县公安局	四川省道路交通安全综合整治先进个人	省政府
余 杰	市公路路政管理支队	2014 年四川省公路交通安全综合整治先进个人	省政府
殷灿新	市文广新局非遗科	第五届中国成都国际非物质文化遗产节组织工作先进个人	省政府
曾 伟	东坡区文化馆	第五届中国成都国际非物质文化遗产节组织工作先进个人	省政府
袁 泉	市仁寿县非遗保护中心	第五届中国成都国际非物质文化遗产节组织工作先进个人	省政府

表9　获省厅级表彰的先进个人一览表

姓名	单位	获奖称号	授奖单位
宋朝华	市政府	2014年度西南国防动员建设十佳个人	成都军区
代贤军	市政协	省政协新闻宣传工作先进个人	政协四川省委员会办公厅
章亚梅	市政协	《四川政协报》优秀通讯员	政协四川省委员会办公厅
彭国成	市中级人民法院	个人二等功	省高级人民法院
白　晟	市中级人民法院	个人二等功	省高级人民法院
徐家雄	市中级人民法院	个人二等功	省高级人民法院
王美福	市中级人民法院	个人二等功	省高级人民法院
田国民	洪雅县人民法院	纪检监察工作先进个人	省高级人民法院
张　翔	彭山区人民法院	纪检监察工作先进个人	省高级人民法院
余林峰	市中级人民法院	优秀廉政监察员	省高级人民法院
彭　芳	丹棱县人民法院	优秀廉政监察员	省高级人民法院
陈继兵	市中级人民法院	全省法院1062件信访积案化解专项活动先进个人	省高级人民法院
刘　楠	市中级人民法院	全省法院系统第十七届学术讨论会获奖论文二等奖	省高级人民法院
刘　楠	市中级人民法院	全省法院系统第十七届学术讨论会获奖论文三等奖	省高级人民法院
杜　晋	市中级人民法院	全省法院系统第十七届学术讨论会获奖论文三等奖	省高级人民法院
徐家雄	市中级人民法院	全省法院系统第十七届学术讨论会获奖论文三等奖	省高级人民法院
冷　晶	市中级人民法院	全省法院系统第十七届学术讨论会获奖论文三等奖	省高级人民法院
倪玉君	市中级人民法院	全省法院系统第十七届学术讨论会获奖论文三等奖	省高级人民法院
张　帆	市中级人民法院	全省法院系统第十七届学术讨论会获奖论文三等奖	省高级人民法院
高　萍	市中级人民法院	全省法院系统第十七届学术讨论会获奖论文优秀奖	省高级人民法院
李　迪	市中级人民法院	全省法院系统第十七届学术讨论会获奖论文优秀奖	省高级人民法院
李　杜	东坡区人民法院	全省法院系统第十七届学术讨论会获奖论文优秀奖	省高级人民法院
张　梅	彭山区人民法院	全省法院系统第十七届学术讨论会获奖论文优秀奖	省高级人民法院
唐　涛	仁寿县人民法院	全省法院系统第十七届学术讨论会获奖论文优秀奖	省高级人民法院
王　超	仁寿县人民法院	全省法院系统第十七届学术讨论会获奖论文优秀奖	省高级人民法院
仁丽平	仁寿县人民法院	全省法院系统第十七届学术讨论会获奖论文优秀奖	省高级人民法院
胡晓函	仁寿县人民法院	全省法院系统第十七届学术讨论会获奖论文优秀奖	省高级人民法院
黄超敏	仁寿县人民法院	全省法院系统第十七届学术讨论会获奖论文优秀奖	省高级人民法院
陈　茜	市中级人民法院	全省法院“凝聚青春力量、扬帆法治梦想”青年法官主题演讲比赛风尚奖	省高级人民法院
刘　楠	市中级人民法院	全省法院党员领导干部“三严三实”专题优秀党课	省高级人民法院
唐　涛	仁寿县人民法院	全省法院党员领导干部“三严三实”专题优秀党课	省高级人民法院
王建强	市检察院	开展减刑、假释、暂予监外执行专项检察活动成绩突出的个人	省人民检察院
张燕翔	市检察院	2014年全省检察机关先进个人（二等功）	省人民检察院
伍　奇	市检察院	第一届四川省检察机关刑事执行检察业务能手	省人民检察院
何旭杨	市检察院	全省检察院机关“预防职务犯罪宣讲比赛”一等奖	省人民检察院职务犯罪预防处
周建华	眉山职业技术学院	四川省“身边雷锋，时代榜样——争当‘岗位学雷锋敬业标兵’”	省委宣传部
彭　杰	洪雅县公安局	四川省政法系统我最喜爱的政法干警	省委政法委、省人社厅
薛　伟	眉州监狱	四川省政法系统我最喜爱的政法干警	省委政法委、省人社厅
胡　波	仁寿县公安局	四川省政法系统先进个人	省委政法委、省人社厅

续表

姓名	单位	获奖称号	授奖单位
姚　宏	市公安局情报支队	四川省政法系统先进个人	省委政法委、省人社厅
彭　杰	洪雅县公安局	四川省政法系统先进个人	省委政法委、省人社厅
毛燕鹏	青神县公安局	四川省政法系统先进个人	省委政法委、省人社厅
漆　涛	园区公安分局	四川省政法系统先进个人	省委政法委、省人社厅
文俊芳	东坡区人民法院	四川省政法系统先进个人	省委政法委、省人社厅
娄江永	彭山区人民法院	四川省政法系统先进个人	省委政法委、省人社厅
廖　敏	市中级人民法院	四川省政法系统先进个人	省委政法委、省人社厅
黄梁锭	市公安局交警支队	全省公安机关2014年度突出贡献特别奖	省公安厅
李鹏程	东坡区公安分局	个人二等功	省公安厅
伍利民	市公安局交警支队	个人二等功	省公安厅
洪维浩	东坡区公安分局	个人二等功	省公安厅
胡伦忠	东坡区公安分局	个人二等功	省公安厅
雷　涛	仁寿县公安局	个人二等功	省公安厅
杨明强	市公安局国保支队	个人三等功	省公安厅
王小君	仁寿县公安局	个人三等功	省公安厅
孙　瑛	市公安局治安支队	个人三等功	省公安厅
毛　琦	东坡区公安分局	个人三等功	省公安厅
严玉霞	彭山区公安分局	个人三等功	省公安厅
杨　军	仁寿县公安局	个人三等功	省公安厅
李奇忠	仁寿县公安局	个人三等功	省公安厅
江海枫	洪雅县公安局	个人三等功	省公安厅
周志尧	丹棱县公安局	个人三等功	省公安厅
雷跃宇	青神县公安局	个人三等功	省公安厅
余　跃	市公安局政治部	个人三等功	省公安厅
向逸杰	市公安局法制支队	个人三等功	省公安厅
尹建春	彭山区公安分局	个人三等功	省公安厅
刘荣琮	洪雅县公安局	个人三等功	省公安厅
李　杰	丹棱县公安局	个人三等功	省公安厅
陈桂蓉	青神县公安局	个人三等功	省公安厅
邓邦虎	四川警察学院(实习生)	个人三等功	省公安厅
李　健	市公安局消防支队	三等功	省公安厅
董绍棠	市公安局消防支队	嘉奖	省公安厅
胡长友	市公安局消防支队	嘉奖	省公安厅
廖　原	市公安局技侦支队	省公安机关侦办“1·10”专案个人二等功	省公安厅
宋　磊	彭山区公安分局	全省公安机关“百城禁毒会战”暨“飓风扫毒”专项行动先进个人	省公安厅
唐中权	警务督察支队	全省公安机关开展公务用枪专项督察成绩突出个人	省公安厅
陈　波	眉州监狱	个人二等功	省司法厅
王碧华	青神县公安局	四川省公安系统先进个人	省人社厅、省公安厅
王　飞	市公安局刑侦支队	四川省公安系统先进个人	省人社厅、省公安厅

续表

姓名	单位	获奖称号	授奖单位
韩拉散	市公安局技侦支队	四川省公安系统先进个人	省人社厅、省公安厅
胡伦忠	东坡区公安分局	四川省公安系统先进个人	省人社厅、省公安厅
邓　剑	彭山区公安分局	四川省公安系统先进个人	省人社厅、省公安厅
宋鸿翔	丹棱县公安局	四川省公安系统先进个人	省人社厅、省公安厅
杨体云	岷东新区公安分局	四川省公安系统先进个人	省人社厅、省公安厅
王世忠	市民政局	四川省民政系统先进个人	省人社厅、省民政厅
周兴华	丹棱县民政局	四川省民政系统先进个人	省人社厅、省民政厅
龚万军	洪雅县烈士陵园管理所	四川省民政系统先进个人	省人社厅、省民政厅
卢艳娇	市爱心联盟志愿者协会	社会组织先进个人	省人社厅、省民政厅
陈万海	丹棱县老年人体育协会	社会组织先进个人	省人社厅、省民政厅
丁占勇	青神县乡村妇女儿童合作发展促进会	社会组织先进个人	省人社厅、省民政厅
田　禾	市文化广电新闻出版局	四川省新闻出版广电系统先进个人	省人社厅、省新闻出版广电局
张　兰	眉山广播电视台人力资源部	四川省新闻出版广电系统先进个人	省人社厅、省新闻出版广电局
曾华刚	东坡区文化市场和旅游综合执法大队	四川省新闻出版广电系统先进个人	省人社厅、省新闻出版广电局
杨继文	青神县广播电视台	四川省新闻出版广电系统先进个人	省人社厅、省新闻出版广电局
冯　勇	市地税局	四川省地税系统先进个人	省人社厅、省地税局
李华清	市地税局二分局	四川省地税系统先进个人	省人社厅、省地税局
万晓峰	彭山区地税局	四川省地税系统先进个人	省人社厅、省地税局
徐　倩	青神县地税局	四川省地税系统先进个人	省人社厅、省地税局
王世钢	市国土资源局	全省国土资源系统新闻宣传工作先进个人	省国土资源厅
景　佳	市国土资源局	全省国土资源系统新闻宣传工作先进个人	省国土资源厅
郑　杨	市国土资源局	全省国土资源系统政务信息工作先进个人	省国土资源厅
贾　蓓	市国土资源局	全省国土资源管理系统推进依法行政先进个人	省国土资源厅
江朝明	市公路路政管理支队	2015年四川省道路交通安全综合整治先进个人	四川省道路交通安全综合治理委员会、省人社厅
秦学军	市交通运输局	2015年四川省道路交通安全综合整治先进个人	四川省道路交通安全综合治理委员会、省人社厅
杨　春	洪雅县交通运输局	2015年四川省道路交通安全综合整治先进个人	四川省道路交通安全综合治理委员会、省人社厅
郭俊辉	东坡区公路路政管理大队	2015年四川省道路交通安全综合整治先进个人	四川省道路交通安全综合治理委员会、省人社厅
杨　政	仁寿县公路路政管理大队	2015年四川省道路交通安全综合整治先进个人	四川省道路交通安全综合治理委员会、省人社厅
曲　红	市文化广播影视新闻出版局	2014年度四川省扫黄打非工作先进个人	省“扫黄打非”工作领导小组、省人社厅
王　军	市文化广播影视新闻出版局	2014年度四川省扫黄打非工作先进个人	省“扫黄打非”工作领导小组、省人社厅
宿绍伦	市文化市场综合执法支队	2014年度四川省扫黄打非工作先进个人	省“扫黄打非”工作领导小组、省人社厅

续表

姓名	单位	获奖称号	授奖单位
田 泳	仁寿县文化广播影视新闻出版局	2014 年度四川省扫黄打非工作先进个人	省“扫黄打非”工作领导小组、省人社厅
卫能翔	眉山市东坡区“心连心”艺术团	首届四川艺术节项目类“群文之星”	省文化厅
辜志勇		作品《凝听》获第二届四川文华美术奖一等奖	省文化厅
杨江帆		《草书人间词话》获第二届四川文华美术奖二等奖	省文化厅
余 涛		《余涛朱迹》获第二届四川文华美术奖三等奖	省文化厅
雷 泽	市安全监管局	2015 年度政务服务“民生答卷”有奖征文活动部门窗口工作类优秀奖	省政府政务服务和公共资源交易服务中心
赵 维	市安全监管局	2015 年全省“安全生产月”活动先进个人	省政府安委会办公室
雷 泽	市安全监管局	2015 年度安全生产政务信息工作先进个人	省政府安委会办公室
赵 维	市安全监管局	2015 年度全省安全生产宣传工作先进个人	省政府安委会办公室
徐 惠	东坡区地方税务局	全省地税系统“服务明星”	省地税局
董 丹	洪雅县地方税务局	全省地税系统“服务明星”	省地税局
骆 乐	彭山县地方税务局	全省地税系统“服务明星”	省地税局
芦 琳	青神县地方税务局	全省地税系统“服务明星”	省地税局
王 瑶	仁寿县地方税务局	全省地税系统“服务明星”	省地税局
陈 波	眉州监狱	个人三等功	省监狱管理局
程 勇	眉州监狱	个人三等功	省监狱管理局
李建忠	眉州监狱	个人三等功	省监狱管理局
陈 波	眉州监狱	个人三等功	省监狱管理局
贾良伦	眉州监狱	个人三等功	省监狱管理局
朱岳林	眉州监狱	个人三等功	省监狱管理局
周青国	眉州监狱	个人三等功	省监狱管理局
郭 恒	眉州监狱	个人三等功	省监狱管理局
陈 汀	眉州监狱	个人三等功	省监狱管理局
李爱华	眉州监狱	个人三等功	省监狱管理局
张 军	眉州监狱	个人三等功	省监狱管理局
李忠俊	眉州监狱	个人三等功	省监狱管理局
李小勇	眉州监狱	个人三等功	省监狱管理局
邱亚军	眉州监狱	个人三等功	省监狱管理局
汪 朗	眉州监狱	个人三等功	省监狱管理局
孙 锐	眉州监狱	个人三等功	省监狱管理局
钟国兴	眉州监狱	个人三等功	省监狱管理局
张 勇	眉州监狱	个人三等功	省监狱管理局
曹效虎	眉州监狱	个人三等功	省监狱管理局
郑永超	眉州监狱	个人三等功	省监狱管理局
乐 勇	眉州监狱	个人三等功	省监狱管理局
彭 娟	眉州监狱	个人三等功	省监狱管理局
曾永恒	眉州监狱	个人三等功	省监狱管理局
王 健	眉州监狱	个人三等功	省监狱管理局

续表

姓名	单位	获奖称号	授奖单位
宋成军	眉州监狱	个人三等功	省监狱管理局
毛　华	眉州监狱	个人三等功	省监狱管理局
何　明	眉州监狱	先进个人（三等功）	省监狱管理局
罗　飞	中国人民银行眉山市中心支行	2014年度成都分行青年岗位能手	中国人民银行成都分行
马　思	中国人民银行眉山市中心支行	2013—2014年度成都分行巾帼建功标兵	中国人民银行成都分行
代卫疆	中国人民银行眉山市中心支行	成都分行2014年度优秀信息员	中国人民银行成都分行
杜欣彦	市邮政管理局	市（州）邮政管理局成立三周年纪念活动演讲比赛二等奖	省邮政管理局
邓琢玉	市邮政管理局	市（州）邮政管理局成立三周年纪念活动征文大赛三等奖	省邮政管理局
杜欣彦	市邮政管理局	2015年度优秀通讯员二等奖	省邮政管理局
张　燕	市邮政管理局	2015年度优秀通讯员二等奖	省邮政管理局
郭慧兵	青神县人武部	践行强军目标优秀旅团主官	省军区
罗　琦	眉山军分区政治部	三等功	省军区
刘人铭	市消防支队	优秀共产党员	省消防总队党委
董兆宝	市消防支队特勤中队	优秀共产党员	省消防总队党委
张友红	市消防支队彭山区大队	优秀党务工作者	省消防总队党委
王　乔	市消防支队	优秀纪检干部	省消防总队党委
胡　益	市消防支队	三等功	省消防总队
熊配林	市消防支队东坡区大队	嘉奖	省消防总队
寇平福	市消防支队	三等功	省消防总队
陈　曦	市消防支队	三等功	省消防总队
胡泽松	市消防支队特勤中队	三等功	省消防总队
刘　振	市消防支队特勤中队	三等功	省消防总队
胡泽松	市消防支队特勤中队	灭火救援尖兵	省消防总队
寇平福	市消防支队	“四会”优秀政治教员	省消防总队
陈　曦	市消防支队	后勤建设标兵	省消防总队
刘　振	市消防支队特勤中队	优秀基层带兵人	省消防总队

市委、市政府表彰的先进个人

一、2014年度全市创业工作先进个人（40名）

（一）高校毕业生创业明星（10名）

孙　露　东坡区迪薇雅儿童摄影会所经理
刘晓容　东坡区松江镇食用菌种植基地经理
黄　志　眉山市东坡区思达实木门厂总经理
唐　磊　四川川娃子丰调味业有限公司总经理
王建华　四川鹏涵农业科技有限公司总经理
雷　旭　仁寿县观山恬源蔬菜种植家庭农场总经理
涂玉蝶　仁寿博元职业培训学校校长
王诗超　洪雅县博苑幼儿园负责人
罗　燕　丹棱县贝茵巴学园院长
马　静　青神县兴泰木业厂总经理

（二）高校毕业生创业新星（10名）

冉淋源　四川锐源网络科技有限公司总经理
杨　超　眉山市东坡区雅木坊工艺品经营部负责人
徐劲楠　彭山智点传媒业务经理
周　宁　彭山协力建材有限公司经理
余　强　仁寿仁文教育咨询服务有限公司总经理
刘永胜　仁寿文林镇水果蔬菜种植基地负责人
李　燕　洪雅县多宝丽超市负责人
郭　威　洪雅建国汽车销售有限公司总经理
宋子洪　丹棱县宏棱装饰设计工作室负责人
罗　庆　青神县罗氏家庭农场负责人

（三）回归创业明星（10名）

王嘉成　四川果色天香生态农业有限公司总经理
李小军　四川鑫普大传动电器有限公司总经理
张　文　彭山同欣建材有限公司董事长
曾建强　四川省一强饲料有限公司董事长
雷树峰　仁寿县迪达康中药材种植专业合作社理事长
唐海洋　仁寿县海峰名人酒店总经理
赵　麟　洪雅县德元楼餐饮公司总经理
任　刚　丹棱县成源家庭农场负责人
黄　平　眉山正扬橡塑科技有限公司董事长兼总经理
商建国　青神县百事康家庭农场负责人

（四）回归创业新星（10名）

熊建如　东坡区鲜之美草莓专业合作社理事长
程　鸿　眉山市凤飞养鸡专业合作社理事长
王　勇　东坡区三江金银花种植专业合作社理事长
彭小芳　四川长寿芳芳果业有限公司总经理
骆学文　仁寿县蜀色天乡家庭农场负责人
李星蓉　仁寿县河口乡乐园村不知火种植基地负责人
甘启彬　四川和盛包装印务有限公司总经理
李燕均　洪雅新源养猪专业合作社理事长
黄科欣　丹棱县四海汽修厂总经理
杨清平　青神县子辉生态养殖场负责人

二、2014年度“绿海明珠”大会战工作先进个人（100名）

刘　群　东坡区妇联主席
吕　凌　东坡区委农工办副主任
孟中华　东坡区教育局普教股工作人员
汤　洋　东坡区住房和城乡规划建设局规划股股长
高和元　东坡区大石桥街道办事处副主任
易春华　东坡区三苏乡政府副乡长
何云辉　东坡区柳圣乡八井村党支部书记
郭　茂　彭山区委常委
郭　益　彭山区政府副区长
李忠云　彭山区政府副区长
符洪林　彭山区林业局局长
罗建斌　彭山区财政局局长
汪志伟　彭山区市政园林管理局局长
王太勇　彭山区牧马镇党委书记
刘　斌　仁寿县林业局产业办副主任
范　敏　仁寿县委农工办新农村建设股股长
张吉祥　仁寿县彰加镇林业站站长
谢仕金　仁寿县汪洋镇城管执法分局局长
范世明　仁寿县蝶彩园艺作物种植有限公司总经理
徐文科　仁寿县青见果业专业合作社社长
骆学文　仁寿县蜀色天香家庭农场总经理
白修明　洪雅县政府办公室副主任、县政府督查室主任
杨曲冰　洪雅县财政局局长
孔令兵　洪雅县林业局局长
汤承忠　洪雅县林业局副局长
车　博　洪雅县园林绿化管理所所长
宋佳忠　洪雅县余坪镇党委副书记、镇长
伍秋军　洪雅县槽渔滩镇党委书记、槽渔滩旅游风景区管委会主任
宋　洁　丹棱县委督查室主任

余庭洋　丹棱县林业局副局长
周洪明　丹棱县城市管理办公室主任
杨金海　丹棱县委农工委副主任
刘　刚　丹棱县交通运输局副局长
王　玉　丹棱县机械产业园区群众服务中心主任
曾小平　丹棱县仁美镇政府副镇长
宋文贤　青神县委农工办主任
陈建如　青神县林业局营林股股长
谢　虹　青神县住房和城乡规划建设局副局长
鲁莉芬　青神县工业开发区管委会企业服务中心副主任
陈进波　青神县南城镇政府副镇长
韩江涛　青神县水务局办公室工作人员
孙卫华　青神县汉阳镇林业站站长
刘　嘉　市纪委组织部科员
周凌燕　市委办公室干部管理科科长
杨　容　市人大常委会办公室综合科科长
赵　睿　市政府办公室秘书六科副科长
邹　遥　市政府办公室秘书八科副科长
方　芝　市信息化办综合科副科长
左小芳　市政协办公室综合科科长
曾　静　市委组织部副调研员
李　洋　市委外宣办新闻中心副主任
林　波　市委政法委副县级纪检员
袁　巍　市委政研室办公室主任
王　玲　市直机关工委组织部部长
符玉芳　市信访疏导调解中心专职副主任
王俊凌　市委农工委新农村建设科科长
徐　阳　市发展改革委副县级干部
唐　彬　市经济和信息化委工程师
刘　鲜　市教体局工作人员
蒲　进　市科技局农村科科长
管生文　市公安局机关党委书记
王　琦　市公安局交警支队办公室副主任
肖　蓉　市减灾中心副主任
宋　娟　市人力资源社会保障局办公室九级职员
周学梅　市环境保护局污染防治科科长
李　倩　市住房城乡建设局村镇办科员
毛泽勤　市水土保持预防监督管理站站长
王孝国　市农业局经济作物站站长、高级农艺师
叶志远　市林业局副局长
蒋　睿　市林业局办公室主任
龙述德　市林业局绿化造林科科长
张　驰　市林业局林木种苗站站长
吉　佳　市林业局绿化造林科科员
鲁智樱　市商务局服务业发展科科长
欧志航　市卫生计生委办公室工作人员
胡　燕　市卫生计生委办公室工作人员
张　征　市审计局副局长
罗　敏　市城管执法局副局长
李　波　市城管执法局办公室主任
徐新春　市园林局副局长
张洪榕　市园林局公园管理科负责人
颜碧英　市园林局园林养护科副科长
胥尚龙　市畜牧局办公室主任
任学东　市安全监管局职业健康监管科科长
张代坤　市工商局计划财务科科长
王立业　工业新城办科员
王　卫　市城乡规划局岷东新区分局局长
钟　山　眉山金象化工产业园区规划建设局局长
蔡　維　眉山岷江现代农业示范园区服务中心工作人员
高亦静　市总工会办公室主任
李　珂　团市委工农青年部部长
侯庆莉　眉山职业技术学院高级实验师
许　宁　市委党校行政后勤科科长
王允浩　眉山日报社记者
刘　畅　市机关事务管理局安全保卫科科长
黄雪梅　市扶贫移民局社会扶贫科科长
赵　静　市政府金融办综合科职员
李　霞　市广播电视台办公室副主任
杨　琴　市城乡环境治理办副主任
陈红敏　人行眉山市中心支行办公室副主任

三、2014 年度“千湖之城”大会战工作先进个人（70 名）

李明舟　东坡区委书记
岳志成　眉山“中国泡菜城”管委会副主任
彭　杨　眉山“中国泡菜城”管委会园区环保分局负责人
吴秀章　东坡区水务局副局长
邹先伦　东坡区水务局工作人员
陈炳全　东坡区城市开发办主任
胡应江　东坡区白马镇党委书记
谭福轩　彭山区政协主席
钟建成　彭山区委常委、区政府副区长
李洪强　彭山区委常委、宣传部部长
余启军　彭山区审计局局长
柴洪军　彭山区水务局局长

秦　彪　仁寿县委副书记、县政府县长
骆德君　仁寿县财政局党组书记
苏海清　仁寿县水务局局长
黄崇建　仁寿县水务局总工程师
阳运良　洪雅县委副书记、县政府县长
彭远畅　洪雅县政府副县长
白春富　洪雅县政协教卫文体委主任
张启良　洪雅县住房和城乡建设局局长
文春秀　洪雅县水务局工程建设管理股股长
严中池　丹棱县丹棱镇党委书记
李艳刚　丹棱县人防办副主任
戴轶琴　丹棱县水务局副局长
徐　丹　丹棱县水务局水利股股长
王　建　丹棱县水务局农村供水总站副站长
彭建中　青神县岷江航电枢纽工程开发建设指挥部办公室主任
刘　炯　青神县住房和城乡规划建设局纪检组组长
文　科　青神县林业局产业办主任
罗　义　青神县水务局总工程师
帅　庆　青神县水务局办公室主任
徐正刚　市纪委常委
黄　扬　市目标绩效办副主任
邓　廉　市政府办公室秘书六科副科长
康　琅　市政协办公室行政科科长
伍　懿　市委组织部副县级纪检员
梁　科　市委宣传部办公室工作人员
王怀瑞　市委统战部副部长
罗　强　市综治办综合科科长
杨学良　市委群工部副县级纪检员
程荟惠　市人大常委会研究室宣传科科长
唐　瑛　市发展改革委八级职员
何升俊　市公安局政治部主任
王志刚　市财政局农财科科长
黄世江　市国土资源执法监察支队副支队长
梁正中　市环境保护局生态科科长
彭荣宁　市住房城乡建设局市政处副处长
赵鹏杰　市住房城乡建设局工作人员
秦学军　市交通运输局建设管理科科长
徐良明　市交通重点工程建设推进办工程科副科长
谢　意　市水利水电工程质量监督站站长
邹　翔　市水务局建设管理科工作人员
贾现文　市农业局农艺师
张祺云　市林业局高级工程师
张志刚　市文广新局主任科员
刘志勇　市审计局副局长
范建平　市城管执法局总工程师
黄志胜　市城乡规划局城市规划科科长
张颖杰　市安全生产监察执法支队一大队大队长
黄建春　市政务服务中心综合科科长
余　卓　岷东新区城管园林局局长
申　强　市城乡规划局岷东新区分局工作人员
张　亮　眉山金象化工产业园区管委会副主任
袁　恒　东坡区象耳镇党委副书记、镇长
刘海平　眉山发展公司总工程师
宋建平　眉山宏大建设投资有限责任公司总工程师
余发金　市公共资源交易中心招投标部部长
罗志军　市扶贫移民局副局长
叶　彬　市防震减灾局副局长
李秀兰　市气象局人工影响天气办公室主任

四、2014 年度工业发展先进个人（100 名）

冷青峰　东坡区政府副区长
杨　程　眉山经开区新区纪工委书记
赵　微　眉山“中国泡菜城”管委会经济发展部副部长
刘梦霞　眉山机械产业园区综合办公室副主任
黄立林　东坡区经济和信息化局副局长
邓　强　彭山经开区管委会主任
李　昶　彭山经开区经济发展局局长、成眉工业集中发展区管委会副主任
骆丽娟　成眉石化园区经济发展局统计股股长
熊　念　彭山区经济和信息化局局长
骆三勇　仁寿县委常委、县政府副县长
段永勤　天府新区仁寿视高管委会副主任
徐远谋　仁寿县文林工业园区经济发展局副局长
沈世祥　仁寿县经济和信息化局纪检组组长
李国华　洪雅县委常委
祝国平　洪雅县经济和信息化局局长
史学平　洪雅县将军乡党委书记
钟维钦　丹棱县委书记
殷　泓　丹棱县机械产业园区管委会副主任
刘建英　丹棱县经济和信息化局副局长
王志学　青神县工业开发区管委会项目促进部部长
陈建英　青神县经济和信息化局副局长
游　文　青神县黑龙镇党委副书记、镇长
宋　梅　市纪委常委、市监察局副局长

陈晓华　市中级人民法院民二庭副庭长
詹　瞩　市委常委办副主任
黄　丽　市委办公室综合调研室副主任
李付贵　市政府副秘书长、天府新区眉山市建设委员会办公室主任
文万红　市政府办公室秘书七科科长
李　兵　市政府督查室科员
刘伟巍　市政协办公室行政科副科长
阿　兰　市委组织部人才工作科科长
罗　明　市委宣传部部务委员
潘　波　市委统战部部务委员、经济联络科科长
李　翔　市委维稳办协调督办科副科长
曾建军　市委政研室城市经济科科长
俞红梅　市直机关工委书记
杨乐园　市委群工部副部长
朱鸿飞　市委编办事编科科长
周德林　市委农工委产业经济发展科科长
徐玉彬　市委保密办（市国家保密局）综合科科长
周　勇　市委机要局文印管理科副科长
杨建林　市人大常委会财经工委主任
邓　川　市投促局副局长
邵庆国　市发展改革委副主任科员
胡　波　市中小企业局局长
何　健　市经济和信息化委副主任
徐庆中　市经济和信息化委总经济师
张仕兵　市经济和信息化委副主任
赖崇华　市中小企业局副局长
罗　云　市经济和信息化委副调研员
曾　健　市经济和信息化委技术创新科科长
童　凡　市经济和信息化委人事培训科科长
李学辉　市教体局计财科副主任科员
许晓梅　市科技局发展计划科科长
李　忠　市公安局经侦支队支队长
刘　娟　市民政局民间组织管理科科长
蒋　莉　市司法局律师工作科科长
李　勇　市人力资源社会保障局就业促进科科长
刘　杰　市土地储备中心主任
许　政　市环境保护局总工程师
兰文军　市发展改革委主任、市物价局局长
余　杰　市公路路政管理支队副支队长
王　淞　市泡菜产业推进办副主任
陈　勇　市商务局纪检组组长
朱龙飞　市文广新局副局长
彭　锋　市卫生计生委主任
彭惠琴　市审计局局长
刘　序　市统计局工业科副科长
黄富兰　市旅游局产业发展科工作人员
欧　庆　市外侨台办外事科科长
李　玲　市城管执法局城管科副科长
郭　文　市城乡规划局产业规划管理办公室副主任
岳志云　市国资委副主任
杨北海　市安全生产监察执法支队副主任科员
苟　雍　市食品药品监管局政策法规科科长
杨云胜　市工商局企业科科长
王　绪　市质监局局长
徐　燕　市政务服务中心业务科副科长
冯志刚　工业新城办产业发展科负责人
徐溧谦　市法制办法规科科长
钟建国　市粮食局局长
曾　瑛　甘眉（铝硅）工业园区经济发展局局长
王　风　眉山金象化工产业园区党工委副书记
万　义　眉山发展公司监事会主席
喻素彬　市总工会副主席
刘前线　市工商联秘书长
马国军　眉山日报社采访中心副主任
余永忠　市公共资源交易中心副主任
杨　文　市地方志办主任
伍新星　市政府金融办银行科科员
雷金贵　市广播电视台副台长
陈春宇　市住房公积金管理中心纪检组组长
聂仕权　市城乡环境治理办督查科工作人员
蒋　凌　市国税局货物和劳务税科科长
李　祥　市地税局副局长
余　慧　眉山银监分局统计信息科科长
朱　科　国网眉山供电公司发展策划部主任
黄　斌　中国石油眉山销售分公司总经理
冯　兵　西南油气田分公司输气管理处仁寿输气作业区经理
王　亮　眉山火车站站长

五、2014 年度维稳、综治、群众和信访工作先进个人名单

（一）维稳工作先进个人（100 名）

李明舟　东坡区委书记
邹成双　东坡区委常委、政法委书记
王正祥　市公安局副局长、东坡区政府副区长、区公安分局局长
彭德贵　眉山经开区新区党工委委员、尚义镇党委书记

李　肆　东坡区委政法委副书记、维稳办主任
万进平　东坡区公安分局党委副书记、特警大队大队长
王崇贵　东坡区委组织部副部长、区人力资源和社会保障局局长
李　华　东坡区通惠街道党工委书记
余继祖　东坡区太和镇党委书记
冷　斌　东坡区思蒙镇党委书记
钟建成　彭山区人大常委会党组书记
谢万均　彭山经开区党工委专职副书记、青龙镇党委书记
吴　洪　彭山区委政法委副书记
傅　艳　彭山区国安办主任
曾勇强　彭山区公安分局常务副局长
周　静　彭山区公安分局国保大队情报中队副中队长
何勇来　彭山区卫生局局长
赵飞宇　彭山区彭溪镇党委书记
王太勇　彭山区牧马镇党委书记
陈宏忠　仁寿县委常委、政法委书记
胡　波　仁寿县政府副县长、县公安局局长
王碧仙　仁寿县政协副主席、县委统战部部长
刘崇清　仁寿县文林工业园区管委会副主任、文林镇党委书记
彭绍华　仁寿县委政法委副书记
王继伟　仁寿县民政局局长
代　平　仁寿县委组织部副部长、县人力资源和社会保障局局长
吕孟林　仁寿县总工会常务副主席
谭　勇　仁寿县汪洋镇党委书记
辜小洪　仁寿县黑龙滩镇党委副书记、镇长
鲁建英　仁寿县国土资源局副局长
邓鸿忠　仁寿县公安局国保大队情报中队副中队长
郭建华　洪雅县委常委、县政府副县长
何永良　洪雅县政府党组成员、正县级干部
龙　科　洪雅县人民检察院检察长
周建华　洪雅县委政法委常务副书记、维稳办主任
赵　勇　洪雅县公安局党委委员
黄仲昌　洪雅县住房和城乡建设局质安站站长
陈奇志　洪雅县余坪镇党委书记
伍秋军　洪雅县槽渔滩镇党委书记
钟维钦　丹棱县委书记
王　鹏　丹棱县政府副县长、县公安局局长
陈学奎　丹棱县人民法院常务副院长
杨登朝　丹棱县委政法委常务副书记、维稳办主任
何新文　丹棱县司法局局长
刘守毅　丹棱县杨场镇党委副书记
胡国民　青神县委副书记、县政府县长
蔡建川　青神县政府副县长
徐炳全　青神县委组织部副部长、县人力资源和社会保障局局长
杨勇建　青神县委政法委副书记、维稳办主任
余　鹏　青神县青城镇党委书记
杨长金　青神县黑龙镇党委书记
袁利民　市纪委常委
高　莉　市中级人民法院赔偿办副主任
周　丹　市人民检察院民行处干警
聂　川　市委督查室副主任
官　凌　市政府应急办工作人员
胡　彬　市委组织部副部长、市委党建办主任
白海涛　市委宣传部办公室主任
周玉萍　市爱国宗教团体办公室主任
张　川　市委维稳办副主任
赵　玮　市委维稳办信息调研综合科科长
符志兴　市法学会副秘书长
季　敏　市法学会学术部副主任
高海英　市委群工部群众工作中心调解科科长
徐洪平　市委农工委副调研员
庄泽明　市委防范处理邪教办综合科科长
余冬梅　市发展改革委纪检组组长
邓德钧　市经济和信息化委纪检组组长
宛露曦　市教体局监察内审科副科长
李国辉　市公安局国内安全保卫支队政委
杜　海　市公安局国内安全保卫支队案侦大队大队长
李　昊　市公安局特巡警支队二大队大队长
郑忠东　市双拥办主任
赵世华　市司法局社区矫正科科长
孔振华　市财政局行政政法科科员
李秀英　市劳动保障监察支队监察二科科长
唐大学　市国土资源局信访科副科长
申渊明　市环境保护局法宣科科长
杨光华　市住房城乡建设局纪检组组长
朱典祺　市房管局局长
何永列　市交通运输局总工程师
鲁智樱　市商务局服务业发展科科长
王伟国　市卫生计生委监察内审科工作人员
余慧中　市外侨台办秘书科科长

周　炜　市法制办复议监督科科长
杨　中　市环境卫生管理处科员
凌汶青　市国资委企业监管科副主任科员
雷　泽　市安全监管局办公室主任
李　晟　岷东新区管委会城管园林局副局长、东坡区富牛镇政府副镇长
周凌峰　甘眉（铝硅）工业园区党工委副书记
宋　骥　眉山金象化工产业园区党工委书记
喻正春　市总工会法律部部长
袁　琳　团市委副调研员、组宣部部长
左陈娟　眉山日报社办公室工作人员
魏忠鑫　市扶贫移民局副局长
杜建伟　眉山国安局四支队主任科员
杨锐锋　眉山银监分局监管一科科长
王文敏　国网眉山供电公司办公室工作人员
吴继伟　中国移动眉山分公司综合部经理
刘剑波　武警支队司令部作训股股长

（二）综治工作先进个人（100名）

孙　剑　东坡区委副书记、区政府区长
严明宇　东坡区委副书记
陈　建　东坡区人民法院院长
邵金良　东坡区委政法委副书记、区综治办主任
文　伟　东坡区公安分局副局长
邹莉娜　东坡区军转办主任
程　静　东坡区矛盾纠纷大调解协调中心专职副主任
岳玉平　东坡区大石桥街道党工委书记
赵　武　东坡区通惠街道党工委副书记
邹卫东　东坡区悦兴镇党委书记
刘锦兵　东坡区万胜镇党委书记
蒋会强　彭山区委常委、区政府副区长
郭　益　彭山区政府副区长、区公安分局局长
付　超　彭山区人民法院常务副院长
辜　欣　彭山区综治办副主任
罗鸿翔　彭山区教体局局长
邓　斌　彭山区武阳镇党委书记
张　奇　彭山区凤鸣镇党委副书记
秦　彪　仁寿县委副书记、县政府县长
杨　红　仁寿县委常委、宣传部部长
李知易　仁寿县检察院检察长
毛超英　四川省现代粮食产业仁寿示范园区管委会副主任、仁寿县富加镇党委书记
黄恪良　仁寿县委政法委副书记、县综治办主任
杨　勇　仁寿县综治办综合股股长
王　燕　仁寿县网格化服务管理监管中心工作人员
杨　斌　仁寿县财政局局长
高童全　仁寿县公安局副政委
赖利军　仁寿县中岗乡党委书记
彭益建　仁寿县禄加镇党委副书记
罗　芹　仁寿县青岗乡党委副书记
阳运良　洪雅县委副书记、县政府县长
王　里　洪雅县委副书记
周茂云　洪雅县政府副县长、县公安局局长
李继成　洪雅县人民法院院长
谢宏志　洪雅县委政法委副书记、县综治办主任
王昱潇　洪雅县网格化服务管理监管中心工作人员
史学平　洪雅县将军乡党委书记
徐　祥　洪雅县高庙镇党委副书记、政法委书记
赵尚利　洪雅县东岳镇党委书记
陈　剑　丹棱县委常委、政法委书记
杨益民　丹棱县政府副县长
陈光烨　丹棱县委政法委副书记、县综治办主任
叶　凯　丹棱县公安局纪委书记
易玉琴　丹棱县教体局局长
李水泉　丹棱县卫生局局长
胡　勇　青神县委常委、政法委书记
王碧华　青神县政府副县长、县公安局局长
涂兵奎　青神县委政法委常务副书记、县综治办主任
徐建忠　青神县公安局副局长
刘永生　青神县青城镇党委政法委书记
艾　勇　青神县罗波乡矛盾纠纷大调解协调中心副主任
荣小东　市纪委纪检五室副主任
张文娟　市中级人民法院办公室干警
李　琴　市人民检察院公诉处处长
周　川　市委办公室秘书四科副科长
赵　强　市政府办公室副主任
舒妍丹　市政协办公室综合科副科长
刘　波　市委党建办副主任
涂　瑛　市互联网信息办公室副主任
李敏良　市委统战部副调研员、办公室主任
戴　宇　市综治办副主任、市委政法委办公室主任
陈新国　市委政法委副县级干部、市综治办督查督办科科长
雷永辉　市法学会专职副会长、市委政法委研究室主任

邹　洋　市法学会会员部副主任
吕　瑛　市直机关工委办公室主任
毛秦蓉　市委群工部副部长
于　游　市委编办督查调研科科长
陈　莉　市委防范处理邪教办宣教调研科科长
岳飞宇　市委机要局工作人员
周　泽　市人大常委会内司工委办公室主任
邓　刚　市以工代赈办主任
胡俊英　市教体局安全管理科科长
陈建忠　市公安局治安支队综合大队大队长
向　辉　市公安局治安支队民警
陈　颖　市民政局办公室副主任
周文珍　市司法局副调研员
罗　毅　市财政局办公室主任
程　艳　市人力资源社会保障信息中心社会保障卡管理科科长
曾泽君　市国土资源局法规科科长
陈功炜　市住房城乡建设局信访科工作人员
周应安　市交通运输局政策法规科科长
鲁智樱　市商务局服务业发展科科长
肖　锋　市文广新局政策法规科科长
徐士艳　市卫生计生委政策法规科科长
刘　娟　市统计局法规科科长
雷廷康　市法制办行政调解指导科科长
易　霞　市市容环境管理支队科员
叶雷蕾　市国资委工作人员
黄　勇　市安全监管局办公室工作人员
蒋卫东　市食品药品监管局副局长
颜　斌　市工商局个体私营经济监督管理科工作人员
王廷华　岷东新区公安分局副局长
周　威　东坡区修文镇党委副书记
付畅文　眉山金象化工产业园区党工委副书记、管委会主任
袁　琳　团市委副调研员、组宣部部长
谢　玲　市妇联权益工作部部长
陈燕利　眉山日报社记者
梁园康　眉山国安局办公室副主任
宋永诚　中国电信眉山分公司安全保卫专业管理工作人员
杨卓林　消防支队防火监督处监督检查指导科副科长

（三）群众和信访工作先进个人（100 名）

郭建国　东坡区委常委、区纪委书记
李胜华　东坡区委常委、区政府副区长
颜　毅　东坡区人民法院常务副院长
李　群　东坡区人民检察院检察长
李　卫　东坡区委群工部部长
刘　备　东坡区委政法委督查督办室主任
黎玉新　东坡区苏祠街道党工委副书记、办事处主任
胡碧俊　东坡区崇礼镇党委书记
何　波　东坡区秦家镇党委书记
胡兆林　东坡区三苏乡党委书记
梁　磊　彭山区委书记、区政府区长
严开义　彭山区委常委、政法委书记
李忠云　彭山区政府副区长
杨远东　彭山区委群工部办公室主任
李　茂　彭山区委群工部办案股股长
夏跃鹏　彭山区人力资源和社会保障局大调办专职副主任
袁智勇　彭山区公安分局党委委员、国保大队大队长
曾　理　彭山区凤鸣镇党委书记
盛　帅　彭山区青龙镇政法委书记
秦　彪　仁寿县委副书记、县政府县长
商志忠　仁寿县委常委、县政府副县长
陈宏忠　仁寿县委常委、政法委书记
胡　波　仁寿县政府副县长、县公安局局长
唐　涛　仁寿县人民法院院长
陈双成　仁寿县委办公室主任
张勇胜　仁寿县委群工部部长
黄　英　仁寿县信访群众疏导调解中心主任
高　睿　仁寿县公安局文林派出所教导员
罗智文　仁寿县公安局交警大队龙正中队副中队长
田　婧　仁寿县公安局黑龙滩派出所民警
杨　毅　仁寿县城乡规划局局长
廖国中　仁寿县汪洋镇党委副书记
易清文　仁寿县钟祥镇党委书记
吕　俊　仁寿县文宫镇党委副书记、镇长
万德强　仁寿县合兴乡党委书记
尹斗芳　洪雅县委常委、政法委书记
李国华　洪雅县委常委
姜定波　洪雅县委办公室主任
华　彬　洪雅县委群工部副部长
杨一勤　洪雅县政府应急办主任
杨碧玉　洪雅县人力资源和社会保障局副局长
陈家全　洪雅县公安局副局长

杨林华　洪雅县洪川镇党委书记
朱　莉　丹棱县委副书记、县政府县长
夏荣升　丹棱县委副书记
兰文庆　丹棱县委群工部部长
严忠池　丹棱县丹棱镇党委书记
曾锡斌　丹棱县双桥镇党委副书记
周　杰　丹棱县仁美镇党委副书记
徐　琳　青神县委常委、县政府副县长
车智勇　青神县委常委、县政府副县长
王思进　青神县委群工部部长
邵利英　青神县委群工部群众工作中心主任
王学清　青神县民政局局长
刘建林　青神县南城镇党委书记
杨志忠　市委副秘书长、群工部部长
万　凯　市纪委信访室副县级室主任
王　卫　市中级人民法院执行局案件协调处副处长
洪永军　市人民检察院控告申诉处干警
王瑞蕊　市委办公室秘书五科副科长、主任科员
郝雪宏　市政府应急办工作人员
邹明光　市政协办公室委员联络处处长
赵利芳　市委组织部信访科科长、办公室副主任
李　喆　市委宣传部办公室工作人员
黄　伊　市委统战部党派科副科长
胡　敏　市法学会副主任科员
吴　渊　市法学会副主任科员
张　岚　市委群工部群众工作中心疏导科科长
侯富群　市委群工部群众工作中心网络投诉受理科科长
岳星忠　市委群工部办公室工作人员
王馨婧　市委编办信息中心主任
王英哲　市委农工委副主任
余荣霞　市人大常委会信访办主任
曾全顺　市经济和信息化委副调研员
郭建军　市公安局特巡警支队特警大队副大队长
罗金晶　市公安局信访处民警
陈　炯　市人力资源社会保障局工作人员
徐　欢　市财政局行政政法科科员
邵长春　市环境保护局总量科科长
刘文权　市住房城乡建设局信访科副科长
晋　磊　市水务局办公室负责人
龚林艳　市农业局农机监理所副所长
鲁智樱　市商务局服务业发展科科长
吕　泓　市文广新局副局长
王文君　市统计局办公室副主任
孙丽琴　市旅游局纪检组组长
孙绍全　市粮食局副局长
徐　彬　市奶业发展办公室专职副主任
尹慧敏　市食品药品监管局办公室科员
田仲兵　市工商局办公室主任
宋林蓬　岷东新区管委会综治维稳群众工作办公室主任
刘　琳　甘眉（铝硅）工业园区社会事业局副局长
杨志刚　眉山金象化工产业园区管委会副主任
缪川勋　市总工会副主席
谢　玲　市妇联权益工作部部长
黄　锐　市工商联副主席
王　建　市残联维权科科长
舒　林　眉山日报社办公室主任
黄建刚　市机关事务管理局办公室主任
何　刚　市扶贫移民局信访科科长

六、文化立市战略推进工作先进个人（100 名）

李　莉　东坡区委常委、宣传部部长
王正祥　市公安局副局长、东坡区政府副区长、区公安分局局长
李旭忠　东坡区委宣传部副部长、区文联主席
何社高　东坡区文旅体新局副局长
葛　澜　东坡区苏祠街道党工委组织宣统委员
段龙全　东坡区大石桥街道党工委副书记、纪工委书记
王　垦　东坡区通惠街道办事处副主任
卫能翔　东坡区“心连心”艺术团团长
陈　伟　彭山区文化馆副馆长
李巧玲　彭山区彭溪镇文化站站长
白桂芳　彭山区青龙镇书屋管理员
刘孝明　彭山区武阳镇图书管理员
曾政力　彭山区观音镇曾家村广播员
魏佑源　四川省南方印务有限公司顾问
杨　红　仁寿县委常委、宣传部部长
徐　燕　仁寿县政府副县长
田　泳　仁寿县文广新局局长
赖利军　仁寿县中岗乡党委书记
林学英　仁寿县大化镇副镇长
吕兴华　仁寿县宝飞镇宣传文化服务中心主任
何艮建　仁寿县松峰乡宣传文化服务中心主任
卢元国　四川网贸港科技有限公司总经理
许　剑　洪雅县委宣传部副部长、县精神文明办主任、县文联主席
冯学东　洪雅县教育体育局局长

罗志敏 洪雅县文广新局纪检组组长
王友洪 洪雅县文联副主席
宋仕明 洪雅县汉王乡综合文化站站长
罗 瑛 槽渔滩水电股份有限公司退休职工
黄 斌 丹棱县文广新局副局长、大雅堂博物馆馆长
王 羽 丹棱县张场镇副镇长
文德祥 丹棱县张场镇小河村村委会主任
王作平 丹棱县丹棱镇桂花村村委会主任
王福华 丹棱县华顺出租车公司总经理
胡国民 青神县委副书记、县政府县长
徐 鹏 青神县政府办公室主任
郑 淼 青神县文广新局副局长
余邦文 青神县瑞峰镇宣传文化服务中心主任
周 骏 四川省西龙生物质材料科技有限公司总裁
梁昌秋 市纪委常委
徐 驰 市目标绩效办主任
高 峰 市委办公室信息科副科长
陈小红 市政府办公室秘书九科科长
苟 琦 市政协办公室秘书科科长
吴俊瑾 市委组织部干训科副科长
曾丽霞 市委宣传部常务副部长、市精神文明办主任
马 炜 市委宣传部部务委员
周天才 市委宣传部副县级纪检员
毛 冉 市委宣传部文化产业科科长
邹 超 市委统战部干部科科长
汪艳玲 市委政法委副调研员、政治部副主任
彭怀安 市直机关工委副书记
王 惠 市委编办党群机构编制科科长
周泮羽 市委农工委副县级纪检员
董理平 市精神文明办创建科科长
张 波 市人大常委会教工委办公室主任
刘 洋 市政府驻北京经合局局长
陈 军 市发展改革委主任助理
张 平 市发展改革委社会事业发展科副科长
李 波 市教体局基础教育科科长
王水东 市教体局办公室负责人
许晓梅 市科技局计划科科长
宋琪龄 市财政局教科文科科长
张 艺 市人力资源社会保障局工作人员
景 佳 市国土资源局信息中心负责人
杨 红 市环境保护局副主任科员
王新东 市住房城乡建设局副局长
刘建华 市城投公司董事长兼总经理
彭荣宁 市市政工程建设处副处长
潘 天 市质安站副站长
周 宏 市交通运输局办公室主任
方 媛 市水务局办公室工作人员
蒋继英 市林业局主任科员
张文清 市商务局副局长
彭蜀宁 市文广新局副局长
郑 蕊 市文化馆馆长
潘 毅 市文广新局办公室主任
孙鸿雅 市文广新局公共文化科科长
黄大贤 市卫生计生委副主任
陈星旭 市卫生计生委规财科负责人
刘卫红 市审计局副县级干部
彭 冲 市统计局人口与社会科技统计科科长
沈士婷 市旅游局办公室工作人员
侯群莲 市市政设施管理处副处长
米 晋 市城管执法局项目办工作人员
曾德静 市城管执法局项目办工作人员
陈 涛 市园林局工程师
郭 文 市城乡规划局产业规划管理办公室主任
张建军 市城乡规划信息中心主任
帅 奇 市开发性金融合作办主任
唐铖良 市工商局副主任科员
袁大可 市法制办主任
张 玲 市科协学会和企事业科协服务中心工作人员
李国莲 市文联党组书记、专职副主席
顾伶俐 市文联副主席
马湘君 市社科联党组书记、专职副主席
余 毅 眉山日报社记者
周小川 市广播电视台台长
陈仲文 “东坡宋城”管委会主任、三苏祠博物馆馆长
方永江 三苏文化研究院院长
刘川眉 市作协常务副主席

七、2014 年度干部直接联系服务群众暨“走基层”工作先进个人（100 名）

窦海生 东坡区卫生和计划生育局局长
李正义 东坡区交通运输局副局长
郑国林 东坡区复兴乡副乡长
周代军 彭山区委常委、组织部部长
王佑泽 彭山区委办公室主任
邓 斌 彭山区武阳镇党委书记

冉登祥 仁寿县委书记
王继伟 仁寿县民政局局长
毛超英 四川省现代粮食产业仁寿示范园区管委会副主任、仁寿县富加镇党委书记
陈 静 洪雅县人大常委会办公室主任
蒋素文 洪雅县委县政府接待办主任
龚榆鸿 洪雅县委组织部工作人员
陈 剑 丹棱县委常委、政法委书记
王 枫 丹棱县委常委、组织部部长
魏 勇 丹棱县委组织部组织股股长
罗兴建 青神县委副书记
王茂军 青神县直机关工委书记
杨传华 青神县白果乡党委书记
王麒铭 市委副秘书长、市委市政府接待办主任
罗 寒 市纪委组织部部长
钟 成 市中级人民法院司法公开办主任
张继宏 市人民检察院行装处处长
周 娜 市委办公室秘书三科科长
何 莲 市人大常委会办公室行政科科长
胡 屏 市政府办公室副主任
刘雪萍 市政协办公室副主任
董兴立 市党联办主任
李 洋 市委外宣办新闻中心副主任
黄 伊 市委统战部党派科副科长
林 波 市委政法委副县级纪检员
袁 巍 市委政研室办公室主任
彭怀安 市直机关工委副书记
黄桂云 市直联办工作人员
谢婷婷 市直联办工作人员
黄 琴 市群众工作中心工作人员
张逸仙 市委编办综合科科员
金中华 市农业产业化办公室八级职员
艾小林 市委老干部局副局长
徐玉彬 市委保密办综合科科长
侯德明 市委机要局专职密码督查员
罗万东 市政府副秘书长、市投促局局长
李明伟 市发展改革委监察内审科科长
童 凡 市经济和信息化委人事培训科科长
郝凌燕 市教体局语委办主任
陈明伟 市科技局主任科员
管生文 市公安局机关党委书记
黄相明 市减灾中心主任
史永厚 市民政局主任科员
唐 蓉 市司法局办公室主任
李 光 市财政局机关党委书记
龚 宇 市就业服务管理局办公室副主任
闵金波 市国土资源局主任科员
薛凌飞 市环境保护局九级职员
黄予歆 市住房城乡建设局机关党委工作人员
崔秀丽 市交通运输局机关党委书记
熊 英 市农业局局长、市农机局局长
余文姬 市森林防火指挥部办公室主任
李 莉 市商务局副调研员
粟 红 市文广新局机关党委书记
王伟国 市卫生计生委监察内审科工作人员
张亚平 市审计局总审计师
郭才文 市统计局局长
高菊花 市旅游执法支队副支队长
曾 珍 市华商投资促进服务中心科员
王皎娈 市城管执法局机关党委科员
张震中 市畜牧局副调研员
尹晓兵 市城乡规划局副调研员
周文军 市国资委纪委书记
郑 波 市安全监管局办公室主任
赵 耀 市食品药品监管局主任科员
王 刚 市工商局机关党委书记
王 蕾 市质监局食品相关产品生产监管科科长
游 蕾 市政务服务中心网络管理中心副主任
王 浩 工业新城办综合科负责人
袁大可 市法制办主任
钟建国 市粮食局局长
王悦颖 岷东新区管委会办公室工作人员
尹华强 甘眉(铝硅)工业园区党群工作局副局长
高亦静 市总工会办公室主任
袁 琳 团市委副调研员、组宣部部长
何 明 市妇联副调研员
蔺晓东 市工商联维权投诉中心职员
曹 阳 市委党校机关党委书记
舒 林 眉山日报社办公室主任
吴 川 市委党史研究室编研科副科长
高俊明 市公共资源交易中心副县级干部
郑贤柱 市机关事务管理局纪检组组长
赵 君 市档案局办公室主任
刘光伟 市地方志办副主任
赵安祥 市扶贫移民局规安科科长
王 军 市政府金融办纪检组组长
李 霞 市广播电视台办公室副主任
李陈成 市住房公积金管理中心办公室工作人员

罗智华　市防震减灾局震防救援科科长
郭英雷　市国税局副局长
张永建　市地税局机关党办主任
尧登宇　市气象局局长
杨　益　国家统计局眉山调查队办公室副主任
唐国桥　人行眉山市中心支行助理调研员
邓文强　市供排水总公司总经理

八、2014 年度综合交通大会战先进个人（42 名）

梁　磊　彭山区委书记、区政府区长
李洪强　彭山区委常委、宣传部部长
秦　彪　仁寿县委副书记、县政府县长
杨　红　仁寿县委常委、宣传部部长
杨红兵　仁寿县政府副县长
杜强伦　洪雅县委常委、县总工会主席、槽渔滩旅游风景区党工委书记
骆仕明　丹棱县委常委、县纪委书记
徐　琳　青神县委常委、县政府副县长
李正义　东坡区交通运输局副局长
王　欢　东坡区综交办副主任
陈万强　东坡区综交办副主任
赵　武　东坡区通惠街道党工委副书记
邹卫东　东坡区悦兴镇党委书记
张富洪　彭山区交通运输局局长
柳树君　彭山区铁建办主任
王　军　彭山区交通工程管理中心主任
袁贵发　仁寿县重交办主任
陈建国　仁寿县交通运输局局长
刘友波　洪雅县交通运输局局长
唐　智　洪雅县项目办主任
刘全明　洪雅县公路收费管理所所长
赵桂春　丹棱县交通运输局局长
邱述捷　丹棱县政府应急办副主任
何智慧　丹棱县招投标办主任
黄志伟　青神县水务局局长、县铁建办主任
彭建中　青神县航电办主任
张　苗　青神县卫计局局长
王云华　市委办公室信息科科长
张殷智　市政府办公室秘书一科副科长
文晓东　市发展改革委公交科科长
董勇刚　市综交办副主任
刘甜伟　市综交办规划科科长
吴　翔　市国土资源局综合规划科科长
陈海东　市环境保护局行政许可科主任科员
王安明　市住房城乡建设局城建科科长
刘小伶　市公路局局长
牟德明　市交通运输局副局长
王子伟　市地方海事局运政科副科长
黄　亮　市防汛办综合科科长
舒　平　市城乡规划局纪检组组长
杨　军　岷东新区管委会土地储备中心主任
杨文莉　市扶贫移民局办公室主任

九、2014 年度国土资源管理工作先进个人（90 名）

游方全　东坡区委常委
杨建坡　市国土资源局东坡区分局地籍管理股股长
王眉峰　东坡区土地储备中心主任
岳玉平　东坡区大石桥街道党工委书记
彭怀春　东坡区白马镇党委副书记、镇长
王　勤　彭山经开区规划建设局局长
游德华　彭山区政府办公室主任
钟　杰　市国土资源局彭山区分局局长
刘　路　市国土资源局彭山区分局西山片区国土资源所所长
王太勇　彭山区牧马镇党委书记
冉登祥　仁寿县委书记
秦　彪　仁寿县委副书记、县政府县长
商志忠　仁寿县委常委、县政府副县长
刘崇清　仁寿县文林工业园区管委会副主任、文林镇党委书记
李文学　仁寿县国土资源局局长
杜　璟　仁寿县国土资源局总工程师
郭建华　洪雅县委常委、县政府副县长
杨一勤　洪雅县政府应急办主任
雷雨田　洪雅县审计局局长
刘权超　洪雅县国土资源局局长
夏荣升　丹棱县委副书记
蹇俊超　丹棱县国土资源局局长
徐　毅　丹棱县国土资源局副局长
严忠池　丹棱县丹棱镇党委书记
刘　竣　青神县规划局局长
邓　平　青神县国土资源局副局长
余　刚　青神县审计局副局长
张建忠　青神县公共资源交易中心主任
徐　国　市纪委案件监督管理室主任
陈晓梅　市中级人民法院民一庭副庭长
冯登寿　市人民检察院反渎职侵权局副局长
张华建　市委办公室秘书四科科长
段　阅　市委办公室秘书一科副科长

潘春梅　市政府督查室主任
侯　宏　市政府办公室秘书二科科长
贝文礼　市政府热线服务中心工作人员
刘伟巍　市政协办公室行政科副科长
廖　锦　市两新党工委副书记、市委组织部干部一科科长
李　闯　市精神文明办创建科工作人员
冷劲涛　市委维稳办应急处突科科长
胡　刚　市委群工部副部长
赵永秀　市委农工委农建科科长
岳　燕　市人大常委会城环资工委副主任
罗　丽　市人大常委会农工委办公室主任
兰文军　市发展改革委主任、市物价局局长
何起秀　市发展改革委投资科工作人员
刘非林　市经济和信息化委产业园区科科长
曾　锐　市教体局计财科科长
王晓军　市公安局办公室民警
王　靓　市公安局交警支队副支队长
唐　蓉　市司法局办公室主任
张劲涛　市财政局投资管理科科长
卿　欣　市就业服务管理局副局长
胡昆明　市国土资源局副局长
胡明述　市国土资源局副局长
贺勇刚　市环境监察执法支队副支队长
宋　鹏　市交通重点工程建设推进办公室主任
朱科良　市水务综合执法监察支队支队长
刘德芬　市农业局土肥站站长
宋学贵　市护林防火野生动物保护站副站长
张志刚　市文广新局文物保护科主任科员
兰　可　市审计局副局长
吕燕芳　市旅游局产业发展科科长
宋　明　市城管执法局城管科科长
苏学文　市畜牧局副局长
张光志　市城乡规划局副局长
严新军　市董监事会工作办公室八级职员
王　兵　市安全监管局综合监督科科员
张　兵　市食品药品监管局食品流通监管科副科长
邵奇林　市工商局外商企业注册登记科科长
杜　波　市政务服务中心网管中心主任、督察科科长
白　刚　市法制办副主任
曹雪岗　市国土资源局岷东新区分局局长
宁卫华　市国土资源局铝硅产业园区分局工业和土地储备服务中心副主任
魏　国　市国土资源局金象化工产业园区分局局长
黄远强　眉山发展公司财务总监
杨　敏　市政协经科委经济科科长
钟云胜　市委统战部副部长、市工商联党组书记
左陈娟　眉山日报社记者
江　露　市公共资源交易中心土地交易部部长
刘俊辉　市扶贫移民局副局长
谢佩峰　市广播电视台新闻中心副主任
侯　瑶　市国税局财务科科长
陈念东　市地税局财产与行为税科副科长
余　艳　人行眉山市中心支行科员
侯　倩　眉山银监分局统计信息科科员
代小龙　农发行眉山市分行营业室主任
郭长学　东坡区信用联社主任
范学宏　国网眉山供电公司副总工程师、建设部主任
闵　忠　中国电信眉山分公司办公室主任

十、2014 年度招商引资工作先进个人（100 名）

邹中进　眉山“中国泡菜城”管委会招商引资局局长
余保平　眉山经开区新区管委会招商引资局局长
邹汝刚　眉山机械产业园区管委会投资服务局局长
左创义　东坡区投资促进局局长
黄峥嵘　东坡区投资促进局投资服务中心主任
罗　涛　彭山经开区群工局局长
周　影　成眉石化园区管委会招商引资局工作人员
金　戈　彭山区招商引资局局长
邓　兵　彭山区旅游局局长
张晓红　黑龙滩风景区管委会副主任
文　英　天府新区仁寿视高管委会招商引资局局长
丁向阳　仁寿县文林工业园区管委会招商引资局局长
张玉贵　天府花海观光农业园区管委会经济发展局负责人
李　巍　仁寿县投资促进局局长
余娅莉　市政府驻成都经合局仁寿分局局长
李国华　洪雅县委常委
何　杰　七里坪旅游度假区管委会主任
杨　建　洪雅县投资促进局局长
鲁远明　洪雅县生态养生食品产业区常务副主任
殷　泓　丹棱县机械产业园区管委会副主任
刘　兵　丹棱县投促委常务副主任
胡　玮　丹棱县外侨台办主任
罗小兵　青神县工业开发区管委会企业服务中心副主任

王　敏　青神县竹编产业园区管委会竹产业发展服务中心副主任
罗　勤　青神县投资促进局副主任科员
刘桥军　市政府驻成都经合局青神分局局长
张　健　市纪委案件审理法规室副县级室主任
徐　驰　市目标绩效办主任
胡　彬　市委办公室副调研员
罗晓璇　市人大常委会财经工委办公室主任
胡浩峰　市政府办公室综合一科科长
高　鹏　市政协办公室副主任
干　力　市委组织部干部二科科长
毛　冉　市委宣传部文化产业科科长
冯晓东　市委政法委宣传指导科科长、市政府驻广东经合局局长
周殿志　市委统战部副县级纪检员
夏德强　市委政研室副县级纪检员
苏明芳　市委群工部督查督办科科长
胡思明　市委编办事编科科员
苟洪平　市投促局机械制造产业科科长
何　潜　市投促局投资促进信息中心主任
万　飞　市投促局投资促进服务中心负责人
李素芬　市投促局投资促进信息中心副主任
刘　洋　市政府驻北京经合局局长
朱婷婷　市政府驻成都经合局办公室主任
张　良　市政府驻广东经合局青神分局局长
李鸿海　市政府驻上海经合局局长
李晓林　市政府驻江苏经合局工作人员
赵　静　市政府驻浙江经合局办公室主任
吴　磊　市政府驻武汉经合局局长助理、青神分局局长
黄　乔　市公安局办公室科员
何国平　市公安局交警支队特勤大队大队长
李　俊　市民政局办公室主任
唐　蓉　市司法局办公室主任
邓　宁　市人力资源社会保障局调研员
陈海东　市环境保护局行政许可科主任科员
胡　迪　市城市发展投资有限公司副总经理
方　媛　市水务局工作人员
王利群　市农业局计财科科长
蒋继英　市林业局产业科主任科员
冯　攀　市商务局外资科科长
吴明川　市外商投资促进中心副主任
朱龙飞　市文广新局副局长
黄大贤　市卫生计生委副主任
万秋池　市审计局科员
赖　刚　市外侨台办主任
杨　涛　市外侨台办副主任
宋　明　市城管执法局城管科科长
曾述君　市畜牧局主任科员
贺俊明　市国资委主任
叶雷蕾　市国资委工作人员
洪卫刚　市安全监管局副局长
郑　晓　市食品药品监管局副局长
邵奇林　市工商局注册科科长
王　绪　市质监局局长
田洪均　市政务服务中心业务管理科科长
孟　伟　工业新城办投资促进科副科长
袁大可　市法制办主任
邓世虎　岷东新区管委会副主任
杨小扬　岷东新区管委会发展投资促进局局长
何文华　甘眉（铝硅）工业园区管委会副主任
李文均　甘眉（铝硅）工业园区招商引资局副局长
王　风　眉山金象化工产业园区党工委专职副书记
潘　珩　眉山金象化工产业园区管委会工业和土地储备服务中心副主任
杨舒云　眉山岷江现代农业示范园区管委会办公室工作人员
魏爱武　市总工会经费审查委员会主任
梁　宁　团市委副书记
周　杨　市妇联办公室科员
梁成穗　市科协副主席
钟云胜　市委统战部副部长、市工商联党组书记、常务副主席
刘前线　市工商联秘书长、办公室主任
卫琳霞　眉山日报社记者
李　震　市公共资源交易中心交易组织科科长
徐　强　市档案局副局长
杨文莉　市扶贫移民局办公室主任
滕　波　市政府金融办副主任
古伯良　市广播电视台总编辑
冯江红　市人防办指挥信息保障中心副主任
黄俊良　市国税局所得税科科长
谢占勇　市地税局第二直属税务分局管理三科科长

十一、2014 年度重点项目推进工作先进个人（100 名）

杨　程　眉山经开区新区管委会纪工委书记
张海峰　东坡区发展和改革局项目办副主任

叶红梅　东坡区经济和信息化局局长
钟建成　彭山区人大常委会主任
马　炜　彭山区委常委、宣传部部长
余　波　彭山区发展和改革局局长
张富洪　彭山区交通运输局局长
骆三勇　仁寿县委常委、县政府副县长
何建坤　天府新区仁寿视高管委会副主任
李志坚　仁寿县发展和改革局局长
唐　智　洪雅县项目办主任
罗竞舸　洪雅县金融国资局局长
何　杰　洪雅县高庙镇党委书记、七里坪旅游风景区管委会主任
杨卫东　丹棱县委常委、县政府副县长
王泽君　丹棱县发展和改革局局长
苟彦忠　丹棱县工业园区A区项目招商服务中心主任
王利清　青神县政府副县长
杨　宏　青神县教育体育局局长
李　珩　青神县发展和改革局价格管理股股长
李安翔　市纪委副县级纪检员、办公室主任
宋章华　市监察局副局长
陈　强　市委办公室秘书二科科长
熊　丹　市委督查室副主任
唐　锐　市委办公室秘书五科副科长
梅　斌　市政府副秘书长、工业新城办主任
雷国华　市政府办公室秘书一科副科长
王杰宇　天府新区眉山市建设委员会办公室综合科科长
黄　磊　市委组织部部务委员
王建国　市委外宣办副主任
杨　波　市委统战部常务副部长
李　翔　市委维稳办协调督办科副科长
罗颖健　市委农工委综合科科长
管　韬　市委农工委副主任科员
余　敏　市投促局副局长
李　红　市发展改革委副主任
董勇刚　市综合交通枢纽办副主任
陈　骏　市三产办项目科科长
范才源　市项目办综合科副科长
叶　莎　市经济和信息化委技改科科长
周婷婷　市经济和信息化委信息化科科长
宋光宇　市教体局副调研员
李立新　市教体局计财科副科长
许晓梅　市科技局计划科科长
张劲涛　市财政局投资管理科科长
宋　希　市人力资源社会保障局人力资源开发科科长
吴建清　市国土资源局总工程师
许　政　市环境保护局总工程师
张雪松　市环境保护局行政许可科科员
刘建华　市城市发展投资有限公司董事长
王安明　市住房城乡建设局城建科科长
牟德明　市交通运输局副局长、总工程师
蒋汉权　市水务局规划计划科科长
费颖平　市农业局产业发展与市场信息科工作人员
张祺云　市林业局高级工程师
刘继桂　市商务局副局长、市博览事务局局长
褚　冰　市卫生计生委药政科工作人员
刘志勇　市审计局副局长
蔡卫东　市统计局副局长
涂　勇　市旅游局副局长
王仕胜　市旅游局项目办主任
杨　昕　市外侨台办侨务科科长
宋　明　市城管执法局城管科科长
张　锋　市畜牧局畜牧站副站长
李　祥　市城乡规划局行政许可科科员
贺俊明　市国资委主任
王　中　市安全监管局纪检监察室主任
郑　晓　市食品药品监管局副局长
王　绪　市质监局局长
田洪均　市政务服务中心业务科科长
赵永胜　市政务服务中心业务科工作人员
周　炜　市法制办复议监督科科长
辜　平　岷东新区管委会经济贸易发展局局长
曹雪岗　市国土资源局岷东新区分局局长
杨　军　岷东新区土地储备中心主任
彭　盆　甘眉（铝硅）工业园区管委会副主任
王志全　甘眉（铝硅）工业园区党工委委员、东坡区修文镇党委书记
曾　瑛　甘眉（铝硅）工业园区管委会经济发展局局长
潘　珩　眉山金象化工产业园区管委会招商引资局成都招商分局局长
刘　瑀　眉山金象化工产业园区管委会经济发展局项目中心负责人
石　磊　眉山金象化工产业园区管委会规划建设局工作人员
张　华　眉山发展公司副总经理

高亦静 市总工会办公室主任
梁 宁 团市委副书记
周 杨 市妇联办公室科员
徐贤君 市科协科普部部长
葛胜利 市残联办公室主任
余永忠 市公共资源交易中心副主任
赵安祥 市扶贫移民局规划安置科科长
宿丽霞 市政府金融办银行科副科长
罗智华 市防震减灾局震害防御和应急救援科科长
杨映平 市国税局副局长
余志兵 市地税局第一直属税务分局局长
言 波 人行眉山市中心支行科员
李成吉 眉山银监分局科员
刘继忠 农发行眉山市分行副行长
任 健 农行眉山分行行长
伍 莉 中行眉山分行公司业务部主任
曾 猛 建行眉山分行副行长
杨宁远 省联社眉山办事处副主任
王 林 中国电信眉山分公司网络建设部副总经理

十二、2014 年度天府新区眉山片区建设推进工作先进个人（40 名）

谢万均 彭山经开区党工委副书记、彭山区青龙镇党委书记
许宏连 彭山经开区管委会副主任
郭 韬 彭山经开区管委会办公室主任
杨文君 彭山经开区管委会信息服务中心主任
欧月林 彭山经开区管委会规划建设局副局长
熊 念 彭山区经济和信息化局局长
金 戈 彭山区招商引资局局长
秦 彪 仁寿县委副书记、县政府县长
黄世文 仁寿县政府副县长
何建坤 天府新区仁寿视高管委会副主任
段永勤 天府新区仁寿视高管委会副主任
吴茂军 天府新区仁寿视高管委会办公室主任
文 英 天府新区仁寿视高管委会招商引资局局长
秦建军 天府新区仁寿视高管委会规划建设和国土管理局局长
陈 强 市委办公室秘书二科科长
刘 洋 市委办公室秘书五科科长
李付贵 市政府副秘书长、天府新区眉山市建设委员会办公室主任
徐 洪 市政府办公室副调研员
雷国华 市政府办公室秘书一科副科长
肖显军 市政府研究室科员
王杰宇 天府新区眉山市建设委员会办公室综合科科长
李 丹 天府新区眉山市建设委员会办公室工作人员
杨 军 市委组织部研究室主任
邹 宇 市委宣传部文化产业科副科长
周光普 市委政研室副主任
余 敏 市投促局副局长
王 兴 市发展改革委区域合作科科长
姚元文 市发展改革委区域合作科主任科员
刘非林 市经济和信息化委产业园区科科长
许晓梅 市科技局发展计划科科长
刘 骁 市财政局企业科副科长
吴建清 市国土资源局总工程师
王智祥 市环境监测中心副主任
刘 帅 市交通运输局综合规划科科长
唐明安 市水务局供排水管理科科长
郭才文 市统计局局长
付利刚 市城乡规划局村镇科科长
冯献忠 工业新城办副主任
滕 波 市政府金融办副主任
范学宏 国网眉山供电公司副总经济师、建设部主任

十三、2014 年度都市近郊型现代农业发展工作先进个人（100 名）

罗俊辉 眉山“中国泡菜城”管委会群工部副部长
姜智宇 东坡区委办公室副主任
刘进德 东坡区委农工办副主任
邹 炜 东坡区信息公开和电子政务办主任
秦维东 东坡区林业局副局长
彭悦溪 东坡区农业局经济作物站站长、蔬菜办公室主任
李相德 眉山市好味道专业合作社理事长
王嘉成 东坡区果色天乡业主
郭 茂 彭山区委常委
柴洪军 彭山区水务局局长
凌茂君 彭山区农业局局长
张 奇 彭山区畜牧局局长
曾 理 彭山区凤鸣镇党委书记
李桂平 彭山区公义镇党委书记
秦 彪 仁寿县委副书记、县政府县长
明 宇 仁寿县委常委
陈青松 天府花海观光农业园区党工委书记、管委会主任

林剑英　四川省现代粮食产业仁寿示范园区党工委书记、管委会主任
辜旭丹　仁寿县委农工办产业化股股长
李　静　仁寿县农业局局长
吴光文　仁寿县方家镇党委书记
徐　庄　仁寿县文宫镇党委书记
周建芳　仁寿县珠嘉镇党委书记
易清文　仁寿县钟祥镇党委书记
罗清明　洪雅县委农工办副主任
李　曦　洪雅县财政局副局长
黄建军　洪雅县农业和畜牧局局长
孔令兵　洪雅县林业局局长
杨林华　洪雅县洪川镇党委书记
王鹏程　洪雅县中保镇党委书记
郭　红　丹棱县委副书记
徐卫斌　丹棱县委农工委主任
刘　萍　丹棱县财政局局长
赵　进　丹棱县农业局局长
刘成碧　丹棱县石桥乡党委副书记、乡长
杨燕强　青神县竹编产业园区党工委书记、管委会主任
宋文贤　青神县委农工办主任
黄志伟　青神县水务局局长
谢金明　青神县农业和畜牧局局长
王盛祥　青神县林业局局长
饶　舜　青神县扶贫移民局局长
徐　敏　市纪委第四纪检监察室主任
聂　川　市委督查室副主任
黄　丽　市委办公室综合调研室副主任
杨智全　市委机关党委副书记
余继列　市政府办公室副调研员
付　聪　市政府办公室综合二科科长
吴春琳　市政府应急办工作人员
刘培伟　市委组织部举报中心主任
瞿　波　市委组织部研究室副主任
王建国　市委外宣办（市政府新闻办）副主任
刘正国　市大调解协调中心专职副主任
李　翔　市委维稳办协调督办科副科长
夏德强　市委政研室副县级纪检员
雷光朝　市委编办主任科员
陈明芳　市委农工委主任
钟　涛　市委农工委副主任
李建辉　市人大常委会农工委副主任
周　丽　市投促局对外合作科科长
孙思洪　市发展改革委能源科科长
罗树平　市教体局科员
漆　涛　市公安局园区分局象耳派出所负责人
吴中云　市民政局救灾科科长
徐　静　市司法局公证工作科科长
王志刚　市财政局农业科科长
王成宏　市防汛办主任
蒋汉权　市水务局规划计划科科长
余茂军　市农业局副局长
王　淞　市泡菜产业推进办副主任
杨　军　市林业局防火办副主任
吉　佳　市林业局绿化造林科科员
黄韵环　市文广新局广播影视传媒机构管理科副科长
陈星旭　市卫生计生委药政科负责人
罗　明　市社会经济调查队农村经济调查科科长
刘刚岭　市园林局建设科负责人
蔡　健　市畜牧局副局长、市奶业发展办主任
欧志国　市畜牧站站长
欧　军　市食品药品监督稽查支队副支队长
佘　勇　市质监局标准化科科长
许明勇　市粮食局仓储产业科科长
廖勇刚　眉山岷江现代农业示范园区项目服务中心主任
杨晓宁　市政协农业委主任
张晓葵　市总工会保障部部长、帮扶中心主任
李　珂　团市委办公室主任
何　明　市妇联副调研员
徐贤君　市科协科普部部长
蔺晓东　市工商联九级职员
李勇军　眉山日报社记者
刘　轶　市委市政府接待办副主任
杨　文　市地方志办主任
杨大兴　市扶贫移民局局长
谭璟烨　市政府金融办综合科副科长
古伯良　市广播电视台总编辑
杨　梅　市城乡环境治理办工作人员
陈　凡　市气象局农气中心主任
宋杰红　国家统计局眉山调查队住户科科长
许　莉　人行眉山市中心支行货币信贷科科长
刘　伟　邮储银行眉山市分行副行长
雷雨来　通济堰管理处副处长
宋大军　都江堰黑龙滩灌区管理处供水科科长

十四、遂资眉高速公路眉山段建设工作先进个人（100 名）

魏雪樵　东坡区政府研究室主任
沈成伟　市公安局东坡区分局常务副局长
唐本清　市国土资源局东坡区分局局长
王眉峰　市国土资源局东坡区分局土地储备中心主任
王利平　东坡区住房和城乡规划建设局局长
时志超　东坡区交通运输局正科级干部
刘建兵　东坡区林业局局长
郭昌玉　东坡区综合交通枢纽办主任
陈万强　东坡区综合交通枢纽办副主任
王　欢　东坡区综合交通枢纽办副主任
王　鹏　东坡区综合交通枢纽办工作人员
张咏松　东坡区综合交通枢纽办工作人员
蔡红孝　东坡区综合交通枢纽办工作人员
杨　莉　东坡区综合交通枢纽办工作人员
潘　红　东坡区综合交通枢纽办工作人员
严小飞　东坡区综合交通枢纽办工作人员
王志全　东坡区修文镇党委书记
朱永忠　东坡区永寿镇党委书记
候双全　东坡区三苏乡党委书记
左茂安　东坡区三苏乡人大主席
胡春福　东坡区崇仁镇党委副书记、镇长
梁　霄　东坡区金花乡党委副书记、乡长
周兴明　东坡区永寿镇党委副书记
郑世飘　东坡区思蒙镇党委副书记
黎学清　东坡区修文镇副镇长
张家明　东坡区松江镇副镇长
郑国林　东坡区复兴乡副乡长
朱德君　东坡区三苏乡新西村党支部书记
秦　彪　仁寿县委副书记、县政府县长
谢六一　仁寿县人大常委会主任
骆仕明　仁寿县委常委、县纪委书记
杨　红　仁寿县委常委、宣传部部长
杨红兵　仁寿县政府副县长
胡　波　仁寿县政府副县长、县公安局局长
高童全　仁寿县公安局副政委
李文学　仁寿县国土资源局局长
刘国斌　仁寿县财政局综合股科员
叶淑芳　仁寿县人力资源和社会保障局副局长
韩志超　仁寿县经济和信息化局副局长
张　康　仁寿县林业局副局长
黄崇建　仁寿县水务局总工程师
奉　锐　仁寿县农业局土地流转中心副主任
袁贵发　仁寿县重交办主任
郭述舟　仁寿县重交办副主任
谢　辉　仁寿县重交办纪检组组长
程安兵　遂资眉高速公路仁寿段指挥部工作人员
杨志英　遂资眉高速公路仁寿段指挥部工作人员
夏建峰　遂资眉高速公路仁寿段指挥部工作人员
徐子明　仁寿县宝马乡党委书记
夏建成　仁寿县兆嘉乡党委书记
李　貌　仁寿县谢安乡党委书记
李正明　仁寿县满井镇人大主席
袁　锋　仁寿县鸭池乡党委副书记、乡长
刘勇军　仁寿县富加镇副镇长
张学军　仁寿县虞丞乡纪委副书记
张　维　仁寿县洪峰乡副乡长
陈碧林　仁寿县景贤乡同意村党支部书记
阳运良　洪雅县委副书记、县政府县长
周茂云　洪雅县政府副县长、县公安局局长
谢宏志　洪雅县委政法委副书记
孙志军　洪雅县委党校校长
张明见　洪雅县经济和信息化局副局长
陈贵仁　洪雅县交通运输局副局长
张继平　洪雅县水务局总工程师
宋学蓉　遂资眉高速公路洪雅段指挥部办公室主任
范志辉　遂资眉高速公路洪雅段指挥部财务组组长
杨林华　洪雅县洪川镇党委副书记、镇长
冯友祥　洪雅县止戈镇副镇长
江帮志　洪雅县洪川镇副镇长
钟维钦　丹棱县委书记
朱　莉　丹棱县委副书记、县政府县长
骆　艺　丹棱县招监办主任、县监察局副局长
雷增宾　丹棱县监察局办公室副主任
徐　毅　丹棱县国土资源局副局长
杜　留　丹棱县交通运输局工作人员
黄德树　丹棱县丹棱镇副镇长
李永田　丹棱县杨场镇人大主席
曾小平　丹棱县仁美镇副镇长
王　蜚　市纪委干部监督室主任
黄秀航　市委督查室副主任
欧中国　市政府研究室调研科科长
李　林　市法学会科员
代开华　市委群工部办案科科长
王雪平　市招管办主任
王　华　市综合交通枢纽办综合科科长

徐　伟　市综合交通枢纽办项目科科长
秦　静　市公安局特巡警支队特警大队副主任科员
吴建清　市国土资源局总工程师
陈　飞　市国土资源局规划科科员
李　祥　市环境监测中心业务技术室主任
顾贵鹏　市交通运输局局长
刘小伶　市交通运输局党组成员、市公路局局长
陈　刚　市交通运输局副调研员
魏永刚　市公路局副局长、市交通质监站站长
马　驰　市交通运输局副主任科员
王晓洪　市水务局水土保持与预防监督管理站副站长
宋学贵　市林业局森林防火野生动物保护站副站长
贺会清　市审计局投资科科长
黄兴林　市城乡规划局副调研员
白　刚　市法制办副主任

十五、2014 年度全市统战工作先进个人（100 名）

陈　霞　东坡区委常委、组织部部长
何　艳　眉山经开区新区党工委专职副书记
彭　严　东坡区政协办公室主任
侯继作　东坡区委统战部常务副部长
彭昭红　东坡区教育局党委副书记
周　惠　彭山区人大常委会副主任
张　梅　彭山区人民法院办公室副主任
宁　莉　彭山区委统战部部务委员
徐春桂　彭山区凤鸣镇余店小学教导主任
冉登祥　仁寿县委书记
胡　波　仁寿县政府副县长、县公安局局长
王碧仙　仁寿县政协副主席、县委统战部部长
鲜　兵　仁寿县青岗乡党委书记
李建全　洪雅县政协副主席、县委统战部部长
刘　明　洪雅县政协副主席、县工商联主席
刘霞霞　洪雅县档案局局长
唐　智　洪雅县项目办主任
杨昌勤　丹棱县委常委、县总工会主席
罗碧霞　丹棱县委组织部常务副部长
刘仕云　丹棱县委统战部常务副部长、县工商联党组书记
王泽君　丹棱县发展和改革局局长
胡国民　青神县委副书记、县政府县长
杨德志　青神县委常委、组织部部长
曾晓宇　青神县政协副主席、县委统战部部长
王进儒　青神县工商联主席
李永亮　市中级人民法院政治部人事处副处长
康友槐　市人民检察院公诉处正科级书记员
张华建　市委办公室秘书四科科长
龙学渊　市政府副秘书长
左小芳　市政协办公室综合科科长
喻依国　市委组织部干部一科副科长
刘清泉　市三苏文化研究院研究室主任
潘　波　市委统战部部务委员、经联科科长
邹　超　市委统战部干部科科长
曹　沛　市爱国宗教团体办公室工作人员
邹　洋　市法学会会员部副主任
曾建军　市委政研室城市经济科科长
李晓莉　市委编办副主任
凌莉莉　市农业产业化办公室八级职员
吕崔燕　市委老干部局办公室主任
徐玉彬　市委保密办（市国家保密局）综合科科长
周　勇　市委机要局文印管理科副科长
李　艳　市人大常委会教工委副主任
刘光友　市投促局纪检组组长
宋洪芳　市知识产权管理处处长
宋章华　市监察局副局长
李　丹　市民政局优抚安置科副科长
孔振华　市财政局科员
何秋萍　市人力资源社会保障局人事科工作人员
冯　华　市国土资源局人事科科长
邓　霞　市交通运输局机关党委工作人员
邱钰净　市农业局办公室副主任
彭　锋　市卫生计生委主任
郑　伟　市审计局副调研员
邹水清　市统计局总统计师
杨　涛　市外侨台办副主任
杨俊勇　市城管执法局东坡分局副局长
张　涛　市畜牧局办公室副主任
阚碧清　市城市规划监察支队副支队长
程　亮　市国资委科员
邹泽香　市食品药品监管局纪检组组长
胡建辉　市工商局局长
汪　虹　市质监局主任科员
黄建春　市政务服务中心综合科科长
白　刚　市法制办副主任
管志祥　市粮食局纪检组组长
刘建华　岷东新区管委会办公室主任
黄　忠　甘眉（铝硅）工业园区管委会办公室主任
李永超　眉山金象化工产业园区纪工委书记
刘海平　眉山发展公司总工程师

周　杨　市妇联办公室科员
胡　萍　市科协学会和企事业科协服务中心主任
黄　锐　市工商联副主席
姜　英　市残联抚养服务中心工作人员
赖永毅　市文联创联部主任
李广平　市社科联副主席
罗尚勇　市贸促会国际合作部部长
熊淑英　眉山职业技术学院宣传统战部部长
罗志军　市委党校办公室主任
马国军　眉山日报社采访中心副主任、外宣部主任
叶　俊　市委市政府接待办综合科工作人员
赵巾晶　市委党史研究室副主任科员
王志尧　市公共资源交易中心高级工程师
黄建刚　市机关事务管理局办公室主任
徐　强　市档案局副局长
魏忠鑫　市扶贫移民局副局长
魏　林　市政府金融办保险证券科科长
张　兰　市广播电视台人力资源部主任
邓洪刚　市人防办副主任
苏　俊　市住房公积金管理中心彭山管理部主任
魏积分　市城乡环境治理办副主任
郑朦捷　眉山国安局科员
李　恒　市国税局办公室副主任
赵建萍　市地税局人事科科长
邓玉兰　市气象局副主任科员
祝金鑫　国家统计局眉山调查队科员
张宗文　四川汪洋能源股份有限公司董事长
雷　林　四川金象赛瑞化工股份有限公司总裁
陈水清　四川清巍塑业、合力钢结构工程有限公司董事长
汪茂君　眉山希望太平洋置业有限公司总经理

十六、2012—2014 年度投资促进工作先进个人（100 名）

李维义　东坡区政府副区长
冷青峰　东坡区政府副区长
余保平　眉山经开区新区管委会招商引资局局长
叶红梅　东坡区经济和信息化局局长
黄永祥　东坡区交通运输局局长
左创义　东坡区投资促进局局长
辜　艳　东坡区投资促进局副局长
李　昶　彭山经开区管委会经济发展局局长
周　浩　成眉石化园区管委会招商引资局局长
金　戈　彭山区招商引资局局长
梁　兰　彭山区武阳镇党委书记
胡凤翔　彭山区三产办主任
杨文娴　彭山区招商引资局办公室主任
张晓红　黑龙滩风景区管委会副主任
杨宇轩　天府新区仁寿视高管委会副主任
丁向阳　仁寿县文林工业园区管委会招商引资局局长
张玉贵　天府花海观光农业园区管委会经济发展局负责人
王小宁　仁寿县投资促进局副局长
刘　强　仁寿县富加工业园区管委会副主任
余娅莉　市政府驻成都经合局仁寿分局局长
李国华　洪雅县委常委
杨　建　洪雅县投资促进局局长
罗竞舸　洪雅县金融国资局局长
方向东　洪雅县机械化工产业区管委会常务副主任
鲁远明　洪雅县生态养生食品产业区管委会常务副主任
杨晓萍　洪雅县投资促进局副局长
杨益民　丹棱县政府副县长
殷　泓　丹棱县机械产业园区管委会副主任
胡　玮　丹棱县外侨台办主任
刘　兵　丹棱县投资促进委员会常务副主任
车智勇　青神县委常委、县政府副县长
徐洪刚　青神县旅游局副局长
彭建中　青神县航电办主任
张　良　青神县投资促进局纪检组组长
罗　勤　青神县投资促进局副主任科员
张惠玲　市纪委（监察局）副科级纪检员
胡　彬　市委办公室副调研员
谢　飞　市政府热线服务中心热线办理科副科长
郭　瑞　市委组织部干部一科副科长
罗　明　市委宣传部部务委员
杜光俊　市委维稳办副主任
余　华　市直机关工委副书记、纪工委书记
李先芬　市委农工委副调研员
刘光友　市投促局纪检组组长
余　敏　市投促局副局长
先　勇　市投资促进服务中心主任
王俣皓　市投促局综合科科长
周　丽　市投促局对外合作科科长
苟洪平　市投促局机械制造产业科科长
刘　洋　市政府驻北京经合局局长
陈　刚　市政府驻北京经合局工作人员
邹镜洋　市政府驻成都经合局局长

朱婷婷　市政府驻成都经合局办公室主任
冯晓东　市政府驻广东经合局局长
周　跃　市政府驻广东经合局办公室副主任
李鸿海　市政府驻上海经合局局长
夏礼俊　市政府驻上海经合局正科级干部
张红玲　市政府驻江苏经合局局长
李晓林　市政府驻江苏经合局工作人员
蒋　毅　市政府驻浙江经合局副局长
赵　静　市政府驻浙江经合局办公室主任
周　波　市政府驻武汉经合局局长
马熙贵　市政府驻武汉经合局工作人员
兰文军　市发展改革委主任、市物价局局长
叶　莎　市经济和信息化委技术改造科科长
李学辉　市教体局副主任科员
许晓梅　市科技局发展计划科科长
潘　峰　市公安局交警支队直属二大队综合中队中队长
黄靖淇　市财政局行财科副科长
代云岗　市国土资源局储备资金管理科副科长
叶淑森　眉山市市政工程建设处副处长
温贵宾　市泡菜产业推进办质量安全监管科科长
刘继桂　市商务局副局长、市博览事务局局长
吴明川　市外商投资促进中心副主任
朱龙飞　市文广新局副局长
褚　冰　市卫生计生委规财科工作人员
蔡卫东　市统计局副局长
王仕胜　市旅游局项目办主任
潘素梅　市外侨台办副主任
杨　昕　市外侨台办侨务科科长
徐溧谦　市法制办法规科科长
苏学文　市畜牧局副局长
张光志　市城乡规划局副局长
贺俊明　市国资委主任
武靖宇　市国资委副主任
邹泽香　市食品药品监管局纪检组组长
石　飞　市工商局市场科科长
赵永胜　市政务服务中心业务科工作人员
邓世虎　岷东新区管委会副主任
杨小扬　岷东新区管委会发展投资促进局局长
李文均　甘眉（铝硅）工业园区管委会招商引资局副局长
唐　莹　甘眉（铝硅）工业园区管委会招商引资局副局长
张　亮　眉山金象化工产业园区管委会副主任
刘　洋　眉山金象化工产业园区管委会招商引资局副局长
钟云胜　市委统战部副部长、市工商联党组书记、常务副主席
刘前线　市工商联秘书长、办公室主任
李　莉　市贸促会副调研员
马国军　眉山日报社编委、采访中心副主任兼外宣部主任
黄俊良　市国税局所得税科科长
王　永　市地税局办公室主任

十七、“2015 中外知名企业四川行”活动工作先进个人（80 名）

邓　超　东坡区委副书记
黄　勇　眉山经济开发区新区土地储备中心副主任
余　跃　眉山“中国泡菜城”管委会招商引资局副局长
赵　平　眉山机械产业园区管委会工作人员
黄峥嵘　东坡区投资促进局投资服务中心主任
庄　劲　东坡区投资促进局食品产业部部长
陈　刚　东坡区投资促进局目标管理部部长
邓　强　彭山经开区党工委书记
周　浩　成眉石化园区管委会招商引资局局长
金　戈　彭山区招商引资局局长
江　科　彭山区招商引资局副局长
杨文娴　彭山区招商引资局办公室主任
胡凤翔　彭山区三产办主任
黄　磊　彭山发展控股有限公司副总经理
文　英　天府新区仁寿视高管委会招商引资局局长
廖长明　仁寿县文林工业园区党工委副书记
成　果　仁寿县政府办公室工作人员
邱练练　仁寿县投资促进局投促股股长
夏永彬　市政府驻广东经合局仁寿分局局长
辜文超　仁寿县城乡规划局副局长
邹建军　仁寿县国土资源局土地利用股股长
李国华　洪雅县委常委
罗竞舸　洪雅县金融国资局局长
杨　建　洪雅县投资促进局局长
王　宁　洪雅县投资促进局副局长
张琦雯　洪雅县投资促进局办公室主任
杨益民　丹棱县政府副县长
付　强　丹棱县国有资产监督管理局局长
刘　兵　丹棱县投资促进委员会常务副主任
李永杰　丹棱县投资促进委员会副主任
张　丽　丹棱县投资促进委员会副主任

曾游江　青神县住房和城乡规划建设局局长
李　荣　青神县交通运输局局长
彭章勤　青神县投资促进局局长
李　伟　青神县投资促进局副局长
刘桥军　市政府驻成都经合局青神分局局长
詹　瞩　市委常委办副主任
王云华　市委办公室信息科科长
龙学渊　市政府副秘书长
黄文利　市政府研究室副主任
何　艳　市委宣传部对外宣传科科长
闵　娜　市委宣传部办公室工作人员
吕相容　市委农工委产业经济发展科工作人员
郑有毅　市投促局主任科员
田　佳　市投促局新材料产业科副科长
浦倩婕　市投促局农副产品精深加工科科长
张春丽　市投促局高新产业和人才项目科科长
万　飞　市投资促进服务中心副主任
何　潜　市投资促进信息中心主任
刘　洋　市政府驻北京经合局局长
张晶琳　市政府驻成都经合局局长助理
鲜镇糠　市政府驻广东经合局工作人员
王远波　市政府驻上海经合局局长助理
陈　兵　市政府驻江苏经合局局长助理
李　亮　市政府驻浙江经合局局长
吴　磊　市政府驻武汉经合局局长助理
黄海波　市发展改革委副主任
陈　俊　市三产办项目科科长
王　岳　市经济和信息化委主任
叶　莎　市经济和信息化委技术改造科科长
杨　健　市财政局行财科科长
刘继桂　市商务局副局长、市博览事务局局长
吴明川　市外商投资促进中心副主任
毛　林　市旅游局副局长
吕燕芳　市旅游局产业发展科科长
赖　刚　市外侨台办主任
陈　杰　市外侨台办台务科科长
武靖宇　市国资委副主任
叶雷蕾　市国资委工作人员
吴　军　工业新城办投资科科长
杨小扬　岷东新区管委会发展投资促进局局长
陈波勇　岷东新区管委会项目服务中心副主任
张　亮　眉山金象化工产业园区管委会副主任
陈　冀　眉山金象化工产业园区管委会招商引资局工作人员
刘文德　甘眉（铝硅）工业园区党工委书记
李文均　甘眉（铝硅）工业园区管委会招商引资局副局长
张　萍　市非公有制经济维权投诉中心副主任
蔺晓东　市非公有制经济维权投诉中心九级职员
曾　玉　市贸促会企园助推部部长
刘文秀　市委市政府接待办科员

十八、信访、维稳和多元化纠纷解决机制改革工作先进个人

（一）信访工作先进个人（33名）

孙　剑　东坡区委副书记、区政府区长
王海英　东坡区委群工部副部长
胡碧俊　东坡区崇礼镇党委书记
胡应江　东坡区白马镇党委书记
胡照林　东坡区三苏乡党委书记
严开义　彭山经开区党工委副书记、管委会主任
邱　磊　彭山区观音镇党委书记
张永峰　彭山区凤鸣镇党委副书记、政法委书记
杨晓兵　彭山区住房和城乡规划建设局大调解中心专职副主任
冉登祥　仁寿县委书记
陈双成　仁寿县委办公室主任
张勇胜　仁寿县委办公室副主任、群工部部长
王小君　仁寿县公安局副政委
王洁宇　仁寿县委维稳办工作人员
尹斗芳　洪雅县委常委、政法委书记
蒋应兴　洪雅县群众工作中心主任
刘友波　洪雅县交通运输局局长
曾建国　洪雅县国土资源局政策法规股股长
饶正大　丹棱县委群工部副部长
赵　庆　丹棱县陶瓷建材产业园区管委会副主任
李　乐　丹棱县国土资源局法规股股长
胡　勇　青神县委常委、政法委书记
何为民　青神县高台乡党委书记
欧建英　青神县委群工部副部长
母智勇　市中级人民法院法警支队副政委
张照涓　市委政法委执法督查督办室主任
徐　敏　市委群工部办公室工作人员
舒　强　市公安局信访处主任科员
杨　勇　市人力资源社会保障局信访科科长
王　岗　市土地统一征用中心工作人员
刘文权　市住房城乡建设局信访科科长
许晓东　市交通运输局办公室副主任、信访科负责人

雷廷康　市法制办行政调解指导科科长

（二）维稳工作先进个人（33名）

邹成双　东坡区委常委、政法委书记
罗丽珍　东坡区委维稳办副主任
宋敬伟　东坡区商务局局长
万进平　市公安局东坡区分局党委副书记、特警大队大队长
邓林忠　东坡区政府金融办主任
郭　益　彭山区政府副区长、区公安分局局长
李卫兵　彭山区人民检察院纪检组组长
邓学奎　彭山区卫生计生局大调解中心专职副主任
商志忠　仁寿县委副书记
彭绍华　仁寿县委政法委副书记
段真龙　仁寿县公安局副局长、县交管大队大队长
何建军　仁寿县城市行政执法局局长
周建兵　仁寿县曹家镇党委副书记
周茂云　洪雅县政府副县长、县公安局局长
凌增学　洪雅县住房和城乡建设局副局长
赵尚利　洪雅县东岳镇党委书记
赵吉明　丹棱县人力资源和社会保障局副局长
胡吉林　丹棱县丹棱镇党委副书记
胡国民　青神县委书记、县政府县长
杨勇建　青神县委政法委副书记、维稳办主任
周　璐　市网络舆情中心（市互联网不良与违法信息举报中心）副主任
李　翔　市委维稳办信息调研综合科科长
黄　剑　市委群工部接访科工作人员
徐庆中　市经济和信息化委总经济师
王　鑫　市公安局特巡警支队综合基础大队民警
曾　锐　市军转办管理服务科科长
龚　勇　市国土资源局办公室主任
朱典祺　市房管局局长
王姜威　东坡区富牛镇政府工作人员
刘　琳　甘眉（铝硅）工业园区管委会社会事业局副局长
杨志刚　眉山金象化工产业园区管委会副主任
陈　敏　市政府金融办综合科科长
杜建伟　眉山国安局主任科员

（三）多元化纠纷解决机制改革工作先进个人（34名）

陈　建　东坡区人民法院院长
王崇贵　东坡区人力资源和社会保障局局长
程　静　东坡区大调办专职副主任
岳玉平　东坡区大石桥街道党工委书记
王晓军　东坡区尚义镇党委副书记
张　咏　彭山区人民法院司法调解中心专职副主任
夏跃鹏　彭山区人力资源和社会保障局大调解中心专职副主任
段晓川　彭山区彭溪镇大调解中心专职副主任
杨玉先　彭山区凤鸣镇城中社区党总支书记
胡　波　仁寿县政府副县长、县公安局局长
卢留清　仁寿县委群工部常务副部长
李学辉　仁寿县法制办主任
彭　娟　仁寿县人民调解指导中心副主任
黄超敏　仁寿县诉调对接中心副主任
高晓泉　仁寿县人民法院驻县委群工部涉法涉诉信访窗口工作人员
黄　建　仁寿县文林镇大调解协调中心专职副主任
魏光明　仁寿县司法局驻县人民法院人民调解员
谢宏志　洪雅县委政法委副书记、县综治办主任
刘联欣　洪雅县委农工办主任
袁学祥　洪雅县委组织部副部长、县人力资源社会保障局局长
杨永忠　洪雅县将军乡司法所所长
谌德友　丹棱县杨场镇党委书记
彭映松　丹棱县顺龙乡副乡长
刘志勤　丹棱县公安局副局长
李域进　丹棱县双桥镇司法所所长
周　萍　青神县人民法院司法调解中心副主任
李星仕　青神县法制办工作人员
彭建国　青神县公安局指挥中心民警
周政银　青神县司法局基层股股长
樊　俊　市中级人民法院速裁庭审判员
刘正国　市大调解协调中心专职副主任
李彦文　市人力资源社会保障局劳动关系与劳动监察科科长
冯　华　市国土资源局人事科科长
艾柏杨　四川典扬律师事务所律师

十九、2014年度主动作为创一流先进个人（263名）

李明舟　东坡区委书记
孙　剑　东坡区委副书记、区政府区长
胡　徐　东坡区泡菜产业园区党工委书记
郭建国　东坡区委常委、区纪委书记
伍　红　眉山机械产业园区党工委副书记、管委会主任
范纯文　东坡区泡菜产业园区党工委副书记、管委会主任

王正祥 市公安局副局长、东坡区政府副区长、区公安分局局长
陈 建 东坡区人民法院院长
刘江涛 东坡区委常委办主任
叶红梅 东坡区经济和信息化局局长
柳 强 东坡区财政局局长
王崇贵 东坡区委组织部副部长、区人力资源社会保障局局长
岳玉平 东坡区大石桥街道党工委书记
刘锦兵 东坡区万胜镇党委书记
蔡 刚 原彭山区委书记
梁 磊 彭山区委书记
罗万东 彭山区委副书记、区政府区长
邓 强 彭山经开区党工委书记
王佑泽 彭山区委办公室主任
黎文林 彭山区委办公室副主任、区委群工部部长
罗鸿翔 彭山区教育体育局局长
柴洪军 彭山区水务局局长
钟 杰 市国土资源局彭山区分局局长
张杰茜 彭山区统计局局长
周德平 彭山区人民医院血透室主任
余卫斌 彭山区公义镇党委副书记、镇长
冉登祥 仁寿县委书记
秦 彪 仁寿县委副书记、县政府县长
商志忠 仁寿县委副书记、县政协党组书记
王 军 仁寿县委常委、县政府副县长
杨 建 仁寿县委常委、组织部部长
陈 林 黑龙滩风景区党工委书记
余明德 仁寿县文林工业园区党工委书记
陈青松 天府花海观光农业园区党工委书记、管委会主任
张自学 黑龙滩风景区党工委副书记、管委会主任
胡 波 仁寿县政府副县长、县公安局局长
夏帮云 天府新区仁寿视高管委会副主任、仁寿县视高镇党委书记
刘崇清 仁寿县文林工业园区管委会副主任、仁寿县文林镇党委书记
陈双成 仁寿县委办公室主任
代 平 仁寿县委组织部副部长、县人力资源社会保障局局长
李文学 仁寿县国土资源局局长
杨 毅 仁寿县城乡规划局局长
吕仲辉 仁寿第一中学校南校区校长
陈万忠 市人大常委会副主任、洪雅县委书记
阳运良 洪雅县委副书记、县政府县长
王 里 洪雅县委副书记、七里坪旅游度假区党工委书记
杜强伦 洪雅县委常委、县总工会主席
彭远畅 洪雅县政府副县长
何 杰 洪雅县七里坪旅游风景区管委会主任、洪雅县高庙镇党委书记
廖志斌 洪雅县保密技术服务中心主任
刘权超 洪雅县国土资源局局长
罗竞舸 洪雅县金融和国有资产管理局局长
田利军 洪雅县政府法制办主任
冉 锋 洪雅县桃源乡党委书记
王鹏程 洪雅县中保镇党委书记
钟维钦 丹棱县委书记
朱 莉 丹棱县委副书记、县政府县长
王 枫 丹棱县委常委、组织部部长
杨 华 丹棱县政府副县长
吉君福 丹棱县委办公室主任
黄方泉 丹棱县公安局常务副局长
赵桂春 丹棱县住房和城乡规划测绘建设局局长
郑必轩 丹棱县审计局副局长
谌德友 丹棱县杨场镇党委书记
黄国清 原青神县委书记
胡国民 青神县委书记
徐 琳 青神县委副书记、县政府代理县长
罗兴建 青神县委副书记
侯 锐 青神县政府副县长
李 荣 青神县交通运输局局长
范建忠 青神县委政策研究室（目标办）主任
陈冬梅 青神县统计局局长
苏绍云 青神县食品药品监督管理局局长
魏文彪 市纪委副书记、市监察局局长
杨玉刚 市纪委第四纪检监察室副主任、正科级纪检员
徐宏杰 市纪委第二纪检监察室副主任、正科级纪检员
高 茜 市中级人民法院副院长
王世忠 市中级人民法院政治部主任
倪玉君 市中级人民法院研究室主任
王 敏 市中级人民法院民事审判第一庭审判员
胡忠武 市人民检察院反渎职侵权局局长、检察委员会委员
饶利明 市人民检察院副调研员、案件管理办公室主任、检察委员会委员

张春林　市人民检察院办公室主任、正科级检察员
吴　江　市委常务副秘书长、办公室主任
杨志忠　市委副秘书长、群工部部长
宋良勇　市委副秘书长，眉山岷江现代农业示范园区党工委书记、管委会主任
徐　驰　市目标绩效办主任
周凌燕　市委办公室干部管理科科长
李建章　市人大常委会副主任
李永高　市人大常委会副主任
徐智勇　市人大常委会秘书长
肖敏奇　市人大常委会办公室秘书科科长
肖忠良　市政府秘书长
邹汝林　市政府副秘书长、天府新区仁寿视高党工委书记
梅　斌　市政府副秘书长、工业新城办主任
周吉勋　市政府副秘书长、应急办主任
李永康　市政府办公室副主任
王杰宇　天府新区眉山管委会综合科科长
康　琅　市政协办公室行政科科长
王晓丽　市委组织部常务副部长
刘　波　市委组织部副部长
喻依国　市委组织部干部一科副科长、主任科员
曾丽霞　市委宣传部常务副部长
王　涛　市委宣传部副部长、市精神文明办主任
彭书君　市精神文明办副主任
杨　波　市委统战部常务副部长
王怀端　市委统战部副县级干部
王加宾　市委政法委常务副书记、市委维稳办主任
俞红梅　市直机关工委书记
王　玲　市直机关工委组织部部长
杨乐园　市委群工部副部长
陈明芳　市委农工委主任
周泮羽　市委农工委副县级纪检员
隆　琼　市委老干部局综合科科长
林志磊　市委保密办（市国家保密局）保密技术检查中心副主任
杨小林　市委机要局工作人员
余　敏　市投促局副局长
张红玲　市政府驻江苏经合局局长
牟长海　市发展改革委副主任
王　英　市发展改革委固定资产投资科科长
王　岳　市经济和信息化委主任
刘义宇　市经济和信息化委主任助理、能源科科长
王水东　市教体局办公室负责人
郝凌燕　市教体局语委办主任
王小龙　市教体局职成教科副科长、市职教学会会长
刘桥华　市科技局办公室主任
岳　剑　市公安局常务副局长
王　琦　市公安局交警支队办公室副主任
余　跃　市公安局政治部队建处处长
袁中建　市公安局办公室副主任
余自生　市民政局局长
王雪梅　市民政局基层政权社区建设区划地名科科长
鲜　鹏　市民政局办公室副主任
余　磊　市司法局法规工作科科长、国家司法考试科科长
宋仕祥　市财政局局长
罗　毅　市财政局办公室主任
黄　闵　市国库集中支付中心副主任
何万高　市委组织部副部长、市人力资源社会保障局局长
朱蜀骥　市就业局局长
程元培　市人力资源社会保障局养老与失业保险科科长
陈玺羽　市医疗保险管理局副主任科员
邓鸿杰　市地质环境监测站站长
陈永川　市国土资源局监察内审科科长
朱　曦　市国土资源局地籍管理科负责人
江昌淯　市环境保护局局长
赵友中　市环境监察执法支队支队长
张志翔　市环境保护局办公室主任
欧乙成　市环境保护局城市科副主任科员
兰文军　市发展改革委主任、市物价局局长
王新东　市住房城乡建设局副局长
陈　东　市住房城乡建设局办公室主任
邹　涛　市建设工程质量安全监督站站长
顾贵鹏　市交通运输局局长
韩顺江　市交通运输局副局长
牟德明　市交通运输局副局长
刘小伶　市交通运输局党组成员、市公路管理局局长
李　俊　市水务局局长
郑汉明　市水务局副调研员
方　媛　市水务局办公室工作人员
熊　英　市农业局局长、市农机局局长
刘　艺　市农业局副局长

曾明如 市农机局农机化发展科科长
王澄琳 市林业局局长
蒋 睿 市林业局办公室主任
吉 佳 市林业局绿化造林科科员
张文清 市商务局副局长
潘 毅 市文广新局办公室主任
孙鸿雅 市文广新局公共文化科科长
周毅涛 市文广新局广播影视事业管理科科长
彭 锋 市卫生计生委主任
王吉宏 市卫生计生委副主任
谌俊平 市疾病预防控制中心主任
王建民 市人民医院院长
彭惠琴 市审计局局长
魏 聂 市审计局副局长
郭才文 市统计局局长
郑 怀 市统计局数据处理科科长
涂 勇 市旅游局副局长
赖 刚 市外侨台办主任
余慧中 市外侨台办秘书科科长
王泽文 市城管执法局局长
徐新春 市园林局副局长
宋永贵 市市容环境管理支队副支队长
李永中 市路灯管理处工程技术科科长
万俊才 市畜牧局局长
蔡 健 市畜牧局副局长、市奶业发展办公室主任
赵 敏 市畜牧局纪检组组长
刘友洪 市城乡规划局局长
何佳蔚 市城乡规划设计院工作人员
周 浪 市城乡规划局村镇规划科副科长
贺俊明 市国资委主任
叶雷蕾 市国资委董监事会办公室八级职员
吴光鉴 市安全监管局局长
陈一江 市安全监管局副局长
杨云峰 市食品药品监管局局长
蒋卫东 市食品药品监管局副局长
欧 军 市食品药品监督稽查支队副支队长兼三大队大队长
汪福强 市食品药品检验检测中心副主任
邵奇林 市工商局行政许可科科长
田 炜 市工商局办公室副主任
李维茂 市工商局东坡分局企业信用信息股股长
瞿泽林 市质监局副局长
梁鸿宇 市质监局人事监察内审科科长
康 勤 市政务服务中心主任
余加建 市政务服务中心副主任
冯志刚 工业新城办综合科负责人
钟建国 市粮食局局长
张 伟 市粮食局财会科副科长
白灵贵 岷东新区党工委书记
邓世虎 岷东新区管委会副主任
邹和良 岷东新区管委会副主任、东坡区富牛镇党委书记
何 青 岷东新区纪工委书记
刘文德 甘眉（铝硅）工业园区党工委书记
彭 盆 甘眉（铝硅）工业园区管委会副主任
宋 骥 眉山金象化工产业园区党工委书记
付畅文 眉山金象化工产业园区党工委副书记、管委会主任
袁晓霞 眉山金象化工产业园区管委会办公室主任、经济发展局负责人
袁 恒 东坡区象耳镇党委副书记、镇长
谭正中 眉山岷江现代农业示范园区党工委副书记、纪工委书记
曾乐斌 市政协法群委主任
缪川勋 市总工会副主席
王 艳 市残联理事长
王 建 市残联维权科科长
曾敞洲 团市委工农青年部副部长
何 明 市妇联副调研员、城乡工作部部长
张继成 市科协副调研员
黄 锐 市工商联副主席
胡志蓉 市文联办公室主任科员
李广平 市社科联副主席
徐井万 眉山职业技术学院院长
李建伟 市委党校副校长
段小锋 眉山日报社采访中心副主任
赵巾晶 市委党史研究室副主任科员
贺建文 市机关事务管理局局长
陈智红 市机关事务管理局副局长
李 珊 市档案局业务科副科长
贺 瑜 市地方志办综合科科长
杨大兴 市扶贫移民局局长
赵安祥 市扶贫移民局规划安置科科长
刘桠萍 市政府金融办地方金融监管科科长
雷金贵 市广播电视台副台长
陈晓宇 市广播电视台新闻中心主任
刘 杜 市广播电视台办公室主任
胡 迅 市住房公积金管理中心资金运营科科长

万廷建　市城乡环境治理办主任
魏积分　市城乡环境治理办副主任
叶　彬　市防震减灾局副局长
梅　艳　眉山国安局副局长
杨映平　市国税局副局长
刘应军　市国税局监察室主任
张　翅　市国税局车辆购置税分局综合业务科科长
肖　山　市地税局副局长
祝　涛　市地税局征管与科技发展科科长
朱利会　市地税局科员
张　弛　市气象局气象探测中心主任
熊　静　市邮政管理局纪检组组长、副局长
文金凤　国家统计局眉山调查队产业科副科长
张文辉　人行眉山市中心支行国库科副科长
赵文远　人行眉山市中心支行科员
余　艳　人行眉山市中心支行货币信贷科科员
骆玉章　眉山银监分局监管三科科长
余　慧　眉山银监分局统计信息科科长
吴　宇　市供排水总公司副总经理

二十、城乡规划工作先进个人（100名）

廖小宁　市供销社主任、东坡区委常委、区政府副区长
游方全　东坡区委常委
王利平　东坡区住房和城乡规划建设局局长
王　薇　东坡区住房和城乡规划建设局副局长
王　卫　市城乡规划局岷东新区分局局长
江学刃　东坡区发展改革局局长
柳　强　东坡区财政局局长
黄永祥　东坡区交通运输局局长
刘锦兵　东坡区万盛镇党委书记
胡志明　东坡区多悦镇党委书记
何志良　彭山区城乡规划局副局长
罗　尧　彭山区城乡规划局副局长
徐　媚　彭山区城乡规划局项目规划股股长
金祖军　彭山区城乡规划局工程规划股股长
王亦军　彭山区城乡规划局规划监察大队大队长
王杨笛　彭山区城乡规划局工作人员
王洪刚　彭山区住房和城乡规划建设局办公室主任
王　印　市国土资源局彭山区分局耕保规划股股长
倪　杨　彭山区彭溪镇政府副镇长
杨建文　仁寿县人大常委会副主任
方　宁　黑龙滩风景区管委会建设和国土管理局副局长
杨　毅　仁寿县城乡规划局局长
辜文超　仁寿县人防办主任、县城乡规划局副局长
谭高辉　仁寿县城乡规划局法规监察股股长
黄　菲　仁寿县城乡规划局城市规划股副股长
王佳雄　仁寿县住房和城乡建设局总工程师
蔡志勇　仁寿县住房和城乡建设局建设执法监察大队大队长
郑武杰　仁寿县国土资源局耕保股工作人员
余　勇　仁寿县文林镇人大主席
王　里　洪雅县委副书记
王利洪　洪雅县人大常委会副主任
何永良　洪雅县政府党组成员
李　李　洪雅县政协副主席
姜定波　洪雅县委办公室主任
廖建如　洪雅县政府办公室主任
林泽蓉　洪雅县城乡规划局局长
何　杰　七里坪度假区管委会主任、洪雅县高庙镇党委书记
史　历　洪雅县柳江镇党委书记
夏荣升　丹棱县委副书记
肖　琳　丹棱县政府办公室主任
杨义军　丹棱县委政研室主任
蹇俊超　丹棱县国土资源局局长
张西明　丹棱县规划局局长
叶　斌　丹棱县文广新局局长
谌德友　丹棱县杨场镇党委书记
梁永霞　丹棱县顺龙乡党委副书记、乡长
蔡建川　青神县政府副县长
滕文学　青神县工业开发区管委会副主任
杨燕强　青神县竹编产业园区党工委书记、管委会主任
曾游江　青神县住房和城乡规划建设局局长
刘　竣　青神县城市规划局局长
余　鹏　青神县青城镇党委书记
刘建林　青神县南城镇党委书记
陈　骏　青神县西龙镇党委书记
王　伟　市委办公室主任科员
白　帆　市委办公室干部管理科副科长、主任科员
熊　丹　市委督查室副主任
潘春梅　市政府督查室主任
邹　遥　市政府办公室秘书八科副科长
朱雪梅　市委组织部主任科员
余政延　市委外宣办新闻中心九级职员
徐金华　市综治办副主任
梁建军　市直机关工委副书记

毛秦蓉　市委群工部副部长
王俊凌　市委农工委新农村建设科科长
王秀彬　市投促局现代服务产业科科长
张佳琪　市发展改革委综合科科员
周婷婷　市经济和信息化委信息化科科长
李立新　市教体局计财科副科长
陈明伟　市科技局主任科员
吴　凯　市公安局交警支队秩序科民警
宋章华　市监察局副局长
王雪梅　市民政局基层政权社区建设区划地名科科长
谭谢伟　市司法局副调研员
张劲涛　市财政局投资管理科科长
赵　波　市人力资源社会保障局工作人员
吴　翔　市国土资源局综合规划科科长
许　政　市环境保护局总工程师
曾　涛　市住房城乡建设局副局长
肖　沁　市住房城乡建设局安全科副科长
牟德明　市交通运输局副局长
蒋汉权　市水务局规划计划科科长
汪泽君　市农业局市场信息科科长
宋学贵　市林业局护林防火野生动物保护站副站长
杨美凭　市商务局副局长
殷灿新　市文广新局非物质文化遗产保护科科长
蔡卫东　市统计局副局长
涂　勇　市旅游局副局长
程　锋　市城管执法局行政执法五大队二中队中队长
陈　涛　市园林局园林技术科副科长
白　刚　市法制办副主任
黄志胜　市城乡规划局城市规划科科长
黄　谨　市城乡规划局建筑规划管理科科长
李志明　市开发性金融合作办工作人员
张　帆　市安全监管局副局长
范　旺　眉山金象化工产业园区管委会副主任
钟　伟　眉山发展公司项目管理部副主任
周德勤　眉山市宏大建设投资有限责任公司总经理
黄海波　眉山日报社记者
胡靖华　市城乡环境治理办宣教科工作人员

二十一、规划监督工作先进个人（18名）

陈贤云　东坡区人大常委会副主任
冷　斌　东坡区思蒙镇党委书记
王福军　彭山区人大常委会城环资工委副主任
帅素彬　彭山区政协正科级干部
肖　青　仁寿县人大常委会城环资工委主任
张建军　仁寿县城乡规划局规划监察执法大队大队长
钟　朝　洪雅县人大常委会城环资工委主任
吴　毅　洪雅县规划设计室主任、规划监督委员会办公室副主任
梁大卿　丹棱县人大常委会副主任、规划监督委员会主任
文德华　丹棱县城乡规划监督委员会副主任
张福英　青神县人大常委会副主任、规划监督委员会主任
罗学芳　青神县人大常委会城环资工委主任
熊敏容　省政府派驻眉山城市规划督察员
杨　敏　市政协办公室经济科科长
邓　策　市人大常委会城环资工委副主任、市城乡规划监督委员会监督员、办公室主任
岳　燕　市人大常委会城环资工委副主任
刘　红　市城乡规划监督委员会监督员
周正华　市城乡规划监督委员会监督员

二十二、2014年度优秀网格员（60名）

东坡区：唐晓莉　颜晓杏　周　菊　王丽红　张　欣　宋　莉　赵　书　邹　浩　陈艳梅　谢妮纳　吴　娟　刘　鑫　刘勇霞　章　杰　张华伟　李　威　梁　艳

彭山区：吴晓玲　廖燕华　陈　姣　张　航　范丽娟　曾正纲

仁寿县：朱　力　吕仁科　黄　琴　叶　利　蒋丽梅　左　容　徐大清　程钰惠　邓　虹　杨　燕　董建国　乐文进　李　燕　陈丽霞　于　英

洪雅县：方如燕　余庆华　李　霜　饶　超　彭晓辉　徐亚琴　余佳琴　徐国蓉　曾晓蓓

丹棱县：邓　成　赵万洁　刘镇恺　牟朝霞　张付彩　王　勤

青神县：王学梅　余　苗　穆艳梅　郭燕萍　苟丽娟　李晓琳　周　燕

二十三、2014年度优秀网格协管员（40名）

东坡区：陈文全　蒋菊珍　李安全　周明俊　郭昌东　李志超　罗晓林

彭山区：张　雄　王治国　李诗蓓

仁寿县：卢　靖　唐忠勇　彭燕苹　周水容　康　兰　杨俊辉　张国君　张翠花

何　卫　胡　圣　宋建英　余紫杉
许　英　徐智力　李志君　郭寅秀
兰凤英　汪水先　李勇坤　高　飞
伍碧先
洪雅县：吕汝萍　王明贵　杨远胜　丁栋平
丹棱县：邓子德　李太洪
青神县：滕树军　毛　焰　刘　焰

二十四、2014年度眉山城市规划区征地拆迁安置工作先进个人（89名）

李胜华　东坡区委常委、区政府副区长
廖小宁　东坡区委常委、区政府副区长
王正祥　市公安局副局长、东坡区政府副区长、区公安分局局长
杜明琅　东坡区政府党组成员
罗俊辉　眉山“中国泡菜城”管委会群众工作部副部长
陈　建　东坡区人民法院院长
姚良全　东坡区人民法院副院长
冯志明　东坡区人大常委会正科级干部
胡建春　东坡区信访局纪检员
汪长军　市拆迁办综合科科长
杨志全　市国土资源局东坡区分局副局长
陈灵运　市国土资源局东坡区分局办公室副主任
陈炳全　东坡区城市开发办主任
赵丽娜　东坡区征补办副主任
陈凌茂　东坡区征补办纪检组组长
郭昌玉　东坡区综交办主任
蒋心红　东坡区财政局党组成员、区国库集中支付中心主任
毛晓麟　东坡区审计局局长
王　涛　市公安局东坡区分局特警大队副大队长
邓华宇　市公安局东坡区分局大石桥派出所副中队长
郑希田　东坡区政协经科委主任
周文武　东坡区大石桥街道人大联络员
王开琪　东坡区大石桥街道党工委副书记
高和元　东坡区大石桥街道办事处副主任
杨舜雄　东坡区大石桥街道人武部部长
周年明　东坡区拆迁办副主任、苏祠街道党工委书记
黎玉新　东坡区苏祠街道党工委副书记、办事处主任
文　涛　东坡区苏祠街道党工委委员、办事处主任助理
唐建华　东坡区苏祠街道国土和规划建设所所长
赵　武　东坡区通惠街道党工委副书记
徐泽贵　东坡区通惠街道党工委副书记
干俊英　东坡区通惠街道办事处劳动保障所所长
曾　毅　东坡区通惠街道办事处财务股股长
罗朝宇　东坡区太和镇拆迁办主任
赵　曦　东坡区松江镇党委副书记
赵思泽　东坡区尚义镇政府副镇长
邱　鹏　市纪委副县级纪检员、纪检一室主任
白　帆　市委办公室干部管理科副科长
李敬熹　市委办公室秘书二科副科长
郝乾江　市政府办公室秘书八科科长
汪志宇　市政府办公室秘书二科副科长
张　雅　天府新区眉山市建设委员会办公室项目管理科副科长
马　炜　市委宣传部部务委员
刘　敏　市委宣传部新闻科科长
祝鸿涛　市委维稳办协调督办科科长
苏明芳　市委群工部督查督办科科长
代开华　市委群工部办案科科长
刘　洋　市政府驻北京经合局局长
任洪波　市发展改革委体改科副科长
肖　梅　市公安局国保支队民警
胡华云　市公安局治安支队民警
张　勇　市财政局副局长
吴雪强　市财政局非税收入管理科科长
钟　琳　市财政局投资管理科科员
张　进　市医疗保险管理局统筹科科长
游　江　市社会保险事业管理局工作人员
任江平　市国土资源局土地利用管理科科长
朱　曦　市国土资源局地籍管理科科长
吴　翔　市国土资源局综合规划科科长
唐大学　市国土资源局信访科副科长
胡　杰　市国土资源局财务科科长
陈永川　市国土资源局监察内审科科长
邹　伟　市土地统一征用中心副主任
费　佳　市土地统一征用中心副主任
任晓东　市城区国土资源站副站长
陈俊文　市国土资源执法监察支队副支队长
蒋学明　市国土资源执法监察支队二大队大队长
岳浩兵　市土地储备中心储备科副科长
吴军勇　市国有土地上房屋征收与补偿中心主任
刘俊伟　市国有土地上房屋征收与补偿中心法制科科长

陈　刚　市交通运输局副调研员、高速办负责人
胡建林　市交通重点工程建设推进办公室副主任
陈星旭　市卫生计生委药物政策与基本药物科科长
廖淑芬　市审计局农业与社会保障科科长
兰　飞　市城管执法局行政执法支队副支队长
夏　雨　市城管执法局行政执法支队副支队长
杨世龙　市城管执法局行政执法支队副支队长
吴明翔　市城市规划监察支队副支队长
邹　玲　市城乡规划局东坡区分局局长
柯　杉　市行政调解指导中心专职副主任
邹和良　岷东新区管委会副主任、东坡区富牛镇党委书记
肖文成　岷东新区管委会征地拆迁办公室副主任
梁　雨　东坡区富牛镇党委副书记
邓琪麟　东坡区富牛镇征地拆迁办公室主任
黄　黎　市国土资源局岷东新区分局工作人员
朱　科　国网眉山供电公司发展策划部主任
朱文强　兴能天然气公司总经理助理
朱慧明　市供排水总公司副总经理
郭东权　中国电信眉山分公司网络运营部总经理

二十五、全国法院多元化纠纷解决机制改革工作推进会筹办工作先进个人（100 名）

陈　建　东坡区人民法院院长
李　建　东坡区委政法委副书记、维稳办主任
姚鹏飞　东坡区委群工部副部长
王　涛　市公安局东坡区分局特警大队副大队长
黎文林　彭山区委群工部部长
邓　艳　彭山区人民法院立案庭副庭长
冉登祥　仁寿县委书记
黄超敏　仁寿县诉调中心副主任
李继成　洪雅县人民法院院长
喻　军　洪雅县人民法院柳江法庭庭长
何佰明　洪雅县花溪镇司法所所长
陈学奎　丹棱县人民法院常务副院长
周玉全　丹棱县矛盾纠纷大调解协调中心专职副主任
杨勇建　青神县委政法委常务副书记、维稳办主任
邹　翔　青神县人民法院民事审判庭副庭长
万　凯　市纪委信访室主任
彭国成　市中级人民法院副院长
李建伟　市中级人民法院办公室副主任
樊　俊　市中级人民法院速裁庭审判员
唐寅书　市中级人民法院办公室副主任科员
晏　涯　市中级人民法院网络管理中心主任
胡　玲　市人民检察院行装处副处长
王麒铭　市委副秘书长、市委市政府接待办主任
陈　强　市委办公室秘书二科科长
刘　洋　市委办公室秘书五科科长
李欣雨　市委办公室副主任科员
李永康　市政府办公室副主任
李　妍　市政府机关党委书记
余永松　市政府办公室秘书一科副科长、主任科员
付子瑜　市委组织部电教科科长
李　伦　市委外宣办副主任
潘柯材　市委宣传部网络监督管理科科长
张晓帆　市网络舆情中心（市互联网不良与违法信息举报中心）主任
何　中　市委统战部副部长、市民宗局局长
雷永辉　市法学会专职副会长、市委政法委研究室主任
王　斌　市委维稳办副主任科员
祝鸿涛　市委维稳办协调督办科科长
赵　玮　市综治办基层信息调研科科长
杨乐园　市委群工部副部长
胡　刚　市委群工部副部长
陈径舟　市人大常委会内司工委主任科员
张潇羽　市投促局办公室科员
廖　鹏　市发展改革委办公室主任
李建兵　市公安局治安支队民警
王永波　市公安局特巡警支队民警
倪　帅　市公安局交警支队直属二大队事故中队中队长
张孟军　市公安局交警支队直属一大队副大队长
蒋　励　市人民调解指导中心专职副主任
孔振华　市财政局行政政法科科员
向　阳　市人力资源社会保障局调解仲裁管理科科长
李秀英　市劳动保障监察支队监察二科科长
魏志平　市国土资源局城区国土资源站副站长
杨光华　市住房城乡建设局纪检组组长
许晓东　市交通运输局办公室副主任
赵　琴　市水务局建设管理科科员
袁勇艺　市农业局办公室主任
宋学贵　市林业局护林防火野生动物保护站副站长

杨美凭　市商务局副局长
李沂珈　市文广新局办公室科员
王国康　市卫生计生委医政医管科科长
邹方舟　市审计局办公室副主任
邹水清　市统计局总统计师
涂　勇　市旅游局副局长
曾　珍　市华商投资促进服务中心工作人员
李志成　市城管执法局市容管理支队副支队长
朱　林　市城管执法局综合管理室主任
牟万卉　市粮食局办公室主任
王亚鑫　市畜牧局生产科教科工作人员
吴明翔　市城市规划监察支队副支队长
卿　梅　市国资委办公室工作人员
李　其　市安全监管局办公室工作人员
赵　耀　市食品药品监督管理局办公室主任科员
谭俊杰　市质监局办公室主任
黄建春　市政务服务中心综合科科长
冯志刚　工业新城办综合科负责人
白　刚　市法制办副主任
白灵贵　岷东新区党工委书记、管委会主任
雷　蕾　甘眉（铝硅）工业园区管委会办公室副主任
何玲珑　眉山金象化工园区招商引资局工作人员
蔡　雒　眉山岷江现代农业示范园区服务中心工作人员
周德勤　市宏大建设投资有限责任公司总经理
艾鸿举　市政协法群委副主任
缪川勋　市总工会副主席
袁　琳　团市委副调研员、组宣部部长
周　杨　市妇联办公室科员
张　萍　市非公有制经济维权投诉中心副主任
陈燕利　眉山日报社记者
刘　轶　市委市政府接待办副主任
王　容　市公共资源交易中心办公室副主任
唐维苑　市机关事务管理局车辆管理科副科长
贺　瑜　市地方志办综合科科长
赵安祥　市扶贫移民局规划安置科科长
王　军　市政府金融办纪检组组长
雷金贵　市广播电视台副台长
王清平　市人防办指挥通信科科长
盛燕芳　市住房公积金管理中心办公室工作人员
何春朝　市国税局服务中心主任
冯　勇　市地税局局长
程志春　国家统计局眉山调查队队长
唐　洋　眉山银监分局办公室主任

市委表彰的先进个人

全市优秀共产党员、践行“三严三实”主动作为创一流优秀党员领导干部名单

（一）全市优秀共产党员（60名）

熊国龙　市中医医院骨四科副主任
胡照林　东坡区三苏乡党委书记
叶红梅　东坡区经济和信息化局局长
胡伦忠　市公安局东坡区分局禁毒大队大队长
谢全安　东坡区复兴乡司法所所长、群英村党支部书记
段龙全　东坡区大石桥街道党工委副书记、纪工委书记
兰强林　东坡区思蒙镇铧头村党支部书记
李洪安　东坡区万胜镇龙池村村民
董晓梅　四川茂华食品有限公司党支部委员
游德华　彭山区政府办公室主任
严凌江　市公安局彭山区分局凤鸣派出所社区民警
李桂平　彭山区公义镇党委书记
张文晖　彭山区农业局纪检组组长
王雪梅　彭山区锦江乡正华村党总支书记
刘光平　彭山区凤鸣镇党委副书记、镇长
舒继华　四川同庆南风有限责任公司动力车间主任
王小斌　仁寿县公安局政委
黄　勇　仁寿县委办公室副主任、县委常委办主任、县委政研室副主任
杨　毅　仁寿县住房和城乡建设局党委副书记、县城乡规划局局长
宋全富　仁寿县委组织部干部股股长
张力刚　仁寿县财政局行财股股长
彭　艳　仁寿县人民医院重症监护室主任
廖玉兰　仁寿县双堡乡党委书记
向煊锋　仁寿县汪洋镇党委副书记、纪委书记
王　宁　仁寿县景贤乡矛盾纠纷大调解协调中心副主任
高晓玲　仁寿县文林镇建设路社区党支部书记
刘　然　仁寿县曲江乡柳河村党支部书记
沈　健　洪雅县委远程教育中心主任
白贵洪　洪雅县教体局机关党支部书记
祝大勇　洪雅林场玉屏山工区党支部书记、主任
李万军　洪雅县余坪镇副镇长
姜元兵　洪雅县柳江镇杨村村党支部书记
许春龙　洪雅县高庙镇中和村村委会主任

黄文珍　洪雅县花溪镇唐坝村党支部书记
兰纪霞　洪雅县中保镇平乐村党支部书记
王泽敏　丹棱县委组织部副部长、县委党建办主任
谢开英　丹棱县卫生和计划生育局干部
章奇君　丹棱县丹棱镇唐河小学校校长
罗朝运　丹棱县丹棱镇龙鹄村党支部书记
祝　青　四川瑞迪佳源机械有限公司职工
王盛祥　青神县林业局局长
辜长生　青神县初级中学校长
徐玉洪　青神县人民医院住院部党支部书记、内一科主任
江贵元　青神县罗波乡宝镜村党支部书记
胡永东　四川丹甫制冷压缩机股份有限公司党委副书记
杨玉刚　市纪委第四纪检监察室副主任、正科级纪检员
高　萍　市中级人民法院执行局综合处处长
何旭杨　市人民检察院办公室干部
向健民　市委组织部组织一科科长
吴海军　市委外宣办新闻中心主任
冷劲涛　市委维稳办应急处突科科长
黄　琪　市经济和信息化委综合科科长
浦倩婕　市投促局农副产品加工和生物医药产业科科长
王孝国　市农业局经济作物站站长
殷良平　岷东新区党工委委员
张庆华　眉山市金锣食品有限公司党支部书记、总经理
豆成杰　眉山金象化工产业园区党工委委员、东坡区象耳镇党委书记
杜晓恩　眉山岷江现代农业示范园区管委会办公室主任
王　波　市人民医院外科主治医师
雷丽彬　中国移动眉山分公司市场数据部副经理

(二) 全市践行“三严三实”主动作为创一流优秀党员领导干部 (50名)

孙　剑　东坡区委副书记、区政府区长
严明宇　东坡区委副书记
罗　焱　彭山区委常委、区纪委书记
冉登祥　仁寿县委书记
杨　建　仁寿县委常委、组织部部长
杨　红　仁寿县委常委、宣传部部长
阳运良　洪雅县委副书记、县政府县长
韩　杰　洪雅县委常委、县纪委书记
钟维钦　丹棱县委书记
朱　莉　丹棱县委副书记、县政府县长
胡国民　青神县委书记、县政府县长
徐　琳　青神县委常委、县政府副县长
徐正刚　市纪委常委
杨志忠　市委副秘书长、群工部部长
宋良勇　市委副秘书长，眉山岷江现代农业示范园区党工委书记、管委会主任
王建祥　市委办公室综合调研室主任
肖忠良　市政府秘书长
邹汝林　市政府副秘书长、天府新区仁寿视高党工委书记
胡　彬　市委组织部副部长、市委党建办主任
曾丽霞　市委宣传部常务副部长
周殿志　市委统战部副县级纪检员
蔡仕华　市委政法委政治部主任
俞红梅　市直机关工委书记
郑高庆　市委编办副主任
陈明芳　市委农工委主任
岳　燕　市人大常委会城环资工委副主任
邓　川　市投促局副局长
兰文军　市发展改革委主任、市物价局局长
姚小虎　市教体局副局长
李　忠　市公安局经济犯罪侦查支队支队长
余自生　市民政局局长
宋仕祥　市财政局局长
彭玉聪　市国土资源执法监察支队支队长
江昌淯　市环境保护局局长
朱典祺　市房管局局长
牟德明　市交通运输局副局长
程　军　市农业局总农艺师
彭　锋　市卫生计生委主任
彭惠琴　市审计局局长
郭才文　市统计局局长
王泽文　市城管执法局局长
刘友洪　市城乡规划局局长
贺俊明　市国资委主任
吴光鉴　市安全监管局局长
阚建军　市政务服务中心副主任
邹和良　岷东新区管委会副主任
宋　骥　眉山金象化工产业园区党工委书记
刘忠义　市政协机关党委书记
赵永东　市工商联调研员
郑　平　南车眉山车辆有限公司执行董事、党委书记

市政府表彰的先进个人

一、2012—2014 年全市现代畜牧业深化试点工作先进个人（100 名）

詹志勇　东坡区委农工办主任
陈玉平　东坡区环保局局长
王　忠　东坡区畜牧兽医局局长
徐忠贵　东坡区畜牧兽医局畜牧站站长
周志明　东坡区动物卫生监督所所长
吴兴林　东坡区动物疫病预防控制中心主任
商旭梅　东坡区饲料工业办公室副主任
陈明述　东坡区多悦镇副镇长
刘成军　东坡区土地乡副乡长
周明春　东坡区复兴乡副乡长
孙　磊　彭山区委办公室信息股股长
龚　涛　彭山区委宣传部副部长、外宣办主任
刘俊辉　彭山区委农工办副主任
李　建　彭山区财政局纪检组组长
袁秦明　彭山区林业局副局长
祝志文　彭山区农业局农业技术推广站副站长
张　奇　彭山区畜牧局局长
李红继　彭山区畜牧局副局长
明　宇　仁寿县委常委
胡根章　仁寿县政府党组成员、县长助理
李志坚　仁寿县发展和改革局局长
杨　斌　仁寿县财政局局长
魏泽安　仁寿县畜牧兽医局局长
邓克勤　仁寿县畜牧兽医局生产科教站站长
胡成军　仁寿县畜牧兽医局招商办、项目办主任
王军辉　仁寿县畜牧兽医局招商办、项目办副主任
伍仕亿　仁寿县鳌陵乡党委书记
罗　叶　仁寿县钟祥镇镇长
彭远畅　洪雅县政府副县长
单陈军　洪雅县财政局农财股副股长
黄建军　洪雅县农业和畜牧局局长
李学洪　原洪雅县农业局副局长
杨明春　原洪雅县畜牧兽医局局长
付加楷　原洪雅县畜牧兽医局副局长
李远忠　洪雅县农业和畜牧局畜禽改良站站长
殷　彦　洪雅县环境保护局农村生态股股长
周树华　丹棱县发展和改革局副局长
严建梅　丹棱县财政局副局长
刘春芳　丹棱县畜牧局畜牧站站长
郑旭东　丹棱县张场镇武装部部长兼副镇长
曾小平　丹棱县仁美镇副镇长
汪勋茹　丹棱县杨场镇副镇长
何迎春　丹棱县双桥镇副镇长
刘勇义　青神县监察局副局长
王惠君　青神县财政局农财股股长
李泽明　青神县农业和畜牧局畜牧站站长
周仁江　青神县动物疫病预防控制中心主任
尹东升　青神县动物卫生监督所所长
刘　勇　青神县汉阳镇畜牧兽医站站长
陈启祥　青神县西龙镇畜牧兽医站站长
胡　洋　市委办公室秘书三科副科长
李建辉　市人大常委会农工委副主任
李　芸　市政府办公室秘书六科科长
邓　廉　市政府办公室秘书六科副科长
钟　文　市政协研究室信息调研科科长
吕文中　市纪委党风政风监督室主任
向建明　市委组织部组织科科长
潘柯村　市委宣传部网络宣传教育科科长
周殿志　市委统战部副县级纪检员
张照涓　市委政法委执法督查督办室副主任
梁建军　市直机关工委副书记
王俊凌　市委农工委新农村建设科科长
邓婧璐　市委机要局密码通信管理科科长
牟长海　市发展改革委副主任
朱智惠　市经济和信息化委企业科科员
浦倩婕　市投资促进局农副产品精深加工科科长
蒲　进　市科技局农村科科长
范万全　市公安局特巡警支队民警
段　清　市民政局社会救助科科长
颜鹏飞　市财政局农业科科员
朱　静　市人社局事业单位人事管理科科长
钟　卫　市国土资源局耕地保护科工程师
李　红　市环境保护局农村环境保护科科长
熊晔飞　市交通运输局道路运输管理处科员
林　伟　市水务局工作人员
刘继红　市农业局农村能源管理办公室副主任
高　均　市林业局产业科科员
杨美凭　市商务局副局长
叶　圣　市卫计委疾控中心检验科工作人员
廖淑芬　市审计局农业与社会保障审计科科长
罗　明　市统计局社会经济调查队农村经济调查科科长
邓云祥　市旅游局旅游协会秘书长

任昶洪 市城管执法局市容环境管理支队支队长
万俊才 市畜牧局局长
唐　家 市畜牧局生产科教科科长
辜志鹏 市奶业发展办公室工作人员
刘晓军 市食品药品监督管理局办公室副主任
李勇军 眉山日报社采访中心记者
李晓玲 市扶贫移民局后扶科科长
魏　林 市政府金融办公室保险证券科科长
陈　航 市广播电视台记者
胡建辉 市工商局局长
夏　宁 市质监局产品质量监督检验所所长、四川省乳制品质量监督检验中心主任
杨廷渝 国家统计局眉山调查队农业科科员
蒋国珍 市科协副主席
黄　旭 农发行眉山市分行客户部高级主管
古建祥 农行眉山分行客户经理
杨宁远 省联社眉山办事处副主任
牟　林 眉山电力公司市客户服务中心作业组组长
余　畅 眉山岷江现代农业示范园区管委会产业发展部工作人员

二、2014年度全市食品安全工作先进个人（100名）

李明舟 东坡区委书记
孙　剑 东坡区人民政府区长
李胜华 东坡区人民政府常务副区长
王正祥 东坡区人民政府副区长
龙明春 东坡区质监局局长
石冬如 东坡区教育局局长
韩述军 东坡区工商局局长
窦　斌 东坡区政府法制办主任
苟庆文 东坡区新闻中心主任
李　勇 东坡区农业局副局长
张志军 东坡区公安分局治安大队副大队长
林　松 东坡区食品药品监管局稽查大队大队长
肖红梅 东坡区食品药品监管局食品生产监管股股长
廖　伟 彭山区人民政府副区长
张　玲 彭山区政府督查室主任
王　岚 彭山区食品药品监管局稽查大队大队长
曾旭东 彭山区教育体育局副局长
邓　剑 彭山区公安分局经侦大队大队长
谢延平 彭山区农业局副局长
李新民 彭山区畜牧局副局长
曾　勇 彭山区凤鸣镇副镇长
李德强 彭山区黄丰镇副镇长
贾　洋 彭山区青龙镇副镇长
袁树明 彭山区谢家镇食安办主任
秦　彪 仁寿县委副书记、县政府县长
商志忠 仁寿县委常委、县政府常务副县长
徐　燕 仁寿县人民政府副县长
李　娟 仁寿县人民政府办公室纪检组长
林　勇 仁寿县农业局副局长
骆　旭 仁寿县畜牧兽医局食安办主任
张述华 仁寿县公安局治安大队民警
张知胜 仁寿县卫生局防保股股长
李　卫 仁寿县食品药品监管局稽查大队副大队长
王树才 仁寿县食品药品监管局综合协调股股长
汪　勤 仁寿县教育局安办工作人员
万　波 仁寿县汪洋镇人民政府副镇长
彭　毅 仁寿县视高镇人民政府副镇长
万勤芳 洪雅县人民政府副县长
杨洪琴 洪雅县政府办公室副主任、电子政务室主任
王安全 洪雅县食安委办公室副主任
杨幼祥 洪雅县卫生和计划生育局局长
林泽萍 洪雅县工商质监局副局长
张金泉 洪雅县财政局副局长
赵元浩 洪雅县公安局治安大队副大队长
李春梅 洪雅县农业和畜牧局农业执法大队队长
侯锡祥 洪雅县食品药品监管局股长
赵永祥 洪雅县瓦屋山镇人民政府副镇长
毛洪远 洪雅县将军小学校校长
何玉花 丹棱县人民政府副县长
王　羽 丹棱县张场镇人民政府副镇长
何云华 丹棱县顺龙乡人民政府安办主任
姜　丽 丹棱县委宣传部副部长、县精神文明办主任
巫玉姣 丹棱县政府应急办主任
邓学良 丹棱县教育体育局安全办公室工作人员
凌岸瑶 丹棱县农林局农产品质量安全监督检验检测站站长
符　钟 丹棱县食品药品监管局食品监管股股长
黄雪琴 丹棱县工商局消保股股长
刘月超 丹棱县畜牧局动物卫生监督所副所长
常　伟 青神县委常委
陈忠义 青神县政府办副主任、政府督查室主任
徐　斌 青神县食品药品监管局稽查大队大队长
颜　清 青神县工商质监局党组成员、副局长

郑仕军　青神县农牧局党组成员、资产办主任
黄　琦　青神县卫生执法监督大队党支部书记、副大队长
王　鹏　青神县公安局经侦大队副大队长
曹　蕊　青神县食品药品监管局应急管理股股长
吴良超　青神县南城镇人大主席
刘　琳　青神县黑龙镇副镇长
严　军　市政府副秘书长
杨青松　市政府办公室秘书四科科长
张晓帆　市委外宣办新闻中心主任
李　脊　市委政法委员会科员
杨燕昭　市纪委常委、监察局副局长
刘红英　市发展改革委社发科干部
邱　涵　市经济和信息化委员会企业科科长
赵晓明　市教育体育局副局长
许晓梅　市科技局发展计划科科长
阙卫华　市公安局治安支队民警
胡华云　市公安局治安支队民警
陈伟林　市财政局社会保障科科员
岳志勇　市环境保护局环境监察执法支队科长
陈皇兵　市水产渔政局科长
梁　殷　市农业局农产品质量安全监管科副科长
张树金　市农业局农业质量检测中心工作人员
张文清　市商务局副局长
杨　骁　市商务局市场运行科负责人
陈静诗　市卫生计生委综合监督科工作人员
李四清　市旅游局副局长
黄艺华　市法制办副调研员
何　勇　市城管执法局执法四大队副大队长
刘晋秀　市粮食局流通监督科副科长
蔡　健　市畜牧局副局长、奶办主任
秦鸿仪　市畜牧局畜产品质量安全监管科科长
余　静　市食品药品监管局餐饮服务监管科副科长
杨　铁　市食品药品监管局食品生产监管科科员
何永智　市工商行政管理局消保科科长
阙兴全　市工商行政管理局消保科副主任科员
宋忠宁　市质监局党组成员、副局长
夏　宁　市质检所所长
王　艳　市食品安全办工作人员

三、2014年道路交通安全综合整治工作先进个人（65名）

林泽峰　东坡区交警大队副教导员
王　新　东坡区农业局农机监理站副站长
付邦荣　东坡区砂管办工作人员
郭俊辉　东坡区交通运输局路政大队副大队长
李先毅　东坡区万胜镇政府交管办主任
王　飞　东坡区太和镇政府交管办工作人员
郭　益　彭山区政府副区长、区公安分局局长
钱乐林　彭山区公安分局交警大队副大队长
袁建伟　彭山区交通运输局路政大队大队长
张怀庆　彭山区安监局局长
余卫斌　彭山区公义镇政府镇长
肖万清　彭山区彭溪镇政府交管办主任
陈德宽　仁寿县政府办公室主任
万里军　仁寿县整治办工作人员
曹怀春　仁寿县公安局交警大队副大队长
杜　杰　仁寿县公安局交警大队龙正中队中队长
徐建勇　仁寿县公安局交警大队文宫中队民警
张成刚　仁寿县交通运输局路政大队大队长
巫育林　仁寿县交通运输局路政大队副大队长
杨　政　仁寿县交通运输局路政大队副大队长
苏　杨　洪雅县公安局交警大队副大队长
彭　杰　洪雅县公安局交警大队民警
刘成学　洪雅县交通运输局路政大队大队长
王　建　洪雅县交通运输局路政大队工作人员
刘燕兵　洪雅县洪川镇政府交管办主任
龚　军　洪雅县止戈镇政府交管办主任
何　健　丹棱县整治办工作人员
游金鑫　丹棱县交通运输局路政大队工作人员
王太明　丹棱县张场镇政府交管办主任
何云华　丹棱县顺龙乡政府交管办主任
樊志权　青神县整治办工作人员
汪长清　青神县公安局交通管理大队巡逻中队中队长
廖敏丽　青神县汉阳镇政府副镇长
程　萍　青神县农业和畜牧局工作人员
周　玲　市纪委宣传部部长
徐文渊　市网络舆情中心工作人员
石剑峰　市委群工部政策法规科副科长
陈　平　市政府办公室行政科科长
黄旭东　市政府办公室秘书三科科长
刘良才　市整治办工作人员
唐　翊　市整治办工作人员
杨吉江　市经济和信息化委信访维稳科科长
赵晓明　市教育体育局副局长
杨超林　市公安局政治部宣传处处长
袁中建　市公安局办公室副主任

郭晓东 市公安局特巡警支队主任科员
王 评 市公安局交警支队秩序科副科长
张孟军 市公安局交警支队直属一大队副大队长
王 轲 市公安局交警支队直属一大队太和中队中队长
赵志宏 市公安局交警支队直属一大队巡逻三中队副指导员
宋华坤 市公安局交警支队直属二大队巡逻二中队副指导员
季 春 市公安局交警支队直属二大队思蒙中队中队长
程 瑜 市财政局经济建设科科长
顾贵鹏 市交通运输局局长
涂 勇 市交通运输局安全科科长
汤卫东 市交通运输局路政支队副支队长
雷 武 市交通运输局道路运输管理处安全科副科长
潘智勇 市农业局农机监理所所长
钟雪芹 市农业局农机监理所证照科科长
刘建海 市城管执法局执法支队七大队副大队长
叶 伟 市安全监管局监察执法支队支队长
韩 勇 甘眉园区管委会规划建设局局长
豆成杰 眉山金象化工产业园区管委会主任助理、象耳镇党委书记
张 杰 市工商局市场科副科长
陈 昊 眉山市质监局质量管理科副科长

四、2014 年度环境保护工作先进个人（81 名）

冷青峰 东坡区政府副区长
郭双全 东坡区环境监察执法大队大队长
赵连壁 东坡区环境保护局建管股股长
彭怀春 东坡区白马镇镇长
邓 强 彭山区经济开发区管委会主任
李 里 彭山区环境保护局副局长
王宇萍 彭山区环境执法大队大队长
张永峰 彭山区凤鸣镇党委副书记、政法委书记
吴少云 仁寿县环境保护局副局长、黑龙滩风景区环保分局局长
李 锋 仁寿县住房城乡建设局副局长
陈 进 仁寿县畜牧兽医局纪检组组长
李显龙 仁寿县汪洋循环经济园区管委会副主任
彭远畅 洪雅县政府副县长
查素红 洪雅县环境保护局副局长
李远忠 洪雅县农牧局畜牧站站长
牟秋鸿 洪雅县东岳镇镇长
朱 莉 丹棱县委副书记、县政府县长
宋诗利 丹棱县环境保护局局长
高 扬 丹棱县环境监察大队大队长
刘成碧 丹棱县石桥乡乡长
胡国民 青神县委副书记、县政府县长
徐 红 青神县环境保护局副局长
鲁 欢 青神县环境监测中心副主任
宋麒麟 青神县瑞峰镇镇长
左忠祥 市纪委宣传部副部长
陈彦娟 市政府办公室秘书九科副科长
郑有毅 市投促局主任科员
张佳琪 市发展改革委综合科工作人员
文晓东 市发展改革委工交科科长
王 岳 市经济和信息化委主任
刘 川 市经济和信息化委环资科工作人员
曹 雄 市教体局基础教育科工作人员
管 莉 市科技局科技培训中心副主任
肖华廷 市公安局治安支队民警
袁公义 市机动车检验指导中心副主任
王雪梅 市民政局基层政权社区建设区划地名科科长
王 亮 市司法局办公室副主任
代 莉 市财政局经济建设科主任科员
杨 勇 市人力资源社会保障局信访科科长
王世钢 市国土资源局办公室副主任
赵友中 市环境监察执法支队支队长
欧乙成 市环境保护局副主任科员
李远君 市城市建设监察支队支队长
邹 涛 市建设工程质量安全监督站站长
杨 建 市道路运输管理处副处长
江 珍 市交通运输局建设管理科副主任科员
张乃禄 黑龙滩灌区管理处副处长
李锡祥 市供排水总公司副总经理兼排水公司经理
邓洪庚 市农业局科教站站长
龙述德 市林业局绿化造林科科长
单 靓 市商务局市场体系建设科科长
张丽娟 市文广新局艺术科副科长
刘廷勇 市卫生执法监督支队副支队长
魏 聂 市审计局副局长
周 迅 市统计局能源和环境统计科科长
涂 勇 市旅游局副局长
赖 刚 市外侨台办党组书记、主任
柯 杉 市法制办行政调解指导中心专职副主任
谢志伟 市城管执法局环境卫生管理处处长

祝光强　市城管执法局主任科员
许明勇　市粮食局仓储产业科科长
牟　柯　市畜牧局奶业发展管理科科长
张　锋　市畜牧局畜牧站副站长
王　卫　市城乡规划局岷东新区分局局长
严新军　市董监事会工作办公室工作人员
夏　放　市安全监管局职业健康科科长
杨国芳　市食品药品监管局党组副书记、副局长
杨思瑶　市政务服务中心综合科副主任科员
余　卓　岷东新区城管园林局局长
彭　盆　甘眉工业园区管委会副主任
阚尔康　甘眉工业园区安监（环保）局局长
李　海　眉山金象化工产业园区安全生产监督管理局局长
彭再成　眉山金象化工产业园区经济发展局副局长
文　鹏　团市委志愿者工作部工作人员
汪开成　眉山日报社编辑中心副主任
张川军　市机关事务管理局节能管理办公室主任
陈晓宇　市广播电视台新闻中心主任
沈映波　市工商局党组成员、纪检组长
郭维刚　市质监局计量所所长
朱　君　市气象局气象台助理工程师
鲜　涛　国家统计局眉山调查队副主任科员

五、2014 年第三产业工作先进个人（50 名）

岳志红　东坡区区政府副区长
岳　松　东坡区统计局局长
王小容　东坡区三产办副主任
李洪强　彭山区委常委、宣传部长
胡凤翔　彭山区三产办主任
钟　华　彭山区旅游局副局长
黄尚友　仁寿县政府党组成员、商务局长
宋艳萍　仁寿县三产办主任
毛自林　仁寿县统计局局长
韩　杰　洪雅县委常委、纪委书记
李良平　洪雅县服务业发展办公室主任
黄　腾　洪雅县服务业发展办公室副主任
杨益民　丹棱县政府副县长
吴继东　丹棱县服务业发展办公室主任
余礼萍　丹棱县统计局普查中心主任
周吉华　青神县委常委、宣传部长
李　华　青神县三产办主任
徐洪刚　青神县旅游局局长
徐　驰　市目标办主任
程　波　市文明办未成年人工作科科长
陶　波　市政府办公室干部
黄海波　市发展改革委副主任
廖　鹏　市发展改革委办公室主任
何　健　市经济和信息化委员会副主任
秦元刚　市教育局后勤管理中心主任
张　勇　市财政局副局长
朱典祺　市住房和城乡建设局党组成员、房管局局长
何　萍　市国土资源局机关党委书记
陈　武　市交通运输局道路运输管理处副处长
严　敏　市商务局干部
朱龙飞　市文广新局副局长
王吉宏　市卫生和计生委副主任
余素芬　市统计局副局长
郑　怀　市统计局数据处理科科长
李四清　市旅游局副局长
白仲华　市城管执法局党组成员、执法支队支队长
毛军红　市城乡规划局规划监察支队副支队长
杨海涛　市民政局副局长
陈善泽　市粮食局调控科科长
廖礼仁　市三产办主任助理
宋　波　市三产办综合科科长
陈　骏　市三产办项目科科长
左永成　市科技局副局长
王　军　市政府金融办纪检组长
向　涛　岷东新区管委会副主任
熊　静　市邮政管理局副局长
张学锋　市国税局总经济师
卓红梅　市工商局副局长
李　祥　市地税局副局长
杨　淮　人行眉山市中心支行副行长

六、2014 年度全市征兵工作先进个人（13 名）

耿会军　东坡区秦家镇人民武装部部长兼副镇长
肖　伟　东坡区多悦镇人民武装部部长兼副镇长
任　康　彭山区人民武装部军事科参谋
秦　彪　仁寿县政府县长
熊志鹏　仁寿县文林镇人民武装部专职武装干事
刘　梅　仁寿县农旺乡人民武装部部长兼副乡长
汪小文　仁寿县中岗乡人民武装部部长兼副乡长
管汝刚　洪雅县人民武装部军事科参谋
彭利强　丹棱县丹棱镇人民武装部部长兼副镇长
王正斌　青神县河坝子镇人民武装部部长兼副镇长
乔　榛　眉山军分区司令部参谋
王学芳　市妇联副主席

张强斌　市医院医务科副科长、副主任医师

七、2015年全市农村生活垃圾治理工作先进个人（100名）

李宝强　市纪委（监察局）办公室副主任
张惠玲　市纪委（监察局）副科级纪检员
周凌燕　市委办公室干部管理科科长
邹耀莹　市委办公室保卫科科长
罗　丽　市人大常委会农工委办公室主任
杨　容　市人大常委会办公室综合科科长
蒋传德　市政府副秘书长
周晨曦　市政府热线中心综合科副科长
康　琅　市政协办公室行政科科长
刘伟巍　市政协办公室行政科副科长
兰方行　市委组织部党员干部宣传信息管理中心干部
叶静舟　市委组织部组织二科科员
李　碧　市委宣传部市思想政治工作研究会副秘书长
王永强　市委宣传部市志愿者服务中心副主任
袁　巍　市委政研室办公室主任
彭怀安　市直机关工委副书记
罗家强　市直机关工委群团部部长
符玉芳　市委群工部信访疏导调解中心专职副主任
贾国平　市委编办副县级纪检员
金中华　市委农工委产业办八级职员
邱晓峰　市委防邪办副主任
汪志祥　市委老干部局副调研员
林志磊　市委保密办（市国家保密局）技术检查中心副主任
王　铃　市委机要局副主任科员
陈菲菲　市投促局对外合作科副科长
周宋军　市发展改革委市重点项目办督导科科长
童　凡　市经济和信息化委人事培训科科长
徐萨萨　市教体局机关党委副书记
曹　雄　市教体局基础教育科工作人员
宋　凯　市科技局工作人员
徐　强　市公安局交警直属三大队巡逻一中队民警
吴冬娟　市公安局政治部队建处民警
张劲涛　市财政局投资管理科科长
赵　蕾　市财政局财税法规科副科长
金茵茵　市人力资源社会保障局副主任科员
张　全　市环境保护局副主任科员
欧乙成　市环境保护局副主任科员
肖　巍　市住房城乡建设局局长
郭　恩　市住房城乡建设局村镇建设办公室主任
梁启明　市水务局副局长
朱科良　市水务局水务综合执法监察支队支队长
董　敏　市农业局农业行政执法支队副支队长
余文姬　市林业局森林防火指挥部办公室主任
潘　毅　市文广新局办公室主任
周　迅　市统计局能源和环境统计科科长
涂　勇　市旅游局副局长
余慧中　市外侨台办秘书科科长
谢志伟　市城管执法局环境卫生管理处处长
孟　涛　市城管执法局环境卫生管理处运输作业所所长
代玉琼　市城乡规划局办公室工作人员
张　昕　市城乡规划局办公室工作人员
郑　波　市安全监管局办公室主任
曾　扬　市食品药品监管局党组成员、副局长
何建琼　市工商局副局长
石　飞　市工商局市场监督管理科科长
田洪波　市质监局副主任科员
罗建平　市政务服务中心网络管理中心副主任
王立业　工业新城办综合科副科长
郝乾江　市行政调解指导中心专职副主任
管志祥　市粮食局纪检组组长
冯国春　岷东新区富牛镇人民政府镇长
李　晟　岷东新区富牛镇人民政府副镇长
廖勇刚　眉山岷江现代农业示范园区服务中心主任
汪　涛　眉山发展公司副总经理
袁　琳　团市委副调研员、组宣部部长
李成军　市科协办公室主任
蔺晓东　市工商联维权中心职员
姜　英　市残联残疾人托养服务中心职员
胡志蓉　市文联办公室主任科员
李广平　市社科联副主席
廖明江　眉山职业技术学院后勤服务处副处长
曹　阳　市委党校机关党委书记
李　成　眉山日报社主任记者
李泓莹　眉山日报社记者
贺　杰　市委市政府接待办综合科科长
张茂丹　市委党史研究室副调研员、综合科科长
郑　兰　市档案局信息中心工作人员
刘光伟　市地方志办党组成员、副主任
刘桠萍　市政府金融办银行科科长
谢晓芹　市广播电视台新闻中心副主任
李　霞　市广播电视台办公室副主任

陶炯嫦　市住房公积金管理中心办公室负责人
杨　琴　市城乡环境治理办副主任
魏积分　市城乡环境治理办副主任
徐建平　市城乡环境治理办督查科科长
聂仕权　市城乡环境治理办督查科工作人员
邵郑宇　市城乡环境治理办宣教科工作人员
汪　乐　市防震减灾局科技监测科科员
何　岗　市国税局机关服务中心科员
刘正中　市地税局党组成员、机关党委书记
邓玉兰　市气象局办公室副主任科员
陈智强　市邮政局行业管理科副科长
鲜　涛　国家统计局眉山调查队副主任科员
张　键　眉山银监分局人事科科长
江　林　民盟眉山市委驻会副主委兼秘书长、市政协副秘书长
陈静辉　民建眉山市委副主委兼秘书长
赵　锐　民进眉山市委办公室主任
苏红兵　都江堰黑龙滩灌区管理处纪委书记
赵仕军　眉山市人民医院总务科副科长
刘小勤　眉山市第一小学教师

八、2014年度安全生产监管工作先进个人(100名)

车　军　东坡区安全监管局应急救援调度中心主任
肖亚均　东坡区教育局安办工作人员
曾华刚　东坡区文旅体新局稽查大队大队长
贺　明　东坡区交通运输局运安股股长
周永坤　东坡区住建局总工程师
陈正友　东坡区公安分局交警大队教导员
周成志　东坡区多悦镇镇长
李宏燕　东坡区秦家镇镇长
王利聪　东坡区松江镇副镇长
漆小忠　彭山区交通运输局安全股股长
郑文贵　彭山区公安分局治安大队副大队长
何小涛　彭山区住建局副局长
王昱凯　彭山区安全监管局办公室主任
高其元　彭山区观音镇安办主任
王天武　彭山区黄丰镇安办主任
吴建国　彭山区公义镇安办主任
宋通鑫　仁寿县安全监管局局长
刘文金　仁寿县公安消防大队工程师
张智慧　仁寿县交通运输局办公室主任
杜　杰　仁寿县公安局交警大队龙正中队中队长
韩子睿　仁寿县安全监管局工作人员
叶延波　仁寿县安全监管局驻矿安监员
曾庆方　仁寿县大化镇镇长
徐　磊　洪雅县住建局副局长
杨俊波　洪雅县交警大队城区中队副中队长
陈　果　洪雅县消防大队大队长
陈大伟　洪雅中学校长
李　建　洪雅县国土资源局矿管股股长
周　建　洪雅县安全监管局危化股股长
付华有　洪雅县公路养护管理段段长
胡兴祥　洪雅县高庙镇副镇长
鲁远明　洪雅县生态食品产业区管委会常务副主任
徐青林　丹棱县机械产业园区管委会经济发展局副局长
陈加良　丹棱县公安局交警大队副大队长
罗　祥　丹棱县安全监管局副局长
谢志仙　丹棱县安全监管局副局长
岳丽群　丹棱县安全监管局行政许可股股长
梁永霞　丹棱县顺龙乡乡长
彭大田　丹棱县顺龙乡副乡长、武装部部长
何云华　丹棱县顺龙乡安办主任
王太明　丹棱县张场镇安办主任
刘友谊　青神县工商质监局副局长
余　科　青神县公安局交通管理大队副教导员
王骏驰　青神县青城镇副镇长
罗继承　青神县罗波乡安办主任
刘　实　青神县南城镇工业办主任
郭　锐　青神县安全监管局安全监管股股长
赵凌燕　青神县安全监管局办公室主任
张继宏　市检察院行装处处长
徐学志　市纪委派出纪工委监督检查科科长
何禹衡　市委办综合调研室副主任
王　军　市委办秘书一科科长
金光阳　市委统战部民宗科科长
罗　强　市委政法委综治办综合科科长
李　强　市政府办秘书七科副科长
杨　旭　市政府办秘书七科副科长
周素兰　市发改委办公室工作人员
杨吉江　市经信委信访维稳科科长
胡俊英　市教育体育局安全管理科科长
杨　彪　市公安局治安管理支队民警
黄　伟　市交警支队直属一大队副大队长
李　松　市交警支队直属二大队民警
雷　波　市道路综合整治办公室工作人员
涂建平　市道路综合整治办公室工作人员

刘 骁 市财政局企业科副科长
杨 凯 市人社局人力资源服务中心工作人员
傅功明 市国土资源局矿产开发管理科科长
申小军 市环保局核与辐射安全监管科科长
范域广 市住建局安全科工作人员
周维洪 市交通运输局安全科工作人员
蒋天府 市道路运输管理处安全科科长
彭怀宇 市海事局安全监督科工作人员
陈芝兰 市水务局办公室工作人员
王琼瑛 市农业局农机安全监管科科长
唐 铭 市林业局防火办工作人员
尤占洪 市商务局外经科科长
代 姣 市卫生和计划生育委员会办公室工作人员
熊 武 市旅游局质量规范管理科负责人
侯群莲 市城管局市政设施管理处副处长
刘晋秀 市粮食局流通监督科副科长
毛华祥 市安全监管局副调研员、煤矿安全监管科科长
毛明亮 市安全监管局办公室副主任
李旭敏 市安全监管局危化监管科副主任科员
杨玉强 甘眉（铝硅）工业园区安全监管局工作人员
范 旺 眉山金象化工产业园区管委会副主任
吴雁凌 岷东新区经济贸易发展局工作人员
缪川勋 市总工会副主席
胡雪怡 市残联办公室工作人员
廖翠萍 市工商局个体科科长
徐仲义 市质监局特种设备安全监察科副科长
曾正立 市质监局特检所所长
喻振东 市安全生产监察执法支队副支队长
胡 凌 市安全生产监察执法支队主任科员
张卫东 市安全生产监察执法支队科员
王 兵 市安全生产监察执法支队科员
冷继承 市机关事务管理局安全保卫科科长
段小锋 眉山日报社采访中心（外宣部）副主任
杨卓林 市公安消防支队防火监督处监督检查指导科副科长
王 峥 市公安消防支队防火监督处监督指导科助理工程师
周文国 市矿山救护队指导员

九、四川省第八届残疾人运动会眉山市代表团和眉山市第三届残疾人运动会先进个人（86名）

（一）优秀运动员（41名）

东坡区：潘 通 王 旭 刘 博 施 娟
彭山区：张 波 伍东杰
仁寿县：郑 龙 刘 璟 苏 凌 杨小琴 潘太红 张 强 谭玉婷 罗 鹏 胡桂花 罗成秀 程 燕 余 瑞
洪雅县：沈鹏飞 徐明林 黄文攀 王学清 甘一军 王志华 陈 亮 唐体芳 张 浩 邓继方 孔明杰 杨凤银 张德双
丹棱县：万志刚 吴 星 宋诗明 林 然 李均秀 杨月宇
青神县：费应友 陈忆梅 曾嘉纯 曾清梅

（二）优秀教练员（16名）

肖桂娥 四川省残疾人网球队教练
何健滨 东坡区环湖初中体育教师
王德华 东坡区文旅体新局退休职工
吴绍文 仁寿县特校体育教师
宋洪国 仁寿县第一中学城北校区体育教师
张 森 仁寿县宝马初中体育教师
魏志强 仁寿县宝马小学体育教师
梅伯君 仁寿县曹家初中体育教师
夏志勇 仁寿县文林镇第二小学体育教师
夏明忠 仁寿县鳌峰初中体育教师
吕明海 仁寿县鳌峰初中体育教师
舒敏高 仁寿县书院初中体育教师
曾宗全 仁寿县文林镇一小体育教师
周志伟 仁寿县特校教师
唐体芳 洪雅县体芳游泳馆馆长
龚谭肖 洪雅县余坪镇初中体育教师

（三）优秀工作人员（29名）

严明宇 东坡区委副书记
李华明 东坡区残联理事长
王云中 东坡区环湖初中退休教师
刘俊明 东坡区特校校长
赵洪良 彭山区残联理事长
杨 红 仁寿县委常委、宣传部部长
杨明荣 仁寿县残联理事长
向炳成 仁寿县残联副理事长
刘明才 仁寿县特校校长
周志伟 仁寿县特校教师
唐凤梅 仁寿县特校教师
叶志强 仁寿县第一中学城北校区副校长
邱玉斌 仁寿县第一中学城北校区团委书记
杜强伦 洪雅县委常委、总工会主席
刘联欣 洪雅县残联理事长

杨　曦　洪雅县实验中学体育教师
姜德强　洪雅县实验中学体育教师
任进军　洪雅县中保高中体育教师
李志国　丹棱县残联理事长
杨　毅　青神县残联理事长
姚小虎　市教体局副局长
周建松　市教体局社会体育科科长
张　勇　市财政局副局长
李文彬　市公安局副局长、交警支队支队长
王　艳　市残联理事长
王　建　市残联维权科科长
胡章惠　市残疾人托养服务中心主任
陈永强　市残疾人服务中心主任
郑改霞　市残联教就科科长

十、2014 年度教育体育工作先进个人（90 名）

邹义平　东坡区教育局副局长
周加友　东坡区教育局办公室主任
殷大祥　东坡区教育局普教股股长
罗金福　眉山中学校长
岳家军　东坡区苏祠初级中学校长
荣跃科　眉山外国语学校校长
周　琴　眉山师范学校附属小学校长
刘　遂　眉山映天学校校长
肖峥嵘　东坡区实验幼儿园园长
朱晓飞　东坡区爱菲儿幼儿园园长
张　杉　东坡区文旅体新局工作人员
童玉辉　东坡区业余体校工作人员
胡志中　彭山区政府副区长
罗鸿翔　彭山区教育体育局局长
孟国庆　彭山区第三中学校长
袁文春　彭山区武阳镇初级中学校长
唐文红　彭山区谢家镇中心小学校长
谢成建　彭山区少年儿童业余体校校长
王长久　仁寿县教育局副局长、体育局局长
吴晓英　仁寿县教育体育局教育股股长
赵文良　仁寿县教育体育局体育股股长
吕仲辉　仁寿县一中校南校区校长
黄尚彬　仁寿县鳌峰初级中学校长
徐碧良　仁寿县高家镇中心小学校校长
杨　祁　仁寿县幼儿园园长
付登超　仁寿县华兴中学副校长
周尊登　仁寿县第二高级职业中学校长
冯学东　洪雅县教育体育局局长
何德金　洪雅县教育体育局办公室主任
方德志　洪雅县教育体育局体育股股长
陈大伟　洪雅中学校长
刘燕忠　眉山电子职业技术学校校长
朱开华　洪雅县实验小学校长
王华云　丹棱县教育体育局教育股股长
汪九君　丹棱中学校长
徐盛华　丹棱县城区小学校长
叶如兰　丹棱县实验幼儿园园长
杨　宏　青神县教育体育局局长
先臣江　青神县教学研究室主任
辜长生　青神县初级中学校长
王志英　青神县幼儿园园长
王　伞　市纪委派出纪工委综合预防科科长
杨智全　市委机关党委副书记
肖敏奇　市人大常委会办公室秘书科科长
万　堃　市政府热线服务中心综合科副科长
赵秀珍　市政协办公室书画室主任
喻依国　市委组织部干部一科副科长
董理平　市文明办创建科科长
李敏良　市委统战部副调研员、办公室主任
雷建勇　市委政法委副书记
刘　恒　市委编办政编科副科长
邱晓峰　市委防邪办副主任
陈　军　市发展改革委主任助理
先　勇　市投促局办公室负责人
姜子伟　市教育体育局政策法规科科长
贺贵文　市教育体育局青少年体育科科长
郝凌燕　市教育体育局语委办主任
谢　宏　市教育科学研究所所长
徐长华　市第一小学校长
兰志英　市第一幼儿园园长
陈明伟　市科技局办公室主任科员
吴春涛　市公安局公安干部学校副主任科员
杨海涛　市民政局副局长
纪传禹　市财政局教科文科科员
张　勤　市人力资源社会保障局工作人员
龚　勇　市国土资源局办公室主任
杨　丽　市环境保护局法制宣传科主任科员
周卫东　市住房城乡建设局人事科科长
黄松建　市地方海事局局长
徐　旸　市政府防汛抗旱指挥部办公室主任科员
刘继红　市农业局农能办副主任
郭　伟　市林业局工会主席
单　靓　市商务局供销科科长

肖　锋　市文广新局政策法规科科长
王吉宏　市卫生计生委副主任
马　军　市审计局办公室副主任
汪海滨　市旅游局人事法规科科长
李春燕　市法制办综合科科长
马　涛　市城乡规划局测绘管理科科长
杨　磊　市安全监管局法规宣教科科长
邹泽香　市食品药品监管局纪检组长
黄　艳　眉山职业技术学院教师
苏兴全　眉山日报社记者
罗建明　市机关事务管理局财务科科长
冷勇军　市广播电视台记者
程　辉　共青团眉山市委学少部部长
宋跃琴　市妇联发展部干部
陈永强　市残疾人服务中心主任
梁文祥　市棋类协会秘书长
赖永成　市自行车运动协会会长

十一、2014 年度卫生计生工作先进个人（80 名）

窦海生　东坡区卫生计生局局长
邓君芬　东坡区卫生计生局纪检组长
李建林　东坡区卫生计生局副局长
陶建辉　东坡区计生服务站站长
周兴龙　东坡区卫生计生局计生指导股副股长
周建国　市中医医院院长
黄　毅　东坡区苏祠社区卫生服务中心主任
辛国如　东坡区万胜镇中心卫生院院长
熊小刚　彭山区卫生局副局长
周永忠　彭山区计生服务中心主任
周　平　彭山区人民医院院长
李德坤　彭山区青龙镇中心卫生院院长
张世忠　彭山区人口计生局计生宣传法规股股长
叶文龙　彭山区彭溪镇计生办主任
唐　杰　仁寿县人口计生局办公室主任
张　雷　仁寿县计生服务站站长
雷国民　仁寿县彰加镇计生办主任
李国清　仁寿县景贤乡人大主席
廖凤英　仁寿县人民医院呼吸内科主任
卢　桢　仁寿县中医医院门诊部医生
郑兰青　仁寿县妇幼保健院医务科医生
郑　刚　仁寿县宝马镇卫生院医生
杨睿瑶　洪雅县人民医院内二科主任
江莉蓉　洪雅县中医医院妇产科主任
范洪阳　洪雅县高庙镇卫生院主治医师
赵秀琼　洪雅县槽渔滩镇中心卫生院住院部主任
张启平　洪雅县洪川镇计生办主任
姜开玉　洪雅县花溪镇计生办主任
杨晓梅　丹棱县人口计生局纪检组长
彭铭华　丹棱县人民医院外二科主任
梅朝霞　丹棱县妇幼保健院保健部主任
丁玉国　丹棱县石桥乡卫生院副院长
梅树萍　丹棱县双桥镇梅湾村计生专干
刘光娥　丹棱县张场镇万年村计生专干
陈燕霞　青神县卫生计生局办公室主任
陈爱中　青神县人民医院院长
赵志英　青神县南城镇卫生院院长
熊世云　青神县西龙镇中心卫生院院长
帅　华　青神县西龙镇计生办主任
唐　伟　青神县青城镇计生办主任
刘　卓　市纪委预防腐败室主任
周　娜　市委办秘书三科科长
廖安林　市人大常委会研究室办公室主任
李　军　市政府办公室纪检组长
张生全　市政协办公室信息中心主任
宋　萍　市委组织部两新党工委综合科科长
闵　娜　市委宣传部办公室科员
胡文宜　市委统战部经联科科员
林　波　市委政法委副县级纪检员
罗家强　市直机关工委群团部部长
谭红宇　市委群工部群众工作中心八级职员
何淑君　市委编办事编科科员
王安琴　市委农工委市场信息科科长
黄海波　市发展改革委副主任
王侯皓　市投促局综合科科长
万　强　市教育体育局基础教育科副科长
邝文杰　市公安局机关党委副书记
刘　雯　市科技局办公室副主任
鲜　鹏　市民政局办公室工作人员
曾宪文　市司法局机关党委专职副书记
杨　健　市财政局社会保障科科长
肖洪林　市人力资源社会保障局公务员管理办公室工作人员
冯　华　市国土资源局人事科科长
张志翔　市环境保护局办公室主任
赵　娜　市住房城乡建设局科员
王　蕾　市水务局办公室工作人员
邱钰净　市农业局办公室副主任
陈　恋　市林业局妇委会主任
王国康　市卫生计生委医政科负责人

辜青霞　市审计局经责分局局长
黄　艳　市旅游局旅游执法支队支队长
马　婷　市城管执法局机关党委专职副书记
赵　敏　市畜牧局纪检组长
周　勇　市城乡规划局办公室主任
王慧娟　市安全监管局办公室工作人员
张　彬　市食品药品监管局食品药品监督稽查支队药品大队副大队长
白　英　眉山中铁医院产科副主任
郑思刚　眉山心脑血管病医院神经内科主任
周鹏飞　眉山三医院肿瘤科二病区主任
杨　昆　仁寿运长医院重症医学科主任

十二、2014 年民营经济工作先进个人（40 名）

黎东林　东坡区委办副主任科员
黄佳薇　市工商局东坡分局注册登记股副股长
彭万寿　东坡区统计局科员
邓　平　彭山区民经办主任
熊　念　彭山区经济和信息化局局长
骆三勇　仁寿县委常委、县政府副县长
吴洪波　仁寿县工商和质监局党组书记、局长
易晓燕　仁寿县民经办副主任
祝国平　洪雅县经济和信息化局局长、党组书记
郑　涛　洪雅县工商和质监局副局长
杨益民　丹棱县人民政府副县长
刘卫东　丹棱县工商局党组书记、局长
颜　清　青神县工商和质监局副局长
宋文斌　青神县统计局总统计师
王忠明　市纪委第二纪检监察室主任
陶　波　市政府办公室秘书四科科员
李　春　市委政法委执法督查督办室科员
黄玉屏　市委农工委产业化办公室副主任
龚　睿　市发展和改革委员会综合科科长
邱　涵　市经信和信息化委企业科科长
何　静　市投促局电子信息产业科副科长
金　鹏　市公安局经侦支队侦查大队副大队长
徐　欢　市财政局行政政法科科员
李彦文　市人力资源社会保障局劳动关系与劳动监察科科长
周学梅　市环境保护局污染防治科科长
魏　毅　市住房和城乡建设局建筑业管理科科长
金志远　市交通运输局道路运输管理处副处长
严　敏　市商务局服务业发展科科员
殷灿新　市文广新局非物质文化遗产保护工作科科长
赵星伟　市统计局服务业科副科长
沈志宇　市食品药品监管局药品、医疗器械监管科副科长
徐溧谦　市法制办法规科科长
郑雪丹　市政务服务中心督察科工作人员
钟云胜　市委统战部副部长、市工商联党组书记
骆建军　市政府金融办保险证券科职员
卓红梅　市工商局副局长、市民经办副主任
杨云胜　市工商局企业科科长、市民经办综合室主任
魏平川　市质监局质量管理科科长
刘　瑀　眉山金象化工产业园区企业服务中心负责人
骆淑彬　甘眉(铝硅) 工业园区经济发展局副局长

十三、2014 年全市旅游工作先进个人（50 名）

郑志刚　东坡区文旅体新局副局长
王　洪　东坡区白马镇党委副书记、区工商联副主席
邹卫东　东坡区悦兴镇党委书记
李洪强　彭山区委常委、宣传部长
邓　兵　彭山区旅游局局长
钟　华　彭山区旅游局副局长
杨红兵　仁寿县人民政府副县长
汪芙利　仁寿县旅游事业局副局长
陈志君　黑龙滩风景区旅游管理和招商引资局局长
徐　庄　仁寿县文宫镇党委书记
韩　杰　洪雅县委常委、县纪委书记
董　伟　洪雅县旅游局局长
胡天贵　洪雅县瓦屋山镇党委书记、瓦屋山景区管委会主任
金　杯　四川金杯房地产集团有限公司董事局主席
黎云齐　丹棱县旅游局副局长
谌德友　丹棱县双桥镇人民政府副镇长
唐尚明　丹棱锦江饭店总经理
周吉华　青神县委常委、宣传部部长
辜志华　青神县旅游局副局长
李　华　青神县旅游局党组成员、县三产办主任
邹耀莹　市委办公室保卫科科长
滕　雪　市精神文明办综合科科长
张　军　市爱国宗教团体办公室副主任
凌莉莉　市委农工委新农村建设科副主任科员
王永江　市人大常委会办公室副调研员、城环资工委办公室主任
杨青松　市政府办公室秘书四科科长

陈　军　市发展和改革委员会党组成员、主任助理
刘义宇　市经济和信息化委主任助理、能源科科长
王秀彬　市投资促进局现代服务产业科科长
曾建兵　市公安局交通警察支队副支队长（副调研员）
孔振华　市财政局行政政法科科员
李松蔚　市人力资源服务中心综合部副部长
岳浩兵　市土地储备中心储备科副科长
张　全　市环境保护局科员
赵　刚　市住房和城乡建设局主任科员
黄　科　市交通运输局运管科科长
李宏伟　市林业局产业科负责人
李　崛　市供销社副主任
刘亦科　市文化广电新闻出版局文化市场管理科副科长
蔡卫东　市统计局副局长
涂　勇　市旅游局副局长
徐昕昕　市旅游局市场促进科科长
张伶卫　市容环境管理支队六大队大队长
黄　谨　市城乡规划局建筑规划科科长
李　其　市安全监管局安全生产事故救援指挥中心职员
何　磊　市工商局市场监督管理科科员
佘　勇　市质量技术监督局标准化科科长
何德全　市政协民宗委主任
李　祥　市地方税务局副局长
廖礼仁　市三产办主任助理

十四、全国第九届残疾人运动会暨第六届特殊奥林匹克运动会眉山赛区筹办工作先进个人（100人）

王春华　东坡区精神文明办主任科员
刘云高　东坡区公安分局特警大队教导员
王东乙　东坡区食品药品监督管理局餐饮股股长
殷志攀　东坡区残联工作人员
李　妍　市政府机关党委书记
李　兵　市政府办公室秘书九科副科长
方　芝　市信息化办综合科副科长
王建国　市委外宣办（市政府新闻办）副主任
张晓帆　市网络舆情中心主任
王永强　市精神文明办志愿者服务中心副主任
刘　敏　市委宣传部新闻出版科科长
王　斌　市委政法委副主任科员
黄　剑　市委群工部接访科工作人员
李　进　市投促局精细化工科科长
杨晓婷　市发展改革委社会发展科科长
赖崇华　市中小企业局副局长
贺贵文　市教体局青少年体育科科长
张成伟　市教体局体育综合科科长
周建松　市教体局社会体育科科长
李银芳　市教体局社会体育科副科长
胡太端　市教体局青少年体育科工作人员
温成乡　市业余体校校长
杨　红　市业余体校工作人员
杨　文　市科技局主任科员
辜苹柯　市公安局治安支队副支队长
陈继培　市公安局治安支队主任科员
徐　涛　市公安局交警支队直属一大队巡逻二中队指导员
陈　颖　市民政局信访科科长
王　毅　市司法局社区矫正科科长
罗　毅　市财政局办公室主任
唐　春　市财政局社保科科长
李松蔚　市人力资源服务中心综合部副部长
王世钢　市国土资源局办公室副主任
尹　晖　市环境监察执法支队综合科科长
曾　涛　市住房城乡建设局副局长
刘燕忠　市住房城乡建设局市政工程建设处副处长
黄　科　市交通运输局运输科科长
黄　崴　市道路运输管理处运管科科长
兰　菁　市水务局工作人员
杨小龙　市农业局质监科科员
肖燕霞　市林业局工作人员
祝茂菁　市商务局科员
彭　亮　市文广新局办公室工作人员
薛　莉　市卫生计生委医政科工作人员
方　羽　市人民医院急症科护士长
李　沛　市中医医院主治医师
王文君　市统计局办公室副主任
杨海燕　市旅游局办公室主任
朱　薇　市城管执法局行政执法支队女子执法大队大队长
颜碧英　市园林局园林养护科副科长
孙绍全　市粮食局副局长

秦鸿仪　市畜牧局畜产品安全监管科科长
赵明洁　市城乡规划局工作人员
程　亮　市开发性金融合作办职员
徐　旭　市安全监管局副主任科员
余　静　市食品药品监管局餐饮服务监管科副科长
廖俸祥　市食品药品监督稽查支队科员
阙兴全　市工商局消费者权益保护科副科长
刘　莉　市质监局办公室副主任
张　军　市民宗局爱国宗教团体办公室副主任
赵　清　眉山发展公司办公室主任
彭蜀明　团市委工作人员
谢　玲　市妇联权益部部长
葛胜利　市残联办公室主任
王　建　市残联维权科科长
陈永强　市残联残疾人服务中心主任
胡章惠　市残联残疾人托养服务中心主任
潘　瑾　市残联康复科科长
郑改霞　市残联教就科科长
古良驹　眉山日报社记者
王　军　市委市政府接待办副主任
孙建英　市委市政府接待办接待服务中心副主任
李欣凌　市委市政府接待办接待科科员
叶　俊　市委市政府接待办综合科工作人员
杨大勇　市机关事务管理局副局长
刘行愚　市体育馆馆长
徐小娟　市体育馆工作人员
廖　波　市广播电视台新闻部记者
肖永俊　眉山国安局支队长
徐洪刚　市气象局气象台台长
陈永利　国网眉山供电公司电力保障班班长
张艾红　兴能天然气公司网管所副所长
冯玲莉　中国电信眉山分公司副总经理
赵　彬　眉山邮政分公司市场经营部主任
蒋金州　中国移动眉山分公司无线优化技术员
刘剑波　武警支队司令部作训股股长
周小军　消防支队彭寿路中队班长
张　燕　岷江东湖饭店餐饮部主管
陈　思　岷江东湖饭店市场营销部营销代表
柴东强　市应急抢险救援协会支队支队长、志愿者
郭　姣　眉山三医院急重科副主任
李　洁　市心脑血管病医院主治医师
张露群　市骨科医院副院长
罗　珍　眉山职业技术学院学生处主办干事
徐　靖　眉山职业技术学院大学生志愿者
何　爽　眉山职业技术学院大学生志愿者
郭嘉仪　四川工商学院学生会副主席、大学生志愿者
李　波　四川工商学院大学生志愿者
黄　玲　四川工商学院大学生志愿者
彭程远　四川工商学院大学生志愿者

十五、2014 年度眉山市科学技术奖

（一）科学技术杰出贡献奖（1 名）

四川金象赛瑞化工股份有限公司副总经理　唐印

（二）科学技术进步奖（14 项）

表 10　科学技术进步奖情况一览表

序　号	成果名称	评奖等级	主要完成单位	主要完成人员	推荐单位
1	眉山市测土配方施肥技术应用研究与推广	一等奖	眉山市土壤肥料工作站、眉山市东坡区土壤肥料与生态建设管理站、仁寿县土肥站、彭山区土壤肥料工作站、洪雅县土壤肥料站、丹棱县农林局土肥站、青神县农林局土肥站	刘德芬　邓洪庚　董　敏　张小学　李国会　郑　伟　杨安洪　周　勇　曾永燕	市农业局
2	基于流程引擎和决策分析的可视化住房公积金综合业务管理系统	一等奖	眉山市住房公积金管理中心、四川久远银海软件股份有限公司	王　杰　张　巍　袁　延　鲁　迪　胡明军　舒唯家　刘　志　萧　刘　饶雷磊	市科技局
3	延长阳极炭块焙烧炉使用寿命综合技术	二等奖	四川启明星铝业有限责任公司	周俊华　杨求思　车金平　王有来　邓　文　李　勇　任均民	市科技局

续表

序　号	成果名称	评奖等级	主要完成单位	主要完成人员	推荐单位
4	特种光学玻璃用新材料高纯偏磷酸盐的制备技术	二等奖	四川明晶光电科技有限公司	邱志明　邱　伟　邱　雯	仁寿县科技局
5	利用石灰和烟气除钙镁生产元明粉的工艺技术开发	二等奖	四川同庆南风有限责任公司	许　涛　张晋锋　彭诗谷　李学楷　李　伟　丁华平　杜茂林	彭山区科技局
6	杂交水稻新品种冈优169的选育及应用	二等奖	四川谷满成种业有限责任公司	陈志平　魏文武　马建英　许远明　蒋　勇　王　亮　林　杰	东坡区科技局
7	锁定钢板在复杂胫骨平台骨折治疗中的临床应用研究	二等奖	眉山市人民医院	邱志杰　徐红革　王良恩　杨　勇　杨　斌　张华山　邓建永	市卫生计生委
8	输尿管软镜在复杂性上尿路结石中的运用	二等奖	眉山市人民医院	刘利权　余俊杰　严景元　李　程　王　波　岳　良	市卫生计生委
9	低盐稀态发酵技术	三等奖	千禾味业食品股份有限公司	伍学明　杨　莉　张俊明　樊　君　白秀群	东坡区科技局
10	燃气净化橇装模块式自动化工厂成套装备	三等奖	四川恒重清洁能源成套装备制造有限公司、四川金星压缩机制造有限公司、四川金星石油化工机械设备有限公司	吴　军　游敦泉　张　勇　周海军　刘　革	仁寿县科技局
11	钢轨超声波探伤在线检测系统	三等奖	四川兴天源材料检测技术有限公司	刘长青　叶代平　曾　富　刘志毅　胡利云	彭山区科技局
12	优质蛋用白羽鹌鹑健康养殖技术集成与示范	三等奖	四川九升食品有限公司	陈豫川　潘慧英　宋全生　谢　宇　黄友林	东坡区科技局
13	斜卧位经皮肾镜取石术治疗高龄高危上尿路结石	三等奖	眉山市人民医院	刘利权　余俊杰　李　程　严景元　王　波	市卫生计生委
14	解剖性肝叶切除术在肝胆外科中的临床研究	三等奖	眉山市人民医院	祁夫魁　李德福　朱　静　徐国宏　万智双	市卫生计生委

区县概况

County Survey

东坡区

【概况】东坡区位于成都平原西南边缘，地处岷江中游，属成都平原经济圈，是眉山市政治、经济、文化中心。2015年，全区辖区面积1330平方千米，辖15个镇、8个乡、3个街道，年末户籍人口87.72万人，其中非农业人口36.14万人；女性43.75万人。全年国内生产总值（GDP）351.73亿元，比2014年（下同）增长10%。其中，第一产业增加值43.57亿元，增长3.7%，对经济增长的贡献率为3.8%，拉动经济增长0.4%；第二产业增加值199.59亿元，增长10.7%，对经济增长的贡献率为64.4%，拉动经济增长6.4%；第三产业增加值108.57亿元，增长11%，对经济增长的贡献率为31.8%，拉动经济增长3.2%。一、二、三产业比例由2014年的12.6∶57.6∶29.8优化为12.4∶56.7∶30.9，工业增加值占GDP的49.4%，第三产业增加值占GDP的30.9%。全区人均GDP41968元，净增3253元，增长9.6%。全年实现地方财政总收入33.57亿元，增长19.7%；居民储蓄存款余额335.06亿元，增长12.2%；农民人均可支配收入14088元，增加1251元,增长9.7%；全年社会消费品零售总额134.87亿元，增长12.4%。

【农业经济】2015年，全区农业农村经济持续稳定发展。全年农林牧渔总产值73.58亿元，比2014年（下同）增长4.3%；实现增加值44.29亿元，增长3.7%。第一产业增加值43.57亿元。农村居民人均可支配收入14088元。全年向上争取项目资金2.65亿元，招商引资到位5.8亿元，引导工商资本下乡6.6亿元；处置牯牛坡水库渗水险情，加强全区江河堤防、水库、山坪塘安全监测监管；连续5年无重大动物疫病发生、无一例狂犬病发生、无畜产品安全事故发生；连续多年无较大以上森林火灾发生。东坡区是国家现代农业示范区，形成以22个万亩产业示范基地为支撑，蔬菜、水果、畜禽等六大高效产业为特色，吉香居、味聚特、千禾等47家农业产业化经营重点企业为龙头的现代农业发展雏形。全区“三品一标”（无公害产品、绿色食品、有机农产品和家产品地理标志）农产品总量121个，其中无公害农产品33个，绿色食品77个，绿色食品投入品3个，有机食品8个，地理标志产品（东坡泡菜、东坡肘子）2个。东坡区是全国粮食生产大县，全区粮食播种面积5.97万公顷，总产量41.7万吨，增长2.1%。其中，水稻播种面积3.93万公顷，总产量32.16万吨，水稻种植面积和总产量居全省第二位。粮食规模化经营面积7766.67公顷，占总播种面积的13%，比增加3040公顷。全年种植业增加值26.05亿元，增长3.8%。年末农业机械总动力62.2万千瓦，增长7.1%。东坡区是中国泡菜之乡，泡菜产业基地被农业部认定为第一批国家农业产业化示范基地，承办第七届中国泡菜展销会，现场签订采购和投资协议48亿元。全年蔬菜种植面积2.93万公顷（其中加工蔬菜2.04万公顷），总产量147.09万吨，蔬菜播种面积和总产量列全省第二位。全年泡菜加工量143万吨，产值130亿元。东坡区是中国脐橙之乡，全年水果种植面积2.01万公顷，总产量39万吨，总产值15.6亿元。其中，脐橙种植面积8000公顷，产值8亿元；不知火种植面积3333.33公顷，总产量

4.2万吨，产值3亿元；春见种植面积2200公顷，总产量2.7万吨，产值2.5亿元；盘鳌蜜柚种植基地2666.67公顷，4500余户农民参与，户均收入3万元。全年引导农民实施水果高接换种和更新改良4000公顷。东坡区是省级畜牧业发展重点县，全年新发展适度规模现代畜牧业业主267户，创建茂华、万家好等国家标准化示范场3家、省级标准化示范场5家，新建标准化养殖小区149个。主要畜禽规模养殖73.9%；主要畜禽良种化水平98.7%。全区年出栏生猪62.9万头、肉兔378.91万只、小家禽957.2万羽、肉羊6.01万只。全年畜牧业增加值12.93亿元，增长2.7%。通过互联网、物联网带动水产业发展，全区繁殖黄颡鱼、斑点叉尾鮰等名优水产品种苗61亿尾，其中黄颡鱼种苗繁育数量居全国第一。全年水产养殖3093.33公顷，总产量3.52万吨，渔业总产值6.3亿元。推广“藺草—晚稻”轮作模式，全年藺草种植面积2000公顷，总产量8.5万吨、总产值1.8亿元。藺草种植规模居西南第一、全国第二位。建立“东坡味道”森林食品基地，全区林下经济面积3333.33公顷，全年林业增加值1.1亿元，增长3.0%。通过产业扶持和政策奖补，促进新型农业经营主体发展。成立农业融资担保公司，开展“无抵押、免担保”的新型农业经营主体贷款，全年登记在册各类专业大户3274户、家庭农场140家、农民合作社608个、农业企业47个。东坡区是省级新农村建设成片推进示范县，全年新建“业兴、家富、人和、村美”幸福美丽新村85个，累计建成幸福美丽新村94个（其中省级美丽乡村示范村5个）、新村聚居点245个。投资2.6亿元，“东湖”取得可研报告批复；“西湖”两座水库完成招投标并开工；“南湖”周边配套设施工程动工；“北湖”规划完成编制。完成农村4.59万人饮水安全工程建设，引水入城1处、入镇1处、入村3处、入园6处，整治山坪塘126口、病险水库2座、岷江堤防2.6千米，恢复和新增水域面积4平方千米。年末有效灌溉面积4.05万公顷。新增1333.33公顷城市森林生态屏障，创建绿色基地95个，完成2千米岷江水上绿色走廊、5千米眉青快速通道竹景观带建设，建成秦家镇、柳圣乡2个集镇拥翠工程以及广济乡鸭池村、悦兴镇元宝村、松江镇山坝村3个绿色家园村，完成“中国泡菜城”泡菜文化广场等重点绿化项目。全区森林覆盖率35.9%，完成省道106线增彩提升工程，重点栽植13.2千米一串红70余万株。实施“1583”扶贫攻坚战略，整合各类涉农项目近200个投向扶贫重点区域,完成投入5.5亿元。减少贫困人口7119人，80个贫困村（其中市级贫困村60个、区级贫困村20个）全部摘帽；贫困发生率降至2.5%。

【工业经济】2015年，全区工业经济持续稳定增长。全部工业增加值173.63亿元，增长10.2%，对经济增长的贡献率为53.8%，拉动经济增长5.4%。其中规模以上工业（年主营业务收入2000万元以上企业，区考核口径，下同）增长11.6%；年末规模以上工业企业134户。协调新增工业贷款5.8亿元，同比下降4%。新开工汇源果汁、格林泰科、伊诺达博、源泉药业、自豪时代等重点项目35个，其中亿元以上项目24个；竣工投产富生电器、森科制药、国为制药、青木制药、天联药业等项目75个，全年完成工业投资87.78亿元，增长14.75%，其中更新改造投资73.42亿元。加大战略性新兴产业、淘汰落后和节能、技改项目向上争取力度。全年组织并向上报项目40余个，获批省级专项资金项目19个，市级专项资金项目13个，资金3000万元。

【民营经济】2015年，民营经济持续快速发展。全区民营经济增加值218亿元，按可比价计算比2014年增长10.6%，占GDP的62.1%，对GDP增长的贡献率为67%。全年民间投资总额195亿元，增速低于全社会投资7.9个百分点，占全区固定资产投资的72.9%。

【商贸旅游和对外经济】2015年，全区第三产业实现增加值108.57亿元，增长11.0%。全区社会消费品零售总额134.87亿元，增速12.4%。全区逐步形成雕像—宏远中央商务区、大润发—义乌商贸中央商务区、万景—宏远盖丽上铖超市中央商务区和沃尔玛商业中心等商业圈；新增万景“九巷十坊”商业综合体和眉州公馆商业综合街，中心城区特色街10余条。圣丰国际农商中心年度销售额约23亿元，农副产品远销西藏、西安、北京等地。亚马逊（眉山）电子商务运营中心年销售4亿元。全区旅游收入55亿元，增长31%。加强乡村旅游“五朵金花”（白马橙花、三苏梨花、广济桃花、万胜桂花、悦兴樱花）建设，培育果色天香精品生态观光有机农庄、茂华生态循环养殖园，并打造白马万亩精品葡萄基地、“西湖”生态休闲观光景区，举办广济桃花节、悦兴樱花节。接待旅游者750万人次，增长29%。全年贸易进出口总额5024万美元，降47.8%。其中，出口4154万美元，降50.8%；进口870万美元，降26.3%。全年实际利用外资5657万美元，减少5.9%。

【财税、金融、保险】 2015年，全区地方财政总收入45.58亿元，比2014年（下同）增长29.12%。其中，地方财政一般公共预算收入16.54亿元，增长10.07%。地方财政总支出45.58亿元，增长29.12%。其中，地方财政一般预算支出37.79亿元，增长8.97%。全区本地银行机构存款余额572.61亿元，比年初增加85.09亿元，增长17.45%。本地银行机构贷款余额291.3亿元，比年初增加19.86亿元，增长7.32%。异地银行机构新增贷款余额3亿元，小贷公司新增贷款4亿元。本地银行机构余额存贷比55.75%。2015年末全区有保险公司26家，其中财险公司14家，寿险公司12家。全年保费总收入11.58亿元，增长5.8%。其中，财产险收入3.77亿元，增长22.07%；人身险收入7.81亿元，降0.58%。

【基础设施建设】 2015年，全区公路通车里程1433.3千米，其中等级公路1369.65千米。完成货物周转量36.89亿吨千米，增长8.3%。完成旅客周转量3.85亿人千米，下降10%。电信业务总量增速21.01%，全市排位第一。全区光纤覆盖家庭24万户，固定宽带接入用户12万户；4G移动基站877个，行政村（社区）宽带项目覆盖率90%以上。推动全域集镇跟进，城镇建成区面积增加1平方千米，城镇化率提高1.8%。推进乡镇商业房地产项目建设，重点抓好博华新天地、金悦银座、大有酒店、康达山庄等约12万平方米商业房地产开发项目，完成开发投资3亿余元。

【环境整治】 2015年，全区4个乡镇启动污水处理站建设，三苏乡、多悦镇投入500余万元，建成污水处理站，通过验收投入使用。考察秸秆综合利用项目，引进1家生产生物质固体成型燃料环保企业。投入3000余万元，整治35家泡菜食品企业。整治造纸企业，依法关闭13家。废旧电器电子产品实行“物流、资金流、信息流”三统一审核，一天一小时视频监控，一周一次现场检查，一月一次资料核查，一季度一次“三流”汇总。

【社会事业】 2015年，全区有各级各类学校237所，在校学生9.43万人，其中公办学校91所（幼儿园3所、小学47所、初中29所、九年制学校3所、普通高中7所、职业高中1所、特殊教育学校1所）学生7.04万人，民办学校146所（民办职业学校3所、普通教育学校4所、幼儿园139所），另有青少年校外教育基地1所。全区有教职工1.09万人，其中公办8200人（在岗公办教职工5105人，离退休教职工3095人）、民办2737人。学前三年毛入园率89.7%，九年义务教育巩固率97.33%，高中阶段毛入学率92.8%。全区高考本科上线2684人，本科硬上线万人比连续19年居全市第一。资助学生3.24万人次，2553万元，解决进城务工人员随迁子女2229人在中心城区学校接受义务教育。

新型农村合作医疗参合52.76万人，参合率99.8%，总筹资额2073.94万元。全区城乡居民健康档案规范化电子建档80.4万份，建档率96.63%。免费救治晚期血吸虫病人451人次；免费救助血检阳性者1.01万人次，全区无急性血吸虫病例发生。通过省级血吸虫病传播阻断达标考核评估，达到国家血吸虫病传播阻断标准。

全年配送238个村级文化室设备，建成固定电影放映点3个，建成街道文化中心3个。区图书馆被文化部评为国家一级馆。新建村级农民健身工程5个，新建全民健身路径29条，建成20个乡镇208个村广播“村村响”工程。

全区纳入“低保”范围人员5.88万人，其中城市3.22万人、农村2.66万人；“低保”资金计划支出1.23亿元，其中城市8533.3万元，农村3811.36万元。农村“五保”户供养1674人，其中集中供养894人，分散供养780人；全年拨付“五保”供养资金655.22万元。

【人民生活】 2015年，全区常住人口87.72万人，其中城镇人口46.75万人，城镇化率53.3%。2015年末城镇登记失业人员2552人，城镇登记失业率4.15%。全区城镇居民人均可支配收入27269元，比2014年（下同）增加2059元，增长8.2%，城镇居民恩格尔系数为34.9%，增长2.5%。农村居民恩格尔系数36.3%，降3.8%。

（东坡区地方志办公室）

表 11　2015 年度眉山市东坡区乡镇简况表

单位	行政区域面积(公顷)	居委会(个)	村委会(个)	户籍人口(人)	耕地面积(公顷)	GDP(万元)	固定资产投资(万元)	农民人均收入(元)	粮食作物播种面积(公顷)	工业企业单位数(个)
通惠街道	1482	9		43456	—	251738	266064	—	—	69
大石桥街道	2089	11		62032	—	275731	266781	—	—	56
苏祠街道	1094	14		80911	—	235874	256235	—	—	5
白马镇	4351	1	7	18680	1506	62950	76291	14992	2211	32
象耳镇	1833	1	4	15859	505	260473	249028	15252	576	39
太和镇	4025	2	9	32440	1387	224255	84265	13741	1470	69
悦兴镇	5267	1	11	29329	2355	69530	78543	13317	2056	17
尚义镇	5264	2	18	47871	3056	125808	498152	15003	4270	66
多悦镇	7644	1	12	36522	2855	111806	51467	14014	5216	13
秦家镇	8444	1	14	34005	2956	118006	19676	13764	4652	9
万胜镇	7193	1	12	26602	2222	115421	55658	13861	3261	14
崇仁镇	7544	2	9	28991	1684	147056	75500	13230	2602	17
思蒙镇	7572	1	15	42470	2135	189235	43454	14834	2964	24
修文镇	9573	1	14	44399	1894	259363	208394	13936	2765	74
松江镇	6316	4	13	38773	1996	291244	102718	15113	2425	90
崇礼镇	5481	2	12	35886	1436	202621	423843	14138	2080	78
富牛镇	5437	5	7	47481	1785	56695	161000	15007	2721	4
永寿镇	4762	2	15	52397	2369	149050	58646	14317	3017	17
三苏乡	8539	1	12	35394	2638	80971	35260	14066	3163	20
广济乡	6592	1	7	21818	2175	61205	6664	14166	932	4
盘鳌乡	7619	2	8	18608	1845	41344	38244	13294	2226	2
土地乡	3539	1	6	12481	1507	21575	40512	13486	2657	—
复盛乡	2958	1	5	16036	1215	37999	49047	13119	1704	10
复兴乡	2944	1	9	22870	1751	58420	15708	13912	2817	5
金花乡	3235	1	7	17138	1325	44556	20997	13096	2440	4
柳圣乡	2270	1	6	14715	1094	24374	7500	12897	1509	1
合计	133067	70	232	877164	43691	—	—	—	59734	739

彭山区

【概况】彭山区位于北纬30°07′至30°21′，东经103°40′至103°59′之间。地处四川盆地川西平原南缘丘陵地区，岷江中游，东邻仁寿县，南接东坡区，西与蒲江县、邛崃市交界，北与新津县、双流县相连。地势西北高，东南低。地形分为东西两边低山丘陵、中部平原。主要山脉有东山龙泉山、西山总岗山。岷江由北向南纵贯境内，构成中部冲积平原，中部为开阔的平坝区，占总面积的32%。境内最高点“北平观”位于彭山区西北15千米的保胜乡石柱村，海拔711.6米；最低点“石牛栏”位于原永丰乡尖山子，海拔410米。属亚热带湿润气候区，气候温和，四季分明，雨量充沛，多夜雨，空气湿润，日照少。2015年，境内气温偏高，降水减少，日照正常。年平均气温18.9℃，与常年比较偏高2.1℃,属偏高年景；年日照时数1092.7小时,接近常年；年总雨量773.9毫米，少于常年；平均相对湿度71%。全区总面积465平方千米，辖10镇3乡，年末总人口33.38万人，耕地面积141.05平方千米，城镇化率50.6%，人口出生率11.66‰，人口自然增长率3.51‰，森林覆盖率35.8%。

2015年，彭山地区生产总值123.42亿元，比2014年（下同）增长11.7%；全社会固定资产投资199.16亿元，增长13.4%。地方财政收入25.99亿元，增长24.9%；地方财政一般预算收入13.60亿元，增长10.4%；财政收入占GDP的11%。其中，税收收入占比64.8%。社会消费品零售总额42.83亿元，增长12.9%。第一产业增加值12.63亿元，增长3.7%；第二产业增加值75.37亿元，增长13.2%；第三产业增加值35.42亿元，增长10.9%。三次产业对经济增长的贡献率分别为2.9%、72%、25.1%。分别拉动经济增长0.4、8.4、2.9个百分点，三次产业结构优化为10.2∶61.1∶28.7。全年民营经济增加值76.32亿元，按可比价格计算增长12.2%。民营经济占GDP61.8%，增长0.1%，对经济增长的贡献率为64.4%，拉动经济增长7.6%。其中第一产业民营经济增加值7.08亿元，增长4%；第二产业民营经济增加值49.36亿元，增长14.4%；第三产业民营经济增加值19.89亿元，增长8.8%。招商引资到位资金125.34亿元，规模以上工业增加值增长23.1%；城镇居民人均可支配收入27001元，增长9.1%，农民人均纯收入14062元，增长10.6%。

2015年，彭山区践行“三严三实”，抓班子、带队伍，良好政治生态基本形成。创新“融合引领型”党建体系（围绕“促进园区科学发展、提升园区治理水平”，推进组织运行融入企业管理、思想引领融入企业文化、党群服务融入企业经营、人才集聚融入企业创新，实现园区党建与园区发展相融共进的党建工作体系），全省基层党建工作现场会在彭山召开，村级组织“四晒”工作法（村、社区党组织通过向群众“算细账、晒党恩，寻问题、晒承诺，比服务、晒奉献，亮规划、晒目标”，增强基层党组织的凝聚力和战斗力）全国推广。鲜明“忠诚、担当、有为、干净”的好干部标准，制定干部管理负面清单365项，公务员日常考核试点受到国家公务员局领导肯定。坚持从严治党，压实“两个责任”（党风廉政建设党委主体责任和纪委监督责任），开展纪委监督同级党委工作试点，在全区全面推行“三张清单”（行政权力清单、政府责任清单、投资项目限制禁止清单）制度，在108个村（社区）全面建立廉情监督委员会，查处群众身边的“四风”和腐败问题45件。开展“学先进、找差距、添措施”活动，学习转化外地先进经验131条。强化对外宣传，央视8次聚焦彭山，中央级媒体涉及彭山报道92篇次。

【工业经济】2015年，实施强工战略，工业经济上档升级。全年工业增加值66.22亿元，增长13.3%，对经济增长的贡献率为63.7%，拉动经济增长7.5个百分点。全区工业性固定资产投资78.99亿元，增长12.3%。全年全区入驻世界500强和国内外知名企业20家，有规模以上工业企业102户，实现工业总产值323亿元，增长19%，主营业务收入301.90亿元，增长2.31%；产销率98.9%；利润18.42亿元，增长28.8%。轻工业增加值增长27.2%，重工业增加值增长6.3%。股份制企业增加值增长20.4%；外商及港澳台企业增加值长增负7.2%；其他经济类型企业增加值增长13%。新签约项目12个，其中，拟投资50亿元的彭祖山文化旅游综合开发项目签约，中法农业科技园项目被写入省委十届七次全会公报，格力、中建、中电建3家世界500强企业入驻天府新区，成眉石化园区成功引进世界500强陶氏化学。全力扶持现有企业做大做强，鲁洲生物、思念食品、金桐化工等企业实现上档升级。突出创新驱动，新培育高新技术企业8户、省级创新型企业4户，14户战略性新兴企业实现产值64亿元，占工业总量的20%。全区进出口总额实现1773万美元。彭山经开区成为全市首个“200亿园区”，成功创建省级知识产权示范园区，全区产学研创新联盟12个。苏宁云商、四川铁通物流、海尔仓储等知名物流企业入驻彭山，彭山青龙物流园区成为全省唯一省级物流聚集区。

主要产品生产形势良好。在统计的26种工业产品中，有16种产品产量增长，增长面61.5%。2015年，全区合成洗涤剂17.3万吨，元明粉78.98万吨，饮料酒1115千升，饲料119.53万吨，无纺布1.31万吨，食用植物油9.99万吨，速冻米面食品5.45万吨。

【固定资产投资】2015年，全区全社会固定资产投资199.16亿元，比2014年（下同）增长13.4%。固定资产投资196.6亿元、增长14.3%。其中第一产业投资4.86亿元，增长70.8%；第二产业投资79.15亿元，增长12.2%；第三产业投资115.15亿元，增长12.6%。第一、二、三产业投资占全社会投资的比重分别为2.4%、39.7%、57.9%。项目投资稳步增长。全区在建施工项目188个，竣工项目110个。

【国内贸易和对外经济】2015年，全区社会消费品零售总额42.83亿元，比2014年（下同）增长12.9%；其中批发业4.57亿元，增长12.7%，零售业32.72亿元，增长12.9%，住宿业0.45亿元，增长12.5%，餐饮业5.08亿元，增长12.8%。城镇零售额24.61亿元，增长12.8%；乡村零售额18.22亿元,增长13.0%。外贸进出口总额1949万美元，降79.6%。其中，出口595万美元，进口1354万美元。全年实际利用外资4496万美元。

【农村经济】2015年，全区农林牧渔业总产值23.09亿元，现价比2014年（下同）增长7.5%；增加值13.10亿元，按可比价计算增长3.8%；农民人均收入14062元，增长10.6%。全年种植业增加值5.52亿元，增长3.8%。农作物总播种面积3.67万公顷（粮食作物2.49万公顷、油料作物4442公顷、药材2248公顷、蔬菜3300公顷）。全年粮食总产量15.32万吨，增长2.3%；油料产量1.02万吨，增长3.1%；蔬菜产量4.95万吨，下降4.3%；水果产量5.63万吨，增长0.5%。全年引进推广川农优498、川优6203、龙庭100、川麦104等水稻、小麦、油菜和马铃薯等新品种48个，推广水稻精确定量栽培、机直播、旱育秧、垄作栽培、精量播种、测土配方施肥等高产栽培技术20余项，加快全区农作物品种更新，优质农产品占有率明显提高。以农为主，统筹城乡，高品质推进新村建设，建成幸福美丽新村30个、新村聚居点12个、综合体建设1个，建成农村廉租房90套，新建农村沼气池517口，新建“1+6”［即村级组织（村两委）活动场所和便民服务中心、农民培训中心、文化体育中心、卫生计生中心、综治调解中心、农家购物中心］村级公共服务中心1个。

2015年，按国家级标准和市岷江现代农业示范园区总体规划，建立38平方千米的彭山岷江现代农业园区；投入基础设施建设资金1.53亿元，新建高标准农田800公顷、旅游观光大道22千米、生产通道60千米、沟渠50千米。全区形成“一园区六基地”（岷江现代农业示范园区，葡萄、猕猴桃、柑橘、粮经复合、蔬菜、蜜柚基地）的现代农业产业格局，培育新型农业经营主体415个（种养大户222户，家庭农场182家，专合组织8家，龙头企业3家）、龙头企业19家、星级家庭农场20个；六大产业基地发展为全区六大产业优势，形成以葡萄、柑橘、柚子、猕猴桃等6大优势产业，作为提升彭山现代农业品质载体。按照一村一品、一乡（镇）一业要求，调整产出效益低下的产业，着力培育具有市场竞争优势的精品葡萄、优质柑橘、红心猕猴桃等产业，做大、做强农业品牌。全区建成5333.33公顷优质柑橘基地、2000公顷优质葡萄基地、1666.67公顷优质蔬菜基地、1066.67公顷红心蜜柚基地、1333.33公顷水稻制种+中药材基地和666.67公顷优质猕猴桃基地等。新发展红心蜜柚800公顷，特色蔬菜133.33公顷，花卉苗木133.33公顷。

全年畜牧业增加值5.47亿元，增长2.6%。全年出栏肉猪36.83万头，降1.2%；出栏牛3520头，增长3.5%；出栏羊4.54万头，增长2.6%；出栏家禽342.2万羽，增长1.9%。全年肉类总产量3.92万吨，增长0.7%。其中猪肉2.61万吨，牛肉422吨，羊肉605吨，禽肉5275吨。全区禽蛋产量6539吨，牛奶8918吨。林业增加值0.35亿元，增长5.9%。年末森林面积1.4万公顷。渔业增加值1.3亿元，增长7.4%。水产品养殖面积1.4万公顷，水产品产量1.55万吨。

2015年，全区农机总动力27.18万千瓦，综合机械化水平65.26%。机收稻麦1.69万公顷，助农增收3297万余元。争取到位项目资金1033万元，示范推广农机新技术3项。实施购机补贴政策，新增农机具205台，受益农户198户，资金核算进度100%。新建提灌站12座，维修改造提灌站580台5800千瓦。新建（整治）机耕道351.9千米。继续巩固全国“平安农机”示范区成果。

【深化农村体制改革】2014年12月，彭山区被确定为全国第二批深化农村改革试验区。彭山承担着全国农民合作社、家庭农场和村转社区党组织建设和全省农村产权抵押融资、农村“两地一房”（宅基地、承包地、农房）自愿有偿退出、农村集体资产股份制合作以及全市涉农资金整合、特色农业保险、农田水利设施产权改革和创新运行管护机制等多项改革试点任务。2015年，全区以抓农村改革试验机遇，优化投资环境，吸引要素回流，特色优势产业加快发展。成功创建省级农产品质量安全示范区。彭山区成立农村产权流转交易服务中心，设立产权融资风险补偿基金，跻身全国“两权”融资试点区县（农村承包土地经营权和农民住房财产权抵押融资试点），全省唯一。农村产权交易平台与成都产权交易所联网运行，实现与省级交易平台对接运行。开展农村集体资产股份制改革试点，成立全市首家村级集体资产经营管理有限公司。完成岷江现代农业示范园区土地确权颁证登记工作。农村改革快速推进，全区针对农村土地流转中存在的农民怕业主“跑路”，业主怕农民“难缠”，政府怕无限“兜底”等现实难题，创新土地规范流转体系、发展型党组织体系、农村产权交易融资体系和“产权+股份”的农民利益保障体系“四大体系”，创新“三级土地预推—平台公开交易—资质审查前置—风险应急处理”土地流转“四步机制”，全力畅通流转渠道，全程化解流转风险，实现“农民流转有收益，业主投资得效益，政府服务更公益”三方受益格局。全年全区集中流转土地面积8000公顷，流转率50%，新培育新型农业经营主体398家，第一产业投资增速118.4%。先后获得副总理汪洋、省委书记王东明等领导肯定性批示和鼓励9次，省、市领导就农村改革专程到彭山视察11次，在彭山召开省级现场会3次，在省级以上层面专题交流5次。新华社、中央电视台、中新社、《四川日报》等20余家新闻主流媒体多次聚焦彭山，彭山农村改革工作媒体报道和转载2000余次。2015年12月24日，在北京召开的全国农村改革试验区工作交流汇报会，区委书记梁磊在会上作《四步机制，三方受益，探索农村土地规范流转体系》经验交流。

【第三产业】2015年，全区第三产业增加值实现35.42亿元，比2014年（下同）增长10.9%，全市排位第二。全年接待游客453.42万人次，增长29.6%；旅游总收入35.01亿元，增长30.4%。签订彭祖山文化旅游综合开发、中法农业科技园彭山园区、彭山·长青国际健康城等项目合作框架协议，投资总额180亿元。希望城商业综合体主体竣工，伟业广场建成投运，文企经贸Q板挂牌，城市商业形态提升。大学生创业孵化园被评为省级科技孵化园、市级创业示范园。

2015年，按照“宜散则散、宜聚则聚”原则，新建幸福美丽新村，融入文化元素，倡导休闲新村旅游。推动刘家大院民俗文化古村落开发、彭园文创旅游小镇招商引资工作，完成刘家大院旧村落保护工作，填补彭山区新农村建设文化保护空白。投资800余万元，完成岷江园区北门户标志景观、北入口大门、农业园区彭山规划馆、景观限高门、啤酒桶观景台、葡萄廊架、景观小品、欧式隔离栏和长寿城牌坊加固维修等旅游景观节点建设18处。按照“一轴两翼”农旅发展产村相融的新布局抓全区幸福美丽新村建设。“一轴”——以由南向北的农旅观光大道为中轴，打造岷江现代农业示范片。主要涉及公义（部分地区）、观音、彭溪、凤鸣，以发展葡萄、蜜柚、花卉等特色农业为主，发展农业观光、采摘、旅游等，打造成为“城市果篮”；“东翼”——岷江现代农业园区以东，打造彭祖养生果蔬示范片。主要涉及黄丰、锦江、江口、牧马、武阳，以中法农业科技园、彭祖山为龙头，辅建仙女湖体育公园等，发展高端观光、养生、休闲、旅游农业，打造成为“乡村客栈”；“西翼”——岷江现代农业园区以西，打造忠孝文化溯源示范片。主要涉及保胜、义和、谢家、公义（部分地区），主要以猕猴桃、水稻制种、粮经复合种植为主，发展农场体验、农家乐吃住等，打造“天下粮仓”。

挖掘彭祖长寿养生文化、张纲李密忠孝文化等，探索“1+3”（农业和第三产业融合发展）产业融合发展模式，提升农业的生态、休闲、文化、观光价值；举办“中国·彭山第六届彭祖长寿养生文化节暨彭祖国际养生养老产业博览会（高端论坛）”，推出养生养老产业招商项目27个；举办“彭祖山三月三朝山会”“彭祖大庙会”“第六届黄丰橘花节”“第六届观音葡萄采摘节”“草莓采摘节”等会节活动，吸引游客115.29万人次，创收1.21亿元，丰富彭山产业发展内涵，加快产业融合，拓宽农民增收渠道。围绕一、三产融合发展，在成都宽窄巷子策划举办观音葡萄节专场旅游推荐和展示会，并与腾讯合作，推出互联网+第四产业新概念。做好彭山区旅游文化定位，聘请上海文博堂城市发展与营销研究所完成彭山文化小城策划，推出城市VIS（Visual Identity System即将城市理念、城市文化等抽象概念转换为具体符号,塑造出独特的城市形象），新策划推广“彭山·一个不老的地方”“天下彭祖山，岷江岸上城”等系列城市推广语和城市短片《彭山如此多娇》。新增四星级农家乐1家（新村生态园），三星级农家乐2家（醉八仙、天香苑）；新增特色旅游生态经营点2个（寿星谷、果怡农业科技有限公司）。实现农民转变为三产经营者和从业者6260人，实现乡村旅游收入4.43亿元。全区“三品一标”（无公害农产品、绿色食品、有机农产品和农产品地理标志）占农产品种植面积的64.3%，获绿色食品认证25项、无公害产品14个、农产品行业金奖12项，推进“互联网+”，成立彭山电子商务协会，建立“东坡味道”特色农产品展销平台，网上交易额3亿元。

全年全区建安工程投资完成151.52亿元，建筑业增加值9.15亿元。建筑企业房屋建筑施工面积209.97万平方米，增长19.1%；房屋建筑竣工面积102.2万平方米，下降5.9%。全区房地产开发企业商品销售面积67.6万平方米，销售额31.27亿元，增长56.1%。

2015年，彭山区公路里程572.6千米，其中等级公路372.3千米、高速公路34.2千米。全社会客运量4971.3万人次，增长9.7%；全社会旅客周转量4.8亿人千米，增长2.8%。全社会货运量610.3万吨，增长3.3%；全社会货物周转量5.13亿吨千米，增长0.7%。邮电主营业务收入1.93亿元，增长4.1%。全区固定电话用户4.69万户，降14.4%；移动电话用户27.81万户，增长2.7%；宽带用户数8.6万户，增长30.4%。

【财政金融保险】2015年，全区实现地方财政收入25.99亿元，比2014年（下同）增长24.9%；地方财政一般预算收入13.6亿元，增长10.4%，其中税收收入8.68亿元，增长3.8%；地方财政一般预算支出25.64亿元，增长7.1%。到位政府性投融资25.26亿元，年末全区金融机构各项存款余额165.66亿元，增长6.8%；各项贷款余额76.74亿元，降2.7%。全年保费总收入1.92亿元，增长10.8%，其中财产保险保费收入7569万元，人险保费收入1.16亿元。全年处理各项赔款和给付金额3455万元，其中财产险赔付金额3088万元、人身险短期赔付金额367万元。

【城乡建设】2015年，全区投入资金10.1亿元，完成李密大道等市政工程11个，新增城镇建成区面积1.98平方千米。实施九大片区提质工程，升级锦绣大道等5条道路景观，推进“花漾彭山”“光彩彭山”（彭山区为提升城市品位，在全区组织开展的城市美化亮化工程）建设，建成首座人行天桥，11项市政工程竣工投用。推进“美丽乡村新面貌行动计划”，建成幸福美丽新村30个，新村聚居点12个。“三箭齐发”（滨江大道、岷东大道和工业大道彭山段）开工建设39.8千米，占总里程的57%。岷东大道成彭段、滨江大道城区段建成通车，工业大道完成规划设计。完成省道103线彭山段品质提升工程，完成彭谢路等16.7千米道路黑化升级，改造通乡、通村道路74千米。成昆铁路扩能改造、简蒲高速彭山段建设有序推进。西南交通应急物资储备中心选址彭山。坚持“环保否决”制度，推进“千湖之城”“绿海明珠”“百园之市”建设，龚家堰扩容工程主体竣工，新增和恢复水域面积6平方千米，新增城镇公园15个，城乡绿化覆盖率48%。“六治”（治砂、治尘、治污、治乱、治超、治“庸懒散浮拖”）工作成效显著，启动畜牧业面源污染治理，空气优良天数达标率74.5%，成功创建省级优美示范镇村8个，顺利通过全国农村生活垃圾处理验收，砂石监控技防经验全省推广。贯彻新型城镇化战略，完成103线改造提升、彭谢路黑化，岷东大道成彭段、滨江大道城区段全线贯通，城市骨架更加舒展。

【社会事业及民生工程】2015年，全区财政投入民生和社会事业资金18.45亿元，民生占公共财政支出的72%。全年申请专利229件，其中专利授权63件；高新技术产业企业11个，高新技术产业总产值40.48亿元；全区各类专业技术人员1.34万人，其中农业技术人员493人。区财政投入科学技术支出660万元。全年财政投入教育支出2.85亿元，全区有小学15所，专任教师913人，在校学生1.23万人；普通中学16所（含高中、初中、九年一贯制学校），专任教师818人，在校学生9632人；中等职业学校1所，全区学龄儿童入学率100%，初中毕业生升学率90.7%，高中升学率90.5%，高考本科上线率35.2%。新一中、城南小学项目启动，东星航空项目开工，保罗国际学校招生行课；成功申报“全国规范化家长学校实验区”“省艺术教育实验区”，彭山一中成功创建省“阳光体育学校”。全年投入建设资金816.47万元，完成谢家小学等7个学校项目建设；投入资金1082万余元，更新学生课桌凳5230套，采购教师办公桌椅 955 套，教师办公电脑 420 台、财会人员专用电脑 50 台；安装数字化教学设备 369 套，与中国电信合作启动“三通两平台”工程（人人通、班班通、校校通）；全部免除义务教育阶段在校学生 3.56 万人次的学杂费、作业本费；补助贫困寄宿生费 2927 人次 180.5 万元；按每生每年 200 元提高寄宿生学校公用经费补助标准，补助金额 43.98 万元；补助贫困普高学生 2258 人次 225.8 万元；下拨普高贫困生免学费资金 100.24 万元，免除贫困普高学生 2414 人次学费；拨付 1580 名“三儿”（家庭经济困难儿童、孤儿、残疾儿童）资助资金 79 万元。年末，全区有文化馆 1 个，文化站 13 个，公共图书馆 1 个，博物馆 1 个，青少年宫 1 个，体育馆 36 个，电视台 1 个。全年组织文化馆、站活动 23 次，举办展览 4 个，组织文艺演出 10 次，创作文艺作品 19 件，全年组织大型文体活动 20 次，参加人员 15 万人次。完成牧马镇“村村响”广播升级改造和 5 个“村村响”广播扩容工程；更新 108 个农家（社区）书屋书籍；改建 5 个村文化活动室，为 1800 户农户免费安装卫星电视接收设备；彭山二小被确定为四川省曲艺传承示范学校；举行“江口沉银遗址”保护和考古研讨会；完成 8 个“寿乡新村文化院坝”建设，元宵灯舞巡游在央视实况播出，黄丰镇被评为“四川省民间文化艺术之乡”。全年财政投入医疗卫生支出 2.85 亿元。全区有医疗卫生机构数 248 个，实有床位数 1352 张，全区医疗机构有技术人员 2029 人，其中执业（助理）医师 595 人。全区新型农村合作医疗参合率 100%，全区 5 岁以下儿童死亡率 7.57‰，婴儿死亡率 5.99‰，产妇住院分娩率 100%。推进医疗卫生改革，实施分级诊疗，区域就诊率 90%。消除疟疾工作通过省级验收。创建省级卫生单位 11 个。继续推进 60 个病种临床路径管理和单病种质量控制试点，中医院建立老年病重点专科，建立优质护理示范科室 17 个。坚持乡村一体化管理，全区有全科医师 45 人，每个乡镇拥有 3 名以上全科医师。彭山区公立医疗机构全面实行网上阳光采购。药品、医用耗材阳光采购合格率、医疗卫生机构上网采购率、阳光积分合格率、药品阳光采购合格率均 100%。彭山区连续 9 年无急性血吸虫病感染病例发生，全部乡镇预防接种门诊达到“A 级”以上标准，全面实行日接种。新增城镇就业 4672 人，城镇登记失业 2085 人，城镇登记失业率控制在 4.2%以内。年末全区各种社会福利收养性单位 18 所，城镇居民最低生活保障人数 3943 人，农村居民最低保障人数 1.1 万人。完成养老保险并轨，整合城乡居民基本医疗保险，大病保险全覆盖。完成棚户区住房改造 640 套、农村危房改造 175 户。投入资金 7000 万余元，改善贫困村生产生活条件；实行“一户一策”精准扶贫，创新开展扶贫小贷保证保险、扶贫小贷入股企业等工作，全年减少贫困人口 4390 人。设立 2000 万元创新创业引导资金，创业孵化园被评为省级科技孵化园、市级创业示范园，建成市级农业科技示范园区 2 个、农业科技示范基地 1 个。发放创新创业小额担保贷款 1600 万元，个体工商户登记 1910 户，硕仙农业获四川省青年创新创业大赛冠军。跻身国家知识产权强县工程试点区县。荣获省级敬老模范区、“双拥”模范区称号。

【行政效能建设】2015 年，全面推行三张清单制度，清理编制权力清单 6162 项，责任清单 591 项，投资项目限制禁止清单 897 项，行政权力平台公开透明运行。坚持政府常务会学法、政府法律顾问列席政府常务会。认真办理人大代表建议、政协委员提案，满意率均为 100%。坚持领导联系重点推进项目和重点企业，严格落实“四个当天”制度，优化行政审批程序，87 项非行政许可取消，行政审批提速 20%。践行“三严三实”，动态列出 365 项干部管理负面清单，“四风”（形式主义、官僚主义、享乐主义和奢靡之风）问题得到有效整治。实行规划执行、监督“两委”并行机制，维护规划的权威性和严肃性。抓政策调整机遇，争取到政府存量债务置换债券 13.21 亿元、专项建设基金 3.56 亿元。整合平台公司，组建区融资担保公司，实现政府性融资 25.26 亿元。抓产权登记改革，成立区不动产登记局。货币化安置 3627 人，经验在全市推广。推进商事制度改革，实施“三证合一、一照一码”，降低准入门槛，将 134 项前置审批调整为后置审批，民营经济对经济增长贡献率 60.4%。开展道路交通安全综合整治，源头治理经验在全省交流。打击各类违法犯罪活动，侦破“5·1”特大盗掘倒卖文物案。整治城乡环境（治砂、治超、治乱、治尘、治污），关停畜禽养殖场 23 家，完成减排项目 11 个。创建省级优美示范镇（村）8 个。荣获全国法治县创建先进区县。多元化矛盾纠纷调处机制全省推广，平安建设跻身全省一流。彭溪镇、锦江乡通过省级安全社区认定，全区未发生较大及以上安全事故。

（许德英　刘黔玲）

表 12　**2015 年度眉山市彭山区乡镇简况表**

乡镇名称	辖区面积（公顷）	耕地面积(公顷)	年末人口数（人）	行政村（个）	村民小组（个）	社区和居民委员会（个）	社区和居民委员会小组(个)	财政收入（万元）	国内生产总值				农业生产总值						农村居民可支配收入(元)
									合计(万元)	第一产业	第二产业	第三产业	合计（万元）	农业	林业	牧业	渔业	农林牧渔服务业	
凤鸣镇	3769	1836.78	72466	7	43	9	130	5590	302840	12306	124487	166047	21919	7607	367	9417	4049	479	14585
彭溪镇	1740	727.39	25556	4	41	1	9	988	120993	6203	73171	41619	11640	3399	191	5943	1791	316	15241
观音镇	2670	1178.52	29224	7	64	1	7	4238	161763	8410	138639	14714	16742	5750	242	9258	1064	428	14734
青龙镇	4379	1644.19	35838	8	68	1	12	2160.98	407113	9999	337854	59260	20535	7293	418	10694	1673	457	14849
公义镇	4031	1973.46	25908	8	56	1	5	1081	32537	9585	14385	8567	17891	6696	492	9018	1216	469	13889
谢家镇	4584	2189.83	27597	8	67	1	13	730.3	49253	13278	16302	19673	24483	8825	425	12506	2125	602	14108
江口镇	4939	1072.75	17971	9	59	1	10	788	31243	10517	10463	10263	18129	7718	650	8220	1076	465	13694
黄丰镇	4038	1660.28	18295	9	47	1	5	896.4	28961	12221	9242	7498	20823	8591	340	9951	1377	564	14035
牧马镇	2800	1242.93	18061	5	39	1	5	502	24268	8734	8815	6719	16039	4358	390	8683	2111	497	13839
保胜乡	3455	1325.37	13074	6	48	1	4	180	16446	9556	1698	5192	17144	4745	446	10260	1267	426	13606
义和乡	3518	1683.57	16172	5	40	0	0	488.4	20548	8903	7788	3857	16157	5336	381	8755	1252	433	13754
锦江乡	3673	1052.87	13417	6	42	1	3	635	16883	6823	4769	5291	11817	4239	722	5771	711	374	13543
武阳镇	2897	1291.05	20192	6	41	1	10	538.5	21385	9810	6066	5509	17541	6382	371	8962	1368	458	13665
合计	46493	18878.99	333771	88	655	20	213	18816.58	1234233	126345	753679	354209	230860	80939	5435	117438	21080	5968	—

仁寿县

【概况】2015年，仁寿县继续推进全域天府新区战略，县域经济平稳增长，经济结构优化，质量提升。全县地区生产总值（现价）339.66亿元，其中，第一产业增加值69.72亿元，第二产业增加值180.38亿元，第三产业增加值89.56亿元。不变价计算的国内生产总值316.83亿元，比2014年（下同）增长10%，其中第一产业增加值53.19亿元，增长4.2%，第二产业增加值183.02亿元，增长11.6%，第三产业增加值80.62亿元，增长10.6%。三次产业比由2014年的20.9：53.4：25.7调整为20.5：53.1：26.4，第一产业比重下降0.4个百分点，第三产业比重提高0.7个百分点。人均地区生产总值27700元，增长8.7%。

【民营经济】2015年，全县民营经济增加值201.74亿元，比2014年增长10.6%，比GDP增速快0.6个百分点，占全县GDP的59.4%。以民营经济为主体的县域经济格局得到巩固。

【农业经济】2015年，全县第一产业实现总产值（现价）121.34亿元。农业经济增产增收，特色农业迅猛发展。全年实现农业总产值（现价）55.34亿元。突出“粮、猪、果、菜”主导产业，推进现代农业示范园建设，建设成都农副产品配送基地。粮食产量80.06万吨、比2014年（下同）增长3.4%，棉花产量490吨、减43%。油料产量4.12万吨、增5.5%，水果产量50.45万吨、增5.9%，糖料产量1.54万吨、减0.7%。全年造林面积2167公顷，林业现价产值2.33亿元。畜牧业现价产值54.35亿元。牛存栏2.07万头、增4%，生猪存栏86.38万头、降3.69%，猪出肥120.19万头、降3.08%，羊出栏39.66万只、增5.05%，兔出栏1055.62万只、增2.48%，家禽出栏1033.51万只、增2.27%，猪、牛羊肉产量8.93万吨、降1.92%，其中猪肉8.68万吨、降2.25%，禽蛋产量2.67万吨、增2.5%，禽肉产量1.81万吨、增2.91%。水产品产量4.54万吨、增6.5%。渔业现价产值6.52亿元。

【工业和建筑业】2015年，实施工业强县战略，以项目建设为重点，促进工业投入。全县工业对GDP的贡献率46.3%，拉动GDP增长4.6个百分点。全社会现价工业总产值487.6亿元，现价工业增加值141.4亿元，比2014年（下同）增长10.2%。规模以上工业企业现价产值382.9亿元，实现增加值106亿元，增长11.6%，产品销售收入380.3亿元，利润总额39.64亿元，产销率99.3%。产原煤133.7万吨、降2.8%，产水泥158.8万吨、降26.3%，产焦炭32.4万吨、增1.3%，产家具82万件、增10.4%，产布4202万米、升2.6%，产纱2.2万吨、增10%。列入统计的建筑施工企业37户，建筑企业总产值76.9亿元，增长24.6%。

【固定资产投资】2015年，固定资产投资总额279.89亿元，比2014年（下同）增长13.4%。其中，工业固定资产投资102.31亿元，增长12.8%；基本建设投资122.09亿元，增长1.8%；更新改造投资78.25亿元，增长12.2%。房地产开发投资70.05亿元，增长26.9%。商品房销售面积134.1万平方米，增长28.5%,销售额64.87亿元。居民居住条件改善，城镇环境优化。

【交通邮电业和旅游业】2015年，全县交通邮电业平稳发展，运输和邮电通信布局合理，基础设施升级换代，服务质量提高。公路旅客周转量25.79亿人千米、比2014年（下同）增长10.2%，公路货物周转量13.74亿吨千米、增14.1%，全县公路总里程3140千米，其中等级公路2040千米，5条高速、3条仁寿至成都城市干道、2条国道、2条铁路、对接2大机场的“53222”综合交通格局逐步形成。连汪燕铁路开工建设，结束仁寿没有铁路的历史。开通城乡公交线路14条，水泥路通村率100%。年末固定电话用户10.08万户，移动电话89.19万部。全年接待旅游668万人次，增长23%，旅游收入53.2亿元，增长38.9%。

【商饮服务业】2015年，全社会消费品零售总额135.74亿元，比2014年（下同）增长12.5%。批发零售业零售额116.74亿元，增长12%；住宿餐饮业零售额19亿元，增长15.9%；城镇零售额73亿元，增长12.3%；乡村零售额62.74亿元，增长12.7%。

【财政、金融和保险业】2015年，全县地方财政一般预算收入20.42亿元，同口径增长12.2%，其中税收性收入11.4亿元。地方公共财政支出59.38亿元，比2014年增长10.7%。年末全社会存款余额431.62亿元，比年初增长16.5%，城乡居民储蓄余额351.56亿元，比年初增长13.2%，全社会贷款余额188.05亿元，比年初增长15.3%。

【科技、教育、卫生、体育、广播电视业】2015年，全县有“孵化器”等项目14个，全年专利授权225件。继续改革教育事业，全县有小学在校学生6.74万人，普通中学在校学生5.72万人，中等职业教育学校在校学生 1.79 万人，小学学龄儿童入学率 100%，四川科技职业学院、中国武警警官学院天府校区正式招生，在校大学生 4500 余人。医疗卫生机构 92 个，医疗卫生机构床位数 6970 张，医院卫生院技术人员 4942 人（其中，执业医师 2006 人）。体育场馆 2 个，剧场、影剧院 1 个，公共图书馆总藏书量 21.5 万册。

【城市建设和环境保护】2015 年，县城城区面积 37 平方千米，城镇化率比 2014 年增长 1.4% 个点，达到 33.8%。全县森林面积 10 万公顷，森林覆盖率 37.5%，污水处理厂 4 个，城区生活污水处理率 85%。

【人口和人民生活】2015 年，全县户籍人口总户数 55.46 万户，总人口 157.04 万人。在总人口中，男性 81.4 万人，女性 75.64 万人，男女性别比为 107.6∶100，全年出生人口 1.61 万人，死亡人口 1.08 万人。全县常住人口 122.62 万人。农村居民可支配收入 11520 元，比 2014 年增加 1650 元，增长 10.2%。全县有社会福利收养性单位 92 个，社会福利收养单位床位数 1.14 万个，城镇居民最低生活保障人数 1.27 万人。城镇基本养老保险参保 17.45 万人，城镇基本医疗保险参保 25.8 万人。参加失业保险 2.39 万人。参加农村新型合作医疗的 113.64 万人，参加新型农村社会养老保险人数 75.67 万人。

（周国如）

表 13　2015 年度仁寿县乡镇简况表

单位	辖区面积(公顷)	社区居民委员会(个)	村民委员会(个)	农村社会基础设施			农村经济社(个)	总人口(人)	耕地面(公顷)	国内生产总值(当年价、万元)	粮食产量(吨)	农民人均纯收入(元)
				自来水受益村(个)	通有线电视村(个)	通宽带村(个)						
文宫镇	5952	2	11	8	11	11	79	37710	1379.4	58515	14567	14030
禾加镇	2649	2	7	3	7	7	53	23776	875.4	53132	7777	11401
龙马镇	4266	2	11	8	11	0	99	27384	145.2	45999	15244	11041
方家镇	4615	1	9	9	9	1	104	28049	1981.2	29002	18199	11708
文林镇	9702	38	0	0	0	0	0	157306	1832	627312	18595	13248
大化镇	6625	2	12	12	12	12	87	35205	1702	67837	15076	12581
高家镇	5823	1	10	1	10	1	80	24039	1232.67	21944	14067	12423
中农镇	2872	1	9	9	9	9	85	20609	1330.07	20221	8897	11206
禄加镇	5429	1	15	15	15	15	128	36360	1645	38043	18037	11914
宝飞镇	4319	1	14	14	14	14	123	31846	1525.47	80937	12702	12687
彰加镇	5102	3	12	12	12	12	89	33916	2039.6	50069	16801	11261
慈航镇	6047	2	12	11	12	12	97	34091	2112.33	55380	20447	12180
汪洋镇	7269	5	18	7	18	18	107	60073	1795	290130	21130	12682
钟祥镇	5258	5	6	3	6	6	50	35324	1800.33	56777	20949	11662
始建镇	5348	1	13	5	13	9	96	37518	2551.93	36816	29480	11157
满井镇	6414	3	10	6	10	10	67	36852	2251	92795	20660	12516
富加镇	7091	4	18	14	18	18	157	66076	3016	108059	29021	11945
龙正镇	5774	5	7	7	7	7	57	29248	1496.53	131609	14118	12538
黑龙滩镇	15050	6	17	13	17	16	140	50877	2407.8	87136	17611	11892
清水镇	6528	2	10	3	10	10	76	26914	1553.67	40712	16067	11923
视高镇	5004	9	0	0	0	0	0	30813	1274	616889	19014	13079

续上表

单位	幅员面积(公顷)	社区居民委员会(个)	村民委员会(个)	农村社会基础设施			农村经济社(个)	总人口(人)	耕地面积(公顷)	国内生产总值(当年价、万元)	粮食产量(吨)	农民人均纯收入(元)
				自来水受益村(个)	通有线电视村(个)	通宽带村(个)						
北斗镇	5234	2	10	10	10	10	78	38046	2154.27	49797	17251	10267
虞丞乡	3734	2	3	2	3	3	25	7348	447	8309	6540	11083
青岗乡	2946	1	9	8	9	6	66	15497	1023	13000	7847	11530
古佛乡	2259	0	12	12	12	12	86	15456	992.4	13675	9166	11582
板燕乡	2276	0	11	11	11	11	90	14227	875.13	12593	12112	11044
石咀乡	2096	1	7	7	7	3	51	14762	975	10684	11105	10500
藕塘乡	2046	1	10	5	10	10	78	14069	953.47	11578	11298	10144
玉龙乡	2159	1	10	10	10	10	95	16794	1025	13183	13495	10744
合兴乡	1751	0	5	5	5	1	35	12102	920.27	9697	9678	11922
促进乡	1953	0	9	9	9	9	56	9996	608.33	8248	10204	10397
鸭池乡	1914	0	5	5	5	5	40	11104	643	8310	6197	9853
双堡乡	3080	0	6	4	6	0	37	19347	813.33	14657	7391	10821
河口乡	2329	1	4	4	4	4	43	14702	1028.93	10945	7510	10911
板桥乡	1954	1	5	5	5	5	48	13235	752.2	10842	8890	11512
元通乡	3076	1	6	6	6	6	58	21335	1184.67	22591	14789	10545
向家乡	3010	0	5	5	5	2	34	18005	1048.87	14189	8696	10608
里仁乡	3678	0	5	5	5	0	40	16450	1259.33	21696	13537	11229
兴盛镇	3649	0	5	0	5	5	31	14620	1251	39781	13218	11538
兆嘉乡	2248	0	8	7	8	6	76	10540	785	10998	7192	11523
宝马镇	5396	0	7	7	7	7	75	30887	1522.07	78575	12702	11525
珠嘉镇	5302	1	6	6	6	6	66	34409	1836.93	28544	23654	11882
鳌陵乡	3847	0	6	6	6	6	60	12824	800.27	16333	5411	11633
观寺镇	3808	1	4	4	4	4	38	27938	1458	30835	16270	11571
中岗乡	3832	1	4	3	4	4	29	21788	1334.93	19191	14669	10901
龙桥乡	5890	0	6	6	6	6	39	26092	1852.93	24363	21691	12175
曲江乡	3621	0	6	5	6	6	46	20279	1226.8	18763	10829	10192
城堰乡	4016	0	9	4	9	9	79	12659	1022.67	12608	8430	10252
谢安乡	3303	0	11	5	11	11	116	19553	1241.53	16959	11584	9985
新店乡	2748	1	7	1	7	1	59	20105	1284	17122	15579	11520
天峨乡	4749	0	7	0	7	1	54	21196	706.13	53607	5441	10759
识经乡	2934	1	8	8	8	8	56	17034	565.93	14207	6464	10299
凤陵乡	3326	1	9	1	9	7	58	19056	1614.93	16501	13136	11528
涂加乡	3225	1	7	7	7	7	66	16538	931	12510	10320	10770
四公镇	3562	0	9	3	9	9	68	18344	900.73	20177	8864	11532
松峰乡	3108	1	7	7	7	7	42	15012	710.33	18678	7399	10014
曹家乡	6125	0	8	3	8	8	47	23876	1377	28312	16837	12423
景贤乡	4311	0	7	7	7	2	40	10132	673.53	9118	8921	10257
农旺乡	3914	1	11	0	11	11	98	25426	1680.87	24326	17547	10407
洪峰乡	5213	0	9	5	8	9	65	15609	947.53	21767	13724	10831
合计	260792	103	517	127	515	345	4136	1570378	79667.4	3396578	820633	—

洪雅县

【基本概况】洪雅县地处四川盆地西南边缘，东接夹江县、峨眉山市，南邻金口河区、荥经县、汉源县，西抵雨城区、名山县，北交丹棱县。地理坐标为北纬29°24′至30°00′，东经102°49′至103°32′。地势由西南向东北倾斜，处于全国地形第一阶梯与第二阶梯的结合部。全县辖区面积1896.49平方千米，最高峰为天宝山的主峰光咚咚山（海拔3172米），最低处为县东北余坪镇青衣江畔的芦溪口（海拔417.5米），相对高差2754.5米。境内气候温和，雨量充沛，属亚热带湿润性气候。2015年，年平均气温17.8℃，比2014年（下同）上升0.9℃。最高气温36.2℃（8月2日），最低气温0.9℃（1月3日）；年总降水量1221.1毫米，减少106.7毫米；平均相对湿度74%，年日照总时数为935.9小时。境内主要自然灾害为干旱、暴雨、强雷暴等。全县辖15个乡镇、139个村、20个社区、1022个村民小组、130个居民小组，年末总人口35.06万人，其中常住人口30.73万人，出生人口4011人，死亡人口2655人，人口出生率11.71‰、死亡率7.75‰，人口自然增长率3.96‰。全县地区生产总值100.06亿元，比2014年（下同）增9.1%。其中第一产业增加值15.05亿元，增4.1%；第二产业增加值59.48亿元，增9.5%；第三产业增加值25.53亿元，增10.9%。第一、二、三产业对国民经济增长的贡献率分别为6%、65.5%、28.5%，三次产业的结构由2014年的15.4：60.4：24.2调整为15：59.5：25.5。按常住人口计算，全县人均GDP3.27万元，增7%。民营经济增加值65.7亿元，增9.6%，占全县国内生产总值的65.6%，对全县经济增长的贡献率为70.4%，拉动经济增长6.4个百分点。在全县民营经济增加值中，第一产业增加值9.08亿元，增3.7%；第二产业增加值44.17亿元，增11%；第三产业增加值12.43亿元，增7.6%。社会消费品零售总额实现34.39亿元，增12.7%；地方公共财政预算收入8.19亿元，增11.1%；总支出20.37亿元，增4.6%；金融机构各项存款余额126.49亿元，增7.2%，其中住户存款余额104.94亿元，增12.4%；城镇居民人均可支配收入2.56万元，增9%；农民人均可支配收入1.33万元，增9.7%。

【旅游发展】2015年，洪雅县收回瓦屋山开发权，引进四川投资集团共同开发。七里坪加快建设"国际抗衰老健康产业试验区"，成为首个"省级文化艺术示范区"。柳江古镇创建为国家AAAA级景区，玉屏山被授予"四川森林康养试点示范基地"。推进云中花岭、玉湖岚山等项目。花溪、高庙被评为省级乡村旅游示范镇。举办"中国首届国际抗衰老健康产业发展论坛""四川首届森林康养年会"等活动。洪雅旅游被中央电视台报道5次，被国际旅游联合会评为"中国最佳投资旅游典范县"。全年完成旅游项目投入30亿元，接待旅客680万人次，旅游社会总收入52.3亿元，新增第三产业经营者和从业人员8500人。

【工业经济】2015年，全县新开工鑫达康技改、包覆纱等项目10个，推进新乐雅陶瓷技改、元明粉多用途母粒等项目，竣工兴丰活性炭、德信伟业等项目10个。幺麻子公司启动创业板上市。新培育规模以上企业4户、战略新兴产业企业6户、小微企业38户。完成柳江、吴庄电力供区移交，丰元弘汇电力廊道、夹洪输气管线及配气站建成投用。通信业产值、业务量增速全市排名第二。实现工业固定资产投资18.2亿元，更新改造投资22.3亿元；规模以上工业总产值55.4亿元，增长6.1%；工业利润1.6亿元，入库税金4亿元；外贸进出口1871万美元；农民转变为产业工人8200人。

【特色农业】2015年，加快建设海峡两岸现代农业观光园等四大农业园区，中保种养循环农业园成为全国示范点。完成散养奶牛进小区，畜牧业产值13.2亿元。茶叶面积1.86万公顷，鲜叶产值11.6亿元。"中国（前锋）有机茶第一村"成为全国"双创"示范项目，受到国务院总理李克强肯定。建成有机蔬菜基地400公顷。申报无公害产品2个、国际注册商标1件、省级著名商标4件。启动东北片区开发。竣工小型农田水利重点县等项目13个。土地确权登记1.27万公顷。开展农民财产性收入改革试点，开展农村金融信用乡镇等级评定。新注册家庭农场76家、专业合作社52家，农民转变为农业业主179户。全年粮食总产量12.63万吨，种植业实现增加值6.65亿元；经营森林11.57万公顷，林业总产值37.8亿元。

【固定资产投资】2015年，全

县固定资产投资建设项目67个，固定资产投资完成102.53亿元。其中第一产业投资2.27亿元，第二产业投资18.17亿元，第三产业投资82.09亿元。500万元以上项目投资96.31亿元，基本建设投资74.05亿元，更新改造投资22.27亿元，房地产开发投资3.47亿元。全年商品房施工面积65.41万平方米，商品房销售面积25.95万平方米，其中住宅销售面积25.05万平方米，商品房销售额8.57亿元。全年全社会建筑业增加值5.33亿元。具有资质等级三级及以上建筑企业8个，建筑业总产值10.26亿元。

【城乡建设】2015年，“引青入城”（青衣江水引进洪雅县城护城河，流经县城后再返入青衣江）建设获世界银行集团、国家部委肯定，越南政府代表团到洪雅学习考察。滨江路改造完工，江南栈道基本建成，江南湿地公园、县文体中心等项目启动。城区搬迁户入住安置103户。出台农村居民进城购房补贴办法，销售商品房44万平方米。城区绿化覆盖率41.5%。瓦屋山镇被列为全省“百镇建设行动”试点镇，柳江镇成功申报省级重点商贸流通示范镇。建成幸福美丽新村30个。完成城镇建设投入28亿元，新增城镇建成区1平方千米，农民转变为城镇居民5500人，城镇化率39.8%。大峨眉国际旅游西环线止戈至柳江段完成路基工程，柳江至零公里段、市政段启动征地搬迁。国道351线城区过境段完成路基涵洞工程，洪仁路、柳赵路、博汉路改造完工。完成交通投入8.3亿元。

【社会民生】2015年，全县103项民生任务、30件民生实事完成。高考重本上线率居全市第一，学前教育“洪雅模式”在全国交流，全县在校学生3.52万人。县中医医院开工建设，县精神康复医院基本建成，公立医疗机构门诊量117.67万人次。建立食品安全溯源机制，打造“吃得放心”示范店11个。县水质检测中心、总岗山水厂全面完工。解决农村安全饮水2万人。落实保障性安居工程1531套，833户城镇房屋灾后恢复重建完成。实施扶贫攻坚“1711”（1个县委《通知》、7个减贫方案、11个专项方案）工程，精准脱贫4008人。建立高校毕业生见习基地7个，城镇新增就业4502人。举办大型文化活动12场次，被选定为“全省文艺创作培训基地”“中国散文学会创作基地”。县档案馆开工建设。县老年活动中心主体完工。县残疾人集中托养中心建成投用。整治安全隐患6328处。煤炭行业全面退出。建成省级安全社区4个，余坪镇新安社区被评为“全国综合减灾示范社区”。办理网格事件3.2万件。完成“六五”普法。

【社会保障】2015年，企业职工基本养老保险参保单位245个，参保职工2.56万人，征收养老保险基金2.56亿元,实发养老金3.79亿元,发放率99.77%。完成城镇职工基本医疗保险、城镇居民基本医疗保险、新型农村合作医疗的统一经办管理，全县参加城镇职工基本医疗保险390户2.17万人，参加城镇居民基本医疗保险2.95万人，参加新型农村合作医疗27.52万人；收缴城镇职工基本医疗保险金8387万元、城镇居民基本医疗保险金1398万元、新型农村合作医疗保险费1.29亿元；职工基本医疗保险基金支出6105.5万元，居民基本医疗保险基金支出1802.5万元，新型农村合作医疗保险基金支出9850.04万元。失业保险参保8269人，征缴基金566万元，发放失业保险金143.78万元。工伤保险参保575户1.92万人，征缴基金669.6万元，基金支出974.44万元。生育保险参保575户1.77万人，征缴基金312.39万元。

【行政建设】2015年，完成政府机构改革，事业单位分类改革稳步开展，县不动产登记局挂牌成立。推进“三张清单”制度，清理权力、责任、负面清单部门41个、权力5995项。办理行政审批和公共服务事项24.7万件，公开政务信息1.5万条。财政评审项目审减2.8亿元，决算审计项目审减4484万元。公共资源交易电子平台交易项目178个。实现政府融资6.3亿元，新增信贷投放9亿元。“三公”经费［政府部门人员因公出国（境）经费、公务车购置及运行费、公务招待费产生的消费］下降9.2%。主动接受人大法律监督、政协民主监督，接受社会监督和舆论监督。办结市县人大代表建议、政协提案161件，满意和基本满意率100%。

（白银福）

表 14

2015 年度洪雅县乡镇简况表

乡镇	辖区面积（平方千米）	村/社区（个）	常住人口（人）	耕地面积（公顷）	国内生产总值（万元）	财政收入（万元）	农民人均可支配收入（元）	主要农产品产量							
								粮食（吨）	油料（吨）	出栏生猪（头）	水果（吨）	蔬菜（吨）	茶叶（吨）	奶牛存栏（头）	产奶（吨）
洪川镇	80.03	10/7	74314	1334	229256	4427.8	14517	16752	1348	39656	1427	10493	74	1192	7145
止戈镇	46.03	6/1	18167	1031	79344	624	14456	10964	1242	18903	676	6122	2109	1832	10257
三宝镇	38.6	6/1	11737	564	16630.9	771.87	12252	5941	387	16211	91	6443	341	943	6567
花溪镇	61	8/1	15676	839	19150	857.6	15494.9	7709	626	14088	291	6222	1111	1028	6977
余坪镇	99.35	15/1	32504	2244	67872	1025	12918	22734	2513	50424	1128	13253	1561	1132	6417
槽渔滩镇	87.73	8/2	17425	624	32115.3	946	14719	6398	510	24220	357	2181	1213	741	4942
中保镇	67.66	8/1	18906	1094	94938	611	13854	10017	775	36714	595	10133	420	569	3432
东岳镇	115.3	11/1	23242	1332	51802	1202	14680	11838	683	29831	294	5800	1279	6168	34205
柳江镇	160.39	9/1	17516	623	55523	1648.45	13989	4954	306	16232	37	2547	60	774	3827
高庙镇	234.21	10/1	16974	419	101239	894	13983	3891	43	8192	20	1250	170	0	0
瓦屋山镇	694.73	26/1	17008	525	41037	1685	12842	3426	33	11060	0	3102	77	0	0
中山乡	40.13	5/1	12140	763	25227	693	13875	8217	1171	14505	557	4910	1879	168	169.45
将军乡	54.24	6/1	16704	676	166028	814	13716	7627	584	13641	511	2615	500	1959	6314
汉王乡	70.87	7	9622	482	15540	749.9	13471	4659	128	12346	17	675	1332	76	444
桃源乡	46.22	4	4183	119	4930	573	11685	1174	27	3700	5	894	229	0	0

丹棱县

【概况】丹棱县地处四川盆地西南边缘，岷江以西，青衣江以东，总岗山南麓，眉山市中部偏西。地跨北纬 29°52′~30°08′、东经 103°14′~103°35′之间。东与眉山市的东坡区毗邻，东南和乐山市的夹江县接壤，南与洪雅县相连，西与雅安市的名山县为邻，北与成都市的蒲江县连接。辖区面积 448.94 平方千米。丹棱县人民政府所在地丹棱镇，东北距成都市 100 千米，东距眉山市 30 千米，西南距乐山市 65 千米，西距雅安市 85 千米。遂资眉高速、106 省道横跨东西，县道丹蒲路、丹夹路纵贯南北。乡（镇）、村、社道四通八达，形成以县城为中心的交通网络。自隋开皇十三年（593 年）至 2015 年，丹棱县有建制 1422 年的历史。丹棱县属河源丘陵地区。邛崃山支脉总岗山（一名长秋山，古称可暮山）横亘于县之西北境，连绵约 60 千米。县域地势西北高，东南低，由西北向东南逐渐低平，形似一面斜坡。最高点在县境西北张场镇老峨山，海拔高程 1142 米；最低点在县境东南杨场镇徐坝村，海拔高程 450 米。丹棱县气候属亚热带气候，其显著特征是：四季温和，冬无严寒，夏无酷暑，冬干春旱，夏涝秋雨，阴天偏多，日照偏少。2015 年境内气温偏高，降雨量、日照均偏少。年平均气温 17.6℃，较多年平均气温 16.7℃高 0.9℃；年日照时数 700.8 小时，比多年平均日照时数 939.8 小时偏少 25.4%；年降水量 885.5 毫米，比多年平均降水量 1157.9 毫米偏少 23.5%；年相对湿度 74%，比多年平均湿度 80%低 6 个百分点；年无霜期 350 天，比多年平均无霜期 312 天多 38 天。境内有大小溪河 122 条，以丹棱河、安溪河、金牛河为主。径流量 3.52 亿立方米。钙芒硝资源丰富，全县钙芒硝矿储量 250 亿吨，厚度大、品位高、埋藏浅。天然气气源在顺龙乡境内，日产气约为 10 万立方米，用于本县城镇居民生活用气和部分工业用气。2015 年，全县辖 5 个镇、2 个乡，年末总人口 16.27 万人，当年出生人口 1548 人。人口自然增长率 4.0‰。全县地区生产总值（GDP）突破 50 亿元大关，比 2014 年（下同）增长 10.7%。其中，第一产业增加值 10 亿元，增长 4%；第二产业增加值 27.4 亿元，增长 12.9%；第三产业增加值 12.6 亿元，增长 10.3%。三次产业对经济增长的贡献率分别为 6.6%、69.6% 和 23.8%，其中，工业对经济贡献率 55.2%，建筑业对经济的贡献率 14.4%。第一产业拉动经济增长 0.7 个百分点；第二产业拉动经济增长 7.4 个百分点，其中工业拉动经济增长 5.9 个百分点；第三产业拉动经济增长 2.6 个百分点。三次产业结构比由 2014 年的 21.1∶54.2∶24.7 优化为 20.1∶54.7∶25.2。全年民营经济增加值 31.3 亿元，增长 11.2%，占 GDP 的 62.6%，对 GDP 增长的贡献率为 68.6%。其中，第一产业增加值 4.5 亿元，增长 4%；第二产业增加值 20.2 亿元，增长 13%；第三产业增加值 6.6 亿元，增长 9.4%。

【工业】2015 年，工业固定资产投资完成 33.7 亿元，增长 15.4%，增速全市第一。规模以上工业增加值增长 14.5%，万元 GDP 综合能耗下降 1.5%，完成节能减排任务。新发展亿元企业 4 户、规模企业 5 户、小微企业 105 户。工业入库税金 1.2 亿元。工业总产值完成 47 亿元，其中柯美特、联发等 8 户重点工业企业完成产值 19.2 亿元，占比 51%，对工业增长贡献率 59%。中车丹齿连续两年荣获市政府质量奖，为力帆、比亚迪等企业独家配套纯电动汽车圆柱齿轮；柯美特集团销售收入突破 5 亿元，其型材产品被评选为“全国消费者满意产品”；瑞迪佳源创建为“国家高新技术企业”。诺尔电气、创力机械等 8 家企业建成投产。县政府与四川省机械研究设计院签订战略合作协议。

【农业】2015 年，以农民增收为根本，规模化、标准化、品牌化抓农业，实施省现代农业、现代林业、现代畜牧业强县项目。实现农业总产值 16.5 亿元，增长 5%。建设高标准农田 3533.33 公顷，粮食总产量 7.85 万吨。新增“一县四品”（全县以“水果、蚕桑、茶叶、竹木工业原料林”为主的特色效益农业）基地 103.47 公顷，建成种植面积 10 万亩（6666.67 公顷）、产值 10 亿元“不知火”“双十”园区。创建省级标准化畜牧示范场 5 个，畜禽良种化率 98.5%，第二轮现代畜牧业重点县建设通过省验收。新培育市级龙头企业 1 家、专合社 12 家、家庭农场 23 家、现代农业业主 145 户。“丹峨仙”被认定为眉山市知名商标。举办四川丹棱橘橙上海推介会，签订 1.2 万吨不知火贸易合同。在仁美镇推广以大棚葡萄为试点的特色农业保险改革。启动供销合作社综合改革。

【第三产业】2015 年，以“中

国大雅家园”规划为统揽，发展现代服务业。完成旅游投入5.48亿元，接待游客238万人次，实现旅游总收入16.5亿元。示范打造顺龙幸福古村，开启“民宿+度假”乡村旅游新模式，幸福村被评为“全国特色景观旅游名村”。梅湾村被评为“中国乡村旅游模范村”、“国家美丽宜居村庄”。梅湾湖景区创建成全市首个以乡村旅游为主的国家AAA级旅游景区。大雅新城商业综合体全面开街，万景大雅城、锦江饭店开业迎宾，太平洋影院、家乐购等200余家品牌商家入驻。建成综合性电子商务孵化基地，65家电商入驻。成立不动产登记中心，丹棱农商行筹建有序推进。推行“三证合一，一照一码”，新登记个体工商户3542户、私营企业626家。

【城乡建设】2015年，完成《眉山市丹棱县新型城镇化规划(2015—2020年)》，全县城镇化率比2014年增长2.1%；新增城镇建成区面积0.6平方千米，新增城镇人口0.31万人。全年城市基础设施项目开工24个，投资2.3亿元，其中市政基础设施项目17个，完成投资1.2亿元。完成丹棱大道(含亮化、绿化)、大雅路、白塔路、机械园区横干道西延伸段、熊河碥安置区道路建设；完成新南桥改造和白塔路滨河景观带建设。修改完善在建的熊河碥安置房、白塔路棚户区安置房、白塔三四组安置房外观立面，完成大堰桥绿地建设，大雅堂公园二期景观绿地工程，形成风格相对统一的城市景观，提升城市品质和对外形象；挖掘大雅文化，在大雅堂内建成规划馆、乡贤馆、唢呐馆，按大雅堂风格新建县文化宫和文化馆，完成主体施工；按照宋式风格启动改造遂资眉高速公路丹棱收费站。启动并完成大雅堂片区的国家AAAA级景区创建；依托穿城而过的丹棱河，梯级扎坝，实现“一河变五堰”“拥城建四湖”，常年增加水面20万平方米，引水进入大雅路；新建大雅堂公园、大堰桥绿地、大雅路绿地、丹棱大道绿化带，启动建设丹心湖公园和白塔湿地公园，建设城市“绿肺”。大雅工业新城规模以上工业增加值增速16.6%，工业固定资产投资定资比2014年(下同)增长10.4%；技术改造投资增长22.4%，大雅新城城市商业综合体建成开城，总面积8万平方米，招商入驻品牌店121家，开业106家，新增就业岗位2570个。

【项目工作】2015年，全县向上争取项目253个，到位资金5.8亿元。招商引资到位资金36.2亿元。引进轨道交通配套产业园、丹棱幸福村旅游综合开发项目、利达华税成套机械设备等项目14个，协议总投资66.85亿元。外贸进出口总额1680万美元，比2014年增长32%。豪月食品公司在深圳前海股权交易中心成功挂牌，开创本土企业在资本市场融资先河。大深001—X1天然气井钻成投运。

【财税金融】2015年，丹棱县地方公共财政收入3.04亿元，比2014年(下同)增长16.07%，增速全市第一。税收性收入2.02亿元，增长16.9%，占地方公共财政收入的66.4%。地方公共财政支出12.83亿元，增长10.7%。全年完成政府性基金收入1.44亿元，增长9.7%，完成政府性基金支出1.6亿元，减少18.1%。年末全县金融机构人民币各项存款余额61.96亿元，比年初增加5.44亿元，增长9.6%。其中，住户存款余额50.96亿元，比年初增加5.62亿元，增长12.4%。金融机构各项贷款余额24.42亿元，比年初增加3.29亿元，增长15.6%。其中短期贷款7.45亿元，减少6.8%；中长期贷款16.92亿元，增长30.4%。

【民生】2015年，全年养老保险参保11.64万人，其中参加城乡居民养老保险9.02万人，参加城镇职工养老保险2.64万人。参加城乡居民基本医疗保险15.45万人。参加失业保险4050人。新增就业2367人，城镇失业率控制在4.1%以内。城镇居民最低生活保障3016人，农村居民最低生活保障9231人。全年城市生活污水集中处理率88%；城市生活垃圾无害化处理率100%。全年氮氧化物削减率4.3%，可吸入颗粒物年均浓度每立方米0.12毫克。全县森林覆盖率55.1%。有公共图书馆1个、文化馆1个、文物保护管理所1个，博物馆1个、电影院2个，全国重点文物保护单位2个(3处)，省级文物保护单位2处，市级文物保护单位11处，县级文物保护单位23处。公共图书馆总藏量6.82万册。

(罗德斌、王巧奇、万玲)

表15　2015年丹棱县乡镇简况表

乡镇名称	辖区面积(平方千米)	村民委员会(个)	居民委员会(个)	人口(人)	耕地面积(公顷)	农业总产值(万元)	工业增加值(万元)	农民人均可支配收入(元)	主要农产品			
									粮食(吨)	牛奶产量(吨)	油菜(吨)	出栏肉猪(头)
丹棱镇	59.34	10	6	42448	1871.81	45228	86680	14889	9809	447	828	35964
杨场镇	90.82	12	1	31911	4272.69	31609	97570	14822	19854	1386	1934	43282
仁美镇	34.14	8	—	18414	1528.77	20481	2599	13205	10202	1777	909	23000
双桥镇	89.57	14	—	32732	3695.81	34817	25084	14487	17107	2726	1289	43491
张场镇	95.86	16	1	23914	2638.05	23433	3462	10752	11771	2382	1187	37009
石桥乡	23.28	4	—	4147	546.97	4506	769	10776	3139	242	170	7945
顺龙乡	55.93	6	—	9151	1869.31	10599	634	12662	6592	344	468	18400
合计	448.94	70	8	162717	16423.41	170673	216798	—	78474	9305	6785	209092

青神县

【概况】2015年，全县地区生产总值64.94亿元，比2014年(下同)增长11%，增速居全市第二。其中，第一产业增加值8.60亿元，增3.9%；第二产业增加值35.99亿元，增12.8%；第三产业增加值20.35亿元，增10.4%。分别拉动经济增长0.5、7.3和3.2个百分点。全年地方财政收入7.28亿元，增31.1%；地方财政支出18.5亿元，增25.3%。全县金融机构各项存款余额76.56亿元，增12.6%；贷款余额37.6亿元，增13.1%；保费收入1.34亿元，增16.2%；处理各项赔款和给付金额2932万元，增5.8%；全年居民人均可支配收入17928元，增10.1%；全年全县固定资产投资60.82亿元，增12.3%；电子商务等服务业发展迅速，电商发展指数居全省第三，网商指数全省第二，被评为国家级电子商务进农村综合示范县。全年完成社会商品零售总额22.46亿元，增12.6%；全县人口自然增长率3.55‰，全县森林覆盖率46.1%，增长2.08%，完成节能减排任务。

【工业经济】2015年，以机械业为主导，日化、纺织、医药等产业为支撑发展工业经济。德恩20万吨铸造及机械加工生产一期、润源铸造、宏瑞钢构二期等17个机械项目竣工投产；正扬橡塑、丹妮纸业等14个项目稳步推进；彩虹制药、泰禾机械、德鑫航空三期等20个项目开工建设。完成丹甫股份和台海核电资产重组，德恩精工、德鑫航空在新三板挂牌。全年申请专利87件，专利授权51件。德恩精工被评为国家级知识产权示范企业，强力机械等4户企业被评为省级创新企业。全年全部工业增加值34.86亿元，增长12.9%，工业对GDP贡献率60%。全县规模以上工业总产值95.6亿元，增长17.3%；增加值增长14.3%。

【竹产业发展】2015年，启动国际竹编博物馆项目、国际竹艺城市政基础和旅游设施、丹妮纸业观光工厂等项目建设。完成竹研发中心、水竹·怡庄二期项目建设。新改建竹基地1333.33公顷，建成竹海基地1000公顷，完成眉青快速通道、锦绣大道等骨干道路竹景观。促进竹制品营销，建成竹编电子商务中心，组织3家竹编企业参加“2015年韩国谭阳世界竹子博览会”。竹编产业园区创建为“全国版权示范园区”，全年引进入驻企业15家，签订竹韵天下片区项目投资合作框架协议。完成竹编产业技术工人培训1035人，108名竹编技师获“高级工艺美术师”称号。全年竹产业产值21亿元。

【农村经济】2015年，完善“四大产业环线”(优质椪柑环线、生态白茶环线、种养结合环线、粮精复合环线)建设，特设产业聚集度80%以上，实现特色区域内小型农田水利建设，提灌站建设、农业节水灌溉设施全覆盖。成为全国接水灌溉示范项目建设与管理工作现场会唯一参观点。完成农村土地承包经营权确权颁证。新建幸福美丽新村20个和新村聚集点10个。白果乡、罗波乡获省级生态乡镇称号，新增家庭农场100家，创建省、市级农民专业合作社18家，转变农民为现代农业业主153户，农民转变为第三产业经营者和从业人员3475人。全年农业增加值8.6亿元，增3.9%，农民人均可支配收入13542元，增10.8%，在全省中高收入组(57个区县)中排位第一，获2015年度全省农民增收工作先进县称号。

【城建交通】2015年，推进青神城市总体规划编修，优化县城控规、“水竹新城”城市设计等专项规划。加快“绿海明珠、千湖之城、百园城市”建设，城市绿化率48.6%，森林覆盖率46.1%，恢复和新增水域面积1.8平方千米。建成汉阳镇湿地公园和黑龙镇中心公园。实施黑龙镇、西龙镇国家级重点镇和省级示范镇建设。省级园林县城和省级环境优美示范县城通过验收。完成房地产投入13.35亿元，比2014年（下）增长55.5%；新增城镇面积0.8平方千米，新增城镇人口8100人，城镇化率增长1.41%，城市品质提升。围绕创建“四川省综合交通运输体系建设示范县”，编制《青神县综合交通运输体系建设规划（2015—2030）》，完成丹甫大道建设和老眉青路路面改善工程，实施高白产业环线、瑞西路等项目，新改建农村道路100千米，总投入3亿元。成功冠名“青神号”成绵乐城际高速铁路客运专线。

【惠民富民】2015年，实施2763户城市棚户区改造，总投入近8亿元；新建公共租赁住房50万套。推进节水型社会建设，解决1473户人饮水安全问题。完成贫困群众6708人建档立卡，丧失劳动力的贫困人口197人纳入农村低保。发放重度残疾人2303人护理补贴，残疾人居家灵活就业2400人。贫困村摘帽13个，脱贫3638人。实施大众创业，新增城镇就业2369人。投入2.9亿元，完成十大民生工程和十件民生实事。成都艺术职业学院（青神校区）一期工程建成投用，首批入学2500人。12月，青神县首家数字影院建成营业，成功创建省级平安先进县。公安工作综合体系测评位居全省第六。罗波乡、高台乡通过四川省安全社区验收，群众安全感提升。

【作风建设】2015年，开展“三严三实”专题教育，以领导带头示范层层推进，以专题学习讨论促思想深化，以正反典型案例促问题反思，针对不严不实问题细化制度规定，强化班子建设。贯彻从严治政各项规定，落实党风廉政建设责任制，推进惩治和预防腐败体系建设，以村级“青廉长廊”为载体，创新培育“五廉”宣传教育模式，整治“慵懒散浮拖”现象。选派优秀干部26名任贫困村第一书记，为民办实事，全年引进助农项目80余个，调解社会矛盾纠纷180余次，落实帮扶资金1000余万元，完成贫困人口脱贫2221人。开展党员领导干部“打干亲”、干部不作为、乱作为等专项整治。定期开展党风廉政建设社会评价和政风行风测评，党风廉政建设满意度测评全市第一。

（周国玉）

表16　2015年青神县乡镇简况表

乡镇名称	幅员面积(平方公里)	村民委员会(个)	居民委员会(个)	人口(人)	耕地面积(公顷)	固定资产投资(万元)	农业产业增加值⊖(万元)	工业增加值(万元)	农民人均可支配收入(元)	主要农产品产量				
										粮食(吨)	禽蛋(吨)	水果(吨)	油料(吨)	肉类(吨)
青城镇	17.0	1	9	38697	383	259420	4242	97383	14912	3560	183	310	327	1008
南城镇	18.0	6	2	19026	673	86053	6196	82269	14836	6569	197	974	686	1332
黑龙镇	32.8	11	2	27179	1125	112244	6981	89941	14420	9356	786	554	958	2740
西龙镇	75.2	11	1	26866	2095	61105	10532	33571	13214	20352	798	5778	1732	3067
瑞峰镇	45.9	6	1	14156	835	19876	7587	4408	12708	7683	240	3073	739	2300
汉阳镇	22.2	4	1	10388	470	6595	6721	567	13421	4254	190	3244	461	1308
河坝子镇	27.8	5	1	10612	724	8363	9099	1632	13133	7474	210	3183	448	1777
白果乡	78.7	15	—	22848	1377	7673	16862	3194	13192	14174	788	27184	1005	3302
高台乡	19.6	5	1	12665	731	6499	8872	1128	13749	7465	116	8988	548	1457
罗波乡	49.6	7	—	14642	947	40330	8932	2543	13335	8959	404	4029	772	2248
合计	386.8	71	18	197079	9359	608178	86025	316636	13542	89846	3912	57317	7676	20539

岷东新区

【项目工作】2015年，岷东新区（以下简称“管委会”）管委会开展保障性安居工程配套基础设施建设2015年中央预算内资金申报，岷东城区南部棚户区改造项目争取到中央预算内投资502万元。全年完成4批次申报，眉山市岷江流域蟆颐堰一期综合治理工程项目争取到第四批专项建设基金7000万元，穆家沟水库项目争取到第四批专项建设基金1.17亿元。

管委会对眉山市蟆颐堰一期生态综合治理工程、岷东新区地产开发项目（暂定名称）、岷东新区开发2.46公顷商业地产（暂定名称）、岷东城区南部棚户区配套基础设施建设项目、岷东新区中部组团市政道路（丹棱路、滴水街、群乐街）项目、岷东新区中医院路及彭山路东延线建设项目、东山画卷项目、富牛卫生服务中心等8个项目开展前期工作审批；完成数字岷东、岷黑快速通道、眉山市岷东新区市政道路两侧景观绿化工程、眉山市岷江流域蟆颐堰一期生态综合治理工程、岷东新区中部组团市政道路（丹棱路、滴水街、群乐街）项目等13个项目立项审批工作；协调市发展改革委，完成岷东中学、岷东城区南部棚户区改造项目等项目的立项审批工作及兰溪—江山美景、眉山市第二幼儿园、冠城学府商住小区、东麓国际社区等4个项目备案工作。

全年，岷东新区有四川城市职业学院眉山新校区项目、四川师范大学成都学院眉山校区项目。2个项目纳入省重点项目，岷东城区棚户区改造（北部组团）项目、滨江公园项目、岷东大道（岷东新区段）道路两侧景观绿化工程、岷（东）黑（龙滩）快速通道、成都七中实验东坡学校项目、四川城市职业学院眉山校区项目、四川师范大学成都学院眉山校区项目、富牛大道（西纵线）北二段项目、岷东中学项目、岷东新区中部组团市政道路两侧景观绿化工程、岷东新区污水处理一厂项目。11个项目纳入市重点项目。全区农民人均纯收入增长13%；城镇化率提高3.1%。

【征地拆迁安置】2015年，岷东新区征地拆迁约240公顷，涉及群众约800户。开展政策制定、流程规划，实施安置方案，完成对象审核、人员公示和户型选择。开展国有土地上房屋征收补偿，完成原供销社、原面粉厂、镇政府文化活动中心、信用社车库征收补偿，涉及的被征收人全部签订征收补偿协议并搬迁完毕，征收国有土地上房屋3049.61平方米。完成岷东大道绿化景观带、滨江森林公园北面和岷黑快速通道等征地工作。协调服务150起。整理完成宗地核算项目资料1000余户；清理、整理棚户区改造测绘、评估、资金支付资料近4000户。实行一户一档资料整理归档。

【招投标和项目管理】2015年，纳入管委会目标考核的项目28个，项目工作督查做到旬督查、季通报。召开新增工程管理联席会议工作，受理新增工程30起，认定30起；开展暂估价询价小组工作，组织开展岷东大道中杆灯、岷东大道、富牛大道市政道路交通工程、植物园苗木、岷东新区市政道路工程路灯等4个项目询价；牵头合同审查联席会议工作，召开合同审查联席会议40余次，审查和备案管委会各部门、下属公司提交的161份合同（协议）。

【招商引资】2015年，全区签约项目7个，开工项目4个，涉及签约金额53.9亿元，招商引资到位资金11.06亿元。明确现代服务业发展的六个业态（文化旅游创意、健康养老、电子商务、楼宇会展经济、现代金融保险业、休闲观光农业）。接待来访客商180余批次，拓宽招商信息来源，推进项目签约落地。参与“中外知名企业四川行”“中国西部国际投资大会”等省、市各类投资活动。文化旅游创意产业，引进投资约3亿元的法国卢浮宫酒店项目；北京东方园林投资约7亿元建设滨江公园旅游综合开发项目；岭南园林投资约3.5亿元建设道路景观绿化PPP项目；北京道境公司投资约20亿元建设道境成眉国际体育产业园项目。电子商务项目，引进香港清华同方股份有限公司，投资约20亿元建设同方电子商务产业园项目。都市现代农业，引进红洲生态农业公司，投资3000万元建设“梦里水乡”农业主题公园项目。

【城市营销】2015年，完成岷东新区城市形象宣传片、宣传画册、宣传五折页的设计更新及制作。改版门户网站，制定网站管理办法。在眉山东站客运中心LED屏、成乐高速路户外单立柱投放城市宣传广告。《眉山日报·博周刊》完成45期岷东新区新闻、专题宣传，《眉山日报》“十八周年纪念特刊”专题报道岷东新区；四川新闻网完成报道32次。举办2015年岷东新区项目暨土地推介会。聘用专业摄影师，每个月拍摄项目进度照片，制作形成图片影集档案；整理2012—2014年图片资料，形成岷东新区图片档案资料；完成航空拍摄，记录岷东新区城市发展建设成果等历史档案资料。

【综治维稳】2015年，管委会下发《切实加强信访维稳工作的实施意见》，严格落实“一岗双责”

等机制。更新升级信访办理系统，所有访件和诉求全面录入信访系统，全年办理各类信访件545件，息访3件疑难、复杂信访案件。国务院副秘书长、国家信访局局长舒晓琴到岷东新区调研“信访三无”（无进京非正常上访、无进京越级上访、无到省集访）工作开展情况，肯定信访工作；岷东新区被树立为全省“信访三无”创建工作现场会示范参观点。化解松林村2组土地款分配、工商学院民工非正常死亡等涉稳事件，处置各类涉稳事件35起，未发生一起恶性暴力事件，新区社会保持平稳。修订完善《调解跟着矛盾走实施细则》，建立健全中心户、城镇小区、学校医院、项目工地等调解组织265个。调解蟆颐村周开文火灾事故、高职院学生非正常死亡等疑难案件。妥善处理民工工资、交通事故、医患纠纷、邻里矛盾等问题，调解矛盾纠纷124件。

【法治建设】2015年，管委会组织开展法治集中宣传和专题教育10余次，悬挂各类标语100余幅，印发资料3万余册，辖区群众受教育率95%以上。研究改进应诉能力，成功应诉行政诉讼案件11件，协调群众主动撤诉10余件。

【教育文化】2015年，统筹城乡局与东坡区教育局完成花碑小学交接及与富牛小学合并；在花碑小学举办岷东新区2015年度教师节庆祝活动，表彰优秀教师和教育工作者24人，组织3家企业为富牛小学6名贫困学生捐资助学3.6万元。做好眉山市第二幼儿园项目建设协调，完成新华小学幼儿园改造，完成岷东中学校园文化策划设计并召开专家评审会，为冠城七中实验学校办理办学许可证做好协调服务。

【医疗卫生】2015年，统筹城乡局指导富牛中心卫生院完善内部管理机制，处理新华分院医患纠纷2起；协助富牛中心卫生院做好拆搬迁准备及临时门诊开设。制订《关于创建市级卫生单位的实施方案》和《关于创建市级无烟单位的实施方案》，申报创建卫生单位和无烟单位，组织管委会各部门开展除“四害”。

【社会保障】2015年，开展被征地农民养老保险办理2批次1470人。开展失地农民就业培训4期300余人，与用人单位意向性用工签约40余人。处理辖区内拖欠农民工工资事件1起。

【土地流转】2015年，管委会招商引进梦里水乡农业主题公园、青山绿水优质水果种植园、刘堰非遗文化传承园发展农业项目3个，实施并流转土地54.33公顷。

【人防工作】2015年，邀请市人防办专家培训相关学校、企业单位人防知识，组织实地参观考察学习。抓人防行政执法和行政审批，加强人防工程审批、建设、管理和易地建设费收取，全年收缴人防易地建设费236.91万元。

【纪检监察】2015年，监察审计局先后起草《落实“四个当天”制度五条措施》《岷东新区纪检监察系统“创铸树”活动实施方案》《党风廉政建设和反腐败工作实施方案》《党风廉政建设主体责任等“六张清单”》等文件。组织观看警示教育片3次，集中学习《案件警示录》等教育读本3次，开展“创铸树”活动，学习新《条例》《准则》等党内条规，强化党员干部理想信念、党性党风党纪、从政道德及廉政意识。依托“庸懒散浮拖”问题监督平台开展纪律作风专项督查6次，通报处理5人次，开展部门及领导干部行政（办事）效能民主测评2次。全年受理信访举报12件，立案调查3件，问责处理4人，其中纪律处分3人。

【审计】2015年，跟踪审计岷东城区棚户区改造项目一期、岷东新区污水处理一厂、岷东城区棚户区配套基础设施建设工程（市政道路）一六号路、岷东新区西纵线（富牛大道）北一段工程、棚户区改造项目（一期）工程、岷东大道（岷东新区段）北延线工程、岷东城区棚户区配套基础设施建设项目（污水管网）启动；富牛大道（西纵线）北二段、中部组团安置小区；完成东坡区新华至富牛公路改善工程（场镇段）、富牛大道（西纵线）南段竣工结算审计，眉山市东坡养生植物园项目投资情况审计；通过审计节约政府资金2508.12万元。开展财政财务收支和经济责任审计。完成公安分局2012年5月至2014年12月年财政财务收支审计、管委会2013年7月至2014年12月财政收支审计、新华卫生院2013年1月至2014年10月财务收支审计、投资公司董事长任期经济责任审计（完成现场取证）。

【财政管理】2015年，岷东新区地方财政一般公共预算收入完成1.15亿元，比2014年增长28.89%，其中税收收入1.01亿元、非税收入1395万元。政府性基金预算收入10.12亿元，比2014年增长14.83%。争取到上级财政专项转移支付资金5512万元、地方政府债券资金3.1亿元。

【安全生产监督】2015年7月，岷东新区增设安全生产监督管理局，开展危险化品和烟花爆竹安全生产专项整治行动、抓防汛工作、开展安全生产“三项行动”、组织安全生产隐患大排查和开展“安全生产月”活动等。

【穆家沟水库管理处】2015年

1月20日，设立眉山市东坡区穆家沟水库管理处，为眉山市水务局下属公益一类科级事业单位，由市水务局委托岷东新区管委会管理。穆家沟水库管理处履行穆家沟水库工程项目业主职责。省发改委同意提前开展穆家沟水库勘察设计招标；水库管理处委托岷发展公司比选确定福建省建融工程咨询有限公司为穆家沟水库工程勘察设计代理机构；取得眉山市穆家沟水库工程可行性研究报告批复；向上争取项目资本金1.17亿元，组织开展穆家沟水库工程勘察设计招标。

【国土资源管理】2015年，完成39.6公顷土地利用总体规划局部调整方案编制报批，涉及影视城、“五馆一中心”（文化馆、图书馆、博物馆、科技馆、规划展览馆、青少年活动中心）、交通职业技术学校实训基地等项目，其中争取市上指标26.13公顷。完成穆家沟水库、东坡养生植物园等15个项目涉及409.33公顷基本农田调整方案编制，并经市政府常务会议议定通过。完成富牛镇玉龙村、刘堰村、曾庙村土地整理项目立项审批；按照灾后重建政策要求，完成富牛镇刘堰村、玉龙村双挂钩项目上报备案。全年完成4批次78.47公顷建设用地报批。组织出让土地6宗63.24公顷，其中商服用地1宗2.47公顷、科教用地2宗31.52公顷、商住用地3宗29.25公顷，成交价款9.12亿元，入库2.23亿元。向恒信伟业、云溪置业、盛旺投资公司催缴到期未缴土地出让金，追缴回出让金4300万元。清理新区成立以来出让的27宗265.03公顷土地利用情况，通过闲置土地处置整改工作专项检查；配合市国土资源局执法监察支队做好土地市场动态监测与监管，把控出让土地开发进度；与富牛镇联合开展农村闲置房清查。配合完成温氏公司占用村道、万坝村7组非法占地案件的调查处置；对交通驾校下达《责令停止国土资源违法行为通知书》，责令其停止违法违规行为并恢复原状；督促4家砂场业主处置砂石料场，按期恢复耕地现状。开展征地拆迁安置稳定风险评估，实行节假日及重要时期“零报告”，落实领导接访、包案和机关干部下访并举制度。全年处理涉土矛盾纠纷8起。

完成79.07公顷土地收储，收储土地上报省国土资源厅备案，实施收储土地动态巡查，确保已批土地的监管、出让和使用合法合规。开展土地包装、营销，做好土地出让前的地价评估和测算，全年拍卖土地63.24公顷，土地收益9.12亿元。

【规划编制】2015年，开展23个主要项目规划编制。通过市城乡规划局批准实施的有富牛镇总体规划、富牛镇详规及城市设计引导，岷黑大道工程设计方案，西片区户外广告专项规划，中部组团生活服务中心修详，富牛大道及中部组团道路两侧景观绿地修详，兰溪江山美景，第二幼儿园，司法和岷东公安业务技术用房，眉山高职院运动场改造，冠城学府，岷东尚街11项。通过市规委会审议的两项“岷东中国樱花第一城”项目策划及概念规划、东麓国际社区。完成岷东新区非建设用地和西片区水系等2项专项规划方案编制并进入报审程序。配合并参与岷东新区西片区控制性详细规划和城市设计的提档升级维护。参与并指导开展奇人影视城220公顷旅游度假用地项目策划、梦里水乡观光农业园概念方案、富牛大道北段两侧86.67公顷旅游度假用地意向性项目策划及概念规划、岷东新区交通中心和岷东新区通信基站设施专项规划5个项目的规划编制。配合市规划局开展“五馆一中心”项目的规划设计方案编制和报审。

【规划管理】2015年，办理岷黑快速通道（岷东新区至黑龙滩）新华集镇段等6个项目的选址意见书，办证面积289.49公顷；办理四川云溪置业有限公司江山美景项目、南部组团安置区项目、岷东城区棚户区改造项目（一、二期）、市无线电固定监测站、污水处理一厂、岷东中学等12个项目建设用地规划许可证，办证面积86.7公顷；办理四川川港燃气有限责任公司、眉山市岷东新区污水处理一厂等24个建设项目的工程规划许可证，涉及面积118公顷。完成岷黑大道工程方案、中部组团生活服务中心修详等12项规划方案的审批。出具商业、旅游度假、幼儿园等11宗用地的规划设计条件。审查并协调测绘单位出具岷东中学、眉山职业技术学院二期等7个项目用地规划红线图，面积59.33公顷。组织实施岷东城区棚户区6条城市道路，12栋住宅楼等5栋建筑，富牛大道北段2个标段等5个项目6次规划放线管理和验线。为兰溪江山美景、南部棚户区、冠城学府、市第二幼儿园等项目实施预放线并协调测绘单位提供测绘技术服务。对开展岷东大道、富牛大道南段等6个完工项目规划核实，核实建筑面积约36万平方米。

【工程方案审查】2015年，组织岷东新区工程方案审查会议11次，审查岷东新区中部组团天然气管位调整方案等工程方案22个。

【数字岷东】2015年，签订数字岷东建设项目（一期）合同；协助配合省地理信息中心到各部门调研收集基础资料；完成数字岷东建设项目（一期）项目设计书编制并通过专家评审；会同数字岷东项目承建单位省地信中心完成数字岷东项目标准体系与运行机制建设、大比例尺基础地理信息数据生产、中小比例尺地理信息数据加工与处理、平台服务软件系统建设工作。

【住房城乡建设】2015年，召开初步设计审查评审会议9次，办理岷东公安及市司法业务用房等施工图审查备案20个；办理岷东城区棚户区配套基础设施建设项目等招标备案20个；办理岷东城区棚户区配套基础设施设备安装工程、等合同备案13个；办理岷东城区棚户区配套基础设施建设项目等施工许可证11本。出具配套费、白蚁防治费等各项规费基金缴费通知单588.44万元，争取到四川省2015年城市新区建设专项补助资金2000万元。做好岷东新区建筑节能宣传、推广工作和新型墙体材料专项基金征收与返退工作，开展岷东新区范围内现场检查勘验12次。

加强现场协调对接，保障市政道路、植物园项目及水、电、气、通信管网等公用配套设施建设；抓“杆管线”迁改，全年拆除电力、广电、通讯等杆管线117基，新建电力、广电、通讯等杆管线65基，拆除吊线约4265米，新建吊线约2586米。完成岷东新区长途光缆迁改；完成污水处理厂内10千伏观永线等7处电力及电信、联通、广电、移动铁塔的拆除迁改。四川工商学院眉山校区累计完成投资9亿元，包括9栋教学楼、行政楼、图书馆、艺术活动中心、2栋教师周转房、3栋单身教师周转房、4栋学生公寓建筑面积21万平方米，四期在建工程包括体育馆、学术报告综合楼、4栋学生公寓面积7万平方米，完成绿化面积约12万平方米。四川城市职业学院眉山校区一期工程完成并投入使用。一期建设的校舍面积8.26万平方米，一、二教学楼面积3.21万平方米，院系行政楼面积为6128.6平方米，一期学生食堂面积1.03万平方米，一期学生宿舍面积3.34万平方米。入住学生2700余人，教学运行正常。眉山冠城七中实验学校一期工程完成建设，8月30日开学入驻，学校在职师生800余人，其中在校学生近600人。一期工程修建完成主次校门、小学综合楼、小学生食堂、国学馆、小学生宿舍、中学生宿舍，共9个单位工程，建筑面积4.83万平方米。做好岷东新区规划范围内的夜景亮化，完成眉山市职业技术学院夜景亮化。滨江公园开工建设，完成投资3000万元。

【公安工作】2015年，岷东新区公安分局接有效报警670起，其中立刑事案件146件，侦办案件48件，破案率32.8%，抓获犯罪嫌疑人32人（移送起诉26人，刑事拘留17人，监视居住3人，取保候审19人，提请逮捕6人，移送外单位处理3人）；受理治安案件199起，查处174起，查处率87.4%，查处违法人员47人（行政拘留41人，强制戒毒8人，社区戒毒3人，罚款1人，治安警告1人）；抓获网上逃犯2人；缴获非法改装枪支5支，查扣涉案车辆5辆，销毁赌博工具12台，查获毒品0.6克，收缴吸毒工具6套，查扣涉案资金240余万元，追回建市以来最大一笔电信诈骗案赃款18.27万元；调解纠纷152起；受理群众求助46起。

全年成功破获非法采矿案，查扣砂石8万余方，查扣涉案资金230余万元；破获省督制贩假证、假印章团伙案，打掉团伙1个，抓获团伙成员4名，查缴各类假证件1万余份、假印章3000余枚，涉案金额20余万元；侦破“4·8”抢劫女性出租车司机案，破获吕某系列入室盗窃案1起；打掉流窜盗抢工程车柴油团伙1个，破获盗抢工程车柴油案件40余起，涉案金额40余万元；追回四川工商学院唐某电信诈骗案损失18.27万元，抓获眉山冠城七中电信诈骗案安徽籍犯罪嫌疑人2人；调查江苏天力、广西恒辉等涉嫌非法侵占纠纷（案件）3件，追回工程建设款200万元。

全年摸排梳理涉稳苗头48起，排查重点人员37人，情报信息采用率和预警率100%,有效化解处置不稳定苗头17起，无群体性事件发生和到省、进京越级上访、闹访。强化维稳应急处突专业队伍建设，健全快速反应机制，组织开展警务实战训练，实施“屯警街面、动中备勤”警务模式，完成各项维稳安保任务，新区未发生重大群体性事件，未发生严重影响社会稳定事件。

全年监督指导项目建设单位建立完善内部安全保卫工作制度，推行“警情通报”“案件回访”举措，创建岷东公安微信微博平台，加强警民互动，发布更新信息200余条；实行24小时公安、项目工程部、建设标段的巡逻签到制度，动态监管重点项目施工现场和周边。全年出动警力2390人次，车辆1590台次，开展治安检查卡盘查40余次，检查过往车辆1500台次，盘查可疑人员129人，挡获被盗摩托车2辆，抓获盗窃工地建材违法嫌疑人3人。

全年采集更新“一标三实”（标准地址、实有人口、实有房屋、实有单位）基础信息实有单位940条、从业人员1.35万条、实有房屋1.13万条、实有人口2.89万条，重点管控房屋267间、单位98个、人员114人，重点关注房屋1022间，单位258个，人员1026人，管控类第一次维护周期内维护率100%。

全面放开城镇户口入户，鼓励农村居民就地转为城镇居民。全年办理迁入254人，迁出49人，出生559人，二代身份证2437份，临时身份证983份；死亡、失踪注销382人，清理无相片人员675人，全区18周岁以上无相片人员清理完成率100%，18周岁以上人口相片采集率100%。

【眉山岷东开发投资有限公司】 2015年，眉山岷东开发投资有限公司做好项目建设、融资，全年实现融资1.94亿元。年末公司注册资本13.5亿元，实现经营收入9940.47万元，比2014年增长73.76%。公司名下商业商住用地59.5公顷，总资产35.36亿元。

【四川岷东房地产开发有限公司】 2015年，四川岷东房地产开发有限公司推进项目建设、抓融资、加快人才引进。全年投资总额度约5000万元，营业收入42.3万元。年末公司名下有商业商住用地21.3公顷，总资产5.97亿元，取得专项建设基金投资9000万元，公司注册资本金5.28亿元。

【眉山市岷东城市发展投资管理有限公司】 2015年6月3日，成立眉山市岷东城市发展投资管理有限公司（以下简称“岷东发展公司”），为市级一般国有独资公司，授权岷东新区管委会管理，履行出资人职责。由岷东发展公司作为代建主体实施眉山市岷东新区西片区整体城镇化建设项目，并向中国农业发展银行成都市南郊支行（以下简称“农发行南郊支行”）申请整体城镇化建设项目中长期贷款。

【富牛镇】 富牛镇位于眉山市东坡区东部，辖区面积85.03平方千米，东邻复盛乡、南邻崇礼镇、西与岷江、眉山城区、太和镇隔江相望，北与土地乡相互毗邻。东风支渠、蟆颐堰支渠穿境而过，全镇辖16个村、1个社区、119个村民小组，人口4.9万余人。辖内有学校11所，其中公办初中1所、小学2所、职业技术院校1所、幼儿园7所，卫生院2个，敬老院1所，金融储蓄单位3个。全年，全镇国民生产总值（GDP）完成5.03亿元，比2014年（下同）增长12.2%；新增第三产业经营者989人，第三产业增加值1.87亿元，增长14.8%。农民人均纯收入1.34万元，增长12%；粮食产量2.02万吨，兑付一事一议财政奖补资金70万元，新建、改建村通公路5千米，维修提灌站34处，修复水毁工程20余处，申报农机补贴29套，培训农业劳动者400余人次，新增家庭农场3户。先后实施梦里水乡农业主题公园、青山绿水优质水果种植园、刘堰非遗文化传承园等流转项目3项47.67公顷；城镇新增就业135人，富余农村劳动力就地转移358人。失地农民养老保险申报750人次，城乡居民养老保险完成2.48万人，覆盖率98%；落实各项综合节育措施9304人，免费孕前健康检查448对。全年全镇出生人口603人，人口自然增长率6.1‰；全年救助贫困残疾人151人，免费为贫困白内障患者实施复明手术25例，贫困精神病患者免费住院治疗30人；提供法律援助70人次；全年查螺133.1万平方米，灭螺121.4万平方米，血检1万余人次，救治晚血病人13人次，健康教育4.2万人次。完成国家级血吸虫病阻断达标验收；6月，承办岷东新区首届全民运动会，10月，举行“九九”重阳节表彰大会，评选孝老爱亲先进模范44人。

（岷东新区）

附 录

Appendix

表 17　　获全国性表彰的先进集体

获奖单位	获奖称号	授奖单位
市中级人民法院	多元化纠纷解决机制改革示范法院	最高人民法院
市公安局看守所	全国公安监管系统和武警看守执勤部（分）队“三共”活动成绩突出单位	公安部
彭山区公安局巡警大队	全国青年文明号创建活动成绩突出单位	公安部
丹棱县公安局网安大队	网络扫毒专项行动成绩突出集体	公安部
武警眉山支队三中队	“三共”活动先进单位	公安部
眉山市殡仪馆	全国殡葬工作先进集体	民政部
仁寿县民政局	全国3A婚姻登记机关	民政部
仁寿县黑龙滩镇四海社区、丹棱县杨场镇狮子村	第六批全国民主法治示范村（社区）	司法部、民政部
武警眉山支队四中队	“三共”活动先进单位	司法部
彭山区锦江乡天库社区、青龙镇龙都社区	全国综合减灾示范社区	国家减灾委员会、民政部
洪雅县余坪镇新安社区	全国综合减灾示范社区	国家减灾委员会、民政部
丹棱县石桥乡黄山社区	全国综合减灾示范社区	国家减灾委员会、民政部
丹棱县文化广播影视新闻出版局	全国文化系统“三先”表彰工作先进集体	人社部、文化部
市国土资源局	2014年度市级国土资源政务信息网上公开示范单位	国土资源部
市国土资源局	全国国土资源信访工作先进集体	国土资源部
洪雅县柳江镇	全国镇规划示范	住建部
彭山区	2014年全国“农机平安示范县（区）”称号	农业部、国家安全监管总局
仁寿县文化市场综合执法大队	2014—2015年度全国文化市场重大案件及办案单位	文化部
市地税局	职工教育培训优秀示范点	中华全国总工会

续上表

获奖单位	获奖称号	授奖单位
市残联	2011—2014年全国残疾人体育先进单位	中残联、国家体育总局
中国人民银行眉山市中心支行货币信贷管理科（调查统计科）	全国青年文明号	中国人民银行
国家金库眉山市中心支库	2012—2014年中国人民银行国库系统先进集体	中国人民银行
农工党眉山市总支	中国农工民主党先进基层组织	中国农工民主党中央委员会
市文化广电新闻出版局	第三批创建国家公共文化服务体系示范项目	国家公共文化服务体系示范（项目）创建工作领导小组
市地税局	全国文明单位	中央精神文明建设指导委员会办公室
丹棱县人民政府	第三批创建国家公共文化服务体系示范项目	国家公共文化服务体系示范（项目）创建工作领导小组
青神竹编产业园区	全国版权示范园区（基地）	国家版权局
市发展和改革委员会	全国价格监测工作先进集体	国家发展和改革委员会价格监测中心
市人力资源和社会保障局	2015年度中国劳动保障报宣传工作做得好的单位	人力资源和社会保障部办公厅
彭山区	第三批“全国法治县（市、区）创建活动先进区”	全国普法办
武警眉山支队	“三共”活动先进单位	武警总部

表18　获省委、省政府表彰的先进集体

获奖单位	获奖称号	授奖单位
眉山市	省双拥模范城	省委、省政府、省军区
东坡区	省双拥模范区（县）	省委、省政府、省军区
彭山区	省双拥模范区（县）	省委、省政府、省军区
仁寿县	省双拥模范区（县）	省委、省政府、省军区
洪雅县	省双拥模范区（县）	省委、省政府、省军区
丹棱县	省双拥模范先进县	省委、省政府、省军区
青神县	省双拥模范先进县	省委、省政府、省军区
市公安局	四川省道路交通安全综合整治先进集体	省政府
市科技局	第三届中国（绵阳）科技城国际科技博览会先进集体	省政府
市国土资源局	2013—2015年度四川省农田水利基本建设“李冰杯”竞赛国土资源项目一等奖	省政府
市文化广电新闻出版局	第五届中国成都国际非物质文化遗产节组织工作先进集体	省政府

表 19　获省厅级表彰的先进集体

获奖单位	获奖称号	授奖单位
市政府	第三届四川农业博览会暨成都国际都市现代农业博览会在承办重大活动和专项活动中作出突出贡献的单位	省政府办公厅
市政府	第三届四川农业博览会暨成都国际都市现代农业博览会在投资促进工作中作出突出贡献的单位	省政府办公厅
市政府	第三届四川农业博览会暨成都国际都市现代农业博览会在展览展销工作中作出突出贡献的单位	省政府办公厅
市政协	省政协新闻宣传工作先进单位	政协四川省委员会办公厅
市中级人民法院	组织工作先进奖	省高级人民法院
市中级人民法院	全省法院司法统计分析重点课题成果三等奖	省高级人民法院
仁寿县人民法院	集体三等功	省高级人民法院
市中级人民法院	集体二等功	省高级人民法院
市中级人民法院	全省法院优秀调研成果三等奖	省高级人民法院
市中级人民法院	全省法院教育培训工作先进集体	省高级人民法院
市中级人民法院	第二批全省法院文化建设示范单位	省高级人民法院
东坡区人民法院	“司法大拜年”专项执行活动先进单位	省高级人民法院
东坡区人民法院纪检组监察室	纪检监察工作先进集体	省高级人民法院
彭山区人民法院	全省法院新闻宣传工作先进单位	省高级人民法院
市检察院	2014 年全省检察机关单项工作成绩突出记二等功（眉山市人民检察院深化检务公开制度改革试点工作）	省人民检察院
市直机关工委	四川省学法用法示范机关	省依法治省领导小组
东坡区公安分局	省依法治理示范创建合格单位	省依法治省领导小组
彭山区公安分局	省依法治理示范创建合格单位	省依法治省领导小组
市中级人民法院	四川省拥军优属先进单位	省双拥工作领导小组
市交通运输局	四川省拥军优属先进单位	省双拥工作领导小组
仁寿县文宫镇石家村	省依法治村（社区）示范村（社区）	省依法治省办、省委组织部、省民政厅、省司法厅
青神县青城镇文林社区	省依法治村（社区）示范村（社区）	省依法治省办、省委组织部、省民政厅、省司法厅
市文化广电新闻出版局	四川省第四届广播电视公益广告创作大赛组织奖	省委宣传部、省精神文明办、省新闻出版广电局
市文化广电新闻出版局	2015 年度“书香天府·全民阅读”先进单位	省委宣传部、省精神文明建设办公室、省新闻出版广电局、省全民阅读指导委员会办公室
市文化馆	全省文化科技卫生“三下乡”活动先进集体	省委宣传部
丹棱县人民法院	四川省政法系统先进集体	省委政法委、省人社厅
市经侦支队	四川省政法系统先进集体	省委政法委、省人社厅
洪雅县公安局交警大队	四川省政法系统先进集体	省委政法委、省人社厅
市直机关工委	2014 年度全省城乡环境综合治理“进机关”活动先进单位	省直机关工委
市公安局	2014 年度执法质量考评工作优秀组织单位	省公安厅
东坡区公安分局	2014 年度执法质量考评县级公安机关优秀单位	省公安厅
丹棱县公安局	2014 年度执法质量考评县级公安机关优秀单位	省公安厅

续上表

获奖单位	获奖称号	授奖单位
市慈善总会	民政系统先进集体	省人社厅、省民政厅
市律师协会	社会组织先进集体	省人社厅、省民政厅
彭山区黄丰镇果品协会	社会组织先进集体	省人社厅、省民政厅
市安全监管局	四川省安全生产监管监察系统先进集体	省人社厅、省安全监管局
市文化广电新闻出版局	省敬老爱老助老活动先进集体	省人社厅、省老龄委
市文化广电新闻出版局	四川省新闻出版广电系统先进集体	省人社厅、省新闻出版广电局
彭山区电视台	四川省新闻出版广电系统先进集体	省人社厅、省新闻出版广电局
仁寿县文化广电新闻出版局	四川省新闻出版广电系统先进集体	省人社厅、省新闻出版广电局
市国土资源局	全省2014年度市（州）国土资源局耕地保护暨国土资源管理目标考核全省第一	省国土资源厅
市国土资源局	2014年度12336工作考核中全省第一	省国土资源厅
市国土资源局	2014年度市级国土资源管理部门政务信息网上公开检查中全省第二	省国土资源厅
市国土资源局	2014年全省国土资源信访维稳工作优秀单位	省国土资源厅
市国土资源局	2014年度落实党风廉政建设责任制先进单位	中共四川省国土资源厅委员会
市国土资源局	2014年度全省国土资源系统新闻宣传工作先进集体	省国土资源厅
市国土资源局	2014年度全省国土资源系统政务信息工作先进集体	省国土资源厅
市国土资源局	全省国土资源管理系统推进依法行政先进单位	省国土资源厅
市城乡规划局	2014年度住房城乡建设目标绩效考核住房城乡建设类一等奖	省住建厅
市城乡规划局	2014年度四川省住房城乡建设系统学习型机关建设先进集体	省住建厅
市交通运输局	2014年全省运输系统目标绩效管理先进单位	省交通运输厅
市畜牧局	获2015年度农业发展综合目标考核一等奖第三名(2014年省畜牧食品局和省农业厅已合并，省农业厅综合目标考核包含农业和畜牧内容)	省农业厅
市商务局	2014年度全省商务综合目标管理工作先进单位	省商务厅
市商务局	优秀调研成果（二等奖）	省商务厅
市商务局	2014年度市场运行监测工作先进单位	省商务厅
市文化广电新闻出版局	首届四川艺术节四川文华奖剧目类剧目奖	省文化厅
市文化广电新闻出版局	2015年度全省文化市场综合执法规范案卷及制作单位	省文化厅
彭山区文化广电新闻出版局	2015年度全省文化市场综合执法规范案卷及制作单位	省文化厅
仁寿县文化广电新闻出版局	2015年度全省文化市场综合执法二十佳案卷及制作单位	省文化厅
洪雅县文化广电新闻出版局	2014—2016年度全国文化市场重大案件及办案单位	省文化厅

续上表

获奖单位	获奖称号	授奖单位
青神县文化广电新闻出版局	首届四川艺术节四川文华奖剧目类剧目奖	省文化厅
市文化广电新闻出版局	2015 年度新闻出版广电统计工作先进单位	省新闻出版广电局
市安全生产监察执法支队	川西北片区安全生产监察执法案卷管理竞赛暨实训活动组织奖	省安全监管局
市安全监管局	2015 年全省“安全生产月”活动优秀组织单位	省政府安委会办公室
市安全监管局	2015 年度《四川安全生产》杂志先进单位	省政府安委会办公室
市食品药品监管局	2014 年度食品药品监管工作获全省系统综合目标考核先进单位	省食品药品监管局
市食品药品监管局	2014 年度案件查处工作全省一等奖	省食品药品监管局
市食品药品监管局	2014 年度抽检监测工作全省一等奖	省食品药品监管局
市食品药品监管局	2014 年度新闻宣传工作全省一等奖	省食品药品监管局
市食品药品监管局	2015 年度全省中药材中药饮片专项整治行动工作先进单位	省食品药品监管局
市扶贫移民局	全省 2015 年度扶贫移民系统信息宣传第二名	省扶贫移民局
市质监局	2014 年绩效管理先进单位	省质监局
市质监局	2015 年四川省有机产品认证示范创建县推荐单位	省质监局
市地税局	全省地税系统 2014 年绩效考评优秀等次	省地税局
市地税局	2014 年度基金征管先进工作单位 一等奖	省地税局
市地税局	全省地税系统纳税服务工作先进单位	省地税局
市地税局	全省地税系统“最佳办税服务厅”	省地税局
国家统计局眉山调查队	2015 年市县调查队目标管理考核良好	国家统计局四川调查总队
市安全监管局	2014 年度四川省“安康杯”竞赛优秀组织单位	省总工会、省安全监管局
中国人民银行眉山市中心支行工会委员会	四川省模范职工之家	省总工会
仁寿县民政局	省“青少年维权岗”	团省委、省人社厅、省综治办、省民政厅等 13 个厅局
邮储银行眉山市分行东坡区支行	五四红旗团支部	团省委
市社会福利院	省“三八”红旗集体	省妇联
中国人民银行眉山市中心支行	推动男女平等基本国策 20 周年特殊贡献先进集体	省人民政府妇女儿童工作委员会、省妇联
市社科联	2015 年度全省先进市（州）社科联	省社科联
市社科联	2015 年度规划评奖先进单位	省社科联
市社科联	2015 年度信息工作先进单位	省社科联
东坡区人武部	践行强军目标先进旅团级单位	省军区

续上表

获奖单位	获奖称号	授奖单位
丹棱县人武部	依法治军从严治军先进单位	省军区
九三学社眉山筹备组	2015 年度信息工作先进单位三等奖	九三学社四川省委
九三学社眉山筹备组	2015 年参政议政工作先进集体	九三学社四川省委
九三学社眉山筹备组	2015 年组织工作先进集体	九三学社四川省委
九三学社眉山筹备组	2015 年新闻宣传工作先进集体	九三学社四川省委
市国土资源局	四川省文明单位	省精神文明办
市质监局	四川省文明单位	省精神文明办
中国人民银行洪雅县支行	四川省文明单位	省精神文明办
中国人民银行彭山支行	四川省文明单位	省精神文明办
中国人民财产保险股份有限公司眉山市分公司	四川省文明单位	省精神文明办
市旅游局	全省旅游工作综合目标绩效考核先进单位	省旅游产业领导小组办公室
市旅游局	四川省旅游行业财务信息工作优秀单位	省旅游局办公室
市质监局	2014 年度特种设备安全工作优秀单位	省质监局办公室
市城乡规划局	2014 年全省市（州）测绘地理信息管理工作目标考核第一名	省测绘局
中国人民银行眉山市中心支行外汇管理科	成都分行女职工文明示范岗	人民银行成都分行工会
中国人民银行仁寿县支行	2012—2014 年度成都分行文明单位	人民银行成都分行党委
眉州监狱	集体三等功	省监狱管理局
眉州监狱狱政管理科	集体三等功	省监狱管理局
眉州监狱三监区	集体三等功	省监狱管理局
市烟草专卖局	2014 年度全省打击制售假烟网络工作特等奖	省烟草专卖局
市烟草专卖局	诚至诚杯 2015 年四川烟草商业系统职工运动会组织奖	省烟草专卖局
市烟草专卖局	全省烟草市场“天府金剑”专项整治行动先进集体	省烟草专卖局、省公安厅
眉山职业技术学院师范教育系党总支	四川省高等学校优秀服务型党组织	省委教育工委
市消防支队东坡区大队百坡路中队党支部	先进基层党组织	省消防总队党委
市消防支队纪委	先进纪委	省消防总队党委
市消防支队东坡区大队百坡路中队	先进基层单位	省消防总队党委
市防震减灾局	信息综合工作一等奖	省地震局
市价格认证中心	全省价格认证统计工作先进单位	省价格认证中心
市价格认证中心	全省价格认证宣传工作先进单位	省价格认证中心
市文化广电新闻出版局	第五届中国成都国际非遗物质文化遗产节展览活动“太阳神鸟”金奖、组织工作“太阳神鸟”金奖	第五届中国成都国际非遗物质文化遗产节组委会

市委、市政府表彰的先进集体

一、2014年度全市支持创业就业工作先进集体(76个)

(一)区县(3个)

东坡区、彭山区、青神县

(二)乡镇(2个)

洪雅县柳江镇、丹棱县张场镇

(三)市级单位、部门(24个)

市委办公室、市政府办公室、市委组织部、市委宣传部、市委农工委、市投促局、市财政局、市农业局、市商务局、市旅游局、市畜牧局、市工商局、市总工会、团市委、市妇联、眉山日报社、市广播电视台、市国税局、市地税局、人行眉山市中心支行、省联社眉山办事处、邮储银行眉山市分行、市三产办、市农劳办

(四)工业园区(2个)

眉山金象化工产业园区、天府新区仁寿视高区域

(五)市内促进就业先进企业(19个)

四川千禾味业食品有限公司、四川省眉山宏远商贸有限公司、四川茂华食品有限公司、四川吉香居食品有限公司、眉山和创劳务有限公司、彭山恒大酒店有限公司、四川省尼科国润新材料有限公司、四川省汪洋能源股份有限公司、四川科伦药业股份有限公司仁寿分公司、四川灿光光电有限公司、四川中天丹琪科技有限公司、四川伟虎着装服饰有限公司、四川新乐雅陶瓷有限公司、四川省洪雅青衣江元明粉有限公司、四川省丹棱明宏光学有限责任公司、四川兴晟锂业有限公司、四川省青城机械有限公司、四川德恩传动机械股份有限公司、四川立白实业有限公司

(六)市外促进就业先进企业(20个)

北京眉州酒店管理有限公司、上海玉正化工有限公司、上海极杜文化传播有限公司、深圳市四方精细化工有限公司、深圳华神饮食连锁有限公司、沈阳双宏阳建筑工程有限公司、沈阳天北建筑安装工程公司、西藏达氏建设有限公司、西藏胡四餐饮有限公司、西藏尚品首座投资有限公司、云南夔牛水利水电有限公司、云南毅人投资集团、云南骐疆药业有限公司、四川万和建设责任有限公司太原分公司、四川永志建设有限责任公司、四川彭州市军乐镇蓝曲瓷厂、四川佳鑫房地产开发有限公司、重庆市豪威包装制品有限公司、成都众达家具有限公司、成都豪萱酒店管理有限公司

(七)促进就业先进培训机构(6个)

眉山市精英保安培训学校、眉山联众职业技能学校、中国水电七局高级技工学校、仁寿新科中等职业技术学校、眉山宏达职业培训学校、青神中等职业学校

二、2014年度“绿海明珠”大会战工作先进集体(110个)

(一)综合工作先进集体(50个)

1. 区县(3个)

东坡区、彭山区、洪雅县

2. 市级单位、部门(18个)

市委办公室、市人大常委会办公室、市政府办公室、市政协办公室、市委宣传部、市直机关工委、市委农工委、市教体局、市交通运输局、市水务局、市林业局、市卫生计生委、市城管执法局 工业新城办、岷东新区、甘眉(铝硅)工业园区、眉山发展公司、市妇联

3.区县单位、部门(29个)

眉山经开区新区、眉山“中国泡菜城”、东坡区直机关工委、东坡区林业局、东坡区多悦镇、东坡区苏祠街道下大南街社区、彭山经开区、彭山区林业局、彭山区市政园林管理局、彭山区住房和城乡规划建设局、彭山区规划局、彭山区黄丰镇、天府新区仁寿视高区域、仁寿县住房和城乡建设局、仁寿县风景园林局、仁寿县钟祥镇、洪雅县林业局 洪雅县住房和城乡建设局、洪雅县城市行政执法局、洪雅县东岳镇、洪雅县汉王乡、丹棱县林业局、丹棱县水务局、丹棱县城市管理办公室、丹棱县顺龙乡、青神县林业局、青神县住房和城乡规划建设局、青神县西龙镇、青神县黑龙镇

(二)单项工作先进集体(60个)

1. 绿色基地建设先进集体(40个)

市纪委(监察局)、市委组织部、市委统战部 市委政法委、市委政研室、市委群工部、市委编办 市委防范处理邪教办、市委老干部局、市委保密办、市委机要局、市投促局、市科技局、市司法局、市环境保护局、市商务局、市文广新局、市审计局、市统计局、市旅游局、市外侨台办、市畜牧局、市城乡规划局、市国资委、市安全监管局、市政务服务中心、市法制办、市粮食局、眉山金象化工产业园区、市总工会、团市委、市工商联、市残联、市委党史研究室、市扶贫移民局、市城乡环境治理办、国家统计局眉山调查队、国网眉山供电公司、市房管局、市园林局

2. 中心城区独立办公单位绿化先进集体(20个)

市中级人民法院、市人民检察院、市发展改革

委、市经济和信息化委、市公安局、市民政局、市财政局、市国土资源局、市农业局、市工商局、市委党校、市机关事务管理局、市档案局、市广播电视台、眉山国安局、市国税局、市地税局、市气象局、人行眉山市中心支行、市公安局交警支队

三、2014年度“千湖之城”大会战工作先进集体（38个）

（一）综合工作先进集体（10个）

1. 区县（4个）

东坡区、彭山区、丹棱县、青神县

2. 牵头单位、部门（6个）

市交通运输局、市水务局、岷东新区、眉山金象化工产业园区、眉山发展公司、眉山“中国泡菜城”

（二）重点工程建设工作先进集体（13个）

1. 区县（1个）

洪雅县

2. 市级单位、部门（12个）

市发展改革委、市财政局、市国土资源局、市环境保护局、市农业局、市林业局、市文广新局、市审计局、市城乡规划局、市公共资源交易中心、市扶贫移民局、市防震减灾局

（三）推进工作先进集体（15个）

市纪委（监察局）、市委办公室、市人大常委会办公室、市政府办公室、市政协办公室、市委组织部、市委宣传部、市委统战部、市委政法委、市委群工部、市公安局、市城管执法局、市安全监管局、市政务服务中心、市气象局

四、2014年度工业发展先进集体（38个）

（一）工业发展（14个）

1. 区县（2个）

彭山区委、区政府，东坡区委、区政府

2. 市级单位、部门（12个）

市纪委（监察局）、市委办公室、市政府办公室、市委组织部、市委宣传部、市委政法委、市人大常委会财经工委、市投促局、市经济和信息化委、市财政局、市统计局、市政协经科委

（二）园区建设（5个）

1. 区县（2个）

青神县委、县政府，丹棱县委、县政府

2. 园区（3个）

天府新区仁寿视高区域、眉山“中国泡菜城”、眉山金象化工产业园区

（三）“以工为主、统筹城乡”（9个）

市委农工委、市发展改革委、市国土资源局、市城乡规划局、甘眉（铝硅）工业园区、市公共资源交易中心、市目标绩效办、仁寿县文林工业园区、青神县工业开发区

（四）转型升级“五个行动计划”（10个）

1. 区县（1个）

洪雅县委、县政府

2. 部门、园区（9个）

市科技局、市环境保护局、市安全监管局、市政府督查室、眉山经开区新区、洪雅县工业园区、丹棱县工业园区、成眉石化园区、眉山机械产业园区

（五）税收和主营业务收入前10强工业企业（10户）

四川金象赛瑞化工股份有限公司、南车眉山车辆有限公司、四川科伦药业股份有限公司仁寿分公司、四川省尼科国润新材料有限公司、蒙牛乳业（眉山）有限公司、四川丹甫制冷压缩机股份有限公司、千禾味业食品股份有限公司、四川省吉香居食品有限公司、四川省洪雅青衣江化工有限责任公司、四川德恩传动机械股份有限公司

五、2014年度维稳工作先进集体（40个）

（一）区县（3个）

东坡区委、区政府，洪雅县委、县政府，青神县委、县政府

（二）市级单位、部门（34个）

眉山军分区、市纪委（监察局）、市中级人民法院、市人民检察院、市委办公室、市人大常委会办公室、市政府办公室、市政协办公室、市委组织部、市委宣传部、市委统战部、市委政法委、市委群工部、市委防范处理邪教办、市发展改革委、市经济和信息化委、市教体局、市公安局、市民政局、市司法局、市财政局、市国土资源局、市环境保护局、市交通运输局、市卫生计生委、市国资委、市安全监管局、岷东新区、甘眉（铝硅）工业园区、眉山日报社、市扶贫移民局、市广播电视台、眉山国安局、武警支队

（三）区县单位、部门（3个）

彭山区委维稳办、仁寿县委维稳办、丹棱县委维稳办

六、2014年度综治工作先进集体（40个）

（一）区县（3个）

洪雅县委、县政府，丹棱县委、县政府，青神县委、县政府

（二）市级单位、部门（34个）

市纪委（监察局）、市中级人民法院、市人民检察院、市委办公室、市人大常委会办公室、市政府办公室、市政协办公室、市委组织部、市委宣传部、市

委政法委、市直机关工委、市委群工部、市委编办、市委防范处理邪教办、市发展改革委、市教体局、市公安局、市民政局、市司法局、市财政局、市国土资源局、市交通运输局、市卫生计生委、市旅游局、市城管执法局、市安全监管局、市食品药品监管局、市工商局、岷东新区、团市委、眉山日报社、眉山国安局、武警支队、消防支队

（三）区县单位、部门（3个）

东坡区综治办、彭山区综治办、仁寿县综治办

七、2014年度群众和信访工作先进集体（40个）

（一）区县（3个）

东坡区委、区政府，彭山区委、区政府，洪雅县委、县政府

（二）市级单位、部门（34个）

市纪委（监察局）、市中级人民法院、市人民检察院、市委办公室、市人大常委会办公室、市政府办公室、市政协办公室、市委组织部、市委宣传部、市委统战部、市委政法委、市直机关工委、市委群工部、市发展改革委、市经济和信息化委、市教体局、市公安局、市民政局、市司法局、市财政局、市国土资源局、市交通运输局、市林业局、市卫生计生委、市审计局、市城管执法局、市城乡规划局、市国资委、市安全监管局、市政务服务中心、市法制办、岷东新区、甘眉（铝硅）工业园区、市广播电视台

（三）区县单位、部门（3个）

仁寿县委群工部、丹棱县委群工部、青神县委群工部

八、2014年度党风廉政建设先进集体（40个）

（一）区县（3个）

东坡区委、区政府，洪雅县委、县政府，丹棱县委、县政府

（二）市级单位、部门（37个）

市纪委（监察局）、市中级人民法院、市人民检察院、市委办公室、市人大常委会办公室、市政府办公室、市政协办公室、市委组织部、市委宣传部、市委统战部、市委政法委、市直机关工委、市委编办、市委农工委、市教体局、市公安局、市民政局、市财政局、市环境保护局、市交通运输局、市水务局、市农业局、市卫生计生委、市外侨台办、市城管执法局、市畜牧局、市安全监管局、市食品药品监管局、市工商局、市法制办、市粮食局、岷东新区、甘眉（铝硅）工业园区、市总工会、市机关事务管理局、市地税局、国网眉山供电公司

九、文化立市战略推进工作先进集体（76个）

（一）综合工作（34个）

1. 区县（5个）

彭山区、东坡区、丹棱县、洪雅县、青神县

2. 市级单位、部门（29个）

市纪委（监察局）、市委办公室、市人大常委会办公室、市政府办公室、市政协办公室、市委组织部、市委宣传部、市委统战部、市委政法委、市直机关工委、市委编办、市投促局、市发展改革委、市教体局、市科技局、市财政局、市文广新局、市审计局、市统计局、市旅游局、市城管执法局、市城乡规划局、市国资委、市法制办、市文联、市社科联、眉山日报社、市广播电视台、市地税局

（二）单项工作（42个）

1. 文化事业发展先进集体（22个）

市公安局、市交通运输局、市卫生计生委、市科协、市文化馆、市图书馆、东坡区委宣传部、东坡区三苏乡综合文化站、东坡区“心连心”艺术团、眉山艺术学校、彭山区委宣传部、彭山区文广新局、彭山区武阳镇综合文化站、彭山区中老年舞蹈协会、仁寿县委宣传部、仁寿县大化镇宣传文化服务中心、洪雅县文化馆馨悦艺术团、洪雅县中保镇宣传文化服务中心、丹棱县委宣传部、丹棱县文广新局、丹棱县张场镇综合文化站、青神县南城镇综合文化站

2. 文化产业发展先进集体（20个）

市经济和信息化委、市商务局、市安全监管局、市工商局、市国税局、东坡区文旅体新局、洪雅县委宣传部、青神县委宣传部、青神县文广新局、眉山东坡宋城文化旅游发展有限公司、四川恒丰印务有限公司、四川水天花月旅游度假有限公司、眉山市购书中心、眉山太平洋影业有限公司、四川省南方印务有限公司、四川网贸港科技有限公司、洪雅藤椒文化博物馆、四川金杯房地产集团有限公司、丹棱县大雅堂博物馆、四川省青神县云华竹旅有限公司

十、2014年度干部直接联系服务群众暨“走基层”工作先进集体（55个）

（一）区县（5个）

彭山区、青神县、东坡区、丹棱县、洪雅县

（二）市级单位、部门（50个）

市纪委（监察局）、市中级人民法院、市人民检察院、市委办公室、市人大常委会办公室、市政府办公室、市政协办公室、市委组织部、市委宣传部、市委统战部、市委政法委、市直机关工委、市委群工部、市委编办、市委农工委、市投促局、市发展改革

委、市经济和信息化委、市教体局、市科技局、市公安局、市民政局、市司法局、市财政局、市国土资源局、市环境保护局、市交通运输局、市农业局、市林业局、市文广新局、市卫生计生委、市审计局、市统计局、市旅游局、市城管执法局、市畜牧局、市城乡规划局、市国资委、市工商局、市政务服务中心、市粮食局、岷东新区、市总工会、市工商联、市残联、市档案局、市扶贫移民局、市城乡环境治理办、市国税局、市地税局

十一、2014 年度建设“四支队伍”先进集体（55 个）

（一）牵头单位（10 个）

1. 区县（5 个）

洪雅县、彭山区、东坡区、青神县、丹棱县

2. 市级单位、部门（5 个）

市委组织部、市委宣传部、市委政法委、市直机关工委、市政务服务中心

（二）责任单位（45 个）

市纪委（监察局）、市委办公室、市政府办公室、市委统战部、市委编办、市委老干部局、市委保密办、市委机要局、市教体局、市公安局、市民政局、市司法局、市财政局、市环境保护局、市交通运输局、市水务局、市农业局、市林业局、市商务局、市文广新局、市卫生计生委、市旅游局、市外侨台办、市城管执法局、市畜牧局、市城乡规划局、市安全监管局、市食品药品监管局、市质监局、市法制办、岷东新区、眉山金象化工产业园区、团市委、市妇联、市科协、市工商联、眉山日报社、市公共资源交易中心、市机关事务管理局、市地方志办、市政府金融办、市广播电视台、市住房公积金管理中心、国家统计局眉山调查队、国网眉山供电公司

十二、2014 年度综合交通大会战先进集体（28 个）

（一）区县（5 个）

东坡区委、区政府，彭山区委、区政府，洪雅县委、县政府，丹棱县委、县政府，青神县委、县政府

（二）市级单位、部门（23 个）

市纪委（监察局）、市委办公室、市政府办公室、市委组织部、市委宣传部、市委农工委、市发展改革委、市公安局、市财政局、市国土资源局、市环境保护局、市交通运输局、市水务局、市林业局、市审计局、市城乡规划局、岷东新区、眉山发展公司、眉山日报社、市公共资源交易中心、市扶贫移民局、市广播电视台、市综交办（市铁建办）

十三、2014 年度国土资源管理工作先进集体（27 个）

（一）区县（2 个）

东坡区委、区政府，丹棱县委、县政府

（二）市级单位、部门（25 个）

市纪委（监察局）、市委办公室、市政府办公室、市委组织部、市委宣传部、市委政法委、市委群工部、市投促局、市发展改革委、市经济和信息化委、市公安局、市财政局、市国土资源局、市交通运输局、市农业局、市林业局、市城乡规划局、市安全监管局、市政务服务中心、岷东新区、甘眉（铝硅）工业园区、眉山金象化工产业园区、眉山岷江现代农业示范园区、市公共资源交易中心、市扶贫移民局

十四、2014 年度招商引资工作先进集体（40 个）

（一）区县和市直管园区、新区（8 个）

1. 综合工作

东坡区、彭山区、眉山金象化工产业园区

2. 产业集群招商工作

青神县、洪雅县、甘眉（铝硅）工业园区

3. 推动项目落地工作

丹棱县、岷东新区

（二）市级单位、部门（25 个）

市纪委（监察局）、市委办公室、市政府办公室、市委组织部、市委宣传部、市委统战部、市委政法委、市直机关工委、市委农工委、市投促局、市发展改革委、市经济和信息化委、市教体局、市科技局、市财政局、市国土资源局、市交通运输局、市商务局、市统计局、市旅游局、市外侨台办、市城乡规划局、市国资委、市工商联、市委市政府接待办

（三）市政府驻外经合局（7 个）

市政府驻北京经合局、市政府驻成都经合局、市政府驻广东经合局、市政府驻上海经合局、市政府驻江苏经合局、市政府驻浙江经合局、市政府驻武汉经合局

十五、2014 年度重点项目推进工作先进集体（81 个）

（一）项目推进工作（19 个）

1. 一等奖（4 个）

彭山区委、区政府，仁寿县委、县政府，市发展改革委，市国土资源局

2. 二等奖（15 个）

东坡区委、区政府，洪雅县委、县政府，丹棱县委、县政府，青神县委、县政府，市委宣传部、市住

房城乡建设局、市国资委、市交通运输局、市城管执法局、岷东新区、甘眉（铝硅）工业园区、眉山金象化工产业园区、市综合交通枢纽办、眉山发展公司、中国电信眉山分公司

（二）项目保障工作（35个）

市委政法委、市委农工委、市投促局、市经济和信息化委、市公安局、市财政局、市环境保护局、市水务局、市农业局、市商务局、市审计局、市统计局、市旅游局、市畜牧局、市城乡规划局、市安全监管局、市食品药品监管局、市政务服务中心、工业新城办、市法制办、市公共资源交易中心、市扶贫移民局、市政府金融办、市国税局、市地税局、人行眉山市中心支行、眉山银监分局、农发行眉山市分行、工行眉山分行、农行眉山分行、中行眉山分行、建行眉山分行、省联社眉山办事处、邮储银行眉山市分行、市三产办

（三）项目服务工作（27个）

眉山军分区、市纪委（监察局）、市中级人民法院、市人民检察院、市委办公室、市人大常委会办公室、市政府办公室、市政协办公室、市委组织部、市委统战部、市委群工部、市人大常委会财经工委、市教体局、市科技局、市民政局、市司法局、市人力资源社会保障局、市文广新局、市卫生计生委、市外侨台办、市工商局、市政协经科委、市总工会、市工商联、眉山日报社、市广播电视台、国家统计局眉山调查队

十六、2014年度天府新区眉山片区建设推进工作先进集体（18个）

彭山区委区政府、天府新区仁寿视高区域、工业新城办、天府新区眉山市建设委员会办公室、市委办公室、市人大常委会办公室、市政府办公室、市政协办公室、市投促局、市发展改革委、市经济和信息化委、市财政局、市国土资源局、市环境保护局、市城乡规划局、眉山日报社、市政府金融办、市广播电视台

十七、2014年度都市近郊型现代农业发展工作先进集体（38个）

（一）区县（2个）

彭山区委、区政府，青神县委、县政府

（二）市级单位、部门（36个）

市纪委（监察局）、市委办公室、市政府办公室、市委组织部、市委宣传部、市委统战部、市委政法委、市直机关工委、市委群工部、市委编办、市委农工委、市投促局、市发展改革委、市经济和信息化委、市科技局、市财政局、市国土资源局、市环境保护局、市交通运输局、市水务局、市农业局、市林业局、市商务局、市审计局、市统计局、市旅游局、市外侨台办、市畜牧局、市城乡规划局、市工商局、市粮食局、眉山岷江现代农业示范园区、市地方志办、市扶贫移民局、市气象局、国家统计局眉山调查队

十八、遂资眉高速公路眉山段建设工作先进集体（33个）

（一）区县（4个）

东坡区政府、仁寿县政府、洪雅县政府、丹棱县政府

（二）市级单位、部门（12个）

市委办公室、市政府办公室、市委群工部、市公安局、市国土资源局、市环境保护局、市交通运输局、市水务局、市林业局、市审计局、市法制办、市综合交通枢纽办

（三）区县部门、乡镇（17个）

东坡区综合交通枢纽办、东坡区三苏乡政府、东坡区修文镇政府、东坡区崇仁镇政府、东坡区松江镇政府、东坡区永寿镇政府、东坡区复兴乡政府、东坡区金花乡政府、仁寿县重交办、仁寿县北斗镇政府、仁寿县富加镇政府、仁寿县谢安乡政府、仁寿县景贤乡政府、仁寿县虞丞乡政府、仁寿县洪峰乡政府、洪雅县洪川镇政府、丹棱县仁美镇政府

十九、2014年度全市统战工作先进集体（37个）

（一）区县（2个）

东坡区委、区政府，青神县委、县政府

（二）市级单位、部门（35个）

市纪委（监察局）、市委办公室、市人大常委会办公室、市政府办公室、市政协办公室、市委组织部、市委宣传部、市委统战部、市委政法委、市直机关工委、市委群工部、市委编办、市委农工委、市投促局、市发展改革委、市经济和信息化委、市教体局、市公安局、市司法局、市财政局、市环境保护局、市水务局、市农业局、市林业局、市卫生计生委、市审计局、市城管执法局、岷东新区、眉山金象化工产业园区、眉山岷江现代农业示范园区、市总工会、团市委、市工商联、市国税局、市地税局

二十、2014年度乡镇经济综合实力前10强

东坡区象耳镇、彭山区青龙镇、仁寿县视高镇、仁寿县文林镇、东坡区修文镇、洪雅县洪川镇、东坡区松江镇、仁寿县汪洋镇、丹棱县丹棱镇、青神县青城镇

二十一、2014年度排位上升最快前10位乡镇

仁寿县珠嘉乡、彭山区保胜乡、仁寿县四公镇、洪雅县槽渔滩镇、丹棱县石桥乡、青神县罗波乡、仁

寿县农旺乡、仁寿县兴盛镇、彭山区义和乡、彭山区公义镇

二十二、2012—2014 年度投资促进工作先进集体（60 个）

（一）区县、园区（21 个）

1. 区县和市直管园区（9 个）

东坡区委、区政府，彭山区委、区政府，仁寿县委、县政府、洪雅县委、县政府，丹棱县委、县政府、青神县委、县政府、岷东新区、甘眉（铝硅）工业园区、眉山金象化工产业园区

2. 市托管园区及区县重点招商部门（12 个）

眉山经开区新区、眉山“中国泡菜城”、彭山区招商引资局、成眉石化园区管委会招商引资局、天府新区仁寿视高区域、仁寿县投资促进局、洪雅县投资促进局、洪雅县国土资源局、丹棱县投资促进委员会、丹棱县机械产业园区、青神县投资促进局、青神县住房城乡建设局

（二）市级单位、部门（32 个）

市纪委（监察局）、市委办公室、市人大常委会办公室、市政府办公室、市政协办公室、市委组织部、市委宣传部、市委统战部、市委政法委、市委农工委、市投促局、市发展改革委、市经济和信息化委、市教体局、市公安局、市财政局、市人力资源社会保障局、市国土资源局、市环境保护局、市交通运输局、市商务局、市文广新局、市统计局、市旅游局、市外侨台办、市城管执法局、市城乡规划局、市国资委、市食品药品监管局、市工商联、市委市政府接待办、市政府金融办

（三）市政府驻外经合局（7 个）

市政府驻北京经合局、市政府驻成都经合局、市政府驻广东经合局、市政府驻上海经合局、市政府驻江苏经合局、市政府驻浙江经合局、市政府驻武汉经合局

二十三“2015 中外知名企业四川行”活动工作先进集体（25 个）

（一）区县、园区（7 个）

彭山区委、区政府，仁寿县委、县政府，洪雅县委、县政府，青神县委、县政府，工业新城办、甘眉（铝硅）工业园区、眉山金象化工产业园区

（二）市级单位、部门（11 个）

市委办公室、市政府办公室、市委宣传部、市投促局、市商务局、市旅游局、市外侨台办、市国资委、市工商联、市贸促会、市委市政府接待办

（三）市政府驻外经合局（7 个）

市政府驻北京经合局、市政府驻成都经合局、市政府驻广东经合局、市政府驻上海经合局、市政府驻江苏经合局、市政府驻浙江经合局、市政府驻武汉经合局

二十四、信访工作先进集体（15 个）

东坡区委群工部、东坡区崇礼镇、东坡区思蒙镇、东坡区富牛镇、东坡区象耳镇、东坡区修文镇凌江村、彭山经开区、彭山区委群工部、仁寿县文林镇、仁寿县视高镇、仁寿县富加镇、洪雅县委群工部、洪雅县公安局、丹棱县杨场镇、青神县汉阳镇

二十五、维稳工作先进集体（15 个）

市公安局国保支队、东坡区委政法委、东坡区通惠街道、市公安局东坡区分局特警大队、彭山区委政法委、市公安局彭山区分局、仁寿县委政法委、仁寿县委群工部、仁寿县公安局、洪雅县委政法委、洪雅县洪川镇、丹棱县委维稳办、丹棱县公安局、青神县委维稳办、青神县青城镇

二十六、多元化纠纷解决机制改革工作先进集体（10 个）

市委政法委、市诉调对接中心、市法律援助中心、东坡区人民法院、彭山区司法局、仁寿县公安局交管大队调解委员会、仁寿县人民法院、洪雅县矛盾纠纷大调解协调中心、丹棱县人民法院、青神县人民法院

二十七、2014 年度主动作为创一流先进集体（89 个）

（一）区县（6 个）

1. 一等奖

东坡区、青神县

2. 二等奖

仁寿县、丹棱县

3. 三等奖

彭山区、洪雅县

（二）市级单位、部门（47 个）

1. 经济单位（18 个）

市发展改革委、市经济和信息化委、市投促局、市审计局、市交通运输局、市财政局、市环境保护局、市城乡规划局、市住房城乡建设局、市国土资源局、市委农工委、市畜牧局、市统计局、市农业局、市粮食局、市水务局、市国资委、市林业局

2. 党政群单位（21 个）

市委办公室、市政府办公室、市委组织部、市纪委（监察局）、市委宣传部、市城管执法局、市教体局、市委统战部、市民政局、市安全监管局、市卫生计生委、市人力资源社会保障局、市城乡环境治理办、市外侨台办、团市委、市政务服务中心、市食品

药品监管局、市扶贫移民局、市残联、市直机关工委、市机关事务管理局

3. 政法维稳单位（4个）

市委政法委、市委群工部、市公安局、市中级人民法院

4. 市人大常委会、市政协机关（4个）

市人大常委会办公室、市人大常委会城环资工委、市政协办公室、市政协研究室

（三）园区（11个）

1. 新区和工业园区（7个）

岷东新区、眉山“中国泡菜城”、工业新城办、甘眉（铝硅）工业园区、眉山金象化工产业园区、仁寿县文林工业园区、彭山经开区

2. 旅游园区和农业园区（4个）

眉山岷江现代农业示范园区、天府花海观光农业园区、黑龙滩风景区、洪雅县七里坪旅游风景区

（四）区县单位、部门（25个）

东坡区委办公室、东坡区政府办公室、东坡区委政法委、东坡区尚义镇、东坡区崇礼镇、彭山区委政法委、彭山区农业局、彭山区青龙镇、成眉石化园区、仁寿县人力资源和社会保障局、仁寿县水务局、仁寿县民政局、仁寿县富加镇、仁寿县龙正镇、天府新区仁寿视高区域、洪雅县委群工部、洪雅县公安局、洪雅县旅游局、洪雅县柳江镇、丹棱县纪委、丹棱县教育体育局、丹棱县石桥乡、青神县委办公室、青神县住房和城乡规划建设局、青神县人力资源和社会保障局

二十八、城乡规划工作先进集体（40个）

（一）区县单位、部门（22个）

市国土资源局东坡区分局、东坡区住房和城乡规划建设局、东坡区白马镇政府、东坡区思蒙镇政府、市国土资源局彭山区分局、彭山区住房和城乡规划建设局、彭山区城乡规划局、彭山区彭溪镇政府、天府新区仁寿视高管委会、仁寿县住房和城乡建设局、仁寿县城乡规划局、仁寿县北斗镇政府、洪雅县国土资源局、洪雅县城乡规划局、洪雅县高庙镇政府、洪雅县柳江镇政府、丹棱县国土资源局、丹棱县住房和城乡规划测绘建设局、丹棱县石桥乡政府、青神县国土资源局、青神县住房和城乡规划建设局、青神县黑龙镇政府

（二）市级单位、部门（18个）

市委办公室、市政府办公室、市委组织部、市委宣传部、市委群工部、市委农工委、市投促局、市发展改革委、市公安局、市国土资源局、市住房城乡建设局、市林业局、市文广新局、市旅游局、市城管执法局、市城乡规划局、岷东新区、市城乡环境治理办

二十九、规划监督工作先进集体（9个）

（一）区县单位、部门（6个）

东坡区万胜镇人大主席团、彭山区人大常委会城环资工委、仁寿县人大常委会、洪雅县人大常委会、丹棱县城乡规划监督委员会、青神县人大常委会

（二）市级单位、部门（3个）

市纪委（监察局）、市人大常委会办公室、市政协办公室

三十、2014年度眉山城市规划区征地拆迁安置工作先进集体（24个）

东坡区委区政府、市中级人民法院、市委政法委、市委群工部、市公安局、市财政局、市国土资源局、市环境保护局、市卫生计生委、市审计局、市城管执法局、市畜牧局、市城乡规划局、市法制办、岷东新区、眉山发展公司、国网眉山供电公司、市供排水总公司、市目标绩效办、市政府督查室、市拆迁办、东坡区苏祠街道、东坡区大石桥街道、东坡区通惠街道

三十一、全国法院多元化纠纷解决机制改革工作推进会筹办工作先进集体（32个）

（一）区县（2个）

东坡区委、区政府，洪雅县委、县政府

（二）市级单位、部门（30个）

市纪委（监察局）、市中级人民法院、市委办公室、市人大常委会办公室、市政府办公室、市政协办公室、市委组织部、市委宣传部、市委政法委、市委群工部、市经济和信息化委、市教体局、市科技局、市公安局、市民政局、市人力资源社会保障局、市环境保护局、市住房城乡建设局、市交通运输局、市文广新局、市卫生计生委、市城管执法局、市食品药品监管局、市工商局、眉山发展公司、眉山日报社、市委市政府接待办、市档案局、市广播电视台、眉山“中国泡菜城”

市委表彰的先进集体

全市先进基层党组织（50个）

东坡区多悦镇党委、东坡区悦兴镇元宝村党支部、东坡区秦家镇新星村党支部、东坡区人民检察院党总支、四川省味聚特食品有限公司党支部、彭山区青龙镇党委、彭山区彭溪镇兴崇村党支部、彭山区义和乡悦园村党支部、彭山区凤鸣镇城东社区党总支、

彭山区黄丰镇丰华村党支部、彭山区人力资源和社会保障局党委、四川新筑精坯锻造有限公司党支部、仁寿县汪洋镇党委、仁寿县兴盛镇党委、仁寿县文林镇城西社区党总支、仁寿县富加镇天贵社区党支部、仁寿县文宫镇石家社区党支部、仁寿县龙正镇冲天村党支部、仁寿县大化镇红塔村党支部、仁寿县珠嘉镇响水村党支部、仁寿县水务局机关党支部、仁寿县公安局国内安全保卫大队党支部、四川中天丹琪科技有限公司党支部、洪雅县洪川镇党委、洪雅县洪川镇张花园社区党支部、洪雅县止戈镇莲花村党支部、洪雅县槽渔滩镇玉岚村党支部、洪雅县东岳镇团结村党支部、洪雅县食品药品监管局党支部、洪雅七里坪半山旅游开发有限责任公司党支部、丹棱县杨场镇党委、丹棱县杨场镇石马村党支部、丹棱县双桥镇宿场村党支部、丹棱县石桥乡元山村党支部、丹棱县公安局党委、青神县高台乡党委、青神县黑龙镇建川社区党支部、青神县西龙镇万沟村党支部、青神县白果乡甘家沟村党支部、市委办公室机关党总支、市政府办公室机关党支部、市委群工部机关党支部、市投促局机关党委、市经济和信息化委直属机关党委、市地税局机关第一党支部、东坡区富牛镇党委、东坡区修文镇大轮村党支部、四川金象赛瑞化工股份有限公司党委、眉山三医院党委、市烟草专卖局机关党委

市政府表彰的先进集体

一、2012—2014 年全市现代畜牧业深化试点工作先进集体（40 个）

（一）区县（6 个）

洪雅县政府、东坡区畜牧兽医局、彭山区畜牧局、仁寿县畜牧兽医局、丹棱县畜牧局、青神县农业和畜牧局

（二）市级部门（34 个）

市政府办公室、市委农工委、市发展改革委、市经济和信息化委、市投资促进局、市科技局、市公安局、市监察局、市民政局、市财政局、市人力资源社会保障局、市国土资源局、市环境保护局、市交通运输局、市水务局、市农业局、市林业局、市商务局、市卫计委、市审计局、市统计局、市旅游局、市政府法制办、市城管执法局、市粮食局、市畜牧局、市食品药品监管局、市扶贫移民局、市政府金融办公室、市工商局、市质监局、市气象局、国家统计局眉山调查队、眉山岷江现代农业示范园区管委会

二、2014 年度眉山城区环境综合治理网格化管理工作先进集体（59 个）

市纪委（监察局）、市委办公室、市人大常委会办公室、市政府办公室、市政协办公室、市委组织部、市委宣传部、市委统战部、市委政法委、市直机关工委、市委群工部、市委编办、市委农工委、市发展改革委、市经济和信息化委、市教育体育局、市公安局、市民政局、市司法局、市财政局、市国土资源局、市环境保护局、市交通运输局、市水务局、市林业局、市商务局、市卫生计生委、市审计局、市旅游局、市外侨台办、市法制办、市城管执法局、市粮食局、市城乡规划局、市国资委、市安监局、市食品药品监管局、市政务服务中心、眉山发展（控股）有限责任公司、眉山日报社、市公共资源交易中心、市广播电视台、市工商局、市城乡环境治理办、岷东新区管委会、东坡区人民政府、东坡区纪委（监察局）、东坡区委办公室、东坡区政府办公室、东坡区委宣传部、东坡区财政局、东坡区住房和城乡规划建设局、东坡区城乡环境治理办、东坡区大石桥街道办事处、东坡区苏祠街道办事处、东坡区通惠街道办事处、东坡区苏祠街道办环湖中路社区、东坡区大石桥街道办江公社区、东坡区通惠街道办新村社区

三、2014 年度眉山城区光彩亮化工作先进集体（50 个）

眉山军分区、市中级人民法院、市人民检察院、市发展改革委、市教育体育局、市公安局、市财政局、市国土资源局、市水务局、市卫生计生委、市城管执法局、市畜牧局、市城乡规划局、市政务服务中心、眉山发展（控股）有限责任公司、市机关事务管理局、市广播电视台、市工商局、市国税局、市地税局、人行眉山市中心支行、眉山银监分局、成都银行眉山分行、人保财险眉山市分公司、南车眉山车辆有限公司、915 地质队、武警支队、市交警支队、市道路运输管理处、市图书馆（文化馆）、市人民医院、市第一小学、东坡区大石桥街道办事处、眉山市阳光置业房地产开发有限公司、四川万景房地产开发有限公司、眉山市金府房地产开发有限公司、眉山市兰溪房地产开发有限公司、领地房地产集团股份有限公司眉山分公司、眉山市鸿通房地产开发有限公司、眉山市万霖房地产开发有限公司、眉山华陆（西安）实业有限公司、四川信和房地产开发有限公司、四川衡达房地产开发有限责任公司、四川景地基业集团有限公司、四川众和房地产开发有限公司、四川永庆房地产开发有限公司、四川世纪恒兴置业有限

公司、四川航天天盛房地产开发有限公司、眉山华星房地产开发有限公司、四川华信恒富房地产开发有限责任公司

四、2014年度全市食品安全工作先进集体（32个）

（一）区县（4个）

东坡区人民政府、仁寿县人民政府、洪雅县人民政府、青神县人民政府

（二）市级部门、单位（28个）

市委办公室、市人大常委会办公室、市政府办公室、市政协办公室、市委组织部、市委宣传部、市委政法委、市委编办、市监察局、市发展改革委、市经济和信息化委、市教育体育局、市科技局、市公安局、市财政局、市环境保护局、市水务局、市农业局、市商务局、市卫生和计生委、市审计局、市旅游局、市城管执法局、市粮食局、市畜牧局、市质监局、市工商局、市食品药品监管局

五、2014年道路交通安全综合整治工作先进集体（32个）

（一）区县政府

丹棱县政府、洪雅县政府、彭山区政府、东坡区政府、仁寿县政府、青神县政府

（二）市级部门

市政府办公室、市公安局、市交通运输局、市农业局、市安监局、市工商局

（三）基层单位

东坡区交通运输局、东坡区思蒙镇政府、彭山区公安分局、彭山区交通运输局、彭山区青龙镇政府、仁寿县公安局交警大队、仁寿县交通运输局路政大队、仁寿县大化镇政府、仁寿县龙正镇政府、洪雅县安监局、洪雅县中山乡政府、洪雅县中保镇政府、丹棱县公安局、丹棱县交通运输局、青神县公安局交通管理大队、青神县交通运输局路政大队、市公安局交警支队、市公安局交警支队直属一大队、市公安局交警支队直属二大队、市交通运输局路政支队

六、2014年度环境保护工作先进集体（33个）

（一）区县（6个）

东坡区人民政府、彭山区人民政府、仁寿县人民政府、洪雅县人民政府、丹棱县人民政府、青神县人民政府

（二）市级单位、部门（27个）

市政府办公室、市投促局、市发展改革委、市经济和信息化委、市公安局、市监察局、市财政局、市国土资源局、市环境保护局、市交通运输局、市水务局、市农业局、市林业局、市商务局、市卫生计生委、市审计局、市统计局、市旅游局、市城管执法局、市畜牧局、市食品药品监管局、市政务服务中心、甘眉工业园区、眉山金象化工产业园区、市工商局、市质监局、市气象局

七、2014年第三产业工作先进集体（34个）

东坡区人民政府、彭山区人民政府、仁寿县人民政府、洪雅县人民政府、丹棱县人民政府、青神县人民政府、市委办公室、市政府办公室、市委宣传部、市发展改革委、市经济和信息化委、市教育体育局、市民政局、市科技局、市财政局、市国土资源局、市食品药品监管局、市交通运输局、市商务局、市文广新局、市卫生局、市统计局、市旅游局、市城管执法局、市粮食局、市工商局、市城乡规划局、市政府金融办、岷东新区管委会、市三产办、市国税局、市地税局、市邮政管理局、人行眉山市中心支行

八、2014年度外资工作先进集体

（一）区县（5个）

东坡区政府、彭山区政府、仁寿县政府、洪雅县政府、青神县政府

（二）市级单位（27个）

市纪委、市委办公室、市政府办公室、市委组织部、市委宣传部、市委编办、市投促局、市发展改革委、市财政局、市国土资源局、市环境保护局、市商务局、市外侨台办、市城乡规划局、市工商局、市质监局、市国资委、市政务服务中心、甘眉（铝硅）工业园区、金象化工产业园区、市工商联、眉山国安局、市国税局、市地税局、市博览事务局、市贸促会、国家外汇局眉山市中心支局

九、2014年度外贸工作先进集体

（一）区县（4个）

彭山区政府、仁寿县政府、丹棱县政府、青神县政府

（二）市级单位（25个）

市纪委、市委办公室、市政府办公室、市委组织部、市委宣传部、市发展改革委、市经济和信息化委、市科技局、市财政局、市农业局、市林业局、市商务局、市文广新局、市畜牧局、市工商局、市政务服务中心、甘眉（铝硅）工业园区、金象化工产业园区、眉山国安局、市国税局、市地税局、眉山银监分局、市供销社、市博览事务局、国家外汇局眉山市中心支局

十、2014年度社消零工作先进集体

（一）区县（5个）

彭山区政府、仁寿县政府、洪雅县政府、丹棱县

政府、青神县政府

（二）市级单位（17个）

市委办公室、市政府办公室、市委群工部、、市委编办、市发展改革委、市公安局、市财政局、市商务局、市统计局、市粮食局、市食品药品监管局、市工商局、市质监局、市综治办、市三产办、市供销社、市贸促会

十一、2014年度全市征兵工作先进单位（7个）

东坡区大石桥街道办事处、彭山区政府征兵办公室、彭山区武阳镇政府、仁寿县公安局、洪雅县洪川镇政府、丹棱县仁美镇政府、青神县教体局

十二、2015年全市农村生活垃圾治理工作先进集体（56个）

（一）区县（6个）

1. 等奖（2个）

仁寿县政府、丹棱县政府

2. 二等奖（2个）

洪雅县政府、青神县政府

3. 三等奖（2个）

东坡区政府、彭山区政府

（二）市级单位、部门（50个）

市纪委（监察局）、市中级人民法院、市人民检察院、市委办公室（市委督查室）、市人大常委会办公室、市政府办公室（市政府督查室）、市政协办公室、市委组织部、市委宣传部（市文明办）、市委统战部、市委政法委、市直机关工委、市委编办、市委农工委、市发展改革委、市投促局、市教体局、市公安局（市交警支队）、市民政局、市司法局、市财政局、市人力资源社会保障局、市国土资源局、市环境保护局、市住房城乡建设局、市交通运输局、市水务局、市农业局、市林业局、市商务局、市卫生计生委、市审计局、市旅游局、市城管执法局、市畜牧局、市城乡规划局、市国资委、眉山日报社、市公共资源交易中心、市机关事务管理局、市扶贫移民局、市广播电视台、市城乡环境治理办、市工商局、市总工会、市妇联、人行眉山市中心支行、岷东新区管委会、眉山金象化工产业园区管委会、市目标绩效办

十三、全国第九届残疾人运动会暨第六届特殊奥林匹克运动会眉山市火炬传递活动组织工作先进集体（26个）

东坡区政府、市委办公室、市政府办公室、市委宣传部、市直机关工委、市委群工部、市经济和信息化委、市教体局、市公安局、市财政局、市卫生计生委、市城管执法局、市总工会、团市委、市妇联、市残联、市委市政府接待办、市气象局、市精神文明办、国网眉山供电公司、武警眉山支队、东坡区公安分局、东坡区残联、东坡区通惠街道办事处、东坡区崇礼镇政府、丹棱县残联

十四、眉山市第四轮敬老模范乡镇（街道）

东坡区：苏祠街道办事处、思蒙镇、尚义镇、三苏乡

彭山区：凤鸣镇、牧马镇、青龙镇、观音镇、彭溪镇、锦江乡

仁寿县：慈航镇、文宫镇、富加镇、龙正镇、清水镇、汪洋镇、钟祥镇、大化镇、藕塘乡、新店乡

洪雅县：洪川镇、余坪镇、槽渔滩镇、中保镇、三宝镇、桃源乡

丹棱县：丹棱镇、双桥镇、张场镇、顺龙乡

青神县：青城镇、南城镇、瑞峰镇、黑龙镇、高台乡

十五、东坡城市湿地公园建设工作先进集体

眉山发展（控股）有限责任公司、眉山市宏大建设投资有限责任公司、东坡区人民政府、市政府办公室、市发展改革委、市监察局、市财政局、市国土资源局、市住房城乡建设局、市水务局、市审计局、市城管执法局、市城乡规划局、市城乡环境治理办、国家电网眉山供电公司

十六、2014年度安全生产目标考核先进集体（40个）

（一）区县（5个）

东坡区人民政府、洪雅县人民政府、丹棱县人民政府、彭山区人民政府、青神县人民政府

（二）市级单位、部门（27个）

市检察院、市委办公室、市委组织部、市委宣传部、市委政法委、市政府办公室、市发展改革委（市粮食局）、市经济和信息化委、市教育体育局、市公安局（市交警支队）、市监察局、市财政局、市国土资源局、市交通运输局、市水务局、市农业局、市林业局、市卫计委、市审计局、市旅游局、市国资委、市安全监管局、甘眉（铝硅）工业园区管委会、市质监局、市总工会、市残联、市消防支队

（三）乡镇（8个）

东坡区万胜镇、东坡区白马镇、彭山区凤鸣镇、仁寿县大化镇、仁寿县文宫镇、洪雅县三宝镇、丹棱县顺龙乡、青神县汉阳镇

十七、四川省第八届残疾人运动会眉山市代表团和眉山市第三届残疾人运动会先进单位（40个）

（一）突出贡献单位（12个）

东坡区人民政府、彭山区人民政府、仁寿县人民政府、洪雅县人民政府、丹棱县人民政府、青神县人民政府、市教体局、市公安局、市民政局、市财政局、市残联、仁寿县第一中学城北校区

（二）优秀组织单位（28个）

东坡区残联、东坡区文旅体新局、东坡区特校、彭山区残联、仁寿县残联、仁寿县教体局、仁寿县特校、仁寿县中医医院、洪雅县残联、洪雅县教体局、洪雅县中医医院、丹棱县残联、青神县残联、市残疾人康复中心、市委办公室、市政府办公室、市纪委（监察局）、市委宣传部、市教体局、市卫生计生委、市城管执法局、团市委、眉山日报社、市广播电视台、市机关事务管理局、国网眉山供电公司、武警支队、消防支队

十八、2014年度教育体育工作先进集体（38个）

（一）教育工作先进区县（3个）

东坡区、彭山区、青神县

（二）体育工作先进区县（3个）

仁寿县、洪雅县、丹棱县

（三）教育体育工作先进市级单位、部门（32个）

市纪委（监察局）、市委办公室、市政府办公室、市委组织部、市委宣传部、市委政法委、市直机关工委、市委群工部、市委编办、市委农工委、市人大常委会教科文卫民宗工委、市发展改革委、市投促局、市教育体育局、市公安局、市司法局、市财政局、市国土资源局、市环境保护局、市林业局、市交通运输局、市卫生计生委、市审计局、市法制办、市城管执法局、市城乡规划局、市安全监管局、市食品药品监管局、岷东新区管委会、市政协教文委、市总工会、市残联

十九、2014年度卫生计生工作先进集体（39个）

（一）卫生工作先进区县（3个）

彭山区、丹棱县、青神县

（二）计生工作先进区县（3个）

丹棱县、东坡区、彭山区

（三）卫生计生工作先进市级部门（33个）

市纪委（监察局）、市委办公室、市人大常委会办公室、市政府办公室、市政协办公室、市委组织部、市委宣传部、市委统战部、市委政法委、市直机关工委、市委群工部、市委编办、市发展改革委、市投促局、市教育体育局、市科技局、市公安局、市民政局、市司法局、市财政局、市国土资源局、市环境保护局、市水务局、市农业局、市林业局、市卫生计生委、市审计局、市旅游局、市城管执法局、市畜牧局、市城乡规划局、市安全监管局、市食品药品监管局

二十、2014年民营经济工作先进集体（29个）

东坡区人民政府、彭山区人民政府、仁寿县人民政府、青神县人民政府、市纪委（监察局）、市委办公室、市人大常委会办公室、市政府办公室、市政协办公室、市委组织部、市委宣传部、市委政法委、市委农工委、市发展改革委、市经济和信息化委、市投促局、市财政局、市国土资源局、市交通运输局、市文广新局、市卫生计生委、市商务局、市统计局、市工商局、市质监局、市政务服务中心、市工商联、市政府金融办、市国税局

二十一、2014年全市旅游工作先进集体（27个）

东坡区人民政府、彭山区人民政府、仁寿县人民政府、洪雅县人民政府、丹棱县人民政府、青神县人民政府、市委办公室、市人大常委会办公室、市政府办公室、市政协办公室、市委农工委、市发展改革委、市经济和信息化委、市投促局、市财政局、市国土资源局、市环境保护局、市交通运输局、市林业局、市文广新局、市统计局、市旅游局、市城乡规划局、市安全监管局、市质监局、市地税局、七里坪度假区管委会

二十二、全国第九届残疾人运动会暨第六届特殊奥林匹克运动会眉山赛区筹办工作先进集体（40个）

（一）综合协调先进集体（13个）

1. 区县（1个）

东坡区政府

2. 市级单位、部门（12个）

市政府办公室、市委宣传部（市精神文明办）、市经济和信息化委、市教体局、市公安局、市财政局、市住房城乡建设局、市卫生计生委、市食品药品监管局、市残联、市委市政府接待办、市机关事务管理局

（二）单项工作先进集体（27个）

1. 区县单位、部门（4个）

东坡区精神文明办、东坡区公安分局、东坡区残联、彭山区残联

2. 市级单位、部门（21个）

市委办公室、市委统战部（市民宗局）、市直机关工委、市委群工部、市交通运输局、市农业局、市文广新局、市旅游局、市城管执法局、市粮食局、市畜牧局、团市委、眉山职业技术学院、眉山日报社、市广播电视台、市气象局、中国人寿眉山市分公司、中国移动眉山分公司、武警支队、消防支队、市人民医院

3. 企业（2个）

岷江东湖饭店、四川省吉香居食品有限公司

表20　　2015年市委重要文件目录

序号	字号	责任者	题名	日期
1	眉委发〔2015〕1号	市委市政府	关于主动适应新常态实施八大攻坚战推进经济跨越发展的决定	2015.1.20
2	眉委发〔2015〕2号	市委	关于印发《市委常委会2015年工作要点》的通知	2015.2.16
3	眉委发〔2015〕3号	市委市政府	关于进一步加快都市近郊型现代农业发展的意见	2015.3.5
4	眉委发〔2015〕4号	市委	关于主动适应新常态强化两大保障奋力推进全市跨越发展的决定	2015.3.25
5	眉委发〔2015〕5号	市委	关于深化“主动作为创一流、为民服务当先锋”活动的意见	2015.4.22
6	眉委发〔2015〕6号	市委市政府	关于2015年党风廉政建设和反腐败工作的意见	2015.5.19
7	眉委发〔2015〕7号	市委	关于决战“1593”扶贫攻坚确保实现“两个率先”的决定	2015.8.3
8	眉委发〔2015〕8号	市委	关于决战“22345”创新创业攻坚确保实现“两个率先”的决定	2015.8.3
9	眉委发〔2015〕10号	市委	关于加强和改进党的群团工作的实施意见	2015.11.3
10	眉委发〔2015〕11号	市委市政府	关于创建国家历史文化名城的实施意见	2015.12.3
11	眉委发〔2015〕12号	市委	关于制定国民经济和社会发展第十三个五年规划的建议	2015.12.14
12	眉委发〔2015〕13号	市委	关于全面创新改革建设创新驱动发展先行区的决定	2015.12.14
13	眉委发〔2015〕15号	市委	关于加强和改进人民政协工作的实施意见	2015.12.23

表21　　2015年市政府重要文件目录

文件编号	发文标题	发文日期
1	关于印发眉山市2015年推进简政放权放管结合转变职能工作方案的通知	7月23日
2	关于授予徐松等3名同志“眉山市见义勇为勇士”荣誉称号的决定	1月26日
3	关于2015年安全生产工作的意见	1月27日
4	关于2015年眉山市加快推进新型工业化发展的意见	1月27日
5	关于实现2015年一季度工业经济开门红的意见	1月27日
6	关于印发眉山市城市地下管线管理办法的通知	1月30日
7	关于印发眉山市社会信用体系建设规划2015—2020年的通知	3月6日
8	关于印发眉山市彭山区管理事权划分实施方案试行的通知	3月17日
9	关于加快推进服务业转型升级的意见	3月18日
10	关于加快发展现代保险服务业的实施意见	3月18日
11	转发省政府关于印发进一步向扩权试点县下放部分市级管理权限目录的通知	3月25日
12	关于印发眉山市深化户籍制度改革实施方案的通知	4月15日
13	印发眉山市工业企业应急临时周转资金使用管理办法的通知	4月17日
14	眉山市道路交通安全综合整治深化巩固工作实施方案的通知	5月11日
15	进一步健全完善临时救助制度的实施意见	6月8日

续上表

文件编号	发文标题	发文日期
16	关于印发眉山市市本级国家出资企业重大事项审批和备案管理办法的通知	6月10日
17	关于进一步深化国土资源“三个模范”创建工作的意见	6月25日
18	关于调整全市最低工资标准的通知	7月28日
19	印发眉山市企业职工基本养老保险基金预算管理办法的通知	8月17日
20	眉山市进一步做好新形势下就业创业工作的实施意见	9月2日
21	关于进一步加强审计工作的实施意见	10月8日
22	关于批转市财政局权责发生制政府综合财务报告制度改革实施方案的通知	11月9日
23	印发眉山市政府信息依申请公开实施办法的通知	12月4日
24	关于在公共服务领域推广运用政府和社会资本合作模式的实施意见	12月9日
25	关于贯彻落实粮食安全省长责任制的实施意见	12月21日
26	关于做好第三次全国农业普查工作的通知	12月23日

统计数据

2015年眉山市行政区划

表22

地 区	乡镇合计数	其中镇	其中乡	街道办事处	村民委员会	村民小组	居民委员会（社区）	居民小组	辖区面积
眉山市	128	77	51	3	1103	8487	252	1795	7140
东坡区	23	15	8	3	232	1808	70	474	1330
彭山区	13	10	3	—	88	655	20	213	467
仁寿县	60	29	31	—	503	4021	116	840	2608
洪雅县	15	11	4	—	139	1022	20	130	1898
丹棱县	7	5	2	—	70	472	8	40	450
青神县	10	7	3	—	71	509	18	98	387

2015年眉山市行政区划一览表

表23

地 区	镇 名
东坡区	街道办事处（3个）：通惠街道办事处、大石桥街道办事处、苏祠街道办事处 镇（15个）：象耳镇、太和镇、悦兴镇、尚义镇、多悦镇、秦家镇、思蒙镇、修文镇、松江镇、崇礼镇、永寿镇、万胜镇、崇仁镇、富牛镇、白马镇 乡（8个）：复盛乡、土地乡、柳圣乡、金花乡、广济乡、盘鳌乡、复兴乡、三苏乡
彭山区	镇（10个）：凤鸣镇、江口镇、黄丰镇、青龙镇、观音镇、公义镇、彭溪镇、牧马镇、谢家镇、武阳镇 乡（3个）：保胜乡、义和乡、锦江乡
仁寿县	镇（29个）文林镇、宝马镇、珠嘉镇、大化镇、文宫镇、高家镇、观寺镇、龙马镇、方家镇、北斗镇、禾加镇、中农镇、禄加镇、宝飞镇、彰加镇、慈航镇、汪洋镇、四公镇、钟祥镇、始建镇、满井镇、富加镇、龙正镇、黑龙滩镇、清水镇、视高镇、兴盛镇、天峨镇、曹家镇 乡（31个）：青岗乡、鳌陵乡、板燕乡、古佛乡、元通乡、向家乡、中岗乡、龙桥乡、曲江乡、城堰乡、谢安乡、鸭池乡、双堡乡、板桥乡、河口乡、新店乡、识经乡、凤陵乡、促进乡、涂家乡、松峰乡、合兴乡、景贤乡、兆嘉乡、农旺乡、藕塘乡、石咀乡、玉龙乡、洪峰乡、虞丞乡、里仁乡
洪雅县	镇（11个）：洪川镇、余坪镇、三宝镇、止戈镇、东岳镇、中保镇、槽渔滩镇、花溪镇、柳江镇、高庙镇、瓦屋山镇 乡（4个）：将军乡、汉王乡、桃源乡、中山乡
丹棱县	镇（5个）：丹棱镇、仁美镇、张场镇、双桥镇、杨场镇 乡（2个）：石桥乡、顺龙乡
青神县	镇（7个）：瑞丰镇、汉阳镇、黑龙镇、西龙镇、河坝子镇、南城镇、青城镇 乡（3个）：白果乡、高台乡、罗波乡

2015年眉山市土地、人口统计表

表24

	土地面积（平方公里）	年末总户数（万户）	年末总人口（万人）	人口密度（人/平方公里）	年末总人口(万人)					常住人口（万人）	出生率（‰）	出生率（‰）	自然增长率（‰）
					小计	农业人口	非农业人口	男性人口	女性人口				
眉山市	7140	128.67	349.16	489	349.16	248.81	100.35	178.13	171.03	300.13	10.93	7.35	3.58
东坡区	1330	36.28	87.71	659	87.71	51.57	36.14	43.96	43.75	83.92	10.89	7.05	3.84
彭山区	467	12.41	33.38	715	33.38	19.55	13.83	16.79	16.59	31.79	11.66	8.15	3.51
仁寿县	2608	55.46	157.04	602	157.04	123.98	33.05	81.4	75.64	122.62	10.18	6.92	3.26
洪雅县	1898	11.76	35.05	185	35.05	25.03	10.02	17.79	17.26	30.73	11.71	7.75	3.96
丹棱县	450	5.64	16.27	362	16.27	12.54	3.73	8.23	8.04	14.32	10.58	6.9	3.68
青神县	387	7.12	19.71	509	19.71	16.13	3.58	9.96	9.75	16.75	11.99	8.14	3.85

眉山市规模以上工业企业工业总产值(按经济类型分)

表 25

分 类	绝对数(万元)	
	2014 年	2015 年
工业总产值(现价)	12259995	13715432.6
在总计中:		
# 国有及国有控股企业	841607	883756.9
在总计中:		
国有企业	13498	15289.2
股份合作企业	46682	14765.7
联营企业		
股份有限公司	1120762	1162188.2
有限责任公司	4350327	4908257.7
私营企业	5659645	6769345.2
外商及港澳台商投资企业	957278	761395.0
其他经济	109645	82563.3
在总计中:		
轻工业	4698150	5706178.8
重工业	7561845	8009253.8

眉山市规模以上工业企业工业总产值（按地区分）

表 26

区县	工业总产值(万元)				
	2011 年	2012 年	2013 年	2014 年	2015 年
全市	10536792.4	8224608.1	10237318.3	12259995	13715432.6
东坡区	2445739.6	1483582.2	1928852.8	2424867	2732382.5
彭山区	1964372.2	1637278	2135918.5	2612250	3180525.2
仁寿县	2767444.5	2478048.1	2828177.6	3442776	3844834.0
洪雅县	546376	314396.5	436912	519408	550897.1
丹棱县	505903	367738.5	439114.7	404388	486049.1
青神县	712366.5	485481.8	617941.5	787465	968351.2
经济开发区	164734.9	159314	202840.1	213709	289669.1
铝硅园区	1011557.4	817203.7	1055029.7	1235040	946404.6
金象园区	418298.3	481565.3	592531.4	620093	716319.8

2015年眉山市各地区全部规模以上工业企业主要指标

表27　　　　单位：万元

年份/地区	企业单位数(个)	亏损企业	资产总计	流动资产合计	负债合计	主营业务收入
2011	543	35	5760365	2396304	3307895	10224534
2012	578	40	6853421	2811668	3964880	8338715
2013	609	43	8184479	3115068	4480471	10102108
2014	607	34	8284926	3357749	4471145	11836096
2015	604	44	8696709	3518910.3	4726399.5	13183891.4
东坡区	130	3	1266649.0	647760.7	649052.6	2573527.4
彭山区	105	8	1295281.1	649853.2	696870.5	3011897.3
仁寿县	171	4	2536385.2	956599.6	941378.9	3816572.3
洪雅县	36	6	856336.2	248723.3	557537.0	493964.4
丹棱县	42	1	330392.6	152475.6	203449.2	452082.0
青神县	52	2	578326.3	250232.3	327341.0	900037.3
开发区	15	4	143129.8	76974.4	73286.3	244719.6
铝硅园区	35	15	771452.6	245200.0	815085.8	967990.0
金象园区	18	1	918756.2	291091.2	462398.2	723101.1

2015年眉山市国内生产总值

表28　　　　单位：万元

眉山市	国内生产总值	第一产业	第二产业	工　业	第三产业	人均国内生产总值（元）
合计	10298632	1596417	5781395	4972187	2920820	34379
东坡区	3517313	435734	1995871	1736325	1085708	41968
彭山区	1234233	126345	753679	662184	354209	39282
仁寿县	3396578	697172	1803845	1413824	895561	27700
洪雅县	1000647	150520	594847	544157	255280	32669
丹棱县	500434	100621	273732	216798	126081	35020
青神县	649427	86025	359909	348630	203493	38888

2015年各区县非公有制经济增加值

表29　　　　单位：万元

眉山市	小计	第一产业	第二产业	第三产业
合计	6514636	687327	4228961	1598348
东坡区	2199727	148330	1501198	550199
彭山区	750896	60140	492130	198626
仁寿县	2017443	254520	1311320	451603
洪雅县	656786	90771	441702	124313
丹棱县	313028	44787	202045	66196
青神县	409499	74756	220296	114447

2015年眉山市农业情况统计表

表 30

单位：万元

眉山市	造林面积（公顷）	森林覆盖率(%)	乡村户数(户)	乡村人口数（人）	乡村农业从业人员（人）	农业机械总动力(万千瓦)	拖拉机拥有量(辆)	农用运输车拥有量（辆）	年末实有耕地(公顷)	粮食总产量(吔)			油菜籽产量（吨）	蔬菜产量(吨)	水果产量(吨)	茶叶产量(吨)
										稻谷	小麦	玉米				
合计	8307	48.08	878833	2957938	802090	241.38	6994	7871	169752	954738	246901	251205	101992	1529803	912940	21455
东坡区	1407	38.52	188236	624687	199253	61.23	3257	2060	43691	328024	40939	28903	38352	788897	146380	520
彭山区	800	36.51	81175	254043	58174	27.51	482	1082	14105	101520	29295	9153	9214	49504	56260	26
仁寿县	2167	36.44	417745	1464981	355719	80.7	1919	3660	79688	323100	154867	176364	31340	500360	504490	0
洪雅县	2000	71.23	94537	313546	93294	31.14	399	586	12667	89829	4378	19182	10235	76640	4587	17182
丹棱县	800	59.57	40068	133312	36846	21.01	462	51	10242	56193	7517	8795	6785	31679	143906	2969

眉山市	畜牧产品产量													蜂蜜产量（吨）	蚕茧产量（吨）	水产品养殖面积(公顷)	水产品产量（吨）	农村用电量(万千瓦小时)	农用化肥使用量(吨、折纯)	农药使用量（吨）
	牛年末存栏（头）	羊年末存栏（只）	生猪年末存栏（头）	能繁母猪年末存栏（头）	生猪出栏(头)	山羊出栏（只）	牛出栏（头）	小家禽出栏（万只）	兔出栏(万只)	肉类总产量（吨）	猪、牛、羊肉产量(吨)	牛奶产量（吨）	禽蛋产量（吨）							
合计	122970	397901	2006591	190906	2938407	563479	61260	3003	2255	303109	223586	145288	54929	15149	4869	15418	111770	82264	148399	4947
东坡区	25389	52056	493713	52011	628982	60115	16042	957	379	67570	48048	20406	8290	11725	688	3096	35200	38077	49709	2158
彭山区	4717	27365	161174	15886	368300	45350	3520	342	489	39189	27085	8918	6539	977	20	1211	15500	4003	11460	309
仁寿县	20719	271320	863806	81075	1201850	396600	21207	1033	1056	127530	94408	12473	26700	466	950	8084	45420	24150	68282	1988
洪雅县	49853	24197	203384	10073	309723	36793	10235	264	134	29010	23088	90696	3235	241	418	1484	4490	6792	8708	111
丹棱县	13265	16694	133932	14211	209092	17257	5053	174	105	19271	14832	9305	6253	1740	2478	697	4250	4613	5002	211
青神县	9027	6269	150582	17650	220460	7364	5203	233	92	20539	16125	3490	3912		315	846	6910	4629	5238	170

2015年市县全社会固定资产投资基本情况

表31　　　　单位：万元

	眉山市	东坡区	彭山区	仁寿	洪雅	丹棱	青神	岷东新区	金象园区	甘眉园区
一、全社会投资	10323742	2672301	1991618	2798943	1025268	609012	608178	161000	249028	208394
其中：房地产投资	1951527	652497	365559	700528	34731	64663	133549			
（一）按构成分										
建筑工程	7733559	2114101	1347687	2295213	829304	357736	472284	130084	103835	83315
安装工程	603671	196530	167534	56350	2835	74266	55670	—	7186	43300
设备工器具购置	1310302	188372	283082	276957	168211	160809	43162	5100	113571	71038
其他费用	676210	173298	193315	170423	24918	16201	37062	25816	24436	10741
（二）按产业分										
（1）第一产业	243288	73098	48627	55587	22731	33349	9896	—	—	—
（2）第二产业	3935521	882184	791453	1028751	181684	337878	290532	9450	233312	180277
其中：工业	3920521	877924	789917	1023051	180040	336978	289572	9450	233312	180277
（3）第三产业	6144933	1717019	1151538	1714605	820853	237785	307750	151550	15716	28117
其中：交通运输	1210841	465863	236407	323838	117899	42942	11795	—	—	12097
二、本年资金来源	10063501	2989201	1923758	2297649	1039004	554848	587216	175500	282505	213820
1. 国家预算内资金	362407	105546	87039	36495	6850	52813	73664	—	—	—
2. 国内贷款	402083	135114	61879	157165	4050	20370	22535	—	—	970
3. 利用外资	—	—	—	—	—	—	—	—	—	—
4. 自筹资金	7746889	2140749	1303101	1786412	1006465	416013	423294	175500	282505	212850
5. 其他资金来源	1552122	607792	471739	317577	21639	65652	67723	—	—	—
三、商品房开发与销售情况（万平方米）										
1. 商品房施工面积	1650.3	586.19	388.58	512.59	65.41	37.21	60.32	—	—	—
其中：新开工面积	442.02	139.34	51.84	206.58	13.23	—	31.02	—	—	—
其中：住宅	1123.6	417.63	336.51	258.05	48.4	27.67	35.34	—	—	—
2. 商品房竣工面积	222.34	93.76	20.03	94.3	7.64	6.61	—	—	—	—
其中：住宅	161.38	73.49	16.46	60.5	5.49	5.44	—	—	—	—
3. 商品房销售面积	425.18	155.78	67.6	134.1	25.95	13.35	28.4	—	—	—
其中：住宅	350.51	139.63	63.33	91.43	25.05	12.67	18.4	—	—	—
（1）现房销售面积	88.31	28.26	8.4	31.63	15.52	4.5	—	—	—	—
其中：住宅	75.21	23.45	7.31	25.38	14.68	4.4	—	—	—	—
（2）期房销售面积	336.87	127.52	59.21	102.46	10.43	8.85	28.4	—	—	—
其中：住宅	275.3	116.18	56.02	66.04	10.37	8.28	18.4	—	—	—

全社会固定资产投资额

表32　　　　单位：万元

年份	眉山市	东坡区	彭山区	仁寿县	洪雅县	丹棱县	青神县	甘眉园区	金象园区	岷东新区
2014	9229834	2367300	1756450	2467519	925736	540966	541441	230088	250009	150325
2015	10323742	2672301	1991618	2798943	1025268	609012	608178	208394	249028	161000

2015眉山市运输量完成情况

表33

单位：万元

	货运量（万吨）	货物周转量（万吨公里）	客运量（万人）	客运周转量（万人公里）
总计	6620	609016	6419	171301
一、公路	6620	609016	5993	170141
#汽车	6620	609016	5993	170141
二、水运			426	1160
#机动船				

2015年眉山市营业性运输工具实有数

表34

	计量单位	2014	2015
		运输工具实有数	运输工具实有数
一、运营性汽车数	辆	33203	22760
#客 车	辆	1863	1709
货车	辆	31340	21051
二、运营船舶	辆	250	245
#机动船	辆	204	235
#客船	辆	201	200
拖船	辆	3	2
驳船	辆	46	46

眉山市公路里程

表35

单位：千米

	2014			2015		
	公路总里程	等级公路里程	高速公路里程	公路总里程	等级公路里程	高速公路里程
眉山市	7530	5853	299	7530	5939	299
东坡区	1355	1292	76	1355	1292	76
彭山区	573	407	35	573	469	35
仁寿县	3140	2011	122	3140	2039	122
洪雅县	1477	1229	55	1477	1225	55
丹棱县	503	432	10	503	432	10
青神县	483	483	2	483	483	2

眉山市邮电通讯情况

表36

	2014				2015			
	邮政、电信主营业务收入（万元）	年末固定电话用户（万户）	年末移动电话用户数（万户）	年末宽带接入用户数（万户）	邮政、电信主营业务收入（万元）	年末固定电话用户（万户）	年末移动电话用户数（万户）	年末宽带接入用户数（万户）
眉山市	184819	39.47	244.08	41.02	198054	39.20	258.4	50.7
东坡区	64658	15.50	79.71	14.87	70961	15.50	72.7	17.8
彭山区	21544	5.35	28.09	6.03	22699	5.5	29.5	6.9
仁寿县	56890	10.25	80.48	10.87	60210	10.5	74.4	14.4
洪雅县	19913	3.82	25.99	4.26	20971	4.0	26.9	5.5
丹棱县	10442	2.06	13.54	2.33	11397	2.2	15.0	3.0
青神县	11371	2.48	15.23	2.51	11816	2.5	16.1	3.1

眉山市社会消费品零售总额

表 37　　　　单位：万元

年份	社会消费品零售总额	按经营地分组		按行业分组		
		城镇	乡村	批发和零售业	住宿和餐饮业	其他
2014	3454790	2185428	1269362	2993972	460818	—
2015	3887558	2455692	1431866	3369970	517587	—

2015 年眉山市文化基本情况

表 38　　　　单位：个、千册

	文化事业机构数	艺术表演团体	文化馆数	文化站	博物馆、展览馆	剧场、影剧院	年末实有公共图书馆	年末公共图书馆总藏量
眉山市	179	1	7	131	6	10	7	373.5
东坡区	32	1	1	26		1	1	48.3
彭山区	19	—	1	13	1	2	1	33.2
仁寿县	65	—	1	60		1	1	103.2
洪雅县	21	—	1	15	1	1	1	44.1
丹棱县	13	—	1	7	1	1	1	46.7
青神县	17	—	1	10	1	1	1	57.4

2015 年眉山市卫生基本情况

表 39

	机构数（个）	床位数（张）	人员数（人）	卫生技术人员	其他技术人员	管理人员	工勤人员
总　计	2057	16296	20077	14658	583	745	1973
一、医院	53	9805	9767	8056	289	376	1046
综合医院	28	5201	5996	4963	173	254	606
中医医院	7	2246	2195	1862	71	59	203
中西医结合医院	1	54	38	27	0	1	10
专科医院	17	2304	1538	1204	45	62	227
二、社区服务中心	12	348	511	401	38	25	47
三、卫生院	130	5530	4616	3589	184	228	615
四、诊所、卫生所、医务室	337	0	638	619	1	1	17
五、急救中心（站）	2	0	14	8	3	3	0
六、采供血机构	3	0	143	111	2	7	23
七、妇幼保健院（所、站）	7	558	980	777	26	53	124
八、专科疾病防治院（所、站）	2	55	118	88	3	7	20
九、疾病预防控制中心	7	0	404	286	26	26	66
十、卫生监督所（中心）	7	0	102	80	3	10	9
十一、医学在职培训机构	0	0	0	0	0	0	0

2015年眉山市各区县卫生情况

表40

	医院病床使用率(%)	产妇住院分娩比例(%)	新生婴儿死亡率(‰)	5岁以下儿童死亡率(‰)	传染病发病率(十万分之)
眉山市	82.22	99.94	4.23	6.04	312.08
东坡区	82.93	100	3.46	5.09	375.84
彭山区	92.66	100	5.81	8.07	340.69
仁寿县	79.1	99.99	4.99	6.82	273.91
洪雅县	85.07	100	2.64	4.29	273.48
丹棱县	74.69	100	2.92	4.09	263.54
青神县	79.99	100	4.33	7.04	340.87

2015年眉山市体育基本情况

表41

地区	体育彩票销售额	体育协会个数	公共体育场地个数	公共体育馆个数
眉山市	12022	78	2	5
东坡区	4931	16	0	0
彭山区	1833	10	1	1
仁寿县	2958	14	1	1
洪雅县	1432	6	0	0
丹棱县	367	8	0	1
青神县	501	8	0	1

眉山市城镇失业人员情况

表42

	2014			2015		
	城镇登记失业人员数	城镇安置失业人员 就业人数	城镇登记失业率(%)	城镇登记失业人员数	城镇安置失业人员就业人数	城镇登记失业率(%)
眉山市	13598	15923	4.1	15423	16664	4.11
东坡区	4222	8855	4.1	4817	9586	4.18
彭山区	1153	4091	4.1	2085	4672	4.20
仁寿县	6007	1567	4.1	6248	1406	4.10
洪雅县	700	832	4.1	866	579	4.10
丹棱县	973	178	4.1	1022	101	4.10
青神县	543	400	4.1	385	320	3.57

眉山市社会保险参保人数情况

表43

	2014			2015		
	参加基本养老保险的职工人数（人）	参加失业保险的职工人数（人）	基本医疗保险的参保人数(人)	参加基本养老保险的职工人数（人）	参加失业保险的职工人数（人）	基本医疗保险的参保人数(人)
眉山市	477600	102318	719391	509808	109265	752033
市本级	51340	27970	59387	53971	30711	59531
东坡区	114047	22692	232094	118837	25628	246480
彭山区	83172	12584	67774	90617	13085	70759
仁寿县	133435	23619	245638	143688	23939	257996
洪雅县	46495	8256	51079	48173	8279	51168
丹棱县	20145	3512	28507	21367	4057	29955
青神县	28966	3685	34912	33155	3566	36144

服务指南

一、眉山市党务政务服务中心

地址：眉山诗书城公园文化中心（市政中心正门对面）

联系电话（区号：028）

表 44

中心机关			
办公室	38166111	督察科	38166130
业务管理科	38166117	惠民帮扶科	38166138
网管中心	38166169	服务热线综合科	38175675
一楼咨询处（总值班）	38166679	传真	38166111
部门窗口			
市公安局出入境管理处	38167531	自助服务区	38509901
纪委、政法窗口	38190231	邮储银行	38166087
组工、统战、机构编制窗口	38165505	市广电网络公司	38169313
宣传思想文化、文广新窗口	38166161	电力公司	38165135
群团窗口	38190031	市就业局	38168802
供排水公司	38169136	市医保局	38165095
天然气公司	38107229	市社保局	38168785
中国移动	10086	市残联	38169211
中国电信	38169930	企业征信窗口	38111315
市教育体育局	38169063	市卫生计划生育委员会	38169878
市民政局	38166238	市地税局	38166229
农业服务窗口	38167787	市药监局	38166221
市城管执法局	38166120	市安监局	38168212
市住房公积金管理中心	38169819	市交通运输局	38166232
市国税局车购税分局	38163396	市质监局	38166160
市发改委（市一费制服务中心）	38169155	行权综合窗口一（金融办、银监、人行）	38169132
行权综合窗口三（市行政审批代办中心）（民宗、审计、扶贫、烟草、国资、粮食、统计、邮政、盐政）	38169290	行权综合窗口二（科技、外侨台办、旅游、档案）	38169132
市林业局	38166155	市人力资源社会保障局许可处	38166135
市气象局	38166165	市畜牧局	38101287
市财政局	38166463	市水务局	38169581
市司法局	38169209	市经信委	38165509

续上表

市防震减灾局	38509902	市国土资源局	38166157
市工商局（三证合一窗口）	38166159	市环保局	38169369
市住建局	38166029	市公安局许可处	38169110
国盾公司	38166133	市商务局	38166225
市消防支队	38169119	市人防办	38166425
市城乡规划局	38166125	车管所分中心	38169933
区县中心			
东坡区政务中心	38119021	彭山区政务中心	37634072
仁寿县政务中心	36292711	丹棱县政务中心	37209488
洪雅县政务中心	38877766	青神县政务中心	38862991

二、眉山市主要旅游景点

表 45

单位	地址	电话
眉山三苏祠博物馆（AAAA）	眉山市中心纱縠行南街 72 号	38221651
洪雅瓦屋山国家森林公园（AAA）	洪雅县瓦屋山镇	37539888
洪雅槽渔滩风景区	洪雅县槽渔滩镇	37512059
青神中岩寺风景区（AA）	青神县瑞峰镇	38853058
仁寿黑龙滩风景区（AAAA）	仁寿县黑龙滩镇	36301126
彭山彭祖山风景区（AA）	眉山市彭山区江口镇	37680196
柳江古镇	洪雅县柳江镇	37527077
峨眉半山·七里坪国际度假区（省级旅游度假区）	洪雅县七里坪镇境内	37547527
丹棱·桃花源景区（AAA）	丹棱县双桥镇、丹棱镇、顺龙乡	13990337286
大雅堂旅游景区	丹棱县丹棱镇	13990348599
中国竹艺城（AA）	青神县县城南门外 2 公里处	38850168
老峨山（AAA）	丹棱县张场镇峨山村	37181111
东坡区蒙牛乳业（眉山）工业旅游区（AAA）	东坡区科工园三路中段	38775989
中国藤椒文化博物馆（AA）	洪雅县止戈镇	37403356

续上表

单位	地址	电话
水天花月旅游度假区	东坡区崇礼镇	38588222
江湾神木园	青神县县城	38811413
恒大世纪旅游城	彭山县牧马镇莲花乡	36586868
雅女湖	洪雅县瓦屋山镇	37536368
玉屏山野鸡坪度假营地	洪雅县柳江镇境内	37553333
东坡城市湿地公园	眉山市区东坡岛	38186686
江口汉崖墓博物馆	眉山市彭山区江口镇政府旁	37680196
天府农耕 响水六坊	仁寿县珠嘉乡响水村	36285555
广济乡鸭池沟村	东坡区广济乡鸭池沟村	38221378
白马镇龚村	东坡区白马镇龚村	38221378
文宫枇杷生态园	仁寿县文宫镇	36771101
曹家梨乡	仁寿县曹家镇	36731041
黄丰橘园	彭山县黄丰镇团结村	37683019
观音葡萄园	彭山县观音镇	37670131
果色天乡生态农庄	东坡区多悦镇永生村	38552888
蝶彩花卉园	仁寿县清水镇石鼓村	36318888

三、眉山市主要旅行社

表 46

名称	地址	电话
眉山市假日国际旅行社有限责任公司	眉山市东坡区诗书中路 736 号	38107990
眉山市环球国际旅行社有限公司	眉山市东坡区科工园 2 路	38111612
眉山市青年国际旅行社有限公司	眉山市东坡区一环北路 97 号	38105816
眉山市华夏旅行社有限公司	眉山市东坡区明星北路 61 号	38117000
四川眉山康辉旅行社有限公司	眉山市东坡区明星南路 30 号	38802881
四川远大旅行社有限责任公司	眉山市东坡区沙縠行南段 170 号	38737999
眉山市大自然商务旅行社有限责任公司	眉山市东坡区时代广场	38119990
眉山市信天游旅行社有限责任公司	眉山市东坡大道南三段 275 号	38111581

四、眉山市主要旅游接待单位

表 47

名称	地址	电话
岷江东湖饭店（五星）	眉山市环岛路 1 号	38666088
青神大酒店（四星）	青神县青衣大道	38855555
堂洲际酒店	仁寿县黑龙滩国际旅游度假区	36689999
成都彭山恒大酒店	眉山市彭山区牧马镇（恒大金碧天下）	37599999
丹棱锦江饭店	丹棱县大雅社区素翁路 3 号	37218888
嘉斯曼锦江国际酒店	仁寿县城北新区龙滩大道 9 号	36618888
眉山宾馆（三星）	眉山市下西街迎宾巷 17 号	38226666
福一大酒店	眉山市彭山区彭祖大道南段	37688888
仁寿华生宾馆（三星）	仁寿县江家坝群英街 20 号（三星级宾馆）	36622222
眉山润丰大酒店（二星）	眉山市东坡区凤翔路北段 55 号	38290168
洪雅七里坪华生温泉酒店	洪雅县七里坪	37546999
彭山兴铁宾馆	眉山市彭山区古城南路	37628628
洪雅万宏大酒店	洪雅县青衣路 136 号	37555666
仙女湖休闲度假中心	眉山市彭山区江口镇寿泉村	37687018
东坡国际大酒店	眉山市新区湖滨路口	38805000
宏鑫大酒店	青神县振兴路 128 号	38833333
江湾神木园迎江楼.商务酒店	青神县外南街 79 号	38829999
玉屏山野鸡坪度假营地	洪雅县玉屏山	37553333
兴铁宾馆（三星）	彭山县城	37628628
家乡商务酒店	眉山市彭山区彭祖大道（巨梁半岛）	37654321
丹顶湖大酒店	丹棱县新村路	37202222
老峨山宾馆	丹棱县老峨山景区内	37287222
悦来春酒楼	青神县中岩路 40 号	38862356
滨江花园酒店	眉山市湖滨路西段（东坡湖广场南楼）	38192105
丽都大酒店	眉山市三苏大道 158 号	38114884
世代宾馆	眉山市明星路 78 号	38109455
金桥宾馆	眉山市湖滨路南 2 段 76 号	38805586
味道长花园酒楼	眉山市红星路延伸段（东坡外滩）	38200178
洪州大酒店	洪雅县城	38877777
新顺大酒店（三星）	洪雅县城	37559999
金马宾馆	仁寿县金马路 52 号	36204800
逸景商务酒楼	仁寿大道飞龙大厦	36286666
陵州宾馆	仁寿县金马路 1 号	36211111
海峰大酒店	仁寿县城	36295666
黑龙滩宾馆	仁寿县黑龙滩风景区	36301118
华凌山庄	仁寿县黑龙滩风景区	36301188

五、眉山市部分乡村酒店

表 48

企业(个体)名称	地　址	联系电话
国瑞皓峰山庄	眉山市东坡区崇仁镇	13909030773
果色天乡生态农业有限公司	眉山市东坡区多悦镇	18628922600
盛景丽园酒店	仁寿县城新车站	18980374822
清水山庄	仁寿县清水镇百花村	13330933359
渔码头	仁寿县黑龙滩环湖路	13608167227
玉泉山庄	仁寿县黑龙滩环湖路	13890398843
犀牛山庄家庭农场	仁寿县龙正镇增产村 3 组	36387777
仁寿县天鹅湖假日酒店	仁寿县文林镇春燕社区	13198703999
山外青山乡村酒店	仁寿县景贤乡丫口	18080361281
朱三姐农家乐	仁寿县黑龙滩环湖路	13890306705
鑫泽苑度假酒店	洪雅县柳江古镇景区	38871888
洪雅县李家大院	洪雅县柳江古镇景区	37741888
广莱大酒店	洪雅县瓦屋山景区	13708168965
雅鑫度假酒店	洪雅县七里坪景区	38870666
槽渔滩水尚大酒店	洪雅县槽渔滩八仙岛	13518407168
利君休闲山庄	洪雅县瓦屋山景区	37538488
雅滨酒店	洪雅县瓦屋山景区	37538999 13990340000
柳江古镇楼外楼酒店	洪雅县柳江古镇明月街	37526546 13990348028
雅苑别墅	洪雅县槽渔滩景区	37512449 13388253988
继华山庄	洪雅县槽渔滩景区	37512039 13518407898
桂圆休闲庄	洪雅县七里坪景区	13688253683
柳江古镇祥福居商务酒店	洪雅县柳江古镇景区	37527489 13890353303
柳江古镇明福酒店	洪雅县柳江古镇圣母街	37526123 13708166627
七里坪温泉酒店	洪雅县七里坪景区	37746666 37746588 13219082099
洪雅县静馨苑旅店	洪雅县柳江古镇景区	37526266 18080376422
瓦屋山叠翠楼酒店	洪雅县瓦屋山景区	13990313660
瓦屋山大前门宾馆	洪雅县瓦屋山景区	13990315427
梅湾湖度假酒店	丹棱县丹棱·桃花源景区	37192999
七色阳光度假山庄	丹棱县丹棱镇观音村	36135777
庆林酒店	丹棱县张场镇锁江村	37287666

六、眉山市部分特色"农家乐"

表 49

企业(个体)名称	地　址	联系电话
圣境月休闲山庄	眉山市东坡区象耳镇七里村	13909030592
太极桂花圣境	眉山市东坡区白马镇	18990301668
傍林鲜休闲山庄	眉山市东坡区广济乡济光村	13890385588
景园山庄	眉山市东坡区富牛镇牟堰村	13734915888
九升桂苑休闲山庄	眉山市东坡区尚义镇云阁村	38051033
沙子湾休闲庄	仁寿县文林镇沙子湾巷	13808169206
天利半山酒店	仁寿县文林镇卫星村	13198703999
三洋生态园	仁寿县飞泉山公园	13608167698
金太阳生态园	仁寿县文林镇卫星村	13990353878
高家荘生态园	仁寿县文林镇卫星村	13990336988
二峨山庄	仁寿县二峨山顶	13688333993
山水人家	仁寿县文宫镇石家村	13778884728
逸雅苑	仁寿县文宫镇石家村	13990378405
双桥山庄	仁寿县龙马镇双桥村	13679653888
聚源休闲庄	仁寿县钟祥镇古匠村	13778828858
斑竹园生态园	仁寿县方家镇武通村	15282307286
王二哥清南林生态园	仁寿县清水镇百花村	13398142222
天山厚味	仁寿县天仁公园	13550530083
哈儿生态园	仁寿县天仁公园	13350524717
咪哥农家乐	仁寿县文宫镇太清村	36772923
黑龙滩银水山庄	仁寿县黑龙滩大坝	15983325171
圣闲居农家乐	仁寿县天仁公园	18090094561
功夫鱼庄农家乐	仁寿县黑龙滩环湖路	18783310934
土豆花庄	眉山市彭山区彭溪镇毛店村 12 组	15883326981
存银湾	眉山市彭山区江口镇双江村 3 组	18990341387
龙祥山庄	眉山市彭山区武阳镇五一村 2 组	13778820666
秦家园	眉山市彭山区江口镇双江村 3 组	13648148182
富利香	眉山市彭山区武阳镇泥湾村 3 组	13890306959
田园雅居	眉山市彭山区武阳镇泥湾村 4 组	15983308022
寿星谷三道菜	眉山市彭山区锦江乡联络村 2 组	15984338823
天府奇石苑	眉山市彭山区锦江乡天库村 4 组	15196494678
创一湖畔	眉山市彭山区双漩社区	18990330411
天香苑	眉山市彭山区彭祖大道三段 621 号	37611998
醉八仙	眉山市彭山区江口镇双江村 3 组	37665333
新村生态园	眉山市彭山区兴崇村 12 组	18783328919

续上表

企业(个体)名称	地　址	联系电话
橘园山庄	眉山市彭山区黄丰镇丰华村2组	15883328159
孔雀山庄	眉山市彭山区永利村5组	15282338786
阳坪休闲山庄	洪雅县将军乡阳坪村	37496777
福宝人家	洪雅县余坪镇福宝村	13909035190
瓦屋山乐乐居	洪雅县瓦屋山景区	13778895371
瓦屋山雅趣园	洪雅县瓦屋山景区	13618198966
瓦屋山桂鹃园	洪雅县瓦屋山景区	13795506078
七里坪紫竹园	洪雅县七里坪景区	15984329009
七里坪沁园休闲山庄	洪雅县七里坪景区	13990303754
大雅刘记白宰鸡	丹棱县杨场镇狮子村	37218678
田园风情	丹棱县丹棱镇桂花村	13678213386
雅园山庄	丹棱县丹棱镇南门村	13909032159
睡佛山庄	丹棱县张场镇峨山村	15196462007
阳光农庄	丹棱县人民路489号	37261610
点石成金	丹棱县双桥镇梅湾村	13990348850
柴火烧鸡	丹棱县石桥乡	13688246977
开心农庄	丹棱县张场镇长流村	37283011
橙林山庄	丹棱县双桥镇梅湾村	13388257956
廖烧鸡	丹棱县丹棱镇红石村	37198668
高林山庄	丹棱县丹棱镇桂花村	13698375363
盆景园	丹棱县丹棱镇桂花村	37198408
葡萄园	丹棱县丹棱镇群力村	13086476688
食为天	青神县汉阳镇新街4号	13795533398
桂溪园	青神县白果乡楼坊溪村6组	38961888
安逸亭	青神县白果乡甘家沟村4组	13548230356
竹苑农庄	青神县南城镇竹艺街226号	38863111
翠麟山庄	青神县西龙镇观音场	15883335807
徐家大院	青神县西龙镇万沟村	38941669
祥和苑休闲度假山庄	青神县瑞峰镇黄桷村5组	13518403055
岷江酒楼	青神县瑞峰镇中岩村	38853121
良田酒楼	青神县瑞峰镇中岩村	38853005
候氏山庄	青神县瑞峰镇中岩村	38853018
白老幺饭庄	青神县瑞峰镇中岩村	38853007
长安酒家	青神县瑞峰镇中岩村	38853166
黄老六休闲山庄	青神县瑞峰镇中岩村	38853060
沁苑山庄	青神县瑞峰镇中岩村	13890362676
汉阳第一家	青神县汉阳镇新街	38983168
渔满堂	青神县白果乡岷江桥头转盘处	13778838358
竹城酒楼	青神县南城镇竹艺城内	38852828
竹乡酒家	青神县南城镇兰沟村7组	38850063

七、眉山市高等院校，国家、省示范普通中学，国家、省重点职业中学

表 50

名称	地址	负责人	电话
四川大学锦江学院	四川省彭山县锦江大道 1 号	阙海宝	37600019
四川工商学院	眉山市眉州大道岷东段 9 号	杨夫子	87953080
四川城市职业学院眉山校区	眉山市岷东新区岷东大道南段 1 号	王世伦	84685100
成都信息工程大学天府(仁寿)校区	眉山市仁寿县视高工业园区	李剑才	85966342
中国武警警官学院(仁寿)校区	眉山市仁寿县清水镇百花村	杨殿东	36050377
四川科技职业学院	眉山市仁寿县视高工业园区	周长江	66345335
成都艺术职业学院	眉山市青神县南城镇红桥村	熊殿华	82480787
眉山职业技术学院	眉山市眉州大道东延段 5 号	徐井万	38201430
眉山广播电视大学	眉山市东坡区乡江路 530 号	叶志华	38195525
四川省仁寿一中(北校区)	仁寿县文林镇仁寿大道中段 166 号	黄永建	36266180
四川省仁寿一中(南校区)	仁寿县文林镇南坛路 257 号	吕仲辉	36201576
四川省眉山中学	眉山市东坡区三苏大道中段 372 号	罗金福	38299167
眉山第一中学	眉山市东坡区五圣路 57 号	李树明	38201685
眉山市彭山区第一中学	彭山鹏利路中段	王洪伟	37620724
四川省洪雅中学	洪雅县洪川镇文昌路 67 号	陈大伟	37403792
四川省眉山车城中学	眉山市东坡区太和镇	宫佩军	38502180
四川省仁寿县铧镏中学	仁寿县文林镇陵州路三段 181 号	叶小兵	36230960
青神中学校	青神县学道街 10 号	兰志祥	38811392
四川省丹棱中学	丹棱县丹棱镇北环路 152 号	汪九君	37208985
仁寿县华兴中学	仁寿县文林镇平安大道 813 号	陈明远	36296930
眉山科学技术学校	眉山市东坡区齐通路西三段 18 号	王　鲁	38161086
四川省仁寿县第二高级职业中学	仁寿县城北大道左侧	周尊登	36201149
成都水电工程学校	彭山县青龙镇	黄　健	37668438
四川省东坡区中等职业技术学校	眉山市东坡区诗书路南段 160 号	李文明	38292191
仁寿新科中等职业技术学校	仁寿蜂蜜乡西胜街 256 号	李智慧	36319666
眉山电子职业技术学校	洪雅县洪川镇修文路五段 15 号	刘燕忠	37480339

八、眉山市主要文化场馆

表 51

名称	地址	负责人	电话
三苏祠博物馆	眉山市纱縠行南段	陈仲文	38221651
眉山市图书馆	眉山市新区旭光小区西门	赵学军	38196651
眉山市文化馆	眉山市新区旭光小区西门	郑　蕊	38196660
东坡区图书馆	东坡区杭州路 59 号	李丽红	38101760
东坡区文化馆	东坡区金鑫街 149 号	王俊如	38101853
东坡区电影公司	东坡区小香港步行街	邹　卫	38221361
东坡区白马镇龚村古戏台	东坡区白马镇龚村	卫能翔	13890363689
仁寿县图书馆	仁寿大道延长线文化中心	张　军	18628996669
仁寿县文化馆	仁寿大道延长线文化中心	幸旭明	18990330033
彭山区图书馆	彭山区岷江中路	陈永强	37360599
彭山区文化馆	彭山区岷江中路	陈　伟	37621387
彭山区非遗中心	彭山区岷江中路	陈　伟	37621387
彭山区江口汉崖墓博物馆	彭山区江口镇	吴天文	37624181
丹棱县文化馆	丹棱县丹棱镇大雅堂东侧	肖贵琴	13679648221
丹棱县图书馆	丹棱县丹棱镇新南路 86 号	杨　波	37377371
大雅堂博物馆	丹棱县丹棱镇大雅堂公园内	黄　斌	37228818
洪雅县图书馆	洪雅县洪川镇人民路	李开明	13795535007
洪雅县文化馆	洪雅县洪川镇人民路	钟　晓	13378366309
洪雅台会博物馆	洪雅县止戈镇五龙村	鲜继新	15983319204
洪雅县陶瓷标本博物馆	洪雅县洪川镇修文路周家祠内	曾远先	13508077674
青神县文化馆	青神县南街 50 号	宋文濂	13550541410
青神县图书馆	青神县南街 88 号	唐立新	38899883
青神县电影院	青神县大西街 53 号	王庆华	13158775877

九、眉山市主要体育场馆

表 52

名称	地址	负责人	电话
眉山市体育馆	眉山市眉州大道西二段(市财政局对面)	刘行愚	38166595
眉山市业余体校训练馆	眉山市新区旭光小区西门	温成乡	15883323054
仁寿县体育馆	仁寿县文林镇书院街	张　韬	36219128
仁寿县体育场	仁寿县文林镇仁寿大道中段	黄永建	36266180
彭山县体育馆	彭山县岷江中路	谢成建	13890334322
彭山县体育场	彭山县公园山	谢成建	13890334322
青神县体育馆	青神县一环路南段 31 号	赵红军	38887585

十、城市公交行车指南一览表

表 53

线路名称	起止时间	站点名称	间隔时间（分钟）
1 路	6:45—18:51（冬季） 6:40—19:00（夏季）	眉山东站—东坡湖公园 眉山东站—紫竹西街—火车站—三苏大道西段—三苏大道加气站—眉山中学—眉州商城—区检测站—区工会—通惠小学—中铁医院—眉象路口—西外路口—通惠街—下西街—十字口—市医院—苏湖路—东坡湖公园	6—10
2 路	6:50—18:51（冬季） 6:50—19:30（夏季）	崇礼镇—象耳镇万坡村 崇礼镇—榕园山庄—崇礼派出所—崇礼路口—三鑫山庄—水天花月—泡菜城—苏湖路—市医院—十字口—下西街—通惠街—西外路口—眉象路口—中铁医院—川眉公司—铁四处—洞子口—眉多路口—烈士陵园—金象化工—农林村—象耳中心校—象耳镇—象耳中学—中资颐年山庄—厂招待所—殡仪馆路口—象耳镇万坡村	6—10
3 路	6:50—21:30（冬季） 6:50—22:00（夏季）	蓬莱广场—四川工商学院 蓬莱广场—二环南路劳教所—桃园路口—苏祠中学—东坡金城—府街口—丁字口—花草街口—市妇幼保健院—时代广场—北门诗碑—通威集团—诗书路北段—旭光小区西门—旭光小区北门—市消防支队—市地税局—市公安局—市车管所—启明星花园—职业技术学院—富牛大道路口—成都七中眉山校区—四川工商学院	6—10
4 路	6:45—19:30（夏季） 6:50—19:00（冬季）	眉山东站—蓬莱广场 眉山东站—田家炳中学—景苏街西段—三圆广场—赤壁路—中铁医院——环西路—诗书路口—桃园西街口—凤翔路口—区交通局—蓬莱广场	6—8
5 路	6:45—19:30（夏季） 6:50—19:00（冬季）	眉山东站—岷江二桥下 眉山东站—铁环东路(同升二期)—九巷十坊—岷江大道西二段—文忠街口—东坡中学—文安路西段—旭光小区北门—市党校—文定街南二段(交警一大队)—市三医院—青衣街口—湖滨一号—岷江二桥下(凯旋国际社区)	6—8
7 路	6:50—21:30（冬季） 6:50—22:00（夏季）	眉山东站—江白路口 眉山东站—田家炳中学—电信家属区—眉州商城—区公安分局—华意苑—西象桥—赤壁路东段—花草街口—兴隆街口—环湖路中段—眉山一中—义乌商贸城—二环东路北段—激情广场—广州本田恒富店(单)—东坡湖广场—市人民医院—旭光小区西门—旭光小区北门—旭光小区东门—兴和街口—市三医院—青衣街口—青衣街—市车管所—启明星花园—职业技术学院—江白路口	6—10
8 路	6:40—18:19	眉山客运中心—进站路口 眉山客运中心—裴城路口(外国语学校)—九巷十坊—现代城—东坡中学—桐花巷—市人民医院路口—大石桥信用社—通威—眼耳鼻喉医院—北门诗碑—红星路口—环湖路口—商业街口—十字口—市医院—府街口—丁字口—万通客运站—中医院—瓜子巷—通惠街—皮革城—西门牌坊—二环路口—变电站—双拥站—五洲国际城—味聚特—石堰汽修厂—恒通包装厂—鲜滩小学—鲜滩—仲辉纸厂—眉青路口—李记调味厂—石康医院—前锋糖厂—桥头站—进站路口	6
9 路	6:50—19:00 冬季） 6:50—19:30（夏季）	蓬莱广场—心脑血管医院 蓬莱广场—劳教所—桃园路口(东)—映天中学—市质检站—交警二大队—诗书路南段(区委)—皮革城—世纪新村—石堰街口(单)—环湖路口—市妇幼保健院—三苏大道东段—银鹏国际九龙豪府—眉州商城—眉山中学—三苏大道加气站—三苏大道西段（火车站)—紫竹街口—岷江大道西段—眉山东站—裴城路外国语学校(单)—九巷十坊—阜城路口—阜城路西段—文忠路口—栖云路口—心脑血管医院	5—10

续上表

线路名称	起止时间	站点名称	间隔时间（分钟）
10路	6:50—19:00（冬季） 6:50—19:30（夏季）	眉山东站—千禾大道 眉山东站—田家炳中学—紫竹中街(区运管所)—紫竹东街—三圆广场—城北综合市场—北门诗碑—一环路北段—眉东大市场(东)—巴黎春天—大治桥—东风街口—东坡湖公园—苏湖路—一环路南四段—市福利院—桃园路口(东)—实验中学—污水处理厂—恒泰家属区—恒泰企业—千禾(竹春)—千禾大道(郑店子)	5—10
11路	6:50—21:30（冬季） 6:50—22:00（夏季）	眉山东站—市三医院 眉山东站—田家炳中学—紫竹中街—紫竹东街—三圆广场—杭州路中段—区社保局—杭州路南段—西象桥—赤壁路东段—环湖路口(单)—世纪新村—西外路口—通惠街—下西街—府街口—市医院—苏湖路—东坡湖公园—左岸半岛—环湖路东延段—二环东路北段—激情广场—广州本田恒富店(单)—东坡湖广场—市人民医院—旭光小区西门—旭光小区北门—旭光小区东门—江乡路西段—市三医院	6—10
14路	6:50—19:00（冬季） 6:50—19:30（夏季）	蓬莱广场—科工园 蓬莱广场—蓬莱中路—区地税局—苏祠路—东坡区委—皮革城—西外路口—市公交公司—商业街口—环湖路口—市妇幼保健院—红星路西段—眉东大市场(北)—玫瑰园八区—红星路东延段—激情广场—广州本田恒富店（单）—东坡湖广场市人民医院—旭光小区西门—市行政服务中心—市政府—军分区—心脑血管病医院—旺达广场—市发改委—科工园三路—多能公司—蒙牛集团—消防中队—科工园终点站	6—10
15路	6:50—19:00（冬季） 6:50—19:30（夏季）	蓬莱广场—江白路口 蓬莱广场—区质检站—区疾控中心—市中医院—苏祠路—东坡区委—皮革城—世纪新村—石堰街口（单)—环湖路口—市妇幼保健院—时代广场—健康家园—蓝色港湾—香颂城—市劳动保障局—学士街—东坡中学—市体育馆—会展中心—市政府—市行政服务中心—旭光小区北门—市党校—市公安局—市车管所—启明星花园—职业技术学院—江白路口	6—10
16路	6:50—21:30（冬季） 6:50—22:00（夏季）	眉山东站—蓬莱广场 眉山东站—秋岚街—裴城路口（外国语学校)—九巷十坊—阜城路口—齐通路西三段—眉科校—栖云路口—加洲国际(市运管处)—市体育馆—东坡中学—文忠街—香颂城—岷江大道中段—岷江大道东段—东坡湖广场(单)—裴城路东段(同升小区)—民和北路—区人事局—眉山一中—环湖路中段—兴隆街口—十字口(单)—丁字口—府街口—东坡金城—苏祠中学—映天中学—桃园东路劳教所—蓬莱广场	6—10
17路	6:50—19:00	区交通运输局—太和 区交通运输局—区教育局(区疾控中心)—东坡金城—三苏祠西门—通惠街—西外路口—诗书路中段—小石堰—区公安分局—市妇幼保健院路口—时代广场—北门诗碑—大石桥—岷江大道—市客运中心站—旭光小区西门—苏轼公园—市政府—科工园—田店—白玉—高店—大卫—新街—太和高中—太和	8—10
18路	6:50—18:51	眉山东站—泡菜城 眉山东站—田家炳中学—紫竹中街(区运管所)—紫竹东街—三圆广场—银鹏国际九龙豪府—三苏大道东段—红星大道西段—眉东大市场(北)—眉东大市场(东)—眉山一中(大润发)—文学街—滨湖街口—东坡湖公园—泡菜博物馆—川南食品厂—顺江大道北一段—顺江大道北二段—顺江大道南一段—顺江大道南二段—泡菜城终点站	6—10
19路	6:50—18:51	蓬莱广场—圣丰国际 蓬莱广场—市质检站—映天中学—苏祠中学—东坡金城—府街口—正西街—十字口—巴黎春天—环湖路口—红星路西段—三苏大道东段—银鹏国际九龙豪府—三圆广场—金罗马广场—金象国际—文忠街—东坡中学—市体育馆—眉州医院—铁环路口—建国汽贸—科创药业(单)—圣丰国际路口—圣丰国际	6—10
社区巴士1路	7:00—19:00	公交客运站—东湖饭店 沙縠行北段（公交客运站)—商业街口—花草街口—兴隆街口—环湖路中段—巴黎春天—大治桥—东风街口—东坡湖公园—王家渡桥—环湖路口（东)—朝阳街口—红星路口（东)—琼海路口—远景楼—醉月桥—旭光小区南门—兴和街口—市三医院—青衣街口—湖滨一号—东湖饭店	6—10

十一、客运中心班车班次时刻

表 54

序号	到达站	发车时间	班次	票价(元)
1	成都新南门(高速)	6:00—18:50	每间隔 10—15 分钟滚动发班	28
2	成都石羊车站(高速)	7:30—18:50	每间隔 30 分钟一班	28
3	成都城北中心	6:50—17:40	每间隔 20—30 分钟一班	28
4	重庆(高速)	8:30 14:50		128
5	重庆(仁寿)	7:40 9:10		120
6	都江堰	9:05 11:00 13:30 15:00		48
7	新津	8:00—18:00	每间隔 45 分钟一班	18
8	雅安(高速)	8:30 10:00 11:20 12:30 14:40 16:50		42
10	康定	10:00		135
11	德阳	9:20 14:30		52
12	双流	8:10 9:00 9:40 10:30 11:10 12:00 13:10 14:00 15:20 16:40 17:20		25
13	绵阳	9:00 14:10		68
14	遂宁	9:10 14:00		85
15	南充	9:00 14:00		104
16	泸州	8:30 13:30		95
17	安岳	8:50 13:30		73
18	内江	8:50 13:40		74
19	资阳	8:40 14:10		49
20	乐山(高速)	7:20—18:40	每间隔 20—40 分钟一班	23
21	峨眉	8:10—18:10	每间隔 20—30 分钟一班	20
22	峨眉(轿车)	8:30 14:30		30
23	峨边	8:30		41
24	金口河	12:00		48
25	犍为	9:00 13:50		44
26	宜宾	9:00 14:30		86
27	自贡	8:50 14:00		65
28	夹江	7:00—17:20	每间隔 20 分钟一班	13
29	青神	7:00—18:40	每间隔 10—15 分钟一班	9.5
30	洪雅	7:00—18:20	每间隔 12—24 分钟一班	16.5
31	丹棱	7:30—18:40	每间隔 15—30 分钟一班	11
32	彭山	7:00—18:50	每间隔 5—8 分钟一班	5.5
33	仁寿	6:30—18:40	每间隔 10—15 分钟一班	14

续上表

序号	到达站	发车时间	班次	票价(元)
34	禄加	13:30		22
35	汪洋	8:40 14:30		28
36	深圳	9:30	每日一班	450
37	马边	断道停开		66
38	永川	9:30 14:30		95
39	沐川	9:30 14:30		53
40	攀枝花	9:00		198
41	昆明	9:40		260
42	西昌	9:00 13:00		153
43	广元	8:30		134
44	广安	9:10		131
45	巴中	8:30 15:30		146
46	九寨沟口	8:30		168

注：本表信息仅供参考，实际发班时刻、票价以当日车站公示内容为准。

十二、眉山站旅客列车时刻表

表 55

顺号	车 次	始发站	终到站	本站到	本站开
1	T8869（特快）	成都	攀枝花	9:50	9:53
2	K146（快速）	昆明	成都	11:47	11:52
3	K113（快速）	成都	昆明	15:02	15:08
4	K145（快速）	成都	昆明	15:45	15:49
5	K165（快速）	西安	昆明	16:16	16:19
6	T8870（特快）	攀枝花	成都	20:12	20:15
7	K9484（快速）	攀枝花	成都	21:07	21:10
8	K118（快速）	攀枝花	北京西	22:05	22:10

本表仅供参考，内容随情况而调整。

眉山火车站问讯处电话：028-37320540

索 引

Indexes

Z